Incoterms® 2020
by the International Chamber of Commerce (ICC)

**Kommentierung für die Praxis
inklusive offiziellem Regelwerk**

Incoterms® 2020
by the International Chamber of Commerce (ICC)

Kommentierung für die Praxis
inklusive offiziellem Regelwerk

von
Prof. Dr. jur. Christoph Graf von Bernstorff

deutsch-englische Ausgabe

Reguvis

ICC GERMANY
INTERNATIONAL CHAMBER OF COMMERCE
The world business organization

Bibliografische Information der Deutschen Nationalbibliothek
Die Deutsche Nationalbibliothek verzeichnet diese Publikation in der Deutschen National-
bibliografie; detaillierte bibliografische Daten sind im Internet über http://dnb.d-nb.de
abrufbar.

Reguvis Fachmedien GmbH · Amsterdamer Straße 192 · 50735 Köln
www.reguvis.de

Beratung und Bestellung:
Tel.: +49 (0) 221 97668-315
Fax: +49 (0) 221 97668-271
E-Mail: wirtschaft@reguvis.de

ISBN (Print): 978-3-8462-1060-4
ISBN (E-Book): 978-3-8462-1061-1

© 2020 Reguvis Fachmedien GmbH

Alle Rechte vorbehalten. Das Werk einschließlich seiner Teile ist urheberrechtlich geschützt. Jede Verwertung außerhalb der Grenzen des Urheberrechtsgesetzes bedarf der
vorherigen Zustimmung des Verlags. Dies gilt auch für die fotomechanische Vervielfältigung (Fotokopie/Mikrokopie) und die Einspeicherung und Verarbeitung in elektronischen
Systemen. Hinsichtlich der in diesem Werk ggf. enthaltenen Texte von Normen weisen wir
darauf hin, dass rechtsverbindlich allein die amtlich verkündeten Texte sind.

Herstellung: Günter Fabritius
Produktmanagement: Marieke Stöcker-Pritz
Satz: Cicero Computer GmbH, Bonn
Druck und buchbinderische Verarbeitung: Medienhaus Plump GmbH, Rheinbreitbach
Titelabbildung: © International Chamber of Commerce (ICC)

Printed in Germany

Grußwort

Der internationale Handel nimmt an Tempo zu und wird immer komplexer und vielfältiger. Dieser Entwicklung muss auch in den Verhandlungen internationaler Kaufverträge Rechnung getragen werden. Einen wesentlichen Beitrag zur Vermeidung von Missverständnissen und Streitigkeiten leisten die ICC Incoterms®, das offizielle Regelwerk zur Auslegung nationaler und internationaler Handelsklauseln. Sie setzen weltweit gültige Standards zu den Lieferbedingungen und sind in rund 90% aller internationalen Kaufverträge enthalten. Wird eine Incoterms®-Klausel in einen Kaufvertrag aufgenommen, steht eindeutig fest, welche Rechte und Pflichten die jeweilige Partei in Bezug auf den Gefahrübergang der Ware, die Kosten und Transportmodalitäten sowie die Verzollung hat.

Seit der erstmaligen Veröffentlichung der Incoterms® im Jahr 1936 wurde das Standardwerk achtmal überarbeitet. Ziel war und ist es, die aktuelle Handelspraxis und die derzeitige Entwicklung im internationalen Handel in die Klauseln aufzunehmen. So berücksichtigen die Incoterms® 2020 u.a. die gestiegenen Sicherheitsbedürfnisse beim Transport von Waren, den Bedarf an höherer Flexibilität beim Versicherungsschutz sowie die Forderung nach einem An Bord-Konnossement bei bestimmten finanzierten Käufen gemäß FCA-Klausel.

Die Incoterms® 2020 bieten zudem eine einfache und übersichtliche Darstellung aller Klauseln, die sprachlich überarbeitet und durch eine ausführliche Einführung sowie erläuternde Kommentare ergänzt wurde. Die Reihenfolge der Artikel wurde an den logischen Ablauf einer Verkaufstransaktion angepasst. Die Incoterms® 2020 enthalten erstmals eine „horizontale" Darstellung aller vergleichbaren Artikel der elf Incoterms®-Klauseln. Damit kann der Nutzer beispielsweise die unterschiedliche Behandlung des Übergangs der Haftung vom Verkäufer auf den Käufer einfach und schnell nachvollziehen.

Bei der Überarbeitung hat die ICC eng mit internationalen Experten und erfahrenen Praktikern aus der ganzen Welt zusammengearbeitet. Damit wurde sichergestellt, dass die Incoterms® 2020 an jedem Ort der Welt den dort jeweils geltenden geschäftlichen Anforderungen entsprechen. Die Incoterms® 2020 werden von der Internationalen Handelskammer (ICC) in englischer Sprache herausgegeben, die deutsch-englische Ausgabe hat ICC Germany erstellt.

Die vorliegende Neuauflage des Kommentars wurde von Graf von Bernstorff überarbeitet und an die neue Ausgabe der Incoterms® 2020 angepasst. Er ist ein ausgewiesener Experte im Bereich Außenhandel. Die Publikation unterstützt den Anwender bei der Auslegung der Klauseln und trägt so zu einem reibungslosen Ablauf der Geschäfte bei. Genau dies ist das Ziel der Incoterms®-Regeln; wir wünschen Ihnen erfolgreiche Geschäfte!

Oliver Wieck

Generalsekretär der Internationalen Handelskammer in Deutschland (ICC Germany)

Berlin 2019, anlässlich der Neuauflage der Kommentierung

Vorwort

Kaufgeschäfte, seien sie national oder international, sehen für die Geschäftspartner Rechte und Pflichten vor. Diese können ausdrücklich oder stillschweigend vereinbart werden und Handelsbräuchen oder gesetzlichen Bestimmungen folgen. Neben den vertragstypischen Merkmalen eines Kaufvertrages, wie etwa der Festlegung von Vertragsparteien, Vertragsgegenstand und Preis, stehen vor allem auch Zahlungsbedingungen, Gewährleistungsbestimmungen und die Einbeziehung Allgemeiner Geschäftsbedingungen im Mittelpunkt des Interesses der Geschäftspartner.

Ein wesentlicher Schwerpunkt von Geschäftsabschlüssen sind immer auch die **Lieferbedingungen**. So lässt sich durch Lieferbedingungen beispielsweise festlegen, welche der Vertragsparteien bestimmte Kosten (z.B. Transport und Versicherung der Ware, Zölle und andere Abgaben) zu tragen hat. Ein wichtiger Regelungsinhalt von Lieferbedingungen ist der Komplex der „Gefahrtragung", also die Festlegung, welche Vertragspartei bis/ab wann das Risiko des zufälligen Verlusts, eines sonstigen Abhandenkommens oder der zufälligen Beschädigung oder sonstigen Verschlechterung des Liefergutes zu tragen hat.

Lieferbedingungen können frei vereinbart oder in Form standardisierter Klauselwerke (wie etwa der hier kommentierten neuen „Incoterms-Klauseln®2020") genutzt werden. Teilweise sind auch gesetzliche Bestimmungen zu bestimmten Bereichen vorhanden (z.B. zum sogenannten „Gefahrübergang"), doch besteht oft die Möglichkeit, derartige Bestimmungen durch Verabredung der Geschäftspartner zu umgehen. Wenn den Geschäftspartnern unterschiedliche Handelsgewohnheiten sowie rechtliche Bestimmungen in anderen Ländern nicht bekannt sind, kann es zu Missverständnissen, Auseinandersetzungen sowie Gerichtsverfahren kommen, die wiederum einen zusätzlichen Zeit- und Kostenaufwand bedeuten. Zur Lösung eines Teils dieser Probleme können standardisierte Lieferbedingungen beitragen.

All diesen Fragen widmet sich der hier vorgelegte Kommentar zu den „Incoterms-Klauseln®2020". Ausgehend von einer generellen Behandlung der Grundfragen des Rechts der „Lieferbedingungen" werden in der Folge die im Herbst 2019 neu aufgelegten und zum 1.1.2020 in Kraft gesetzten Incoterms-Klauseln®2020 der ICC beschrieben und praxisgerecht kommentiert. Den Abschluss dieses Buches bildet der Gesamtüberblick über die neuen Incoterms-Klauseln®2020. Soweit auf Gesetzesbestimmungen zurückgegriffen wird, geschieht dies aus Sicht des deutschen Zivil- und Handelsrechts. Auch das UN-Kaufrecht (CISG) ist im Zusammenhang mit der Kommentierung häufiger Gegenstand der Betrachtung.

Der Herausgeber

Inhaltsverzeichnis

Grußwort V
Vorwort VI
Abkürzungsverzeichnis XV

Teil 1:
Vorbemerkungen

1. Grundproblem – Warum sind Lieferbedingungen so wichtig? 3
1.1. Pflichten der Parteien eines Kaufvertrages 5
1.2. Grundprinzip der „Gefahrtragung" 5
1.3. Erweiterung für den „Versendungskauf" 7
    1.3.1. Versendungskauf 7
    1.3.2. Zeitpunkt des „Umsatzes" – welche Rolle spielen Incoterms? ... 9
1.4. Besonderheit für das internationale Geschäft 10
1.5. Zwischenergebnis 13

2. Lieferbedingungen 13
2.1. Individuelle Lieferbedingungen 13
2.2. Typische Handelsklauseln in der Praxis 15
2.3. Standardisierte Lieferbedingungen 17
    2.3.1. Trade Terms 17
    2.3.2. Das Regelwerk der Incoterms – Entstehen und Hintergründe 17
        2.3.2.1. Rolle der Internationalen Handelskammer 19
        2.3.2.2. Incoterms 2020 21
    2.3.3. FIDIC 22
    2.3.4. ECE-Klauseln 23
    2.3.5. American Foreign Trade Definitions 23

3. Grundsätzliches zu den Incoterms 2020 24
3.1. Incoterms 2020 und CISG 24
3.1.1. Rechte und Pflichten 24
3.1.2. Kaufvertrag über bewegliche Güter 26
3.1.2.1. CISG 26
3.1.2.2. Incoterms 26
3.2. AGB-Charakter und die Konsequenzen 29
3.2.1. Inhaltskontrolle 29
3.2.2. Auslegung 29
3.2.2.1. Auslegungshilfen 29
3.2.2.2. Hafenusancen und Handelsbräuche 31
3.2.3. Einbeziehung einer Klausel in den Vertrag 31
3.2.3.1. Einbeziehung 32
3.2.3.2. Kenntnisnahme und Einverständnis 34
3.2.4. Kollision von Klauseln 35
3.2.5. „Überraschende Klausel" in AGB 36
3.3. Inhaltsmerkmale der Incoterms 2020 im Überblick 36
3.3.1. Aufbau 37
3.3.2. Einpunktklausel und Zweipunktklausel 38
3.3.3. Verwendung der „richtigen" Klausel 39
3.3.4. Unterschiede zwischen den Incoterms 2010 und 2020 40
3.3.5. Neue Regel DPU 40

Teil 2:
Incoterms® 2020 im Überblick

1. Gliederung der Incoterms 2020 45
1.1. Klauselgruppen 45
1.2. Aufbau und Anordnung 46
1.2.1. Bedeutung der Gruppierung 46
1.2.2. Ordnung der Klauselinhalte 46
1.2.3. Auswahl der geeigneten Klausel 48
1.2.3.1. Marktposition 48
1.2.3.2. Transportart 49
1.2.3.3. Gefahr- und Kostentragung 53

1.2.4.		Elektronische Kommunikation		56
1.2.5.		Güterversicherung		56
1.2.6.		Hinweispflicht zur Gefahrenabwehr		58
1.2.7.		Umschlagsgebühren		58
1.2.8.		Lieferkette		59

2. Grundsätzliche Informationen 60

2.1. Begriffsdefinitionen 60

2.1.1.	Benachrichtigungen			61
	2.1.1.1.	Anzeigepflicht		63
	2.1.1.2.	Inhalt der Anzeige		63
2.1.2.	Elektronischer Nachweis			64
2.1.3.	„Erfüllungsort"			65
	2.1.3.1.	Bestimmung des Gerichtsstands unter Heranziehung des Erfüllungsortes		66
	2.1.3.2.	Erfüllungsort beim Versendungskauf		66
	2.1.3.3.	Ausdrückliche Gerichtsstandsvereinbarung		67
	2.1.3.4.	Gerichtsstand des Erfüllungsortes		67
	2.1.3.5.	Incoterms zur Vertragsauslegung		68
2.1.4.	Gefahrtragung			69
	2.1.4.1.	Zusatzkosten auf Transportweg		71
	2.1.4.2.	Verantwortlichkeit auch nach Gefahrübergang		72
2.1.5.	Handelsbrauch			73
2.1.6.	Lieferort			73
	2.1.6.1.	Bestimmung des Lieferortes		75
	2.1.6.2.	Übereinstimmender Lieferort		75
	2.1.6.3.	Dissens bei Vereinbarung des Lieferortes		75
	2.1.6.4.	Wesentliche Abweichung beim „Lieferort"		75
	2.1.6.5.	Entgegenstehende Lieferortvereinbarung		77
2.1.7.	Lieferung			79
	2.1.7.1.	Bestimmung der Lieferung		80
	2.1.7.2.	Ergänzende Festlegungen		81
	2.1.7.3.	Lieferzeit/Zeitpunkt der Übernahme		82
2.1.8.	Schiff			83

2.1.9.	Transportpapier		84
	2.1.9.1.	Neue einführende Erläuterung zum Transportpapier für Incoterms 2020-Nutzer	84
	2.1.9.2.	Gruppen der Transportpapiere	85
	2.1.9.3.	Traditionswirkung des Konnossements	85
2.1.10.	Transportversicherung		88
	2.1.10.1.	Weitergehende Versicherungspflicht nach UN-Kaufrecht (CISG)	90
	2.1.10.2.	Geltung von „Gebräuchen"	90
	2.1.10.3.	Versicherungspflicht	91
	2.1.10.4.	Versicherungspflicht auch ohne Lieferbedingung?	91
	2.1.10.5.	Schadensersatzpflicht	92
2.1.11.	Übernahme		93
	2.1.11.1.	Körperliche Übernahme der Ware	94
	2.1.11.2.	Rüge nach Übernahme	95
2.1.12.	Übliche Empfangsbescheinigung		95
2.1.13.	Unterlassene Mitwirkung		96
2.1.14.	Verpackungspflicht		97
2.1.15.	Ware		98
2.1.16.	Ware auf dem Transportweg		102
2.1.17.	Ausfuhr-/Einfuhrabfertigung		103
	2.1.17.1.	Erläuterungen der Incoterms-Regeln	103
	2.1.17.2.	Ausfuhr-/Einfuhrabfertigung	104

2.2. Abweichungen von den Standardformulierungen ... 105

2.3. Streitigkeiten um Lieferbedingungen ... 106

2.3.1.	Streit vor ordentlichen Gerichten		106
	2.3.1.1.	Gerichtsstand	106
	2.3.1.2.	Problematik der Vollstreckung	109
2.3.2.	Schiedsverfahren		110
2.3.3.	Mediationsverfahren		111

2.4. Bedeutung von Lieferklauseln bei der Zollerhebung ... 111

2.4.1.	Grundsätze der Zollerhebung	111
2.4.2.	Methoden zur Ermittlung des Zollwertes	112
2.4.3.	Transaktionswertmethode	115

2.4.4. Berichtigungen des tatsächlich gezahlten oder zu zahlenden Preises 116
    2.4.4.1. Definition Lieferungskosten und Beförderungskosten 118
    2.4.4.2. Ort des Verbringens in das Zollgebiet der Union 119
    2.4.4.3. Wirkung der Incoterms 2020 auf die Zollwertermittlung 121
    2.4.4.4. Aufteilung von Beförderungskosten 122
    2.4.4.5. Änderung des Beförderungsvertrages 125
2.4.5. Berücksichtigung von Versicherungskosten bei der Zollwertermittlung 126
2.4.6. Berücksichtigung von Lade- und Behandlungskosten bei der Zollwertermittlung 126

Teil 3: Kommentierung der Incoterms 2020

1. Klauseln für alle Transportarten 131

1.1. EXW (Ab Werk – fügen Sie den benannten Lieferort ein) 131
    1.1.1. Vorbemerkung 131
    1.1.2. Richtige Anwendung 132
    1.1.3. Die Verpflichtungen im Einzelnen 133

1.2. FCA (Frei Frachtführer – Fügen Sie den benannten Lieferort ein) .. 144
    1.2.1. Vorbemerkung 144
    1.2.2. Richtige Anwendung 145
    1.2.3. Die Verpflichtungen im Einzelnen 149

1.3. CPT (Frachtfrei – Fügen Sie den benannten Bestimmungsort ein) .. 161
    1.3.1. Vorbemerkung 161
    1.3.2. Richtige Anwendung 164
    1.3.3. Die Verpflichtungen im Einzelnen 164

1.4. CIP (Frachtfrei versichert – fügen Sie den benannten Bestimmungsort ein) 174
    1.4.1. Vorbemerkung 174
    1.4.2. Richtige Anwendung 175
    1.4.3. Die Verpflichtungen im Einzelnen 175

Inhaltsverzeichnis

1.5. DAP (Geliefert benannter Ort – fügen Sie den benannten Bestimmungsort ein) 179
    1.5.1. Vorbemerkungen 179
    1.5.2. Richtige Anwendung 180
    1.5.3. Die Verpflichtungen im Einzelnen 180

1.6. DPU (Geliefert benannter Ort entladen – fügen Sie den benannten Bestimmungsort ein) 185
    1.6.1. Vorbemerkungen 185
    1.6.2. Richtige Anwendung 186
    1.6.3. Die Verpflichtungen im Einzelnen 186

1.7. DDP (Geliefert verzollt – fügen Sie den benannten Bestimmungsort ein) 190
    1.7.1. Vorbemerkungen 190
    1.7.2. Richtige Anwendung 191
    1.7.3. Die Verpflichtungen im Einzelnen 191

2. Klauseln für den Seeschiffs- und Binnenschiffstransport 196

2.1. FAS (Frei Längsseite Schiff – fügen Sie den benannten Verschiffungshafen ein) 197
    2.1.1. Vorbemerkungen 197
    2.1.2. Richtige Anwendung 198
    2.1.3. Die Verpflichtungen im Einzelnen 198

2.2. FOB (Frei an Bord – fügen Sie den benannten Verschiffungshafen ein) 204
    2.2.1. Vorbemerkungen 204
    2.2.2. Richtige Anwendung 205
    2.2.3. Die Verpflichtungen im Einzelnen 205

2.3. CFR (Kosten und Fracht – fügen Sie den benannten Bestimmungshafen ein) 212
    2.3.1. Vorbemerkungen 212
    2.3.2. Richtige Anwendung 212
    2.3.3. Die Verpflichtungen im Einzelnen 215

2.4. CIF (Kosten, Versicherung und Fracht ... fügen Sie den benannten Bestimmungshafen ein) 221

    2.4.1. Richtige Anwendung 221

    2.4.2. Die Verpflichtungen im Einzelnen 222

Anhang: Offizielles Regelwerk der Internationalen Handelskammer (ICC) 225

Stichwortverzeichnis 629

Abkürzungsverzeichnis

aaO.	am angegebenen Ort
Abs.	Absatz
ADSp	Allgemeine Deutsche Spediteurbedingungen (2017)
AGB	Allgemeine Geschäftsbedingungen
Art.	Artikel
ASEAN	Association of South East Asian Nations
BGB	Bürgerliches Gesetzbuch
bzw.	beziehungsweise
CFR	Cost and Freight
CIF	Cost Insurance and Freight
CIP	Carriage and Insurance Paid to
CISG	Convention on the International Sale of Goods
CPT	Carriage Paid To
CSI	Container Security Initiative
CT	Container Terminal
CTO	Combined Transport Operator
DAP	Delivered At Place
DDP	Delivered Duty Paid
d.h.	das heißt
DPU	Delivered at Place Unloaded
DTV	Deutscher Transport-Versicherungs- Verein von 1914
ECE	Economic Commission for Europe
EG	Europäische Gemeinschaften
EGBGB	Einführungsgesetz zum Bürgerlichen Gesetzbuch
etc.	et cetera
EU	Europäische Union
EuGH	Europäischer Gerichtshof
EXW	EX Works
f., ff.	folgende
FAS	Free Alongside Ship
FCA	Free Carrier
FCL	full container load
FIATA	Fédération Internationale des Associations des Transitaires et Assimilés
FIDIC	Fédération Internationale des Ingenieurs Conseils
FOB	Free On Board
GATT	General Agreement on Tariffs and Trade
ggf.	gegebenenfalls
HGB	Handelsgesetzbuch

Abkürzungsverzeichnis

HL	Heavy Lift
ICC	International Chamber of Commerce
ICC	Institute Cargo Clauses
IUA	International Underwriting Association of London
LCL	Less than Container Load (Zuschlag für Stauung von Stückgut)
Nr.	Nummer
o.ä.	oder ähnliche/s
Rspr.	Rechtsprechung
SAFE	Framework of Standards to Secure and Facilitate Global Trade
sog.	sogenannte/r/s
SWIFT	Society for Worldwide Interbank Financial Telecommunication
t	Tonne
THC	Terminal Handling Charge (Terminalumschlaggebühr)
u.a.	unter anderem
UNECE	United Nations Economic Commission for Europe
Urt.	Urteil
usw.	und so weiter
u.v.a.m.	und viele(s) andere(s) mehr
UZK	Unionszollkodex
vgl.	vergleiche
WTO	World Trade Organization

Teil 1:

Vorbemerkungen

1. Grundproblem – Warum sind Lieferbedingungen so wichtig?

Wer als Vertragspartei eines Kaufvertrages auftritt, sollte grundsätzlich daran denken, in besonderem Maße auf die Vereinbarung von Lieferbedingungen zu achten, um ungewollte Rechtsfolgen zu vermeiden. Dies gilt für den nationalen wie auch für den internationalen Kaufvertrag. Die in diesem Buch behandelten standardisierten Lieferbedingungen „Incoterms 2020" sind im nationalen wie auch internationalen Kaufvertrag einsetzbar. „Incoterms" (International Commercial Terms) sind eine eingetragene Marke der ICC; deren korrekte Schreibweise ist daher „Incoterms® 2020". In der vorliegenden Kommentierung wird aus Gründen der Vereinfachung und wegen des nicht markenmäßigen Gebrauchs auf die Einfügung des Markensymbols „®" verzichtet.

Ein wichtiger Grund für die besondere Beachtung der Lieferbedingungen ist darin zu sehen, dass diese sich typischerweise mit zwei Problemfeldern einer Geschäftsabwicklung befassen: Lieferbedingungen regeln üblicherweise,

– welche Kosten die Parteien zu tragen haben und wie entstehende **Kosten/Abgaben** zwischen ihnen aufgeteilt werden

– sowie die Frage, wer die Risiken der Geschäftsabwicklung zu tragen hat, also für eine etwaige Beschädigung, ein Abhandenkommen, einen Verlust usw. der Ware verantwortlich ist. Diese Umstände werden „Gefahrtragung" genannt. Die **Gefahrtragung** ist im Liefergeschäft einer der wohl wichtigsten Aspekte, denn der Umstand, welche Partei für Schäden oder Verluste aufzukommen hat, entscheidet auch über den wirtschaftlichen Erfolg eines getätigten (nationalen wie auch internationalen) Kaufgeschäfts.

Neben dieser Grundsatzproblematik einer vertraglichen Lieferbedingung sind weitere Aspekte zu beachten:

– In einem nationalen Kaufvertrag sind Gesetzesregelungen des BGB zu beachten, soweit sie nicht durch Parteiverabredung abbedungen beziehungsweise ersetzt werden.

– Im *internationalen* Warenkaufvertrag, bei dem die Vertragsparteien ihre Niederlassung in verschiedenen Staaten haben, sind die Kaufrechtsregeln des Gesetzes zum internationalen Warenkauf (UN-Kaufrecht/CISG, dazu weiter unten) zu beachten, soweit sie nicht durch Parteiverabredung abbedungen beziehungsweise ersetzt werden.

– Die Terminologie der in diesem Buch kommentierten Incoterms 2020 verwendet nur die Begriffe *„Parteien"* eines Kaufvertrags sowie für die Einzelpersonen die Worte *„Verkäufer"* oder *„Käufer"*.

– Passend zur Bezeichnung der Personen wird deren Vertragsverhältnis durchweg als *„Kaufvertrag"* bezeichnet.

- Die Incoterms 2020 sind in einem „*Regelwerk*" der Internationalen Handelskammer zusammengefasst; soweit es in den Ausführungen des vorliegenden Buches um das Gesamtwerk der Incoterms 2020 geht, wird daher von „Regelwerk" gesprochen.
- Das gesamte Regelwerk der Incoterms 2020 umfasst **11 Incoterms-***Klauseln*, die als standardisierte Liefervertragsklauseln (von EXW bis DDP) im nationalen oder internationalen Kaufvertrag zum Einsatz gelangen können.
- Diese Incoterms-Klauseln sind ihrerseits wieder untergliedert in **Incoterms-***Regeln*, die die jeweils 10 Rechte und Pflichten des Verkäufers (A1 bis A10) und des Käufers (B1 bis B10) aufstellen.
- Vielfach wird von einem „*benannten Ort*" gesprochen, der im Zusammenhang mit der Vereinbarung einer Incoterms-Klausel steht. Hierbei handelt es sich um eine Übersetzung des englischen Originaltextes „named place...", der sich in den Incoterms-Regeln findet. Es bedeutet, dass eine Vertragspartei bei Nennung der Incoterms-Klausel *zugleich auch noch* einen konkreten Ort nennt, der dann Gegenstand der gesamten Parteivereinbarung (Incoterms-Klausel + konkrete Ortsangabe) wird.

Praxistipp

> *Entsprechend der Systematik des „Regelwerks" der Incoterms®2020 werden im gesamten Buch nur die Begriffe*
> - *„Parteien des Kaufvertrags", „Verkäufer" oder „Käufer" sowie*
> - *„Incoterms 2020" mit Bezeichnung der einzelnen Klausel*
>
> *und „Incoterms-Regel" für die der jeweiligen Klausel beigefügten Untergliederung der jeweiligen Rechte und Pflichten der Parteien verwendet.*

4 Im Folgenden wird zunächst überblickartig dargestellt, welche grundsätzlichen Gesetzesbestimmungen (getrennt nach nationalem und internationalem Kaufvertrag) zu beachten sind und wann die Incoterms 2020 überhaupt zur Anwendung gelangen. Dann ist zu klären, ob diese Bestimmungen durch anderslautende Absprachen zwischen den Parteien des Kaufvertrages außer Kraft gesetzt oder abgeändert werden können und was zu geschehen hat, damit der jeweilige Parteiwille (bezüglich einer Lieferbedingung) optimal zur Geltung kommen kann.

5 Versäumt eine Partei eines Kaufvertrages die Verabredung von Lieferbedingungen (beispielsweise in der standardisierten und weltweit eingesetzten Form der Incoterms) oder ist eine Verabredung einer individuell vereinbarten Lieferbedingung bzw. einer Standardklausel der Incoterms 2020 aus dem einen oder anderen Grund (dazu weiter unten) nicht wirksam, kommen die nachstehend beschriebenen (gesetzlichen) Grundlagen hinsichtlich der Haftung für das Abhandenkommen, die Beschädigung oder den zufälligen Untergang einer Kaufsache zur Anwendung.

1. Grundproblem – Warum sind Lieferbedingungen so wichtig?

Praxistipp

▶ *Wenn es versäumt wird, individuelle oder standardisierte Lieferbedingungen (wie z.B. eine passende Klausel der Incoterms 2020) für ein Geschäft zu vereinbaren, oder wenn eine Vereinbarung über Lieferbedingungen unwirksam ist, müssen die nachfolgend beschriebenen Grundregeln der Gefahrtragung im Kaufgeschäft beachtet werden.*

1.1. Pflichten der Parteien eines Kaufvertrages

Die wichtigsten Pflichten der Parteien eines (nationalen) Kaufvertrages sind in § 433 BGB geregelt. Danach

- muss der *Verkäufer* dem Käufer den Kaufgegenstand übergeben und das Eigentum frei von Sach- und Rechtsmängeln verschaffen, § 433 Abs. 1 BGB,
- während der *Käufer* die Kaufpreiszahlung erbringen muss, § 433 Abs. 2 BGB. Die Kaufpreiszahlung ist die Hauptleistungspflicht des Käufers. Sofern kein Zeitpunkt vereinbart wurde, besteht die *Zahlungspflicht mit Abschluss des Kaufvertrages* (vgl. § 271 Abs. 1 BGB).

Dabei ist zu beachten, dass der Käufer den Kaufpreis auch zahlen muss, wenn

- die Übereignungspflicht des Verkäufers wegen zufälligen Untergangs der Kaufsache ausgeschlossen ist
- und dieser Untergang der Kaufsache erst nach dem Zeitpunkt eingetreten ist, in dem die sogenannte „Preisgefahr" schon auf den Käufer übergegangen war.

Der Zeitpunkt des Übergangs der Preisgefahr (diese wird auch „Gegenleistungsgefahr" genannt, da der Käufer mit der Kaufpreiszahlung seine Gegenleistung zu erbringen hat, obwohl die Ware zufällig untergegangen ist und der Käufer sie gar nicht erhält) ist für den Kauf in den §§ 446 und 447 BGB geregelt. Danach geht die Preisgefahr nämlich nicht erst im Zeitpunkt der einwandfreien Lieferung und damit vollständigen Vertragserfüllung durch den Verkäufer, sondern möglicherweise schon deutlich früher auf den Käufer über.

1.2. Grundprinzip der „Gefahrtragung"

Nach § 446 Satz 1 BGB gilt:

„Mit der *Übergabe* der verkauften Sache geht die Gefahr des zufälligen Untergangs und der zufälligen Verschlechterung auf den Käufer über."

Hintergrund dieser Bestimmung ist, dass *stets der Eigentümer* (im Regelfall also der Verkäufer einer Ware) *die Gefahr* des zufälligen Untergangs, des Verlusts und der Verschlechterung der Kaufsache (die sogenannte „Sachgefahr") *bis zu dem Moment zu tragen hat, in dem er die Kaufsache dem Käufer übergibt.*

Unter „Übergabe" im Sinne des § 446 BGB ist die Verschaffung des *unmittelbaren* Besitzes zu verstehen. Ein nur mittelbarer Besitz reicht nicht aus (es sei denn, die Kaufvertragspartner haben dies anders vereinbart), da in diesem Fall die Kaufsache noch nicht in den Machtbereich des Käufers gelangt ist. Wenn die Übergabe daran scheitert, dass der Käufer trotz ordnungsgemäßen Angebots die Kaufsache nicht annimmt, gerät er in „Annahmeverzug". Diese Situation führt nach § 446 Satz 3 BGB dazu, dass ab Beginn des Annahmeverzugs die Preisgefahr auf den Käufer übergeht.

11 Eine Besonderheit, die weiter unten (*Teil 1*, 1.3. und 1.4.) noch näher erläutert wird, stellt der Gefahrübergang des UN-Kaufrechts dar. Soweit das UN-Kaufrecht zur Anwendung gelangt (vgl. dazu Art. 1 und Art. 2 CISG), geht beim Versendungskauf nach Art. 67 Abs. 1 CISG die Gefahr „auf den Käufer über, sobald die Ware gemäß dem Kaufvertrag dem ersten Beförderer zur Übermittlung an den Käufer übergeben wird".

Abdingbarkeit

12 Dieses Grundprinzip des Gefahrübergangs ist abdingbar. Nach der höchstrichterlichen Rechtsprechung des BGH (NJW 1982, 1278) kann *der Gefahrübergang verlegt, vorgezogen oder verschoben* werden. Er darf auch von bestimmten tatsächlichen Erfordernissen abhängig gemacht werden. Die Beweislast für den Zeitpunkt des Gefahrübergangs trifft denjenigen, der sich darauf beruft. Da es damit letztlich auf die Beweisbarkeit einer der Gesetzesregelung widersprechenden Vereinbarung ankommt, empfiehlt es sich in der Praxis, eine Lieferbedingung möglichst schriftlich (oder auf anderem Wege nachweisbar) zu vereinbaren.

Praxistipp

> *Das Risiko der Beschädigung der Ware, des Abhandenkommens oder Verlusts usw. hängt mit dem Eigentum an der Ware zusammen. Nach deutschem Recht (§ 446 BGB) geht dieses Risiko auf den Käufer über (Gefahrübergang), sobald die Ware an den Käufer übergeben wird.*
>
> *Eine Ausnahme dazu findet sich im UN-Kaufrecht (Art. 67 Abs. 1 CISG), soweit dieses zur Anwendung kommt und ein Versendungskauf vorliegt.*
>
> *Da die gesetzliche Regelung (des BGB wie auch des CISG) abdingbar ist, kann die Vereinbarung einer Lieferbedingung (individuell **oder** standardisiert, Letzteres z.B. durch Vereinbarung einer Incoterms-Klausel) hier Abhilfe schaffen.*

13 Unter „Gefahr" im Sinne der Gesetzesvorschrift ist die Möglichkeit von Einwirkungen auf die Sache zu verstehen, die vom Besitz der Sache, von jedem Dritten oder von einer objektiven Sachlage ausgehen können.

14 Der „Untergang" der Sache ist nicht nur ihre physische Vernichtung oder *Zerstörung*, sondern auch die widerrechtliche *Entziehung* durch einen Dritten, eine *Beschlagnahme* und schließlich auch die grundsätzliche *Unmöglichkeit* des Verkäufers, dem Käufer Besitz und Eigentum an der Sache zu verschaffen.

Eine Verschlechterung ist jede Form der Qualitätsminderung, vor allem auch eine Beschädigung der Sache oder eines Teils davon.

Untergang oder Verschlechterung müssen *zufällig* geschehen, also ohne Verschulden des Vertragspartners. Grundsätzlich ist für ein Übergehen der Sachgefahr vom Verkäufer auf den Käufer ein wirksamer Kaufvertrag erforderlich. Bei bedingtem Vertragsschluss ist zu unterscheiden:

- Bei *auflösend* bedingten Verträgen im Sinne des § 158 Abs. 2 BGB geht die Gefahr mit der Übergabe vom Verkäufer auf den Käufer über. Tritt die (auflösende) Bedingung ein, besteht kein Vertrag mehr und damit bei zufälligem Untergang oder zufälliger Verschlechterung der Ware auch kein Erstattungsanspruch.

- Bei *aufschiebend* bedingten Verträgen nach § 158 Abs. 1 BGB geht mit dem Eintritt der Bedingung (nach der Übergabe) das Risiko der zufälligen Verschlechterung oder des zufälligen Untergangs auf den Käufer über. Fällt die Bedingung aus, besteht kein Kaufvertrag und damit auch kein Gefahrübergang vom Verkäufer auf den Käufer.

1.3. Erweiterung für den „Versendungskauf"

Für den Versendungskauf bestimmt § 447 Abs. 1 BGB: „Versendet der Verkäufer auf Verlangen des Käufers die verkaufte Sache nach einem anderen Ort als dem Erfüllungsort, so geht die Gefahr auf den Käufer über, sobald der Verkäufer die Sache dem Spediteur, dem Frachtführer oder der sonst zur Ausführung der Versendung bestimmten Person oder Anstalt ausgeliefert hat."

1.3.1. Versendungskauf

Beim Versendungskauf geht die Preisgefahr nach § 447 Abs. 1 BGB schon dann auf den Käufer über, wenn der Verkäufer die Kaufsache an die Transportperson ausgeliefert hat, obwohl die Sache dem Käufer zu diesem Zeitpunkt *weder zu Eigentum übertragen wurde noch ihm Besitz daran verschafft wurde*. Diese Vorschrift legt damit den Zeitpunkt des Gefahrübergangs weiter nach vorne; der Käufer wird damit im Versendungskauf hinsichtlich des Gefahrübergangs grundsätzlich etwas schlechter gestellt. Folgende Voraussetzungen müssen dabei beachtet werden.

Zunächst muss die Kaufsache *an einen anderen Ort als an den Erfüllungsort* versendet werden. Erfüllungsort ist der Ort, an dem die Leistung eines Schuldners (hier also des Verkäufers) erbracht werden soll. Dabei ist weiter zu unterscheiden:

- Ist verabredet, dass der Verkäufer dem Käufer die Kaufsache bringen soll (**Bringschuld**), ist der Wohn bzw. Geschäftssitz des Käufers der Erfüllungsort. Hier kann § 447 Abs. 1 BGB dann aber nicht greifen, da der Kaufgegenstand ja nicht „an einen anderen Ort als den Erfüllungsort" versandt wird. Der Gefahrübergang erfolgt in Fällen der Bringschuld daher nach Maßgabe des § 446 BGB.

- Liegt jedoch eine **Hol- oder Schickschuld** vor, ist der Wohn bzw. Geschäftssitz des Verkäufers der Erfüllungsort, sodass ein Versendungskauf im Sinne des § 447 BGB vorliegt. Dabei kommt es im Hinblick auf das Wort „Erfüllungs*ort*" nicht darauf an, dass ein Versand zwischen unterschiedlichen Städten erfolgt, sondern mit Ort ist der Sitz eines Unternehmens/einer Wohnung gemeint, sodass auch eine Lieferung innerhalb einer Stadt (Platzkauf) ein Versendungskauf sein kann.
- Die Versendung muss *auf Verlangen* (also ausdrücklich oder stillschweigend) des Käufers erfolgen. Es ist dafür ausreichend, dass der Käufer seinen entsprechenden Wunsch erst nach Vertragsschluss äußert.
- Der Gefahrübergang tritt mit der *Auslieferung der Kaufsache an die Transportperson* ein. Dazu muss die Kaufsache dem Spediteur oder Frachtführer übergeben werden und der Käufer muss alles Erforderliche getan haben, damit die Ablieferung beim Käufer erfolgen kann. Damit reicht es nicht aus, bloß einen Frachtvertrag zu schließen.
- Schließlich geht die Preisgefahr nur auf den Käufer über, wenn die Kaufsache *zufällig* untergeht, also den Verkäufer kein Verschulden trifft. Dies hat Bedeutung für die Fälle, in denen der Verkäufer den Versand der Kaufsache durch eigene Leute durchführt und diese den Untergang oder die Beschädigung der Kaufsache schuldhaft verursachen. Dieses Verschulden wird dann nämlich dem Verkäufer (nach § 278 BGB) zugerechnet, sodass es in diesen Fällen dann keinen „zufälligen" Untergang im Sinne des § 447 BGB und damit keinen Gefahrübergang auf den Käufer gibt.

Praxistipp

> *Grundsatz: Der Verkäufer muss dem Käufer das Eigentum an der Kaufsache verschaffen und ihm die Sache übergeben.*
>
> *Geht die Ware ab Übergabe oder Annahmeverzug zufällig unter oder verloren, oder wird sie sonstwie zufällig verschlechtert, kann der Käufer nach § 446 BGB trotzdem zahlungspflichtig sein.*
>
> *Beim Versendungskauf nach § 447 BGB wird der Zeitpunkt des Gefahrübergangs auf den Käufer noch weiter vorverlegt: Eine Zahlungspflicht des Käufers besteht trotz zufälligen Untergangs der Ware schon ab dem Moment, in dem er die Ware einer (fremden) Transportperson zum Transport übergibt. Eine ähnliche Regelung enthält Art. 67 Abs. 1 CISG im Warenkauf zwischen gewerblichen Verkäufern aus verschiedenen Vertragsstaaten des UN-Kaufrechts.*
>
> *Grundsatz: Diese Bestimmungen sind abdingbar, z.B. durch Vereinbarung einer im Hinblick auf den Gefahrübergang anderslautenden Lieferbedingung.*

1.3.2. Zeitpunkt des „Umsatzes" – welche Rolle spielen Incoterms?

Das „Realisationsprinzip" des Handelsgesetzbuches (vgl. § 252 Abs. 1 Nr. 4, 2. Halbsatz HGB) regelt den Ausweis der Aufwendungen und Erträge nach dem Zeitpunkt ihrer wirtschaftlichen Verursachung. Hierzu sagt diese Vorschrift: **20**

> „Es ist *vorsichtig* zu bewerten, namentlich sind alle vorhersehbaren Risiken und Verluste, die bis zum Abschlussstichtag entstanden sind, zu berücksichtigen, selbst wenn diese erst zwischen dem Abschlussstichtag und dem Tag der Aufstellung des Jahresabschlusses bekanntgeworden sind. Gewinne sind nur zu berücksichtigen, wenn sie am Abschlussstichtag realisiert sind."

Diese Vorschrift des HGB betrifft das genannte Prinzip, aber auch die Bewertung. Das „Vorsichtsprinzip" des § 252 Abs. 1 Nr. 4 HGB zeigt, dass Ertrag beziehungsweise Gewinn erst ausgewiesen werden dürfen, wenn dieser durch einen entgeltlichen Umsatz realisiert worden ist. **21**

Fraglich ist daher nun, welcher Zeitpunkt dann der richtige ist. Bei Kaufgeschäften ist **22**

- weder der Zeitpunkt des Vertragsschlusses (da die Erfüllung des Vertrags noch nicht sicher feststeht)
- noch der Zeitpunkt der Bezahlung (dieser ist – bei einer Anzahlung – zu früh, bei einem Zahlungsziel aber zu spät)
- und auch nicht der Zeitpunkt der Rechnungsstellung (da die Rechnungstellung oft erst nach Bewirkung der Hauptleistung, also z.B. der Warenlieferung, erfolgt)

der Moment der „Realisierung". Mit dem Vorgang des Umsatzes (Lieferung und Leistung; der Anspruch auf Gegenleistung = Kaufpreis muss entstanden sein) wird in der Regel eine mittlere Vorsichtsstufe gewählt. Damit ist festgelegt, dass zum Beispiel bei Abschluss eines Kaufvertrags noch keine Gewinnrealisation stattgefunden hat, allerdings muss auch nicht bis zur vollständigen Zahlung der Kaufpreisschuld gewartet werden, bis ein Gewinn verbucht werden kann.

Stattdessen ist der korrekte Zeitpunkt der Moment der Lieferung, also der Zeitpunkt der Erbringung der Hauptleistung des Lieferanten. Die Hauptleistung des Lieferanten besteht in der Übergabe der Kaufsache und in der Weitergabe der Preisgefahr. Übergabe der Ware und der Gefahrenübergang bezeichnen daher den Moment, der für das Realisationsprinzip von Bedeutung ist: Der Lieferant hat seine Hauptleistungspflicht erbracht und hat Anspruch auf die Erbringung der Gegenleistung (die Kaufpreisforderung kann somit aktiviert werden). **23**

Nun ist zu differenzieren, wann der Moment der Leistungshandlung ist. **24**

- Bei einem Barkauf (Ware gegen Geld) ist dies der Moment des Geschäftsabschlusses, da Abschluss, Erfüllung (Übergabe von Ware und Geld) sowie der Gefahrübergang zeitlich zusammenfallen.

– Bei dem für die meisten Unternehmensgeschäfte, insbesondere im internationalen Markt, üblichen „Versendungskauf", bei dem die Ware auf Wunsch des Käufers vom Verkäufer verschickt wird, ist danach zu differenzieren, wann genau der Gefahrübergang erfolgt.

Das BGB sieht in § 447 Abs. 1 für den Versendungskauf vor, dass der Gefahrübergang auf den Käufer im Moment der Warenübergabe an den ersten Transporteur erfolgt.

25 Ähnlich lautet die Regelung in Art. 67 CISG (UN-Kaufrecht) für den internationalen Warenkauf.

Vereinbaren die Geschäftspartner die **Anwendung einer Incoterms-Klausel** für ihr Geschäft, was sowohl für das Inlands- wie auch das Auslandsgeschäft möglich ist, dann erfolgt der Gefahrübergang in Abhängigkeit von der vereinbarten Incoterms-Klausel. Dies ist auch mit dem „Vorsichtsprinzip" (mittlere Vorsichtsstufe) vereinbar, da die Abwicklung mittels Incoterms-Klauseln keinesfalls am Anfangs- oder Endpunkt einer Kaufvertragsvereinbarung steht. Selbst die „Extrempositionen" wie Ex Works und DDP liegen immer von den Abwicklungszeitpunkten entfernt: EXW findet eine Zeitlang nach Vertragsschluss statt, wenn die Ware zur Abholung ab Werk bereitsteht, und die D-Klausel bezeichnet zwar die Ankunft der Ware beim Käufer, muss aber nicht mit dem Moment der Bezahlung zusammenfallen, insbesondere dann nicht, wenn ein Zahlungsziel vereinbart wurde.

Praxistipp

> *Der „Zeitpunkt des Umsatzes", also der korrekte Buchungstag des Umsatzes, folgt nach dem „Vorsichtsprinzip" des § 252 HGB dem Moment des Gefahrübergangs. Wird also eine Incoterms-Klausel vereinbart, dann ist der über diese Klausel verabredete Moment des Gefahrübergangs zugleich auch der Buchungstag für den getätigten Umsatz.*

1.4. Besonderheit für das internationale Geschäft

26 Für den internationalen Warenkaufvertrag ist schließlich noch das „Gesetz zum internationalen Warenkauf" (abgekürzt „CISG", oft auch „UN-Kaufrecht" genannt) zu beachten. CISG steht für „Convention on the International Sale of Goods", die eine UNO-Konvention zum internationalen Warenkauf aus dem Jahre 1980 ist. Diese Konvention ist in *Deutschland* als *„Gesetz* zum internationalen Warenkauf" umgesetzt und seit 01.01.1991 gültiges deutsches Gesetzesrecht für internationale Warenkaufverträge.

– Dieses „Spezialgesetz" für den internationalen Warenkauf geht im Auslandsgeschäft den Kaufrechtsregeln des BGB vor („lex specialis"-Grundsatz). Die alte römische Rechtsregel „lex specialis derogat legi generali" besagt, dass spezielle Rechtsnormen allgemeinere Normen verdrängen. Da sowohl das UN-Kaufrecht (CISG) wie auch das BGB Regelungen zum Kaufvertrag enthalten, ist dieser Grundsatz von Bedeutung, wenn deutsche Außenhändler in ihren Geschäften vereinbaren: „Es gilt deutsches Recht". Hier muss dann nämlich der „lex specialis"-Grundsatz – also der Vorrang des UN-Kaufrechts vor den Kaufrechtsregeln des BGB – beachtet werden! Dieser Vorrang ist abdingbar, wie aus Art. 6 CISG entnommen werden kann.

- Eine wichtige Besonderheit dieser Konvention, die meist als „UN-Kaufrecht" bezeichnet wird, besteht darin, dass sie derzeit (Stand Mitte 2019) in 91 Staaten weltweit geltendes Gesetzesrecht für den Warenkauf zwischen gewerblichen Verkäufern aus verschiedenen Vertragsstaaten der Konvention ist. Da hier fast alle wichtigen Partnerländer des deutschen Außenhandels als Vertragsstaaten auftauchen, kommt im deutschen Außenhandel fast immer das UN-Kaufrecht zur Anwendung.

- Eine weitere Besonderheit, die weiter unten noch näher erläutert wird, besteht darin, dass die Incoterms-Klauseln häufig von feststehenden Begriffen (wie etwa „Ware", „Erfüllungsort", „Lieferung" oder „Lieferort" usw.) ausgehen, ohne diese Begriffe weitergehend zu definieren. Bereits in der Einführung der alten Incoterms *2000* hat die ICC daher darauf hingewiesen, dass zur näheren Bestimmung allgemeiner Rechtsbegriffe eine Auslegung nach Maßgabe des UN-Kaufrechts erfolgen soll.

Als spezialgesetzliche Regelungen für *Kaufverträge über Waren zwischen Parteien, die ihre Niederlassung in verschiedenen Staaten haben*, gehen die Regeln des CISG den Normen des BGB für nationale Kaufgeschäfte (§§ 446 und 447 BGB) vor, sodass das CISG im internationalen Warenkaufvertrag beachtet werden muss.

27

Das Spezialgesetz CISG sagt zum **Gefahrübergang** in **Art. 67 CISG**:

28

„(1) Erfordert der Kaufvertrag eine Beförderung der Ware und ist der Verkäufer nicht verpflichtet, sie an einem bestimmten Ort zu übergeben, so geht die Gefahr auf den Käufer über, sobald die Ware gemäß dem Kaufvertrag dem ersten Beförderer zur Übermittlung an den Käufer übergeben wird. Hat der Verkäufer dem Beförderer die Ware an einem bestimmten Ort zu übergeben, so geht die Gefahr erst auf den Käufer über, wenn die Ware dem Beförderer an diesem Ort übergeben wird. Ist der Verkäufer befugt, die Dokumente, die zur Verfügung über die Ware berechtigen, zurückzubehalten, so hat dies keinen Einfluss auf den Übergang der Gefahr.

(2) Die Gefahr geht jedoch erst auf den Käufer über, wenn die Ware eindeutig dem Vertrag zugeordnet ist, sei es durch an der Ware angebrachte Kennzeichen, durch Beförderungsdokumente, durch eine Anzeige an den Käufer oder auf andere Weise."

Art. 67 CISG regelt damit den Gefahrübergang **beim Versendungskauf**. Seine praktische Bedeutung ist allerdings eingeschränkt, da das CISG eine Besonderheit aufweist: Die Parteien eines internationalen Warenkaufvertrages können die Wirkung des CISG nämlich ändern oder für ihren Vertrag ganz ausschließen, wie sich aus Art. 6 CISG ergibt:

29

> „Die Parteien können die Anwendung dieses Übereinkommens ausschließen oder, vorbehaltlich des Artikels 12 CISG, von seinen Bestimmungen abweichen oder deren Wirkung ändern."

30 Dies kann beispielsweise durch Vereinbarung einer Lieferbedingung geschehen, die einen anderen Zeitpunkt des Gefahrübergangs im Versendungskauf festschreibt, als es die gesetzlich vorgegebene Norm in Art 67 CISG festlegt.

31 Art. 67 CISG befasst sich mit zwei Varianten des Versendungskaufs:

- Nach der Grundregel des Art. 67 Abs. 1 Satz 1 CISG wird die Ware gemäß den Bestimmungen des Kaufvertrages befördert, ohne dass der Verkäufer verpflichtet ist, sie *an einem bestimmten Ort* zu übergeben. Die Gefahr geht dann nach Art. 67 Abs. 1 CISG mit Übergabe der Ware an den Beförderer auf den Käufer über. „Übergabe" im Sinne des Art. 67 CISG bedeutet, dass die Ware in die Obhut eines (fremden) Beförderers übergehen muss. Beim Seetransport genügt es deshalb (sofern nichts anderes vereinbart wurde), dass die Ware längsseits des Schiffes abgeladen wird, wenn der Verfrachter sie dort in seine Obhut nimmt.
- Liegt dagegen – ungeachtet der Beförderungspflicht – der Lieferort an einem bestimmten Ort, nämlich beim Verkäufer oder beim Käufer, greift die Sondervorschrift des Art. 69 CISG ein.

Praxistipp

> *Im internationalen Warenkauf kommt im Regelfall das CISG (vor den Kaufrechtsnormen des BGB, „lex specialis"-Grundsatz) zur Anwendung, soweit das CISG nicht ausgeschlossen oder in der Wirkung geändert wird, Art. 6 CISG.*
>
> *Art. 67 Abs. 1 CISG verlegt den Gefahrübergang vom Verkäufer auf den Käufer auf den Moment der Warenübergabe an den ersten Beförderer.*
>
> *Bei Vereinbarung eines bestimmten Lieferortes ist Art. 69 CISG zu beachten.*

- Die Ausnahmeregelung des Art. 67 Abs. 1 Satz 2 CISG geht dagegen von einem vereinbarten (anderen) *Absende*ort aus. Wenn der Verkäufer die Ware *dem Beförderer(!) an einem bestimmten Ort übergeben* muss, geht die Gefahr mit Übergabe der Ware an diesem Ort auf den Käufer über. Damit werden die Fälle erfasst, in denen ein Verkäufer mit Sitz im Landesinneren die Lieferung ab einem bestimmten Seehafen vereinbart und die Ware erst dort an einen Beförderer übergibt. Damit erfolgt der Gefahrübergang in diesen Fällen nicht schon bei Übergabe an den ersten Beförderer (im Landesinneren), sondern gemäß Art. 67 Abs. 1 Satz 2 CISG erst mit Abladung im Seehafen.
- Schließlich ist noch Art. 67 Abs. 1 Satz 3 CISG zu beachten: Der Gefahrübergang wird danach nicht dadurch behindert, dass der Verkäufer Dokumente zurückbehält, die zur Verfügung über die Ware berechtigen. Unabhängig davon

also, ob mittels Dokumenten Eigentum an der Ware übergehen kann oder nicht, entscheidet für die Regelung des Art. 67 CISG grundsätzlich nicht die Dokumentation, sondern die Beförderung der Ware selber.

1.5. Zwischenergebnis

Angesichts der Konsequenzen des Gefahrübergangs nach den §§ 446 und 447 BGB sowie der für den internationalen Warenkaufvertrag zu beachtenden Vorschrift des Art. 67 CISG wird deutlich, wie wichtig es ist, in internationalen Warenkaufverträgen zum Gefahrübergang eine anderslautende Regelung zu vereinbaren, als es die gesetzliche Grundlage darstellt. Dies kann geschehen

32

– durch die Verabredung individueller Lieferbedingungen oder
– durch die Einbeziehung standardisierter Lieferbedingungen (wie der Incoterms 2020) in den Vertrag.

2. Lieferbedingungen

Ein Hauptmerkmal der in diesem Buch kommentierten Incoterms 2020 ist es,

33

– neben der Regelung der Kostentragung
– den *Moment des Gefahrübergangs* vom Verkäufer auf den Käufer auf einen anderen, von beiden Vertragsparteien übereinstimmend gewollten Zeitpunkt vor- oder zurückzuverlegen.

Weil es damit auf die rechtswirksame Verabredung einer für das jeweilige Geschäft geltenden Lieferbedingung ankommt, muss man sich – vor der näheren Betrachtung der einzelnen Lieferklauseln – erst einmal klarmachen, was eine „Lieferbedingung" innerhalb eines Kaufvertrages überhaupt ist. Ferner ist zu klären, wie eine Lieferbedingung der Incoterms 2020 überhaupt Vertragsinhalt werden kann und damit Grundlage für eine einvernehmliche Gefahrtragungs- und Kostentragungsregelung zwischen den Vertragsparteien wird.

2.1. Individuelle Lieferbedingungen

Lieferbedingungen sind dazu da, zwischen den Parteien festzulegen, welche der beiden Vertragsparteien

34

– ab oder bis wann welchen Anteil an den Kosten des Geschäfts (Transport, Versicherung des Transports, Zölle)
– und ab oder bis wann die Gefahr des zufälligen Untergangs, Verlusts oder der zufälligen Verschlechterung tragen soll.

In dieses Grundkonzept fließen Wünsche und Gedanken der Vertragsparteien mit ein:

– So stehen oft Überlegungen der Unternehmen im Raum, wo die Ware am besten/einfachsten/preiswertesten übernommen werden kann.

- Zu überlegen sind immer auch die Art des Transportmittels sowie die damit zusammenhängende Dokumentation, die stets einen gewissen arbeitstechnischen Aufwand darstellen.

35 Möglicherweise ist bereits bedacht worden, welche Rechte und Pflichten mit dem Versand und dem Transport der Ware übernommen werden, doch wird dies von den Vertragsparteien nicht immer gleich in Einklang zur dazu passenden Lieferbedingung gebracht. Gerade hier kann es zum Ausgangspunkt oft umfangreicher Verabredungen kommen, wenn mögliche Gedanken in die dann zugrunde gelegten Vertragsformulierungen einfließen.

- Mit dem Transport wird zugleich auch verbunden, wer welche Dokumente zu erstellen beziehungsweise beizubringen hat, und wer die damit verbundenen Kosten trägt.
- Schließlich kann eine allzu komplexe Ausgestaltung all dieser mit einer *individuellen Lieferbedingung* zusammenhängenden Dokumentationen dazu führen, dass die Abwicklung des ganzen Vertrages erschwert wird. Das ist beispielsweise der Fall, wenn im Bereich des dokumentären Zahlungsverkehrs – gerade auch im Hinblick auf die Dokumentenprüfung unter einem Akkreditiv – zwingend erforderliche Dokumente erstellt, beschafft oder wegen inhaltlicher Unstimmigkeit zurückgewiesen werden müssen.

36 *Vertragsfreiheit*

Derartige Vorüberlegungen können dazu führen, dass individuell gestaltete Lieferbedingungen missverständlich formuliert werden. Es ist ein Vorteil des Prinzips der „Vertragsfreiheit", dass die Vertragsparteien die Bestandteile ihres Kaufvertrages völlig frei gestalten dürfen, soweit sie nicht gegen bestehende, zwingende Regelungen verstoßen (ordre public Vorbehalt).

37 *Verwendung einer Fremdsprache*

Ein Nachteil kann im internationalen Kaufvertrag dann auftreten, wenn bei Verwendung einer Fremdsprache ein fehlerhaftes Verständnis oder eine unterschiedliche Interpretation von Formulierungen auftreten.

38 Dann gilt: Alles, was letztlich den geschäftlichen Erfolg gefährdet, weil Dinge unklar sind oder sich in der Umsetzung nicht eignen, sollte vermieden werden. Das gilt selbst dann, wenn „selbst erdachte" individuelle Klauseln verwendet werden, wie etwa die einfache Verwendung eines Begriffes „FOB", wobei es unterlassen wird, deutlich zu machen, dass FOB nicht für „free on board" (im Sinne der Incoterms 2020) stehen soll, sondern möglicherweise für eine ganz andere Bedeutung steht. Dann ist der Streit darüber vorprogrammiert, welche Rechte und Pflichten im Einzelnen mit der kurzen Vertragsklausel eigentlich gemeint sind.

39 Es ist daher zu empfehlen, bei der in der Praxis gebotenen Anwendung von Lieferbedingungen an standardisierte Klauseln zu denken. Wenn diese – wie es bei den Incoterms 2020 der Fall ist – weltweit bekannt und anerkannt sind, hilft dies der Klarheit und dem gemeinsamen Verständnis der Vertragsklauseln zusätzlich.

2.2. Typische Handelsklauseln in der Praxis

Neben frei formulierten Lieferbedingungen und den weltweit am stärksten genutzten Standardklauseln haben sich in der Geschäftswelt einige Begriffe etabliert, die nachfolgend kurz beschrieben werden.

Diesen häufig anzutreffenden Begriffen ist gemeinsam, dass sie in der Praxis zwar oft genutzt werden, dass sie aufgrund ihrer Ungenauigkeit aber zu Auslegungsschwierigkeiten und möglicherweise auch zu Streit zwischen den Geschäftspartnern führen können. Zu den in der Praxis häufig anzutreffenden Begriffen zählen u.a.:

- *Circa* : Dieser unpräzise Begriff lässt „handelsübliche" oder den Geschäftsumständen entsprechende Toleranzen zu, vor allem bei Mengen-, Maß- und Zeitangaben. Meist wird es akzeptiert, dass eine Abweichung je nach Geschäftsart und Leistungsinhalt von fünf bis zehn Prozent toleriert wird. Mit einer Circa-Klausel wird es dem Verkäufer zugestanden, bei der Erfüllung seiner Leistungspflicht im Rahmen der vereinbarten Toleranz hinter seinem Leistungsversprechen zurückzubleiben oder aber auch darüber hinauszugehen. Bei geringerer Leistung hat der Käufer keinen Ersatzanspruch, bei Übererfüllung kann der Verkäufer kein zusätzliches Entgelt beanspruchen. Angesichts der Auslegungsbedürftigkeit dieser Klausel sollte möglichst auf sie verzichtet werden.

- *Force majeure*: Bei „höherer Gewalt" handelt es sich um von außen kommende Ereignisse, die keinen betrieblichen Zusammenhang aufweisen und die auch mit äußerster Sorgfalt nicht zu verhindern sind (z.B. ein Vulkanausbruch legt den Flugverkehr lahm). Gemeint sind allerdings nicht Streiks oder ähnliches, die zu typischen Betriebsrisiken eines Unternehmers gehören. Die „Force majeure"-Klausel soll den Leistungspflichtigen leistungsfrei stellen, wenn ihm wie auch einem Dritten die geschuldete Leistung unmöglich geworden ist. Die „Force majeure"-Klausel wird oft auch mit einer „Hardship Clause" verknüpft. Wegen der häufig notwendigen Auslegungsbedürftigkeit von vereinbarten „Force majeure"-Klauseln hat sich die ICC schon früh dieser Thematik angenommen und mit der „ICC Force Majeure Clause 2003" für die Geschäftspraxis ein Auslegungswerk zur Verfügung gestellt (https://iccwbo.org/publication/icc-force-majeure-clause-2003icc-hardship-clause-2003/). Eine Aktualisierung der „ICC Force Majeure Clause"/„ICC Hardship Clause" wird derzeit von der „ICC Kommission für Handelsrecht und Praxis" vorbereitet.

- *Freibleibend* : Eine ebenfalls ungenaue Begrifflichkeit ist „ohne Obligo, unverbindlich" o.ä. Sie hat je nach Zusammenhang verschiedene Bedeutungen, da sie sich zum einen auf *vertragliche Willenserklärungen* beziehen (es liegt noch kein Vertragsantrag vor, wohl aber eine Aufforderung zur Abgabe von Angeboten; es kann aber auch bedeuten, dass ein Angebot vorliegt, dass bis zur Annahme frei widerruflich sein soll), zum anderen aber auch auf freibleibende *Leistungsinhalte*, wie etwa die Leistungspflicht, auf den Preis, auf die Lieferzeit, die Liefermenge usw. beziehen kann.

Teil 1: Vorbemerkungen

- *Frei Haus* : Der so benannte Handelsbrauch besagt, dass der Verkäufer die Ware auf seine Kosten und Gefahr am Sitz des Käufers zu übergeben hat.
- *Kasse gegen Bericht*: Hier wird es dem Käufer gestattet, die gelieferte Ware vor Bezahlung zu überprüfen und etwaige Mängelansprüche geltend zu machen.
- *Kasse gegen Dokumente*: Dies ist der klassische Fall einer dokumentären Zahlungsklausel (auch: Kassaklausel, „documents against payment"). Klar ist hier die Fälligkeitsregel, wonach der Verkäufer eine Vorleistungspflicht zur Dokumentenvorlage hat, während den Käufer die Pflicht trifft, die Ware zu bezahlen, bevor er sie erhält und auf Mangelfreiheit prüfen kann. Mit dieser Klausel ist auch eine Barzahlungsverabredung – bei Ausschluss einer Aufrechnung und etwaiger Zurückbehaltungsrechte – verbunden. Einen geordneten Ablauf (Regelung der Rechte und Pflichten der Beteiligten, auch der eingeschalteten Banken) hat diese Klausel dann, wenn die „ICC Richtlinien und Gebräuche für Dokumenteninkassi" („ERI", Publikation Nr. 522 der ICC) als Grundlage für diese Zahlungsbedingung vereinbart werden.
- *Nachnahme* : Dieser Begriff begründet nach allgemeinem Verständnis eine Vorleistungspflicht (Zahlung der gelieferten Ware, „cash on delivery") ohne vorherige Untersuchungs-, Rüge- und Einwendungsmöglichkeit.
- *Netto Kasse* : Diese Zahlungsbedingung enthält die Pflicht zur Bezahlung des Kaufpreises, ohne einen Skontoabzug vornehmen zu dürfen.
- *Preis freibleibend* : Eine Klausel mit diesem Terminus ist im Geschäftsverkehr unter Unternehmern wirksam und bedeutet, dass bei ansonsten verbindlichem Vertrag der Kaufpreis erst später endgültig festgelegt wird: Die Klausel birgt das Risiko der Missverständlichkeit, da sie bedeuten kann, dass der Verkäufer bei steigendem Marktpreis den Preis (erhöht) festlegen darf, bei sinkendem Marktpreis den Preis aber nicht unbedingt niedrig festsetzen muss. Die Klausel kann aber auch dahingehend interpretiert werden, dass der Verkäufer bei steigendem Marktpreis ein neues Preisangebot abgeben kann, das der Käufer aber ablehnen darf. Wenn eine solche Klausel verabredet wird, sollte sie also möglichst präzisiert werden.
- *Unfrei* : Dieser Begriff wird im Regelfall so verstanden, dass der Versand und die Anlieferung auf Kosten des Käufers erfolgen.

Praxistipp

> *Lieferbedingungen lassen sich natürlich auch **individuell** gestalten und vereinbaren. In der Praxis haben sich viele übliche Begriffe wie frei Haus oder netto Kasse usw. herausgebildet, die oft den Nachteil haben, keine gemeinsame und anerkannte Interpretation zu haben und daher, insbesondere bei internationaler Verwendung, leicht zu Missverständnissen und zu Streit zwischen den Anwendern führen können.*
>
> *Um dies zu vermeiden, sollten in der Geschäftspraxis immer **standardisierte** Lieferbedingungen zum Einsatz kommen.*

2.3. Standardisierte Lieferbedingungen

Aufgrund der Interpretationsschwierigkeiten, die Handelsklauseln verursachen können, haben sich schon in der Vergangenheit *standardisierte Klauseln* herausgebildet, die bis heute im Einsatz sind. Die wohl bekanntesten Standardklauseln sind die Incoterms, die im Herbst 2019 von der Internationalen Handelskammer in einer Neufassung Incoterms 2020 vorgelegt wurden. Nachfolgend werden die Grundzüge einiger anderer bekannter Standardlieferklauseln beschrieben. 42

2.3.1. Trade Terms

Im internationalen Handel bildete sich vor etwa einhundert Jahren das Bedürfnis heraus, typische und für die Praxis leicht einsetzbare Standardklauseln nutzen zu können, deren Interpretation im Hinblick auf wichtige Belange des internationalen Geschäfts außer Zweifel stand. 43

In dieser Situation gelang es der Internationalen Handelskammer erstmals im Jahre 1923, eine Zusammenstellung von damals üblichen „trade terms" zu entwickeln, die man heute durchaus als Vorläufer der erst später entwickelten Incoterms verstehen kann. Die Internationale Handelskammer („International Chamber of Commerce", kurz: ICC), die im Jahr 1919 auf Initiative der Internationalen Handelskonferenz (durch Vertreter der nationalen Handelskammern von Belgien, Frankreich, Großbritannien, Italien und den USA) in Atlantic City gegründet wurde, ist heute ein Zusammenschluss von etwa 7000 Unternehmen und Verbänden aus mehr als 120 Staaten weltweit, die durch nationale Komitees vertreten sind. 44

Die Aufgaben der ICC bestehen in der Förderung und Verbesserung des Welthandels sowie der Harmonisierung und Liberalisierung von internationalen Usancen und Geschäftsgebräuchen. 45

In den damals zusammengestellten „trade terms" trug eine Ländergruppe, bestehend aus Ägypten, Australien, Belgien, Dänemark, Deutschland, Frankreich, Großbritannien, Italien, Jugoslawien, Kanada, Marokko, Niederlande, Norwegen, Österreich, Schweden, Schweiz, Südafrika und den USA zunächst nur ihre zu diesem Zeitpunkt (national) verwendeten „trade terms" einschließlich der landestypischen Auslegung zusammen. 46

Mit dieser Zusammenstellung erfolgte noch keine inhaltliche Abstimmung und Standardisierung, sondern es wurde nur ermöglicht, dass sich die Geschäftsleute bei grenzüberschreitenden Liefergeschäften zwischen den genannten Ländern auf die jeweilige Interpretation ihrer nationalen „trade terms" berufen konnten, wobei es den anderen Vertragsparteien aber zugleich ermöglicht wurde, diese Auslegung zu (er)kennen und darauf angemessen zu reagieren. 47

2.3.2. Das Regelwerk der Incoterms – Entstehen und Hintergründe

Die Incoterms (International Commercial Terms) sind – wörtlich übersetzt – „internationale Handelsklauseln". Anders als es dieser Begriff vermuten lässt, ist der An- 48

Teil 1: Vorbemerkungen

wendungsbereich der „Incoterms" aber nicht auf die internationale Anwendung beschränkt, sondern auch für die Anwendung im nationalen Handel offen.

49 Incoterms gingen von Anfang an von der bloßen Zusammenstellung der „trade terms" weg und entwickelten neue Standardklauseln, die überall gleich verstanden werden und gleichermaßen zur Anwendung kommen können. In der Anfangszeit wurden die von der Handelspraxis geschaffenen Handelsklauseln noch nicht weltweit gleichermaßen interpretiert, sodass es insbesondere bei Prozessen an den jeweiligen Gerichtsständen unterschiedliche Sichtweisen der einzelnen Handelsklauseln gab.

50 So diente die erste Ausarbeitung der Incoterms durch die Internationale Handelskammer aus dem Jahr 1936, die auf Befragungen der nationalen Mitgliedsorganisationen zurückging, zunächst einmal der Festigung eines gemeinsamen Verständnisses der damals weltweit praktizierten Handelsklauseln. In den Neuauflagen der Jahre 1953, 1967, 1976, 1980, 1990, 2000, 2010 und zuletzt 2020 wurde das Regelwerk der jeweils jüngsten Entwicklung der Handelspraxis angepasst, in 1990 bedingt durch die modernen Transporttechniken, vor allem im Containerverkehr, den multimodalen Transport und die RoRoTransporte, sowie seit 2000 beispielsweise auch bedingt durch die zunehmende Bedeutung der elektronischen Varianten des Datenaustauschs in Geschäftspraxis, Dokumentation und Abwicklung.

51 Auch die Neufassung der Incoterms 2020 geht auf aktuelle Markterfordernisse zurück. Wie das Vorwort der neuen Incoterms 2020 erkennen lässt, sollen die Incoterms 2020 den gestiegenen Sicherheitsbedüftnissen beim Transport der Waren, dem Bedarf an höherer Flexibilität beim Versicherungsschutz je nach Art der Waren und des Transports sowie der von Banken erhobenen Forderung nach einem An-Bord-Konnossement bei bestimmten finanzierten Käufen auf FCA-Grundlage dienen.

52 Die Incoterms wurden von der Internationalen Handelskammer also seit dem Jahr 1936 aufgestellt und bieten in Kaufgeschäften seitdem besonders gebräuchliche Handelsklauseln über die Lieferung von Waren bei weltweit einheitlichem Standard. Sie dienen dabei der Rationalisierung bei der Vertragsabfassung und tragen heute ganz erheblich dazu bei, vor allem den internationalen Handel zu vereinfachen (sie sind aber auch im nationalen Kaufvertrag einsetzbar).

53 Das Besondere an der Aufnahme von Incoterms in einen Vertrag ist, dass man sich eine weitergehende Aushandlung und Ausformulierung all derjenigen Punkte ersparen kann, die in den Incoterms-Regeln (in der Interpretationshilfe des jeweiligen „term") einzeln aufgeführt sind.

54 Da die Klauseln sich zudem aus der Praxis des Überseehandels entwickelt haben, gehen sie nach wie vor auch heute noch weitgehend vom Seetransport aus. So wurden für die damals neu geschaffenen Incoterms vor allem die im Überseehandel gebräuchlichen Abkürzungen CIF (für „cost, insurance, freight") und FOB (für „free on board") mit der charakteristischen Risiko- und Kostenlastenverteilung als Standardklausel für das weltweite Handelsgeschäft entwickelt.

2.3.2.1. *Rolle der Internationalen Handelskammer*

Die Internationale Handelskammer (International Chamber of Commerce, kurz: ICC) – nicht zu verwechseln mit den deutschen Industrie- und Handelskammern, den „IHK" – ist eine eigenständige, weltweit aktive und wichtige, Branchen umfassende private Wirtschaftsorganisation.   **55**

Zu den Mitgliedern weltweit zählen große Unternehmen, Banken, aber auch IHK und Verbände, die sich über die ICC der Förderung des grenzüberschreitenden Handels annehmen und der Herausforderung der Globalisierung stellen. Die ICC hat ihren Sitz in Paris und ist über so genannte Nationalkomitees weltweit vertreten (das deutsche Nationalkomitee der ICC ist *ICC Germany e.V.* mit Sitz in Berlin, https://www.iccgermany.de/).   **56**

Zu den Hauptaktivitäten der ICC gehört   **57**

- das Setzen *freiwilliger* (!) Regeln für den Geschäftsverkehr wie beispielsweise die *Einheitlichen Richtlinien und Gebräuche* für Dokumentenakkreditive und Dokumenteninkassi, die insbesondere im internationalen dokumentären Zahlungsverkehr der Banken zugrunde gelegt werden, daneben auch die *Einheitlichen Richtlinien* für Vertragsgarantien;

- das Angebot von *Hilfsmitteln für die Durchführung von Schiedsverfahren* (so vor allem die „ICC Schiedsgerichtsordnung 2012" (kostenfrei abrufbar unter https://iccwbo.org/publication/arbitration-rules-and-mediation-rules-german-version/), in überarbeiteter Textversion in Kraft seit 1.3.2017, die schon in der Vorgängerversion der überwiegenden Zahl der weltweit durchgeführten Schiedsverfahren zugrunde gelegt wurden sowie auch das Angebot, die Durchführung von Schiedsverfahren durch den *Internationalen Schiedsgerichtshof* zu *unterstützen* oder zu *überwachen*. Schiedsverfahren können auf der ganzen Welt durch Eigeninitiative der Unternehmen/Streitparteien eingeleitet und durchgeführt werden; dabei dient die ICC Schiedsverfahrensordnung in der jeweils neuesten Version als verlässliche Grundlage für die Durchführung des Verfahrens.

- Der Schiedsgerichtshof der ICC hat in den fast einhundert Jahren seit seinem Bestehen über 10.000 Verfahren begleitet und überprüft. Außerdem ermöglicht er in seinen Räumlichkeiten in Paris die Durchführung von Schiedsverfahren und unterstützt mit der Benennung geeigneter Schiedsrichtergremien. Dazu stellt der Schiedsgerichtshof den streitenden Parteien bei Bedarf eine umfangreiche Infrastruktur zur Verfügung und unterstützt damit die Möglichkeit zu schnellen, reibungslosen, fairen und vertraulichen Verfahren. Abläufe werden von der Organisation überwacht, Probleme gelöst und die Einhaltung von Schiedsgerichtsentscheidungen wird überprüft. Das Sekretariat des International Court of Arbitration bietet Unterstützung in vielen verschiedenen Sprachen an. Der Präsident sowie die Mitglieder des ICC-Schiedsgerichtshofes aus rund 90 Ländern *überprüfen bzw. bestätigen die Schiedssprüche* von Schiedsgerichten, die weltweit oder aber auch in den Räumlichkeiten des Schiedsgerichtshofes tagen, und entscheiden bei Bedarf über die Besetzung des jeweiligen

Schiedsgerichts und die Wahl des Schiedsortes. Generalsekretär und Sekretariat des Gerichtshofes begleiten die Schiedsverfahren und bereiten die Beschlüsse des Schiedsgerichtshofes vor. In Paris bietet der Court daneben ein eigenes Hearing Center zur Durchführung von Schiedsverfahren an.

– Schließlich ist die ICC auch eine *Interessenvertretung* in der Politik, etwa durch Unterstützung für Internationale Handelsabkommen (WTO), bei der Bekämpfung von Geldwäsche, Produktpiraterie usw. Die ICC kommuniziert dabei den Standpunkt der globalen Wirtschaft gegenüber internationalen Organisationen wie den Vereinten Nationen, der WTO oder den G20. Anlässlich der UN-Vollversammlung am 21. Dezember 2016 wurde der ICC der offizielle UN-Beobachter-Status verliehen. Er gibt den Vertretern der ICC ein Teilnahme- und Rederecht an bzw. während der Sitzungen der Vereinten Nationen wie beispielsweise der Generalversammlung oder in Kommissionen.

58 Da die ICC eine private Organisation ist, sind ihre Richtlinien, Regelwerke oder sonstigen Materialien grundsätzlich nicht verbindlich (wie etwa Gesetze und Normen, die von Staaten erlassen werden). Stattdessen werden ICC Richtlinien für Vertragsparteien nur dadurch verbindlich, dass diese die ICC Richtlinien oder Regelwerke ausdrücklich als Vertragsbestandteil in ihre Verträge einbeziehen. Dies geschieht so, wie man auch „Kleingedrucktes" (als AGB) in einen Vertrag einbezieht. Darauf wird weiter unten noch näher eingegangen.

59 Da die Publikationen der ICC auch nicht – wie etwa Gesetze von Staaten – formal außer Kraft gesetzt werden, wenn es eine neue Publikation zu demselben Thema gibt, sondern lediglich durch eine neuere Publikation eine Aktualisierung erfahren, sollte bei der Arbeit mit den Materialien der ICC schon zur Vermeidung von etwaigen Missverständnissen darauf geachtet werden, grundsätzlich die gewünschte (Jahres-)Fassung einer Publikation zu vereinbaren. Für die Anwendung einer Incoterms-Klausel hieße dies beispielsweise: „FOB Hafen Hamburg Überseekai, Incoterms 2020".

60 Dies ist umso wichtiger, als viele Unternehmen gerade in der Zeit einer Neupublikation möglicherweise noch mit einer „alten" Version der Incoterms 2000 oder Incoterms 2010 arbeiten wollen und in ihren Allgemeinen Liefer- oder Einkaufsbedingungen hierauf auch noch Bezug nehmen. Wird die Bezugnahme auf Incoterms im konkreten Fall zu allgemein gehalten, würde im Zweifel die neueste Fassung des Regelwerks in der englischen Originalfassung anzuwenden sein.

Praxistipp

> *Die Internationale Handelskammer (International Chamber of Commerce – ICC) mit Sitz in Paris, vor einhundert Jahren (1919) gegründet, ist eine private Vereinigung. Sie ist eine wichtige Interessenvertretung gegenüber der Politik (WTO/UN/G20) und unterstützt Unternehmen mit einer Vielzahl freiwillig einsetzbarer Mustertexte und Regelwerke, die in der Geschäftspraxis*

den Vertragsbaschlüssen der Unternehmen zugrunde gelegt werden können. Wertvoll ist auch die weltweit häufig genutzte ICC Verfahrensordnung zur Durchführung von Schiedsverfahren.

2.3.2.2. Incoterms 2020

Die Incoterms 2020 betreffen immer nur das Rechtsverhältnis zwischen Käufer und Verkäufer, für deren Kaufvertrag bzw. Liefervertrag sie als „Lieferbedingung" ein Vertragsbestandteil geworden sind (entweder, weil sie von Anfang an mit verabredet worden sind oder sie noch nachträglich wirksamer Vertragsbestandteil geworden sind). Sie ersetzen damit auch *nicht* etwa den ganzen Kaufvertrag oder wesentliche Teile davon, sondern befassen sich ausdrücklich nur mit bestimmten Punkten daraus, die sich auf Käufer und Verkäuferrechte und -pflichten, auf den Gefahrübergang, die Risiko- und die Kostenteilung beziehen.

61

Andere im Vertrag wichtige Aspekte wie etwa die Spezifikation der Ware, die sonstigen Vertragspflichten, die Gewährleistungsfragen, Haftungsausschlüsse, das für den Vertrag geltende Recht und die Frage, ob und wie Eigentum an der verkauften Ware übergeht, werden von den Incoterms 2020 nicht erfasst (vgl. dazu ausführlich den Text in: *Incoterms 2020, Einführung II*) und bedürfen daher – sofern benötigt – einer besonderen vertraglichen Berücksichtigung.

62

Die Incoterms 2020 sind keine (staatlichen) Rechtsnormen. Nur ausnahmsweise können sie wie ein Handelsbrauch im Sinne des § 346 HGB gewertet werden (dazu weiter unten, *Teil 2*, 2.1.5). Incoterms 2020 gelten daher grundsätzlich nur dann, wenn die Vertragsparteien auf sie Bezug nehmen und sie in ihren Vertrag einbeziehen.

63

Die Vereinbarung zwischen Vertragsparteien, eine bestimmte Klausel der Incoterms 2020 anzuwenden, kann sich allerdings auch auf andere Verträge (wie z.B. auf den Beförderungsvertrag, Versicherungsvertrag, Finanzierungsvertrag) auswirken. Wenn beispielsweise ein Verkäufer eine CFR- oder CIF-Klausel (Incoterms 2020) als Lieferbedingung in seinem Kaufvertrag akzeptiert hat, kann er den Kaufvertrag nur ordnungsgemäß erfüllen, wenn er als Transport den Seetransport wählt, da er unter CFR und CIF dem Käufer ein Konnossement oder ein anderes maritimes Seetransportpapier präsentieren muss und andere Transportmittel und Transportverträge damit für den Haupttransport ausgeschlossen sind. Die Klausel schlägt sogar durch bis zur Bankabwicklung, die unter einem Akkreditiv und einer eventuellen Finanzierung unter einem Akkreditiv dann das Seetransportpapier zur Honorierung der Zahlungsaufforderung voraussetzt.

64

Dabei ist schließlich auch noch zu klären, nach welchem Recht eine derartige Einbeziehung geschieht. Gilt das deutsche *Recht der Allgemeinen Geschäftsbedingungen*, oder sind etwa fremde staatliche AGB-Bestimmungen zu berücksichtigen? Dazu wird unten (*Teil 1*, 3.2.) ausführlich Stellung genommen.

65

66 Der Einsatz und die Nutzung der Incoterms 2020 stellen besondere Anforderungen, wenn man einen optimalen Erfolg erreichen muss. Jedenfalls sollte in der Praxis besondere Sorgfalt beim Einsatz der Lieferklauseln an den Tag gelegt werden!

Praxistipp

> „Die Incoterms 2020 Regeln bilden für sich allein genommen KEINEN Vertrag und können daher auch **nicht** als **Ersatz für einen Kaufvertrag** dienen. Sie sind dazu bestimmt, Handelspraktiken ... für eine beliebige **Art** von Waren in einer standardisierten Weise zu formulieren", (**Incoterms 2020, Einführung II**).
>
> Vor allem können nach **Incoterms®2020, Einführung II** die Standardregeln der Incoterms **nicht regeln (Auszug)**:
>
> – die Tatsache, ob überhaupt ein Kaufvertrag besteht,
> – die Spezifikationen der verkauften Waren,
> – Zeit, Ort, Zahlungsweise oder Währung des Preises…
> – … und die Frage, ob und wie Eigentum an der verkauften Ware übergeht.

67 Wegen des Fehlens von Hilfsmitteln und einheitlichen Regelungen zu Beginn des 20. Jahrhunderts hatten in der Vergangenheit – neben der ICC – auch noch andere internationale Institutionen Musterverträge entwickelt und Standardbedingungen entworfen, vor allem

- die UNO mit dem Wirtschaftsausschuss für Europa (ECE = Bedingungen der „Economic Commission for Europe")
- und die FIDIC mit den internationalen Vertragsbedingungen der „Fédération Internationale des Ingénieurs Conseils".

2.3.3. FIDIC

68 Bei internationalen Aufträgen arbeitet man mit den standardisierten Bedingungen der FIDIC. FIDIC ist die „Fédération Internationale des Ingénieurs Conseils", eine im Jahr 1913 in Lausanne gegründete Gemeinschaft von beratenden Ingenieuren. Die „FIDIC Conditions" werden üblicherweise im internationalen **Bau- und Anlagengeschäft** eingesetzt.

69 Die ersten „Conditions" stammen aus dem Jahr 1957; die jüngste Fassung, die eine frühere Version von 1999 auf neuesten Stand bringt, stammt vom Dezember 2017 und enthält Standardbedingungen für verschiedene Arten von Verträgen, die auch „2017 FIDIC SUITE" genannt werden:

- Conditions of Contract for Construction („Red Book")
- Conditions of Construction for Plant and Design Build („Yellow Book")
- Conditions of Contract for EPC Turnkey Projects („Silver Book")

Bedeutung haben die Bedingungen der FIDIC dadurch erlangt, dass sie von der Weltbank empfohlen werden und Teil ihrer Standardverträge sind. Die Vertragssprache ist grundsätzlich Englisch. Den Parteien steht es frei, eine andere Vertragssprache zu wählen.

2.3.4. ECE-Klauseln

Allgemeine Lieferbedingungen gibt es auch von der ECE. Die Wirtschaftskommission für Europa der Vereinten Nationen (United Nations Economic Commission for Europe), abgekürzt UNECE, auch UN/ECE oder ECE) ist eine von fünf Regional-Kommissionen des Wirtschafts- und Sozialrates der Vereinten Nationen (ECOSOC), deren Hauptziel es ist, pan-europäische wirtschaftliche Integration zu fördern.

70

Die ECE-Bedingungen haben die wohl breiteste Verwendung im Anlagengeschäft zu verzeichnen. Bekannt sind und bis heute angewendet werden vor allem:

71

- Allgemeine Lieferbedingungen für den Export von Maschinen und Anlagen (ECE-Westfassung) LW 188;
- Allgemeine Lieferbedingungen für den Export von Maschinen und Anlagen (ECE-Ostfassung) LO 574;
- Allgemeine Liefer- und Montagebedingungen für den Import und Export von Maschinen und Anlagen (ECE-Westfassung) LMW 188 A (als ECE-Ostfassung LMO 574 A);
- Zusatzbestimmungen für die Überwachung der Montage von Maschinen und Anlagen im Ausland (ECE-Westfassung ZMU 188 B; ECE-Ostfassung ZMU 574 B);
- Allgemeine Verkaufsbedingungen für den Import und Export von langlebigen Konsumgütern und anderen Serienerzeugnissen der metallverarbeitenden Industrie (ECE) LK 730 A.

Die West- und Ostfassung stammen aus den 50er Jahren des vorigen Jahrhunderts. Sie stimmen weitgehend überein und haben daher – entsprechend der damaligen politischen Teilung der Welt in westliche Staaten und den „Ostblock" – auch zwei unterschiedliche Versionen jeder einzelnen Textfassung entwickelt. Abweichungen zwischen beiden Fassungen sind eher gering und bestehen vor allem bei Fragen des Gefahrübergangs und bei Entlastungsgründen. Ansonsten kann festgehalten werden, dass die Risikoverteilung zwischen den Vertragspartnern relativ gleich erfolgt.

72

2.3.5. American Foreign Trade Definitions

Diese Standardklauseln kennt man in den USA schon seit 1919, also länger als es die Incoterms gibt. 1941 brachte die US-amerikanische Handelskammer gemeinsam mit dem „National Council of American Importers" und dem „National Foreign Trade Council" eine erneuerte Fassung heraus, die sogenannten „Revised American Foreign Trade Definitions – RAFTD".

73

74 Die RAFTD-Lieferbedingungen sollten nach dem Willen der Herausgeber nicht länger benutzt werden, da die Incoterms zu diesem Zeitpunkt bereits eine weltweit überragende Bedeutung erlangt hatten. Trotzdem hat der US-amerikanische Markt sie weiterhin angewandt, selbst noch nach Inkrafttreten der Incoterms 2000 und der Incoterms 2010. Da damit eine Verwechslungsgefahr insbesondere bei Verwendung der in beiden Texten (Incoterms und RAFTD) vorhandenen fob-Klausel bestand, wird immer wieder davor gewarnt, den Hinweis auf den Bezug der grundlegenden Textquelle zu vergessen. So wird die RAFTD-fob-Klausel in den USA unterschiedlich eingesetzt, wobei eine Methode auch die bloße „Verladung an Bord eines Transportmittels" ist (also keine Verladung an Bord eines Schiffes erfordert).

75 Nötig ist daher bei Nutzung von „fob" insbesondere im US-Handel die klarstellende Ergänzung um den Begriff („Incoterms 2020" oder wahlweise „RAFTD").

Praxistipp

> Neben den weltweit am stärksten genutzten standardisierten Lieferbedingungen (Incoterms) gibt es seit Langem auch für Spezialanwendungen, insbesondere im Anlagenbau, Lieferbedingungen der UNO (ECE) sowie – für Ingenieure – Texte der FIDIC.
>
> Zu beachten ist, dass US-amerikanische Standardbedingungen (RAFTD), die eigentlich gar nicht mehr verwendet werden sollen, in der Praxis immer noch genutzt werden, sodass im USA-Geschäft bei Einsatz von Begriffen (wie etwa „fob") stets ergänzend klargestellt werden muss, ob eine Bezugnahme auf Incoterms oder auf die RAFTD gewollt ist.

3. Grundsätzliches zu den Incoterms 2020

3.1. Incoterms 2020 und CISG

3.1.1. Rechte und Pflichten

76 Eine von den Vertragsparteien verabredete *und* wirksam in den Kaufvertrag einbezogene Incoterms-Klausel gilt zwischen den Parteien des Kaufvertrages und behandelt *einige* spezielle Rechte und Pflichten innerhalb dieses Vertragsverhältnisses, soweit es um die Waren*lieferung* geht. Sie legt beispielsweise fest, welche Vertragspartei sich um die Abschlüsse von Transport- und Versicherungsverträgen zu kümmern hat und wer die Kosten dafür übernimmt. Teilweise (und je nach verabredeter Klausel) legt die verwendete Incoterms-Klausel darüber hinaus auch fest, welchen Inhalt der Beförderungs- und der Versicherungsvertrag haben muss. Darüber hinaus gehende Regelungen, die für den Kaufvertrag bedeutsam sein können wie etwa

– zum Zustandekommen des Kaufvertrages zwischen Verkäufer und Käufer,

3. Grundsätzliches zu den Incoterms 2020

- Fragen zum Eigentumsübergang oder zum Eigentumsvorbehalt,
- zu den Zahlungsbedingungen oder auch
- zum geltenden Recht

treffen die Incoterms 2020 *nicht*. Es gibt auch keine Bestimmungen, die sich mit Vertragsverletzungen durch eine Partei befassen.

Da im internationalen Warenkauf die Regeln des Gesetzes zum internationalen Warenkauf („UN-Kaufrecht", CISG) anwendbar sein können, sind eventuell vorhandene Überschneidungen zu Regelungen zu überprüfen, die durch die Parteivereinbarung mithilfe der Incoterms vorgenommen werden.

77

Dies gilt beispielsweise für die Problematik des Gefahrübergangs, die mittels einer Incoterms-Klausel anders gelöst wird, als es die gesetzliche Regelung in Art. 67 Abs. 1 CISG vorsieht. Steht die vereinbarte Incoterms-Klausel hinsichtlich der Vereinbarung des Gefahrübergangs im Widerspruch zu der Aussage des CISG, erfolgt mit der Einbeziehung der Incoterms-Klausel in den Kaufvertrag eine – nach Art. 6 CISG zulässige – *Abbedingung* der Gesetzesnorm.

78

Praxistipp

▶ *Die Vereinbarung einer Klausel der Incoterms 2020 bedeutet nur eine Abbedingung einer entgegenstehenden Gesetzesnorm (z.B. des Art. 67 CISG), nicht aber den Ausschluss der Geltung des gesamten CISG.*

Incoterms 2020 und CISG sind in der Terminologie vielfach aufeinander abgestimmt und ergänzen sich in vielen Bereichen.

79

Während das *CISG* die Rechte und Pflichten der Kaufvertragsparteien normiert, finden sich in den *Incoterms-Regeln* (A1 bis A10 und B1 bis B10) der Incoterms-Klauseln Erweiterungen und Ergänzungen, die – je nach Parteivereinbarung – auf die konkreten Bedürfnisse und Wünsche der Geschäftspartner ausgerichtet sind.

Praxistipp

▶ *CISG und Incoterms ergänzen sich.*
  - *Während das CISG, soweit es anwendbar ist (vgl. Art. 1 bis 6 CISG), insbesondere das Zustandekommen von **Kaufverträgen über bewegliche Güter**, Rechte und Pflichten der Vertragsparteien sowie Schadensersatz bei Vertragsverletzungen normiert,*
  - *behandeln die Incoterms nur „Lieferbedingungen" im **Warentransport**, die als freiwillige Vertragsinhalte vereinbart werden und als Handelsklauseln im Wesentlichen die grundsätzlichen Rollen und Verantwortlichkeiten von Käufer und Verkäufer bei der Lieferung, den Gefahrübergang sowie die Kosten- und Risikoaufteilung zwischen Verkäufer und Käufer im Blick haben.*

3.1.2. Kaufvertrag über bewegliche Güter

80 Eine weitere Parallele zwischen Incoterms 2020 und UN-Kaufrecht (CISG) ist darin zu sehen, dass beide sich auf den „Kaufvertrag über bewegliche Güter" konzentrieren. Dies lässt sich aus den Ursprüngen erklären, auf die die Incoterms und das CISG zurückgehen.

3.1.2.1. CISG

81 Das deutsche „Gesetz zum internationalen Warenkauf" ist die nationale Umsetzung der UN-Konvention zum internationalen Warenkauf. Daher wird das Gesetz *in Deutschland* auch abgekürzt „CISG" genannt (CISG = Convention on the International Sale of Goods).

82 Nach Art. 1 Abs. 1 CISG gilt: „Dieses Übereinkommen ist auf *Kaufverträge über Waren* zwischen Parteien anzuwenden, die *ihre Niederlassung in verschiedenen Staaten* haben". Es kommt also darauf an, dass

– die Vertragsparteien ihre Niederlassung in verschiedenen Staaten haben (internationaler Aspekt).

– Hinsichtlich der Ware genügt dagegen ein einfacher Kaufvertrag (also auch ein nationaler Kauf, sodass die Ware keine Ländergrenze überschreiten muss).

83 Weiter wird in Art. 2 CISG der Anwendungsbereich des UN-Kaufrechts festgelegt:

„Dieses Übereinkommen findet keine Anwendung auf den Kauf

(a) von Ware für den persönlichen Gebrauch oder den Gebrauch in der Familie oder im Haushalt, es sei denn, dass der Verkäufer vor oder bei Vertragsabschluss weder wusste noch wissen musste, dass die Ware für einen solchen Gebrauch gekauft wurde,

(b) bei Versteigerungen,

(c) aufgrund von Zwangsvollstreckung oder anderen gerichtlichen Maßnahmen,

(d) von Wertpapieren oder Zahlungsmitteln,

(e) von Seeschiffen, Binnenschiffen, Luftkissenfahrzeugen oder Luftfahrzeugen,

(f) von elektrischer Energie."

84 Schließlich stellt Art. 3 Abs. 2 CISG klar:

„Dieses Übereinkommen ist auf Verträge nicht anzuwenden, bei denen der überwiegende Teil der Pflichten der Partei, welche die Ware liefert, in der Ausführung von Arbeiten oder anderen Dienstleistungen besteht."

3.1.2.2. Incoterms

85 Auch die Incoterms sind für den *Warenhandel* konzipiert. Damit gibt es eine recht eindeutige Parallele zum CISG. In der Einleitung zu den Incoterms 2000 schrieb die ICC dazu: „Es ist zu beachten, dass die Incoterms sich auf die Rechte und Pflichten der Vertragspartner im Hinblick auf die Lieferung einer (beweglichen) Ware beschränken, deren Verkauf abgeschlossen ist."

In der Einführung zu den Incoterms 2020 wird sinngemäß ausgeführt, dass Incoterms Handelsklauseln sind, die im Wesentlichen die grundsätzlichen Rollen und Verantwortlichkeiten von Käufer und Verkäufer, die Lieferung, den Gefahrübergang sowie die Kosten- und Risikoaufteilung zwischen Verkäufer und Käufer im Blick haben. Obwohl die Klauseln im Seehandel entstanden und zunächst den Transport beweglicher Güter mit dem Schiff zum Inhalt hatten, sind sie inzwischen auf alle Transportarten anwendbar (hierzu Incoterms 2020, Einführung VII). Unterschiede zu den Transportarten lassen sich heute nur noch aus den einzelnen Klauseln entnehmen, die teilweise nur die eine oder andere Transportart zulassen (so ist zum Beispiel „fas" für „free alongside ship" nur für den Schiffstransport geeignet). **86**

Es sind Varianten möglich! Da Incoterms von den Vertragsparteien als Grundlage für ihre Lieferbedingungen frei vereinbart werden, lassen sie sich auch ergänzen oder abwandeln. So ist es – mit Geltung zwischen den Vertragsparteien – natürlich möglich, eine Seetransportklausel auch für eine andere Transportart zugrunde zu legen. **87**

Man darf eine Klausel also erweitern oder abändern. Das kann allerdings zur Folge haben, dass die Interpretationshilfe der Incoterms-Regeln verloren geht, Zweifelfragen und letztlich auch Streit über die Auslegung des Gewollten entstehen können. **88**

Hier wird also klar: Man darf zwar abändern, modifizieren und erweitern, tut dies dann aber unter Inkaufnahme des Risikos, dass der eigentliche Wert der Klausel, nämlich die anerkannte *Interpretation durch die Incoterms-Regeln*, eingeschränkt wird oder ganz verloren gehen kann. **89**

Praxistipp

> *Individuelle **Abweichungen von Incoterms-Regeln** sind zwar möglich, aber gefährlich. Wie die Einführung zu den Incoterms 2020 (**Einführung X**) zeigt, verbieten die Incoterms 2020 eine Abänderung zwar nicht. Um unliebsame Überraschungen zu vermeiden, sollten die Parteien aber die beabsichtigte Wirkung einer solchen Abänderung in ihrem Vertrag sehr genau deutlich machen.*

Ein deutlicher Unterschied zum CISG, welches auf den *internationalen* Warenkauf ausgerichtet ist, besteht darin, dass sich die Incoterms nicht auf den Kaufvertrag konzentrieren, sondern lediglich einen „Warentransport" voraussetzen. Dieser kann national (auch im Europäischen Binnenmarkt) oder international stattfinden. **90**

Schon in der Einführung zu den früheren Incoterms 2010 wurde dies deutlich herausgestellt: Während Incoterms in früherer Zeit traditionell im internationalen Geschäft eingesetzt wurden, machten neu geschaffene Handelsräume (wie etwa ASEAN, NAFTA, EU usw.) frühere Auslandsmärkte zu Inlandsmärkten. Damit kam dem *nationalen* Geschäft (z.B. in den großen Binnenmärkten) eine größere Bedeutung zu, sodass die Incoterms 2010 vielfach im Hinblick auf die im internationalen Geschäft zu beachtenden Import-, Export- oder Zollformalitäten den Hinweis: **91** "falls zutreffend" enthielten. Die Incoterms 2020 haben die Ausfuhr-/ Einfuhrabfertigung in A7/B7 konkreter aufgegriffen und die passende Kostenregelung in A9/B9 präziser gefasst.

Praxistipp

> *Die Incoterms 2020 setzen nur einen Warentransport voraus und können daher für **nationales, internationales und Binnenmarktsgeschäft** gleichermaßen eingesetzt werden.*
>
> *Dagegen gehen die Regeln des CISG grundsätzlich von Kaufverträgen über Waren zwischen **Parteien** aus, die bei Vertragsschluss ihre **Niederlassung in verschiedenen Staaten** haben. Weitere Bedingungen für die Anwendbarkeit des CISG gibt es nicht: Weder muss ein Beförderungsvertrag geschlossen werden, noch muss die Ware selbst über eine Grenze geliefert werden.*
>
> *Soweit – anstelle vom CISG (weil dieses nicht zur Anwendung kommt) – nationale Zivilrechtsregeln (z.B. des deutschen BGB) zur Anwendung gelangen, gilt hier dasselbe: Incoterms überlagern und ändern die im gesetzlichen Kaufrecht (CISG/BGB …) vorgesehenen Normen zu Rechten und Pflichten der Kaufvertragsparteien.*

92 Die Incoterms werden zunehmend **auch im nationalen Kaufgeschäft** zugrunde gelegt. In den USA ist die Bereitschaft gewachsen, im nationalen Kaufgeschäft die Incoterms einzusetzen und entgegenstehende Verschiffungs- und Lieferbestimmungen des „Uniform Commercial Code" außer Acht zu lassen. Dies lässt sich damit erklären, dass es je nach US-Bundesstaat *unterschiedliche Textversionen* des „Uniform Commercial Code" gibt und die Anwendung der Incoterms zu einer Art Rechtsvereinheitlichung im US-amerikanischen Binnenmarkt sorgt.

93 Obwohl die Incoterms ursprünglich für die Nutzung in Verträgen zwischen „Kaufleuten" konzipiert waren, ist keine klare Forderung damit verbunden, dass sie damit grundsätzlich nur von Kaufleuten angewendet werden dürfen. Daher eignen sich die Incoterms auch für einen Kaufvertrag, der zwischen einem Kaufmann und einer Privatperson abgeschlossen wird.

Praxistipp

> *Incoterms waren ursprünglich zur Anwendung über nationale Grenzen hinweg vorgesehen. Daher auch die Bezeichnung („Incoterms", international commercial terms). Mit dem Zusammenwachsen von Märkten (ASEAN, NAFTA, EU) werden sie zunehmend aber auch in Binnenmärkten und in nationalen Liefergeschäften eingesetzt. Die Incoterms 2010 wiesen daher auf ihrer einleitenden Seite ausdrücklich auf die Anwendbarkeit **auch im nationalen Geschäft** hin; die neuen Incoterms 2020 enthalten diesen Hinweis im Text der Einführung.*

3.2. AGB-Charakter und die Konsequenzen

Die Incoterms werden (meist im Rahmen einer Lieferbedingung) als einzelne Vertragsklauseln in den Kaufvertrag zwischen den Vertragsparteien eingebunden. Sie können auch so formuliert werden, dass sie grundsätzlich auch für eine Vielzahl künftiger Geschäfte gelten sollen und damit *wie* eine Klausel von Allgemeinen Geschäftsbedingungen wirken.

94

3.2.1. Inhaltskontrolle

Wenn die zwischen den Vertragsparteien vereinbarten Incoterms-Klauseln AGB-Wirkung erhalten sollen (dazu unten, *Teil 1*, 3.2.3), müssen sie die Anforderungen erfüllen, die typischerweise an eine *Einbeziehung von AGB in einen Vertrag* gestellt werden. Dabei geht es weniger um die Frage, ob die vereinbarte AGB-Klausel inhaltlich „in Ordnung" ist oder nicht. Das im AGB-Recht sehr wichtige Thema einer Inhaltskontrolle einer Klausel auf ihre Angemessenheit ist bei den *Incoterms* zu vernachlässigen, da es angesichts der weltweiten Verbreitung und der jahrzehntelangen Praxis und Bewährung so gut wie ausgeschlossen sein dürfte, dass einzelne Incoterms-Klauseln nach dem AGB-Recht eines Staates wegen Unangemessenheit oder AGB-Widrigkeit als unwirksam bezeichnet werden.

95

Eine Inhaltskontrolle auf eine *unangemessene Verwendung* der Incoterms-Klausel kommt aber dann in Betracht, wenn die standardisierte Incoterms-Klausel durch eine inhaltliche Abwandlung oder Erweiterung einen neuen Inhalt bekommt und dann als unangemessen befunden wird.

96

3.2.2. Auslegung

Es ist Zielsetzung der Incoterms, dass sie nach objektiven Kriterien und nach ihrem Zweck international einheitlich verstanden und eingesetzt werden. Dies bedeutet, dass immer dann, wenn in der praktischen Anwendung von Incoterms Fragen oder Interpretationsschwierigkeiten auftreten, ein und dieselbe Auslegung zur Klärung von Zweifelfragen führt.

97

3.2.2.1. Auslegungshilfen

Zu einer einheitlichen Auslegung trägt bei, dass allen bisherigen ICC-Veröffentlichungen der Incoterms jeweils eine Einleitung/Einführung zum Zweck und Umfang der Klausel sowie eine Begriffsinterpretation vorangestellt werden.

98

Zweck der Incoterms ist es nach dem Anwendungshinweis der ICC-Publikation zu den Incoterms 2010, internationale Regeln zur Auslegung der hauptsächlich verwendeten Vertragsformeln in Außenhandelsverträgen aufzustellen. Es sollen dadurch Unsicherheiten, die durch die unterschiedliche Auslegung solcher Klauseln in verschiedenen Ländern entstehen, vermieden oder zumindest erheblich eingeschränkt werden.

99

Der neue Einleitungstext der Incoterms 2020 (*Einführung I*) geht in seinen Ausführungen ein Stück weiter: Die Incoterms dienen der Auslegung von elf der gebräuchlichsten Handelsklauseln, die jeweils mit drei Buchstaben abgekürzt wer-

100

den, die im internationalen Warenhandel zwischen Unternehmen übliche Praktiken in Kaufverträgen festschreiben. Dabei umschreiben diese Regeln:

- *Pflichten*: Wer übernimmt im Rahmen der Beziehung zwischen Verkäufer und Käufer welche Aufgaben, d.h. wer ist für den Transport oder die Versicherung der Waren, die Beschaffung der Frachtpapiere und der Ausfuhr- oder Einfuhrgenehmigungen verantwortlich?
- *Gefahrenübergang*: Wo und wann „liefert" der Verkäufer die Waren oder anders gesagt, an welcher Stelle erfolgt der Gefahrenübergang vom Verkäufer auf den Käufer?
- *Kosten*: Welche Seite ist für welche Kosten verantwortlich, z.B. Transport-, Verpackungs-, Lade- und Entladekosten sowie Kosten für Prüfungen oder sicherheitsbezogene Kosten?

101 Die Incoterms 2020 befassen sich mit diesen Bereichen in insgesamt zehn Artikeln, die mit A1/B1 usw. durchnummeriert sind, wobei die Artikel unter A jeweils die Pflichten des Verkäufers und die Artikel unter B die Pflichten des Käufers regeln.

102 Jede einzelne der elf Incoterms 2020-Klauseln enthält einen einleitenden Text mit Begriffsbestimmungen, die Anlass zur Auslegung geben könnten. Dies geht von Begriffen wie „Lieferung und Gefahrübergang" über Begriffe wie „Verladerisiken und Ausfuhrabfertigung" hin zu Erläuterungen des Grundprinzips, das hinter einzelnen Klauseln steht. Sind dann immer noch Fragen offen und besteht weiterer Bedarf an einer Auslegung, ist im Zweifel die englische Fassung der Incoterms-Regeln heranzuziehen. Die Incoterms-Texte erläutern aber nicht alle möglichen Zweifelfragen und geben auch nicht für alle wichtigen Begriffe eine Interpretationshilfe.

103 Ein wesentlicher Punkt ist die Notwendigkeit der möglichst präzisen Ortsangabe, die in der Praxis oft versäumt wird. Die Incoterms-Regeln selber verwenden verschiedene Begriffe wie „Verschiffungshafen" oder „Bestimmungshafen", ansonsten häufig aber auch nur den Begriff „benannter Ort". Da es in Kaufverträgen, die den reinen Leistungsaustausch der Vertragsparteien bestimmen, häufig zu einem Fehlen von Ortsangaben kommt, ist es umso wichtiger, dass die Ortsangabe zumindest im Zusammenhang mit der gewählten Klausel erfolgt. Die Incoterms-Regeln sehen dies jedenfalls so vor, wenn sie von „*…der benannte Ort…*" sprechen (vgl. z.B. in FCA [Incoterms 2020], A2). Da bei Fehlen einer Ortsbenennung mehrere Stellen in Betracht kommen können, wird in den Incoterms-Regeln an den passenden Stellen darauf hingewiesen, dass der Verkäufer die ihm am besten zusagende Stelle auswählen darf, wenn nichts anderes verabredet wurde (so z.B. bei FCA im einleitenden Text „erläuternder Kommentar für Nutzer", Ziffer 3).

104 Wenn es derartige Auslegungshilfen nicht gibt und stattdessen nur auf die dadurch entstehenden Risiken hingewiesen wird (z.B. bei DDP im einleitenden „erläuternden Kommentar für Nutzer", Ziffer 4), kann nur mithilfe des zurückliegenden Parteiverhaltens, also aus ähnlich gelagerten, schon abgewickelten Fällen, geschlossen werden, was man verabredet hätte, wenn man an die Notwendigkeit der Ortsangabe gedacht hätte. Helfen aber auch Parteigepflogenheiten und Handelsbrauch bei der Auslegung nicht weiter, ist die gewählte Klausel nicht sicher anwendbar und kann ihren Nutzen nicht vollständig entfalten.

Praxistipp

> ▶ *Incoterms sollen nach objektiven Kriterien und soweit wie möglich auch international einheitlich ausgelegt werden können. Als Auslegungshilfe können die Begriffsbestimmungen aus der Einführung der Incoterms sowie aus dem jeweils einleitenden Text jeder einzelnen Klausel der Incoterms 2020 herangezogen werden.*
>
> *Grundsätzlich soll der gewählten Klausel ein Ortsname oder eine möglichst präzise Ortsangabe hinzugefügt werden.*

3.2.2.2. Hafenusancen und Handelsbräuche

Zusätzlich kann es notwendig sein, weitergehende Verpflichtungen der Parteien ganz präzise darzulegen, indem gegebenenfalls in gewissem Maß auf Hafenbräuche, Handelsbräuche und eventuell auch auf branchentypisches Verhalten Bezug genommen wird. Es ist daher von Vorteil, wenn vor Vereinbarung der Geltung einer Klausel der Incoterms 2020 das etwaige Vorhandensein derartiger Usancen und sonstiger Handelsbräuche geprüft wird. **105**

Für die Beachtlichkeit eines Handelsbrauchs zwischen den Parteien ist im Übrigen Art. 9 CISG heranzuziehen: **106**

> „(1) Die Parteien sind an die Gebräuche, mit denen sie sich einverstanden erklärt haben, und an die Gepflogenheiten gebunden, die zwischen ihnen entstanden sind.
>
> (2) Haben die Parteien nichts Anderes vereinbart, so wird angenommen, daß sie sich in ihrem Vertrag oder bei seinem Abschluß stillschweigend auf Gebräuche bezogen haben, *die sie kannten oder kennen mussten* und die im internationalen Handel den Parteien von Verträgen dieser Art in dem betreffenden Geschäftszweig *weithin bekannt sind und von ihnen regelmäßig beachtet* werden."

3.2.3. Einbeziehung einer Klausel in den Vertrag

Für die Frage, wie Incoterms wirksam vereinbart, also „in den Vertrag einbezogen werden können", ist zunächst darauf hinzuweisen, dass für Incoterms *nicht eindeutig* dogmatisch geklärt ist, ob es sich bei ihnen um festgeschriebenes *Gewohnheitsrecht*, um *Handelsbrauch*, um lediglich objektive Auslegungsregeln oder gar um „*Allgemeine Geschäftsbedingungen*" handelt, die die Parteien in ihren jeweiligen Vertrag einbeziehen. Hier kann zum einen wieder ein Blick ins CISG weiterhelfen. **107**

Ob die Vertragsparteien eine Klausel der *Incoterms 2020 wie eine AGB-Klausel* für ihren Kaufvertrag verwenden, beurteilt sich nach Art. 8 Abs. 1 und 2 CISG, soweit **108**

Teil 1: Vorbemerkungen

die Geltung des UN-Kaufrechts vorhanden ist und nicht etwa abbedungen wurde. Danach gilt:

> „(1) Für die Zwecke dieses Übereinkommens sind Erklärungen und das sonstige Verhalten einer Partei nach deren Willen auszulegen, wenn die andere Partei diesen Willen kannte oder darüber nicht in Unkenntnis sein konnte.
>
> (2) Ist Absatz 1 nicht anwendbar, so sind Erklärungen und das sonstige Verhalten einer Partei so auszulegen, wie eine vernünftige Person der gleichen Art wie die andere Partei sie unter den gleichen Umständen aufgefasst hätte."

109 Kommt man über diese Norm auch nicht weiter, geht man mit der überwiegend vertretenen Auffassung im Schrifttum davon aus, dass für die Incoterms-Klauseln zumindest *ähnliche Anwendungsgrundsätze* gelten müssen, wie sie für die Verwendung Allgemeiner Geschäftsbedingungen bestehen. Auch wenn man das AGB-Recht also nicht direkt anwendet, wird man (bei gleichzeitiger Außerachtlassung der strengeren Vorgaben des CISG für die Vereinbarung von AGB in UN-Kaufverträgen) für eine wirksame Vereinbarung von Incoterms-Klauseln im Vertrag *zumindest* die AGB-Rechtsgrundsätze anwenden müssen, dass

- eine wirksame Vereinbarung (durch entsprechende Willenserklärungen der Kaufvertragsparteien)
- und eine wirksame Einbeziehung (im Sinne des § 305 BGB) vorliegen müssen.

110 Wenn und soweit das CISG anwendbar ist, kann Art. 7 Abs. 1 CISG, insbesondere bei „überraschenden" Klauseln, zur Versagung der Wirksamkeit von AGB und damit auch der Klausel führen. Von sogenannten „überraschenden" Klauseln spricht man, wenn der Vertragspartner mit bestimmten Vertragsklauseln innerhalb des Kleingedruckten nicht zwingend rechnen muss, daher von einer solchen Klausel „überrascht" würde und sie aus diesem Grund dann trotz Einbindung in die AGB auch nicht gegen sich gelten lassen muss.

Praxistipp

> ▶ *Incoterms-Klauseln sind nicht direkt „AGB". Trotzdem empfiehlt es sich, für eine gesichert* **wirksame Vereinbarung von Incoterms-Klauseln in einen Vertrag** *zumindest die AGB-Rechtsgrundsätze (***Vereinbarung + „Einbeziehung" in den Vertrag***, dazu unten) anzuwenden, die auch für die Verwendung Allgemeiner Geschäftsbedingungen bestehen.*

3.2.3.1. Einbeziehung

111 Wertet man den Einsatz von Incoterms-Klauseln wie die Verwendung von AGB, müssen diese wirksam in den Vertrag „einbezogen" werden. Die Einbeziehung ist Bestandteil des allgemeinen Vertragsschlusses (in Deutschland nach den §§ 145 ff. BGB) und setzt deshalb eine darauf gerichtete ausdrückliche oder stillschweigende Vereinbarung voraus.

112 Da die Eigenart der AGB darin besteht, nicht inhaltlich „ausgehandelt", sondern lediglich hinsichtlich ihrer Geltung verabredet zu werden, ist die „Einbeziehung" auch kein eigenständiges Rechtsgeschäft, sondern immer nur Teil des jeweiligen Vertrages, für den sie gelten sollen.

Vertragswillen 113

Die Einbeziehung der AGB muss vom *Vertragswillen beider Parteien* getragen sein. Eine Einbeziehung kraft „Handelsbrauchs", also eine Wirksamkeit kraft Gesetzes nach § 346 HGB, scheidet für die Incoterms jedenfalls aus, da zumindest ein branchentypisches Verhalten für ein stets stillschweigendes Vereinbaren von Incoterms nicht angenommen werden kann.

In einer für den internationalen Rechtsverkehr maßgebenden Entscheidung hat der BGH (BGH WM 2004, 1177) festgestellt, dass die Einbeziehung von AGB – mangels einer ausdrücklichen oder stillschweigenden Rechtswahl – sich nach dem Heimatrecht der Partei richtet, die die vertragscharakteristische Leistung erbringt. Diese Formulierung lehnt sich an den Wortlaut von Art. 4 Abs. 1 ROM-I-VO an: 114

> „Kaufverträge über bewegliche Sachen unterliegen dem Recht des Staates, in dem der Verkäufer seinen gewöhnlichen Aufenthalt hat."

Erklärung der Einbeziehung 115

Das setzt im unternehmerischen Verkehr voraus, dass sich die wirksame Einbeziehung von AGB nach den §§ 145 ff. BGB vollzieht, also auf strikt rechtsgeschäftlicher Basis. Dafür ist grundsätzlich eine ausdrückliche Einbeziehungserklärung des AGB-Verwenders erforderlich, es sei denn, es ist (wie z.B. bei Banken) allgemein bekannt, dass diese ihre Verträge sowieso grundsätzlich immer nur unter Einbeziehung ihrer AGB abschließen.

Problematisch kann noch sein, wie die in Frage stehende Incoterms-Klausel im konkreten Praxisfall Bestandteil des Vertragsangebots wird, sodass sie mit der Annahmeerklärung der anderen Vertragspartei Vertragsbestandteil werden kann. Der BGH hat sich in einer Entscheidung (NJW 2002, 370) mit dieser Fragestellung im Hinblick auf Allgemeine Geschäftsbedingungen (AGB) befasst und für diese dargelegt, dass der Empfänger des Vertragsangebots, dem AGB zugrunde gelegt werden sollen, die Möglichkeit haben muss, in zumutbarer Weise Kenntnis zu nehmen. 116

Für Incoterms kann nichts anderes gelten. Eine wirksame Einbeziehung setzt nach Ansicht des BGH deshalb voraus, dass für den Empfänger des Angebots der Wille des Anbietenden erkennbar ist, dieser wolle seine Bedingungen in den Vertrag einbeziehen. Dazu muss er – zumindest fordert der BGH dies für AGB – dem Erklärungsgegner den AGB-Text übersenden oder anderweitig zugänglich machen. Für die Incoterms-Klauseln erscheint diese letzte, vom BGH geforderte Voraussetzung der Textübersendung allerdings überflüssig, da Incoterms allgemein anerkannte Standardbedingungen sind, deren Klauseln als bekannt vorausgesetzt werden dürfen. Der Unterschied zu den vom BGH behandelten AGB ist ja gerade der, dass AGB-Wortlaute stets unterschiedlich formuliert sind, während Incoterms meist eine jahrelange Marktpraxis aufweisen, bis mal wieder eine Aktualisierung der 117

Texte ansteht. Für die wirksame Einbeziehung muss daher die bloße Benennung einer Incoterms-Klausel (einschließlich der Bezeichnung „Incoterms 2020") genügen.

118 Für die Einbeziehung ist ein *ausdrücklicher* Hinweis (§ 305 Abs. 2 Ziff. 1 BGB) erforderlich. Daneben muss es die Möglichkeit der Kenntnisnahme durch die Vertragsparteien (§ 305 Abs. 2 Ziff. 2 BGB) geben. Der ausdrückliche Hinweis kann schriftlich oder mündlich erfolgen und ist auch dann erforderlich, wenn das Vertragsangebot vom Vertragspartner ausgeht. Ein versteckter oder missverständlicher Hinweis oder der bloße Abdruck einer Klausel beispielsweise auf der Rückseite des Vertrages reichen nicht aus. Der ausdrückliche Hinweis muss bei Vertragsschluss erfolgen, sodass der Hinweis, der erst auf einer Auftragsbestätigung oder einem Lieferschein vorhanden ist, zu spät kommt.

3.2.3.2. Kenntnisnahme und Einverständnis

119 Die *Möglichkeit der Kenntnisnahme* nach § 305 Abs. 2 Ziff. 2 BGB besagt, dass der Incoterms-Verwender dem Vertragspartner die Möglichkeit verschaffen muss, *in zumutbarer Weise* vom Inhalt der Klausel zu erfahren.

120 Schließlich ist das *Einverständnis* der anderen Vertragspartei eine notwendige Voraussetzung für die wirksame „Einbeziehung" von Incoterms. Bestehen für den Vertrag keine formalen Voraussetzungen, kann dieses Einverständnis auch schlüssig erklärt werden. Nimmt der Incoterms-Verwender allerdings erstmals in einer Auftragsbestätigung („order confirmation") auf die Klausel Bezug, bedeutet das Schweigen des Vertragspartners auf diese Zusendung keine Zustimmung (st. Rspr. seit BGHZ 18, 212). Dasselbe gilt, wenn die Klausel erst verspätet auf der Rechnung mitgeteilt wird.

121 Diese Problematik umgehen die Vertragsparteien, wenn sie ihre vereinbarte Klausel ausdrücklich im Kaufvertrag aufnehmen, am besten stets im Zusammenhang mit der Nennung des Kaufpreises, da diese beiden Vertragsinhalte häufig ohnehin in einen Zusammenhang gesetzt werden.

Praxistipp

> *Incoterms-Klauseln werden am sichersten zu Vertragsinhalt, wenn man sie wie AGB einschätzt und dabei die typischen Kriterien der „Einbeziehung von AGB in einen Vertrag" beachtet. Dies setzt daher eine **wirksame Vereinbarung** sowie eine **wirksame Einbeziehung** der Incoterms-Klausel in den Geschäftsabschluss voraus.*
>
> *Diese Voraussetzungen erfüllen die Vertragsparteien am einfachsten, wenn sie ihre vereinbarte Klausel ausdrücklich im Kaufvertrag aufnehmen, am besten stets im Zusammenhang mit der Nennung des Kaufpreises, da diese beiden Vertragsinhalte häufig ohnehin in einen Zusammenhang gesetzt werden.*

3.2.4. Kollision von Klauseln

Gelegentlich kann es beim Abschluss von Geschäften vorkommen, dass die Vertragsparteien wechselseitig verschiedene Incoterms verwenden, also in ihre Willenserklärungen (Angebot und Annahmeerklärung) einbinden. Dann können sich zwar wesentliche Vertragsinhalte decken, jedoch sind die *gegenseitig genannten Incoterms widersprüchlich*. Auch dieses Problem ist aus dem Bereich des Rechts der Allgemeinen Geschäftsbedingungen bekannt, wenn beide Vertragsparteien jeweils ihre eigenen AGB zur Anwendung bringen wollen, indem sie schlicht aussagen: „Im Übrigen gelten meine hier beigefügten AGB…".

Das „Internationale Kaufrecht" hat das Problem der widersprüchlichen Vertragsklauseln („battle of forms") nicht geregelt, da diese ein allgemeines Problem des Vertragsschlusses sind. Auch das CISG enthält keine Regel für kollidierend verwendete Incoterms. Im *AGB-Recht* ist die Situation widersprechender AGB-Verwendung unter dem Begriff „battle of forms" bekannt – das CISG hat jedoch diese Thematik, trotz entsprechend diskutierter Vorschläge bei Schaffung des CISG, nicht aufgenommen.

Man kann daher die gegenseitige Verwendung von sich widersprechenden Incoterms-Klauseln nur mit dem Regelungsinhalt des Art. 19 CISG und dort unter dem Aspekt der „Restgültigkeit" (Knock-out-Regel) lösen:

- Danach gelten die sich widersprechenden Klauseln, soweit sie sich nicht widersprechen,
- und sie sind dort nicht wirksam, wo sie sich widersprechen.

Für die Verwendung widersprüchlicher Incoterms-Klauseln (z.B. EXW beim Exporteur, DDP beim Importeur) kann dies konsequenterweise nur bedeuten, dass keine Incoterms-Klausel vereinbart wird, denn die Regelungsinhalte derart widersprüchlicher Incoterms-Klauseln weisen im Hinblick auf Kosten- und Risikoverteilung keine sich deckenden Inhalte auf.

Praxistipp

> *Incoterms sind immer dann problematisch, wenn jeder Vertragspartner seine eigene Klausel (etwa über die Vorlage seiner jeweiligen Standard-AGB) zur Bedingung machen möchte. Es liegt dann automatisch ein Widerspruch in Bezug auf die vom Geschäftspartner genannte Lieferbedingung vor.*
>
> *Wie man damit umgehen muss, richtet sich nach der Rechtsordnung des Landes, die für den gesamten Vertrag zur Anwendung kommt. Kommt deutsches Recht zur Anwendung, gilt nach allgemeinem Vertragsrecht: Eine wechselseitig verwendete (unterschiedliche) Klausel kann im Zweifel dazu führen, dass gar keine gilt. Im internationalen Kaufrecht kommt man mit der Knock-out-Regel zu demselben Ergebnis.*
>
> *Um hier Streitigkeiten von vornherein zu vermeiden, sollte daher auf eine einvernehmlich verabredete Incoterms-Klausel größter Wert gelegt werden!*

3.2.5. „Überraschende Klausel" in AGB

126 Ein wichtiges Thema im Zusammenhang mit der Verwendung von AGB ist das der „überraschenden Klausel". Gemeint ist hier, dass Incoterms eine so große Bedeutung haben, dass sie in jedem einzelnen Liefergeschäft jeweils ausdrücklich – im Regelfall im Zusammenhang mit der Verabredung von Kaufpreis und Zahlungsbedingungen – genannt werden sollten, um spätere Unstimmigkeiten oder Streitigkeiten zu vermeiden. Wer Schwierigkeiten vermeiden will, verlässt sich daher am besten nicht auf die Wirksamkeit seiner nur in AGB aufgenommenen Klausel. Zu klären ist, ob Klauseln als Textbestandteil von AGB überhaupt wirksam werden können oder als „überraschende Klausel" unwirksam sind.

127 Für AGB sagt die Norm des § 305c BGB aus, dass „Bestimmungen in AGB, die nach den Umständen … so ungewöhnlich sind, dass der Vertragspartner des Verwenders nicht mit ihnen zu rechnen braucht…", nicht Vertragsbestandteil werden. Im Grunde könnte man daher den Standpunkt vertreten, dass die nicht ausdrücklich verabredeten Lieferbedingungen, also auch die Incoterms, die sich lediglich irgendwo innerhalb eines mehrseitigen AGB-Textes finden lassen, als „überraschende Klausel" anzusehen seien und daher nicht Vertragsbestandteil werden können.

128 Dafür spricht zunächst, dass Handelsklauseln grundsätzlich auch den Vorschriften über die Klauselkontrolle der AGB-Gesetzgebung – mit den Einschränkungen für Unternehmer – unterliegen, § 310 Abs. 1 BGB. Grundsätzlich wäre es daher durchaus denkbar, dass eine im Kleingedruckten irgendwo untergebrachte Klausel der Incoterms überraschend – und daher nicht wirksam – ist.

129 Wie im Rechtsverkehr mit Verbrauchern, für den die AGB-Schutzvorschriften hauptsächlich entwickelt wurden, gilt aber auch für Unternehmer: Der Überraschungscharakter einer Klausel entfällt bei sinnerfassender Kenntnisnahme oder aber qualifizierter Möglichkeit der Kenntnisnahme. Im Unternehmensgeschäft ist dies aber *nur in der Regel* so, nicht aber zwingend. Wenn man daher üblicherweise damit rechnen muss, dass ein im internationalen Geschäft tätiger Unternehmer seine Lieferbedingung durch standardisierte Vertragsbestandteile wie die Incoterms ausdrückt, dann kann auch bei Abschluss nur extrem kurzer Verträge (mit dem Inhalt der vertraglichen Mindestbestandteile – Parteien, Ware, Preis – sowie der eigenen AGB) damit zu rechnen sein, dass zusätzlich einbezogenes AGB-Regelwerk auch eine konkrete Lieferbedingung enthält. Der Überraschungseffekt im Sinne des § 305c BGB kann in diesen Fällen dann nicht angenommen werden, sodass eine in AGB enthaltene Incoterms-Klausel wirksam werden kann. Lehnt die eine Vertragspartei die AGB der anderen Partei jedoch ab, kann auch die in den AGB enthaltene Klausel der Incoterms keine Wirkung mehr entfalten.

3.3. Inhaltsmerkmale der Incoterms 2020 im Überblick

130 Die elf Varianten der Incoterms 2020 sind nach derselben Struktur aufgebaut. Sie legen unter anderem den Ort der Lieferung und den damit verbundenen *Gefahr-*

übergang vom Verkäufer auf den Käufer sowie den Punkt des *Übergangs der Kosten* vom Verkäufer auf den Käufer fest.

3.3.1. Aufbau

Die Gefahr des zufälligen Verlusts oder der Beschädigung der Ware sowie die Pflicht, die durch die Ware bedingten Kosten (z.B. Transport, Versicherung, Zölle) zu tragen, geht vom Verkäufer auf den Käufer über, wenn der Verkäufer seine Verpflichtung zur Lieferung der Ware erfüllt hat. Da der Käufer keine Gelegenheit haben soll, diesen Übergang zu verzögern, können Kosten und Gefahrübergang auch vor der Lieferung liegen, wenn der Käufer nicht wie vereinbart abnimmt oder wenn er es versäumt, Anweisungen zu geben, die der Verkäufer zur Erfüllung seiner Lieferverpflichtung benötigt. 131

Die Incoterms 2020 erhalten bei jeder einzelnen Klausel einen einführenden Text vorangestellt („erläuternde Kommentare für Nutzer" genannt) und sind im Folgenden dann jeweils nach demselben Muster aufgebaut. Unterschieden wird in einer Art tabellarischer Gegenüberstellung zwischen den Pflichten des Verkäufers auf der einen und den spiegelbildlichen Pflichten des Käufers auf der anderen Seite. Für beide Pflichtenkataloge werden jeweils in derselben Reihenfolge zehn Punkte aufgeführt, die die jeweilige Partei zu befolgen hat: 132

A1/B1	Allgemeine Verpflichtungen
A2/B2	Lieferung/Übernahme
A3/B3	Gefahrenübergang
A4/B4	Transport
A5/B5	Versicherung
A6/B6	Liefer-/Transportdokument
A7/B7	Ausfuhr-/Einfuhrabfertigung
A8/B8	Prüfung/Verpackung/Kennzeichnung
A9/B9	Kostenverteilung
A10/B10	Benachrichtigungen

Mithilfe dieser Aufgabenstellung kann den Vertragsparteien die Auswahl der zu wählenden Klausel deutlich erleichtert werden.

Die 11 Incoterms-Klauseln sind in ihrem Regelungsgehalt so aufgebaut, dass sie, beginnend bei einer E- Klausel und fortgeführt über F-, C- bis hin zu D- Klauseln, die mit dem Kaufvertrag verbundenen Zusatzbelastungen auf der Kostenseite (Aus-/Einfuhrkosten, Transportkosten, Versicherungskosten) zunächst als den Verkäufer begünstigend (E-Klausel) gestalten und dann die Belastung *des Verkäufers* Klausel für Klausel immer weiter zugunsten des Käufers verschieben, bis die D-Klausel als die für den Käufer günstigste Incoterms-Klausel erreicht ist. 133

134 Eine ähnliche Abstufung erfolgt im Hinblick auf den Gefahrübergang, der bei der E-Klausel den Verkäufer sehr begünstigt und am frühestmöglichen Zeitpunkt bei Bereitstellung der Ware zur Abholung beginnt und bei den D-Klauseln besonders günstig für den Käufer ausgestaltet ist.

Seit der vorhergehenden Fassung der Incoterms 2010 und so auch weiterhin bei den Incoterms 2020 werden die 11 Incoterms-Klauseln in zwei Gruppen gegliedert, nämlich in

- die **für alle Transportarten** geeigneten Klauseln EXW, FCA, CPT, CIP, DPU, DAP, DDP
- und die **für den See**- und Binnenschiffs**transport** gedachten Klauseln FAS, FOB, CFR und CIF.

135 Mit diesem Aufbau der Klauseln kann deutlich werden, dass die für den *Schiffstransport* gedachten Incoterms möglichst nicht bei Nutzung *anderer Transportmittel* verwendet werden sollen – obwohl dies eigentlich grundsätzlich möglich wäre –, da dies unter Umständen zu Schwierigkeiten bei der Abwicklung führen kann.

3.3.2. Einpunktklausel und Zweipunktklausel

136 Die E-, C-, F- und D-Klauseln unterscheiden sich – bei sonst identischem Aufbau der Incoterms-Regeln – darin, dass nicht immer der *Punkt des Kostenübergangs* mit dem *Punkt des Gefahrübergangs* zeitlich identisch ist. Es haben sich daher zwei Begrifflichkeiten herausgebildet, die in den Incoterms selber gar nicht weiter genannt werden:

- die sogenannten Einpunktklauseln, bei denen der Gefahr- und Kosten*übergangspunkt identisch* sind (E-, F -und D-Klauseln),
- während dies bei Zweipunktklauseln (alle C-Klauseln) nicht der Fall ist.

Praxistipp

> **Einpunktklauseln**: Der Zeitpunkt des Gefahrübergangs entspricht dem Zeitpunkt, in dem die Kostenlast vom Verkäufer auf den Käufer übergeht. Dies ist bei den E-, F- und D-Klauseln der Fall.
>
> **Zweipunktklauseln** sind die C-Klauseln. Bei den C-Klauseln muss die Lieferung so wie bei den F-Klauseln erfolgen und auch die Gefahr geht wie bei den F-Klauseln am Abgangsort auf den Käufer über. Da der Verkäufer aber zusätzlich die Kosten des Transports bis zum Bestimmungsort oder Bestimmungshafen zu tragen hat und den Transport auch zum Teil versichern muss, decken sich der Punkt des Gefahrübergangs und der Punkt des Kostenübergangs nicht, sodass es zwei verschiedene Übergangspunkte in der Geschäftsabwicklung gibt.

3.3.3. Verwendung der „richtigen" Klausel

Es ist ein besonderes Anliegen der neuen Incoterms 2020, dem Incoterms-Verwender möglichst viel Hilfestellung an die Hand zu geben, damit es zu einer für das Geschäft geeigneten Incoterms-Anwendung kommt:

137

- Zum einen zeigt die Trennung zwischen „Klauseln für alle Transportarten" und „Klauseln für den See- und Binnenschiffstransport", dass es bei Auswahl der Incoterms-Klausel auf die Berücksichtigung der gewählten Transportart ankommt. So eignen sich die Klauseln FOB, FAS, CFR und CIF besonders dann, wenn die **Ware per Schiff** transportiert wird und der *Abgangsort* (Lieferort/Verladehafen/Ladehafen) sowie der *Bestimmungsort* des Transports (Abladehafen/Bestimmungshafen) schifffahrtsfähiges Gewässer einschließen.

- Dieselbe Trennung der Transportarten ist im Containertransport von Bedeutung. Werden **Container** transportiert, eignen sich die Schiffbeförderungsklauseln FOB, FAS, CFR und CIF nicht, sodass hier die verbleibenden Incoterms-Klauseln bevorzugt verwendet werden sollten.

- Auch die **Ausfuhr- und Einfuhrabfertigung** (Zollabwicklung) spielt für die richtige Auswahl der Incoterms-Klausel eine Rolle. Da sowohl der Exporteur wie auch der Importeur in ihrem jeweiligen Sitzland Zollschuldner sind, müssen sie die Aus- und Einfuhrabfertigung in ihrer Kontrolle und Obhut haben. Daher eignet sich die Verwendung der Klauseln EXW und DDP nicht im Auslands- sondern allenfalls im Inlandsgeschäft. Beide genannten Klauseln sind nämlich hinsichtlich der Zollabfertigung nur unverbindlich gestaltet: *„Soweit zutreffend*, hat der Verkäufer den Käufer auf dessen Verlangen, Gefahr und Kosten bei der Beschaffung von Dokumenten und/oder Informationen für alle Ausfuhr-/ Transit-/ Einfuhrabfertigungsformalitäten zu unterstützen, die von den Ausfuhr-/ Transit-/ Einfuhrländern vorgeschrieben sind…"

- Schließlich gibt der neue Text der Incoterms 2020 dem Nutzer und Anwender neue Hilfsmittel an die Hand, um eine für das jeweilige Geschäft geeignete Auswahl zu treffen. So enthält die **„Einführung in die Incoterms 2020"** einen im Umfang erheblich erweiterten Text, der sich vor allem mit

    - einer Darstellung von „Lieferung, Gefahrübergang und Kosten" (*Einführung IV*)
    - Erläuterungen zum „Frachtführer" (*Einführung V*)
    - der Trennung der elf Incoterms-Klauseln nach Transportarten (*Einführung VII*)
    - und den Unterschieden zwischen den alten Incoterms 2010 und den neuen Incoterms 2020 (*Einführung IX*) befasst.

    Ferner enthält der neue Text der Incoterms 2020 eine **tabellarische Übersicht** am Ende des Incoterms-Textes, der den Wortlaut der einzelnen Incoterms-Regeln aller 11 Klauseln (von A1/B1 bis A10/B10) optisch gut auflistet und damit einen direkten Vergleich der Textinhalte ermöglicht.

3.3.4. Unterschiede zwischen den Incoterms 2010 und 2020

138 Auf den ersten Blick auffällig sind die in den Incoterms 2020 aktualisierten *Anwendungshinweise*, die jetzt in Form von erläuternden Kommentaren jeder einzelnen Incoterms Klausel beigefügt werden, und eine *veränderte Reihenfolge* der Incoterms-Klauseln, die die Punkte Lieferung und Gefahrenübergang hervorheben.

139 Abgesehen von diesen allgemeinen Änderungen gab es auch einige wesentliche *inhaltliche Veränderungen* in den Incoterms 2020 gegenüber den Incoterms 2010.

– Konnossemente mit An-Bord-Vermerk und der Incoterms-Klausel FCA;
– die Positionierung der Kosten innerhalb des Regelwerks;
– verschiedene Deckungsstufen des Versicherungsschutzes in CIF und CIP;
– Organisation des Transports mit eigenen Transportmitteln des Verkäufers oder Käufers in FCA, DAP, DPU und DDP;
– der Wegfall der bisherigen Klausel DAT und Neuaufnahme der Klausel DPU;
– Neuaufnahme sicherheitsbezogener Anforderungen mit Transportpflichten und -kosten und
– neue erläuternde Kommentare für Nutzer.

Alle diese Neuerungen werden in der Kommentierung näher erläutert; sie sind auch nachlesbar in der *Einführung IX*.

3.3.5. Neue Regel DPU

140 Die Incoterms 2020 beschäftigen sich in der *Einführung IX* auch mit dem Wegfall der Klausel DAT und der Begründung für die Neuschaffung von DPU: „Der einzige Unterschied zwischen den Klauseln DAT und DAP in den Incoterms® 2010 bestand darin, dass der Verkäufer in DAT die Waren geliefert hatte, sobald die Ware von dem ankommenden Beförderungsmittel an einem „Terminal" entladen war, während die Lieferung der Waren durch den Verkäufer in DAP erfolgt war, wenn diese Waren dem Käufer auf dem ankommenden Beförderungsmittel zur Entladung, d.h. entladebereit zur Verfügung gestellt worden waren". … . Ferner war im Anwendungshinweis für DAT in den Incoterms 2010 die Definition des Begriffs „Terminal" relativ weit gefasst und schloss „jeden Ort, unabhängig davon, ob überdacht oder nicht …" mit ein.

141 In den Incoterms 2020 wurde die Reihenfolge umgekehrt, in der die beiden Klauseln in den Incoterms 2020 aufgeführt werden, wobei die Klausel **DAP**, bei der die Lieferung vor der Entladung erfolgt, **jetzt vor DPU** erscheint. Zweitens ist die Bezeichnung der bisherigen Klausel **DAT zu DPU** (Delivered at Place Unloaded; Geliefert benannter Ort entladen) **geändert**, um die Tatsache zu unterstreichen, dass der Bestimmungsort ein beliebiger Ort sein kann und kein „Terminal" sein muss.

Falls sich dieser Ort jedoch nicht in einem Terminal befindet, sollte der Verkäufer sicherstellen, dass die Waren an dem Ort, an dem er sie anliefern möchte, auch entladen werden können" (*Einführung IX*).

Teil 2:

Incoterms® 2020 im Überblick

1. Gliederung der Incoterms 2020

1.1. Klauselgruppen

Die Incoterms 2020 sind wie folgt untergliedert: **142**

Incoterms® 2020	
Gruppe E Kosten und Gefahrübergang am Lieferort	**EXW** Ex Works (named place of delivery)/Ab Werk (benannter Lieferort)
Gruppe F Kosten und Gefahrübergang am Lieferort	**FCA** Free Carrier (named place of delivery)/Frei Frachtführer (benannter Lieferort) **FAS** Free Alongside Ship … (named port of shipment)/Frei Längsseite Schiff … (benannter Verschiffungshafen) **FOB** Free on Board … (named port of shipment)/Frei an Bord …. (benannter Verschiffungshafen)
Gruppe C Gefahrübergang am Lieferort und Kostenübergang am Bestimmungsort	**CFR** Cost and Freight … (named port of destination)/Kosten und Fracht … (benannter Bestimmungshafen) **CIF** Cost, Insurance, Freight … (named port of destination)/Kosten, Versicherung, Fracht … (benannter Bestimmungshafen) **CPT** Carriage Paid To… (named place of destination)/Frachtfrei …. (benannter Bestimmungsort) **CIP** Carriage and Insurance Paid To…. (named place of destination)/Frachtfrei versichert … (benannter Bestimmungsort)
Gruppe D Kosten und Gefahrübergang am Bestimmungsort	**DAP** Delivered At Place … (named place of destination)/Geliefert am Ort … (benannter Bestimmungsort) **DPU** Delivered At Place Unloaded … (named place of destination)/Geliefert benannter Ort entladen (benannter Bestimmungsort) **DDP** Delivered Duty Paid (named place of destination)/Geliefert verzollt … (benannter Bestimmungsort)

Die 11 Einzelklauseln der Incoterms 2020 sind in insgesamt 4 Gruppen untergliedert. In der *englischen* Grundversion der Incoterms 2020 beginnen alle Einzelklauseln innerhalb ihrer jeweiligen Gruppe mit demselben Buchstaben, sodass dem Nutzer bereits hierdurch eine Orientierung erleichtert wird. **143**

1.2. Aufbau und Anordnung

1.2.1. Bedeutung der Gruppierung

144 Der Aufbau der Incoterms 2020, beginnend mit der E-Gruppe über die F-, C- bis hin zur D-Gruppe, ist dabei so konzipiert, dass

- sich die Pflichten des Verkäufers von der geringsten Pflichtenstufe der E-Gruppe allmählich immer stärker – bis zur D-Gruppe – steigern,
- während umgekehrt die Pflichten des Käufers in der E-Gruppe besonders hoch und in der D-Gruppe sehr viel niedriger sind.

145 Die Gruppierung der Incoterms 2020 in vier unterschiedlich gewichtete Abstufungen der Pflichten ermöglicht es den Anwendern dieser standardisierten Lieferbedingungen, schon auf den ersten Blick eine erste grobe Auswahl danach zu treffen, welche der Vertragsparteien durch welche Pflichtenlast besonders betroffen und welche Partei stärker geschont werden soll.

146
- *E-Gruppe*: Hier sind die Pflichten des Verkäufers darauf beschränkt, dass er die Ware am benannten Ort zur Abholung zur Verfügung stellt. Diese „Abholklausel" ist für ihn besonders vorteilhaft, weil im Rahmen der Geschäftsabwicklung der Kosten- und Gefahrübergang recht früh erfolgt.
- *F-Gruppe*: Auch diese Gruppe ist für den Verkäufer günstig, weil Kosten- und Gefahrübergang noch recht nahe an seiner Sphäre auf den Käufer übergehen: Der Verkäufer braucht lediglich die Ware an einen vom Käufer beauftragten Frachtführer zu übergeben, um zu erreichen, dass Kosten- und Gefahrübergang an den Käufer erfolgen.
- *C-Gruppe*: Diese Gruppe ist die Gruppe der „Zweipunktklauseln", da der Kostenübergang und der Gefahrübergang zu unterschiedlichen Zeiten erfolgen. Zuerst muss der Verkäufer den Beförderungsvertrag auf seine Kosten abschließen; der Gefahrübergang erfolgt, sobald die Ware an den Frachtführer übergeben wurde.
- *D-Gruppe*: Hier verbleiben Kosten und Risiken aufseiten des Verkäufers, bis die Ware im benannten Bestimmungsland bzw. an einem benannten Bestimmungsort eintrifft. D-Klauseln nennt man daher auch „Ankunftsklauseln".

1.2.2. Ordnung der Klauselinhalte

147 Seit der Fassung der Incoterms 1990 wird eine Systematik genutzt, nach der jede einzelne Klausel nach stets demselben Aufbau (Regeln A1 bis A10 und B1 bis B10) interpretiert wird.

Die damals 13 – in den jüngsten Textfassungen der Incoterms 2010 und 2020 nur noch **11** – Incoterms-Klauseln werden in je 10 **Käufer und Verkäuferpflichten (Incoterms-Regeln)** untergliedert und dabei nach einem bestimmten, für jede Klausel beibehaltenen Muster weiter konkretisiert.

1. Gliederung der Incoterms 2020

Vom Druckbild der Original-ICC-Texte her betrachtet befinden sich bei den *Incoterms-Regeln* die jeweils zehn Verkäuferpflichten jeweils auf der linken, die korrespondierenden Käuferpflichten auf der rechten Seite der Texte. In der Terminologie der Incoterms wird bei diesen Parteipflichten von „Incoterms-*Regeln*" gesprochen.

148

Der Aufbau (A1 bis A10 und B1 bis B10) hatte sich schon seit der Fassung der Incoterms 2000 bewährt und wurde in der Version der Incoterms 2020 beibehalten.

149

Mit den neuen Incoterms 2020 wurde eine grundlegende **Neuordnung** der internen Reihenfolge vorgenommen, in der die zehn Artikel innerhalb der einzelnen Incoterms-Klauseln strukturiert wurden. In den Incoterms 2020 lautet die interne Reihenfolge der Angaben in jeder Incoterms-Klausel wie folgt:

150

A1/B1	Allgemeine Verpflichtungen
A2/B2	Lieferung/Übernahme
A3/B3	Gefahrenübergang
A4/B4	Transport
A5/B5	Versicherung
A6/B6	Liefer-/Transportdokument
A7/B7	Ausfuhr-/Einfuhrabfertigung
A8/B8	Prüfung/Verpackung/Kennzeichnung
A9/B9	Kostenverteilung
A10/B10	Benachrichtigungen

Diese gegenüber den Incoterms 2010 veränderte Reihenfolge der A-/B-Incoterms-Regeln mit der neuen Platzierung der Punkte Lieferung und Gefahrenübergang an besser sichtbarer Stelle soll es für Nutzer einfacher machen, die Unterschiede zwischen den verschiedenen Incoterms-Klauseln, d.h. die unterschiedlichen Zeitpunkte und Orte zu erkennen, an denen der Verkäufer die Waren an den Käufer „liefert", wobei der Gefahrenübergang ab diesem Zeitpunkt und Ort auf den Käufer erfolgt.

151

Mit den neuen Incoterms 2020 werden

152

– die Incoterms-Klauseln im traditionellen Format mit einer Auflistung der elf Incoterms-Klauseln

– und am Ende des Incoterms-Textwerks in einem neuen „horizontalen" Format veröffentlicht, in dem die zehn Regeln innerhalb jeder Incoterms-Klausel unter jeder der jeweils zehn Überschriften (A1 bis A10 und B1 bis B10) zunächst für den Verkäufer und dann für den Käufer aufgeführt werden.

Händler können daher z.B. den Unterschied zwischen einem Lieferort in FCA und einem Lieferort in DAP oder zwischen den Kostenpositionen leichter erkennen, die

153

von einem Käufer bei Verwendung der Klauseln CIF und CFR jeweils zu tragen sind. Diese „horizontale" Darstellung der Incoterms-Klauseln soll Nutzer dabei unterstützen, die für ihre geschäftlichen Anforderungen am besten geeignete Incoterms-Klausel auszuwählen.

154 Die je zehn Incoterms-Regeln, die die Verkäufer betreffen (A1 bis A10) und die je zehn Incoterms-Regeln, die den Käufer betreffen (B1 bis B10), haben stets dieselbe Anordnung:

Die Incoterms-Regeln verwenden soweit wie möglich gleichlautende Formulierungen, sodass Ungenauigkeiten oder Missverständnisse vermieden werden. Haben die Vertragsparteien bei der Betrachtung unterschiedlicher Klauseln ein und dieselbe Verpflichtung zu erfüllen, wird für die untersuchte Verpflichtung auch stets dieselbe Formulierung verwendet, soweit diese Pflicht in Frage kommt. Dies erleichtert den unmittelbaren Vergleich der Verpflichtungen unterschiedlicher Incoterms-Klauseln.

155 Gelegentlich kann es in der Ausgestaltung einzelner Unterpunkte (A1 bis A10 und B1 bis B10) vorkommen, dass der Text des jeweiligen Unterpunkts „keine Verpflichtung" für die betroffene Partei vermerkt. Dies hat dann nur zu bedeuten, dass die Klausel selber an dieser Stelle keine eigenständige Verpflichtung schafft, obwohl eine solche Verpflichtung aber gleichwohl aus sonstigen Parteivereinbarungen heraus bestehen kann.

156 So besagen beispielsweise EXW A4 und A5 für den Verkäufer wie auch gleichlautend EXW B4 und B5 für den Käufer: „Beförderungsvertrag: Keine Verpflichtung. Versicherungsvertrag: Keine Verpflichtung". Auch wenn damit die Klausel EXW keine Verpflichtung aufstellt, kann sich eine Verpflichtung zum jeweils notwendigen Vertragsabschluss gleichwohl aus den sonstigen Parteivereinbarungen ergeben oder aber (gerade im Hinblick auf eine meist notwendige Versicherung der Ware) zumindest sinnvoll sein.

1.2.3. Auswahl der geeigneten Klausel

1.2.3.1. Marktposition

157 Letztlich ist die Auswahl der für das jeweilige Geschäft geeigneten Klausel davon abhängig, wie die jeweilige Marktstellung der Vertragspartner ist. In einem Verkäufermarkt, in dem der Verkäufer in der besseren Geschäfts- und Marktposition ist, lässt sich zu seinen Gunsten eine E-Klausel leichter durchsetzen, als es umgekehrt in einem Käufermarkt der Fall ist: Hat nämlich der Käufer die stärkere Marktposition, dürfte sich eine den Käufer stärker begünstigende C- oder D-Klausel leichter durchsetzen lassen.

158 Dabei stellt sich zugleich die Frage nach den Funktionen der Incoterms 2020. Hier ist zu trennen zwischen den durch die Incoterms unmittelbar geregelten Bereichen (wie durch die Incoterms-Regeln ausdrücklich beschrieben) und den Funktionen, die sich zusätzlich (aber nicht ausdrücklich) daraus auch noch ergeben können.

Incoterms haben dabei folgende *Hauptfunktionen und sonstige Funktionen*: **159**

- **Hauptfunktion**: Die Ware muss vom Versandort zum Bestimmungsort verbracht werden. Dabei ist die Transportart beliebig. Wichtig ist die Festlegung des Ortes/Zeitpunktes, an dem der Kosten- und Gefahrübergang vom Verkäufer auf den Käufer stattfindet. Dies wird ausdrücklich in den Incoterms-Regeln (A3/B3 für den Gefahrenübergang und A9 sowie B9 für die Kostenaufteilung) festgelegt. Damit legt jede einzelne Incoterms-Klausel in ihren Regeln A3/B3 und A9/B9 fest:
    - Welche Partei (Verkäufer oder Käufer) übernimmt welche Pflicht für ihren Abschnitt des Warentransports?
    - Welche Kosten trägt jede Partei?
    - Wer trägt *bis wann/ab wann* das Risiko der zufälligen Verschlechterung, des Untergangs, des Abhandenkommens oder des Verlusts der Ware?
- **Nebenfunktion**: Daneben werden der Erfolg des von den Parteien vereinbarten Geschäfts sowie dessen Abwicklung bei Verwendung einer Incoterms-Klausel auch im Hinblick auf folgende wichtige Komponenten und Dokumentationen beeinflusst:
    - *Warendokumente* (Lizenzen, Ursprungszeugnisse, Zertifikate usw.): Wer muss diese besorgen?
    - *Transportdokumente* (Lieferschein, Konnossement, Frachtbriefe usw.): Wer beschafft sie? Wer trägt dafür die Kosten?
    - *Versicherung*: Wer versichert? In welchem Umfang? (all risks oder nur Mindestdeckung?) Was wird überhaupt versichert? Wer trägt dafür die Kosten?
    - *Informationen/Benachrichtigungen*: Wer informiert wen, worüber, wann?
    - *Warenprüfung:* Wer kümmert sich darum? Wer trägt die Kosten?
    - *Verpackung:* Welche ist erforderlich? Wie muss verpackt werden? Wer trägt die Kosten?

1.2.3.2. Transportart

Großen Einfluss auf den Einsatz der in Frage kommenden Klausel hat auch die Transportart. Einige Klauseln sind besonders für den Seetransport mittels Schiff geeignet (FAS, FOB, CFR, CIF), während alle anderen Klauseln der Incoterms 2020 für alle Transportarten (einschließlich Schiff) geeignet sind. **160**

Die folgende Aufstellung zeigt, welche Klauseln der Incoterms 2020 sich für welche Transportarten eignen. Die Übersicht geht jeweils von der *Transportart* aus und gliedert danach, ob der Transport mit einem beliebigen Transportmittel, zu Luft, mit der Eisenbahn oder mit einem (See- oder Binnen-)Schiff durchgeführt werden soll. **161**

Incoterms 2020 – nach Transportart			
Alle Transportarten	EXW	Ex Works … (named place of delivery)/Ab Werk… (benannter Lieferort)	
	FCA	Free Carrier … (named place of delivery)/Frei Frachtführer … (benannter Lieferort)	
	CPT	Carriage Paid To… (named place of destination)/Frachtfrei …. (benannter Bestimmungsort)	
	CIP	Carriage and Insurance Paid To…. (named place of destination)/Frachtfrei versichert … (benannter Bestimmungsort)	
	DAP	Delivered At Place … (named place of destination)/ Geliefert am Ort … (benannter Bestimmungsort)	
	DPU	Delivered At Place Unloaded (named place of destination)/ Geliefert benannter Ort entladen (benannter Bestimmungsort)	
	DDP	Delivered Duty Paid … (named place of destination)/ Geliefert verzollt … (benannter Bestimmungsort)	
Schiffstransport	FAS	Free Alongside Ship … (named port of shipment)/Frei Längsseite Schiff … (benannter Verschiffungshafen)	
	FOB	Free on Board … (named port of shipment)/Frei an Bord … (benannter Verschiffungshafen)	
	CFR	Cost and Freight … (named port of destination)/Kosten und Fracht … (benannter Bestimmungshafen)	
	CIF	Cost, Insurance, Freight … (named port of destination)/Kosten, Versicherung, Fracht … (benannter Bestimmungshafen)	

162 Fügt man zu den einzeln genannten Transportarten Eisenbahn, Straße, Luft und Schiff noch all diejenigen Klauseln hinzu, die ständig anwendbar sind, ergibt sich folgendes Bild einer Klauseleignung in der Transportabwicklung.

163 Geeignete Klausel der Incoterms 2020, gegliedert nach Transportart – und unter Einschluss der **für alle Transportarten geeigneten Lieferbedingung**:

– **Straßentransport**
  - EXW
  - FCA
  - CPT

- CIP
- DAP
- DPU
- DDP

- **Eisenbahntransport** 164
  - EXW (sofern der Eisenbahnweg bis zum „Werk" des Verkäufers reicht, sonst „ab benanntem Ort")
  - FCA (Bahnhof)
  - CPT
  - CIP
  - DAP
  - DPU
  - DDP

- **Lufttransport** 165
  - EXW (sofern der Transportweg bis zum „Werk" des Verkäufers reicht, sonst „ab benanntem Ort")
  - FCA (Flughafen)
  - CPT
  - CIP
  - DAP
  - DPU
  - DDP

- **Multimodaler Transport** (Einsatz verschiedener Transportmittel) 166
  - EXW (sofern der Transportweg bis zum „Werk" des Verkäufers reicht, sonst „ab benanntem Ort")
  - FCA (benannter Übergabeort)
  - CPT
  - CIP
  - DAP
  - DPU
  - DDP

- **Binnenschiffstransport** 167
  - EXW (sofern der Transportweg bis zum „Werk" des Verkäufers reicht, sonst „ab benanntem Ort")

- FCA
- FAS
- FOB
- CFR
- CIF
- CPT
- CIP
- DPU

168 — **Seeschiffstransport** (siehe praktische Hinweise unten)
- EXW (sofern der Transportweg bis zum „Werk" des Verkäufers reicht, sonst „ab benanntem Ort")
- FAS
- FOB
- CFR
- CIF
- DPU

169 — **Seeschiffstransport mit Containerschiff oder RoRo-Schiff** (siehe praktische Hinweise weiter unten)
- EXW (sofern der Transportweg bis zum „Werk" des Verkäufers reicht, sonst „ab benanntem Ort")
- FCA (benannter Übergabeort)
- CFR
- CIF
- CPT
- CIP
- DPU
- DDP

170 Anmerkungen zum **Schiffstransport**

Zu beachten ist, dass in der praktischen Anwendung keine Klauseln mit Bezug auf einen Schiffstransport eingesetzt werden sollten, wenn der Übernahmeort und Transport nicht in Zusammenhang mit einem Schiff stehen. In diesen Fällen sind die Klauseln einzusetzen, die für alle Transportarten nutzbar sind.

171 Die Schiffsklauseln, die nur für den Seeschiffstransport oder den Binnenschiffstransport gelten, nehmen Bezug auf das Schiff oder dessen Umfeld. Hier hängt der Übernahmeort des Transportgutes mit einem Schiff zusammen, sodass Klauseln wie etwa FOB ausschließlich im Zusammenhang mit einem Schiffstransport ge-

nutzt werden dürfen. Dieser Hinweis ist schon deshalb angebracht, weil im heutigen Sprachgebrauch oft von „An Bord gehen" gesprochen wird, wenn man ein Flugzeug oder einen Expresszug besteigt. Dies darf also nicht mit dem Schiffstransport verwechselt werden.

FAS: Diese Klausel ist ausschließlich für den See- und Binnenschiffstransport geeignet, bei dem es der Absicht der Parteien entspricht, dass die Ware geliefert wird, indem sie längsseits eines Schiffs bereitgestellt wird. FAS ist somit *ungeeignet*, wenn die Ware einem Frachtführer übergeben wird, bevor sie sich längsseits des Schiffs befindet, z.B. wenn Ware an einem Containerterminal übergeben wird. Wenn dies der Fall ist, sollten die Parteien in Betracht ziehen, anstelle von FAS die Klausel FCA zu verwenden. **172**

FOB: Diese Klausel ist ausschließlich für den See- und Binnenschiffstransport geeignet, bei dem es der Absicht der Parteien entspricht, dass die Ware geliefert wird, indem sie an Bord eines Schiffs gebracht wird. Die Klausel FOB ist somit ungeeignet, wenn die Ware dem Frachtführer übergeben wird, bevor sie sich an Bord des Schiffs befindet, z.B. wenn Ware an einem Containerterminal übergeben wird. Wenn dies der Fall ist, sollten die Parteien in Betracht ziehen, anstelle der Klausel FOB die Klausel FCA zu verwenden. **173**

CFR: Diese Klausel ist ausschließlich für den See- und Binnenschiffstransport geeignet. Wenn mehrere Transportarten genutzt werden, was häufig der Fall sein wird, wenn Waren an einen Frachtführer an einem Containerterminal übergeben werden, sollte anstelle von CFR die besser geeignete Klausel CPT gewählt werden. **174**

CIF: Diese Klausel ist ausschließlich für den See- und Binnenschiffstransport geeignet. Wenn mehrere Transportarten genutzt werden, was häufig der Fall sein wird, wenn Waren an einen Frachtführer an einem Containerterminal übergeben werden, sollte anstelle von CIF die besser geeignete Klausel CIP gewählt werden. **175**

1.2.3.3. Gefahr- und Kostentragung

Die Klauselauswahl wird vor allem unter dem Gesichtspunkt der Gefahr- und Kostentragung getroffen. **176**

E-Gruppe **177**

Die Auswahl der E-Gruppe mit der Klausel EXW ist dann zu treffen, wenn der Käufer die Risiken und Kosten des Gesamttransports der Ware ab Werk des Verkäufers zu tragen und sich auch um öffentliche Abgaben wie Zölle zu kümmern hat. Bei „ex works" handelt es sich um eine reine Abholklausel.

F-Gruppe **178**

Die drei Klauseln der F-Gruppe (FCA, FAS und FOB) sind dann die richtige Auswahl, wenn der *Verkäufer den Haupttransport nicht bezahlt*. Stattdessen liefert er die Ware entweder nur frei an den Frachtführer (FCA), frei an die Längsseite des Schiffes (FAS) oder frei an Bord des Schiffes (FOB), wobei „frei" bedeutet, dass der Verkäufer die Kosten der Anlieferung bis zu diesem benannten Punkt zu tragen hat.

179 Gefahr- und Kostenübergang vom Verkäufer auf den Käufer treten jeweils bei Übergabe am Lieferort im Exportland ein. Da der Verkäufer seine vertraglichen Verpflichtungen damit noch im Exportland erfüllt, zählen die Klauseln der F-Gruppe zu den Absendeverträgen.

180 Der Käufer kann ein Interesse an der Übernahme des Transports haben, weil er entweder die Auswahl der Transportmittel (Schiffe unter bestimmter Flagge, Transportmittel des Importlandes, sog. „FOB-Importieren" usw.) selber bestimmen, etwaige Devisenbestimmungen oder mit dem Selbstaussuchen der Transportmittel Mengenrabatte oder besondere Vergünstigungen (vergünstigte Frachtraten) nutzen möchte usw.

181 Bei F-Klauseln trägt der Käufer die Kosten des Haupttransports. Das verhindert nicht die grundsätzlich mögliche Vereinbarung mit dem Verkäufer, dass dieser sich um die Beauftragung des Transports kümmert, z.B. weil er bessere Konditionen erzielen kann, solange nur sichergestellt ist, dass der Käufer die entstehenden Kosten trägt.

182 **C-Gruppe**

Auch die Klauseln der C-Gruppe betreffen den Haupttransport, aber nur, wenn er *vom Verkäufer bezahlt* wird. Der Verkäufer wird ein Interesse am Einsatz einer Klausel der C-Gruppe haben, wenn er den Transport deutlich günstiger in Auftrag geben kann (z.B. Ausnutzen von Mengenrabatt), dies die Devisenbestimmungen erfordern oder er den Einsatz von Transportmitteln des Exportlandes einfach nur bevorzugt (sog. „cif Exportieren").

183 Der Verkäufer zahlt

– entweder nur Kosten und Fracht (CFR) bis zum benannten Bestimmungshafen oder

– Kosten, Versicherung und Fracht (CIF) bis zum benannten Bestimmungshafen.

– Mit der Klausel CPT („frachtfrei") übernimmt der Verkäufer die Bezahlung des Haupttransports sogar bis zu einem benannten Bestimmungsort,

– wobei hier eventuell zusätzlich auch noch die Versicherungsprämie vom Verkäufer getragen wird (CIP).

184 Gefahr- und Kostenübergang fallen bei allen C-Klauseln auseinander, weshalb sie auch Zweipunktklauseln genannt werden. Zuerst muss der Verkäufer den Beförderungsvertrag auf seine Kosten abschließen; der Gefahrübergang erfolgt, sobald die Ware an den Frachtführer übergeben wurde. Die Klauseln der C-Gruppe sind Absendeverträge, da der Verkäufer seine vertraglichen Verpflichtungen im Versand- oder Verschiffungsland erfüllt.

185 **D-Gruppe**

Die drei Klauseln der D-Gruppe sind Ankunftsklauseln, denen Ankunftsverträge zugrunde liegen, da der Verkäufer seine Verpflichtungen erst im Ankunftsland erfüllt hat. Der Verkäufer liefert

1. Gliederung der Incoterms 2020

- entweder an einem bestimmten Ort (DAP) *zur Entladung* bereitgestellt
- oder an einem Bestimmungsort *entladen* bereitgestellt (DPU),
- oder aber „geliefert verzollt" an einem benannten Bestimmungsort (DDP).

Damit trägt der Verkäufer die gesamten Kosten und die Risiken (Gefahrtragung) bis zum benannten Bestimmungsort.

186

KLAU-SEL	Export-kosten trägt	Import-kosten trägt	Trans-port-vertrag	Lieferort	Gefahr-übergang	Kosten-übergang	Transport-versicherung
EXW	K	K	K	Werk des V	Lieferort		–
FCA	V	K	K	Ort der Übergabe an Frachtführer	Lieferort		–
FAS	V	K	K	Längsseits Schiff im Vsh	Lieferort		–
FOB	V	K	K	Schiff im Vsh	Verladung an Bord		–
CFR	V	K	V	Schiff im Vsh	Verladung an Bord	Bsh	–
CIF	V	K	V	Schiff im Vsh	Verladung an Bord	Bsh	Versicherung: Mindestdeckung
CPT	V	K	V	Ort der Übergabe an den Frachtführer	Lieferort	Best.O	–

Gefahr und Kostentragung bei den Incoterms 2020

Gefahr und Kostentragung bei den Incoterms 2020							
KLAU-SEL	Exportkosten trägt	Importkosten trägt	Transportvertrag	Lieferort	Gefahrübergang	Kostenübergang	Transportversicherung
CIP	V	K	V	Ort der Übergabe an den Frachtführer	Lieferort	Best.O	Versicherung: All risks
DAP	V	K	V	Best.O	Best.O		–
DPU	V	K	V	Best.O	Best.O		–
DDP	V	V	V	Best.O	Best.O.		–

Legende: V = Verkäufer   K = Käufer   Vsh = Verschiffungshafen   Bsh = Bestimmungshafen   Best. O = Bestimmungsort

1.2.4. Elektronische Kommunikation

187 In früheren Ausgaben der Incoterms wurde bereits auf die elektronische Kommunikation Rücksicht genommen. So sahen die Incoterms 2000 in der Incoterms-Regel A8 vor, dass notwendige Papierdokumente durch elektronische Mitteilungen ersetzt werden durften, falls sich der Verkäufer mit dem Käufer auf elektronischen Datenaustausch (EDI) geeinigt hatte.

188 Dieser in den Incoterms 2000 standardmäßig unter den Klauseln in der jeweiligen Regel A8 angebrachte Hinweis auf die (eingeschränkte, weil von der Parteivereinbarung abhängige) Möglichkeit der elektronischen Kommunikation wurde in den Incoterms 2010 nicht aufrechterhalten. Stattdessen schrieben die Incoterms 2010 jeweils in den Incoterms-Regeln A1 und B1 die Gleichberechtigung der elektronischen Kommunikation mit der papiergestützten Variante fest, sofern diese der praktischen Übung entsprach oder von den Parteien einvernehmlich so vereinbart wurde. Auch die Incoterms 2020 heben die Gleichberechtigung von papiergestützter und elektronischer Kommunikation jeweils in den Incoterms-Klauseln A1 und B1 hervor: *„Jedes vom Verkäufer bereitzustellende Dokument kann in Papierform oder in elektronischer Form vorliegen, je nachdem, wie dies zwischen den Parteien vereinbart wird oder handelsüblich ist."*

1.2.5. Güterversicherung

189 In den Incoterms 2020 findet sich in den Incoterms-Regeln A5/B5 die jeweilige Versicherungspflicht. Bei der Versicherung im Zusammenhang mit den Incoterms 2020 ist zu beachten, dass in der Praxis auf die neueste Fassung der „Institute Cargo Clauses" (seit 1.1.2009) Bezug genommen wird. In den früheren Incoterms

1. Gliederung der Incoterms 2020

2010 wurde dem Verkäufer gemäß Punkt A3 der Klauseln CIF *und* CIP die Verpflichtung auferlegt, „auf eigene Kosten eine Transportversicherung abzuschließen, die zumindest der Mindestdeckung gemäß den Klauseln (C) der Institute Cargo Clauses (Lloyd's Market Association/International Underwriting Association – LMA/IUA) oder ähnlichen Klauseln entspricht".

Institute Cargo Clauses (ICC) ist die Bezeichnung für die von der International Underwriting Association of London (IUA) herausgegebenen Transportversicherungsbedingungen, Policenformen und Klauseln für Transportversicherungsverträge, die in erster Linie Seetransport-, aber auch Landtransportrisiken betreffen. **190**

- Die *Klauseln (C) der Institute Cargo Clauses* bieten Versicherungsschutz für eine Reihe von aufgeführten Gefahren, vorbehaltlich entsprechend aufgegliederter Ausschlüsse (Näheres auf der Webseite https://www.sjnk.co.jp/~/media/SJNK/files/cargo_nk/i_003.pdf; **191**
- die *Klauseln (A) der Institute Cargo Clauses* hingegen decken „alle Gefahren" ab, sofern sie nicht unter die ebenfalls hierzu aufgeführten Ausschlüsse fallen. Näheres auf der Webseite https://www.sjnk.co.jp/~/media/SJNK/files/cargo_nk/i_001.pdf.

Im Rahmen der Güterversicherung werden im internationalen Geschäft die „Institute Cargo Clauses" genutzt, die – verwirrend genug – in der Praxis oft mit „ICC" abgekürzt werden. Diese „ICC-Klauseln" sind oft auch Bestandteil von Bedingungen in Dokumentenakkreditiven, Versicherungspolicen und Versicherungszertifikaten. Werden „ICC" eingesetzt, kann zwischen drei Kategorien unterschieden werden: **192**

- Die **ICC (A)** entsprechen den früher „**all risks clauses**" genannten Bedingungen und gewähren den umfangreichsten Versicherungsschutz mit voller Indeckungnahme aller Risiken (Webseitennachweis s.o.).
- Die **ICC (B)** dagegen nehmen nur diejenigen Schadensereignisse in Deckung, die in der Versicherungspolice aufgeführt sind.
- Die **ICC (C)** bieten nur einen **Mindestschutz bei Elementarereignissen** nach den „Gefahren 1–7 der Gefahrenliste" der ICC (named peril-Prinzip), darunter (z.B.) Naturkatastrophen wie Erdbeben, Vulkanausbruch oder Eindringen von Seewasser in das Transportmittel, große Havarei (Havar*ei* ist im Schifffahrtsrecht die vermögensrechtliche Abwicklung einer Havar*ie*), Feuer, Strandung und Kentern, Transportmittelunfall wie z.B. das Entgleisen von Transportmitteln oder die Kollision des Transportmittels mit anderen Gegenständen (außer Wasser).

Bisherige Versionen der Incoterms 2000 und 2010 gingen bei der Versicherungspflicht in den Klauseln CIF und CIP von einer Mindestdeckung im Sinne der ICC (C)-Klauseln aus. Während der Beratungen im Rahmen der Ausarbeitung der Incoterms 2020 wurde der Wunsch geäußert, von den Klauseln (C) *zu den Klauseln (A) der Institute Cargo Clauses zu wechseln* und somit den vom Verkäufer zu beschaffenden Versicherungsschutz zugunsten des Käufers zu erweitern. Nach eingehender Beratung inner- und außerhalb des Rahmens der Arbeitsgruppe (Drafting **193**

Group) wurde die Entscheidung gefasst, **unterschiedliche Mindestdeckungen in der Incoterms Klausel CIF sowie in der Incoterms Klausel CIP** vorzugeben.

194 – Bei Verwendung der CIF-Klausel, die mit höherer Wahrscheinlichkeit im Seegüterhandel angewendet wird, wird in den Incoterms 2020 die bisherige Regelung mit den Klauseln (C) der Institute Cargo Clauses als Standardposition beibehalten, obgleich es den Parteien überlassen wird, gegebenenfalls anderen/höheren Versicherungsschutz zu vereinbaren.

– Bei Verwendung der CIP-Klausel muss der Verkäufer nach den neuen Incoterms 2020 für Versicherungsschutz entsprechend den Klauseln (A) der Institute Cargo Clauses sorgen. Auch hier steht den Parteien die Möglichkeit offen, sich auf eine geringere Mindestdeckungshöhe der Versicherung zu einigen.

1.2.6. Hinweispflicht zur Gefahrenabwehr

195 In den Incoterms 2020 finden sich bei verschiedenen Klauseln Vorgaben in den Incoterms-Regeln, die (z.B. in A4 / A7) Pflichten zur Gefahrenabwehr auferlegen. So gehört zur Informationspflicht mittels Dokumentation auch der allgemeine Gefahrenhinweis, die „transportbezogene Sicherheitsanforderung" („transport-related security requirements"), die der Käufer für die Organisation des Transports benötigt, weil von der Ware beispielsweise eine besondere Gefährdung für Leib, Leben oder Vermögen ausgeht. Die sicherheitsrelevanten Informationen im Warenfluss und der Lieferkette („chain of custody") gehörten bereits ausdrücklich zur Hinweispflicht in den alten Incoterms 2010.

1.2.7. Umschlagsgebühren

196 In Häfen fällt beim Umschlag von FCL-Containern („Full Container Load", die den Transport eines *vollen Containers* von einem Absender bis zum Empfänger bezeichnet, im Gegensatz zur LCL – Less Container Load, die eine Teilbeladung/Stückgut eines genormten Frachtcontainers bezeichnet) eine Containerumschlagsgebühr („terminal handling charge", auch „port service charge" oder „container service charge" an.

197 Die Containerumschlagsgebühr fällt an

– bei Exporten für den Empfang am Terminal sowie bei Anlieferung an einem Schiff und

– bei Importen für die Entgegennahme vom Schiff sowie für die Auslieferung an einem Terminal.

198 Betrachtet man die gesetzliche Regelung im Abschnitt „Transportrecht" der §§ 407 ff. HGB, dann ist davon auszugehen, dass der **Umschlag von Waren**, soweit er nicht mit erheblichem Aufwand verbunden ist, als „Anhang" zum jeweiligen Transportvertrag anzusehen ist. Danach wäre für die Kosten des Umschlags die Partei verantwortlich, die auch die Transportkosten zu tragen hat.

199 Das Seehandelsrecht dagegen hat hier eine andere Sichtweise. Hier stehen lange Transportzeiten deutlich umfangreicheren Umschlagsleistungen gegenüber, als

man dies vom Landtransport her kennt. So wird zwar auch beim Seefrachtvertrag nach § 418 Abs. 1 HGB die Ablieferung des beförderten Gutes direkt an den Empfänger verlangt. Damit ist das Löschen der Ware vom Schiff nicht die „Ablieferung", denn in den seltensten Fällen wird der Empfänger direkt an der Pier stehen. Stattdessen findet die Ablieferung an den Empfänger statt, wenn dieser im Hafen erscheint, um sein Transportgut abzuholen – möglicherweise ist das Schiff dann schon wieder unterwegs. Bis zur Abholung befindet sich die Ware in der Obhut des Seeverfrachters und muss verwahrt werden. Werden – wie üblich – Orderpapiere (z.B. Konnossemente) eingesetzt, wird die Auslieferung noch weiter verkompliziert. Lagerung und Auslieferung sind Leistungen des Kaibetriebs, die gegenüber dem Seeverfrachter erbracht werden.

Der Umschlagsbetrieb nimmt also Güter in Empfang, erbringt diverse Leistungen und gibt diese Güter dann an die nächste Partei in der Transportkette weiter. Damit müsste die vertragliche Kette eigentlich der Handlungskette folgen und der Umschlagsbetrieb als gleichgeordnetes Glied der Transportkette auftreten. Die Praxis folgt dieser Kette jedoch für einen Großteil des Geschäfts nicht, solange es um Massengeschäft (Container oder andere Stückgüter) geht. Umschlagsbetriebe kontrahieren stattdessen generell nicht über einzelne Parteien mit einzelnen anliefernden Frachtführern, Absendern oder Empfängern. Sie schließen vielmehr für das Massengeschäft im Hafen entsprechende Umschlags- oder Terminalverträge direkt mit den Reedereien ab. Dies führt dazu, dass die Umschlagsgebühr vom Reeder an den Kaibetrieb gezahlt wird, der sie dann jedoch an den Kunden als Zuschlag auf die Seefrachtrate weiterbelastet. Hier kann es zu einer unangemessenen Belastung des Waren*käufers* kommen, wenn dieser die Umschlagsgebühren in Rechnung gestellt bekommt. **200**

Die C-Klauseln der Incoterms 2020 sehen in ihren Incoterms-Regeln vor, dass der Verkäufer sich um den Transport zu einem vereinbarten Bestimmungsort kümmern muss (A4), während den Käufer zu dieser Aufgabe keinerlei Verpflichtung trifft. Der Verkäufer muss daher auch die anfallenden Frachtkosten tragen, die er in seiner Preiskalkulation (Verkaufspreis) mit einberechnet. Da während des Warentransports (zusätzlich) auch Umschlagsgebühren („terminal handling charges") anfallen können, kann es geschehen, dass derartige Kosten dem Käufer bei Abholung der Ware in Rechnung gestellt werden, sodass er mit der Übernahme der Umschlagsgebühren auf diese Weise dann doch (einen Teil) der „Transportkosten" zu tragen hätte. Er würde damit zweimal belastet: einmal durch Bezahlung der „Transportkosten" über die Rechnung des Verkäufers aus dem Kaufvertrag und des Weiteren durch die Bezahlung der Umschlagsgebühren. **201**

Um diese Belastung des Käufers zu vermeiden, sehen die Incoterms-Regeln in A9/B9 zusätzliche Regelungen zur Kostentragung vor. **202**

1.2.8. Lieferkette

Insbesondere im Rohstoffhandel kommt es vor, dass Ware erst während des Transports auf See gekauft und/oder weiterverkauft wird. Wo es mehrere Verkäufer **203** oder Käufer während einer laufenden Warenauslieferung gibt, kann eine Person, die mitten in der Abwicklung auftritt, das Transportgut nicht mehr „verschiffen", da dies bereits durch den allerersten Verkäufer innerhalb einer Lieferkette veranlasst wurde.

204 Die Incoterms 2020 tragen diesem Umstand dadurch Rechnung, dass sie dort, wo es angebracht ist (bei allen C-Klauseln, A6) vorschreiben, es „…dem Käufer zu ermöglichen, die Ware während des Transports an einen nachfolgenden Käufer durch Übertragung des Dokuments oder durch Mitteilung an den Frachtführer zu verkaufen".

2. Grundsätzliche Informationen

2.1. Begriffsdefinitionen

205 *Incoterms-Klauseln/Incoterms Regeln*

Incoterms ermöglichen es den Nutzern, eindeutige und verbindliche Zuordnungen von Kosten und Gefahren im Zusammenhang mit der Abwicklung von Liefergeschäften zu vereinbaren. Gewöhnt hat man sich auch daran, dass

- die jeweiligen Incoterms-*Klauseln* (in den Incoterms 2020 sind es 11 Klauseln)
- in jeweils 10 Incoterms-*Regeln*, jeweils getrennt nach Regeln für den Verkäufer (A1 bis 10) und Käufer (B1 bis 10), festlegen, welche Rechte und Pflichten die Parteien haben.

206 Einige Begriffe, die für das Verständnis der Incoterms wesentlich sind, werden in den Regeln selber oder aber in den jeder einzelnen Incoterms-Klausel vorangehenden „erläuternde Kommentare für Nutzer" erklärt.

207 Viele wichtige Begriffe dagegen werden nicht weiter kommentiert. Dabei ist es gerade für die Praxis wichtig, exakt zu wissen, was unter der „Gefahrtragung", dem „Liefer- oder dem Erfüllungsort" oder den „Kosten" eigentlich ganz exakt zu verstehen ist. Für die Import- und Exportabwicklung ist es ferner von großer Bedeutung, wie sich die Verwendung von Incoterms-Klauseln beispielsweise auf die Exportdokumentation, auf die Exportkontrolle und auf die Zollwertberechnung auswirken.

208 In diesem Abschnitt werden daher wichtige Begriffe der Incoterms erläutert und in den Zusammenhang der Praxis von Import- und Exportabwicklung gestellt. Kleine Fallbeispiele und Checklisten geben weitere Hilfestellung, die der Praxis die Auswahl der für das jeweilige Geschäft geeigneten Klausel erleichtern soll.

209 In den Incoterms 2020 (und zwar in den Incoterms-Regeln A1 bis A10 sowie in B1 bis B10) werden Begriffe verwendet, deren Inhalte möglicherweise einer zusätzlichen Interpretation bedürfen. Hierzu ist, in dieser Reihenfolge,

- entweder eine klarstellende Parteivereinbarung, die aber in den Vertragsvereinbarungen oft fehlt, heranzuziehen,

2. Grundsätzliche Informationen

- oder sonst das CISG (sofern es anwendbar, Art. 1 und 2 CISG, und nicht ausgeschlossen ist, Art. 6 CISG).
- Auch neuere Rechtsprechung schafft Erläuterungen zu den in Incoterms-Regeln verwendeten Begriffen.

Die Lösung, die von der ICC selber angestrebt wird, ist ausdrücklich schon in der *Einführung* zu den früheren Incoterms 2000 unter Ziffer 6 (*Terminologie*) gegeben. Da man die Terminologie so konsequent wie möglich einheitlich gestalten wolle und vor allem auch vermeiden wolle, anderslautende Begriffe zu verwenden, die in Widerspruch zu den Ausdrücken des CISG stehen könnten, empfehlen die Incoterms 2020 **bei Auslegungsschwierigkeiten, im Zweifel** der **CISG**-Terminologie zu folgen.

210

Nachfolgend werden nun wichtige Begriffe, die von den Incoterms 2020 nicht ausdrücklich auslegt oder definiert werden, aus Sicht des UN-Kaufrechts, der Rechtsprechung und/oder der Geschäftspraxis näher erläutert.

211

2.1.1. Benachrichtigungen

Die Incoterms-Regeln sehen, jeweils in A10, *auf unterschiedliche Weise* die Verpflichtung des Verkäufers vor, den Käufer zu benachrichtigen:

212

- durch Nachricht „über alles Nötige" (EXW, CPT, CIP, DAP, DPU, DDP, CFR, CIF),
- durch Nachricht über eine Lieferung nach A2 *oder* darüber, dass der Beförderer oder eine andere vom Käufer benannte Person die Ware nicht innerhalb einer vereinbarten Frist übernommen hat (FCA),
- oder durch Nachricht über eine Lieferung nach A2 *oder* dass das Schiff die Ware nicht innerhalb einer vereinbarten Frist geladen hat (FAS, FOB).

Weitergehende Festlegungen treffen die Incoterms-Regeln nicht. Wie mit der Benachrichtigung oder einer Versendungsanzeige („Nachricht über eine Lieferung nach A2") konkret umzugehen ist und welche Rechtsfragen sich hier im Einzelnen stellen, kann sich aus der Anwendung des CISG ergeben. Soweit das CISG im jeweiligen Einzelfall zur Anwendung kommt, ist auf die Regelung des Art. 32 CISG zu achten.

213

Art. 32 Abs. 1 CISG erlegt dem Verkäufer die Pflicht auf, „…dem Käufer die Versendung *anzuzeigen* und dabei die Ware im Einzelnen zu *bezeichnen*". Erst die erfolgte Versendungsanzeige führt dazu, dass ab Anzeige die Transportgefahr auf den Käufer übergeht (Art. 32 Abs. 1 und Art. 67 Abs. 2 CISG). Treten Transportschäden auf und lässt sich nicht mehr feststellen, ob sie vor oder nach Absendung der Versendungsanzeige erfolgten, trifft den *Verkäufer die Beweislast*.

214

Die Vorschrift in Art. 32 CISG kann nur zur Anwendung kommen, wenn die Lieferung der Ware voraussetzt, dass der Verkäufer die Ware einem Beförderer zur Übermittlung an den Käufer übergibt. Damit kommt Art. 32 Abs. 1 CISG zur Anwendung

215

- beim Versendungskauf (im Sinne des Art. 31 lit. a CISG), wenn der Verkäufer seine Lieferpflicht durch Übergabe an den ersten Beförderer erfüllt,

- und in den Fällen, in denen der Kaufvertrag festlegt, dass der Verkäufer seine Lieferverpflichtung dadurch erfüllt, dass er die Ware einem Beförderer an einem bestimmten Ort zu übergeben hat, so wie es bei den Klauseln FCA, FAS, FOB, CFR und CIF (A2) vorgesehen ist.

216 Die Ware muss *dem Vertrag eindeutig zugeordnet werden können*, etwa dadurch, dass der Verkäufer sie mit der Anschrift des Empfängers oder Käufers versieht oder indem das Transportpapier den Käufer als Empfangsberechtigten verzeichnet (z.B. durch Orderkonnossement im Seetransport oder Ladeschein beim Transport mit einem Binnenschiff). Wird im Frachtpapier ein Empfangsspediteur als Empfänger genannt oder ist das Transportpapier auf den Verkäufer ausgestellt, ist die Anzeigepflicht noch nicht erfüllt.

217 Die Anzeige kann dadurch erfolgen, dass eine einfache Mitteilung über die Versendung an den Käufer ergeht (nach Art. 27 CISG genügt jedes den Umständen angemessene Mittel) oder aber dem Käufer die Dokumente zugesandt werden. Für die Erfüllung der Anzeigepflicht genügt die rechtzeitige Absendung; das Risiko des Verlusts oder der Verzögerung auf dem Übermittlungsweg trägt nach Art. 27 CISG der Käufer.

218 Die Pflicht zur Anzeige des Versands trifft den Verkäufer nach den Incoterms-Regeln (A10) auf jeden Fall, auch wenn die Ware durch Adressierung, Frachtbrief oder Transportdokument bereits eindeutig dem Vertrag zugeordnet werden kann. Das heißt für die Praxis:

- Der Gefahrübergang ist wegen Art. 67 Abs. 2 CISG von der Erfüllung der vertraglichen Anzeigepflicht unabhängig erfolgt, sobald die Ware eindeutig zugeordnet werden kann;

- eine nicht rechtzeitige Erfüllung der Anzeigepflicht ist eine Vertragspflichtverletzung des Verkäufers und kann dem Käufer einen Anspruch auf Schadensersatz nach Art. 45 lit. b CISG geben.

Beispiel

Ein kanadischer Exporteur (V) verschifft eine komplette Ladung Getreide an mehrere deutsche Abnehmer, an die er vertragsgemäß „CIF Bremerhaven Incoterms 2020" versendet. Von der kanadischen Reederei erhält er ein auf ihn (V) lautendes einheitliches Konnossement, welches er an die Bremer Lagerhausgesellschaft weitergibt, damit diese eine Aufteilung an die jeweiligen Empfänger vornehmen kann. V sendet den deutschen Abnehmern nur je eine Fotokopie des Konnossements.

Durch Sturmschäden wird während des Seetransports ein Teil der Ladung unbrauchbar. Einer der deutschen Abnehmer (K) ist der Ansicht, dass wegen fehlender bzw. fehlerhafter Versendungsanzeige das Transportrisiko nicht

> *auf ihn sowie die anderen Abnehmer übergegangen sei, sondern dass V trotz CIF-Klausel für die Schäden selber aufzukommen habe. Zu Recht?*

V haftet trotz CIF-Klausel für die Transportschäden, wenn das Transportrisiko noch nicht auf die deutschen Abnehmer übergegangen ist. Die CIF-Regel A10 sieht lediglich vor, dass „der Verkäufer ... den Käufer über alles Nötige zu benachrichtigen [hat], damit dieser die Ware übernehmen kann". Fraglich ist, ob das einheitliche Konnossement für eine Erfüllung dieser Benachrichtigungspflicht ausreichend sein kann. **219**

2.1.1.1. Anzeigepflicht

Zur Klärung dieser Frage ist das CISG heranzuziehen, das für den vorliegenden kanadisch-deutschen Handel zur Anwendung kommt. Art. 32 Abs. 1 CISG ist hier die richtige Norm, da **220**

- der Verkäufer die Ware einem Beförderer übergeben hat,
- ohne die Ware individuell zu kennzeichnen
- oder sie auf andere Weise den Einzelkaufverträgen mit den deutschen Abnehmern zuzuordnen.
- In diesen Fällen fordert Art. 32 Abs. 1 CISG, dass der Verkäufer dem Käufer die Versendung anzeigen muss und dabei *die Ware im Einzelnen zu bezeichnen* hat.

Die Anzeigepflicht setzt also voraus, dass die Ware nicht schon allein durch die Aufgabe zur Beförderung individuell zugeordnet werden kann. **221**

Im vorliegenden Fall fehlt eine eindeutige Zuordnung der zur Beförderung an K aufgegebenen Ware, da das Konnossement auf den Verkäufer selbst ausgestellt wurde. Zudem handelt es sich bei der Schiffsladung um eine Sammelsendung an mehrere Abnehmer im Bestimmungsland. Somit besteht *grundsätzlich eine Anzeigepflicht nach Art. 32 Abs. 1 CISG*. **222**

2.1.1.2. Inhalt der Anzeige

Fraglich ist, auf welche Weise die Versendungsanzeige zu erfolgen hat. **223**

Grundsätzlich gilt, dass

- der Verkäufer, der ein Transportdokument hat, welches die Tatsache der Versendung bekundet und die Ware bezeichnet, die Anzeige in der Weise vornehmen kann, dass er das (indossierte) Dokument (einem einzelnen) Käufer zusendet.
- Selbst eine einfache Mitteilung würde zur Erfüllung der Voraussetzungen des Art. 32 Abs. 1 CISG genügen.

Dabei ist der Verkäufer an keine bestimmte Form der Anzeige gebunden, solange diese mit „nach den Umständen geeigneten Mitteln" bewirkt wird (vgl. Wortlaut Art. 27 CISG) und – wie Art. 32 Abs. 1 CISG fordert – die Ware im Einzelnen bezeichnet. **224**

225   Bei einem normalen Schiffstransport kann dafür schon die Angabe des Schiffsnamens ausreichen, um die Ware hinreichend zu identifizieren, jedenfalls solange sich keine weitere gleichartige Ware als die für den Käufer bestimmte an Bord befindet.

226   Gibt es aber eine Sammelladung für mehrere Abnehmer in ein und demselben Bestimmungshafen, genügt dies alles nicht mehr. In diesem Fall müsste der Verkäufer die Ware dadurch individualisieren, dass er sie entweder zusätzlich markiert oder Container, Sack oder Kistennummern o.ä. angibt. Selbst die Anzeige der Anzahl der verladenen Einheiten oder deren Gewicht usw. könnte für eine Anzeige ausreichen.

227   Das bloße Kopieren eines Konnossements, das eine Sammelverladung vermerkt, ist dagegen nicht ausreichend im Sinne des Art. 32 Abs. 1 CISG.

228   Da wegen Art. 32 Abs. 1 CISG erst mit der *korrekten Anzeige* an die einzelnen Käufer die Transportgefahr übergeht (vgl. Art. 67 Abs. 2 CISG) und die Anzeige des V fehlerhaft war, weil die Ware nicht eindeutig zugeordnet ist, ist trotz CIF-Klausel die Sachgefahr nicht auf die Käufer übergegangen. Im Beispielsfall ist daher die Ansicht des K richtig.

Praxistipp

▶ *Benachrichtigung:*

Die Incoterms-Regeln sehen, jeweils in A10, **auf unterschiedliche Weise** *die Verpflichtung des Verkäufers vor, den Käufer zu benachrichtigen.*

Weitere Anforderungen

Art. 32 Abs. 1 CISG erlegt dem Verkäufer die Pflicht auf, „…dem Käufer die Versendung **anzuzeigen** *und dabei die Ware im Einzelnen zu* **bezeichnen***". Erst die erfolgte Versendungsanzeige führt dazu, dass ab Anzeige die Transportgefahr auf den Käufer übergeht (Art. 32 Abs. 1 und Art. 67 Abs. 2 CISG).*

Die Ware muss **dem Vertrag eindeutig zugeordnet werden können***, etwa dadurch, dass der Verkäufer sie mit der Anschrift des Empfängers oder Käufers versieht oder indem das Transportpapier den Käufer als Empfangsberechtigten verzeichnet.*

2.1.2. Elektronischer Nachweis

229   Sofern es um einen Liefernachweis geht, kommt neben einer papiergestützten Dokumentation durch ein Transportdokument auch in Betracht, *auf geeignete elektronische Weise* einen entsprechenden Nachweis zu erbringen. Es hat sich in den 90er Jahren mit dem „Bolero Projekt" ein von weltweit aktiven Banken, der Institution SWIFT, dem TT Club und anderen Teilnehmern gestütztes System entwickelt, dessen Ziel es war, das wohl wichtigste internationale Transportdokument im See-

verkehr, das „bill of lading" (daher auch der erste Namensteil von „bolero") durch eine elektronische Nachricht zu ersetzen.

Dieses System, obwohl mit großem Aufwand installiert und mit einem in London ansässigen Title Registry unterstützt, hatte anfangs große Schwierigkeiten sich durchzusetzen, da man anfangs nur durch eine einem geschlossenen Nutzerkreis zugängliche Serverplattform (title registry) erreichen wollte, etwas ähnliches wie ein elektronisches Konnossement (Bolero Bill of Lading) darzustellen. Die erste eBL-Transaktion kam in 2010 zustande, nachdem Bolero als eines von zwei Systemen von den Seehaftpflichtversicherern der International Group of P&I Clubs anerkannt wurde. Ohne die Billigung der P&I-Clubs, die die Haftung der Verfrachter für Ladungsschäden versichern, war eine Weiterentwicklung von Bolero also gar nicht möglich. Neben dem eBL bot Bolero auch digitale Lösungen für Akkreditive, Bankgarantien und das Lieferanten-Zahlungsmanagement an. Nachdem sich aber seit etwA2015/2016 die Digitalisierung zum Trend in der Fracht- und Logistikbranche entwickelte, stieg auch das Interesse am elektronischen BL. Die Entwicklung der Blockchain-Technologie verstärkt das Interesse an Bolero, der Firma, die heute mehrheitlich dem Private-Equity-Investor Azini Capital gehört, und die knapp 100 Banken in aller Welt an ihr System angebunden hat. Großverlader wie der US-Agrarhändler Cargill, der Bergbaukonzern BHP Billiton und der indische Mischkonzern Reliance nutzen die Bolero Plattform gemeinsam mit Kunden, finanzierenden Banken sowie Reedereien, um ihre Akkreditivgeschäfte durch Einsatz des elektronischen BL zu beschleunigen. Treiber dieser weiteren Entwicklung waren dabei die großen Warenhändler mit ihren Bulkladungen. Im November 2018 vermeldete Bolero die erste geglückte Anwendung einer Blockchain-Transaktion auf Akkreditivbasis zwischen zwei weltweit agierenden Großbanken.

230

Die Incoterms-Klauseln 2020 sind jedenfalls auch auf elektronische Nachweise (A1) eingestellt und ermöglichen durch ihre breite Aufstellung auch im Hinblick auf den elektronischen Geschäftsverkehr den nach A6 geforderten Nachweis eines Liefer-/Transportdokuments („delivery / transport document").

231

2.1.3. „Erfüllungsort"

Incoterms können nach der Rechtsprechung des Europäischen Gerichtshofs auch zur Bestimmung des Erfüllungsortes und damit mittelbar zur Bestimmung des internationalen Gerichtsstandes herangezogen werden. Dies ist immer dann von Bedeutung, wenn die Vertragspartner keine Gerichtsstandsvereinbarung getroffen haben und daher darauf angewiesen sind, dass gegebenenfalls im Wege der Vertragsauslegung oder über eine gesetzliche Regelung ermittelt wird, wo sich der richtige Gerichtsstand für den Rechtsstreit befindet.

232

Praxistipp

> *Incoterms können im Streitfall helfen herauszufinden, welcher Gerichtsstand der richtige ist, falls die Vertragsparteien keine Gerichtsstandsvereinbarung getroffen haben.*

2.1.3.1. Bestimmung des Gerichtsstands unter Heranziehung des Erfüllungsortes

233 Kommt es im Zusammenhang mit Auslandsgeschäften zu Rechtsstreitigkeiten, stellt sich möglicherweise die Frage nach dem für den Rechtsstreit zuständigen Gericht. Haben die Vertragsparteien diesen nicht ausdrücklich oder nicht wirksam vereinbart, ist der „Erfüllungsort" maßgeblich dafür, welches Gericht zuständig ist. Für den innereuropäischen Versendungskauf gibt es hierzu beispielsweise eine Regelung in Art. 7 Nr. 1 lit. b EuGVVO (Verordnung Nr. 1215/2012 des Europäischen Parlaments und Rates vom 12.12.2012, in Kraft seit 10.1.2015).

234 Eine ausdrückliche Vereinbarung zum Erfüllungsort findet sich in internationalen Kaufverträgen nur selten. Häufig scheitert eine ausdrückliche Regelung auch daran, dass die Handelspartner auf ihre jeweiligen Allgemeinen Geschäftsbedingungen (AGB) verweisen, die sich in der Frage des Gerichtsstandes und/oder des Erfüllungsortes widersprechen, somit gegenseitig aufheben und damit wirkungslos sind. Ist der Erfüllungsort nicht ausdrücklich vereinbart, muss er im Wege der Vertragsauslegung oder unter Rückgriff auf das Gesetz bestimmt werden.

2.1.3.2. Erfüllungsort beim Versendungskauf

235 Bei einem Versendungskauf lassen sich im Wesentlichen zwei Orte ausmachen, die als *Erfüllungsort* in Betracht kommen:

– Entweder der Ort der Übergabe an den Käufer am endgültigen Zielort

– oder der Ort der Übergabe an die erste Transportperson, mithin der Versendungsort.

236 Nach Auffassung des Europäischen Gerichtshofes in der Car Trim-Entscheidung vom Februar 2010 (C–381/08) ist bei Fehlen jeglicher Vereinbarung *der endgültige Bestimmungsort der Ware als Erfüllungsort* anzusehen. Der EuGH begründet dies mit der Überlegung, der Bestimmungsort der Ware lasse sich in der Regel gut und eindeutig bestimmen. Zusätzlich verweist er auf die räumliche Nähe der Ware zu dem zur Entscheidung berufenen Gericht. Am Bestimmungsort werde der durch den Kauf bezweckte Vorgang abgeschlossen. Die Ware befände sich daher in der Regel auch an diesem Ort.

Beispiel

> *Key Safety (K) mit Sitz in Italien liefert Airbag-Systeme an italienische Autohersteller und kaufte beim deutschen Unternehmen Car Trim (V) im Rahmen von fünf Lieferverträgen Komponenten, die in die Herstellung dieser Systeme eingingen. Die Lieferungen erfolgten „ab Werk (Incoterms 2020) Car Trim auf Abruf". Eine Gerichtsstandsvereinbarung trafen die Vertragsparteien nicht.*
>
> *Da K die Verträge plötzlich aufkündigte, verlangt V Schadensersatz vor dem für seinen Geschäftssitz zuständigen deutschen Gericht, welches seine internationale Zuständigkeit allerdings ablehnte. Streitig ist, ob das deutsche*

> *Gericht seine Zuständigkeit im Hinblick auf Art. 7 EuGVVO ablehnen durfte und ob mithilfe des aus den Vertragsbedingungen ermittelbaren Lieferortes der richtige Gerichtsstand hergeleitet werden kann (Fall in Anlehnung an EuGH, Urt. vom 25.02.2010, C 381/ 08, „Car Trim").*

Die Antwort auf die Frage dieses Beispiels hängt von der Auslegung des Art. 7 Nr. 1 lit. b EuGVVO ab, da K als Beklagter seinen Sitz in Italien hat und weder eine ausschließliche Zuständigkeit der deutschen Gerichte nach Art. 24 EuGVVO bestand noch eine ausdrückliche oder stillschweigende Gerichtsstandsvereinbarung nach den Art. 25 und 26 EuGVVO geschlossen wurde. **237**

Folglich können deutsche Gerichte nur dann für die Schadensersatzklage zuständig sein, wenn der Ort der Herstellung (bei Car Trim also in Deutschland) als Erfüllungsort der Verpflichtung angesehen wird, die nach Art. 7 Nr. 1 EuGVVO den „Gegenstand des Verfahrens" bildet. **238**

2.1.3.3. Ausdrückliche Gerichtsstandsvereinbarung

Eine ausdrückliche Gerichtsstandsvereinbarung zwischen den Parteien fehlt in diesem Rechtsstreit. Fraglich ist, ob über die Lieferbedingung – im Wege der Vertragsauslegung – der in Frage kommende Gerichtsstand ermittelt werden kann. Dann könnte eventuell die von K und V vereinbarte **Lieferbedingung** dazu verhelfen, im Wege der Auslegung festzustellen, dass der Firmensitz des deutschen Klägers die Zuständigkeit des deutschen Gerichts bestimmt. **239**

2.1.3.4. Gerichtsstand des Erfüllungsortes

Hierzu ist Art 7 Nr. 1 EuGVVO heranzuziehen. Diese Vorschrift lautet: **240**

> „Eine Person, die ihren Wohnsitz im Hoheitsgebiet eines Mitgliedstaats hat, kann in einem anderen Mitgliedstaat verklagt werden:
>
> 1.
>
> (a) wenn ein Vertrag oder Ansprüche aus einem Vertrag den Gegenstand des Verfahrens bilden, vor dem Gericht des Ortes, an dem die Verpflichtung erfüllt worden ist oder zu erfüllen wäre;
>
> (b) im Sinne dieser Vorschrift – und sofern nichts Anderes vereinbart worden ist – ist der Erfüllungsort der Verpflichtung für den Verkauf beweglicher Sachen der Ort in einem Mitgliedstaat, an dem sie nach dem Vertrag geliefert worden sind oder hätten geliefert werden müssen…".

Hieraus folgt der EuGH in seiner Car Trim-Entscheidung: **241**

- Die Vertragsparteien können nach Art. 7 Nr. 1 lit. b EuGVVO den Lieferort der Waren nach ihrem freien Willen bestimmen.
- Der Ausdruck „sofern nichts Anderes vereinbart worden ist" in Art. 7 Nr. 1 lit. b EuGVVO zeigt, dass die Parteien im Hinblick auf die Anwendung dieser Bestimmung eine Vereinbarung über den Erfüllungsort der Verpflichtung schließen können. Ferner ist nach Art. 7 Nr. 1 lit. b EuGVVO, der den Ausdruck „nach dem Vertrag" enthält, der *Lieferort der Waren grundsätzlich der Ort, den die Par-*

teien im Vertrag festgehalten haben. Allerdings werden in keiner Bestimmung der EuGVVO die Begriffe „Lieferung" und „Lieferort" im Sinne von Art. 7 Nr. 1 lit. b EuGVVO weiter definiert.

– Daher ist zu prüfen, ob der Lieferort aus den Vertragsbestimmungen hervorgeht oder durch Auslegung ermittelt werden kann. Dabei kommen zwei Orte in Frage, die für die Festlegung eines solchen autonomen, bei Fehlen einer vertraglichen Bestimmung anwendbaren Kriteriums als Lieferort dienen könnten. Der erste ist der Ort der körperlichen Übergabe der Ware an den Käufer und der zweite derjenige der Übergabe der Ware an den ersten Beförderer zur Übermittlung an den Käufer.

– Der EuGH urteilt, dass der endgültige Bestimmungsort, an dem die Waren dem Käufer körperlich übergeben wurden oder hätten übergeben werden müssen, als „Lieferort" im Sinne von Art. 7 Nr. 1 lit. b erster Gedankenstrich EuGVVO der Entstehungsgeschichte, den Zielen und der Systematik der EuGVVO am besten entspricht.

242 Daraus ist zu entnehmen:

– Art. 7 Nr. 1 lit. b EuGVVO ist dahin auszulegen, dass *bei Versendungskäufen* der Ort, an den die beweglichen Sachen nach dem Vertrag geliefert worden sind oder hätten geliefert werden müssen, auf der Grundlage der Bestimmungen dieses Vertrags zu bestimmen ist.

– Lässt sich der Lieferort auf dieser Grundlage ohne Bezugnahme auf das auf den Vertrag anwendbare materielle Recht nicht bestimmen, ist dieser *Ort* derjenige der körperlichen Übergabe der Waren, durch die der Käufer am endgültigen Bestimmungsort des Verkaufsvorgangs die *tatsächliche Verfügungsgewalt* über diese Waren erlangt hat oder hätte erlangen müssen.

243 Auf der Grundlage der getroffenen Vertragsvereinbarung „ab Werk (Incoterms 2020) auf Abruf" ist daher in dem Fall, den der EuGH zu entscheiden hatte, das für den Firmensitz von Car Trim zuständige deutsche Gericht der richtige Gerichtsstand.

2.1.3.5. Incoterms zur Vertragsauslegung

244 Diese *Rechtsprechung zur Vertragsauslegung einer einfachen Lieferbedingung* mit dem Ziel der Bestimmung des Erfüllungsorts bzw. des Gerichtsstandes führt zu der Frage, ob damit auch den Incoterms 2020 eine vergleichbare Wirkung zukommen kann. Der EuGH hat sich dazu allerdings bislang nicht ausdrücklich geäußert.

245 Daher kann auf der Grundlage der vorhandenen Entscheidung lediglich gefolgert werden:

– Bei der *EXW-Klausel* wird am Übernahmeort erfüllt, da bei diesen Klauseln der Lieferort und der Ort, ab dem der Käufer die Ware zu übernehmen hat, nicht auseinanderfallen. In der Regel wäre dann der Übernahmeort zugleich Erfüllungsort und damit auch maßgeblich für den Gerichtsstand. Der Gerichtsstand wäre dann – mangels Parteivereinbarung – durch Auslegung zu ermitteln; Gerichtsstand ist dann der Sitz des Verkäufers.

- Bei den *C-Klauseln* (CIF, CFR, CPT und CIP) erfolgt die Lieferung beim Frachtführer bzw. an Bord eines Schiffes. Bei den *F-Klauseln* (FOB, FCA und FAS) ist der Lieferort ebenfalls nicht mit der Niederlassung des Verkäufers oder dem Sitz des Käufers identisch.

- In solchen Fällen *kann der Lieferortsvereinbarung aber keine zuständigkeitsbegründende Wirkung zuteilwerden*, da die Lieferklauseln der Incoterms 2020 nicht in diesem Sinn zu verstehen sind. Vielmehr erschöpft sich der Zweck der Incoterms 2020 darin, Fragen der Transportkosten, der Liefermodalitäten und der Gefahrtragung zu regeln, während eine weitergehende Verbindung mit Fragen zum Gerichtsstand weder angestrebt noch sachgemäß ist. Die neuen Incoterms 2020 sehen dies auch ausdrücklich in der Einführung II („Die Incoterms regeln *nicht:*" …) vor. Daher kann bei C- und F-Klauseln, nach denen die Lieferpflicht in der Versendung der Ware besteht, im Wege der Auslegung *allenfalls ein Gerichtsstand am Versendungsort* begründet werden, nicht jedoch ein Gerichtsstand am Bestimmungsort.

- Mit *D-Klauseln* (DAP, DPU und DDP) wird wiederum eine Bringschuld vereinbart, sodass Lieferort der durch die verwendete Klausel bezeichnete Bestimmungsort ist. Der Bestimmungsort wäre dann auch maßgeblich für den Gerichtsstand.

Bei der Verwendung von Incoterms in Kaufverträgen ist daher zu beachten, dass diese nicht nur die Kosten und Gefahrtragung regeln, sondern als Auslegungskriterium auch über die Zuständigkeit des Gerichts (mit)entscheiden können.

246

Praxistipp

▶ **Erfüllungsort**: Der Erfüllungsort hat u.a. Bedeutung für den Gerichtsstand, wenn es um Klagen auf Erfüllung oder Schadensersatz geht. Erfüllungsort ist der **Ort, an dem der Schuldner seine Leistungen zu erbringen hat** und durch rechtzeitige und mangelfreie Lieferung bzw. durch Zahlung von seinen vertraglichen Verpflichtungen frei wird.

Die Vereinbarung einer **Incoterms-Klausel** kann Rückschlüsse auf den Willen der Vertragsparteien zum Erfüllungsort ermöglichen, wenn eine ausdrückliche Vereinbarung dazu fehlt.

2.1.4. Gefahrtragung

Die Incoterms gehen in den Incoterms-Regeln davon aus, dass der Begriff des Gefahrübergangs (vgl. jeweils A3/B3) verständlich genug ist und beschreibt lediglich, welche der Parteien *„alle Risiken des Verlustes oder der Beschädigung der Ware…"* zu tragen hat.

247

248 Auch das CISG ist in seinem Wortlaut (vgl. Art. 66 CISG) gleich. In beiden Fällen, Incoterms wie CISG, umfasst die Gefahr jedenfalls auch
- den Verlust der Ware durch Diebstahl,
- eine Notentladung durch den Transporteur, Fehlleistungen des Transporteurs wie etwa die Auslieferung an den falschen Empfänger,
- einen Gewichtsschwund und
- diverse Beeinträchtigungen der Ware, wie etwa Unfall, Vandalismus und sonstige Schäden, die dem Incoterms-Begriff des „Verlusts oder der Beschädigung" zuzuordnen sind.

249 Nicht von Incoterms wie von CISG geklärt wird, wie hoheitliche Eingriffe zu werten sind, die auf die Ware einwirken.
- Ursprünglich wurde die Auffassung vertreten, hoheitliche Eingriffe seien grundsätzlich nicht betroffen, da gegen hoheitliche Eingriffe auch kein Versicherungsschutz bestehe. Zudem könne der von hoheitlichen Eingriffen Betroffene gegen derartige Eingriffe auch nicht vorgehen. Schließlich richteten sich Beschlagnahmungen typischerweise gegen den Eigentümer und sollten diesen auch treffen.
- Eine Ausnahme könnte nach dieser *überkommenen Ansicht* nur im Fall der Beschlagnahme der Ware durch einen feindlichen Staat im Kriegsfall gelten, da diese Situation dem Untergang der Ware gleichkomme.
- Zuletzt und damit für die heutige Geschäftspraxis richtungsweisend betrachtet man **hoheitliche Eingriffe** dagegen als **gefahrtragungsrelevante Ereignisse**.

250 Daher gilt für die Praxis: War ein hoheitlicher Eingriff vorhersehbar (z.B. bei Wahl eines Transportweges durch gefährdetes Gelände oder durch Zonen mit kriegerischer Auseinandersetzung), kann der Verkäufer, der einen Transport organisiert, sich nicht auf den Gefahrübergang berufen, sondern er muss sich – wie aus dem Wortlaut des Art. 66 CISG folgt – ein Tun oder Unterlassen vorwerfen lassen, das den Gefahrübergang unbeachtlich werden lässt, da die an eine sorgfältige Organisation des Transports gestellte Anforderung (Vermeidung von Gefahren) nicht oder nicht ausreichend beachtet wurde.

Beispiel

Der deutsche Exporteur E liefert Dual Use Güter in verschiedene Staaten. Stets beachtet er Ausfuhrverbote und Embargos und holt, sofern erforderlich, notwendige Genehmigungen vor dem Versand der Güter ein. Bei Auslieferung einer Ware, für die vertraglich die Incoterms Klausel „FOB Bremerhaven, CT 4" zugrunde gelegt worden war, wird noch im Verlauf der Anlieferung der Ware im Versendungshafen ein unerwartetes neues Embargo gegen das Empfangsland seiner Lieferung in Kraft gesetzt. E ist der Ansicht, dass dieses Embargo seine Lieferung nicht betreffe, da die Ware sich bereits auf dem Transportwege befinde. – Muss E das Embargo beachten?

Unvorhersehbar in Kraft gesetzte Aus- und Einfuhrverbote sind zu behandeln wie „hoheitliche Eingriffe" und daher gefahrtragungsrelevante Ereignisse. Es kommt daher auf den Zeitpunkt des Gefahrübergangs an, um festzustellen, ob der Verkäufer (noch) die Verantwortung für das Einholen einer Ausfuhrgenehmigung beziehungsweise einer Ausnahmegenehmigung trägt. Angesichts der im Vertrag vereinbarten Incoterms Klausel „FOB" hat der Gefahrübergang jedenfalls noch nicht stattgefunden, sodass es in der Risikosphäre des E liegt, dass die Lieferung wegen des plötzlich in Kraft getretenen Embargos nicht mehr ausgeführt werden darf. E muss das Embargo beachten und darf nicht ausführen.

2.1.4.1. Zusatzkosten auf Transportweg

Problematisch kann es sein, wenn während des Transports unvorhergesehene und unerwartete Ereignisse eintreten, die zu Lieferverzögerungen und/oder zu erhöhten Transportkosten führen. Es kann dann die Frage aufkommen, ob eventuell auch der Verkäufer – trotz entgegenstehender Incoterms Klausel und nach Gefahrübergang (z.B. bei Vorhandensein einer C- Klausel) – doch noch eine Kostenverantwortung trägt.

Eine solche Verantwortung kann sich aus dem CISG ergeben. Grundsätzlich legt Art. 31 CISG fest, dass der Verkäufer nicht den tatsächlichen Besitzerwerb des Käufers schuldet. Der Verkäufer hat aber, wie sich aus Art. 79 Abs. 1 CISG folgern lässt, die Pflicht, Hindernisse zu überwinden, die zu einer Nichterfüllung der Leistungspflicht führen. Dies könnte bedeuten, dass ein Verkäufer bei Verwendung einer C-Klausel nicht nur einen Transporteur bestimmt und mit diesem einen Beförderungsvertrag abschließt (A4), sondern dass er auch noch eine weitergehende Verantwortung für besondere Umstände des Transports tragen müsste.

Beispiel

> Verkäufer V hat mit dem ausländischen Käufer K einen Vertrag über eine Warenlieferung abgeschlossen. Der Kaufvertrag enthält die Lieferbedingung „CPT Incoterms 2020".
>
> Vereinbarungsgemäß kümmert sich V um den Transport der Ware und schließt mit Spediteur S einen Beförderungsvertrag ab. Zwei Wochen später transportiert S die Ware, muss jedoch in einem Transitland wegen eines plötzlichen Generalstreiks zwei Tage lang warten, bis er weiterfahren kann.
>
> K entsteht hierdurch ein Schaden, den er von B ersetzt verlangt.

V muss den Verzögerungsschaden tragen, wenn der „Hinderungsgrund der pünktlichen Auslieferung" in seinem Einflussbereich lag und der nach CPT erfolgte Gefahrübergang ihn hier nicht schützt. Nach CPT A2 hat der Verkäufer folgende Pflichten: Er muss die Ware dem beauftragten Frachtführer übergeben oder die zu liefernde Ware beschaffen. Er hat einen Beförderungsvertrag für den Warentransport vom Lieferort bis hin zum Bestimmungsort abzuschließen (A4). Der Gefahrübergang erfolgt erst im Moment der Lieferung (A3).

255 Fraglich ist, ob die Verwendung einer Incoterms-Klausel, die dem Verkäufer die Organisation des Transports und den Abschluss des Beförderungsvertrags auferlegt, auch dazu führt, dass der Verkäufer auch die erfolgreiche Durchführung (und damit auch die pünktliche Abwicklung) des von ihm selbst gewählten Transports verantwortet.

- Für eine solche Sicht spricht beispielsweise, dass der Verkäufer hinsichtlich des Transports vieles in der Hand hat: Er wählt den Transporteur aus und er kann Einfluss auf den Inhalt des Beförderungsvertrages nehmen.
- Dagegen spricht allerdings die Regelung des Art. 79 CISG. Danach hat „eine Partei für die Nichterfüllung einer ihrer Pflichten nicht einzustehen, wenn sie beweist, dass die Nichterfüllung auf einem außerhalb ihres Einflussbereichs liegenden Hinderungsgrund beruhte und von ihr vernünftigerweise nicht erwartet werden konnte, den Hinderungsgrund bei Vertragsabschluss in Betracht zu ziehen…". Der Umkehrschluss lautet daher: Der Verkäufer kann nach CISG, sofern es für den betreffenden Fall anwendbar ist, durchaus Verantwortung für den Transport auch noch nach Gefahrübergang tragen.

2.1.4.2. Verantwortlichkeit auch nach Gefahrübergang

256 Hieraus lässt sich folgern, dass die Kenntnis der Abwendbarkeit eines Hindernisses und seiner Konsequenzen oder die Vorhersehbarkeit einer während des Transports auftretenden Schwierigkeit die Befreiung des Verkäufers, wie sie eigentlich wegen des Gefahrübergangs vorläge, durchaus nachteilig beeinflussen kann.

257 Es werden bei Anwendung des Art. 79 CISG strenge Maßstäbe angelegt. Auch ein Hindernis, mit dem der Schuldner bei Vertragsschluss nicht zu rechnen brauchte, entlastet ihn nicht, wenn ihm die Vermeidung oder Überwindung des Hindernisses möglich und zumutbar wäre. Selbst erhebliche Mehraufwendungen oder die Auswahl eines alternativen Beförderungsweges können von ihm verlangt werden, bis hin zum Angebot einer vernünftigen Ersatzleistung.

258 Entscheidend für den Gefahrübergang und eine Entlastung des Verkäufers ist daher, dass das schädigende Ereignis bei Abschluss des Beförderungsvertrages völlig außerhalb der Reichweite und Kenntnis des Verkäufers sowie seiner Beeinflussbarkeit lag.

259 Bei einem Generalstreik, der einen erst Wochen nach Abschluss des Beförderungsvertrages stattfindenden Transport nachteilig beeinflusst, wird man die Befreiung nach Art. 79 CISG jedenfalls bejahen können. V muss – in dem Beispielsfall – den Verzögerungsschaden daher nicht ersetzen.

Praxistipp

> ▶ **Gefahrtragung**: *Die Incoterms legen in den Incoterms-Regeln (A3 / B3) fest, welche der Parteien „alle Gefahren des Verlustes oder der Beschädigung der Ware…" zu tragen hat. Ein schädigendes Ereignis muss bei Abschluss des Beförderungsvertrages völlig außerhalb der Reichweite und Kenntnis des Verkäufers sowie seiner Beeinflussbarkeit gelegen haben.*

Gefahr: Die Gefahr umfasst

- *den Verlust der Ware durch Diebstahl,*
- *eine Notentladung durch den Transporteur, Fehlleistungen des Transporteurs wie etwa die Auslieferung an den falschen Empfänger,*
- *einen Gewichtsschwund,*
- *diverse Beeinträchtigungen der Ware, wie etwa Unfall, Vandalismus und sonstige Schäden sowie unvorhersehbare hoheitliche Eingriffe.*

2.1.5. Handelsbrauch

Die Klauseln FOB und FAS der Incoterms 2020 nehmen in A2 Ziffer 4 Bezug auf einen bestimmten Handelsbrauch: „*…in der im Hafen üblichen Weise liefern.*" Damit wird unterstellt, dass es nicht immer möglich ist, die Pflichten des Verkäufers und die von ihm zu tragenden Kosten präzise und auf der Grundlage einer langen Geschäftsverbindung mit entsprechender Vertragspraxis festzulegen. Daher müssen die Incoterms-Klauseln 2020 zumindest in einigen wenigen Bereichen eine Bezugnahme auf Handelsbräuche zulassen (…dem Hafenbrauch entsprechend…) und damit eröffnen, dass die Art und Weise, in der Ware unter den Incoterms-Klauseln 2020 FAS und FOB zum Weitertransport (z.B. im Rohstoffhandel) angeliefert wird, je nach Seehafen nach unterschiedlicher Übung gehandhabt wird. 260

Ob ein Handelsbrauch vorliegt und damit zur Auslegung und Ergänzung der vertraglichen Pflichten der Parteien herangezogen werden kann, wird dem nationalen Recht überlassen (vgl. Art 4 lit. a CISG). Soweit ein Handelsbrauch sich auf Geschäfte bezieht, die stets an einem bestimmten Ort geschlossen werden (z.B. an Warenbörsen oder Messen), entscheidet das nationale Recht des Ortes über die Anerkennung des Handelsbrauchs. Gleiches gilt für Handelsbräuche, die nur das Verhalten an bestimmten Orten betreffen, z.B. an Seehäfen oder bei institutionalisierten Schiedsgerichten. Stets ist es aber ausgeschlossen, dass sich ein Handelsbrauch gegen zwingende Vorschriften des maßgebenden Ortsrechts bildet. Ein Handelsbrauch steht also grundsätzlich nicht geltenden Bestimmungen entgegen, und er verliert seine Anerkennung, wenn neue, zwingende Vorschriften entgegenstehen. 261

Im Einzelfall ist daher bei Verwendung der Incoterms-Klauseln 2020 FAS oder FOB zu prüfen, ob am tatsächlich genutzten Bestimmungshafen ein besonderer Handelsbrauch herrscht, den es zu berücksichtigen gilt. 262

2.1.6. Lieferort

Für die Incoterms gilt die grundsätzliche Empfehlung, stets einen konkreten Ort hinzuzufügen, damit die Klauseln optimal eingesetzt werden können. Die Incoterms 2020 benennen den Ort, an dem eine Lieferverpflichtung zu erfüllen ist, unterschiedlich: 263

- Bei den Klauseln, die im Seetransport benutzt werden (FAS, FOB, CFR, CIF) werden die Begriffe „Verschiffungshafen" und „Bestimmungshafen" benutzt,
- während in allen anderen Fällen nur von „Ort" (im englischen Originaltext: „place") gesprochen wird. Dieser „Ort" soll in der Nutzung der relevanten Klausel 2020 ausdrücklich benannt werden.

264 Es kann sein, dass eine weitere Präzisierung erforderlich wird, indem eine konkrete „Lieferstelle" (z.B. innerhalb eines großen Hafens) benannt wird, an die zu liefern ist. Derartige Angaben fehlen in Kaufverträgen zwischen Verkäufer und Käufer oft, und auch die Incoterms legen hier keine weitere Präzisierung fest. Daher gilt, falls keine konkrete Stelle vereinbart wurde und verschiedene Lieferplätze in Betracht kommen, dass der Verkäufer selber wählen darf, welche Stelle ihm am Lieferort geeignet erscheint.

265 Für den Lieferort gilt zudem folgendes Prinzip:
- Normalerweise soll jede eingesetzte Klausel der Incoterms 2020 einen *Bestimmungsort* nennen. Weicht der Verkäufer von dem Bestimmungsort ab, weil sich beispielsweise nachträglich herausgestellt hat, dass dieser ungeeignet ist, muss nach Treu und Glauben entschieden werden, ob dieses Verhalten noch die Lieferpflicht erfüllt. Die Entscheidung „nach Treu und Glauben" ist die Variante, die in derartigen Fällen beispielsweise nach Art. 7 Abs. 1 CISG angedacht ist und eine Lösung der Praxisfrage ermöglicht, die sich bei ungeeigneten Bestimmungsorten zwangsläufig stellen muss.
- Denkbar ist, dass die Festlegung eines Bestimmungsortes ganz unterlassen (z.B. vergessen) wurde. In diesen Fällen ist der Bestimmungsort die Niederlassung des Käufers; wenn er mehrere Niederlassungen hat, ist auf der Basis des Art. 10 lit. a CISG zu entscheiden.
- Denkbar ist ferner, dass Geschäftspartner widersprüchliche Angaben zum Lieferort machen. Fraglich ist, wie sich ein Dissens bei Vereinbarung des Lieferortes auswirkt. Hierzu das folgende Beispiel.

Beispiel

Der deutsche Exporteur E baut Fahrzeuge und liefert diese an K nach Spanien. Der Transport erfolgt jeweils durch eine Spedition, der E die Fahrzeuge übergeben hatte. Den Bestellungen des spanischen Käufers liegt die Klausel „free of charge" zugrunde. Der Lieferant bestätigt Bestellungen stets mit der Klausel „ex works". Zwischen den Parteien kommt es zum Streit darüber, wo – im Hinblick auf den Gefahrübergang – der Lieferort liegt. K ist der Ansicht, Lieferort sei sein Geschäftssitz in Spanien, während E wegen ex works von seinem Firmensitz ausgeht.

266 Der spanische Käufer kann zu Recht davon ausgehen, dass der Gefahrübergang im Empfangsland der Ware (also in Spanien) liegt, wenn zwischen den Parteien eine entsprechende Vereinbarung getroffen wurde und daher der Lieferort im Emp-

fangsland liegt. Das CISG ist anwendbar, da beide Parteien ihre Niederlassung in Vertragsstaaten des CISG haben.

2.1.6.1. Bestimmung des Lieferortes

Zum Lieferort, der in den Incoterms nicht näher definiert wird, sind die Bestimmungen des Art. 31 CISG ergänzend heranzuziehen. Diese Vorschrift ist nur anwendbar, wenn der Verkäufer die Ware nach dem Kaufvertrag *„nicht an einen anderen bestimmten Ort zu liefern"* hat. Ist ein anderer Ort vereinbart, so ist dieser der Lieferort. Zugleich kann aus der Vereinbarung entnommen werden, durch welche Handlung des Verkäufers die geschuldete Lieferung und Leistung erbracht wird. Werden Incoterms 2020 eingesetzt, ist danach zu unterscheiden, ob es um einen mit Art. 31 CISG übereinstimmenden Lieferort oder aber um einen davon abweichenden Lieferort geht. 267

2.1.6.2. Übereinstimmender Lieferort

In den meisten Fällen führen die Incoterms 2020 zu demselben Lieferort und demselben Inhalt der Lieferpflicht, die sich auch aus Art. 31 CISG ergeben. Dies kann vor allem nachvollzogen werden bei den Klauseln des Versendungskaufs „frachtfrei" (CPT) und „frachtfrei versichert" (CIP), die von der Auswirkung her mit Art. 31 lit. a CISG übereinstimmen, sowie für die Klausel „ab Werk" (EXW), die sich mit Art. 31 lit. b CISG deckt. In den genannten Fällen enthalten die Incoterms-Regeln besondere Bestimmungen dazu, wie geliefert werden muss, sodass die Incoterms-Regeln insofern eine ergänzende Funktion wahrnehmen. 268

2.1.6.3. Dissenz bei Vereinbarung des Lieferortes

Im Beispielsfall liegt ein Dissenz der Parteien beim Lieferort vor. Eine einvernehmliche Vereinbarung scheitert daran, dass K die Bestellungen mit der Klausel „free of charge" vornahm, während Lieferant E in den Auftragsbestätigungen die Klausel ex works einsetzte. Diese abweichende Klausel hat K nicht gegenbestätigt, sodass sein Schweigen hierzu einer Ablehnung gleichzusetzen ist. 269

2.1.6.4. Wesentliche Abweichung beim „Lieferort"

Trotzdem können die Kaufverträge zwischen E und K wirksam zustande gekommen sein, wenn der Dissens über die Transportverpflichtung nach Art. 19 Abs. 3 CISG unwesentlich ist. Die Klausel ex works kann dann aber nur eine reine Kostentragungspflicht darstellen und ist keine Vereinbarung über den Erfüllungsort mit Auswirkung auf den Gefahrübergang. 270

Die Rechtsprechung hat in einer Entscheidung festgestellt, dass die von K verwendete Klausel „free of charge" keine Incoterms-Klausel darstellt. Dennoch ist „f.o.c." eine in der Praxis durchaus gebräuchliche Klausel, wenn auch ohne fest definierten Inhalt, wie es bei den Incoterms der Fall ist. Mittels „f.o.c." wird nur zum Ausdruck gebracht, dass jegliche Kostentragung abgelehnt werde. Ein Hinweis auf Gefahrtragung erfolgt dagegen mit einer solchen Klausel nicht. 271

Auch die zwischen den Geschäftspartnern erfolgte Korrespondenz per E-Mail ergibt keine Erfüllungsortvereinbarung: Während K stets „f.o.c." bestellt, bestätigte 272

E immer mittels „ex works", wodurch er zum Ausdruck brachte, dass er ab Werkstor nicht mehr für die Ware verantwortlich sein wollte.

273 *Schweigen als Annahme von Ex Works*

Für eine Erfüllungsortvereinbarung reicht es auch nicht aus, dass K auf die Auftragsbestätigung von E geschwiegen hat. K hat mit dem Schweigen die Klausel ex works des E nicht angenommen. Schweigen oder Untätigkeit bedeutet nach Art. 18 Abs. 1 Satz 2 CISG keine Vertragsannahme.

Auch eine konkludente Annahme von ex works (im Sinne des Art. 18 Abs. 3 CISG) scheidet aus. Ein konkludenter Vertragsschluss könnte sich nur aus den Gepflogenheiten und Gebräuchen zwischen den Parteien ergeben. K hatte sich aber nicht auf ex works eingelassen, sondern stets erneut zu „f.o.c." bestellt.

274 *Unwesentliche Abweichung*

Ex works könnte vertraglich vereinbart sein, wenn diese Angabe nur eine „unwesentliche Änderung" gegenüber der Bestellung des K darstellte. Dann könnte der Vertrag nach Art. 19 Abs. 2 CISG trotzdem – auf Grundlage von ex works – zustande gekommen sein. Hier liegt eine wichtige Klippe:

– Würde der Streit um f.o.c. *oder* ex works dahingehend geführt, dass es nur um eine reine Kostentragungspflicht geht, könnte vielleicht noch eine unwesentliche Änderung konstruiert werden (mit der Folge der Gültigkeit der Klausel ex works).

– Da aber E mittels ex works nicht nur eine Kostentragungsregelung, sondern vor allem auch eine Gefahrtragungsregelung treffen will, ist sein Begehr nach Festlegung einer solchen Gesamtregelung (Kosten- *und* Gefahrtragungsregelung) *wesentlich*. Daher ist das Schweigen des K als Ablehnung zu werten.

Eine Vereinbarung über den Lieferort (und den Ort des Gefahrübergangs) ist im Beispielsfall damit unterblieben.

Beispiel

> *K, eine Herstellerin von Reinigungs und Körperpflegemitteln in Münster, bestellte bei V, einer Produzentin von Milchsäure in Belgien, Milchsäure technischer Qualität. In den Bestellungen der K hieß es jeweils: „Lieferbed. CPT H". V bestätigte die Bestellungen der K regelmäßig schriftlich, wobei sie jeweils die Worte „Incoterm CPT" verwendete. Lieferungen erfolgten an den Geschäftssitz der K in H. Aufgrund von Kundenreklamationen entstanden der K Schäden, die sie von V ersetzt verlangte. Da V nicht bereit war, die entstandenen Schäden zu ersetzen, erhob K Klage gegen V in Münster.*
>
> *V bestreitet die Zuständigkeit des deutschen Gerichts und behauptet, dass aufgrund der CPT-Klausel allein das belgische Gericht an ihrem Gerichtsstand zuständig sei. Streitig ist, ob mithilfe einer Incoterms-Klausel zugleich ein Lieferort vereinbart wird, anhand dessen das zuständige Gericht im Sinne der EuGVVO ermittelt werden kann.*

Streitig ist zwischen V und K, ob die *Incoterms-Klausel dafür ausreicht, auch einen Lieferort festzulegen*, wenn die Geschäftspartner ansonsten über den Lieferort keine eindeutige Verabredung getroffen haben. Mithilfe des Lieferortes lässt sich dann nämlich feststellen, welches Gericht für die Klageerhebung zuständig ist. 275

Die Klage der K in Münster ist zulässig, wenn die internationale Zuständigkeit deutscher Gerichte gegeben ist. Die internationale Zuständigkeit deutscher Gerichte könnte sich vorliegend aus dem *besonderen Gerichtsstand des Erfüllungsortes* gemäß Art. 7 Nr. 1 lit. a und b EuGVVO ergeben: 276

– Nach Art. 7 Nr. 1 lit. a EuGVVO kann eine Person, die ihren (Wohn-)Sitz in dem Hoheitsgebiet eines EU-Mitgliedstaates hat, in einem anderen Mitgliedstaat verklagt werden, wenn Ansprüche aus einem Vertrag den Gegenstand des Verfahrens bilden und die betreffende Verpflichtung an einem Ort in diesem Mitgliedstaat erfüllt worden ist oder zu erfüllen wäre.

– Dieser Erfüllungsort ist bei dem Verkauf beweglicher Sachen – sofern vertraglich nichts anderes bestimmt ist – gemäß Art. 7 Nr. 1 lit. b EuGVVO der Ort, an den die Ware geliefert worden ist oder hätte geliefert werden müssen. Nach der Entscheidung des Europäischen Gerichtshofes in dem Urteil zu „Car Trim", entspricht dieser Ort vorbehaltlich einer anderweitigen vertraglichen Vereinbarung der Parteien *dem Ort der körperlichen Übergabe der Ware an den Käufer, mithin dem endgültigen Bestimmungsort des Verkaufsvorgangs, an dem der Käufer die tatsächliche Verfügungsgewalt über die Waren erlangt hat oder hätte erlangen müssen*. Danach ist der Sitz der K Liefer- und damit Erfüllungsort i.S.v. Art. 7 Nr. 1 lit. a und b EuGVVO, da die Milchsäure jeweils zum Sitz der K in H verbracht worden ist und die K erst dort Verfügungsgewalt über die Milchsäure erlangt hat.

2.1.6.5. Entgegenstehende Lieferortvereinbarung

Fraglich ist, ob die Vertragsparteien eine Vereinbarung über den Lieferort getroffen haben, die an dieser Zuständigkeit des Gerichts etwas ändern könnte. 277

Als Lieferortvereinbarung kommen sämtliche Bestimmungen eines Vertrages in Betracht, die einen bestimmten Willen der Parteien hinsichtlich des Lieferortes der Waren ohne Bezugnahme auf das jeweils anwendbare materielle Recht erkennen lassen (EuGH in: „Car Trim", aaO.). Eine ausdrückliche Lieferortvereinbarung haben die Parteien im vorliegenden Fall allerdings nicht getroffen. 278

Ist eine Vereinbarung nicht ausdrücklich erfolgt, kommen gegebenenfalls andere Kriterien zur Anwendung. Hierzu gehören nicht nur Vertragsklauseln, die unmittelbar und ausdrücklich einen Lieferort festlegen, sondern im Hinblick auf die Vorschrift des Art. 23 Abs. 1 EuGVVO auch alle sonstigen Bestimmungen einschließlich der allgemein anerkannten und im internationalen Handelsverkehr üblichen Regelungen und Klauseln wie der Incoterms, sofern diese eine eindeutige Bestimmung des Lieferortes zulassen. 279

– Bestimmungen der vorgenannten Art sind allerdings besonders sorgfältig daraufhin zu prüfen, ob sie lediglich Regelungen über die Gefahr- bzw. Kostentragung enthalten oder ob durch sie auch der Lieferort der Waren festgelegt werden soll.

– Die Parteien haben die einzelnen Lieferungen übereinstimmend auf Grundlage der Incoterms-Klausel „CPT" abgewickelt.

280 Zwar stellen die Regelungen von CPT hinsichtlich der „Lieferung" auf die Übergabe der Ware durch den Verkäufer an den mit dem Transport beauftragten Frachtführer und bezüglich des „Lieferortes" auf den Ort dieser Übergabe ab: So hat der Verkäufer nach CPT A2 die Ware zu liefern, indem er sie dem beauftragten Frachtführer übergibt. Nach CPT A3 der Klausel trägt der Verkäufer die Gefahr des Verlustes oder der Beschädigung der Ware, bis sie „gemäß A2 geliefert worden ist".

281 Hierbei handelt es sich allerdings primär um einen terminologischen Aspekt, der für sich genommen keinen hinreichenden Rückschluss auf den Willen der Parteien zur Vereinbarung des Leistungsortes der V als Lieferort zulässt. Gegen einen entsprechenden Willen der Parteien spricht maßgeblich, dass nach der Rechtsprechung des Europäischen Gerichtshofs der Ort der Leistungshandlung des Verkäufers bei Fehlen einer vertraglichen Vereinbarung gerade nicht der maßgebliche Anknüpfungspunkt für die Bestimmung des Lieferortes ist, sondern es insoweit auf den Ort der körperlichen Übergabe der Sache an den Käufer ankommt.

282 Schließlich ergeben sich aus den Regelungen der „CPT"-Klausel keine hinreichenden Anhaltspunkte dafür, dass die Parteien durch die Verwendung von CPT einen bestimmten Lieferort vereinbaren wollten.

283 Bei CPT fallen Liefer- und Abnahmeort auseinander. Nach Regel CPT B2 hat der Käufer die Ware erst am Bestimmungsort abzunehmen. Auch den übrigen Regelungen von CPT ist nicht zu entnehmen, dass sich die Vertragsdurchführung auf einen bestimmten Ort konzentriert, der aus diesem Grund als vertraglich vereinbarter Lieferort anzusehen sein könnte. So sind Gefahr- und Kostentragung bei CPT differenziert in der Weise geregelt, dass der Käufer zwar die Gefahr ab Übergabe der Ware an die Transportperson trägt, der Verkäufer aber die Beförderung bis zum endgültigen Bestimmungsort zu organisieren und die entsprechenden Kosten zu tragen hat.

284 Zudem ist der Verkäufer nach CPT A7 verpflichtet, die Ausfuhrbewilligung und andere erforderliche behördliche Genehmigungen zu beschaffen sowie ggf. anfallende Zollangelegenheiten zu erledigen.

285 Vor diesem Hintergrund stellt CPT primär nur eine Gefahr- und Kostenregelung dar, deren Verwendung allein keinen hinreichenden Rückschluss auf den Willen der Parteien zur Vereinbarung eines bestimmten Lieferortes zulässt.

Praxistipp

> **Lieferort**: Der Ort, an dem eine Lieferverpflichtung zu erfüllen ist. Dieser Ort [auch: „Bestimmungsort"] soll möglichst konkret benannt werden. Wird kein Bestimmungsort festgelegt, gilt die Niederlassung des Käufers als Lieferort.
>
> **Lieferortvereinbarung**: Hier kommen sämtliche Bestimmungen eines Vertrages in Betracht, die einen bestimmten Willen der Parteien hinsichtlich des Lieferortes erkennen lassen. **Ergänzend** sind auch im internationalen Handelsverkehr übliche Regelungen und Klauseln wie die **Incoterms** heranzuziehen, sofern diese eine eindeutige Bestimmung des Lieferortes zulassen. Es ist dann aber sorgfältig zu prüfen, ob Incoterms lediglich Regelungen über die Gefahr- bzw. Kostentragung enthalten oder ob durch sie auch der Lieferort der Waren festgelegt werden soll.

2.1.7. Lieferung

Der Begriff „Lieferung" hat im Handelsrecht und in der Handelspraxis mehrere Bedeutungen. In der „Einführung zu den Incoterms" erläutert die ICC mehrere Begriffe, darunter auch das Wort „Lieferung". In den Incoterms 2020 (Einführung IV) wird mit Lieferung der Ort bezeichnet, an dem nach A3 die Gefahr des Verlusts oder der Beschädigung vom Verkäufer auf den Käufer übergeht. **286**

Ferner hat jede der elf Incoterms-Klauseln in den „Erläuternden Kommentaren für Nutzer" unter Ziffer 1 jeweils Hinweise darauf, was unter „Lieferung" und Gefahrübergang zu verstehen ist. „Lieferung" in allen elf Klauseln, A2, versteht sich als zusammenfassender Begriff, der je nach Klausel nur als Verpflichtung des Verkäufers zu sehen ist, die Ware zur Verfügung zu stellen, oder aber als weitere Pflicht auch die Übergabe der Ware enthält. **287**

Ähnliches ergibt sich aus Art. 31 CISG: **288**

> „(a) Erfordert der Kaufvertrag eine Beförderung der Ware, so hat sie der Verkäufer dem ersten Beförderer zur Übermittlung an den Käufer zu übergeben;
>
> (b) bezieht sich der Vertrag in Fällen, die nicht unter Buchstabe a) fallen, auf bestimmte Ware oder auf gattungsmäßig bezeichnete Ware, die aus einem bestimmten Bestand zu entnehmen ist, oder auf herzustellende oder zu erzeugende Ware und wußten die Parteien bei Vertragsabschluß, daß die Ware sich an einem bestimmten Ort befand oder dort herzustellen oder zu erzeugen war, so hat der Verkäufer die Ware dem Käufer an diesem Ort zur Verfügung zu stellen…"

> Für einige Praxisfragen reichen diese Hinweise und Erläuterungen aber alleine nicht aus, da nach dem Verständnis der Praxis an das Wort „Lieferung" unterschiedliche Folgen – und nicht nur die Problematik der Festlegung des Gefahrübergangs – geknüpft werden. **289**

> Die Incoterms sprechen davon, dass der Verkäufer die Pflicht hat, die Ware zu *liefern* (A2). Hier ist problematisch, in welchem Moment die Ware beispielsweise **290**

bei einem Frachtführer abgeliefert wird und damit die Situation eintritt, in der der Käufer die Ware „abnimmt" beziehungsweise entgegennehmen muss. Die Incoterms verwenden in A2 die Formulierung „Zurverfügungstellung der Ware".

291 Die „Ablieferung" wird schwierig, wenn ein Nachweis darüber zu erbringen ist, dass eine Ware tatsächlich übergeben wurde, insbesondere wenn die Übergabe nicht an den Abnehmer selber, sondern an einen Beförderer (im Sinne des Art. 67 CISG) erfolgt.

Beispiel

Ein italienischer Exporteur E fertigt Schuhe und liefert diese nach Deutschland. Bei den letzten Schuhlieferungen gibt es Streit. Der Exporteur behauptet, der deutsche Abnehmer habe Waren bestellt. Diese wurden nach Behauptung des Exporteurs der Spedition S zum Transport übergeben, was sich im Nachhinein aber nicht mehr nachweisen lässt, da keine Dokumente über den Transport vorliegen. Der Exporteur geht nur davon aus, dass der deutsche Abnehmer die Warenlieferung erhalten hat. Der deutsche Abnehmer wiederum bestreitet den Erhalt der Ware und verweigert die Bezahlung der Schuhlieferungen. Kann der Exporteur den Kaufpreis mit Hinweis auf die Übergabe der Ware an die Spedition zu Recht fordern?

292 Der Exporteur kann die Bezahlung zu Recht fordern, wenn er seine Lieferpflicht nach Incoterms-Regel A2 bereits mit Übergabe der Warenlieferung an den S als „ersten fremden Beförderer" erfüllt hat und dies auch nachweisen kann. Fraglich ist hier, ob die Übergabe der Ware an einen fremden Beförderer grundsätzlich schon zur Erfüllung der Leistungspflicht nach A2 ausreicht oder ob weitere Voraussetzungen zu erfüllen sind.

293 Die Regelungen des CISG kommen hier nicht nur als Hilfe zur Auslegung der Incoterms-Regeln zur Anwendung, sondern grundsätzlich auch schon deshalb, weil die Geschäftspartner ihre Sitze in Vertragsstaaten des CISG haben (vgl. Art. 1 CISG).

2.1.7.1. Bestimmung der Lieferung

294 Der Begriff Lieferung in der Incoterms-Regel A2 beschreibt die zentrale Pflicht des Verkäufers. In Art. 30 CISG zielt der Ausdruck „Lieferung" auf die bloße Leistungshandlung ab, zu der der Verkäufer verpflichtet ist, um dem Käufer den Besitz an der Ware zu verschaffen. Der zu bewirkende Leistungserfolg, nämlich der Besitzerwerb des Käufers, ist hingegen nicht miteingeschlossen.

295 Festzuhalten ist zunächst, dass die Incoterms-Regeln die Formulierung so verwenden, wie auch der Ausdruck im Sinne des Art. 30 CISG genutzt wird. Art. 30 CISG weicht von der „normalen" Übergabe nach den deutschen Kaufrechtsvorschriften des § 433 Abs. 1 BGB dadurch ab, dass der Verkäufer zur bloßen „Lieferung", nicht aber zur „Übergabe" (wie in § 929 BGB gefordert) verpflichtet ist. Dieser Unterschied ist aber nicht sachlich, sondern nur rechtstechnisch zu verstehen:

- Während der Ausdruck „Lieferung" auf eine Leistungshandlung abzielt, zu der der Verkäufer verpflichtet ist, um dem Käufer den Besitz an der Ware zu verschaffen,
- schließt der Ausdruck „Übergabe" auch den Leistungserfolg, nämlich die Inbesitznahme durch den Käufer mit ein.

2.1.7.2. Ergänzende Festlegungen

Art. 30 CISG geht über den Begriff der „Lieferung" hinaus und fordert, dass der Verkäufer die die Ware betreffenden Dokumente zu übergeben und das Eigentum an der Ware zu übertragen hat. Dieser Aspekt kann hier nicht vertieft werden, da der Ausgangsfall hierzu keine weiteren Angaben macht. **296**

Streitig ist im Ausgangsfall dagegen, ob überhaupt eine „Lieferung" als solche erfolgt ist, da die Ware einem Beförderer zum Transport übergeben worden war. Hierfür ist Art. 67 CISG heranzuziehen. **297**

Art. 67 Abs. 1 CISG sieht bei einer Beförderung der Ware durch einen Dritten vor, dass die Ware dem ersten Beförderer zur Übermittlung an den Käufer übergeben wird (Art. 67 Abs. 1 Satz 1 CISG). Es reicht nicht, dass der Verkäufer die Ware nur zur Verfügung stellt, sondern er muss sie in die Obhut des Beförderers übergeben. Dabei differenziert das CISG (anders als die Incoterms-Klauseln) nicht nach Transportarten, sondern verwendet nur den Begriff der Übergabe. Wann der Moment der Übergabe eintritt, kann aus der verwendeten Incoterms-Klausel entnommen werden. **298**

Vorausgesetzt wird ferner, dass die Ware eindeutig dem Vertrag zuordnungsfähig sein muss, Art. 67 Abs. 2 CISG. Dies kann durch an der Ware angebrachte Kennzeichnung geschehen oder durch Beförderungsdokumente oder Anzeige an den Käufer erfolgen. Genau dies wird hier aber vom Käufer bestritten. **299**

Nach Art. 7 Abs. 2 CISG muss derjenige, der aus einer Norm die für sie günstigen Rechtsfolgen herleiten möchte, das Vorliegen dieser Voraussetzungen beweisen. Daher muss der Verkäufer beweisen, dass die Voraussetzungen des Art. 67 CISG vorliegen. Mangels Transportnachweisen beziehungsweise wegen Fehlens der Bescheinigungen von S kann der E nicht nachweisen, dass er die Warenlieferungen zum Transport übergeben hat. **300**

In diesem Beispielsfall kann E daher keinen Kaufpreis fordern.

Beispiel

> **Lieferung**: Die zentrale Verkäuferpflicht nach Incoterms-Regel A2 aller Incoterms-Klauseln. Sie ist die Leistungs**handlung** des Verkäufers, um dem Käufer Besitz an der Ware zu verschaffen. Der Leistungs**erfolg** (der tatsächliche Besitzerwerb des Käufers) wird nicht geschuldet.

Versand der Ware*: Die Ware muss in die Obhut des Beförderers übergeben werden.*

Die Ware muss einem Kaufvertrag eindeutig zuordnungsfähig sein (z.B. durch Kennzeichnung, Dokumente, Anzeige an den Käufer).

2.1.7.3. Lieferzeit/Zeitpunkt der Übernahme

301 Die Incoterms 2020 enthalten in A2 keine Festlegung mehr dazu, zu welchem konkreten Zeitpunkt der Verkäufer die Lieferung vollziehen muss und wann (nach B2) der Käufer die Ware übernehmen soll. Stattdessen bestimmen

- die Klauseln **EXW, CPT, CIP, DAP, DPU, DDP, CFR und CIF** in der Incoterms-Regel A2, dass der Verkäufer die Ware *zum vereinbarten Zeitpunkt oder innerhalb des vereinbarten Zeitraums* und in der im Hafen üblichen Weise zu liefern hat,
- während die Klausel **FCA** in A2 festlegt, dass der Verkäufer die Ware am vereinbarten Tag oder zu dem innerhalb der vereinbarten Lieferfrist liegenden Termin, der vom Käufer gemäß B10 (b) mitgeteilt wurde, oder, wenn ein derartiger Termin nicht mitgeteilt wurde, zum Ende der vereinbarten Frist liefern muss.
- Die Klauseln **FAS und FOB** schließlich bestimmen, dass der Verkäufer nach A2 die Ware am vereinbarten Tag oder zu dem innerhalb des vereinbarten Zeitraums liegenden Zeitpunkt, der vom Käufer gemäß B10 mitgeteilt wurde, oder, wenn ein derartiger Zeitpunkt nicht mitgeteilt wurde, zum Ende des vereinbarten Zeitraums und in der im Hafen üblichen Weise liefern muss.

302 Soweit nur auf einen vereinbarten Zeitpunkt oder einen vereinbarten Zeitraum verwiesen wird, wie es in den meisten Incoterms-Regeln A2 der Fall ist, gilt

- als vereinbarter Zeitpunkt in der Regel das Kalenderdatum oder eine Vereinbarung über ein bestimmtes Lieferdatum,
- während ein Zeitraum eine Zeitspanne mehrerer Tage umfasst.

303 *Lieferfrist nach Art. 33 lit. c CISG*

Kommt man allerdings hier nicht weiter, weil es keine entsprechende Vereinbarung gibt, lässt sich die „Lieferzeit" mithilfe des Art. 33 Ziffer 3 CISG herleiten. Art 33 CISG lautet wie folgt: „Der Verkäufer hat die Ware zu liefern,

- wenn ein Zeitpunkt im Vertrag bestimmt ist oder aufgrund des Vertrages bestimmt werden kann, zu diesem Zeitpunkt,
- wenn ein Zeitraum im Vertrag bestimmt ist oder aufgrund des Vertrages bestimmt werden kann, jederzeit innerhalb dieses Zeitraums, sofern sich nicht aus den Umständen ergibt, daß der Käufer den Zeitpunkt zu wählen hat, oder
- in allen anderen Fällen **innerhalb einer angemessenen Frist nach Vertragsabschluss**."

Was nun wiederum eine „angemessene Frist nach Vertragsabschluss" ist, bestimmt sich

304

– nach den *Umständen des Einzelfalls*,
– nach dem, was *unter vergleichbaren Umständen üblich* ist
– und letztlich nach dem *Prinzip der Billigkeit*: Hier sind dann die Interessen beider Geschäftspartner abzuwägen, wobei in erster Linie auf die Interessen des Verkäufers abgestellt wird. Dabei dürfen bei der Bestimmung der Lieferfrist zugunsten jeder Partei nur die Umstände betrachtet werden, die auch der anderen Vertragspartei bekannt – oder zumindest erkennbar – waren. Ist also beispielsweise aus Sicht des Verkäufers mit einer recht langen Lieferzeit zu rechnen, dann muss der Verkäufer – um dem Prinzip der Angemessenheit zu genügen – bei Vertragsabschluss auf die Umstände einer eventuell verzögerten Lieferung hinweisen. Ist es – umgekehrt – für den Käufer überaus wichtig, dass die Lieferung schnell erfolgt, dann muss er bei Vertragsschluss auf die Eilbedürftigkeit hinweisen, damit dieser Wunsch unter der Billigkeitsbetrachtung Berücksichtigung finden kann.

Lieferzeitpunkt nach Art. 33 Buchstabe c CISG

305

„Innerhalb der angemessenen Frist", so formuliert es die Vorschrift, darf der Verkäufer jederzeit liefern, also auch „sofort". Kann oder will der Käufer zu (oder vor) einem bestimmten Termin die Ware noch nicht abnehmen, soll er den aus seiner Sicht frühesten Abnahmetermin in die Vertragsvereinbarung mit aufnehmen.

Praxistipp

> **Lieferzeitpunkt/Lieferfrist**:
>
> *Soweit in den Incoterms-Regeln A2 lediglich auf einen **vereinbarten Zeitpunkt** oder einen **vereinbarten Zeitraum** verwiesen wird, wie es in den meisten Incoterms-Regeln A2 der Fall ist, gilt*
>
> – *als vereinbarter Zeitpunkt in der Regel das **Kalenderdatum** oder eine Vereinbarung über ein bestimmtes Lieferdatum,*
> – *während ein Zeitraum eine **Zeitspanne** mehrerer Tage umfasst.*
> – *Ansonsten liefert Art. 33 Buchstabe c CISG eine Auslegungshilfe, die sich im Wesentlichen auf den Aspekt der „**Angemessenheit**/Billigkeit" stützt.*

2.1.8. Schiff

Die Incoterms-Klausel FAS enthält in ihrer Namensgebung den Bestandteil „ship" (FAS = free alongside ship), während in der Untergliederung der Klausel, also in den Incoterms-Regeln A1 bis A10 und B1 bis B10, durchgängig das englische Wort „vessel" für das deutsche Wort „Schiff" benutzt wird.

306

Beide Begriffe ship/vessel werden im englischen Sprachgebrauch *synonym* verwendet, und die Incoterms-Regel*n A/B* der Incoterms-Klauseln 2020 verwenden

307

durchgängig den Begriff „vessel". Auffällig ist allerdings, dass die neu formulierten einführenden „erläuternde Kommentare *für den Nutzer*" begrifflich zwischen „ship" (Ziffern 1, 3, 4 und 5) und „vessel" (Ziffer 2) hin- und herspringen, was wegen der synonymen Verwendung des englischen Begriffs aber unschädlich ist. Die deutsche Übersetzung der Incoterms 2020 verwendet ausschließlich den Begriff „Schiff".

308 Da die FAS-Klausel über die Vorgängerversionen der Incoterms schon lange besteht und da im Übrigen auch von der Praxis stets von „shipment" u.a. gesprochen wird, ist der synonym verwendete Ausdruck nicht weiter schädlich. Die im Zusammenhang mit der Schiffsverladung in den alten Incoterms-Klauseln 2000 in **FOB** A5 noch benutzte Formulierung „...*passed* the ship's rail" ist in der Neufassung aufgegeben worden und durch „...*placing* the goods on board..." ersetzt worden.

2.1.9. Transportpapier

309 Die Incoterms-Klauseln enthalten in der Incoterms-Regel A6 die Anforderungen, die an das „Transportdokument" gestellt werden. Dabei ist die Ausgestaltung der Regel A6 bei den Incoterms-Klauseln unterschiedlich und

– fordert entweder nur einen „Nachweis der Lieferung" (z.B. FCA A6)

– oder aber die Ausgestaltung des Transportdokuments als Traditions- und Inhaberpapier (z.B. CPT A6).

2.1.9.1. Neue einführende Erläuterung zum Transportpapier für Incoterms 2020-Nutzer

310 Die *„Einführung in die Incoterms 2020"* enthält in Abschnitt IX (Ziffern 63 bis 66) folgende kommentierende Hinweise zur Incoterms-Neufassung:

„Konnossemente mit einem An-Bord-Vermerk und der Incoterms Klausel FCA

(63) Bei einem Verkauf von Waren als Seefracht unter der Klausel FCA werden Verkäufer oder Käufer (oder eher deren Banken, sofern ein Akkreditiv gestellt ist) wahrscheinlich ein Konnossement mit An-Bord-Vermerk (Bordkonnossement) verlangen.

(64) Eine Lieferung unter der Klausel FCA gilt jedoch vor Verladung der Waren an Bord des Schiffs als abgeschlossen. Es ist keinesfalls sicher, dass der Verkäufer ein Bordkonnossement von seinem Frachtführer erhalten kann. Aller Wahrscheinlichkeit nach ist dieser Frachtführer gemäß seinem Beförderungsvertrag verpflichtet und berechtigt, ein Bordkonnossement auszustellen, sobald sich die Waren tatsächlich an Bord befinden.

(65) Um dieser Situation gerecht zu werden, bietet FCA A6/B6 der Incoterms 2020 jetzt eine zusätzliche Option. Der Käufer und der Verkäufer können vereinbaren, dass der Käufer seinen Frachtführer anweisen soll, dem Verkäufer nach Verladung der Waren ein Bordkonnossement auszustellen, woraufhin der Verkäufer verpflichtet ist, dieses Konnossement – üblicherweise mittels der Banken – dem Käu-

fer zu übergeben. Die ICC ist sich der Tatsache bewusst, dass diese Situation ungeachtet der etwas unglücklich erscheinenden Kombination von Bordkonnossement und FCA-Lieferung einen nachweislich vorhandenen Bedarf am Markt widerspiegelt. Letztlich sollte auch betont werden, dass selbst bei Übernahme dieses optionalen Mechanismus der Verkäufer gegenüber dem Käufer keine Verpflichtung im Hinblick auf die Bedingungen des Beförderungsvertrags hat.

(66) Kann man dem Verkäufer bei Lieferung von Containerfracht an den Käufer durch Übergabe an einen Frachtführer vor Verladung auf ein Schiff nun weiterhin empfehlen, seine Ware zu FCA-Bedingungen anstelle von FOB zu verkaufen? Die Antwortet auf diese Frage lautet: Ja. In den Incoterms 2020 ist jedoch für den Fall, dass ein Verkäufer dennoch ein Konnossement mit einem An-Bord-Vermerk wünscht oder benötigt, eine neue zusätzliche Option in der FCA-Bedingung A6/B6 vorhanden, durch die die Ausstellung eines derartigen Dokuments geregelt ist."

2.1.9.2. Gruppen der Transportpapiere

Transportdokumente werden aufgrund ihrer unterschiedlichen Funktionen in zwei Gruppen unterschieden: 311

- *Traditionspapiere* – Dokumente, die eine Wertpapierfunktion haben, da sie Ware repräsentieren. Im Zusammenhang mit dem Warentransport bedeutet dies, dass die Übergabe der Dokumente (Konnossement, Order-Lagerschein) der Warenübergabe entspricht.
- *Frachtbriefe* – Dokumente, die als Nachweis dafür dienen, dass die Ware versendet wurde oder zum Transport an den Frachtführer übergeben wurde. Nach den verwendeten Transportmitteln wird unterschieden:
- Luftfracht / Bahnfracht / LKW-Frachtbrief,
- Seefrachtbrief (nicht begebbar),
- Beförderungsdokument für den kombinierten Transport.

2.1.9.3. Traditionswirkung des Konnossements

Hinsichtlich der Rechtswirksamkeit, Beweiskraft und Durchsetzbarkeit eines Transportdokuments sind Besonderheiten zu beachten. 312

Form des Konnossements 313

Im rechtsgeschichtlichen Rückblick bedurfte das Konnossement grundsätzlich einer (papiergebundenen) dokumentären Unterlegung. Ende der 90er Jahre des vergangenen Jahrhunderts kamen unter dem Begriff „BOLERO" (1998 Gründung des Unternehmens Bolero Ltd. in London durch SWIFT und den TTClub) weltweit Bestrebungen auf, die Papierform des Konnossements durch eine elektronische Variante, abgewickelt über ein „Title Registry" zu ersetzen.

Im Zuge der zunehmenden Digitalisierung des Wirtschaftsgeschehens wurden später auch Gesetzgeber aktiv. Die heutige Version des deutschen HGB, die auf eine Reform des Seehandelsrechts (Gesetz vom 20.4.2013) zurückgeht und zu einer Neustrukturierung des Seehandelsrechts führte, ermöglicht seither in § 516 314

Abs. 2 HGB die elektronische Ausstellung eines Konnossements als zur Papierform gleichberechtigten Funktion, sofern sichergestellt ist, dass die Authentizität und die Integrität der Aufzeichnung gewahrt bleiben.

315 **Ausstellung**

Repräsentationswirkung des Konnossements/Inhaberpapier

Der Anspruch des Abladers auf Ausstellung eines Konnossements ergibt sich aus § 513 HGB. Der Zeitpunkt der Ausstellung wird vom Gesetz nicht genannt. § 524 HGB (Traditionswirkung des Konnossements) verlangt nur „für den Erwerb von Rechten an dem Gut", dass der Verfrachter bei der Begebung des Konnossements an den benannten Empfänger das „Gut in Besitz hält". Nur so ist es vorstellbar, dass das Konnossement als Wertpapier die Ware repräsentieren kann. Der „Besitz am Gut" im Zeitpunkt der Ausstellung des Konnossements ist daher für die *Verbriefung des Rechts an dem Gut* (nämlich des Anspruchs auf Herausgabe) konstitutiv.

316 *Traditionswirkung des Konnossements*

Die Traditionswirkung des Konnossements ist dagegen vom Besitz an dem Gut getrennt.

317 **Datieren**

Es gibt oft abweichende Verfahrensweisen: In einigen Staaten (Deutschland, China, Niederlande, Polen, Spanien, Türkei) ist das Datieren Pflicht, während andere diese Voraussetzung gar nicht kennen, sondern sie nur als allgemeine Praxis („common practice") sehen (USA, England, Australien, Kanada u.a.). In Deutschland befindet sich die gesetzliche Regelung zum Datieren in der Vorschrift des § 515 Abs. 1 Ziffer 1 HGB.

318 Selbst wenn ein Datum auf das Konnossement gesetzt wird, gibt es noch unterschiedliche Verfahrensweisen:

– In einigen Staaten bezeichnet das Datum den Tag der Unterzeichnung des Konnossements (Korea, Italien, Japan, Niederlande),

– in anderen dagegen den Tag der Ausstellung des Konnossements (Deutschland, Polen)

– oder den Tag der Inempfangnahme der Ware zur Verladung an Bord des Schiffes (USA)

– oder den Zeitraum von bis zu 24 Stunden, gerechnet ab dem Moment der Verladung an Bord des Schiffes (Spanien).

319 Die Incoterms-Regeln 2020 sehen jedenfalls bei den C-Klauseln in A6 eine Datierung des Transportdokuments vor, machen aber keine weitere Angabe, welches Datum zu verwenden ist.

Unterzeichnung

320 Auch das Unterzeichnen des Konnossements ist weltweit unterschiedlich. In einigen Staaten ist es Pflicht (Argentinien, China, Deutschland [§ 516 HGB], Japan, Niederlande, Polen, Spanien, Türkei), während Staaten des anglo-amerikanischen Rechtskreises hierin keine Pflicht sehen (USA, England, Australien u.a.). Stattdessen sind in diesen Staaten die Konnossemente „nur auf Wunsch" zu unterzeichnen (Deutschland) oder „üblicherweise", weil die Banken dies unter der Abwicklung von Dokumentenakkreditiven so vorschreiben (USA, England, Kanada u.a.).

321 Über die Warenbeschreibung hinaus werden gelegentlich noch *weitere Angaben in den Transportdokumenten* verlangt. Einige Staaten verlangen, dass der Name des Verfrachters angegeben wird (Deutschland [§ 515 Abs. 1 Ziffer 4 HGB], China, Japan u.a.), teilweise sogar zusätzlich auch die Anschrift des Verfrachters (Deutschland [§ 515 Abs. 1 Ziff.4 HGB], Norwegen u.a.), während andere die Nennung des Geschäftssitzes fordern (Italien).

322 Schuldner der im Konnossement verbrieften Ansprüche ist der im Papier genannte Verfrachter, § 515 Abs. 1 Ziff. 4 HGB. Nach § 514 Abs. 3 HGB bestimmt der Ablader, der die Ware im Absendehafen anliefert, die Anzahl der auszustellenden Originalausfertigungen der Konnossemente. Das Konnossement besteht daher üblicherweise aus einem „Dokumentensatz", der sämtliche Originalausfertigungen (die Anzahl der *Originalausfertigungen* ist auf dem Vordruck zu vermerken) umfasst. Jede einzelne Ausfertigung der Originale, die inhaltlich allesamt gleichlautend sein müssen und angeben müssen, wie viele Originalausfertigungen ausgestellt wurden, repräsentiert für sich allein die Ware und kann deshalb durch Vorlage den Herausgabeanspruch auslösen, während nach Herausgabe die restlichen Originalausfertigungen ihre Rechtsgültigkeit verlieren. In der dokumentären Abwicklung des Auslandszahlungsverkehrs, dem sogenannten „Dokumenteninkasso" ebenso wie im „Dokumentenakkreditiv", findet sich meist die Anforderung, der Bank einen „full set of documents" anzudienen, damit die Bank die Zahlung vornimmt.

323 Die Incoterms-Regeln 2020 gehen in den C-Klauseln A6 auf den vollständigen Satz von Originalen („full set of originals") ein. Früher wurde oft noch ein „clean on board"-Vermerk verlangt. Dieser bedeutet, dass der Verfrachter bestätigte, die Waren in *augenscheinlich gutem Zustand* zum Transport übernommen zu haben. Diese Bestätigung war solange möglich, wie ein Transportgut noch vor Verladung geprüft werden konnte. Heute ist dies bei containerisierter Ladung oft nicht mehr möglich. Daher werden nun oft Freizeichnungsklauseln wie „said to contain/Shipper's load, stowage and count" o.ä. verwendet. Damit hält sich der Verfrachter/die Reederei von der Haftung beispielsweise bei Ladungsdifferenzen oder Schäden frei.

Praxistipp

▶ **Transportpapier**: Die Incoterms-Klauseln nennen in den Incoterms-Regeln A6 die Anforderungen, die an das „Transportdokument" gestellt werden. Dabei ist die Ausgestaltung der Regel A6 bei den Incoterms-Klauseln unterschiedlich:

- So wird entweder nur ein „Nachweis der Lieferung" (z.B. FCA A6)
- oder aber die Ausgestaltung des Transportdokuments als Traditions- und Inhaberpapier (z.B. die C-Klauseln in A6) gefordert.

Weitere Anforderungen: Es ist notwendig, dass das Nachweisdokument auch formgültig ist. Die elektronische Form ist nach Reform des Seehandelsrechts nunmehr möglich.

Sobald ein Konnossement als Transportpapier verwendet wird, sind alle Anforderungen zu beachten, die an dieses Papier gestellt werden. Eine Heilung des Formmangels ist, wenn sie rechtzeitig erfolgt, nach Maßgabe von Art. 34 CISG möglich.

Wenn ein Transportdokument weitergehende Wirkung hat, als nur einen Transport nachzuweisen, sondern darüber hinaus spezifische Funktionen wie etwa unter einem Akkreditiv zu erfüllen hat, muss darauf geachtet werden, dass das Transportpapier auch (unter dem Akkreditiv) aufnahmefähig ist, also „clean" sein muss. Im Containerverkehr ist diese Voraussetzung aber kaum zu erfüllen.

2.1.10. Transportversicherung

324 Die Incoterms Regeln enthalten jeweils in A5/B5 eine Bestimmung zum Versicherungsvertrag.

- Entweder hat der „Verkäufer gegenüber dem Käufer keine Verpflichtung, einen Versicherungsvertrag abzuschließen" (EXW, FCA, CPT, DAP, DPU, DDP, FAS, FOB, CFR), oder
- der Verkäufer hat auf eigene Kosten eine Transportversicherung abzuschließen, die der vorgeschriebenen Deckungshöhe gemäß den Klauseln (C) der Institute Cargo Clauses (LMA/IUA) oder ähnlichen Klauseln entspricht, oder aber
- der Verkäufer hat auf eigene Kosten eine Transportversicherung abzuschließen, die der vorgeschriebenen Deckungshöhe gemäß den Klauseln (A) der Institute Cargo Clauses (LMA/IUA) oder ähnlichen Klauseln entspricht, die den eingesetzten Transportmitteln angemessen ist.

325 In den Fällen der vereinbarten Versicherungspflicht (CIP, CIF) geht es um eine Transportversicherung nach dem Regelwerk der Institute Cargo Clauses (LMA/IUA). Die Institute Cargo Clauses 2009 gibt es in drei Kategorien, wobei die Incoterms-

Regeln CIF A5 von Kategorie C, und die Incoterms Regel CIP A5 von Kategorie A ausgehen:

– Kategorie C bietet nur einen Mindestschutz bei Elementarschadensereignissen (große Havar*ei* [= vermögensrechtliche Abwicklung einer Havar*ie*], Feuer, Naturkatastrophen),
– Kategorie B nimmt nur die Schadensereignisse in Deckung, die in der Versicherungspolice aufgeführt sind, und
– Kategorie A gewährt den umfangreichsten Versicherungsschutz mit voller Indeckungnahme aller Risiken.

Will der Käufer also erreichen, dass er unter der Vereinbarung von CIF weitgehenden oder umfassenden Versicherungsschutz erhält, muss er dies über die Incoterms-Klausel CIF hinaus ausdrücklich vereinbaren. **326**

Auch der Bezug zum CISG ändert an dieser Situation nichts. Zwar normiert Art. 32 CISG einige Verpflichtungen des Verkäufers hinsichtlich der Beförderung der Ware und geht in Art. 32 Abs. 2 CISG davon aus, dass „der Verkäufer… die Verträge zu schließen hat, die zu den für solche Beförderungen üblichen Bedingungen erforderlich sind", doch lässt sich hieraus noch nicht zwingend eine Versicherungspflicht des Verkäufers herleiten. **327**

Bei klarer Festlegung der Vertragsparteien, die sich für eine Incoterms Klausel entscheiden, wird die Versicherungspflicht geregelt: Eine Versicherungspflicht (mindestens Kategorie C) besteht nur, wenn die Klausel CIF vereinbart wurde. Bei CIP gibt es eine Pflicht zum Abschluss eines Versicherungsvertrages zum Schutz gegen „all risks". **328**

Ansonsten entscheidet der Maßstab, dass eine Versicherung „üblich" im Sinne von Art. 32 Abs. 2 CISG ist, wenn **329**

– ein entsprechender Handelsbrauch im Sinne des Art. 9 Abs. 1 CISG festzustellen ist, oder
– wertvolle Waren versendet werden, deren Wert die bei der gewählten Transportart gesetzlich oder frachtvertraglich vorgesehenen Haftungshöchstgrenzen erheblich übersteigt.
– Für Inhalt und Umfang der Versicherung gilt das von den Parteien Vereinbarte, und wenn dieses nicht vorliegt, der von Art. 32 Abs. 2 CISG vorgesehene Maßstab des Angemessenen und Üblichen.

Beispiel

Ein deutscher Baumwollhändler (K) bestellt auf der Basis der Bedingungen der Bremer Baumwollbörse eine Schiffsladung Baumwolle bei einem ägyptischen Lieferanten (V) „cif Kairo". Während der stürmischen Seereise nach Deutschland wird die Ware stark beschädigt, sodass K von V Schadensersatz verlangt. V dagegen ist der Ansicht, dass ihn die Incoterms Klausel „cif" nur

> *zur Versicherung gemäß Institute Cargo Clauses C verpflichtete, was er eingehalten habe; weitergehende Schäden habe er nicht versichert.*
>
> *Kann K von V Schadensersatz verlangen?*

330 K kann von V nur Schadensersatz verlangen, wenn V – über die eigentliche CIF-Verpflichtung hinaus – *alle* Risiken des Seetransports hätte absichern müssen.

331 Auf der Grundlage des Kaufvertrages mit darin enthaltener CIF-Klausel ist V lediglich verpflichtet, auf eigene Kosten eine Transportversicherung entsprechend der Mindestdeckung der Institute Cargo Clauses Kategorie C abzuschließen. Diese Mindestdeckung schließt allerdings „all risks" nicht mit ein und deckt daher die Beschädigungen des vorliegenden Schadensfalls vom Grundsatz her nicht ab. Fraglich ist allerdings, ob eine weitergehende Versicherungspflicht aus dem UN-Kaufrecht zu entnehmen ist.

2.1.10.1. Weitergehende Versicherungspflicht nach UN-Kaufrecht (CISG)

332 Das CISG ist auf den Beispielsfall anwendbar, da beide Parteien ihre Niederlassung in Vertragsstaaten des UN-Kaufrechts haben, Art. 1 CISG.

333 Art. 32 CISG erlegt dem Verkäufer *zusätzliche Verpflichtungen* auf, die sich aus der Beförderung der Ware ergeben. Da zur Beförderung unter bestimmten Voraussetzungen auch eine Versicherung gehören kann, sind die Voraussetzungen insbesondere von Art. 32 Abs. 2 CISG zu prüfen.

334 Art. 32 Abs. 2 CISG enthält *keine* Regelung zu der Frage, ob der Verkäufer zum Abschluss einer Versicherung verpflichtet ist. Andererseits kann allein aus der Tatsache, dass der Kaufvertrag zur Versicherung nichts aussagt, nicht geschlossen werden, dass es grundsätzlich keinerlei Verpflichtung des Verkäufers hierzu gibt. Vielmehr entscheidet nach Art. 32 Abs. 2 CISG der Maßstab, dass *eine Versicherung „üblich" ist*: Das ist der Fall, wenn ein entsprechender *Handelsbrauch im Sinne des Art. 9 Abs. 1 CISG* festzustellen ist oder wenn die Parteien (im Sinne von Art. 8 CISG) mit hinreichender Deutlichkeit auf einen „Gebrauch" hinweisen, auf ihn verweisen oder seine Geltung ausdrücklich vereinbaren. Zu den Handelsbräuchen im Sinne von Art. 9 Abs. 1 CISG zählen:

- Tegernseer Gebräuche für den Holzhandel
- Österreichische Holzhandelsusancen
- Bedingungen der Bremer Baumwollbörse usw.

2.1.10.2. Geltung von „Gebräuchen"

335 Im Beispielsfall haben sich V und K sogar ausdrücklich auf die Geltung der Bedingungen der Bremer Baumwollbörse geeinigt. Diese sehen in ihrem § 9 vor: „Wenn Käufer oder Verkäufer eine Verschiffung von Baumwolle versichern, die nach den Bedingungen der Bremer Baumwollbörse kontrahiert wurde, muss die Versicherung einschließen: „Seefrachtversicherung" und „Transitversicherung" in Übereinstimmung mit den Institute Cargo Clauses (A) …".

V hatte bei Abschluss seiner Transportversicherung der Kategorie C damit also nur eine Deckung vereinbart, die einen Mindestschutz bei Elementarschäden vorsah, obwohl er nach den für sein Geschäft anwendbaren und sogar ausdrücklich vereinbarten „Gebräuchen" zur Versicherung „aller Risiken" (der Kategorie A) verpflichtet gewesen wäre.

336

Im Beispielsfall ist der V daher K gegenüber schadensersatzpflichtig.

Beispiel

> *Ein spanisches Industrieunternehmen (K) bestellte bei einem deutschen Produzenten (V) mehrfach eine speziell gefertigte und wertvolle Hardware für den Aufbau und die Erweiterung eines Rechenzentrums des K. Bei allen Lieferungen wurde zwischen V und K stets vereinbart: „cif all risks Hafen Hamburg".*
>
> *Bei der bisher letzten Lieferung, die V ausnahmsweise durch eigene Fahrer mit firmeneigenen LKW auf dem Landweg durchführte, wurde keine konkrete Incoterms-Klausel vereinbart.*
>
> *Bei dieser LKW-Lieferung kommt es witterungsbedingt zu einer schweren Beschädigung der Ware, sodass K sich weigert, die Lieferung zu bezahlen – zu Recht?*

2.1.10.3. Versicherungspflicht

K kann die Bezahlung der schadhaften Lieferung verweigern, wenn die Beschädigung der Ware in der Risikosphäre des V stattfand und V daran gehindert ist, seine Kaufpreisforderung zu Recht zu erheben.

337

Zudem könnte erschwerend hinzukommen, dass V es versäumt hat, eine sachgerechte (all risks) Transportversicherung der Warenlieferung vorzunehmen. Bei allen bisherigen Warenlieferungen oblag es dem V, entsprechend der vereinbarten Lieferbedingung „cif all risks" eine umfassende Versicherung der Lieferungen vorzunehmen. Im konkreten Streitfall dagegen war es versäumt worden, eine entsprechende Lieferbedingung zu vereinbaren.

338

2.1.10.4. Versicherungspflicht auch ohne Lieferbedingung?

Fraglich ist, ob V auch ohne vereinbarte Lieferbedingung mit ausdrücklicher Weisung zum Abschluss eines Versicherungsvertrages, wie es bei „cif all risks" der Fall ist, eine entsprechende Versicherungspflicht hatte. Dann müsste es für ihn auch außerhalb einer ausdrücklichen Verabredung eine Verpflichtung dafür geben, den ausnahmsweise erfolgten LKW-Transport durch eigene Fahrer umfangreich gegen all risks zu versichern.

339

Gepflogenheit vorhanden?

340

Hierzu ist, wie im vorangehenden Beispielsfall bereits erläutert, auf der Grundlage des Art. 32 Abs. 2 CISG zu entscheiden. Bindend für Geschäftspartner können nach Art. 9 Abs. 1, 2. Halbsatz CISG auch „Gepflogenheiten … [sein], die zwischen ihnen entstanden sind". Bei den Gepflogenheiten kommt es dann nur auf die geschäftlichen Handlungen unter den beiden Vertragspartnern an, die eine gewisse Häufigkeit und Dauer, also mehr als eine einmalige Wiederholung, haben. Im vorliegenden Fall haben V und K alle bisherigen Lieferungen unter „cif all risks" abgeschlossen, sodass eine Gepflogenheit zwischen ihnen entstanden ist.

341 *Fortbestand der Gepflogenheit?*

Allerdings ist eine Beendigung oder Änderung der Gepflogenheit möglich, indem Verfahren und Abläufe geändert werden.

342 Im Streitfall hat V *erstmals* im Straßentransport ausgeliefert, ohne dass für diesen Einzelfall eine Lieferbedingung vereinbart worden war. Dies könnte darauf hindeuten, dass damit die „Gepflogenheit" beendet wurde. Andererseits zeigt die Verstärkung der bisher geltenden Lieferbedingung „cif" um die Worte „all risks", dass es den Vertragsparteien stets bewusst war, dass die wertvolle Fracht (egal ob auf dem Schiffsweg oder auf andere Weise) nur mit umfassender Versicherung transportiert werden sollte.

343 Es ist im Ergebnis daher darauf zu schließen, dass im konkreten Streitfall die Parteien tatsächlich nur vergessen hatten, eine Lieferbedingung mit Versicherungspflicht des V ausdrücklich zu vereinbaren. K hätte daher von V zu Recht erwarten können, dass V wie immer die Warenlieferung umfangreich versichert.

344 Fraglich ist nun noch die Höhe der Verpflichtung des V, die gegebenenfalls auch dazu führen kann, dass er gar keinen Kaufpreisanspruch mehr geltend machen kann.

2.1.10.5. Schadensersatzpflicht

345 Zur Hauptleistungspflicht des Verkäufers V gehört es, dem Käufer K eine mangelfreie Ware zu liefern. Fraglich ist, ob in diesem Fall der „Gefahrübergang" dazu führt, dass V das Risiko der nicht erfolgten Versicherung der Lieferung selber tragen muss, also im Ergebnis keinen Kaufpreis mehr von K verlangen kann.

346 Nach Art. 67 Abs. 1 CISG geht beim Versendungskauf, um den es im vorliegenden Fall geht, die Gefahr auf den Käufer über, sobald die Ware gemäß dem Kaufvertrag dem ersten Beförderer übergeben wird. Unter „Beförderer" ist dabei eine fremde Hilfsperson zu verstehen, nicht aber eigene Leute.

347 Im Streitfall hat eine solche Übergabe im Sinne des Art. 67 CISG nicht stattgefunden. V hat die LKW-Lieferung mit eigenem Fahrzeug und eigenen Leuten durchgeführt, sodass kein Gefahrübergang von V auf K stattfinden konnte; die beschädigte Ware war noch in der Obhut des V. Damit trug V auch die Sachgefahr des gesamten Transports: Für Schäden hat er selber aufzukommen.

348 V hatte daher im Ergebnis

– aufgrund der *Gepflogenheiten der Geschäfte* mit K eine Versicherungspflicht für den LKW-Transport.

– V trug zusätzlich auch noch die Gefahr des Transports, da noch *kein Gefahrübergang* auf K stattgefunden hatte.

Daher kann V von K keinen Kaufpreis für die beschädigte Warenlieferung fordern.

Praxistipp

> ▶ **Versicherung**: *Die Incoterms-Regeln enthalten jeweils in A5 / B5 eine Bestimmung zum Abschluss des Versicherungsvertrags.*
>
> – *Entweder hat der „Verkäufer gegenüber dem Käufer* **keine** *Verpflichtung, einen Versicherungsvertrag abzuschließen" (EXW, FCA, CPT, DAP, DPU, DDP, FAS, FOB, CFR), oder*
>
> – *der Verkäufer hat auf eigene Kosten eine Transportversicherung abzuschließen, die der vorgeschriebenen Deckungshöhe gemäß den Klauseln (C) der Institute Cargo Clauses (LMA/IUA) oder ähnlichen Klauseln entspricht, oder aber*
>
> – *der Verkäufer hat auf eigene Kosten eine Transportversicherung abzuschließen, die der vorgeschriebenen Deckungshöhe gemäß den Klauseln (A) der Institute Cargo Clauses (LMA/IUA) oder ähnlichen Klauseln entspricht, die den eingesetzten Transportmitteln angemessen ist.*
>
> *Eine Versicherungspflicht kann sich in seltenen Fällen auch durch zwischen den Parteien bestehende „Gepflogenheiten" ergeben. Hierzu ist Art. 32 CISG ergänzend heranzuziehen.*

2.1.11. Übernahme

Der Begriff der Übernahme wird in den Incoterms 2020, Incoterms-Pflicht B2, im Zusammenhang mit der *Verpflichtung des Käufers* verwendet, *die Ware zu übernehmen* (vgl. B2, „take delivery of the goods"). **349**

Unterlässt der Käufer die Entgegennahme des Transportgutes, verletzt er seine Pflicht und macht sich damit gegenüber dem Verkäufer, der den Beförderungsvertrag mit dem Frachtführer abgeschlossen hat, hinsichtlich zusätzlich entstehender Kosten (z.B. Lagerkosten, die bis zur Entgegennahme anfallen) schadensersatzpflichtig. **350**

Während der Begriff der „Abnahme" oder „Anerkennung" im juristischen Sprachgebrauch des Werkvertragsrechts in § 640 BGB (das auch für Beförderungsverträge einschlägig ist) meist so verstanden wird, dass der Käufer eine Ware oder ein erstelltes Werk im Wesentlichen als vollständig, fehlerfrei und damit vertragsgemäß anerkennt, hat die „Übernahme" nach B2 der Incoterms-Regeln diese Bedeutung nicht! **351**

Stattdessen wird unter Übernahme nur *die Bestätigung des Käufers* verstanden, dass der Verkäufer seiner Verpflichtung nach A2 und A10 der Incoterms-Regeln nachgekommen ist, also die *Ware geliefert* sowie den *Käufer benachrichtigt* hat. **352**

353 Daraus folgt zugleich, dass der Käufer etwaige Reklamationen wegen Fehlern der Ware oder einer nicht vertragsgemäßen Auslieferung nach wie vor erheben und als Anspruch nach den Regeln des für den Kaufvertrag geltenden Gewährleistungsrechts geltend machen kann. Übernahme der Ware und/oder der Dokumente bedeutet also, dass

- der Käufer die Ware körperlich entgegennehmen (übernehmen) muss,
- was als rein tatsächliche Handlung und nicht als „Abnahme oder Billigung als vertragsgemäß" zu verstehen ist. Der Käufer kann daher Ansprüche wegen Vertragswidrigkeit auch noch nach Übernahme geltend machen, solange er innerhalb einer angemessenen Frist rügt (beispielsweise nach Art. 39 CISG, soweit das CISG anwendbar ist).

354 Die Lieferklausel beschreibt in A2, welche Partei die Ware zu verladen bzw. abzuladen hat. Zur „Übernahme" der Ware gehört auch die Pflicht, die vom Verkäufer vorgelegten Dokumente (vgl. Art. 34 CISG) aufzunehmen. Nicht vertragskonforme Dokumente dürfen zurückgewiesen werden.

Beispiel

> *Ein ungarischer Weizenexporteur (V) lieferte einem deutschen Abnehmer (K) 24 t ungarischen Weizens, FOB Hafen Budapest Csepel. Die Ware wurde in Csepel, unbeanstandet von K, verladen. Nach Anlieferung des Weizens in Deutschland ließ K einen Teil der Weizenlieferung untersuchen, wobei eine deutliche Bleibelastung festgestellt wurde. K rügte die Lieferung, verweigert die Bezahlung und verlangt von V die Rücknahme des Weizens.*
>
> *V, der in der Kürze der Zeit keine Ersatzlieferung bewerkstelligen kann, verlangt von K den vereinbarten Kaufpreis. Zu Recht?*

2.1.11.1. Körperliche Übernahme der Ware

355 V kann von K die Bezahlung der Weizenlieferung verlangen, wenn ein entsprechender Kaufvertrag entstanden ist und die Rüge des K zu spät (Nichteinhaltung der Rügefrist) oder zu Unrecht erfolgte.

356 Zwischen den Vertragspartnern ist ein Kaufvertrag zustande gekommen, für den das CISG anwendbar ist. Danach hätte V einen Anspruch auf Bezahlung der Lieferung.

357 Fraglich ist, wie sich die Vereinbarung der Incoterms-Klausel FOB auf die Rechte und Pflichten der Parteien auswirkt. Nach FOB-Regel A2 hat V an Bord eines Schiffes zu liefern, während in demselben Moment der K die Ware zu übernehmen hat (FOB-Regel B2). Bis zu diesem Moment hat K *nicht* gerügt.

358 Der Kaufpreisanspruch des V ist *zum Zeitpunkt der FOB-Lieferung* (also im Moment der Verladung an Bord eines Schiffes) also noch nicht durch Geltendmachung eines Rechtsbehelfs des K nach den Artikeln 46 ff. CISG erloschen, da die Ware rügelos in Csepel verladen wurde und K bis zum *Moment der Übernahme* nach FOB (= Zeitpunkt der Verladung an Bord des Schiffes in Csepel) nicht nachgewiesen hatte, dass der verkaufte Weizen den Anforderungen des Vertrages nicht entsprach (Art. 35 CISG).

– Die körperliche *Übernahme* der Ware – vgl. Art. 60b CISG – erfolgte durch K im Zeitpunkt der Verladung auf das nach der *FOB-Klausel* im Hafen Budapest Csepel bereitgestellte Schiff.

– Zu diesem Zeitpunkt hatte V seine Lieferpflichten erfüllt und die Vertragswidrigkeit der Ware wurde bis dahin seitens des K nicht gerügt.

– Die Übernahme der Ware versteht sich aber nicht im Sinne einer „Abnahme als vertragsgemäß", sondern ist nur die *Anerkennung des K, dass V „geliefert" hat*.

2.1.11.2. Rüge nach Übernahme

Fraglich ist daher, wie sich die *nach Übernahme der Ware* erfolgte Warenuntersuchung mit nachfolgender Rüge auswirkt. **359**

Da die „Übernahme" der Ware (im Hafen Csepel Budapest) nicht gleichbedeutend mit einer rügelosen *Abnahme* der Ware ist, kann K nach Anlieferung der Ware eine Untersuchung beauftragen. Er könnte dann durch eine wenige Tage später erfolgte Rüge möglicherweise noch rechtzeitig gehandelt haben, sodass er gemäß Art. 49 Abs. 2 CISG die Vertragsaufhebung und die Rücknahme der fehlerhaften Warenlieferung verlangen sowie die Bezahlung verweigern kann. **360**

Praxistipp

> ▶ **Übernahme**: Die Verpflichtung des Käufers, die **Ware zu übernehmen** (vgl. B2, „take delivery of the goods"). Unterlässt der Käufer die Entgegennahme des Transportgutes, verletzt er seine Pflicht nach B2 und macht sich schadensersatzpflichtig.
>
> *Die Übernahme der Ware bedeutet im Einzelnen:*
>
> – der Käufer muss die Ware körperlich entgegennehmen (übernehmen),
>
> – was als rein tatsächliche Handlung,
>
> – aber nicht als „Abnahme oder Billigung als vertragsgemäß" zu verstehen ist.
>
> *Daher kann der Käufer Ansprüche wegen Vertragswidrigkeit auch noch nach Übernahme geltend machen, solange er innerhalb einer angemessenen Frist rügt.*

2.1.12. Übliche Empfangsbescheinigung

Bei einigen Varianten der Incoterms-Klauseln 2020 kann das „Lieferdokument" auch aus einer bloßen Empfangsbescheinigung bestehen, da es bei den F-Klauseln nach der Terminologie von A6 ausreicht, „gegenüber dem Käufer den üblichen Nachweis" (*usual proof*) zu erbringen. Dies könnte dann beispielsweise dadurch **361** geschehen, dass der Frachtführer eine einfache Quittung über die Übernahme des Transportgutes ausstellt.

362 Der Begriff „üblich" (usual) wird in den C-Klauseln der Incoterms-Klauseln 2020 in unterschiedlichem Zusammenhang gebraucht (A6: the usual transport document; A4: contract of carriage … on usual terms…) und eröffnet naturgemäß den Wunsch nach Präzisierung. Diese Problematik taucht typischerweise auch beim sonst in der Rechtspraxis häufig gebrauchten Begriff der „Angemessenheit" (reasonableness) auf; schon die Verfasser der älteren Incoterms 2010 haben sich bewusst gegen den Begriff „angemessen" und stattdessen für das Wort „üblich" entschieden. Der Begriff „üblich"/usual ist in der Neufassung der Incoterms 2020 beibehalten worden.

363 Dies führt zu der *Problematik der Auslegung*. Während es in den meisten Rechtsordnungen durch die Rechtsprechung herausgearbeitete Grundsätze für den Begriff „angemessen", ausgelegt nach den Grundsätzen von Treu und Glauben, gibt, fällt dies für den von den Incoterms-Klauseln 2020 verwendeten Begriff „üblich" schon schwerer.

364 Hier kann das folgende Vorgehen weiterhelfen, um eine „Übung" tatsächlich festzustellen: In der Praxis des Handels haben sich bestimmte Gewohnheiten und Bräuche entwickelt, die üblich, das heißt allgemein bekannt und anerkannt sind, und die auf drei Elementen beruhen:

– auf der tatsächlichen Übung in der jeweiligen Geschäftspraxis der Kaufleute,

– auf einem gewissen Zeitraum, in der diese Übung auch tatsächlich entsprechend gehandhabt wurde, und

– auf der allgemeinen Akzeptanz des Vorgehens, Verhaltens oder Unterlassens bei den Marktteilnehmern.

365 Eine „übliche" Handhabung setzt damit eine freiwillig gehandhabte, gleichmäßig und einheitlich für vergleichbare Geschäftsvorgänge akzeptierte tatsächliche Praxis über einen längeren Zeitraum voraus. Im Übrigen können für einen „üblichen" Handelsbrauch zudem die Grundsätze herangezogen werden, die für Art. 9 CISG (Handelsbräuche und Gepflogenheiten) herausgebildet worden sind.

366 Wenn es unter Zugrundelegung dieser Kriterien allerdings immer noch nicht ausreicht, eine Übung zu erkennen oder anzuerkennen, kann als zusätzliches Hilfsmittel eine Wertung nach den Kriterien von Treu und Glauben und der Angemessenheit eines Verhaltens oder Unterlassens erfolgen.

2.1.13. Unterlassene Mitwirkung

367 In den Incoterms-Klauseln FCA, FAS und FOB besteht die Besonderheit, dass im Regelfall (dazu B4 – sofern nicht der Käufer selber diese Aufgabe hat, dann vgl. A4) der Käufer verpflichtet ist, den Transportvertrag abzuschließen und dem Verkäufer mitzuteilen, welches Transportmittel eingesetzt wird. Wenn der Käufer diese Mitwirkung unterlässt, kann er damit die Lieferung verzögern oder ganz unmöglich machen. In diesen Fällen entspricht die Lieferung daher nicht dem Grundgedanken des Art. 31 CISG, wonach der Käufer die Lieferung (allein und ohne Zutun des Käufers) bewirkt und es allein in seiner Macht steht, diese Lieferverpflichtung auch tatsächlich zu erfüllen.

Unterlässt der Käufer seine nach B4 bestehende Pflicht zur Mitwirkung (Veranlassung und Abschluss des Transportvertrags), **368**

- bleibt eine etwaige Haftung des Verkäufers wegen Nichterfüllung der Lieferpflicht – aufgrund der Regelung in Art. 80 CISG – ausgeschlossen.
- Zudem haftet der Käufer dem Verkäufer gegenüber wegen Nichterfüllung seiner Abnahmepflicht (Artikel 53, 60 und 6 CISG)
- und er muss wissen, dass nach B4 der Incoterms-Klauseln FCA, FAS und FOB der Gefahrübergang auf ihn stattfindet und er ab Abnahmeverzug und Konkretisierung die Gefahr tragen muss. Kommen die Incoterms-Klauseln 2020 im Einzelfall nicht zur Anwendung, gelangt man mit den Normen des Art. 69 Abs. 1 und Abs. 3 CISG zu demselben Ergebnis.

2.1.14. Verpackungspflicht

Die Incoterms-Klauseln 2020 enthalten in den Abschnitten A8 bestimmte Prüfungs- und Sorgfaltspflichten (checking operations) für den Verkäufer. **369**

Das Überprüfen (*checking operations*) durch den Verkäufer ist eine Obliegenheit, die im Zusammenhang mit der Lieferpflicht nach A2 zu sehen ist. Hierzu gehört auch die Aufgabe, das Beförderungsgut auf notwendige und geeignete Weise zu verpacken und gegebenenfalls zu markieren oder markieren zu lassen. Diese besondere Sorgfaltspflicht besteht aufseiten des Verkäufers. **370**

Zu den weiteren Pflichten des Verkäufers gehört nach Incoterms 2020 in A9 das *packaging and marking*, also die Verpackung und Kennzeichnung der Ware. Derartige Pflichten finden sich auch in anderen Regelungen wie etwa dem allgemeinen Transportrecht in § 411 HGB, in Ziff. 6 ADSp usw. **371**

Die richtige Verpackung bestimmt sich nach den Eigenschaften des Transportgutes, die der Absender am besten beurteilen kann, und nach der Art des Transports. So ist beispielsweise eine besondere Verpackung (auf Kosten des Absenders) notwendig, wenn die Ware eines besonderen Schutzes bedarf (gegen Sonneneinstrahlung, Kälte, Feuchtigkeit usw.). Die Verpackung bestimmt sich deshalb nach den Umständen des Einzelfalls, nach Handelsbräuchen und Verkehrssitte. Der Absender hat das Transportgut so zu verpacken, dass es unter normalen Transportbedingungen nicht beschädigt werden kann und auch nicht andere Güter beschädigt. **372**

Die Kennzeichnungspflicht des Gutes wird bestimmt durch die Art des Transportgutes (z.B. besondere Gefährdung) und durch die Art des durchzuführenden Transports (multimodaler Transport, Transport ins Ausland usw.). Hierzu werden die Transportgüter mit Nummern, Zeichen oder Barcode versehen. **373**

2.1.15. Ware

374 *Bewegliche Sache*

Die Incoterms gehen durchweg vom Begriff der „Ware" aus, die Gegenstand eines Kaufvertrages zwischen Verkäufer und Käufer sind. Sei es in der „Einführung" zu den Incoterms, seien es die „Erläuternden Kommentare für Nutzer" oder aber die Incoterms-Regeln selbst, die die Rechte und Pflichten des Verkäufers (in A1–10) oder des Käufers (in B1–10) festlegen: Stets ist die Rede von Ware, die Gegenstand des *Kaufgeschäfts*, der Incoterms-Klauseln und der Incoterms-Regeln ist.

375 Eine Definition des Begriffs „Ware" fehlt. Sie fehlt auch im CISG und wird daher in der internationalen Rechtspraxis autonom bestimmt. Sprachlich angelehnt an das englische Wort „goods" oder das französische „marchandises" kann auch das ältere Haager Kaufrecht mit dem Begriff „objets mobiliers corporels" Hilfestellung bieten: Unter Waren sind daher grundsätzlich nur

- zur Zeit der Lieferung
- bestehende
- körperliche Sachen

zu verstehen. Auf die Form der Ware kommt es nicht an, auch nicht darauf, ob sie im Moment des Vertragsschlusses schon existiert oder erst noch hergestellt werden muss.

376 Da Waren beweglich sein müssen, können unbewegliche Vertragsgegenstände (also beispielsweise Immobilien, Grundstücke), aber auch Rechte (zum Beispiel Forderungen, Patente, Lizenzen, Know-how) keine „Ware" sein.

Beispiel

> *Ein Marktforschungsinstitut (M) erstellte im Auftrag eines ausländischen Unternehmens (A) eine umfangreiche Marktstudie, deren gesamtes Material im Original – und ohne vorherige Erstellung von Ablichtungen – in einem Kurierpaket an den Abnehmer A verschickt wurde. Der von M eingesetzte Kurier verunglückte während des Transports schwer und sämtliche Unterlagen gingen verloren. Infolge der Nichtlieferung weigerte sich A, die Studie zu bezahlen. Kann M Bezahlung fordern?*

377 M kann Bezahlung fordern, wenn der Gefahrübergang auf A erfolgt war. Vom Grundsatz her trägt der Verkäufer die Sachgefahr bis zur Übergabe der Sache an den Käufer, § 446 BGB. Erfolgt ein Versand der Sache auf Wunsch des Käufers, geht die Gefahr bereits früher, nämlich mit Übergabe an die Transportperson, auf den Käufer über, § 447 BGB. Da zwischen M und A kein Versand vereinbart worden war, würde es nach § 446 BGB noch am Gefahrübergang von M auf A fehlen, sodass die Rechnungsforderung zu Unrecht gestellt würde.

Da es um ein internationales Geschäft geht, könnte das CISG zur Anwendung kommen, wonach ein Gefahrübergang nach Art. 66 CISG oder Art. 67 CISG erfolgen kann. **378**

Die Rechtsprechung hat in derartigen Fällen die Anwendbarkeit des CISG bestritten. Die Begründung dazu lautet: **379**

- Zwar handelt es sich um einen internationalen Vertrag gemäß Art. 1 Abs. 1 CISG, da er zwischen Parteien geschlossen wurde, die ihren Sitz in verschiedenen Staaten haben.
- Das CISG ist jedoch deswegen nicht anwendbar, weil die vertragliche Vereinbarung zwischen den Parteien weder als Kaufvertrag über Waren nach Art. 1 Abs. 1 noch als ein diesem nach Art. 3 Abs. 1 CISG gleichzustellender Vertrag anzusehen ist.

Ferner bestreitet die Rechtsprechung, dass es sich bei der Studie überhaupt um eine „Ware" im Sinne des CISG handelt. Dies würde dann in gleicher Weise auch auf die Auslegung der Incoterms anwendbar sein, die auf dem Begriff „Ware" aufbauen. **380**

Die Begründung hierzu: „Nach Art. 3 Abs. 1 CISG findet das Vertragswerk des CISG zwar auch auf Verträge über die Lieferung herzustellender oder zu erzeugender Waren Anwendung und umfasst damit auch den Werklieferungsvertrag. Die im Beispielsfall von M eingegangene Verpflichtung zur Durchführung der in Rede stehenden Marktstudie ist jedoch kein Werklieferungsvertrag im Sinne von Art. 3 Abs. 1 CISG, da M keine Ware zu liefern hatte." **381**

Und weiter sagt die Rechtsprechung: „Als „Waren" sind nur bewegliche körperlichen Sache anzusehen, die typischerweise den Gegenstand eines Handelskaufes bilden. Diese Begriffsauslegung findet in der englischen Fassung des UN-Vertragswerkes – dort lautet die Formulierung „supply of goods" – und in der französischen Fassung benutzten Wortwahl „fourniture de marchandises" ihre Entsprechung und Bestätigung. Eine Marktstudie ist nach dem hier entscheidenden Maßstab der Verkehrsanschauung kein typischer Gegenstand eines Handelskaufes. Denn ist der Zweck des Letzteren in erster Linie auf die entgeltliche Übertragung von Eigentum und Besitz an der verkauften Sache gerichtet, so steht im vorliegenden Fall das Nutzungsrecht an einem geistigen Arbeitsprodukt im Vordergrund, das lediglich zum Zweck intellektueller Erfassbarkeit in schriftlicher Form verkörpert wird, wobei die Form der Verkörperung für den Auftraggeber der Untersuchung von nachrangiger Bedeutung ist". **382**

Ein vorzeitiger Gefahrübergang von M auf A, etwa schon bei Übergabe der Studie an den Kurierdienst, ist daher auch nicht aus dem CISG zu folgern. **383**

Da damit noch kein Gefahrübergang von M auf A vorlag, erfolgten der Einsatz des Kurierdienstes sowie der Verlust der Marktstudie auf Risiko des M. M kann daher von A keine Bezahlung fordern. **384**

385 *Software*

Der Warenbegriff bereitet oft auch Schwierigkeiten, wenn es um Software geht. „Ware" setzt Körperlichkeit voraus, sodass Know-how oder Computerprogramme im Regelfall nicht „Ware" sein können. Software wird daher im Regelfall nicht als Ware angesehen, während diese Schwierigkeit bei Hardware (also beispielsweise dem Rechner, PC) nicht besteht.

386 Bei Software ist zwischen *Individualsoftware* und *Standardsoftware* zu unterscheiden. Schließen Vertragsparteien einen Vertrag über die Erstellung eines individuellen Computerprogramms ab, überwiegen die arbeits- oder dienstvertraglichen Pflichten, was wegen Art. 3 Abs. 2 CISG zum Ausschluss des CISG führt.

387 Handelt es sich dagegen um einen Vertrag über Standardsoftware, scheidet das Ausschlusskriterium des Art. 3 Abs. 2 CISG aus. Das CISG ist dann anwendbar. Dies allerdings nur, wenn die Standardsoftware dauerhaft überlassen wird. Eine nur zeitweilige Überlassung von Software, bei der die Nutzungsberechtigung nach vereinbartem Zeitablauf zurückgegeben werden muss, schließt die Anwendbarkeit des CISG aus.

Beispiel

Ein deutsches Unternehmen (K) bestellte bei einem österreichischen IT-Unternehmen (V) eine CD-ROM mit Programmen, die im internen Firmennetzwerk eingesetzt werden sollten. Es stellte sich heraus, dass nicht alle Programme auf der CD enthalten waren. Nach Reklamation von K übermittelte V fehlende Programme über Telefonleitung. K forderte weiterhin die Belieferung mit einer CD-ROM, die vertragsgemäß sämtliche Software enthalten sollte. V ist dagegen der Ansicht, dass Softwarelieferungen teilbar seien und kam daher der Aufforderung von K nicht nach. Daher macht K nun Ansprüche nach CISG geltend. Zu Recht?

388 K kann Gewährleistungsansprüche nach CISG geltend machen, wenn das CISG anwendbar ist. Dies setzt einen Warenkauf voraus. Das CISG ist auf Kaufverträge über Waren zwischen Parteien anzuwenden, die ihre Niederlassung in verschiedenen Staaten haben, oder wenn die Regeln des internationalen Privatrechts zur Anwendung des Rechtes eines Vertragsstaates führen (Art. 1 Abs. 1 lit a und b CISG). Dazu muss das zu beurteilende Rechtsgeschäft ein Kaufvertrag über Waren sein.

389 Auch der entgeltliche Erwerb von Computerprogrammen ist nach der herrschenden Meinung als Kauf von beweglichen körperlichen Sachen anzusehen, sodass das CISG anzuwenden ist. Die Übergabe einer Programm-CD gehört gerade beim Softwarevertrag neben der Ablieferung einer Bedienungsanleitung zu den Hauptleistungspflichten, sodass bei Nichtauslieferung einer vollständigen CD-ROM von einer wesentlichen Vertragsverletzung durch die Klägerin gesprochen werden kann.

Die dauerhafte Überlassung einer auf Datenträgern verkörperten Standardsoftware gegen Zahlung eines einmaligen Entgelts wird als Kauf einer beweglichen Sache qualifiziert, wodurch der Vertrag nach CISG zu beurteilen ist, sofern die Parteien seine Anwendung nicht ausgeschlossen haben (Art. 6 CISG). Dem folgt auch die Rechtsprechung: Dies gilt allgemein für Softwareüberlassungsverträge, bei denen der Vertragszweck in der unbeschränkten und unbefristeten Verwendung der Software besteht und die Eigentumsübertragung dem Willen der Parteien entspricht. **390**

Liefert der Verkäufer nur einen Teil der Ware oder ist nur ein Teil der gelieferten Ware vertragsgemäß, so gelten für den Teil, der fehlt oder der nicht vertragsgemäß ist, die Art. 46 bis 50 CISG (Art. 51 Abs. 1 CISG). Der Käufer kann nur dann die Aufhebung des gesamten Vertrages erklären, wenn die unvollständige oder nicht vertragsgemäße Lieferung eine wesentliche Vertragsverletzung darstellt (Art. 51 Abs. 2 CISG). **391**

Nach Art. 25 CISG ist eine von einer Partei begangene Vertragsverletzung wesentlich, wenn sie für die andere Partei solchen Nachteil zur Folge hat, dass ihr im Wesentlichen entgeht, was sie nach dem Vertrag hätte erwarten dürfen, es sei denn, dass die wortbrüchige Partei diese Folge nicht vorausgesehen hat und eine vernünftige Person der gleichen Art diese Folge unter den gleichen Umständen auch nicht vorausgesehen hätte. Damit von einer wesentlichen Vertragsverletzung im Sinne des Art. 25 CISG gesprochen werden kann, muss der vertragstreuen Partei ein Nachteil entstanden sein. Der Nachteil muss ein solches Ausmaß haben, dass dem Vertragspartner im Wesentlichen das entgeht, was er nach dem Vertrag hätte erwarten dürfen. Entscheidend ist die Vertragserwartung der vertragstreuen Partei. Es ist in erster Linie Sache der Parteien, im Vertrag selbst deutlich zu machen, welches Gewicht den einzelnen Teilleistungen zukommt. **392**

Die Teilbarkeit der Leistung ist grundsätzlich dann gegeben, wenn die Ware aus einer Sachmehrheit besteht, das heißt, sich aus mehreren selbstständigen Gegenständen zusammensetzt, wobei jeder dieser Gegenstände für den Käufer eine eigenständige wirtschaftliche Einheit bildet. **393**

Der Beispielsfall enthält keinen Anhaltspunkt dazu, welche Parteienvereinbarung der Lieferung zugrunde lag, das heißt, ob besprochen wurde, dass die Lieferung des Programmes und der Module eine untrennbare Einheit bilden sollte und das Fehlen eines Softwaremoduls die Lieferung für die Beklagte wertlos macht oder eben nicht bzw., falls Feststellungen dazu nicht möglich sind, welchen Einfluss das Fehlen eines Moduls auf die Nutzbarkeit der Programme und der anderen Module hat. Erst wenn also die näheren Umstände der Bestellung bzw. der tatsächlichen Verwendbarkeit der gelieferten Ware festgestellt sind, kann beurteilt werden, ob der durch die Vertragsverletzung eingetretene Nachteil derart wesentlich ist, dass die gelieferten Teile der Ware für sich allein für die Beklagte faktisch nicht brauchbar sind. **394**

Die Nachlieferung des Programmmoduls über Telefonleitung entspricht heutigen Gepflogenheiten, Softwareteile unmittelbar online zu übermitteln. Die Funktions- **395** fähigkeit des Gesamtprogramms wird dadurch nicht wesentlich gemindert, wenn der Nutzer das Gesamtprogramm nutzen kann. Die Verfügbarmachung des Moduls auf CD-ROM dient allerdings der Sicherung des Grunddatenbestands (Programms) und ist daher ein wesentlicher Bestandteil der Lieferverpflichtung.

K kann daher nach CISG Lieferung einer vollständigen Programm CD-ROM fordern.

Praxistipp

> **Ware**: „Ware" ist begrifflich Gegenstand des Kaufgeschäfts, der Incoterms-Klauseln und der Incoterms-Regeln. Eine Definition des Begriffs „Ware" fehlt, auch im CISG.
>
> Unter Waren sind daher grundsätzlich nur
>
> – zur Zeit der Lieferung
>
> – bestehende
>
> – körperliche Sachen
>
> zu verstehen. Auf die Form der Ware kommt es nicht an, auch nicht darauf, ob sie im Moment des Vertragsschlusses schon existiert oder erst noch hergestellt werden muss. Standardsoftware kann Ware sein, wenn sie dauerhaft überlassen wird.

2.1.16. Ware auf dem Transportweg

396 Schwierig ist die Beurteilung der Lage, wenn Ware sich auf dem Transportweg befindet, sei es auf einem Schiff, in einem Flugzeug oder auf einem LKW, und während des Transports verkauft wird. In Anlehnung an den Grundsatz des Art. 31 Abs. 1 lit. b und lit. c CISG muss der Verkäufer zur Erfüllung seiner Lieferpflicht dem Käufer die Ware „zur Verfügung stellen". Dies geschieht dadurch, dass er es dem Käufer ermöglicht, die Ware am Bestimmungsort zu übernehmen. Dazu muss der (selbstständige, vom Verkäufer unabhängig tätige) Beförderer vom Verkäufer angewiesen werden, die Ware an den Käufer auszuliefern.

397 Ist über die transportierte Ware ein Legitimationspapier ausgestellt worden (Konnossement, Ladeschein oder, im kombinierten Transport, ein CTO-Dokument), wird die Lieferpflicht dadurch erfüllt, dass der Verkäufer das Dokument indossiert und es dem Käufer übergibt.

398 Hinsichtlich des Moments des Gefahrübergangs regelt Art. 68 CISG, dass die Gefahr für während des Transports verkaufte Ware mit dem Abschluss des Kaufvertrags auf den Käufer übergeht, wobei den Verkäufer die Beweislast für eine vertragsgemäße Beschaffenheit der Ware trifft.

399 Möglicherweise wird der Zeitpunkt des Gefahrübergangs sogar vorverlegt, wie Art. 68 Satz 2 CISG regelt: „Falls die Umstände dies nahelegen", so der Wortlaut von Art. 68 Satz 2 CISG, muss der Käufer das gesamte Transportrisiko – also auch für den Zeitraum des Transports vor Abschluss des Kaufvertrags – tragen, da eine entsprechende Lieferklausel wie etwa die Incoterms Klausel 2020 CIF (B3) dies entsprechend vorgibt. Vorausgesetzt wird allerdings, dass sich der Verkäufer hier nicht rechtsmissbräuchlich verhält, vgl. Art. 68 Satz 3 CISG.

2.1.17. Ausfuhr-/Einfuhrabfertigung

Der Begriff der Ausfuhr-/Einfuhrabfertigung (export/import clearance) (A7/B7) ist seit den Incoterms *2000* Bestandteil der Incoterms-Regeln („customs clearance"), damals noch mit der Einschränkung: „soweit anwendbar". In den neueren Incoterms-Regeln *2010* stand diese Formulierung direkt zu Beginn von A2/B2 und sollte damit klarstellen, dass eine Pflicht zur Zollabfertigung nur dort bestand, wo eine solche grundsätzlich denkbar ist (also nicht im Binnenmarkt oder Freihandelszonen). Damit wurde die Anwendung der entsprechenden Incoterms-Klauseln *2010* – trotz des Hinweises auf Zollformalitäten – immer auch dann ermöglicht, wenn keinerlei Zollaktivitäten vorgenommen werden konnten. **400**

2.1.17.1. *Erläuterungen der Incoterms-Regeln*

Die Incoterms 2020 enthalten – neu – zu Beginn jeder Incoterms-Klausel „erläuternde Kommentare für Nutzer", und in diesen wiederum **Hinweise zur Ausfuhr-/Einfuhrabfertigung**. **401**

EXW **402**

Bei EXW Incoterms 2020 lautet diese Einführung wie folgt: „Da die Lieferung erfolgt, indem die Waren dem Käufer auf dem Gelände des Verkäufers oder an einer anderen benannten Stelle – üblicherweise im Land des Verkäufers oder innerhalb derselben Zollunion – zur Verfügung gestellt werden, hat der Verkäufer keine Verpflichtung, die Ausfuhrabfertigung oder eine Transitabfertigung in Drittländern zu organisieren, die die Waren bei ihrer Durchfuhr passieren. EXW kann für Inlandsgeschäfte geeignet sein, bei denen nicht beabsichtigt ist, die betreffenden Waren zu exportieren. Die Beteiligung des Verkäufers an der Ausfuhrabfertigung beschränkt sich ggf. darauf, Unterstützung bei der Beschaffung von Dokumenten und Informationen zu leisten, die der Käufer möglicherweise für den Export der Waren benötigt. Wenn der Käufer beabsichtigt, die Waren zu exportieren, und er Probleme bei der Erlangung der Ausfuhrabfertigung erwartet, wäre der Käufer besser beraten, die FCA-Klausel zu wählen, gemäß der die Verpflichtung und Kosten für die Erlangung der Ausfuhrabfertigung vom Verkäufer übernommen werden."

FCA/CPT/CIP **403**

FCA/CPT/CIP ... „verpflichten den Verkäufer, die Ware nötigenfalls zur Ausfuhr freizumachen. Jedoch hat der Verkäufer keinerlei Verpflichtungen, die Ware zur Einfuhr oder Durchfuhr durch Drittländer freizumachen, Einfuhrzölle zu zahlen oder Einfuhrzollformalitäten zu erledigen".

404 *DAP/DPU*

DAP und DPU ... „verpflichten den Verkäufer, die Ware ggf. zur Ausfuhr freizumachen. Jedoch hat der Verkäufer keine Verpflichtung, die Ware zur Einfuhr oder nach der Lieferung zur Durchfuhr durch Drittländer freizumachen, Einfuhrzölle zu zahlen oder Einfuhrzollformalitäten zu erledigen. Sollte es der Käufer daher versäumen, eine Einfuhrabfertigung zu organisieren, wird die Ware in einem Hafen oder Binnenterminal im Bestimmungsland zurückgehalten. Wer trägt die Gefahr des Verlusts, der entstehen könnte, während die Ware im Eingangshafen des Bestimmungslandes zurückgehalten wird? Die Antwort lautet: der Käufer, denn die Lieferung ist noch nicht erfolgt; gemäß B3(a) verbleibt die Gefahr des Verlusts oder der Beschädigung der Ware beim Käufer, bis die Durchfuhr bzw. Weiterbeförderung zu einer benannten Stelle im Inland wiederaufgenommen werden kann. Wenn die Parteien dieses Szenario vermeiden möchten und stattdessen wünschen, dass der Verkäufer die Ware zur Einfuhr freimacht, jegliche Einfuhrzölle oder -steuern zahlt und alle Einfuhrzollformalitäten erledigt, sollten die Parteien möglicherweise die DDP-Klausel verwenden".

405 *DDP*

Der Verkäufer ist... „unter der Klausel DDP verpflichtet, die Ware nötigenfalls zur Ausfuhr sowie zur Einfuhr freizumachen und etwaige Einfuhrzölle zu entrichten oder Zollformalitäten zu erledigen. Falls der Verkäufer daher nicht in der Lage ist, die Einfuhrabfertigung zu erledigen, und diese Formalitäten lieber dem Käufer im Einfuhrland überlassen möchte, sollte der Verkäufer möglicherweise die Klausel DAP oder DPU wählen, bei denen die Lieferung zwar ebenfalls am Bestimmungsort erfolgt, jedoch die Einfuhrabfertigung dem Käufer obliegt. Hieraus können sich steuerliche Auswirkungen ergeben, wobei diese Steuern möglicherweise vom Käufer nicht erstattet werden können", vgl. hierzu auch die Incoterms Regel DDP A9 Buchstabe d.

406 *FAS/FOB/CFR und CIF*

Alle Seetransportklauseln verpflichten den Verkäufer, die Ware ggf. zur Ausfuhr freizumachen. Jedoch hat der Verkäufer keine Verpflichtung, die Ware zur Einfuhr oder Durchfuhr durch Drittländer freizumachen, Einfuhrzölle zu zahlen oder Einfuhrzollformalitäten zu erledigen.

2.1.17.2. Ausfuhr-/Einfuhrabfertigung

407 Im Übrigen wird unter der Zollabfertigung der Incoterms 2020 verstanden:

- Die Verpflichtung des Verkäufers oder des Käufers, Pflichten im Zusammenhang mit dem Verbringen der Ware durch den Zoll des Ausfuhr- oder Einfuhrlandes zu erfüllen,

- wobei darin nicht nur die Zahlung der anfallenden Zölle und anderen Kosten eingeschlossen ist,

– sondern auch die Erledigung und Bezahlung anderer behördlicher Angelegenheiten, die mit der Verbringung der Ware durch den Zoll und der Auskunftserteilung an die Behörden verbunden sind.

Es empfiehlt sich – vereinfacht gesagt –, die Zollabfertigung durch die Partei vornehmen zu lassen, die ihren Sitz in dem Land hat, in dem die Abfertigung stattfinden soll. Dies führt dann dazu, dass grundsätzlich der Exporteur die Ausfuhr abfertigt und der Importeur die Einfuhr. **408**

Praxistipp

> ▶ **Zollabfertigung**: Wenn die Incoterms-Regeln keine ausdrückliche Festlegung dahingehend treffen, dass sich der Exporteur grundsätzlich um die **Ausfuhrabfertigung**, der Importeur dagegen grundsätzlich um die **Einfuhrabfertigung** kümmern sollte, sollte dies jedoch aus rein praktischen Überlegungen erfolgen.
>
> *Es empfiehlt sich, die Zollabfertigung immer durch die Partei vornehmen zu lassen, die ihren Sitz in dem Land hat, in dem die Abfertigung stattfinden soll. Dies führt dann dazu, dass grundsätzlich der Exporteur die Ausfuhr abfertigt und der Importeur die Einfuhr. So wird u.a. erreicht, dass mögliche Verstöße gegen das Abgabenrecht (z.B. in Art 81 ff. UZK, Entstehen/Erlöschen der Zollschuld) und/oder deren Dokumentation (z.B. spätere Prüfung der Unterlagen) usw. vermieden werden.*

2.2. Abweichungen von den Standardformulierungen

Gelegentlich verwenden Vertragsparteien Incoterms in der Weise, dass sie diese mit einem schriftlichen Zusatz versehen und damit eine zusätzliche Verstärkung eines Wunsches verbinden. Dies kann beispielsweise dadurch geschehen, dass der Verwender die Klausel „*FOB verstaut und getrimmt*" verabredet, um damit deutlich zu machen, dass der Verkäufer verpflichtet sein soll, die Ware auf dem Schiff zu verstauen und ordnungsgemäß zu trimmen. Es liegt auf der Hand, dass eine derartige Abweichung von der Standardklausel zu Fragen führen muss – und im Zweifel auch zu einem Streit mit der anderen Vertragspartei führen kann. So ist beispielsweise unklar, ob diese zusätzliche Abrede nur eine Ausweitung der Pflichten des Verkäufers ist, oder ob er damit auch die zusätzlichen Kosten der Verstauung und des Trimmens zu tragen hat oder ob er schließlich auch eine bis zum Abschluss der Arbeiten verlängerte Gefahrtragung übernehmen soll. Eine weltweit allgemeingültige Auslegung dieser Vereinbarung, wie weit die Kostenverantwortung und die Gefahrtragung reichen, gibt es jedenfalls nicht. **409**

Um hier eine Verschlechterung des Einsatzes der Incoterms 2020 von vornherein zu vermeiden, ist dringend dazu zu raten, die jeweils genutzte Klausel nicht durch Zusätze zu erweitern. Stattdessen kann gegebenenfalls als zusätzliche Formulierung in den Kaufvertrag aufgenommen werden, ob der Verkäufer bestimmte Ladevorgänge an Bord noch kostenseitig zusätzlich zu tragen hat und möglicher- **410** weise die hierdurch bestehenden Risiken übernehmen soll. Dies ist deutlicher als eine bloße Erweiterung der Klausel.

Praxistipp

> ▶ **Ergänzungen der Incoterms-Klauseln** direkt in Zusammenhang mit der Klausel (z.B. FOB gestaut und getrimmt o.ä.) sollten vermieden werden, damit es nicht zu Auslegungsproblemen/Streitigkeiten kommen kann. Stattdessen kann **gegebenenfalls als zusätzliche Formulierung in den Kaufvertrag** aufgenommen werden, ob der Verkäufer bestimmte Ladevorgänge an Bord noch kostenseitig zusätzlich zu tragen hat und möglicherweise die hierdurch bestehenden Risiken übernehmen soll.
>
> In der Praxis vorkommende Klausel-Ergänzungen (nur **im Kaufvertrag**, also nicht im Anhang der Incoterms-Klausel) können beispielsweise sein:
>
> – EXW, verbunden mit der zusätzlichen Vertragsklausel, dass der Verkäufer verpflichtet sein soll, die Ware auf eigene oder fremde Kosten auf das Abholfahrzeug des Käufers zu verladen und hierfür das Risiko zu tragen oder nicht.
>
> – CIF, erweitert um eine Vertragsklausel, die einen etwaigen zusätzlichen Versicherungsbedarf des Käufers erfasst, verbunden mit der Festlegung, wer diese Kosten tragen soll; diese Möglichkeit sieht beispielsweise der „erläuternde Kommentar, Ziffer 8" bei CIF ausdrücklich vor.

2.3. Streitigkeiten um Lieferbedingungen

411 Abschließend ist der Aspekt von Streitigkeiten zwischen den Vertragsparteien über

– die Anwendbarkeit,

– die Auslegung oder

– den Inhalt der mit Auswahl einer Klausel getroffenen Liefervereinbarung und gewählten Lieferbedingung

zu behandeln. Hier sind mehrere Varianten denkbar.

2.3.1. Streit vor ordentlichen Gerichten

412 Da es sich bei der Festlegung einer Lieferbedingung letztlich um nichts anderes handelt als um die Bestimmung einer einzelnen Vertragsklausel (als Bestandteil des Liefervertrages), kommt bei einem Streit über diese Bedingung natürlich grundsätzlich immer ein „normaler" Rechtsstreit, das heißt, ein Verfahren vor einem ordentlichen staatlichen Gericht, in Betracht.

2.3.1.1. Gerichtsstand

413 Die wohl wichtigste Frage in diesem Zusammenhang ist die Überlegung, bei welchem Gericht eine Klage anhängig gemacht werden kann. Grundsätzlich besteht die Möglichkeit, dass die Vertragsparteien innerhalb eines Kaufvertrages einver-

nehmlich festlegen, vor welchem Gerichtsstand ein Prozess durchgeführt werden soll. Diese sogenannte „Prorogation", also die ausdrückliche Auswahl eines Gerichtsstands, hat im Regelfall Vorrang.

Im nationalen wie im internationalen Geschäft haben die Vertragsparteien grundsätzlich die Möglichkeit, mittels einer Gerichtsstandsvereinbarung die Zuständigkeit eines Gerichts zu bestimmen. Es muss beachtet werden, dass möglichst ein Gericht mit der Klage befasst wird, dessen Entscheidung dann auch (z.B. im Ausland) vollstreckt werden kann. Innerhalb des Europäischen Binnenmarktes kann diese Frage vernachlässigt werden, da aufgrund der Europäischen Gerichtsstands- und Vollstreckungsverordnung (Brüssel Ia-VO/EuGVVO) die Anerkennung und Vollstreckbarkeit gerichtlicher Entscheidungen EU-weit untereinander gesichert ist. 414

Für die entgeltliche Beförderung von Gütern auf der Straße ist seit dem 5.2.1962 das Übereinkommen über den Beförderungsvertrag im internationalen Straßengüterverkehr (CMR-Übereinkommen) in Kraft. Bezüglich Gerichtsstandsvereinbarungen in internationalen Transportverträgen ist Art. 31 CMR zu beachten; hier sind auch formlose Gerichtsstandsvereinbarungen möglich. 415

Art. 25 EuGVVO und Art. 31 CMR gehen *anderweitigen Bestimmungen über Gerichtsstandsvereinbarungen* vor. Nur wenn Art. 25 EuGVVO oder Art. 31 CMR (für das internationale Transportrecht) *nicht* einschlägig sind, gilt das Folgende in einer abgestuften Prüfungsabfolge. 416

Vertragliche Vereinbarung eines Gerichtsstands 417

Eine Gerichtsstandsvereinbarung kann im nationalen wie auch im internationalen Geschäftsverkehr vereinbart werden. Dies ist wegen der Anwendbarkeit der Incoterms im nationalen wie im internationalen Geschäft von Bedeutung.

Für das *nationale (deutsche) Recht* gilt: Nach § 38 Abs. 1 ZPO wird ein „... Gericht des ersten Rechtszuges durch ausdrückliche oder stillschweigende Vereinbarung zuständig, wenn die Vertragsparteien Kaufleute, juristische Personen des öffentlichen Rechts oder öffentlichrechtliche Sondervermögen sind". Danach können also Kaufleute eine Gerichtsstandsvereinbarung formfrei treffen. Nach § 38 Abs. 2 ZPO kann ferner „die Zuständigkeit eines Gerichts ... vereinbart werden, wenn mindestens eine der Vertragsparteien keinen allgemeinen Gerichtsstand im Inland hat". In diesen Fällen sind jedoch Formvorschriften zu beachten, die zumindest von halber Schriftlichkeit (mündliche Absprache und schriftliche Bestätigung) ausgehen. Im Übrigen, so sagt § 38 Abs. 3 ZPO, „... ist eine Gerichtsstandsvereinbarung nur zulässig, wenn sie ausdrücklich und schriftlich" ist. 418

Für Gerichtsstandsvereinbarungen in Auslandssachen ist zur Beurteilung von Zuständigkeitsabreden § 38 Abs. 2 ZPO einschlägig. Es muss jedoch eine zumindest halbschriftliche Vereinbarung vorliegen. Dieses Erfordernis kann erfüllt sein, wenn beispielsweise eine mündliche Vereinbarung eines Gerichtsstands von einer der Vertragsparteien schriftlich bestätigt wird. Es ist nicht ausreichend, wenn die Vertragspartner eine Vertragsurkunde auf der Vorderseite unterzeichnen und die Ge- 419 richtsstandsabrede sich auf der Rückseite der Urkunde (bei den dort abgedruckten AGB) befindet, solange nicht ein klarer Hinweis auf die AGB auch auf der Vorderseite des Vertragstextes angebracht ist. In den meisten praktischen Fällen erfolgt die Gerichtsstandsvereinbarung wohl durch die Einbeziehung von AGB in den Vertrag. Hierzu ist beachtlich, dass die AGB wirksam in den Vertrag einbezogen sein müssen. Dies kann aus deutscher Rechtssicht entweder ausdrücklich (§ 305 BGB) oder auch stillschweigend erfolgen, wobei dann aber ein deutlicher Hinweis auf die AGB vorliegen muss.

420 Für das *internationale Geschäft* ist für die Gerichtsstandsvereinbarung § 25 EuGVVO heranzuziehen.

421 Besonderer Gerichtsstand

Liegt eine vertragliche Gerichtsstandsvereinbarung nicht vor, dann ist in der Stufenfolge der Prüfung zu untersuchen, ob möglicherweise ein sogenannter *besonderer Gerichtsstand* vorliegt. Hierzu nennt die für das *Inlandsgeschäft* einschlägige ZPO beispielsweise als „besonderen Gerichtsstand" den Platz

- des Aufenthaltsortes (§ 20 ZPO),
- der Niederlassung (§ 21 ZPO),
- der Mitgliedschaft (beispielsweise in Gemeinden, Korporationen, Gesellschaften oder anderen Vereinen, vgl. § 22 ZPO),
- des Vermögens und des Streitobjekts (§ 23 ZPO),
- der Erbfolge (§ 27 ZPO),
- der unerlaubten Handlung (§ 32 ZPO),
- des Hauptprozesses (§ 34 ZPO) usw.

422 Zum „besonderen Gerichtsstand" im internationalen Geschäft hat die deutsche höchstrichterliche Rechtsprechung des BGH am 22.4.2009 (im Zusammenhang mit der Klausel FOB) eine Entscheidung getroffen, die besonderer Betrachtung bedarf. So kann bei Vereinbarung der Klausel FOB – über die damit getroffene Festlegung eines Erfüllungsortes – zugleich ein besonderer Gerichtsstand begründet werden, an dem dann geklagt werden muss, falls keine ausdrückliche Auswahl eines Gerichtsstands erfolgte.

423 Hierzu besagen Art. 7 Nr. 1 lit. a und b EuGVVO ausdrücklich:

„Eine Person, die ihren Wohnsitz im Hoheitsgebiet eines Mitgliedstaats hat, kann in einem anderen Mitgliedstaat verklagt werden:

a) wenn ein Vertrag oder Ansprüche aus einem Vertrag den Gegenstand des Verfahrens bilden, vor dem Gericht des Ortes, an dem die Verpflichtung erfüllt worden ist oder zu erfüllen wäre;

b) im Sinne dieser Vorschrift – und sofern nichts anderes vereinbart worden ist – ist der Erfüllungsort der Verpflichtung

- für den Verkauf beweglicher Sachen der Ort in einem Mitgliedstaat, an dem sie nach dem Vertrag geliefert worden sind oder hätten geliefert werden müssen;

- für die Erbringung von Dienstleistungen der Ort in einem Mitgliedstaat, an dem sie nach dem Vertrag erbracht worden sind oder hätten erbracht werden müssen ..."

Nach ständiger Rechtsprechung des Gerichtshofs der Europäischen Gemeinschaften ist der Begriff „Vertrag oder Ansprüche aus einem Vertrag" autonom auszulegen, um eine einheitliche Anwendung der EuGVVO in allen (EU) Vertragsstaaten zu gewährleisten. Der Grund für die Anerkennung eines „besonderen Gerichtsstands" für vertragliche Streitigkeiten liegt in der besonders engen Verbindung zwischen dem Vertrag und dem Gericht des Erfüllungsortes (EuGH Urteil vom 3.5.2007), und zwar unabhängig davon, ob vertragliche Ansprüche auf Dritte (etwa im Wege der Forderungsabtretung) übergegangen sind.

424

Damit ist im Ergebnis erkennbar, dass – mangels ausdrücklicher Vereinbarung eines Gerichtsstands der Vertragsparteien – über die Auslegung einer eingesetzten Klausel ein besonderer Gerichtsstand begründet werden kann.

425

Allgemeiner Gerichtsstand

426

Liegt weder eine vertragliche Gerichtsstandsvereinbarung im Sinne des § 38 ZPO noch ein besonderer oder ausschließlicher Gerichtsstand vor, dann ist der richtige Gerichtsstand für Streitigkeiten immer an dem Ort begründet, an dem der Schuldner seinen Geschäftssitz oder seinen Wohnsitz hat (vgl. §§ 12 und 13 ZPO). Eine entsprechende Regelung stellt Art. 4 EuGVVO für das internationale Geschäft auf.

2.3.1.2. Problematik der Vollstreckung

Eine grundsätzliche Problematik von Prozessen vor ordentlichen (staatlichen) Gerichten ist es, dass die Entscheidungen des Gerichts auch anerkannt und vollstreckt werden müssen. Dies ist bei internationalen Kaufverträgen ein großes Problem, da es nur in wenigen Staaten gesichert ist, dass ein beispielsweise von einem deutschen Gericht gefälltes Urteil im Ausland anerkannt und vollstreckt werden kann.

427

Eine Anerkennung und Vollstreckung im Ausland ist – mit Ausnahme des gesamten Europäischen Binnenmarktes und wenigen weiteren europäischen Nationen – problematisch. Deutschen Klägern ist oft nicht bewusst, dass die beliebte Gerichtsstandsvereinbarung, die auf das heimische Gericht in Deutschland verweist, im Export gefährliche Konsequenzen haben kann. Wenn „zu Hause" prozessiert und ein Verfahren gewonnen wurde und dann ein Vollstreckungstitel gegen die andere Vertragspartei im Ausland durchgesetzt werden soll, gelingt dies nur mithilfe von Vollstreckungsorganen (z.B. Gerichtsvollzieher). Dies aber auch nur, wenn die Vollstreckungsorgane im Ausland deutsche Urteile vollstrecken müssen, weil es eine entsprechende zwischenstaatliche Vereinbarung gibt. Dies ist eine missliche Situation für den (deutschen) Kläger, wenn er ein ihn begünstigendes Urteil in den Händen hält, mit dem er dann zwar „Recht hat", aber trotzdem im Ausland nicht zu seinem Geld kommt. Hier gibt es nun zwei praktikable Lösungswege.

428

Ein Lösungsweg ist ein juristischer Weg. Wenn man als Verkäufer erkennt, dass Lieferungen in die weite Welt gehen (und nicht nur in die EU), sollte man einen „Gerichtsstand daheim" möglichst vermeiden, da man hier zwar prozessieren kann,

429

aber mit einem aus gewonnenem Prozess erzielten Titel nicht an ausländisches Vermögen des säumigen Käufers herankommt. Abhilfe kann sein, von vornherein ein Schiedsverfahren zu vereinbaren, das für den Fall einer rechtlichen Auseinandersetzung entscheiden soll. Schiedsverfahren enden mit einem Schiedsurteil, das wie ein letztinstanzliches Gerichtsurteil betrachtet wird. Der besondere Vorteil liegt darin, dass sich 159 Staaten weltweit (Stand Herbst 2019) auf der Grundlage eines UN-Abkommens von 1958 (Convention on the Recognition and Enforcement of Foreign Arbitral Awards, New York, 1958 – the „New York Convention") verpflichtet haben, die Vollstreckung aus einem Schiedsurteil in den Unterzeichner-Ländern zuzulassen. Eine willkommene Grundlage für die Vollstreckung von Ansprüchen im außereuropäischen Geschäftsverkehr!

430 Lösungsweg zwei ist eher kaufmännisch. Streit gehört zwar zum Geschäft, ist aber eher lästig. Wichtig ist der Leistungsaustausch: Ware gegen Geld. Warenlieferung und Geldleistung lassen sich schützen, mit Instrumenten absichern. Was das für die Geldforderung bedeutet, ist als klassische Bankdienstleistung des „Trade Finance" bekannt: Hier bieten Zahlungssicherungsinstrumente wie Bankgarantie, Akkreditiv oder auch Dokumenteninkasso besten Schutz vor Forderungsausfall, und das Ganze rechtssicher, schnell und umfassend. Und alles ohne lästiges Prozessieren und folgende Vollstreckungsverfahren!

2.3.2. Schiedsverfahren

431 Wird eine Streitentscheidung über Schiedsverfahren gesucht, bietet es sich an, die bewährte Verfahrensordnung der Internationalen Handelskammer zugrunde zu legen. Neben der ICC befassen sich auch andere international ausgerichtete Institutionen mit dem Schiedsgerichtswesen (darunter die UNO mit dem Ausschuss UNCITRAL). Die größte internationale Bedeutung hat aber die Schiedsverfahrensordnung der ICC, die in vielen Fällen zugrunde gelegt wird und für die ein eigenes Regelwerk gilt. Die Internationale Handelskammer Paris, gibt mit ihren aktuellen *„2017 Arbitration Rules and 2014 Mediation Rules"* allerdings nur eine Hilfestellung für das Betreiben eines Schiedsverfahrens, entscheidet aber nicht selbst wie ein Schiedsgericht.

432 Die ICC-Schiedsgerichtsbarkeit hat eine lange Tradition. Bereits 1923 wurde, nachdem im Jahre 1919 die Gründung der Internationalen Handelskammer (International Chamber of Commerce, ICC) in Paris erfolgt war, die erste Verfahrensordnung für Schiedsgerichtsverfahren in Kraft gesetzt. Die neue Verfahrensordnung gilt seit dem 1.3.2017.

433 Ein Schiedsverfahren kann den Rechtsstreit vor einem ordentlichen Gericht ersetzen. Die Vorteile für die streitenden Parteien liegen darin, dass

- sie durch die Bestimmung der Schiedsrichter mit einer größeren Sachkompetenz ihres Schiedsgerichts rechnen und

- auf eine raschere Verfahrensabwicklung hinwirken können.

- Hinsichtlich der Kosten des Schiedsverfahrens kann es für die Parteien durchaus nachteiliger sein, ein Schiedsverfahren gewählt zu haben, da keine generelle Gebührenordnung besteht.
- Ein wichtiger Vorteil eines Schiedsverfahrens ist, dass es geheim ist und
- dass Schiedssprüche – im Hinblick auf ihre weltweite Anerkennung und Vollstreckung – in den meisten Fällen besser durchzusetzen sind als Urteile ordentlicher Gerichte. Schließlich gelten Schiedsurteile stets als „letztinstanzlich", sodass keine Rechtsmittel (Berufungsverfahren) mehr möglich sind.

2.3.3. Mediationsverfahren

Neben den Schiedsverfahrensregeln bietet die ICC auch Verfahren an, die eine streitige Auseinandersetzung von vornherein vermeiden helfen. Die sogenannten Mediationsverfahren („amicable dispute resolutions", ADR) sind darauf ausgerichtet, zunächst eine gütliche Einigung in einem Streit zu erreichen. Dies gelingt in der weitaus größten Anzahl der Streitfälle tatsächlich und endet damit im Konsens, in einem schnelleren Bewältigen des Konflikts und in vergleichsweise niedrigeren Kosten des Verfahrens. **434**

2.4. Bedeutung von Lieferklauseln bei der Zollerhebung

Lieferklauseln wirken sich auch auf die zollrechtliche Beurteilung von Verträgen aus, sofern sie in (zoll-)grenzüberschreitenden Verträgen eingesetzt werden. So sind Lieferklauseln beispielsweise im Rahmen der *Zollwertermittlung* ein wesentlicher Ansatzpunkt, um festzustellen, ob hinsichtlich der Lieferungskosten **435**

- dazu zählen die Beförderungskosten,
- die Transportversicherungskosten sowie
- Lade- und Behandlungskosten während der Beförderung der Waren

Berichtigungen des für die eingeführten Waren tatsächlich gezahlten oder zu zahlenden Preises vorgenommen werden müssen. Für die zollwertrechtliche Beurteilung der Lieferungskosten sowie deren eventuelle Aufteilung unter Berücksichtigung des *Ortes des Verbringens* (s. Teil 2, Ziffer 2.4.4.2) muss die einem Importgeschäft zugrunde liegende Lieferklausel in der Zollanmeldung angegeben werden.

2.4.1. Grundsätze der Zollerhebung

Bei der Einfuhr von Waren in das Zollgebiet der Europäischen Union sind grundsätzlich Einfuhrabgaben **436**

- also insbesondere Zölle (Art. 5 Ziffer 20 UZK)
- und Einfuhrumsatzsteuer (§ 21 Abs. 2 UStG)

zu erheben (Art. 77 UZK). In der Regel wird die Höhe der Zollabgaben berechnet, indem der für die eingeführte Ware festgelegte Zollsatz (Art. 56 Abs. 1 UZK) auf den Zollwert dieser Ware angewendet wird (Art. 69 ff. UZK). Der Zollwert ist wiederum die Grundlage für den Einfuhrumsatzsteuerwert (§ 11 Abs. 1 UStG), auf den der Umsatzsteuersatz (7 % oder 19 %; § 12 UStG) Anwendung findet.

2.4.2. Methoden zur Ermittlung des Zollwertes

437 Der Zollwert einer eingeführten Ware soll im Grundsatz und im Regelfall der Preis der Ware sein, zu dem diese zur Ausfuhr in das Zollgebiet der Union verkauft wird (Art. 70 UZK). Damit wird an eine echte Transaktion zwischen Verkäufer und Käufer i.d.R. über die Grenze des Zollgebiets hinweg, angeknüpft. Man spricht auch vom „Transaktionswert eingeführter Waren".

438 Der Grundgedanke – die Anerkennung jedes Rechnungspreises – wird jedoch durch einige Voraussetzungen (Art. 70 Abs. 3 lit. a bis d UZK) und vorgeschriebene Anpassungen (Art. 71 und 72 UZK) relativiert. Sind diese Voraussetzungen nicht erfüllt und/oder können die erforderlichen Anpassungen nicht vorgenommen werden, kann der Zollwert nicht nach der Transaktionswertmethode (= Regelmethode) ermittelt werden. Aus diesem Grund wird die Regelmethode (Transaktionswert eingeführter Waren) um fünf weitere Methoden für die Ermittlung des Zollwerts ergänzt (= Nachrangige Methoden; Art. 74 Abs. 2 und 3 UZK). Es sind Auffangmethoden, die immer dann zu prüfen sind – und zwar in einer genau festgelegten Reihenfolge (Art. 74 Abs. 1 UZK) –, wenn die Voraussetzungen einer Bewertung nach der Transaktionswertmethode für die eingeführte Ware nicht erfüllt sind. Für die Ermittlung des Zollwerts einer eingeführten Ware stehen somit die im Folgenden aufgeführten sechs Methoden zur Verfügung:

439

Methode	Bezeichnung	Rechtsgrundlage
1. Methode	Transaktionswertmethode	Art. 70 UZK
2. Methode	Zollwert gleicher Waren	Art. 74 Abs. 2 lit. a UZK
3. Methode	Zollwert ähnlicher Waren	Art. 74 Abs. 2 lit. b UZK
4. Methode	Deduktive Methode	Art. 74 Abs. 2 lit. c UZK
5. Methode	Methode des errechneten Wertes	Art. 74 Abs. 2 lit. d UZK
6. Methode	Schlussmethode	Art. 74 Abs. 3 UZK

440 **1. Methode**

Jede Zollwertermittlung hat also mit der Prüfung zu beginnen, ob nicht die Voraussetzungen für eine Bewertung nach Art. 70 UZK, also nach der 1. Methode, vorliegen.

Nur wenn der Zollwert wegen fehlender Voraussetzungen nicht nach Art. 70 UZK ermittelt werden kann, ist zu prüfen, ob eine Zollwertermittlung nach einer der folgenden Methoden des Art. 74 Abs. 2 und 3 UZK in Betracht kommt. **441**

Auch bei den nachrangigen Methoden darf man den Zollwert nur dann nach der jeweils nächsten Methode ermitteln, wenn die vorangegangene Methode wegen mangelnder Voraussetzungen nicht zur Anwendung gelangen kann. **442**

Lediglich die Inanspruchnahme der deduktiven Methode (4. Methode) und der Methode des errechneten Wertes (5. Methode) kann auf Antrag des Anmelders in umgekehrter Reihenfolge erfolgen. Die Methodenreihenfolge kann sehr passend durch die sogenannte *Zollwerttreppe* dargestellt werden. **443**

444

Art 70 UZK	Art 74 Abs. 2 a) UZK	Art 74 Abs. 2 b) UZK	Art. 74 Abs. 2 c) UZK	Art. 74 Abs. 2 d) UZK	Art. 74 Abs. 3 UZK
Transaktionswert eingeführter Waren	Transaktionswert gleicher Waren	Transaktionswert ähnlicher Waren	Deduktive Methode	Methode des errechneten Wertes	Schlussmethode

Um den Zollwert im konkreten Fall richtig zu ermitteln, muss man sich Stufe für Stufe, ohne eine auszulassen, dem Ziel nähern und dabei schließlich auf der Stufe stehen bleiben, bei der alle Voraussetzungen erfüllt sind, bei der sozusagen „alles passt". **445**

Wie bereits zuvor ausgeführt hat jede Zollwertermittlung mit der Prüfung zu beginnen, ob nicht die Voraussetzungen für eine Bewertung nach der Transaktionswertmethode vorliegen (s. hierzu im Einzelnen Ziffer 2.4.3). **446**

2. Methode **447**

Kann der Zollwert nicht nach der Regel-Methode des Art. 70 UZK ermittelt werden, weil die nach dieser Vorschrift erforderlichen Voraussetzungen und Bedingungen nicht erfüllt sind (z.B. weil die Waren nicht im Rahmen eines Kaufgeschäfts geliefert werden) oder weil der Preis durch die Verbundenheit von Verkäufer und Käufer beeinflusst ist (Art. 70 Abs. 3 lit. d UZK), ist zu prüfen, ob als Zollwert der Zollwert einer gleichen Ware (2. Methode) herangezogen werden kann (Art. 74 Abs. 2 lit. a UZK, Art. 141 UZK-IA). Das ist nur dann möglich, wenn eine gleiche Ware wie die zu bewertende, d.h. mit gleichen körperlichen Eigenschaften, gleicher Qualität und gleichem Ansehen, aus demselben Herstellungsland (Art. 1 Abs. 2 Ziff. 4 UZK-IA) zu demselben oder annähernd demselben Zeitpunkt zur Ausfuhr in die Union verkauft worden ist und der Zollstelle der Zollwert dieser gleichen

Ware auch bekannt ist. Gerade die letzte Voraussetzung bereitet in der Praxis außergewöhnlich große Schwierigkeiten, weil die Zollstelle nur im Rahmen des ihr Möglichen und Zumutbaren ermitteln muss und selbst etwaige Ermittlungsergebnisse wegen des Zollgeheimnisses nicht ohne Weiteres verwerten darf. In aller Regel kommt daher eine Bewertung nach dieser Methode nur in den seltenen Fällen in Betracht, in denen der Einführer oder Zollanmelder selbst der Zollstelle geeignete Zollpapiere über zeitnahe Abfertigungen vergleichbarer Waren vorlegt.

448 **3. Methode**

Führt die 2. Methode nicht zum Ziel, ist zu prüfen, ob als Zollwert der Zollwert ähnlicher Waren (3. Methode) in Betracht kommt (Art. 74 Abs. 2 lit. b UZK, Art. 141 UZK-IA). „Ähnlich" stellt weniger strenge Anforderungen als „gleich". Zwar muss auch hier das Herstellungsland identisch sein, doch braucht die ähnliche Ware nicht in jeder Hinsicht mit der zu bewertenden gleich zu sein (Art. 1 Abs. 2 Ziff. 14 UZK-IA). Es genügt, dass sie gleiche Eigenschaften und gleiche Materialzusammensetzung aufweist, die es ihr ermöglicht, gleiche Aufgaben zu erfüllen und im Handelsverkehr austauschbar zu sein. Auch hier steht die Praxis vor den gleichen Schwierigkeiten wie bei der vorherigen Methode.

449 **4. Methode**

Hat auch die 3. Methode keinen Erfolg, ist der Weg frei zur deduktiven Methode (4. Methode), bei der, ausgehend vom ersten zeitnahen Verkaufspreis der eingeführten oder einer eingeführten gleichen oder ähnlichen Ware in der Union in der größten Menge an eine nicht verbundene Person, der Zollwert dieser Ware durch Rückrechnung auf den ursprünglichen Einfuhrpreis nach den Grundsätzen des betrieblichen Rechnungswesens – sozusagen deduktiv – ermittelt wird (Art. 74 Abs. 2 lit. c UZK, Art. 142 UZK-IA). Abzugsposten sind vor allem die übliche Handelsspanne (Gewinn und Gemeinkosten), die üblichen Beförderungskosten in der Union und die auf der Ware ruhenden Zölle und anderen Einfuhrabgaben. Die deduktive Methode hat in der Praxis vor allem bei Einfuhren zum ungewissen Verkauf, z.B. über Kommissionäre oder Zweigniederlassungen, oder bei der Bewertung von Obst und Gemüse Bedeutung.

450 **5. Methode**

Kann auch mittels der deduktiven Methode der Zollwert nicht festgestellt werden, ist er möglichst nach der nachfolgenden Methode des errechneten Werts (5. Methode) zu ermitteln (Art. 74 Abs. 2 lit. d UZK, Art. 143 UZK-IA). Das Gleiche gilt, wenn der Anmelder den Antrag gestellt hat, in umgekehrter Reihenfolge zu bewerten, d.h. die deduktive Methode zurückzustellen und zunächst mit der Methode des errechneten Werts zu versuchen, zum Zollwert zu gelangen. Der errechnete Wert ist ein reiner Kostenpreis, bei dem die Kosten von Beginn der Produktion an nach den Maßstäben der Buchführungsgrundsätze und der Kostenrechnung des Herkunftslandes der Ware kalkuliert und summiert werden. Da die Zollverwaltung im Einfuhrland gegen Unionsfremde keinen Anspruch auf Vorlage von Buchhaltungskonten und anderen Unterlagen des Rechnungswesens hat, eine Zollprüfung im ausländischen Herstellerbetrieb nur mit Einverständnis des Herstellers und mit Billigung der Regierung des betreffenden Landes möglich wäre und außerdem dadurch enorme Kosten verursacht würden, kommt diese Bewertungsmethode in Deutschland und, soweit ersichtlich, auch in den anderen Mitgliedstaaten der Union nur sehr selten vor. Denkbar ist sie jedoch bei verbundenen Unternehmen, wenn die ausländische Muttergesellschaft (z.B. in der Schweiz) daran interessiert ist, mit dieser Methode zu einem niedrigeren Zollwert zu gelangen und deshalb den Antrag auf Bewertung in umgekehrter Reihenfolge (5. Methode vor 4. Methode) stellt. Auch könnte diese Methode bei einem Schweizer Verkäufer, auf dessen Buchhaltung der deutschen Zollbehörde vom verbundenen deutschen Unternehmen aus Zugriff gewährt wird, durchaus mit weniger Aufwand verbunden sein als die Anwendung der deduktiven Methode.

6. Methode/Schlussmethode   451

Führt auch die 5. Methode (oder bei vom Anmelder gewählter umgekehrter Reihenfolge zunächst die 5. und dann nach Rückkehr die 4. Methode) nicht zum Ziel, ist schließlich zwingend nach der sog. Schlussmethode (Art. 74 Abs. 3 UZK) zu bewerten (6. Methode). Diese Auffangmethode greift mithin ein, wenn alle anderen Methoden nicht zum Erfolg geführt haben. Es handelt sich dabei um eine Schätzmethode mit Ungenauigkeiten, bei der allerdings grobe Fehler dadurch vermieden werden, dass die verbotenen Anknüpfungspunkte in einem Negativkatalog zusammengestellt sind (sog. Negativgrundsätze; Art. 144 Abs. 2 UZK-IA). Im Grunde geht es bei der Schlussmethode darum, die anderen Methoden noch einmal der festgelegten Reihenfolge nach durchzuprüfen und dabei eine angemessene Flexibilität walten zu lassen (Art. 144 Abs. 1 UZK-IA). Dabei kann über Voraussetzungen, die bei der ersten – strengen – Prüfung als nicht erfüllt angesehen werden mussten, wodurch die betreffende Methode ausfiel, jetzt großzügiger geurteilt und ggf. ganz hinweggesehen werden.

2.4.3. Transaktionswertmethode

Jede Zollwertermittlung hat mit der Prüfung zu beginnen, ob die Voraussetzungen zur Anwendung der 1. Methode, der sog. Transaktionswertmethode, erfüllt sind. Sind die Tatbestandsvoraussetzungen des Art. 70 UZK erfüllt, ist der Zollwert der eingeführten Waren zwingend nach dieser Vorschrift zu ermitteln. Dies ist bei über 90 % aller Einfuhren der Fall. Daher wird die Transaktionswertmethode auch Regelmethode genannt.   452

Nach Art. 70 Abs. 1 UZK ist der Transaktionswert der für die Waren bei einem Verkauf zur Ausfuhr in das Zollgebiet der Union *tatsächlich gezahlte oder zu zahlende Preis*, ggf. nach bestimmten *Berichtigungen* (Art. 71 UZK: Hinzurechnungen; Art. 72 UZK: Abzüge) und unter bestimmten *Voraussetzungen*, die in Art. 70 Abs. 3 lit. a bis d UZK genannt sind.   453

Daraus ergibt sich, dass der Transaktionsaktionswert kein üblicher Wettbewerbspreis, d.h. kein Preis mit allgemeiner Gültigkeit gegenüber jedem beliebigen Käufer, ist. Der Transaktionswert ist vielmehr grundsätzlich der tatsächliche Preis im konkreten Einzelfall, wobei allerdings einige Sicherungsklauseln eingebaut wur-   454 den. Entscheidend ist also, was der jeweilige Käufer für die eingeführte Ware tatsächlich aufzuwenden hat. Bei der Feststellung des Transaktionswerts geht es mithin nur darum, ob die Anmeldung des im Einzelfall tatsächlich gezahlten oder zu zahlenden Preises richtig ist und dieser der Wahrheit entspricht und nicht darum, ob der angemeldete Preis auch dem üblicherweise für eine gleiche oder ähnliche Ware zu zahlenden Preis entspricht. Wer günstig einkauft, kommt folglich in den Genuss eines günstigen Zollwerts, wer teuer einkauft, erhält einen höheren Zollwert und muss somit auch mehr Zoll zahlen.

455 Folgende Voraussetzungen müssen vorliegen, damit der Zollwert einer eingeführten Ware nach der Transaktionswertmethode ermittelt werden kann.
- Es muss ein Preis vorliegen, der sich auf eine eingeführte Ware bezieht.
- Die eingeführten Waren müssen im Rahmen eines Kaufgeschäfts geliefert werden.
- Dieses Kaufgeschäft muss ein „Verkauf zur Ausfuhr in das Zollgebiet der Union" sein.
- Es darf kein Ausschlusstatbestand nach Art. 70 Abs. 3 lit. a bis d UZK vorliegen,
- der nicht bereinigt werden kann.

456 Sind diese Tatbestandsvoraussetzungen erfüllt, basiert der Zollwert auf dem für die eingeführten Waren tatsächlich gezahlten oder zu zahlenden Preis, auf dessen Höhe jedoch noch verschiedene Faktoren Einfluss haben können (wie z.B. Rabatte, Skonti, Beschädigungen, Verluste usw.).

457 Um zum Zollwert – also zum Transaktionswert – zu gelangen, ist der tatsächlich gezahlte oder zu zahlende Preis dann ggf. noch nach Art. 71 UZK (Hinzurechnungen) und/oder Art. 72 UZK (Abzüge) zu korrigieren. Schematisch stellt sich die Zollwertermittlung nach Art. 70 UZK somit wie folgt dar:

Tatsächlich gezahlter oder zu zahlender Preis [Art. 70 UZK]

+ Hinzurechnungen [Art. 71 UZK]

– Abzüge [Art. 72 UZK]

= Transaktionswert (= Zollwert)

458 Die Höhe des Transaktionswerts richtet sich nach den Verhältnissen im sogenannten „maßgebenden Zeitpunkt". Dieser bestimmt sich gemäß Art. 85 Abs. 1 UZK nach dem Zeitpunkt der Zollschuldentstehung. Für den Regelfall der Überlassung von Waren zum zollrechtlich freien Verkehr kommt es daher auf den Zeitpunkt der Annahme der Zollanmeldung an (Art. 77 Abs. 2 UZK).

2.4.4. Berichtigungen des tatsächlich gezahlten oder zu zahlenden Preises

459 Liegen die Tatbestandsvoraussetzungen des Art. 70 UZK vor und ist der Zollwert der eingeführten Waren somit nach der Transaktionswertmethode zu ermitteln,

hat der Zollanmelder – wie bereits in Ziff. 2.4.3 dargestellt – die *Hinzurechnungsvorschrift* des Art. 71 UZK zu beachten.

Art. 71 UZK enthält Kosten und Werte, die bei Vorliegen der Tatbestandsvoraussetzungen dem tatsächlich gezahlten oder zu zahlenden Preis hinzuzurechnen sind. Die Vorschrift des Art. 71 UZK ist somit als ergänzende Regelung zur Transaktionswertmethode, also als Berichtigungsvorschrift, zu sehen. Es handelt es sich bei den in Art. 71 UZK aufgeführten Berichtigungen sämtlich um den Zollwert erhöhende Posten, um Hinzurechnungen (Zuschläge) zum tatsächlich gezahlten oder zu zahlenden Preis. Zu diesen Hinzurechnungen zählen

460

– Verkaufsprovisionen (Art. 71 Abs. 1 lit. a Ziff. i UZK)

– Umschließungs- und Verpackungskosten (Art. 71 Abs. 1 lit. a Ziff. ii und iii UZK)

– der Wert von Materialien, Betriebsmitteln und Entwicklungs-/Designleistungen (falls diese außerhalb der EU erarbeitet wurden), welche der Käufer der Einfuhrwaren dem Verkäufer kostenlos zur Herstellung der Waren zur Verfügung stellt (Art. 71 Abs. 1 lit. b UZK)

– Lizenzgebühren (Art. 71 Abs. 1 lit. c UZK)

– Erlösbeteiligungen (Art. 71 Abs. 1 lit. d UZK)

– Lieferungskosten, die für die eingeführten Waren bis zum Ort des Verbringens in das Zollgebiet der Union (= Ort, an dem die Ware in das Zollgebiet der Union eingeht) anfallen (Art. 71 Abs. 1 lit. e UZK)

Die in Art. 71 UZK aufgeführten Hinzurechnungsposten sind abschließend. Hinzurechnungen zum tatsächlich gezahlten oder zu zahlenden Preis dürfen daher nur vorgenommen werden, wenn dies in diesem Artikel vorgesehen ist (Art. 71 Abs. 3 UZK). Fallen die im Art. 71 Abs. 1 UZK aufgeführten Kosten und Leistungen im konkreten Bewertungsfall nicht an oder sind sie schon im tatsächlich gezahlten oder zu zahlenden Preis enthalten, kommt es nicht zu einer Berichtigung (E-VSF Z 5101 Abs. 39).

461

Im Gegensatz dazu sind in Art. 72 UZK Aufwendungen und Kosten genannt, die nicht in den Zollwert einbezogen werden, wenn sie vom reinen Warenpreis unterscheidbar sind und bei der Zollwertermittlung vom Zollanmelder abgezogen werden (E-VSF Z 5101 Abs. 83). Hierunter fallen

462

– Beförderungskosten *nach* dem *Eingang* der Waren *in das Zollgebiet der Union* (Art. 72 lit. a UZK)

– Montage- und Instandhaltungskosten im Zollgebiet der Union (Art. 72 lit. b UZK)

– Finanzierungszinsen für die eingeführten Waren (Art. 72 lit. c UZK)

– Kosten für das Recht auf Vervielfältigung der eingeführten Waren im Zollgebiet der Union (Art. 72 lit. d UZK)

– Einkaufsprovisionen (Art. 72 lit. e UZK)

- Einfuhrabgaben (Art. 72 Buchst. f UZK) und

- Zahlungen für das Recht auf Vertrieb und Wiederverkauf der eingeführten Waren, wenn diese keine Bedingung für den Verkauf der eingeführten Waren sind (Art. 72 lit. g UZK)

463 Unter die Beförderungskosten i.S.d. Art. 72 lit. a UZK fallen auch Lade-, Behandlungs- und Versicherungskosten nach dem Eingang der Waren in das Zollgebiet der Union (E-VSF Z 5101 Abs. 85).

2.4.4.1. Definition Lieferungskosten und Beförderungskosten

464 Nach Art. 71 Abs. 1 lit. e UZK sind dem für die eingeführte Ware tatsächlich gezahlten oder zu zahlenden Preis *Lieferungskosten* dieser Ware bis zum Ort des Verbringens in das Zollgebiet der Union hinzuzurechnen. Zu den Lieferungskosten zählen

- Beförderungskosten (Art. 71 Abs. 1 lit. e Ziffer i) UZK),

- Versicherungskosten (Art. 71 Abs. 1 lit. e Ziffer i) UZK) und

- Lade- und Behandlungskosten (Art. 71 Abs. 1 lit. e Ziffer ii) UZK).

465 Eine Hinzurechnung erfolgt nur, wenn sich die Lieferungskosten auf die zu bewertende Ware beziehen und der tatsächlich gezahlte oder zu zahlende Preis die Lieferungskosten nicht bereits enthält. Ob und in welchem Umfang – also bis zu welchem Ort der Rechnungspreis Lieferungskosten enthält – kann anhand der *Lieferbedingung* ersehen werden.

466 Zu den Beförderungskosten zählen alle *Kosten für Haupt- und Nebenleistungen*, die mit der Beförderung der Waren in Richtung Zollgebiet der Union verbunden sind (E-VSF Z 5101 Abs. 68). Hierzu gehören insbesondere:

- Frachten einschließlich besonderer Zuschläge,

- Speditionskosten einschließlich Provisionen für die Vermittlung von Frachtverträgen mit den Frachtführern,

- Mieten für Beförderungsmittel (hierzu gehören auch Container und Paletten),

- mit der Beförderung unmittelbar zusammenhängende Kosten für eine Vor- und Zwischenlagerung,

- Kosten, die bei Beförderungsverzögerungen entstehen (sog. Demurrage-Kosten),

- alle Kosten und Gebühren, die aufgrund der Lieferung vor dem Ort des Verbringens anfallen (z.B. Visa- und Straßenbenutzungsgebühren, Kosten für Begleitschutz, Verzollungskosten im Drittland, Sicherheitsgebühren).

467 Eine umfassende Auflistung von Abkürzungen, die im Zusammenhang mit Nebenkosten im Bereich Luft- und Seefracht verwendet werden, kann dem Merkblatt Frachtnebenkosten (Anlage 5 zur Dienstvorschrift Zollwertrecht VSF Z 5101) entnommen werden.

2. Grundsätzliche Informationen

Abgaben und Gebühren, die mit der summarischen Eingangsanmeldung (Art. 5 Nr. 9 und Art. 127 UZK) im Zusammenhang stehen, fallen nicht unter „Beförderungskosten" und werden daher nicht in den Zollwert einbezogen. **468**

2.4.4.2. Ort des Verbringens in das Zollgebiet der Union

Lieferungskosten für die eingeführten Waren werden grundsätzlich nur bis zum *Ort des Verbringens in das Zollgebiet der Union* in den Zollwert einbezogen. Alle nach der Ankunft der Waren am Ort des Verbringens in der Union anfallenden Lieferungskosten gehören, wenn sie betragsmäßig vom Rechnungspreis unterscheidbar sind, nicht zum Zollwert der eingeführten Waren. Je nach *Beförderungsart* ist der Ort des Verbringens unterschiedlich definiert (Art. 137 UZK-IA): **469**

1. Im Seeverkehr **470**

Werden Waren im Seeverkehr eingeführt, war bis zur Anwendung des UZK grundsätzlich der Entladehafen im Zollgebiet der Union der Ort des Verbringens. An die Stelle des Entladehafens trat ein im Zollgebiet der Union gelegener Umladehafen, wenn die Umladung von der Zollstelle des Umladehafens bescheinigt wurde und die Waren anschließend innerhalb des Zollgebiets zum Entladehafen weiterbefördert wurden. Dies hat sich mit dem UZK geändert. Nach Art. 137 Abs. 1 lit. a UZK-IA gilt für im Seeverkehr beförderte Waren nun der *Hafen* als Ort des Verbringens, *in dem die Waren zuerst im Zollgebiet der Union eintreffen*. Dies kann im Vergleich zur alten Regelung durchaus von Vorteil für den Wirtschaftsbeteiligten sein.

Beispiel

Ein deutsches Unternehmen erwirbt eine Ware mit der Lieferbedingung EXW New York. Die Ware soll mit dem Schiff nach Hamburg und von dort mit dem LKW zum Empfänger nach Köln befördert werden. Auf dem Weg nach Hamburg läuft das Schiff den Hafen Southampton an und entlädt dort Ware für einen britischen Empfänger.

Auch für die in Hamburg entladene Fracht gilt nun Southampton als Ort des Verbringens, da dies der Hafen ist, in dem die Waren (auch die für Köln bestimmten) zuerst im Zollgebiet der Union eintreffen. Bis zum 1. Mai 2016 war Hamburg als Entladehafen für die nach Köln zu befördernde Ware Ort des Verbringens.

2. Übergang vom Seeverkehr in den Binnenschiffverkehr **471**

Für Waren, die aus dem Seeverkehr ohne Umladung in den Binnenschiffverkehr übergehen, ist Ort des Verbringens der erste Hafen, in dem ein Entladen stattfinden kann.

3. Im Binnenschiffverkehr **472**

Im Binnenschiffverkehr (z.B. bei Beförderung auf der Donau) ist der Ort des Verbringens der Ort der ersten Eingangszollstelle, d.h. der Ort im Zollgebiet der Union, an dem die erste Zollstelle nach Überschreiten der EU-Grenze liegt.

473 *4. Im Eisenbahnverkehr*

Im Eisenbahnverkehr ist der Ort des Verbringens grundsätzlich ebenfalls der Ort der ersten Eingangszollstelle, d.h. der Ort im Zollgebiet der Union, an dem die erste Eisenbahnzollstelle nach Überschreiten der EU-Grenze liegt. Aus Vereinfachungsgründen kann jedoch auch die auf die Landesgrenze als Tarifschnittpunkt abgestellte Frachtaufteilung aus dem Frachtbrief übernommen werden.

474 *5. Im Straßenverkehr*

Auch im Straßenverkehr ist der Ort des Verbringens der Ort der ersten Eingangszollstelle, d.h. die politische Gemeinde, in der nach Überschreitung der EU-Grenze die erste Zollstelle an der Landstraße oder der Autobahn liegt.

475 *6. Bei anderen Verkehrsarten (z.B. im Flugverkehr)*

Bei allen anderen Verkehrsarten wird der Ort des Verbringens rein geografisch auf den Ort gelegt, wo die Landesgrenze des Zollgebiets der Union überschritten wird. Für den Luftverkehr bedeutet dies, dass an der Stelle in der Luft der Ort des Verbringens erreicht wird, an der in der Senkrechten die Landesgrenze des Zollgebiets überflogen wird. Die Ergebnisse solcher Berechnungen sind in die Luftfrachttabelle eingeflossen, welche im Anhang 23-01 UZK-IA abgedruckt ist (Art. 138 Abs. 2 UZK-IA). Hieraus ergibt sich, welcher Anteil der Luftfrachtkosten mit zum Zollwert gehört und welcher nicht.

476 Werden Waren im Seeverkehr in die zum Zollgebiet der Union gehörigen französischen überseeischen Departements (DOM) befördert und von dort aus direkt in einen anderen Teil des Zollgebiets weiterbefördert oder umgekehrt, ist der Hafen, in dem die Waren zuerst im Zollgebiet der Union eintreffen, der Ort des Verbringens unter der Voraussetzung, dass die Waren dort ab- oder umgeladen werden (Art. 137 Abs. 1 lit. b UZK-IA).

Beispiel

> *Eine mit der Lieferbedingung „FOB Maracaibo/Venezuela, Incoterms 2020" gekaufte Ware wird mit kleineren Schiffen nach Martinique verbracht. Dort wird die Ware auf einen Ozeandampfer umgeladen, der die Ware unmittelbar nach Le Havre/Frankreich befördert. Die Umladung in Martinique ist von der dortigen Zollstelle bescheinigt worden.*
>
> *Martinique gehört zu den DOM. Die Umladung dort kann durch die Bescheinigung der Zollstelle nachgewiesen werden. Damit liegen alle Voraussetzungen vor, den Hafen von Martinique als Ort des Verbringens anzuerkennen. Im Ergebnis gehören somit lediglich die Seefrachtkosten von Maracaibo bis Martinique zum Zollwert der Ware, während die Lieferungskosten von Martinique bis Le Havre zollwertrechtlich wie Lieferungskosten in der Union behandelt werden, die nicht in den Zollwert gehören.*

477 Bei Drittlandswaren, die über das Zollgebiet der Türkei in die Zollunion EU-Türkei eingeführt werden, bestimmt Art. 22 des Beschlusses Nr. 1/2006 des Ausschusses für Zusammenarbeit im Zollwesen EG-Türkei vom 26.9.2006 (ABl. Nr. L 265/18 vom 26.9.2006) zur Festlegung der Durchführungsvorschriften zu dem Beschluss Nr. 1/95 des Assoziationsrates EG-Türkei, dass Beförderungs- und Versicherungskosten, Ladekosten sowie mit der Beförderung zusammenhängende Kosten für die Behandlung von Drittlandswaren, die nach dem Verbringen der Waren in das Zollgebiet der Zollunion EU-Türkei anfallen, nicht in den Zollwert einbezogen werden, sofern sie getrennt von dem für die betreffenden Waren tatsächlich gezahlten oder zu zahlenden Preis ausgewiesen werden. Diese Regelung wirkt bei der Bestimmung des Ortes des Verbringens also korrigierend zu Art. 137 Abs. 1 ZK-IA.

Beispiel

Eine mit der Lieferbedingung „FOB Chittagong/Bangladesh, Incoterms 2020" gekaufte Ware wird mit dem Schiff zunächst nach Mersin in der Türkei geliefert, dort entladen und per LKW zum Empfänger nach Köln transportiert. Der LKW fährt in Bulgarien in das Zollgebiet der Union ein.

Der Ort des Verbringens in das Zollgebiet der Zollunion EU-Türkei ist die türkische Hafenstadt Mersin. Somit sind gem. Art. 71 Abs. 1 lit. e UZK i.V.m. Art. 22 des o.a. Beschlusses Nr. 1/2006 lediglich die Seefrachtkosten von Chittagong bis Mersin dem für die eingeführte Ware tatsächlich gezahlten oder zu zahlenden Preis hinzuzurechnen. Die Entladekosten in Mersin sowie die Transportkosten für die LKW-Beförderung vom Entladehafen Mersin bis zum Bestimmungsort in der EU werden nicht in den Zollwert der Waren einbezogen.

2.4.4.3. Wirkung der Incoterms 2020 auf die Zollwertermittlung

Im Hinblick auf die Incoterms 2020 ist für die zollwertrechtliche Bedeutung auf die Lieferklausel sowie den Lieferort abzustellen. Dies zeigt die nachstehende Tabelle:

478

Lieferklausel	Lieferort	Zollrechtliche Bedeutung
EXW, FCA, FAS, FOB (… benannter Lieferort oder benannter Verschiffungshafen)	Der Lieferort liegt außerhalb des Zollgebiets der Union	Im Rechnungspreis sind nicht alle Beförderungskosten enthalten. Die entstandenen Kosten vom benannten Lieferort bis zum Ort des Verbringens sind dem Rechnungspreis hinzuzurechnen.
CFR, CIF, CIP, DAP, DPU (… benannter Bestimmungsort)	Lieferort/ Entladehafen sind mit dem Ort des Verbringens *identisch*	Im Rechnungspreis sind alle Beförderungskosten enthalten. Der Rechnungspreis ist nicht zu berichtigen.

Lieferklausel	Lieferort	Zollrechtliche Bedeutung
CFR, CIF, CIP, DAP, DPU (… benannter Bestimmungsort)	Lieferort/ Entladehafen sind *nicht* mit dem Ort dess Verbringens identisch	Der benannte Lieferort liegt *außerhalb des Zollgebiets* der Union: Die entstandenen Kosten vom benannten Lieferort bis zum Ort des Verbringens sind dem Rechnungspreis hinzuzurechnen oder der benannte Lieferort liegt *innerhalb des Zollgebiets* der Union: Die im Rechnungspreis enthaltenen anteiligen Beförderungskosten können vom Ort des Verbringens bis zum Lieferort vom Rechnungspreis abgezogen werden.
DDP (… benannter Bestimmungsort im Einfuhrland)	Der Lieferort liegt innerhalb des Zollgebiets der Union	Die im Rechnungspreis enthaltenen anteiligen Beförderungskosten vom Ort des Verbringens bis zum Lieferort können vom Rechnungspreis abgezogen werden.

2.4.4.4. Aufteilung von Beförderungskosten

479 In den Zollwert werden grundsätzlich nur die bis zum Ort des Verbringens entstandenen Frachtkosten einbezogen. Sind im Rechnungspreis für die eingeführten Waren Beförderungskosten bis zum Ort des Verbringens nicht enthalten, müssen diese zur Zollwertermittlung dem Rechnungspreis hinzugerechnet werden (Art. 71 Abs. 1 lit. e Ziff. i UZK).

480 Sind dagegen im Rechnungspreis Lieferungskosten für die Strecke nach dem Ort des Verbringens bis zum Bestimmungsort im Inland enthalten, kann der Anmelder diese bei entsprechendem Nachweis zur Ermittlung des Zollwertes vom Rechnungspreis abziehen (Art. 72 lit. a UZK). Nur wenn die Lieferbedingung genau auf den Ort des Verbringens abstellt (Beispiel: CIF Hamburg-Hafen), ist eine Hinzurechnung von Lieferungskosten zum Rechnungspreis nicht erforderlich bzw. ein Abzug nicht möglich. Daher kann es – je nach vereinbarter Lieferbedingung – notwendig werden, die in Rechnung gestellten Frachtkosten in Beträge, die auf die Beförderungsstrecken außerhalb und innerhalb der Union entfallen, aufzuteilen. Ist eine Aufteilung im Einzelfall nicht möglich, werden grds. auch die Beförderungskosten in den Zollwert einbezogen, die auf die Strecke im Zollgebiet der Union entfallen, es sei denn, es kann ein üblicher Frachttarif vorgelegt werden. Bei der Aufteilung kann zwischen folgenden Fällen unterschieden werden:

2. Grundsätzliche Informationen

1. Stellt die Lieferbedingung genau auf den Ort des Verbringens ab, sind die Lieferungskosten genau bis zum Ort des Verbringens im Kaufpreis enthalten. Eine Hinzurechnung erfolgt nicht. **481**

Beispiel

> Ein Unternehmen mit Sitz in Köln bezieht Waren aus den USA zum Preis von 350.000 € mit der Lieferbedingung „CIF Hamburg-Hafen".
>
> Im Rechnungspreis sind die Beförderungskosten bis zum Ort des Verbringens in das Zollgebiet (Hamburg-Hafen) enthalten. Eine weitere Hinzurechnung von Frachtkosten erfolgt nicht.

2. Stellt die Lieferbedingung auf einen Ort vor oder nach dem Ort des Verbringens ab, ergeben sich aber aus der Frachtrechnung oder mehreren Frachtrechnungen genau die bis zum oder ab dem Ort des Verbringens in Ansatz gebrachten Frachtbeträge (z.B. bei unterschiedlicher Beförderungsart), kann der zollwertrelevante Anteil der Frachtkosten berechnet werden. Gleiches gilt, wenn für einen Streckenanteil ein üblicher Frachttarif vorgelegt wird. **482**

Beispiel

> Ein Unternehmen mit Sitz in Köln bezieht Waren aus den USA zum Preis von 90.000 US$ mit der Lieferbedingung „EXW Verkäufer USA". Aus der Frachtrechnung ergeben sich die LKW- und Seefrachtkosten von New York bis Hamburg-Hafen in Höhe von 2.200 €.
>
> Im Rechnungspreis sind keine Seefrachtkosten bis zum Ort des Verbringens in das Zollgebiet Union (Hamburg-Hafen) enthalten. Diese sind dem – mit amtlichen Umrechnungskurs (einsehbar auf www.zoll.de) in € umgerechneten – Rechnungspreis gemäß Art. 71 Abs. 1 lit. e Ziff. i UZK hinzuzurechnen.

3. Werden Waren bei gleicher Beförderungsart (z.B. Lkw oder Flugzeug) über den Ort des Verbringens hinaus befördert und gibt es eine Rechnung über die Gesamtfrachtkosten, können die Beförderungskosten im Verhältnis der außerhalb und innerhalb des Zollgebiets der Union zurückgelegten Beförderungsstrecken aufgeteilt werden (Art. 138 Abs. 1 UZK-IA). **483**

Beispiel

> Eine Sendung wird von Moskau bis Köln befördert. Der Rechnungspreis der Ware beträgt 37.000 €. Die Lieferbedingung lautet „EXW" Moskau. Der Käufer der Sendung hat insgesamt 3.000 € Beförderungskosten zu entrichten. Die Gesamtstrecke von Moskau bis Köln beträgt 2.400 km. Ort des Verbringens in das Zollgebiet der Union ist Brest/Terespol. Die Strecke von Brest bis Köln beträgt 1.300 km.

Der Anteil der Strecke außerhalb der Union beträgt 1.100 km (2.400 km – 1.300 km). Dieser Anteil macht 45,8% der Gesamtstrecke aus. Somit sind dem Rechnungspreis für die Sendung 1.374 € (45,8% von 3.000 €) Kosten für die Beförderung außerhalb der EU hinzuzurechnen.

484 4. Werden Waren auf unterschiedlichen Beförderungsarten in das Zollgebiet der Union verbracht und gibt es für die Beförderung nur einen Gesamtpreis über den Ort des Verbringens hinaus, sind die gesamten Beförderungskosten hinzuzurechnen, es sei denn, es wird ein Nachweis über einen üblichen Frachttarif für eine Beförderungsart vorgelegt (E-VSF Z 5101 Abs. 73).

Beispiel

Eine Ware wird mit dem Schiff von Rio de Janeiro bis New York und von dort mit dem Flugzeug bis Köln/Bonn befördert. Im Frachtbrief wird eine kombinierte See-Luftfracht ausgewiesen. Die vom Abgangs- bis zum Bestimmungsort gezahlte Fracht lautet auf einen fixen Betrag für eine bestimmte Menge.

Grundsätzlich sind die gesamten Beförderungskosten hinzuzurechnen, es sei denn, der Anmelder legt entweder einen üblichen Frachttarif für die Seebeförderung von Rio de Janeiro bis New York oder einen üblichen Frachttarif für die Luftbeförderung von New York bis Köln/Bonn vor. Legt der Anmelder einen üblichen Frachttarif für die Seebeförderung von Rio de Janeiro bis New York vor, bildet dieser Betrag einen Teil der hinzurechnungspflichtigen Beförderungskosten. Der andere Teil – also der außerhalb der Union angefallene Teil der Luftfracht – wird ermittelt, indem die Differenz aus der Gesamtfracht und dem üblichen Frachttarif für die Seebeförderung anhand der Luftfrachttabelle (Art. 138 Abs. 2 UZK-IA i.V.m. Anhang 23-01 UZK-IA) aufgeteilt wird. Legt der Anmelder dagegen einen üblichen Frachttarif für die Luftfracht von New York bis Köln/Bonn vor, wird dieser Betrag anhand der Luftfrachttabelle aufgeteilt. Die Differenz aus Gesamtfracht und üblicher Luftfracht entfällt auf die Seefracht und wird dem hinzurechnungspflichtigen Teil der Luftfracht dann noch hinzugerechnet.

485 5. Werden die Waren unentgeltlich befördert, sind übliche Beförderungskosten für die gleiche Beförderungsart hinzuzurechnen (Art. 138 Abs. 3 UZK-IA).

486 6. Werden die Waren mit einem Beförderungsmittel des Käufers befördert, sind ebenfalls übliche Beförderungskosten für die gleiche Beförderungsart hinzuzurechnen (Art. 138 Abs. 3 UZK-IA).

487 Übliche Beförderungskosten können z.B. bei ortsansässigen Spediteuren erfragt werden. Im Luftverkehr sind entsprechend den Grundsätzen des Art. 138 Abs. 2 UZK-IA nur die Kosten für die Beförderungsart „Luftverkehr", d.h. die für die grenzüberschreitende Luftfracht vom Abflughafen im Drittland bis zum Ankunftsflughafen in der Union entstandenen reinen Luftfrachtkosten aufzuteilen. Sämtli-

che Vorkosten bis zum Abflughafen im Drittland, und zwar sowohl die Vorfrachten („Inland Shipping Charges") als auch andere den Beförderungskosten zuzurechnende Vorkosten (z.B. Abfertigungskosten, Rollgelder und sonstige Gebühren im Drittland) sind grundsätzlich in voller Höhe in den Zollwert einzubeziehen. Dagegen sind die sog. Nachkosten, das sind Kosten für Abfertigung, Weiterlieferung und sonstige Dienstleistungen, die am Ankunftsflughafen im Zollgebiet der Union anfallen, unter der Voraussetzung, dass sie nachgewiesen werden, gänzlich nicht in den Zollwert einzubeziehen. Sind jedoch die einzelnen Kostenfaktoren aus der Gesamtfrachtrechnung oder sonstigen Dokumenten nicht ersichtlich, wird zugelassen, den Endbetrag der Air Way Bill nach der Luftfrachttabelle auszuteilen (E-VSF Z 5101 Abs. 87).

2.4.4.5. Änderung des Beförderungsvertrages

Es kann in der Praxis vorkommen, dass der Verkäufer der Einfuhrware in Lieferverzug gerät und daher bereit ist, die Ware anstatt auf Kosten des Käufers auf eigene Kosten zu liefern oder die höheren Kosten einer schnelleren Beförderungsart (z.B. Luftfracht) ganz oder teilweise zu übernehmen. Dann verständigen sich Verkäufer und Käufer vor der Lieferung der Ware, von der ursprünglich für die Waren vorgesehenen Transportart und/oder Lieferbedingung abzuweichen. **488**

In derartigen Fällen der geänderten Beförderungsart und/oder Lieferbedingung zulasten des Verkäufers kann von einer Vertragsänderung ausgegangen werden (Kommentar Nr. 12 des Ausschusses für den Zollkodex – Fachbereich Zollwert – bei der EU), die – wenn die Absprache vor dem maßgebenden Zeitpunkt (= Zeitpunkt der Annahme der Zollanmeldung) erfolgte – dazu führt, dass die (tatsächlich entstandenen) Beförderungskosten dann im Rechnungspreis enthalten sind. Sind davon auch Beförderungskosten innerhalb der Union betroffen, können diese aus dem Zollwert ausgesondert werden (E-VSF Z 5101 Abs. 88). **489**

Beispiel

Ein deutsches Unternehmen hat in China Haushaltswaren gekauft; die Lieferung soll auf dem Seeweg mit der Lieferbedingung CIF Hamburg erfolgen. Der Gesamtrechnungspreis beträgt umgerechnet 84.000 €. An Transportkosten sind 4.000 € im Rechnungspreis enthalten. Wegen Lieferverzugs liefert der Verkäufer auf dem Luftweg bis nach Köln zu demselben Preis. Er trägt die vollen Luftfrachtkosten von 7.000 €.

In einem solchen Fall ist von einer Vertragsänderung in dem Sinne auszugehen, dass der Verkäufer den Warenpreis um die ihm entstandenen höheren Frachtkosten (Differenz zwischen den Luftfrachtkosten und den niedrigeren Seefrachtkosten; 7.000 € – 4.000 € = 3.000 €) ermäßigt hat. Demzufolge wären in dem Preis auch die Luftfrachtkosten einkalkuliert, sodass ein Abzug der darin enthaltenen Beförderungskosten in der Union in Betracht kommt. Bei entsprechendem Nachweis können nach der Luftfrachttabelle (Anhang 23-01 UZK-IA) 30 % der Luftfrachtkosten (= 2.100 €) abgesetzt werden. Der Zollwert beträgt daher: 84.000 € – 2.100 € = 81.900 €.

490 Gleiches gilt, wenn die Lieferbedingung zulasten des Verkäufers geändert wird.

> ***Beispiel***
>
> *Ein deutsches Unternehmen kauft Haushaltswaren von einem Verkäufer in China mit der Lieferbedingung „EXW Shanghai" zum Preis von 100.000 €. Die Lieferung soll auf Kosten des Käufers per Luftfracht nach Köln erfolgen. Da der Verkäufer die Ware nicht fristgerecht liefern kann, erklärt er sich nach Absprache mit dem Käufer bereit, die Luftfrachtkosten bis Köln-Flughafen zu übernehmen. Der ursprünglich vereinbarte Kaufpreis (100.000 €) bleibt gleich. Der Luftfrachtbrief weist 5.000 € als vom Verkäufer gezahlte (prepaid) Luftfracht aus.*
>
> *Da zollwertrechtlich davon ausgegangen wird, dass der (neue) Rechnungspreis die Luftfrachtkosten enthält, ist vorliegend nicht die Hinzurechnungsvorschrift des Art. 71 Abs. 1 lit. e Ziff. i UZK (die zu einem Zollwert von 105.000 € führen würde) anwendbar, sondern die Abzugsvorschrift des Art. 72 lit. a UZK. Demnach können zur Zollwertermittlung im tatsächlich gezahlten oder zu zahlenden Preis (100.000 €) enthaltene Beförderungskosten für die eingeführten Waren nach deren Eingang in das Zollgebiet der Union herausgerechnet werden. Hierbei ist wieder die Luftfrachttabelle (Art. 138 Abs. 2 UZK-IA i.V.m. Anhang 23-01 UZK-IA, Asien – Zone L –) zu verwenden. Demnach entfallen 70% der Beförderung auf die Strecke außerhalb und 30% auf die Beförderung innerhalb der EU. Der Zollwert beträgt mithin 98.500 € [100.000 € minus 1.500 € (30% von 5.000 €)].*

2.4.5. Berücksichtigung von Versicherungskosten bei der Zollwertermittlung

491 Zu den Versicherungskosten zählen nur solche, die im Zusammenhang mit der Lieferung und Beförderung der zu bewertenden Waren bis zum Eintritt in das Einfuhrland stehen. Dazu zählen auch Kosten für eine Zweitversicherung, die auf die Versicherungsprämien zu entrichtende Versicherungssteuer und die Kosten für die Versicherung des Beförderungsmittels, wenn diese nicht bereits in den Frachtkosten enthalten sind. Die Kosten für eine Transportversicherung werden den tatsächlich gezahlten oder zu zahlenden Preisen *insgesamt hinzugerechnet*, es sei denn, der Anmelder legt umfassende Nachweise über die Höhe der Versicherungskosten bis zum und nach dem Eintritt in das Zollgebiet der Union vor.

2.4.6. Berücksichtigung von Lade- und Behandlungskosten bei der Zollwertermittlung

492 Zu den *Ladekosten* zählen die Kosten der Ver- oder Beladung, der Umladung sowie der Entladung der eingeführten Waren. Zollwertrelevant sind solche Kosten jedoch nur, wenn sie *bis zum Ort des Verbringens* entstanden sind (Art. 71 Abs. 1 lit. e Ziff. ii UZK; E-VSF Z 5101 Abs. 81). Entlade- und Umladekosten am Verbringungsort ge-

hören grundsätzlich nicht zum Zollwert (Art. 72 lit. a UZK und E-VSF Z 5101 Abs. 85).

Zu den zollwertrelevanten *Behandlungskosten* zählen Kosten der Behandlung der Ware (handling charges), die im Zusammenhang mit der Beförderung der Ware *bis zum Ort des Verbringens* entstehen (Art. 71 Abs. 1 lit. e Ziff. ii UZK; E-VSF Z 5101 Abs. 82). Dies sind z.B. **493**

– Kühlkosten bei Fleischtransporten,

– Beeisungskosten für Fischtransporte,

– Fütterungskosten und Tierarztkosten für lebende Tiere,

– Aussortierungs- und Umpackkosten,

– Lüftungskosten.

Teil 3:

Kommentierung der Incoterms 2020

Die Incoterms 2020 haben – der Vorgängerversion Incoterms 2010 folgend – Klauseln für jegliche Transportart

- EXW
- FCA
- CPT, CIP
- DAP, DPU, DDP

und Klauseln, die besonders für den Transport mit einem Seeschiff oder einem Binnenschiff geeignet sind, also

- FAS, FOB
- und CFR, CIF.

494

Im Folgenden wird jeweils so vorgegangen, dass von jeder besprochenen und kommentierten Klausel zuerst die Einführung „erläuternde Kommentare für Nutzer" der Klausel kommentiert wird, bevor in der Folge die jeweiligen Begriffspaare der Incoterms-Regeln mit den „Pflichten des Verkäufers" und den „Pflichten des Käufers" Stufe für Stufe, also von A1/B1 bis hin zu A10/B10, kommentiert werden.

495

1. Klauseln für alle Transportarten

1.1. EXW (Ab Werk – fügen Sie den benannten Lieferort ein)

1.1.1. Vorbemerkung

Die Klausel EXW („Ab Werk" ... benannter Lieferort) bedeutet, dass der Verkäufer seiner Lieferpflicht dadurch nachkommt, dass er die Ware dem Käufer auf dem Gelände des Verkäufers oder an einem anderen benannten Lieferort (also beispielsweise einem Werk, einer Fabrikationsstätte, einem Lager usw.) zur Verfügung stellt, ohne dass er die Ware zur Ausfuhr freigemacht hat und die Ware bereits auf ein abholendes Beförderungsmittel verladen worden ist.

496

Die Klausel ist völlig unabhängig von der Transportart und dem Transportmittel einsetzbar und sogar im multimodalen Transport verwendbar. Die Klausel setzt keinen grenzüberschreitenden Handel voraus, sodass sie auch im Inlandsgeschäft Verwendung findet.

497

Die Vertragsparteien sollten den „Lieferort" so präzise wie möglich festlegen und benennen, da mit dem benannten Lieferort zugleich festgelegt wird, an welcher Stelle der Kosten- und Gefahrübergang vom Verkäufer auf den Käufer stattfindet. Hat der Verkäufer mehrere Fertigungsstätten oder Auslieferungslager, sollte die Festlegung des Lieferortes so genau wie möglich erfolgen.

498

Die Klausel EXW stellt eine Minimalverpflichtung für den Verkäufer dar, da der Verkäufer sich lediglich um die vereinbarte Zurverfügungstellung der Ware kümmern

499

muss. Er hat noch bestimmte Nebenpflichten (wie etwa die Pflicht zur Anzeige der Bereitstellung (A10) und zur transportgerechten Verpackung (A8) sowie zur Informationsverschaffung nach (A4), die der Käufer für die Organisation des Transports benötigt. Dazu weiter unten.

1.1.2. Richtige Anwendung

500 Die Klausel EXW ist mit Bedacht zu nutzen. Die einführenden „erläuternden Kommentare für Nutzer" des ICC-Textes, die jeder der elf Incoterms-Klauseln vorangestellt werden, sehen für EXW unter *Erläuterungen, Ziffer 1* vor, dass der Verkäufer zwar keine direkte Verpflichtung dahingehend hat, die Ware zu verladen. In der Praxis dürfte es aber deutlich einfacher sein, wenn der Verkäufer die Verladung auch mit übernimmt. Hier ist nun zu unterscheiden:

- Wird bei vereinbarter Klausel EXW die Ware aufgrund von praktischen Erwägungen auch noch vom Verkäufer verladen, weil es lediglich viel einfacher für den Ablauf der Abwicklung ist, dann geschieht dies grundsätzlich auf Kosten und Gefahr des Käufers.
- Soll vermieden werden, dass Verladekosten und -risiken den Käufer treffen und soll stattdessen der Verkäufer für den Verladevorgang haften und auch die Kosten tragen, dann ist die Vereinbarung der Klausel FCA (anstelle von EXW) angebracht.

501 Eine besondere Problematik kann der Bereich der Exportformalitäten sein. Zwar muss der Verkäufer den Käufer dahingehend unterstützen, dass dieser die gekaufte Ware auch ausführen kann; diese Unterstützung geht bei der Klausel EXW aber nicht so weit, dass der Verkäufer verpflichtet wird, die notwendigen Ausfuhrgenehmigungen zu beschaffen. Ist es bei der Art der Ware oder aufgrund besonderer gesetzlicher Bestimmungen im Exportland nur den Exporteuren gestattet, eine Ausfuhrgenehmigung zu beantragen, ist die Klausel EXW (aus Sicht des Käufers wegen B7) nicht geeignet, da in diesen Fällen diese Lizenz nur vom Verkäufer beschafft werden kann.

502 Wenn der Käufer beabsichtigt, die Waren zu exportieren, und er Probleme bei der Erlangung der Ausfuhrabfertigung erwartet, wäre der Käufer besser beraten, anstelle von EXW die FCA-Klausel zu wählen, gemäß der die Verpflichtung und Kosten für die Erlangung der Ausfuhrabfertigung vom Verkäufer übernommen werden (vgl. *Erläuterungen, Ziffer 6*).

503 Schließlich gibt die Klausel EXW (in der Incoterms-Regel B10) dem Käufer nur eine beschränkte Verpflichtung zur Benachrichtigung oder Informationsverschaffung gegenüber dem Verkäufer. Umgekehrt beschränkt sich die Beteiligung des Verkäufers an der Ausfuhrabfertigung gegebenenfalls darauf, Unterstützung bei der Beschaffung von Dokumenten und Informationen zu leisten, die der Käufer möglicherweise für den Export der Waren benötigt.

1.1.3. Die Verpflichtungen im Einzelnen

Vgl. zu grundlegend gebrauchten Begriffen der Incoterms-Regeln (wie z.B. Lieferung/Lieferort [A/B2], Gefahrtragung [A/B3], Versicherung [A/B5], Transportdokument [A/B 6], Benachrichtigung [A/B10] usw.) die grundsätzlichen **Vorbemerkungen und Erläuterungen in Teil 2, 2.1.**).

504

A1 Allgemeine Verpflichtungen des Verkäufers
B1 Allgemeine Verpflichtungen des Käufers

Die Überschriften der Verpflichtungen der Vertragsparteien nach A1 (Verkäuferpflichten) und B1 (Käuferpflichten) sind in den Incoterms-Regeln aller 11 Incoterms-Klauseln wörtlich identisch.

505

Zunächst enthalten beide Verpflichtungen (A1 wie auch B1) eine Selbstverständlichkeit, die sich auch schon aus dem einem Geschäft zugrunde liegenden Kaufvertrag eindeutig ergibt: So hat der Verkäufer die vereinbarte Leistung (= Lieferung der Ware) und der Käufer dafür die Gegenleistung (= Zahlung des Kaufpreises) zu erbringen. Die Klausel EXW stellt dies in A1 und B1 entsprechend klar:

506

– Der Verkäufer muss die Ware und die Warenrechnung in vertragsgemäßer Weise liefern und darf sich hinsichtlich der Dokumentation und abhängig von der jeweiligen Parteivereinbarung oder der Handelsüblichkeit auch eines elektronischen Kommunikationsweges bedienen.

– Der Käufer hat den Kaufpreis entsprechend der Vertragsvereinbarung zu zahlen; hier kommt es dann auf die *Zahlungsbedingung des Kaufvertrages* an, die regelt, auf welche Weise die Zahlung zu erbringen ist (einfache Zahlung, dokumentärer Zahlungsverkehr).

Übereinstimmung

507

Die Verpflichtung des Verkäufers unter A1 spricht in der Klausel EXW wie auch in allen anderen Incoterms-Regeln von einer „Übereinstimmung mit dem Kaufvertrag" („…goods …in conformity with the contract of sale…"). Das könnte missverstanden werden, wenn man es unter dem rechtlichen Aspekt der Schlecht-, Falsch- oder Nichtlieferung, mithin also als Leistungsstörung sieht und eine Abweichung der Lieferqualität oder Liefermenge dann als „Nichtlieferung" deuten würde.

Ob ein Abweichen der Qualität oder Quantität als Mangel zu bewerten ist, richtet sich vielmehr grundsätzlich nach der Rechtsordnung, deren Rechtsregeln für den Kaufvertrag zwischen Verkäufer und Käufer anzuwenden sind, sodass ein etwaiger Streit zwischen den Vertragsparteien nach dem für den Kaufvertrag anzuwendenden (nationalen) Kaufrecht (oder nach dem CISG) zu entscheiden ist. Für EXW – wie auch für die anderen Incoterms 2020 – spielt der Gedanke der „Übereinstimmung" der Ware nur eine Rolle für die Beantwortung der Frage, ob (und wann) der Kosten- und Gefahrübergang vom Verkäufer auf den Käufer stattgefunden hat.

508

509 Daher kann es für die Incoterms 2020 keine Rolle spielen, ob die Ware eventuell einen Fehler oder Mangel aufweist, solange nur überhaupt geliefert wurde (und dass, wenn geliefert wurde, nicht eine völlig andere Lieferung erfolgt ist).

510 **Rechnung**

Es ist an sich eine Selbstverständlichkeit, dass ein Verkäufer, sobald er die Lieferung erbringt, auch eine Handelsrechnung stellt. Dass die Incoterms-Regeln (in A1) diesen Aspekt überhaupt gesondert hervorheben, erklärt sich daraus, dass der Käufer die Handelsrechnung sehr frühzeitig (jedenfalls nicht lange Zeit nach der Lieferung) benötigt, um unter anderem die notwendigen Formalitäten der Importabwicklung erledigen zu können.

511 **Elektronische Kommunikation**

Beide Verpflichtungen (A1 und B1) sehen in *allen* Incoterms-Regeln vor, dass *jedes vom Verkäufer bereitzustellende Dokument* (bei B1 analog gleichlautend für Dokumente des Käufers) auch durch elektronische Form ersetzt werden darf, wenn dies zwischen den Vertragsparteien entsprechend vereinbart wurde oder dieser Übermittlungsweg inzwischen allgemeiner Handelsbrauch geworden ist (vgl. oben, Teil 2, 1.2.4.).

512 Dies wird solange unproblematisch sein, wie ein Dokument ohne Weiteres auch in elektronischer Form verwendet werden kann, wie dies beispielsweise bei der Handelsrechnung, einer Packliste oder ähnlichen „einfachen" Transportdokumenten der Fall ist, die etwas über die Lieferung oder den Zustand der Ware aussagen. Schwierig wird es nur dann, wenn bestimmte Export-, Import- oder Zollvorschriften die Vorlage oder Übergabe körperlicher Dokumente verlangen, damit Formalitäten erledigt werden können. In diesen Fällen müssen die Vertragsparteien sehr genau bedenken, ob elektronische Dokumente für die jeweilige Transport-, Export-, Import- und Zollabwicklung ausreichend sind oder ob es trotz an sich zulässiger Digitalisierung dann doch eines Papierdokuments bedarf.

513 Dies gilt umso mehr, wenn beispielsweise Wechsel oder Konnossemente im Grundsatz als ein „Schriftstück" gelten, das im Original unterschrieben und durch Indossament weitergegeben wird und mit der Übergabe eine Traditionswirkung entfaltet. So ist nach § 516 Abs. 1 HGB das Konnossement vom Verfrachter zu unterzeichnen; eine Nachbildung der eigenhändigen Unterschrift durch Druck oder Stempel genügt. Nach der Neuregelung des Seehandelsrechts im HGB ist aber der Papierform des Konnossements eine *elektronische Aufzeichnung gleichgestellt*, die dieselben Funktionen erfüllt wie das Konnossement, sofern sichergestellt ist, dass die Authentizität und die Integrität der Aufzeichnung gewahrt bleiben (elektronisches Konnossement), § 516 Abs. 2 HGB.

514 A1 und B1 sind daher so zu verstehen, dass die elektronische Kommunikation zur *Erbringung des vertraglich vereinbarten Konformitätsnachweis*es möglich ist.

A2 Lieferung
B2 Übernahme

Die Pflichten der beiden Vertragsparteien sind weitgehend vergleichbar mit der Vorgängerversion der Regeln der Incoterms 2010 (dort in: A4/B4) geblieben. **515**

So ist der Verkäufer nach A2 verpflichtet, die Ware in der Weise zu liefern, dass er sie dem Käufer an einem vereinbarten Punkt zur Verfügung stellt; der Käufer muss sie abnehmen bzw. abholen. Zu den Begriffen „zur Verfügung stellen", „Lieferung" und „Abnahme" sind bereits weiterführende Ausführungen gemacht worden (vgl. oben, Teil 2, 2.1.7.). **516**

Auch der „Lieferort" („place of delivery") ist Bestandteil der Klausel in A2 (vgl. oben, Teil 2, 2.1.6). **517**

Zum Lieferzeitpunkt/Lieferzeitraum und der Heranziehung von Art. 33 CISG wurden ebenfalls bereits Erläuterungen gegeben (vgl. oben, Teil 2, 2.1.7). **518**

Für den Käufer gibt es – ergänzend zur Vorgängerregelung der Incoterms 2010 – die Pflicht zur Warenübernahme, wenn diese nach A2 geliefert wurde *und eine entsprechende Benachrichtigung des Verkäufers an den Käufer* ging. **519**

A3 Gefahrübergang
B3 Gefahrübergang

Der Gefahrübergang in A3 und B3 entspricht der Version der Incoterms 2010, A5 und B5. **520**

Lieferung/Lieferstelle **521**

Nach *EXW, Erläuternde Kommentare für Nutzer Ziffer 3* müssen die Parteien „... lediglich den Ort der Lieferung benennen. Die Parteien sind jedoch gut beraten, auch die konkrete Stelle am benannten Lieferort so genau wie möglich zu bezeichnen. Eine genau benannte Lieferstelle ermöglicht es beiden Parteien, deutlich zu erkennen, wann bzw. wo die Ware geliefert wird und der *Gefahrenübergang* auf den Käufer erfolgt; eine solche präzise Angabe markiert auch den Punkt, ab dem die Kosten zulasten des Käufers gehen. Falls die Parteien eine genaue Lieferstelle nicht benennen, wird davon ausgegangen, dass man es dem Verkäufer überlässt, die Stelle auszuwählen, „die für diesen Zweck am besten geeignet ist". In diesem Fall trägt jedoch der Käufer die Gefahr, dass die vom Verkäufer ggf. gewählte Lieferstelle möglicherweise in der Nähe einer Stelle liegt, an der die betreffende Ware verloren geht oder beschädigt wird. Am besten für den Käufer ist es daher, an einem Lieferort die genaue Stelle auszuwählen, an der die Lieferung stattfinden soll."

Untätigkeit des Käufers verhindert nicht, dass der Gefahrübergang stattfinden kann. Grundsätzlich (im Falle von B10) muss der Käufer Lieferort und Lieferzeit bestimmen; unterlässt er dies, verhindert seine Untätigkeit den Gefahrübergang nicht. B3 stellt hierzu klar, dass die Gefahr der abgesonderten (bei Gattungsschulden auch konkret bezeichneten) und zur Verfügung gestellten Ware bei Untätig- **522** keit des Käufers zum vereinbarten Zeitpunkt oder nach Ablauf einer Frist beziehungsweise am üblichen Ort auf ihn übergeht.

523 Oft besteht in der Außenhandelspraxis die Annahme, mit „ex works" sei man als Lieferant die Sorgen los, sobald der Gefahrübergang auf den Käufer (ab Werk) erfolgt sei. Dies ist jedoch so nicht richtig.

524 **Gattungsschulden**

Zum Zeitpunkt des Gefahrübergangs sind bereits Anmerkungen erfolgt (vgl. oben, Teil 1, 1.2.). Es muss klar sein, dass ein Gefahrübergang nur dann erfolgen kann, wenn die konkrete Warenlieferung bereits feststeht, beziehungsweise wenn, wie bei Gattungssachen, die Ware konkret bestimmbar ist. EXW B3 spricht hier von *„vertraglicher Ware"*.

525 **Vertragsgemäßheit der Ware bei Gefahrübergang**

Für die Frage des Gefahrübergangs bei *„vertraglicher Ware"* ist zusätzlich Art. 36 CISG heranzuziehen, der sich mit dem maßgeblichen Zeitpunkt der Vertragsgemäßheit der Ware befasst. Nach Art. 36 Abs. 1 CISG haftet nämlich der Verkäufer für eine Vertragswidrigkeit, die im Zeitpunkt des Gefahrübergangs auf den Käufer besteht, auch wenn diese Vertragswidrigkeit erst nach diesem Zeitpunkt offenbar wird.

526 Das bedeutet, dass der Verkäufer auch für versteckte Mängel haftet, und zwar unabhängig davon, ob der Gefahrübergang bereits erfolgte oder nicht. Der Verkäufer ist auch verantwortlich, wenn aufgrund mangelhafter Verpackung der Ware auf dem Transportweg Schäden entstehen, da die Vertragswidrigkeit im Sinne des Art. 35 CISG – im Hinblick auf die mangelhafte Verpackung – bereits im Zeitpunkt des Gefahrübergangs vorliegt, auch wenn die Auswirkungen auf die Ware erst später eintreten. Der Verkäufer hat also für eine Vertragswidrigkeit auch dann einzustehen, wenn er diese durch eine Pflichtverletzung verursacht hat. Die Pflichtverletzung kann vor dem Zeitpunkt des Gefahrübergangs liegen, wie beispielsweise dann, wenn eine unzuverlässige Transportperson ausgewählt, ein falscher Versendungsweg gewählt wird oder eine fehlerhafte Gebrauchsanweisung besteht.

527 Auch nach Gefahrübergang begangene Pflichtverletzungen können eine Einstandspflicht des Verkäufers begründen, wie sich aus Art. 36 Abs. 2 CISG ergibt. Hier kann man beispielsweise an die Fälle denken, in denen der Verkäufer die Ware nach Gefahrübergang bei Rücknahme der Container beschädigt usw. Eine Pflichtverletzung des Verkäufers kann daher in einem Tun oder Unterlassen bestehen; ein Verschulden ist nicht erforderlich. Wenn ein Entlastungsgrund nach Art. 79 CISG vorliegt, bleibt die Pflichtverletzung nach Art. 36 Abs. 2 CISG unberücksichtigt.

528 **Garantie**

Ebenfalls in der Pflicht bleibt der Verkäufer – trotz Gefahrübergangs –, wenn eine Garantie (z.B. Haltbarkeitsgarantie für eine bestimmte Dauer, für eine bestimmte Anzahl von Betriebsstunden usw.) verletzt wurde, nach der die Ware für eine bestimmte Zeit für den üblichen Zweck oder für einen bestimmten Zweck geeignet bleiben sollte oder besondere Eigenschaften oder Merkmale behalten sollte. Zeigt sich nach Gefahrübergang, dass die Ware einer vom Verkäufer oder Hersteller gegebenen Haltbarkeitszusage nicht entspricht, liegt ein Fehler der Ware vor, sodass der Verkäufer nach Art. 35 in Verbindung mit Art. 36 Abs. 1 CISG dafür verantwortlich ist.

A4 Transport
B4 Transport

Neu geordnet in den Incoterms 2020 ist der „Transport", A4/B4. **529**

Während die Regelung zur *Verpflichtung, einen Beförderungsvertrag abzuschließen*, in A4 der älteren wie auch der neuen Incoterms identisch ist, und weder der Verkäufer gegenüber dem Käufer noch der Käufer gegenüber dem Verkäufer die Verpflichtung hat, sich um den Abschluss des Transportvertrages zu kümmern, verbleibt der Text der Neufassung von EXW Incoterms 2020 in A4/B4 ausschließlich beim Beförderungsvertrag/Transport (während die Incoterms 2010-Version dann noch Regelungen zur Versicherung und deren Abschluss enthielt – diese ältere Regelung findet sich nun im neuen Text unter EXW A5/B5). **530**

Verantwortlich für den Transport ist bei EXW allein der Käufer. Mit der Lieferung des Verkäufers an den benannten Lieferort und die Übernahme der Ware durch den Käufer am benannten Lieferort ist der Kaufvertrag zwischen Verkäufer und Käufer (Lieferpflicht/Übernahmepflicht) erfüllt. **531**

Übernimmt es der Verkäufer jedoch, sich auch um den Transport zu kümmern – obwohl er nach EXW „nicht verantwortlich" ist – und einen Beförderungsvertrag abzuschließen, kann sich dies gegebenenfalls auf die weitere Behandlung der EXW-Klausel nachteilig auswirken. Es könnte im ungünstigen Fall zu einer Streitigkeit zwischen Verkäufer und Käufer im Hinblick auf den Gefahrübergang und die Kostenteilung kommen, wenn der Verkäufer sich ohne Pflicht hierzu um den Transport kümmert (auch wenn dies mit stillschweigender Zustimmung des Käufers geschieht). **532**

Nach der neuen Version von EXW A4 muss „… der Verkäufer dem Käufer auf dessen Verlangen, Gefahr und Kosten jeweils im Besitz des Verkäufers befindliche Informationen zur Verfügung stellen, einschließlich transportbezogener Sicherheitsanforderungen, die der Käufer für die Organisation des Transports benötigt". **533**

A5 Versicherung
B5 Versicherung

Der neue Text der Incoterms 2020, EXW A5/B5 enthält Incoterms-Regeln zur „Versicherung". Der neue Text ist beinahe identisch mit der Textfassung der älteren Incoterms 2010, EXW A4/B4, jeweils im 2. Textabschnitt). **534**

Die Incoterms-Regel zu EXW A5 weist deutlich ausformuliert darauf hin, dass der Verkäufer jedenfalls für den benötigten Versicherungsvertrag nichts zu unternehmen braucht. Einen Abschluss muss der Verkäufer nicht tätigen; will aber der Käufer einen Versicherungsvertrag abschließen (wonach er wegen B5 wiederum nicht verpflichtet ist), dann muss der Verkäufer den Käufer in diesem Bemühen unter- **535** stützen und ihm unter Weitergabe etwaiger Kosten und Risiken hieraus all diejenigen Informationen zur Verfügung stellen, die der Käufer dann zur Erlangung des Versicherungsschutzes benötigt. Dies gilt vor allem für den Zeitraum des Transports der Ware vom Lieferort zu dem vom Käufer beabsichtigten Bestimmungsort, wenn der Käufer bis zur Übernahme der Ware nicht über alle zum Abschluss des Versicherungsvertrages nötigen Informationen über die Ware verfügt. Hier ist der Verkäufer – ebenso wie gegebenenfalls beteiligte Dritte – gefragt, die Informationen bereitstellen sollen. Die Informationsherausgabe setzt ein **Verlangen des Käufers** voraus, welches erfüllt wird, wenn dem Käufer die Information zugeht. Die Gefahr bezüglich der Informationen (Übermittlung/Richtigkeit des Inhalts usw.) trägt nach EXW A5 jedenfalls der Käufer.

536 Der Käufer wird im Übrigen, auch wenn EXW B5 ihn dazu nicht verpflichtet, allein schon aus Gründen seiner Abnahmeverpflichtung „ab Werk" dafür sorgen, dass er die Ware möglichst auch versichern kann.

A6 Liefer-/Transportdokument
B6 Liefernachweis

537 Für die Regeln A6/B6 entsprechen die Überschriften und Inhalte der Incoterms-Regeln der Vorgängerversion der Incoterms 2010. A6 sagt nur, dass der Verkäufer für das Liefer-/Transportdokument keinerlei Verantwortung hat. Der Regelungsgegenstand von Art. 34 CISG, der sich mit der „Übergabe von sich auf die Ware beziehenden Dokumenten" befasst, präzisiert die Verpflichtung nicht weiter. Geregelt wird in Art. 34 Satz 1 CISG nur: „Hat der Verkäufer *Dokumente* zu übergeben, die sich auf die Ware beziehen, so hat er sie zu dem Zeitpunkt, an dem Ort und in der Form zu übergeben, *die im Vertrag vorgesehen* sind."

538 Daher helfen EXW A6/B6 und Art. 34 CISG gemeinsam dabei festzustellen, dass

– der Verkäufer unter EXW *keine Liefer-/Transportdokumente* an den Käufer übergeben muss,

– wohl aber eine Pflicht zur Übergabe anderer Dokumente wie z.B. Lieferantenerklärungen haben kann, wenn sich eine derartige Verpflichtung über Art. 34 CISG ergibt.

B6 nennt den „Liefernachweis" und erlegt dem Käufer damit die Verpflichtung auf, gegenüber dem Verkäufer einen geeigneten Nachweis über die Abnahme der Ware zu erbringen (vgl. oben, Teil 2, 2.1.6.3.). Mit dem *Liefernachweis* wird zugleich nachprüfbar, dass die Lieferung des Verkäufers erledigt ist.

A7 Ausfuhr-/Einfuhrabfertigung
B7 Ausfuhr-/Einfuhrabfertigung

539 Dieser Teil der Incoterms 2020 enthält umfangreichere Änderungen; er ist nur in wenigen Teilen deckungsgleich mit der alten Regelung in EXW Incoterms 2010, A2/B2.

540 Die „Erläuternden Kommentare für Nutzer" schreiben dazu unter EXW, Ziffer 6: „Da die Lieferung erfolgt, indem die Waren dem Käufer auf dem Gelände des Verkäufers oder an einer anderen benannten Stelle – üblicherweise im Land des Verkäufers oder innerhalb derselben Zollunion –zur Verfügung gestellt werden, hat *der Verkäufer keine Verpflichtung, die Ausfuhrabfertigung oder eine Transitgenehmigung in Drittländern zu organisieren, die die Waren bei ihrer Durchfuhr passieren.* EXW kann für Inlandsgeschäfte geeignet sein, bei denen nicht beabsichtigt ist, die betreffenden Waren zu exportieren. Die Beteiligung des Verkäufers an der Ausfuhrabfertigung beschränkt sich *gegebenenfalls* darauf, *Unterstützung bei der Beschaffung von Dokumenten und Informationen zu leisten*, die der Käufer möglicherweise für den Export der Waren benötigt. Wenn der Käufer beabsichtigt, die Waren zu exportieren, und er Probleme bei der Erlangung der Ausfuhrabfertigung erwartet, wäre der Käufer besser beraten, die FCA-Klausel zu wählen, gemäß der die Verpflichtung und Kosten für die Erlangung der Ausfuhrabfertigung vom Verkäufer übernommen werden".

Auf Verlangen des Käufers muss der Verkäufer – auf Kosten und Risiko des Käufers – dazu beitragen, dass der Käufer Ausfuhrbewilligungen und andere behördliche Genehmigungen für die Ausfuhr erhalten kann. Dazu stellt B7 noch deutlicher klar, dass es in der Risikosphäre des Käufers steht – und er auch die Kosten dafür trägt –, dass behördliche Genehmigungen einschließlich etwaiger Zollformalitäten für den Export bereitliegen. Die Pflichten des Verkäufers bestehen in der Unterstützung des Käufers, also in der notwendigen Hilfestellung zur Beschaffung von Dokumenten, die im Exportland oder Ursprungsland ausgestellt oder beschafft werden müssen. 541

Kostentragung 542

Entstehen für diese Hilfestellung Kosten, muss der Käufer dafür aufkommen (A7). Dies gilt selbst dann, wenn formal der Verkäufer im Verkaufsland Abgabenschuldner ist, also etwa bei Ausfuhrabgaben. Aufgrund der Regelung in B7 wird klargestellt, dass der Verkäufer einen Erstattungsanspruch gegen den Käufer hat, soweit er durch Ausfuhrabgaben direkt belastet wird.

Sicherheitsfreigabe 543

Die Incoterms-Regeln enthalten in A7 eine Verpflichtung, die der Verkäufer auf Verlangen des Käufers (und auf dessen Kosten und Risiko) zu erfüllen hat: Danach muss der Verkäufer dem Käufer notwendige **Unterlagen** zur Verfügung stellen, die **für die Sicherheitsüberprüfung und Kontrollen der Ware** erforderlich sind. Gemeint sind damit

– zum einen die Kontrollen und Überprüfungen, die die verkaufte Ware durchlaufen muss, *bevor sie zur Ausfuhr oder zur Einfuhr freigegeben* wird. Hintergrund dieser Anforderungen sind die Terroranschläge vom 11.9.2001, in deren Folge die Sicherheitsvorschriften deutlich verschärft wurden.

– Daneben gibt es aber noch weitere *Sicherheitsüberprüfungen*, die zwar nicht direkt als Pflichten aus A7/B7 folgen, gleichwohl aber die Abwicklung des Warengeschäfts beeinflussen und damit Auswirkungen auf den kaufmännischen Erfolg des Geschäfts haben können. Gemeint sind die – insbesondere in den

USA, aber auch anderswo – deutlich angewachsenen Prüfungsanforderungen, die Waren zu durchlaufen haben, bevor sie zum Eintritt ins Empfangsland (z.B. USA) überhaupt zugelassen werden.

544 Dieser Sicherheitsüberprüfung („security clearance") liegen folgende Entwicklungen und Überlegungen zugrunde:

Zum einen gibt es seit einigen Jahren „Sicherheitsinitiativen" von Zollbehörden außerhalb der USA, wobei vor allem die Containersicherheitsinitiative der USA, daneben aber auch das „Free and Secure Trade Program Kanadas" und ein Kooperationsprogramm zwischen Zoll und Industriebranchen Australiens („Frontline") u.a. eine Rolle spielen. Die zunehmende Globalisierung und die veränderte internationale Sicherheitslage haben die Weltzollorganisation (WZO) veranlasst, mit einem „Framework of Standard to Secure and Facilitate Global Trade" (SAFE) weltweite Rahmenbedingungen für ein modernes effektives Risikomanagement in den Zollverwaltungen zu schaffen.

545 *Sicherheitskonzept der EU/AEO*

Aus Sicherheitserwägungen hat auch die EU das *Sicherheitskonzept* in Sachen Zoll mit der Entwicklung und Durchführung von Maßnahmen zur Erhöhung der Sicherheit durch verbesserte Zollkontrollen gestartet. Auf EU-Initiativen zur Verbesserung und Erleichterung von Sicherheitskontrollen, etwa mit dem Modell des „Bekannten Versenders" zur Vereinfachung der Luftfrachtsicherheit, soll an dieser Stelle nur hingewiesen werden.

546 In diesem Zusammenhang wurde auch das seit dem 1.1.2008 bestehende Konzept des „Zugelassenen Wirtschaftsbeteiligten" (AEO) geschaffen, welches sich nun in Art. 38 Abs. 2 und 3 UZK und damit im Basisrechtsakt der Gemeinschaft (und nicht mehr bloß in einer Durchführungsregelung) befindet. Die Einführung des Zugelassenen Wirtschaftsbeteiligten (AEO – Authorised Economic Operator) stellte von Anfang an ein wesentliches Element des EU-Sicherheitskonzepts dar.

547 Seit 1.1.2008 können Unternehmen, die in der Europäischen Union ansässig und am Zollgeschehen beteiligt sind, den Status des Zugelassenen Wirtschaftsbeteiligten (AEO) beantragen. Ziel ist die Absicherung der durchgängigen internationalen Lieferkette („supply chain") vom Hersteller einer Ware bis zum Endverbraucher. Hierzu ist auch eine weltweite Anerkennung des AEO-Status notwendig. Bisher wurden Abkommen mit der Schweiz, Norwegen, Japan, den USA und China unterzeichnet. Weitere Verhandlungen mit Drittländern (z.B. Kanada) laufen derzeit. Der Status des Zugelassenen Wirtschaftsbeteiligten ist in allen EU-Mitgliedstaaten gültig und zeitlich nicht befristet. Der Status kann in drei Varianten erteilt werden. Die Europäische Kommission veröffentlicht ein Verzeichnis AEO-bewilligter Unternehmen, das laufend aktualisiert wird. Das Verzeichnis beinhaltet lediglich die AEO-bewilligten Unternehmen, die einer Veröffentlichung der Angaben in der AEO-Bewilligung ausdrücklich zugestimmt haben.

1. Klauseln für alle Transportarten

CSI **548**

Vor allem das Sicherheitskonzept der USA wirkt sich auf deutsche Häfen und die Hafenabwicklung aus. Angesichts der Bedrohung durch mögliche Terroranschläge haben die Zollbehörden der USA eine „Container Security Initiative" (CSI) zur Verbesserung der Sicherheit von internationalen Lieferketten ins Leben gerufen. Die Webseite US-Customs and Border Protextion beschreibt (Stand Anfang 2019), dass sich derzeit 58 Häfen weltweit am Programm der Containerüberprüfung beteiligen (in Deutschland: Bremerhaven und Hamburg), die insgesamt etwa 80 % der in die USA eingeführten Waren (in Containern) abwickeln. Bei CSI muss vor Verschiffung von Waren in die USA ein Teil der für die USA bestimmten Container nach Risikokriterien zu Kontrollzwecken untersucht werden; dazu wurde von den USA eine Verordnung über Frachtmanifests-Vorabinformationen veröffentlicht, die eine sogenannte „24 hours rule" enthält. Reedereien und ausstellende Spediteure sind verpflichtet, die Manifestdaten spätestens 24 Stunden vor Beladung des Seeschiffes im Abgangshafen dem US-Zoll zu melden. Bei Luftfracht müssen die Angaben direkt nach dem Flugzeugstart verfügbar sein. Die zeitliche Vororganisation aller beteiligten Partner muss demzufolge rechtzeitig erfolgen, was in vielen Fällen nur mit erheblichem Aufwand und zusätzlichen Kosten realisiert werden kann.

Passend hierzu wurde am 12.6.2018 für die Luftfracht das Air Cargo Advance Screening (ACAS) Programm ins Leben gerufen. **549**

Die Deutsche Zollverwaltung nimmt seit 1.8.2002 an der Kooperation im Rahmen der CSI teil, was durch eine Anwesenheit von US-Zollbeamten in den deutschen Häfen Hamburg und Bremerhaven praktiziert wird. **550**

C-TPAT **551**

Am 4.5.2012 haben die Europäische Union (EU) und die USA durch Beschluss des Gemischten Ausschusses EU-USA für die Zusammenarbeit im Zollbereich (JCCC) die gegenseitige Anerkennung der Sicherheitsprogramme C-TPAT (Customs Trade Partnership Against Terrorism) der USA und Zugelassener Wirtschaftsbeteiligter (AEO) der EU unterzeichnet (Beschluss vom 4.5.2012 für die Zusammenarbeit im Zollbereich über die gegenseitige Anerkennung des Programms „Customs-Trade Partnership Against Terrorism" der Vereinigten Staaten und des Programms für zugelassene Wirtschaftsbeteiligte in der Europäischen Union, ABl. L 144/44 vom 5.6.2012). C-TPAT ist das im November 2001 in den USA gegründete Sicherheitskonzept, das die gesamte Lieferkette umspannt und heute (Stand 2019) etwa 11.500 registrierte Unternehmen in der Sicherheitskette umfasst.

All diese unterschiedlichen Verfahrenswege, Vorschriften, Initiativen und die durch den Unions-Zollkodex erreichten Neuerungen im Sinne der Sicherheitsüberprüfung führen zu zusätzlichen Anforderungen bei der Ausfuhr- und Einfuhrfreimachung. Zwar ist der Verkäufer nach EXW A7 nicht für Ausfuhrfreimachung und Sicherheitsfreigaben verantwortlich, doch muss er den Käufer auf dessen Verlangen und Kosten bei der Beschaffung von Dokumenten und mit Informationen unterstützen. Auch wenn der Verkäufer den Käufer bei der Ausfuhrabfertigung un- **552** terstützen soll, bleibt die Ausfuhrabfertigung selber Angelegenheit des Käufers (EXW B7).

553 **Die Aufgaben/Verpflichtungen nach A7/B7**

A7/B7 erlegen den Vertragsparteien des Kaufvertrages die Verantwortung dafür auf, sich um behördliche Formalitäten und Genehmigungen, Sicherheitsfreigaben und eine Warenkontrolle vor Verladung zu kümmern, die – vorausgesetzt, es liegen überhaupt Ausfuhr und Einfuhr vor (daher die Formulierung in A7/B7: „gegebenenfalls…") – für diese notwendig sind.

554 Die Erledigung von Ausfuhr- und Einfuhrabfertigung ist daher Bestandteil der Verpflichtung zur Lieferung (A2) und der Übernahme der Ware (B2). Anders gesagt: Jegliche behördliche Genehmigung oder sonstige Formalitäten, die nicht der Erfüllung des Kaufvertrages und damit der Erfüllung der Verpflichtungen aus A2 und B2 dienen, unterfallen auch nicht der Verpflichtung nach A7/B7.

555 Da die Genehmigungsanforderungen und sonstigen behördlichen Voraussetzungen vom jeweiligen Ausfuhr-, Transit- oder Einfuhrland abhängig sind, wie A7/B7 ebenfalls formulieren, kann die konkrete Verpflichtung der Parteien (und die jeweilige Kostentragung für die Ausfuhr-/Einfuhrabfertigung) nach A7 und B7 sich nur anhand des konkret zu beurteilenden Sachverhalts im Einzelfall feststellen lassen.

556 A7 und B7 nennen des Weiteren die konkrete Durchführung oder Beschaffungspflicht (falls erforderlich) von Warenkontrollen und Sicherheitsfreigaben sowie die Befolgung von Sicherheitsanforderungen.

557 *Pre-shipment inspection*

Die Regelung zur vor Ausfuhr durchzuführenden Warenkontrolle (pre-shipment inspection) ist Bestandteil der Pflichten nach A7 und B7. Diese behördlich angeordneten Warenkontrollen vor der Verladung, die durch Dritte vorgenommen werden und sicherstellen sollen, dass die Ware in jeder Hinsicht (Qualität/Quantität) der Einfuhr-/Ausfuhrgenehmigung oder sonstigen Vorgaben des Warengeschäfts (z.B. den Bedingungen von Normen, Zertifizierungen, für eine Devisenfreigabe usw.) entspricht, sind immer von der Vertragspartei zu veranlassen und zu bezahlen, die durch die gewählte Incoterms-Klausel in A7 oder B7 dazu aufgefordert wird.

558 Die Verantwortung für die Warenkontrolle und vor allem auch die Kostentragung trifft nach der Systematik in A7/B7 stets die Partei, die auch für die Erledigung der Ausfuhr- oder Einfuhrformalitäten verantwortlich ist. Haben die Parteien sich für EXW entschieden, trägt der Käufer die Verantwortung und Kosten; umgekehrt ist es bei Verabredung einer D-Klausel. Wird eine der anderen Incoterms-Klauseln verabredet, kommt es für die Kostentragung bei der pre-shipment inspection darauf an, ob diese Warenkontrolle vom Ausfuhrland für die Erlangung der Ausfuhrgenehmigung nötig ist oder ob sie ein Erfordernis des Importlandes ist, damit die Einfuhrgenehmigung erteilt werden kann.

559 Diese Warenkontrollen sind „Behördenkontrollen" und haben nichts zu tun mit einer „Qualitätskontrolle", die die Vertragsparteien in ihrem Kaufvertrag vereinbaren, um sicherzugehen, dass eine einwandfreie Ware verladen wird. Sie haben auch nichts zu tun mit den „Sicherheitsanforderungen" nach A4 oder der Untersuchungspflicht des Käufers, wie sie sich aus Art. 38 CISG ergibt.

- Zum Begriff der „Sicherheitsfreigabe" (für die Ausfuhr A7 a, für die Einfuhr A7 b) vgl. oben. **560**
- Zum Begriff der „Sicherheitsanforderungen" (B7) vgl. Teil 3, 1.2.3. zu FCA A4.

A8 Prüfung/Verpackung/Kennzeichnung
B8 Prüfung/Verpackung/Kennzeichnung

In diesem Abschnitt gibt es in der Klausel EXW keine wesentlichen inhaltlichen Änderungen, aber einige kleinere redaktionelle Korrekturen gegenüber der Vorgängerversion. Zur Erfüllung der Lieferverpflichtung nach A2 muss der Verkäufer die Ware zur Verfügung stellen; bei Gattungswaren kommt auf den Verkäufer die Aufgabe zu, diese auszuwählen und auf Liefereignung hin zu bestimmen. Etwaige Kosten, die bei der Prüfung von Gattungswaren anfallen, bevor sie zur Lieferung bereitgestellt werden können, gehören in die Sphäre des Verkäufers, sind also von ihm zu tragen. Zu den vom Verkäufer zu tragenden Kosten gehören mithin Aufgaben, die der Vorbereitung der Zurverfügungstellung dienen, also Kosten für eine vorbereitende Qualitätskontrolle, Wiegen, Messen, Zählen usw. **561**

Entstehen aber (durch den Käufer veranlasste und verursachte) Kosten einer Warenprüfung, die einer *Warenkontrolle vor Verschiffung* gleichen, dann müssen derartige Kosten vom Käufer getragen werden. Gleiches gilt für Kosten, die durch behördliche Kontrollen aufgrund von Vorschriften des Ausfuhrlandes entstehen, da bei EXW der Käufer für die die Ausfuhr betreffenden Kosten verantwortlich ist. Diese Aspekte, die noch in der Vorgängerversion der Incoterms 2010, B9 angesprochen wurden, sind im neuen Text EXW B8 nicht mehr enthalten, da sie den eigentlichen Zweck der Thematik in A8/B8 – nämlich die *Leistungsbeschreibung* der Verkäuferpflicht – überschreiten. **562**

Besonders erwähnt wird in A8 der Bereich der Verpackungskosten. Je nach Transportmittel können Verpackungen und deren Kosten, die der Verkäufer zu tragen hat, sehr unterschiedlich ausfallen, sodass der Verkäufer dies bei Kaufvertragsabschluss in seine Preiskalkulation mit einbeziehen muss. Ist im Moment des Vertragsschlusses noch nicht klar erkennbar, ob spezielle Verpackungsarten benötigt und damit höhere Kosten verursacht werden, kann EXW im Hinblick auf den Kaufpreis durch eine individuelle Vereinbarung dahingehend erweitert werden, dass Verpackungskosten gesondert berechnet werden, also zum fest vereinbarten Preis hinzugerechnet werden. Formuliert werden könnte dies beispielsweise durch Verwendung der Klausel wie folgt: „Geliefert wird EXW (Incoterms 2020), zuzüglich Verpackungskosten." **563**

A9 Kostenverteilung
B9 Kostenverteilung

Die „allocation of costs" beschreibt, welcher Vertragspartei welche Kosten zugeordnet werden. Ansonsten erhält die Neufassung von A9/B9 der Klausel EXW nur **564** sprachliche Verbesserungen oder, im Fall von B9, Umstellungen und redaktionelle Anpassungen der einzelnen Unterabschnitte der Käuferpflichten.

565 Grundsätzlich ist die Zuordnung der Kosten bei EXW identisch mit dem Zeitpunkt des Gefahrübergangs. Sämtliche Kosten der Ware (wie etwa öffentliche Abgaben, Versicherungen, Steuern, Lagerkosten usw.) werden mit der Zurverfügungstellung „ab Werk" dem Käufer zugeordnet; er hat sie zu tragen. Es geht auch zulasten des Käufers, wenn Kosten durch eine Nichtabnahme oder eine unterlassene Bestimmung von Leistungsort oder Leistungszeit entstehen.

566 Die Klausel EXW weist in Buchstabe b) darauf hin, dass dem Verkäufer alle Kosten und Gebühren zu erstatten sind, die dem Verkäufer durch die Unterstützung bei der Beschaffung der erforderlichen Dokumente und Informationen gemäß A4, A5 oder A7 entstanden sind.

A10 Benachrichtigungen
B10 Benachrichtigungen

567 Nach A10 ist der Verkäufer verpflichtet, den Käufer zu benachrichtigen, wenn die Ware zur Abholung bereitsteht (vgl. oben, Teil 2, 2.2.3.1. und 2.2.3.2.). A10 fordert, dass der Verkäufer in *jeglicher Weise* informieren muss, die dem Käufer die notwendige Inempfangnahme der Ware ermöglicht. Eine konkrete Aussage können die Incoterms-Regeln an dieser Stelle naturgemäß nicht treffen, da es schließlich im internationalen Geschäft branchen- und produktabhängig ist, nach welcher Art und Weise Benachrichtigungen erfolgen sollen oder müssen. Auch sind die Wege der Kommunikation (schriftlich, elektronisch usw.) zu berücksichtigen.

568 A10 ist daher so zu verstehen, dass der Verkäufer jedenfalls die am besten geeignete und schnellste Methode der Kommunikation nutzen sollte, um den Vertragspartner möglichst schnell in die Lage zu versetzen, die bereitgestellte Ware abzuholen. Dies beinhaltet zugleich die Verantwortung des Verkäufers für etwaige Verzögerungen der Benachrichtigung, soweit sie seiner Sphäre zuzurechnen sind.

1.2. FCA (Frei Frachtführer – Fügen Sie den benannten Lieferort ein)

1.2.1. Vorbemerkung

569 Die Incoterms-Regeln legen bei der Klausel FCA einige Grundsätze für ihre Anwendung in dem einleitenden Text „Erläuternde Kommentare für Nutzer" fest. Danach kann die Klausel

– für jede Transportform gewählt werden und

– eignet sich daher auch für den Einsatz verschiedener Transportmittel innerhalb eines Warentransports (multimodaler Transport).

„Frei Frachtführer" („free carrier") bedeutet in dieser aktuellen Fassung, dass der Verkäufer die Waren in einer von zwei Verfahrensweisen an den Käufer liefert.

Wenn der benannte **Ort auf dem Gelände des Verkäufers** liegt, gelten die Waren als geliefert, sobald sie auf das vom Käufer organisierte Beförderungsmittel verladen wurden. 570

Wenn der benannte Ort hingegen **an einem anderen Ort** liegt, gelten die Waren als geliefert, 571
- wenn sie nach der Verladung auf das Beförderungsfahrzeug des Verkäufers
- den benannten anderen Ort erreichen und
- auf diesem Beförderungsmittel des Verkäufers entladebereit sind sowie
- dem Frachtführer oder einer anderen vom Käufer benannten Person zur Verfügung stehen.

Frachtführer im Sinne dieser Klausel ist, wer sich durch einen Beförderungsvertrag verpflichtet, die Beförderung auf der Schiene, Straße, in der Luft, zur See oder auf einem Binnenschiff, eventuell sogar in einer Kombination mehrerer Transportarten (multimodal) durchzuführen oder durchführen zu lassen. 572

Schließlich verlangt die Klausel FCA vom Verkäufer, dass er die Ware für den Export vorbereitet, soweit dies möglich ist; er hat aber keinerlei Verpflichtung hinsichtlich des *Imports* oder der *Import*formalitäten bzw. Zollvorschriften. 573

1.2.2. Richtige Anwendung

Die Klausel FCA entspricht im Wesentlichen der Klausel *FOB*, die *für den Seetransport* von Stück- und Massengütern mit konventionellen Schiffen, also nicht in Kombination mit anderen Transportarten, wie zum Beispiel im Containertransport, einschlägig bleibt. 574

Im Gegensatz zu FOB (*Lieferung an Bord eines* vom Seefrachtführer eingesetzten *Schiffes*) tritt bei FCA die Lieferung der Ware an den Frachtführer irgendeiner beliebigen Transportart an dem von den Parteien beliebig gewählten Ort. Werden Container erst auf der Straße und dann auf See befördert, erfolgt die Lieferung bereits an der Übergabestelle an Land. 575

Hinsichtlich des Transports hat der Käufer die Verantwortung auf seiner Seite: Er hat die Transportdisposition, muss den Frachtführer beauftragen und muss, sollte er den Frachtauftrag durch den Verkäufer vornehmen lassen, die entstehenden Kosten tragen. In beiden Fällen gehen mit der Übergabe an den Frachtführer Gefahr und Kosten auf den Käufer über. 576

Lieferort 577

Um Missverständnisse zu vermeiden, empfiehlt es sich bei Verwendung der Klausel FCA, neben der Benennung des Lieferortes auch die Transportart(en) festzulegen. Am besten gelingt dies, wenn dem „benannten Lieferort" eine präzise Ortsangabe hinzugefügt wird, aus der sich die gewünschte Transportart bereits ergibt. Verwendet man die Klausel durch Hinzufügung eines Wortes wie „Flughafen..." oder „Seehafen...", dann stellt FCA Flughafen Frankfurt bereits klar, dass ein Transport per Flugzeug, bei FCA Seehafen Hamburg, dass ein Transport per Seeschiff gewünscht ist. Ähnliches lässt sich auch für den Bahnverkehr („FCA Güterbahnhof XY…, Gleis…") erreichen; für den Containerverkehr hilft die Benennung des Containerterminals (CT) weiter: „FCA (Incoterms 2020) CT 4, Bremerhaven".

578 Zum Lieferort gibt es zusätzlich in den Incoterms 2020 einen umfangreichen „Erläuternden Kommentar für Nutzer" (*Klausel FCA, Erläuterung Ziffer 3*) wie folgt: „Ein Verkauf gemäß FCA kann abgeschlossen werden, indem lediglich der Lieferort benannt wird, der auf dem Gelände des Verkäufers oder an einem anderen Ort liegen kann, ohne dass die genaue Stelle für die Lieferung an diesem benannten Lieferort festgelegt wird. Die Parteien sind jedoch gut beraten, auch die konkrete Stelle am benannten Lieferort so genau wie möglich zu bezeichnen. Eine genau benannte Lieferstelle ermöglicht es beiden Parteien, deutlich zu erkennen, wann bzw. wo die Ware geliefert wird und der Gefahrenübergang auf den Käufer erfolgt; eine solche präzise Angabe markiert auch den Punkt, ab dem die Kosten zulasten des Käufers gehen. Wird auf eine genaue Bezeichnung dieser konkreten Stelle verzichtet, kann dies für den Käufer zu Problemen führen. Der Verkäufer hat in diesem Fall das Recht, die Stelle auszuwählen, „die für den Zweck am besten geeignet ist": Diese Stelle wird zur Lieferstelle, ab der der Gefahren- und Kostenübergang auf den Käufer erfolgt. Falls die genaue Lieferstelle im Vertrag nicht benannt wird, gilt die Annahme, dass die Parteien es dem Verkäufer überlassen, die Stelle auszuwählen, „die für diesen Zweck am besten geeignet ist". In diesem Fall trägt jedoch der Käufer die Gefahr, dass die vom Verkäufer ggf. gewählte Lieferstelle möglicherweise in der Nähe einer Stelle liegt, an der die betreffende Ware verloren geht oder beschädigt wird. Am besten für den Käufer ist es daher, an einem Lieferort die genaue Stelle auszuwählen, an der die Lieferung stattfinden soll."

579 Transportart

Alternativ kann die Transportart auch durch ausdrückliche Nennung und Bezugnahme festgelegt werden: „FCA (Incoterms 2020) LKW Werk… (oder Lager…)" sagen dann aus, dass der Verkäufer die Ware dem Straßenfrachtführer am benannten Ort zu übergeben hat.

580 Wird mit der Klausel FCA eine Transportart festgelegt, wird damit auch zugleich die Markierungs-, Verpackungs- und Prüfanforderung im Sinne von FCA A8 sowie die transportartbedingte Übergabemodalität nach FCA A2 beeinflusst.

581 Es kann aber auch sein, dass mit der Klausel FCA keine Transportart bestimmt wird. Dann darf der Käufer die Beförderungsart nachträglich auswählen, insbesondere durch Angabe des Frachtführers im Rahmen seiner Benachrichtigungspflicht nach FCA B10. In der Praxis wird B10 auch als „FCA-Instruktion" bezeichnet: Lässt nämlich die Vereinbarung von FCA (benannter Lieferort) offen, welche Transportart gewählt wird, können alle in Frage kommenden Beförderungsarten in Betracht kommen, so lange nicht klar ist, dass der Frachtführer ein See-, Luft-, Straßen-, Eisenbahn- oder sonstiges Frachtunternehmen ist. Erst durch die FCA-Instruktion des Käufers wird dann Näheres bestimmt; erst dann wird dem Verkäufer bekannt, in welcher Weise er die Ware am Lieferort zu übergeben hat.

Frachtvertrag/Frachtführer/Spediteur

582 Schwierigkeiten bereiten kann bei der Klausel FCA die Abgrenzung zwischen Frachtführer und Spediteur. FCA A2 verlangt jedenfalls *"einen Frachtführer oder eine andere vom Käufer benannte Person"*. Die Unterscheidung ist beispielsweise wichtig, wenn der Käufer dem Verkäufer einen Spediteur als Transportbesorger benennt; nach FCA A2 erfüllt der Verkäufer seine Verpflichtung zur Lieferung bereits mit der Übergabe der Ware an den Spediteur, der dann „another person" im Sinne von FCA A2 ist, und nicht erst in dem Moment, in dem der Spediteur das Transportgut dem von ihm beauftragten Frachtführer übergibt.

583 Grundlage des Warentransports ist der Frachtvertrag, der den Frachtführer verpflichtet, das Frachtgut zum Bestimmungsort zu befördern und dort an den Empfänger auszuliefern. Da in der Praxis der Frachtführer meist vom Absender der Fracht beauftragt wird, wird es im Regelfall auch so sein, dass der Frachtführer den Absender auffordert, die vereinbarte Fracht (also das Entgelt für die Beförderung) zu bezahlen. Der Empfänger des Transportguts ist nicht Vertragspartei, sondern er ist als „Dritter" anzusehen, zu dessen Gunsten der Vertrag zwischen Absender und Frachtführer abgeschlossen wird. Die entstandenen Kosten kann der Absender wegen FCA B4 vom Käufer zurückverlangen.

584 – Der Frachtvertrag bedarf keiner besonderen Form, sondern bedarf zu seiner Wirksamkeit lediglich zweier übereinstimmender Willenserklärungen zwischen Absender und Frachtführer – ein Frachtbrief dient dann nur als Beweisurkunde.

– Der Frachtführer kann gegenüber dem Absender einen Anspruch auf Ausstellung des Frachtbriefes geltend machen, muss es aber nicht. Die Angaben in einem Frachtbrief sind allesamt freiwillig.

– Der Frachtbrief versteht sich damit vor allem als Nachweis über das Verabredete, der einen Vereinbarungsstand und die Übernahme des Transportgutes dokumentieren soll und gleichzeitig die Weisungen an den Frachtführer enthält, wie er mit dem Frachtgut verfahren soll.

585 Wenn der Absender sein von ihm selber sowie vom Frachtführer unterzeichnetes Exemplar des Frachtbriefes an den Empfänger, dem Käufer der Ware, weitergibt, überträgt er damit zugleich sein Verfügungsrecht über das Frachtgut auf den Empfänger.

Praxistipp

> *Abgrenzung zwischen Frachtführer und Spediteur:*
> – *Ein Frachtführer und der Verfrachter von Seeschiffen sind beide zum Gütertransport verpflichtet,*
> – *während der Spediteur lediglich die Verpflichtung übernimmt, die Versendung des Gutes für Rechnung des Versenders zu besorgen.*
>
> *Damit trifft den Spediteur keine Beförderungspflicht, sondern nur die Pflicht, die Beförderung zu organisieren.*

586 Abgrenzungsschwierigkeiten und Auswirkungen vor allem auf die Haftungsproblematik gibt es immer dann, wenn ein Unternehmen sowohl Fracht- als auch Speditionsverträge abschließt.

587 Da der Spediteur auch zum Selbsteintritt befugt ist (also bei Ausnutzung der vom Gesetz vorgesehenen Befugnis selber die Beförderung übernimmt), hat er hinsichtlich der Beförderung die Rechte und Pflichten eines Frachtführers oder Verfrachters. Damit ist es erforderlich, im Einzelfall zu prüfen, ob ein Fracht- oder ein Speditionsvertrag vorliegt. Hierzu gibt es verschiedene Einordnungshilfen, die nachfolgend genannt werden.

588 – Zunächst ist die Verabredung der Vertragsparteien heranzuziehen. Wenn als Hauptleistung ein Transport, eine Transportzeit sowie weitere Einzelheiten des Transports bis hin zur Übernahme einer Obhutspflicht am Transportgut vereinbart wird, kann vom Abschluss eines Frachtvertrages ausgegangen werden. Dagegen sprechen die Vereinbarung einer Sammelversendung oder die Erteilung eines „Speditionsauftrages" für den Abschluss eines Speditionsvertrages.

– Auch die von den Vertragsparteien verwendeten Dokumente können eine Hilfestellung für die Unterscheidung ermöglichen. Wird ein Frachtbrief verwendet und wird der mit der Beförderung Beauftragte als Frachtführer bezeichnet, ist die Lage klar. Gleiches gilt, wenn ein Konnossement zu den Dokumenten gehört. Dagegen spricht für einen Speditionsvertrag, wenn Speditionsformulare, Speditionsübernahmebescheinigungen, Speditionsfrachtbriefe oder Speditionsversicherungspolicen usw. verwendet werden.

– Schließlich können sich Anhaltspunkte aus der tatsächlichen Abwicklung des Geschäfts ergeben, sodass bei einer Einzelfallbetrachtung sowie Auslegung der Willenserklärung der Charakter des Vertrages ermittelt werden kann.

589 Um die Voraussetzungen der Anwendbarkeit der Klausel FCA zu erfüllen, muss die Transportperson also „Frachtführer" sein. Soll ein „Spediteur" diese Funktion erfüllen, muss er als „another person" dem vertraglichen Frachtführer gleichgestellt werden können. Der Spediteur muss dann aufgrund des Frachtvertrages mit seinem Auftraggeber, durch den er die Verantwortung für den Transport des Gutes zum Bestimmungsort übernimmt, als vertraglicher Frachtführer tätig werden. Im Luft- und Seetransport, wie auch im multimodalen Transport, ist die Beförderungsverpflichtung des Spediteurs durch den Abschluss des Frachtvertrages sowie die Ausstellung eigener Luftfracht- oder Seefrachtbriefe (Konnossemente, FIATA Bill of Lading) erkennbar.

590 In der angloamerikanischen Welt, die kein eigenständiges Speditionsrecht kennt, wird ein „freightforwarder" entweder als Vertreter („agent") im Namen des Versenders tätig oder er übernimmt als Geschäftsherr („principal") selber die Verantwortung für den Transportauftrag.

591 **FCA-Verkäufe und Konnossemente mit An-Bord-Vermerk**

Hierzu hat die Klausel FCA einen umfangreichen „Erläuternden Kommentar für Nutzer" (FCA Ziffer 6) neu aufgenommen: … „Damit auch solche Fälle abgedeckt sind, in denen ein FCA-Verkäufer ein Konnossement mit einem An-Bord-Vermerk benötigt, ist laut FCA-Klausel der Incoterms® 2020 erstmals folgendes optionales Verfahren gestattet. Bei entsprechender Vereinbarung der Parteien im Kaufvertrag hat der Käufer seinen *Frachtführer anzuweisen, dem Verkäufer ein Konnossement mit An-Bord-Vermerk auszustellen.*

- Der Frachtführer kann selbstverständlich die Forderung des Käufers erfüllen oder ablehnen, da der Frachtführer nur dann verpflichtet und berechtigt ist, ein derartiges Konnossement auszustellen, wenn sich die Ware an Bord eines Frachtschiffs ... befindet.   592
- Wenn der Frachtführer dem Verkäufer das Konnossement auf Kosten und Gefahr des Käufers ausstellt, muss der Verkäufer jedoch dieses Dokument an den Käufer übermitteln, der das Konnossement zum Erhalt der Ware vom Frachtführer benötigt.
- Dieses optionale Verfahren wird jedoch überflüssig, wenn sich beide Parteien darauf geeinigt haben, dass der Verkäufer dem Käufer ein Konnossement vorlegt, in dem lediglich festgestellt wird, dass die Ware zur Verladung entgegengenommen wurde, jedoch nicht, dass die Verladung an Bord erfolgt ist."

1.2.3. Die Verpflichtungen im Einzelnen

Vgl. zu grundlegend gebrauchten Begriffen der Incoterms-Regeln (wie z.B. Lieferung/Lieferort [A/B2], Gefahrtragung [A/B3], Versicherung [A/B5], Transportdokument [A/B 6], Benachrichtigung [A/B10] usw.) die grundsätzlichen Vorbemerkungen und Erläuterungen in Teil 2, 2.1.)   593

A1 Allgemeine Verpflichtungen
B1 Allgemeine Verpflichtungen

Die Incoterms-Regeln, also die Verpflichtungen der Vertragsparteien nach A1 (Verkäuferpflichten) und B1 (Käuferpflichten) sind in allen 11 Incoterms-Klauseln wörtlich identisch! Daher kann zu diesen Punkten auf die Hinweise zu EXW verwiesen werden (vgl. oben, Teil 3, 1.1.3.).   594

A2 Lieferung
B2 Übernahme

Die Bestimmungen der Pflichten nach A2 sind gegenüber der Vorgängerversion der Incoterms etwas umfangreicher, die Pflichten nach B2 dagegen unverändert geblieben.   595

Zunächst ist in FCA A2 der erste Absatz, der in der Vorversion von 2010 nur eine Lieferung an einem benannten Ort zu einer vereinbarten Zeit vorsah, in zwei neu formulierte Absätze aufgeteilt worden.   596

Die neue Incoterms-Regel in FCA A2 erlegt im ersten Absatz dem Verkäufer die Pflicht auf, die Ware in der Weise zu liefern, dass er sie dem Käufer an einem vereinbarten Punkt zur Verfügung stellt. Der Käufer wiederum muss sie abnehmen bzw. abholen (FCA B2).   597

598
- Zu den Begriffen „zur Verfügung stellen", „Lieferung" und „Abnahme" sind bereits weiterführende Ausführungen gemacht worden (vgl. oben, Teil 2, 2.1.7. und 2.1.11.).
- Auch der „Lieferort" („place of delivery") ist Bestandteil der Klausel in FCA A2, 1. Absatz (vgl. oben, Teil 2, 2.1.6.).
- Neu gefasst in FCA A2 (im zweiten Absatz) ist die Formulierung zur Lieferzeit. Der Verkäufer muss die Ware (1.) am vereinbarten Tag oder (2.) zu dem innerhalb der vereinbarten Lieferfrist liegenden Termin, der vom Käufer gemäß FCA B10 (b) mitgeteilt wurde, oder, (3.) wenn ein derartiger Termin nicht mitgeteilt wurde, zum Ende der vereinbarten Frist liefern. Hierzu gibt es vertiefende Erläuterungen oben, Teil 2, 2.1.7.3.

599 FCA A2 enthält in den folgenden Absätzen Lieferalternativen, indem er mit der Be- und Entladung zusammenhängende Übergabeschritte als maßgebliche Lieferungsmerkmale für die Abholung beim Verkäufer und für die Anlieferung beim Frachtführer festlegt. Dieser Teil der Incoterms-Klausel ist mit der Vorgängerversion aus 2010 identisch. Danach unterscheidet FCA A2 Absatz 3, mit den Buchstaben (a) und (b) wie folgt:

600
- Liegt der benannte Ort auf dem Gelände des Verkäufers („seller's premises"), also an einem Ort des Verkäufers, der dessen Werk, Lager, Betriebsstätte, aber auch dessen Auslieferungslager bei einem Dritten usw. sein kann, ist die „delivery" abgeschlossen, wenn die Ware auf das vom Käufer bereitgestellte Beförderungsmittel verladen worden war.
- Liegt der benannte Ort nicht beim Verkäufer, ist die Lieferung dagegen abgeschlossen, wenn die Ware einer vom Käufer benannten (oder vom Verkäufer nach FCA A3 Buchstabe a benannten) Person auf dem Beförderungsmittel des Verkäufers bereit zur Entladung zur Verfügung gestellt wird.

601 Die beiden Absätze unterscheiden also danach, wer die Verladung vornimmt: Verlädt der Verkäufer, ist die „delivery" erst mit Abschluss der Verladung erfüllt; verlädt dagegen der Frachtführer, ist die „delivery" mit der Bereitstellung zur Verladung erfüllt.

602 Die in FCA A2 bezeichneten „Beförderungsmittel" verstehen sich im fahrzeugtechnischen Sinne, können daher zwar durchaus neben üblichen Fahrzeugen auch Sattelauflieger und Wechselbrücken, nicht aber bloße Container, die reine Transportbehälter sind, umfassen. Wenn ein Sattelauflieger als Beförderungsmittel ausreicht, kann die dort erfolgte Verladung bereits die „Lieferung" erfüllen, auch wenn der Frachtführer den Sattelauflieger noch gar nicht in seinen Besitz genommen hat.

603 Schließlich darf der Verkäufer jene Stelle auswählen, die für den betreffenden Zweck am besten geeignet ist, wenn der Käufer am benannten Lieferort keine bestimmte Stelle gemäß FCA B10 (d) mitgeteilt hat und mehrere Stellen in Betracht kommen.

A3 Gefahrenübergang
B3 Gefahrenübergang

Mit der erfolgten Lieferung im Sinne des FCA A2 (und mit Ausnahme der in FCA B2 genannten Sonderumstände) findet zeitgleich auch der Gefahrübergang für Verlust und Schäden am Transportgut auf den Käufer statt. **604**

Der Käufer muss daher die Ware bezahlen (Preisgefahr), wenn sie nach Lieferung (FCA A2) beschädigt wird, verloren geht oder sonst wie abhandenkommt (Transportgefahr; hierzu auch Art. 66 CISG). FCA A8 belässt einen Teil des Risikos (Verpackung usw.) beim Verkäufer, sodass dieser für die Schadensfolgen einer Sorgfaltspflichtverletzung bei unsachgemäßer und nicht transportgerechter Verpackung selber einzutreten hat. Auch letzterer Grundsatz folgt Art. 66 CISG: Danach wird der Käufer von der Wirkung des Gefahrübergangs befreit, wenn der Untergang oder die Beschädigung der Ware auf eine Handlung oder *Unterlassung des Verkäufers* zurückzuführen sind. **605**

FCA B3 regelt, dass der Gefahrübergang mit dem Zeitpunkt der Lieferung (im Sinne von FCA A2) auf den Käufer erfolgt. Die Gefahr geht *vor* der Lieferung bereits mit Ablauf des vorgesehenen Lieferzeitpunkts oder der vereinbarten Lieferfrist auf den Käufer über, wenn er es versäumt, den Verkäufer mit den Informationen nach A10 zu versehen, oder wenn der benannte Frachtführer die Ware nicht übernommen hat. Handelt es sich beim Transportgut um eine Gattungsware, muss die für den Käufer bestimmte Ware klar als Vertragsware spezifiziert und damit ausgesondert gewesen sein. **606**

A4 Transport
B4 Transport

Die Klausel FCA erlegt dem Käufer in B4 die Pflicht auf, sich um den Transportvertrag zu kümmern. Er hat daher den Transportvertrag ab Lieferort auf seine Kosten zu schließen oder den Warentransport zu organisieren. Dies ist in der Praxis nicht immer sinnvoll, wenn die branchenüblichen Gepflogenheiten, die ständige Übung zwischen den Vertragsparteien oder schlicht die Zweckmäßigkeit es sinnvoll machen, den Beförderungsvertrag durch den Verkäufer abschließen zu lassen. **607**

Der Käufer kann den Verkäufer direkt um Abschluss des Transportauftrages bitten. **608**

Denkbar ist aber auch – wenn es in der Handelspraxis üblich ist und der Käufer nicht rechtzeitig eine gegenteilige Anweisung erteilt –, dass in diesen Fällen der Verkäufer den Beförderungsvertrag zu den üblichen Bedingungen und auf Gefahr und Kosten des Käufers abschließen darf. Zu beachten ist, dass ein den Frachtauftrag erteilender Verkäufer damit Vertragspartei des Frachtvertrages und dem Frachtführer gegenüber zahlungspflichtig wird; er kann die entstandenen Kosten aber dem Käufer weiterbelasten. Hierin liegt durchaus ein gewisses Risiko, da der Verkäufer nicht sicher wissen kann, ob der Käufer ihm die entstandenen Transportkosten auch tatsächlich ersetzen wird; daher darf er die Beauftragung des Trans- **609** ports (unverzüglich) ablehnen, wenn er den Transportvertrag nicht abschließen will.

610 In der früheren FCA-Version wurde noch ausdrücklich vermerkt, dass der Verkäufer grundsätzlich das Recht hatte, es abzulehnen, den Beförderungsvertrag abzuschließen; er musste den Käufer dann unverzüglich davon unterrichten, dass er den Abschluss des Beförderungsvertrages ablehnte. Diese Formulierung ist in der Neufassung von FCA A4 nicht mehr zu finden; sinngemäß ergibt sie sich jedoch weiterhin aus dem ersten Satz in FCA A4: „Der Verkäufer hat gegenüber dem Käufer *keine* Verpflichtung…".

611 **Transportbezogene Sicherheitsanforderungen**

Neu aufgenommen in FCA A4 sind *transportbezogene Sicherheitsanforderungen*, die der Verkäufer bis zur Lieferung erfüllen muss. Wie die „Einführung, Ziffer 76, deutlich macht, spielten sicherheitsbezogene Anforderungen früher eine relativ untergeordnete Rolle. Zum Inkrafttreten der Incoterms 2010 waren in zunehmendem Maße Sicherheitsbedenken aufgekommen. „Das Bewusstsein für diese Probleme und die daraufhin geschaffenen Versandpraktiken haben sich mittlerweile weitgehend durchgesetzt. Da die Sicherheitsthematik mit den Transportanforderungen verbunden ist, wurde eine ausdrückliche Zuordnung sicherheitsbezogener Pflichten in die Artikel A4 und A7 jeder Incoterms Klausel mit aufgenommen. Die durch diese Anforderungen verursachten Kosten werden jetzt auch deutlicher in dem kostenbezogenen Artikel A9/B9 herausgestellt" (Einführung Ziffer 76).

612 Der Verkäufer hat also auf die Einhaltung von (branchenüblichen) Sicherheitsvorkehrungen zu achten. Hierbei muss der Wert der zu transportierenden Güter mitberücksichtigt werden. Je kostbarer oder diebstahlsgeeigneter die Güter sind, desto mehr Maßnahmen zur Sicherung des Transports sollen ergriffen werden.

613 Im Straßengüterverkehr fehlen weitgehend klar formulierte *Standards für die Sicherung*. Dies macht es in der Praxis Versendern und Absendern schwerer, die *Einhaltung bestimmter Sicherheitsvorkehrungen* zu erkennen. Oftmals bestimmen die Versicherer der Unternehmen, welche Vorkehrungen auf bestimmten Transporten getroffen werden müssen. Es liegt dann jedoch an den jeweiligen Unternehmen, zu prüfen, ob diese Standards auch eingehalten werden. Andernfalls kann der Versicherungsschutz entfallen. Wenn also im Einzelfall unklar ist, wie die unter FCA A4 genannten „transportbezogenen Sicherheitsanforderungen" – z.B. im Straßenverkehr – erfüllt werden können, können beispielsweise Best Practice Modelle der TAPA (Transport Asset Protection Association), herangezogen werden. Die TAPA wurde 1997 von Technologieunternehmen in den USA gegründet. Sie ist ein Zusammenschluss von internationalen Herstellern, Logistikdienstleistern, Frachtunternehmen, Strafverfolgungsbehörden und anderen Beteiligten mit dem gemeinsamen Ziel, Sicherheitsbedrohungen innerhalb der internationalen Lieferkette zu verringern sowie Verluste zu vermeiden und zu reduzieren. Die TAPA-Standards sind FSR (Facility Security Requirements), TSR (Trucking Security Requirements), PSR (Parking Security Requirements) und TACSS (TAPA Air Cargo Security Standards). Hierzu gehören beispielsweise die sorgsame Prüfung der Fahrer vor der

Einstellung, Schulung der Fahrer und Mitarbeiter, die Nutzung von Koffer-Aufliegern statt Aufliegern mit Plane, Wegfahrsperren, Standortüberwachung, z.B. per GPS, Alarmsysteme, Besetzung mit zwei Fahrern, Nutzung überwachter Parkplätze usw.

A5 Versicherung
B5 Versicherung

Hinsichtlich des Versicherungsvertrages erlegen FCA A5 und B5 keiner der Parteien eine Versicherungspflicht auf, doch da die Ware ab dem Lieferort auf das Risiko des Käufers transportiert wird (dazu B3), liegt es in seinem Interesse, das Transportrisiko zu versichern. 614

Umgekehrt verpflichtet A3 den Verkäufer dazu, Risiken des Transports bis zum Lieferort zu tragen, sodass der Verkäufer ein Interesse daran haben muss, bis zum Lieferort eine Transportversicherung zu haben. 615

Daher werden im Grunde zwei Transportrisikoversicherungen benötigt: für den Verkäufer eine bis zum FCA-Lieferort, für den Käufer eine ab FCA-Lieferort. Dies ist jedoch kaum zweckmäßig, wenn im Schadensfall nicht genau feststellbar ist, in welchem Moment ein schädigendes Ereignis eingetreten ist, und die Vertragsparteien letztlich darunter leiden, dass zwei eigenständige Versicherungen eine Versicherungspflicht mangels Beweisbarkeit eines Schadenseintritts ablehnen oder zumindest lange herauszögern. 616

Sinnvoll ist es daher, für den gesamten Zeitraum des Gütertransports einen durchgehenden Versicherungsschutz zu vereinbaren und im Rahmen der Kaufpreisverhandlungen darüber zu sprechen, wie die zu zahlende Versicherungsprämie, welche die den Vertrag abschließende Partei zu zahlen hat, sinnvoll geteilt werden kann. 617

A6 Liefer-/Transportdokument
B6 Liefer-/Transportdokument

Die Überschrift B6 der neuen Incoterms 2020 ist gegenüber der Vorgängerversion von 2010 verändert worden; unter der alten Incoterms-Regel FCA B8 war noch ein „Liefernachweis" gefordert. 618

Grundsätzlich gilt für die Incoterms 2020, dass aus der großen Menge von im internationalen Geschäft üblichen Dokumenten (Transportdokumente, Rechnungen, Packlisten, Versicherungszertifikate, Ursprungszeugnisse u.v.a.m. – es soll mehr als 200 „übliche" Dokumente geben) nur die Dokumente interessieren, die die Lieferung dokumentieren; hinzu kommen – je nach Bedarf und Forderung der jeweiligen Klausel – dann noch Versicherungsnachweise und etwaige für die Einfuhr und Ausfuhr notwendige Dokumente. 619

Da mithin die Lieferung und deren Erhalt durch den Käufer von großer Bedeutung sind, befassen sich die neuen Incoterms-Regeln in A6/B6 (jeweils im ersten Absatz) mit dem Lieferdokument. 620

621 Zugleich berücksichtigt FCA A6, dass ein Transport auf verschiedene Arten durchgeführt werden kann, sodass zweckmäßigerweise nicht weiter differenziert wird und die Parteien durch die Lieferbedingung nicht weiter auf bestimmte Dokumente festgelegt werden. So besteht die Verpflichtung des Verkäufers nach FCA A6 (erster Absatz) darin, dem Käufer auf seine Kosten und auf geeignete Weise nachzuweisen, dass er die Lieferung bewirkt hat.

622 Benötigt der Käufer ein Transportdokument, verpflichtet FCA A6 Absatz 2 den Verkäufer dazu, hierfür Unterstützung zu leisten. Dies kommt beispielsweise beim Seetransport in Seehäfen vor, wenn der Verkäufer bei Anlieferung eines FCL-Containers als Ablader eine Empfangsbestätigung erhält oder bei LCL-Gut einen Empfangsschein. Wird später ein Seefrachtvertrag abgeschlossen, benötigt der Käufer diese Empfangsbescheinigung, um vom Seefrachtführer das Transportdokument (gegen Rückgabe der Empfangsbescheinigung) zu erhalten; hier zeigt sich, dass der Verkäufer nach FCA A6 Absatz 2 Unterstützung leisten muss.

623 Andererseits benötigt der Verkäufer den Liefernachweis selber, wenn ihm nach FCA A4, dritter Satz, der Abschluss des Transportauftrags obliegt. In diesen Fällen ist das mittels Transportbeauftragung erhaltene Transportdokument (Konnossement oder Seefrachtbrief) gleichzeitig auch der Liefernachweis nach FCA A6.

624 – Wenn der Verkäufer wegen der Transportbeauftragung ein Konnossement erhalten hat, muss er dieses dem Käufer weiterreichen, da dieser es (als Inhaberpapier) für die Inempfangnahme der Ware benötigt. Kosten und Gefahr der Zusendung des Konnossements trägt der Käufer (vgl. A4).

– Anders ist es beim Seefrachtbrief, der nur den Abschluss eines Seefrachtvertrages nachweist, aber kein Inhaberpapier ist. Die Übergabe der Ware im Bestimmungshafen erfolgt hier mithilfe eines Auslieferungspapiers, ohne dass es der Vorlage des Seefrachtbriefes bedarf. Der Verkäufer wird dem Käufer den Seefrachtbrief nur dann überlassen, wenn der Käufer das Papier zu Beweis- oder Zahlungszwecken im Original benötigt.

A7 Ausfuhr-/Einfuhrabfertigung
B7 Einfuhr-/Ausfuhrabfertigung

625 Mit der Klausel FCA schuldet der Verkäufer dem Käufer die Freimachung der Ware für den *Export*, also die Beschaffung der Ausfuhrbewilligung, anderer behördlicher Genehmigungen sowie die Erledigung der Zollabfertigung, und er hat dafür auch die Kosten zu tragen (A9). Zugleich muss der Verkäufer den Käufer auf dessen Verlangen bei der Einfuhrabfertigung unterstützen. Diese Pflichten bestehen allerdings nur „**gegebenenfalls**", also nur dann, wenn sie für die Ausfuhr der Ware und die spätere Einfuhr im Bestimmungsland erforderlich sind. Zugleich legt die Formulierung in A7 fest, welche Partei das Risiko dafür trägt, dass die außenwirtschafts- und zollrechtliche Abfertigung nicht erfolgen kann, weil Ausfuhr- oder Einfuhrverbote entgegenstehen.

Verkäufer   **626**

Problematisch kann hier die „**Ausfuhrabfertigung**" sein. Nach FCA A7 schuldet es der Verkäufer dem Käufer gegenüber, die für das jeweils vorgesehene Ausfuhrverfahren vorgesehenen Ausfuhrformalitäten durchzuführen und zu bezahlen, also in seiner Verantwortung zu betreiben. Der Verkäufer soll dafür einstehen, dass alle außenwirtschafts- und zollrechtlichen Anforderungen beachtet und erfüllt werden, damit die Ausfuhrware vom Lieferort ausgeführt werden kann. Die Erledigung aller zeitlich und örtlich nach der Lieferung und Ausfuhrabfertigung anfallenden außenwirtschafts- und zollrechtlichen Anforderungen ist Aufgabe des Käufers, FCA B7.

Wird eine *Ausfuhr von den Behörden nicht genehmigt*, ist es dem Verkäufer vorübergehend oder dauerhaft unmöglich, seine Pflicht zur Vornahme der Ausfuhrabfertigungsformalitäten nach FCA A7 zu erfüllen. Hier sind nun zwei Pflichten des Verkäufers voneinander zu trennen: **627**

– Die *„Lieferpflicht"* des Verkäufers (nach FCA A2) wird nicht verletzt, denn diese Pflicht des Verkäufers ist unabhängig von der Pflicht zur Vornahme der Ausfuhrabfertigung.   **628**

– Gleichwohl verletzt der Verkäufer die durch FCA A7 vorgegebene *Vertragspflicht zur erfolgreichen Ausfuhrabfertigung*, sodass sich die Rechtsfolgen nach den vertraglichen Vereinbarungen im Kaufvertrag der Vertragsparteien richten. Der Käufer kann vom Verkäufer weiterhin Erfüllung verlangen, Art. 46 CISG und die Bezahlung der Ware aussetzen, Art. 71 Abs. 1 CISG. Stellt sich heraus, dass eine Ausfuhrabfertigung dauerhaft unmöglich ist und damit eine „wesentliche Vertragsverletzung" im Sinne des CISG vorliegt, kann der Käufer den Kaufvertrag aufheben, Art. 49 Abs. 1 lit. a CISG. Eine Schadensersatzpflicht trifft den Verkäufer jedoch nicht, wie sich aus Art. 79 Abs. 1 CISG herleiten lässt:

> „Eine Partei hat für die Nichterfüllung einer ihrer Pflichten nicht einzustehen, wenn sie beweist, daß die Nichterfüllung auf einem außerhalb ihres Einflußbereichs liegenden Hinderungsgrund beruht und dass von ihr vernünftigerweise nicht erwartet werden konnte, den Hinderungsgrund bei Vertragsabschluß in Betracht zu ziehen oder den Hinderungsgrund oder seine Folgen zu vermeiden oder zu überwinden."

Daneben kann die Pflicht zur Ausfuhrabfertigung für den Verkäufer noch weitere Risiken bergen, wenn er nicht oder nur beschränkt in der Lage ist, auf die Ausfuhrfreimachung Einfluss zu nehmen. Dies ist beispielsweise der Fall, wenn die Erteilung der Ausfuhrgenehmigung von anderen Freigaben abhängig ist, etwa von der Durchfuhrgenehmigung eines Transitlandes (T1/T2/NCTS TIR), der Vorlage einer Endverbleibserklärung des Käufers oder von Bescheinigungen, die das Zielland ausstellen muss, bevor die Ausfuhr genehmigt werden kann.   **629**

CFA A7 enthält die Verpflichtung, gegebenenfalls auch eine **Sicherheitsfreigabe** für die Ware zu erreichen. Bereits die Incoterms *2010* enthielten in allen elf Klau-   **630** seln zu A2/B2 den neuen Begriff „Sicherheitsfreigabe", welche wie die sonstigen Aus-, Durch- und Einfuhrformalitäten behandelt werden muss. Unter Sicherheitsfreigaben werden alle Kontrollen und Überprüfungen verstanden, denen sich die verkaufte Ware zur Vermeidung von schädigenden Aktivitäten (z.B. Terrorismus) unterziehen muss, bevor sie zur Ausfuhr, Durchfuhr oder Einfuhr zugelassen werden kann. Zur „Sicherheitsfreigabe" im Wortlaut der Incoterms Regel FCA A7 vgl. im Übrigen die ausführlichen Ausführungen oben (Teil 3, 1.1.3. unter EXW A7).

631 Die Regelung zur **vor Ausfuhr durchzuführenden Warenkontrolle** (pre-shipment inspection) ist Bestandteil der Pflichten nach A7 (Ausfuhrabfertigung). Diese behördlich angeordneten Warenkontrollen vor Ausfuhr, die durch Dritte vorgenommen werden und sicherstellen sollen, dass die Ware in jeder Hinsicht der Einfuhr-/Ausfuhrgenehmigung oder sonstigen Vorgaben des Warengeschäfts entspricht, sind immer vom Verkäufer zu durchzuführen und zu bezahlen. Diese Behördenkontrollen haben nichts zu tun mit den „Sicherheitsanforderungen" nach A4 oder der Untersuchungspflicht des Käufers, wie sie sich aus Art. 38 CISG ergibt.

632 Auch eventuell notwendige **sonstige behördliche Genehmigungen** sind vom Verkäufer zu besorgen und zu bezahlen, A7 Buchstabe a, wenn sie für die Erfüllung des zwischen Verkäufer und Käufer bestehenden Kaufvertrags erforderlich sind und mit der Ausfuhr, Durchfuhr oder Einfuhr in Zusammenhang stehen.

633 A7 Absatz 2 legt die Pflicht des Verkäufers fest, *auf Verlangen, Risiko und Kosten des Käufers* alles Notwendige zu tun oder zu beschaffen, was der Käufer für Einfuhr/Transit und/oder den Transport zum Bestimmungsort, für die Sicherheitsanforderungen und Warenkontrollen vor der Verladung an **Dokumenten oder auch sicherheitsrelevanten Informationen** benötigt. Da bereits in A6 auf Liefer-/Transportdokumente eingegangen wurde, versteht sich A7 Absatz 2 als Regelung zu *anderen* Dokumenten als die Liefernachweise und Transportdokumente, die nach A6 erfasst werden, und ist beispielsweise anwendbar für Ursprungszeugnisse, Konsulatspapiere usw., bei denen der Verkäufer auf Verlangen des Käufers und auf dessen Gefahr und Kosten zur Beschaffung Unterstützung leisten muss.

634 *Käufer*

Auf der anderen Seite stellt B7 für den Käufer klar, dass dieser die entsprechende *Import-* und gegebenenfalls Durchfuhrabwicklung einschließlich der damit verbundenen Sicherheitsfreigaben, Warenkontrolle vor der Verladung und die Beschaffung sonstiger behördlicher Genehmigungen auf eigene Gefahr und Kosten wahrzunehmen hat. Für die Einfuhrabfertigung benötigt der Käufer Daten zur Ware und gegebenenfalls auch weitere Dokumente, die der Verkäufer hat (oder beschaffen kann, z.B. Ursprungszeugnisse) und dem Käufer auf Verlangen, Gefahr und Kosten zur Verfügung stellt (A7 Buchstabe b). Diese Maßnahmen und Tätigkeiten sind selbstverständlich nur dann wahrzunehmen, wo sie „anwendbar" sind, wenn also Zollgrenzen überschritten werden, nicht aber innerhalb eines Binnenmarktes (z.B. der EU) oder einer Freihandelszone.

635 A7 und B7 sind klare Verpflichtungen, die die beiden Parteien jeweils gegenseitig wahrzunehmen haben. Angesichts der Bedeutung der Dokumente, um die es hier

geht, und mit deren Vorhandensein überhaupt erst eine Ausfuhr oder Einfuhr ermöglicht wird, ist eine Nichterfüllung der Pflichten nach A7 und B7 als Vertragspflichtverletzung im Sinne des Art. 30 CISG (Verkäuferpflicht) oder Art. 53 CISG (Käuferpflichten) anzusehen. Die sich hieraus ergebenden Rechtsfolgen (Schadensersatz, Lieferbefreiung, Rücktrittsrecht o.ä.) bestimmen sich entweder aus dem für den Kaufvertrag vereinbarten geltenden Recht, nach den Regeln des UN-Kaufrechts (CISG) oder aber nach dem aus den Grundsätzen des IPR ermittelten, für den Vertrag anzuwendenden nationalen Recht.

Angesichts der Bedeutung dieser Pflichten müssen die Vertragsparteien vor Abschluss des Kaufvertrages prüfen, in welcher Weise sie die Bedingungen nach A7/B7 zu erfüllen haben und ob sie dazu überhaupt in der Lage sein können. Ist erkennbar, dass die Erteilung einer Exportlizenz oder einer Einfuhrbewilligung außerhalb des Einflussbereiches des zur Beschaffung verpflichteten Partners steht, sollte dies bei Vereinbarung der Klausel FCA mit dem Zusatz „*vorbehaltlich Exportlizenz*" oder „*vorbehaltlich Einfuhrbewilligung*" deutlich gemacht werden. 636

A8 Prüfung/Verpackung/Kennzeichnung
B8 Prüfung/Verpackung/Kennzeichnung

In FCA A8 ist – wie es *in allen* Incoterms-Regeln A8 aller neuen Incoterms-Klauseln 2020 der Fall ist – 637

– der **Wortlaut** aller Incoterms-Regeln A8/B8 **identisch**

– und die Regelung zur *vor Ausfuhr durchzuführenden Warenkontrolle* (***pre-shipment inspection***) Bestandteil der Pflichten nach A7 (Ausfuhrabfertigung). Diese Kosten für **behördlich angeordnete** Warenkontrollen vor Ausfuhr, die durch Dritte vorgenommen werden und sicherstellen sollen, dass die Ware in jeder Hinsicht der Einfuhr-/Ausfuhrgenehmigung oder sonstigen Vorgaben des Warengeschäfts entspricht, sind immer vom Verkäufer zu tragen. Die ältere Version der Incoterms 2010 machte keine weiteren materiellen Anforderungen, sondern enthielt *nur eine Kostenregelung*. Nach der neuen Systematik der Incoterms 2020, die alle Kosten unter A9/B9 erfassen, passte die Kostenregelung zur pre-shipment inspection nicht mehr zur Verpackungsregelung in A8/B8. Nunmehr ist die *Pflicht zur pre-shipment inspection* in A7 Buchstabe a) und die *Kostentragung* in A9 Buchstabe f) enthalten.

Verpackung

Soweit eine Prüfung der Qualität (durch Qualitätsprüfung, Messen, Wiegen oder Zählen) der Ware für die Lieferung nach A2 notwendig ist, muss der Verkäufer hierfür entstandene Kosten nach A8 tragen. 638

Grundsätzlich muss der Verkäufer für eine transportgerechte Verpackung sorgen. Aus den für das Frachtrecht bestehenden Regeln ergibt sich bereits grundsätzlich, dass es dem Absender obliegt, das Gut, soweit dessen Natur unter Berücksichtigung der vereinbarten Beförderung eine Verpackung erfordert, so zu verpacken, dass es vor Verlust und Beschädigung geschützt ist und dass auch dem Frachtführer keine Schäden entstehen. Dabei ist für die Verpackungsbedürftigkeit vor allem 639 die Art der Güter, insbesondere ihre Empfindlichkeit, entscheidend. Daneben spielen auch die Umstände der vereinbarten Beförderung für die Verpackung eine wichtige Rolle. Ist es dagegen handelsüblich, dass eine bestimmte Ware nicht verpackt wird, dann muss der Verkäufer auch nicht für eine Verpackung sorgen.

640 Eine Verpackungspflicht wird dem Verkäufer nach A8 nur auferlegt, wenn er die Umstände des Transports (Transportart, Transportweg usw.) bereits zum Vertragsschluss kannte; dabei reicht eine standardmäßige Verpackung in der Regel aus, wie sich aus dem Umkehrschluss von A8 Absatz 2 ergibt. Hat der Käufer den Verkäufer dagegen vor Vertragsabschluss von einem besonderen Verpackungserfordernis in Kenntnis gesetzt, muss der Verkäufer diese Anforderungen beachten und sie auf eigene Anforderungen erfüllen. Da die Benachrichtigung vor Vertragsschluss erfolgt sein muss, hat der Verkäufer noch Gelegenheit, dies bei seiner Preisgestaltung zu berücksichtigen.

641 Je nach Transportmittel können Verpackungen und deren Kosten, die der Verkäufer zu tragen hat, sehr unterschiedlich ausfallen, sodass der Verkäufer dies bei Kaufvertragsabschluss in seine Preiskalkulation mit einbeziehen muss. Ist im Moment des Vertragsschlusses noch nicht klar erkennbar, ob spezielle Verpackungsarten benötigt und damit höhere Kosten verursacht werden, kann FCA im Hinblick auf den Kaufpreis durch eine individuelle Vereinbarung dahingehend erweitert werden, dass Verpackungskosten gesondert berechnet werden, also zum fest vereinbarten Preis hinzugerechnet werden. Formuliert werden könnte dies beispielsweise durch Verwendung der Klausel wie folgt: „Geliefert wird FCA (Incoterms 2020), zuzüglich Verpackungskosten".

642 **Kennzeichnung**

A8 endet mit einem kurzen Hinweis auf eine Kennzeichnungspflicht auf der Verpackung. Dies entspricht dem allgemeinen frachtrechtlichen Konzept, wonach ein Versender gegenüber dem Frachtführer verpflichtet ist, das Frachtgut nicht nur ordnungsgemäß zu verpacken, sondern es auch ausreichend zu kennzeichnen, damit der Frachtführer seine Pflichten ordnungsgemäß erfüllen kann. Die Kennzeichnungspflicht umfasst daher Markierungen wie „Vorsicht Glas" oder „Vor Nässe schützen", aber auch Hinweise auf gefährliches Gut, die besondere Hinweis- und Vorsorgepflichten mit sich bringen.

A9 Kostenverteilung
B9 Kostenverteilung

643 Die Kostenverteilung nach A9/B9 ist gegenüber der Vorgängerversion der Incoterms 2010 inhaltlich deutlich erweitert worden. Mit der Lieferung (A2) findet neben dem Gefahrübergang (A3) auch der Kostenübergang vom Verkäufer auf den Käufer statt.

644 **Der Verkäufer** muss:

a) bis zur Lieferung gemäß A2 alle die Ware betreffenden Kosten tragen, ausgenommen die gemäß B9 vom Käufer zu tragenden Kosten;

b) die Kosten für die Erbringung des üblichen Nachweises für den Käufer gemäß A6 tragen, aus dem hervorgeht, dass die Ware geliefert wurde;

c) gegebenenfalls Zölle, Steuern und sonstige Kosten in Zusammenhang mit der Ausfuhrabfertigung gemäß A7 (a) tragen; und

d) dem Käufer alle Kosten und Gebühren erstatten, die dem Käufer durch die Unterstützung bei der Beschaffung der erforderlichen Dokumente und Informationen gemäß B7 (a) entstanden sind.

Der Käufer muss: 645

a) alle die Ware betreffenden Kosten ab dem Zeitpunkt der Lieferung gemäß A2 tragen, mit Ausnahme der gemäß A9 vom Verkäufer zu übernehmenden Kosten;

b) dem Verkäufer alle Kosten und Gebühren erstatten, die dem Verkäufer durch die Unterstützung bei der Beschaffung der erforderlichen Dokumente und Informationen gemäß A4, A5, A6 und A7 (b) entstanden sind;

c) gegebenenfalls Zölle, Steuern und sonstige Kosten in Zusammenhang mit der Transit- oder Einfuhrabfertigung gemäß B7 (b) zahlen; und

d) alle zusätzlichen Kosten übernehmen, die entweder dadurch entstehen, dass:

(i) der Käufer es versäumt, einen Frachtführer oder eine andere gemäß B10 zu bestimmende Person zu benennen, oder

(ii) der Frachtführer oder die vom Käufer gemäß B10 benannte Person es versäumt, die Ware zu übernehmen,

vorausgesetzt, die Ware wurde eindeutig als die vertragliche Ware kenntlich gemacht.

A9/B9, jeweils Buchstabe a), regeln zunächst die Aufteilung der Kosten, die im Zusammenhang mit der Ausführung des Kaufvertrages sowie der Lieferung und Übernahme der Ware stehen. Darüber hinaus (jeweils in den Buchstaben b) regeln die FCA-Regeln A9/B9 weitere Kosten, die im Zusammenhang mit Nachweisen über die Warenlieferung und der Beschaffung erforderlicher Dokumente entstehen. Aufwendungen für Zölle, Steuern und sonstige Kosten finden sich in A9/B9, jeweils in Buchstabe c), geregelt. 646

Die diversen Pflichten des Verkäufers (nach A4, A6 und A7), auf Anfordern, Risiko und Kosten des Käufers alles Notwendige zu tun oder zu beschaffen, was der Käufer für die Einfuhr und/oder den Transport zum Bestimmungsort an Dokumenten oder auch sicherheitsrelevanten Informationen benötigt, führen zur Kostenerstattungspflicht nach B9 Buchstabe b). 647

Beförderungsvertrag 648

Der Käufer muss auf eigene Kosten einen Vertrag über die Beförderung der Ware vom benannten Lieferort schließen oder den Warentransport organisieren, FCA B4. Dazu muss der Verkäufer dem Käufer auf dessen Verlangen, Gefahr und Kosten jeweils im Besitz des Verkäufers befindliche Informationen zur Verfügung stellen, einschließlich transportbezogener Sicherheitsanforderungen, die der Käufer für die Organisation des Transports benötigt, FCA A4. Auf Verlangen des Käufers kann auch der Verkäufer einen Beförderungsvertrag zu den üblichen Bedingungen und auf Gefahr und Kosten des Käufers abschließen, FCA A4. Aufwendungen kann der Verkäufer dann vom Käufer ersetzt verlangen.

649 *Hafengebühren/Terminalgebühren*

Für den Seetransport mit Containern sind bereits grundsätzliche Ausführungen gemacht worden (oben A6/B6). Die Klausel FCA bedeutet hinsichtlich der Kostenaufteilung, dass bei Lieferungen im FCL-Container („Full Container Load") neben der Seefracht auch noch die „Terminal Handling Charges" (THC) für die Containerbehandlung im Hafen bzw. ab Schiff anfallen; diese gehen zulasten des Käufers. Zu den THC gehören im ausgehenden Verkehr das Entladen der FCL-Container von anliefernden Fahrzeugen, die Beförderung zu den Verladeplätzen, die Stapelung, Dokumentation usw.

650 Beim Stauen von Stückgut („Less than a Container Load"; LCL) entstehen neben der Seefracht LCL-Service-Kosten für das Packen des LCL-Gutes in den Container des Schiffes und das Verladen des LCL-Containers an oder auf das Schiff. Derartige Kosten sind vom Käufer zu tragen.

651 Wird die vom Verkäufer angelieferte Ware an einer Containerstation des Hafenterminals entgegengenommen und gegebenenfalls zwischengelagert, gehen entstehende Kaigebühren zulasten des Verkäufers.

652 *Vom Käufer zu vertretene Versäumnisse*

FCA B9 Buchstabe d) beschreibt in einer Auflistung die zusätzlichen Kosten, die durch vom Käufer zu vertretene Versäumnisse zu dessen Lasten gehen. So muss der Käufer die Kosten tragen, die dadurch entstehen, dass

— er es (nach B9 Buchstabe d, i) versäumt, den Frachtführer oder die sonstige Person zu benennen,

— oder (nach B9 Buchstabe d, ii) es versäumt, die Ware im vereinbarten Zeitpunkt zu übernehmen.

A10 Benachrichtigungen
B10 Benachrichtigungen

653 Die Incoterms-Regeln A10/B10 sind redaktionell verbessert und geringfügig verändert worden.

654 *Verkäuferpflichten*

Nach A10 ist der Verkäufer verpflichtet, den Käufer auf angemessene Weise zu benachrichtigen, wenn die Ware an den Frachtführer übergeben wurde. Die notwendige Benachrichtigung („sufficient notice") dient dazu, die Ware zu versichern, ihre Inempfangnahme vorzubereiten oder über sie zu disponieren. Die Benachrichtigung ist „sufficient", also in der notwendigen Weise erfolgt, wenn sie den Käufer möglichst rasch, also auch unter Einsatz moderner Kommunikationsmittel, erreicht. Eine konkrete Aussage können die Incoterms-Regeln an dieser Stelle naturgemäß nicht treffen, da es schließlich im internationalen Geschäft branchen- und produktabhängig ist, nach welcher Art und Weise Benachrichtigungen erfolgen sollen oder müssen. Auch sind die Wege der Kommunikation (schriftlich, elektronisch usw.) zu berücksichtigen.

A10 ist daher so zu verstehen, dass der Verkäufer jedenfalls die am besten geeignete und schnellste Methode der Kommunikation nutzen sollte. Dies beinhaltet zugleich die Verantwortung des Verkäufers für etwaige Verzögerungen der Benachrichtigung, soweit sie seiner Sphäre zuzurechnen sind. Dies gilt beispielsweise für die Mitteilung des Umstands, dass der Frachtführer die Ware möglicherweise nicht zum vereinbarten Zeitpunkt abgeholt hat; diese Mitteilung soll dann sicherstellen, dass keine weiteren Belastungen des Käufers und damit zusammenhängende zusätzliche Kosten auftreten. **655**

Käuferpflichten **656**

Umgekehrt muss der Käufer alles seinerseits Erforderliche tun, um dem Verkäufer die Gelegenheit zu geben, „rechtzeitig" zu benachrichtigen. Dazu muss er den Verkäufer über folgende Einzelheiten in Kenntnis setzen:

- nach FCA B10 Buchstabe a) über den Namen des Frachtführers oder einer anderen benannten Person, wobei diese Inkenntnissetzung innerhalb einer ausreichenden Frist erfolgen muss, um dem Verkäufer die Lieferung der Ware gemäß A2 zu ermöglichen;
- nach FCA B10 Buchstabe b) über den gewählten Zeitpunkt innerhalb des vereinbarten Lieferzeitraums, an dem der Frachtführer oder die benannte Person die Ware übernehmen wird;
- nach FCA B10 Buchstabe c) über die Transportart, die vom Frachtführer oder von der benannten Person genutzt wird, einschließlich aller transportbezogener Sicherheitsanforderungen; und
- nach FCA B10 Buchstabe d) über die Stelle, an der die Ware am benannten Lieferort entgegengenommen wird.

1.3. CPT (Frachtfrei – Fügen Sie den benannten Bestimmungsort ein)

1.3.1. Vorbemerkung

Die Incoterms-Regeln zu CPT legen einige Grundsätze für ihre Anwendung in den „Erläuternden Kommentare für Nutzer" fest. Bei Nutzung der Klausel „Frachtfrei" erfolgen die Lieferung der Ware und der Gefahrenübergang vom Verkäufer an den Käufer **657**

- durch Übergabe der Ware an den Frachtführer,
- welcher vom Verkäufer beauftragt wurde,
- oder durch Verschaffung der so gelieferten Ware.

- Hierzu kann der Verkäufer die Ware in einer für die verwendete Transportart geeigneten Art und Weise und an einem diesbezüglich geeigneten Ort in den Besitz des Frachtführers übergeben.

658 Diese Klausel eignet sich für Geschäfte, bei denen die Ware **auf Gefahr des Käufers**, aber **auf Kosten des Verkäufers** zum benannten Bestimmungsort transportiert werden soll. Der Lieferort ist nicht fest bestimmt (z.B. ein Schiff in einem Verschiffungshafen), sondern er befindet sich dort, wo das Transportgut dem (ersten) Frachtführer übergeben wird.

659 *Frachtfrei*

„Frachtfrei" bedeutet, dass der Verkäufer die Ware

- dem von ihm benannten Frachtführer oder einer anderen Person
- an einem Lieferort, sofern ein solcher vereinbart wurde, liefert und ihm die Ware übergibt,
- wobei der Verkäufer jedoch zusätzlich die *Frachtkosten* zu tragen hat, die erforderlich sind, um die *Ware bis zum benannten Bestimmungsort* zu befördern.

660 *Frachtführer*

„Frachtführer" ist, wer sich durch einen Beförderungsvertrag verpflichtet, die Beförderung auf der Schiene, Straße, in der Luft, zur See, mit einem Binnenschiff oder in einer Kombination von Transportarten durchzuführen oder durchführen zu lassen. Zum Frachtführer in Abgrenzung zum Spediteur vgl. die grundlegenden Anmerkungen (vgl. oben unter FCA, Teil 3, 1.2.2.).

661 Werden mehrere aufeinander folgende Frachtführer für die Beförderung zum benannten Bestimmungsort eingesetzt, geht die Gefahr auf den Käufer über, sobald die Ware dem *ersten* Frachtführer übergeben worden ist. Dieses Prinzip ergibt sich nicht direkt aus FCA A2, sondern lässt sich aus den Prinzipien der „Lieferung" nach Art. 31 CISG herleiten sowie daraus, dass die Incoterms sich in wesentlichen Grundgedanken auch am UN-Kaufrecht ausrichten (so ausdrücklich bereits die Incoterms 2000, Einleitung Ziffer 6).

662 Erster Frachtführer ist derjenige, der die Ware selbst oder durch einen Subunternehmer als Erster übernimmt. Aufeinander folgende Frachtführer sind im internationalen Rechtsverkehr geläufig. So regelt beispielsweise Art. 34 CMR die Beförderung durch aufeinander folgende Frachtführer. Charakteristisch hierbei ist, dass der Absender den ersten Frachtführer mit der Beförderung des Gutes über eine Gesamtstrecke beauftragt und hierfür einen durchgehenden Frachtbrief ausstellt. Der erste Frachtführer befördert dann das Gut auf der ersten Teilstrecke und schließt im eigenen Namen und für eigene Rechnung mit einem nachfolgenden Frachtführer einen Frachtvertrag über die zweite Teilstrecke ab. Dadurch, dass der nachfolgende Frachtführer das Gut und den Frachtbrief übernimmt, tritt er in den ursprünglichen Frachtvertrag zwischen dem Absender und dem ersten Frachtführer ein. Die Frachtführer haften gesamtschuldnerisch, das heißt, beide schulden die gesamte Leistung, doch trägt nur jeder für sich für seine versprochene Beförderung zur Erfüllung bei.

Lieferort 663

Die Klausel CPT weist zwei kritische Punkte auf, da der Gefahrübergang einerseits und die Kostentragungspflicht andererseits an verschiedenen Orten vom Verkäufer auf den Käufer stattfinden beziehungsweise übergehen. Daher müssen Vertragsparteien bei Einsatz der Klausel CPT unbedingt darauf achten, dass sie in ihrem Geschäftsabschluss bzw. bei Abschluss der Lieferbedingung

- den *Lieferort* genau bestimmen, da dies der Platz ist, an dem die Ware dem (ersten) Frachtführer übergeben wird und zugleich der Gefahrübergang vom Verkäufer auf den Käufer stattfindet
- und den *Bestimmungsort* genau bestimmen, da der Verkäufer diese präzise Angabe für den Abschluss des Beförderungsvertrages benötigt. Außerdem entscheidet der Bestimmungsort über den Kostenübergang zwischen den Parteien.

Die Klausel CPT zwingt eigentlich nicht dazu, einen *Lieferort* festzulegen, an dem 664
die Ware dem Frachtführer übergeben wird (vgl. CPT A2, der nur *von Übergabe zum vereinbarten Termin* spricht – die Klausel CPT der Incoterms 2010 enthielt in A4 noch die Formulierung „an der gegebenenfalls vereinbarten Stelle…").

Da sich die Klausel CPT für den multimodalen Transport (mit mehreren Frachtführern) eignet und damit dann auch mehrere Frachtführer für den Transport bis zum Bestimmungsort einsetzbar sind, gilt für CPT, dass der Gefahrübergang in dem Moment stattfindet, in dem das Transportgut dem *ersten* Frachtführer übergeben wird. Wie bereits oben (*Vorbemerkung* zu CPT) beschrieben, ergibt sich dies aus den Prinzipien der „Lieferung" nach Art. 31 CISG sowie daraus, dass die Incoterms sich in wesentlichen Grundgedanken am UN-Kaufrecht ausrichten. 665

Ist kein exakter „Lieferort" von den Parteien im Kaufvertrag oder in der Lieferbedingung vorgegeben, liegt hier ein gewisses Missbrauchsrisiko, da es geradezu im Belieben des Verkäufers steht, selbst festzulegen, an welchem Punkt das Transportgut auf den ersten Frachtführer übergeht und damit zugleich der Gefahrübergang von ihm auf den Käufer stattfindet. Daher empfiehlt es sich, einen Lieferort, der für CPT eigentlich nicht zwingend ist, doch zumindest bei Nutzung mehrerer Frachtführer festzulegen. 666

Bestimmungsort 667

Die Klausel CPT sieht vor, dass der Verkäufer sich um den Transport zu einem vereinbarten Bestimmungsort kümmern muss (A4), während den Käufer zu dieser Aufgabe keinerlei Verpflichtung trifft. Der Verkäufer muss daher auch die anfallenden Frachtkosten tragen, die er in seiner Preiskalkulation (Verkaufspreis) mit einberechnet.

Da während des Warentransports zusätzlich auch Umschlagsgebühren („terminal handling charges") anfallen können, kann es geschehen, dass derartige Kosten 668 dem Käufer bei Abholung der Ware durch den Terminalumschlagsbetrieb in Rechnung gestellt werden, sodass er mit der Übernahme der Umschlagsgebühren auf diese Weise dann doch (einen Teil) der „Transportkosten" zu tragen hätte. Er würde damit zweimal belastet: einmal durch Bezahlung der „Transportkosten" über die Rechnung des Verkäufers aus dem Kaufvertrag und des Weiteren durch die Bezahlung der Umschlagsgebühren. Um diese Belastung des Käufers zu vermeiden, sollte der „Bestimmungsort" derart präzise festgelegt werden, dass von Anfang an klar ist, dass der Verkäufer Kosten bis zum Erreichen des präzise festgelegten Bestimmungsortes zu tragen hat und der Käufer, sollte er mit Umschlagsgebühren belastet werden, diese vom Verkäufer zurückverlangen kann.

669 **Freimachen**

Die Klausel CPT 2010 sieht in A7 vor, dass der Verkäufer die Ware nötigenfalls zur Ausfuhr freizumachen hat. Jedoch hat der Verkäufer keinerlei Verpflichtungen, die Ware zur Einfuhr oder Durchfuhr durch Drittländer freizumachen, Einfuhrzölle zu zahlen oder Einfuhrzollformalitäten zu erledigen.

1.3.2. Richtige Anwendung

670 Die Klausel CPT ist sehr vielseitig einsetzbar. Zum einen ist sie von der Transportart unabhängig und daher für alle denkbaren Transporte, auch mittels Container sowie multimodal, geeignet.

671 Hinsichtlich der Transportversicherung liegt es am Käufer, eine solche (bei Bedarf) abzuschließen, A5/B5. Der Käufer wird dies grundsätzlich in eigenem Interesse tun, da die Ware ab Lieferort auf Risiko des Käufers transportiert wird (B3) und damit der deutlich größere Teil des Warentransports in einer Risikosphäre stattfindet. Wenn eine Transportversicherung abgeschlossen wird, deckt sie den gesamten Transport ab Lieferort bis zum Erreichen des Bestimmungsortes ab; CPT ist in diesen Fällen eine geeignete Grundlage.

672 Die Transportversicherung sollte aber möglichst auch das Transportrisiko abdecken, das *bis zum Lieferort* entstehen kann – für diesen nur kurzen Transportweg und die kurze Transportzeit ab Ort des Verkäufers wäre der Verkäufer selber verantwortlich. Eine entsprechende interessengerechte Vereinbarung zwischen den Parteien kann vermeiden, dass zwei einzelne Versicherungen benötigt werden (bis Lieferort und ab Lieferort), sodass Versicherungsschutz durchgängig für den Gesamttransport von Haus zu Haus beantragt werden kann. Dies hilft zugleich zu vermeiden, dass ein Schadensereignis im Rahmen des Transports an irgendeiner Stelle eintritt und Streit entsteht, welche (Einzeltransportabschnitts-)Versicherung dafür nun verantwortlich wäre.

1.3.3. Die Verpflichtungen im Einzelnen

673 Vgl. zu grundlegend gebrauchten Begriffen der Incoterms-Regeln (wie z.B. Lieferung/Lieferort [A/B2], Gefahrtragung [A/B3], Versicherung [A/B5], Transportdokument [A/B 6], Benachrichtigung [A/B10] usw.) die grundsätzlichen Vorbemerkungen und Erläuterungen in Teil 2, 2.1.).

A1 Allgemeine Verpflichtungen
B1 Allgemeine Verpflichtungen

Die Verpflichtungen der Vertragsparteien nach A1 (Verkäuferpflichten) und B1 (Käuferpflichten) sind in den 11 Incoterms-Klauseln wörtlich identisch! Daher kann zu diesen Punkten auf die Hinweise unter der Klausel EXW verwiesen werden (vgl. oben, Teil 3, 1.1.3.).

674

A2 Lieferung
B2 Übernahme

Die aktuelle Regelung zu CPT ist in A2 hinsichtlich der Verkäuferpflichten gegenüber der Vorgängerversion der Incoterms 2010 textlich etwas erweitert und enthält eine verdeutlichte Lieferbestimmung: „In jedem Fall muss der Verkäufer die Ware zum vereinbarten Termin oder innerhalb der vereinbarten Frist liefern". Die Käuferpflicht in B2 ist fast gleichgeblieben und enthält eine konkretisierende Pflicht zur Warenübernahme „an der am Übernahmeort *vereinbarten Stelle*".

675

Der Verkäufer muss die Ware dem (ersten) Frachtführer in Übereinstimmung mit den Verpflichtungen nach dem Beförderungsvertrag (A2) übergeben oder ihm verschaffen, und zwar zum vereinbarten Zeitpunkt oder innerhalb einer vereinbarten Frist. Der Übergabeort ist der „Lieferort" (vgl. oben, Teil 2, 1.6.).

676

Da es auf die Rechtzeitigkeit der Lieferung ausdrücklich ankommt, kann – insbesondere bei ausdrücklicher vertraglicher Vereinbarung einer exakten Frist oder eines exakten Zeitpunkts – damit auf die Verabredung eines sogenannten Fixgeschäfts im Sinne des § 376 Abs. 1 HGB geschlossen werden, mit der Folge, dass der Käufer zum Rücktritt berechtigt oder zum Fordern von Schadensersatz wegen Nichterfüllung befugt sein kann. Hier ist also auf die vertragliche Verabredung besondere Sorgfalt zu legen.

677

Nach B2 hat der Käufer nur die Pflicht

678

– zur Übernahme des Transportgutes

– und zur Entgegennahme vom Frachtführer *oder* gegebenenfalls an der an diesem Ort vereinbarten Stelle.

Zugleich muss er nach B2 anerkennen, wenn der Verkäufer die Ware dem ersten Frachtführer zum Transport übergeben hat (gemäß A2), da dies für den Gefahrübergang von Bedeutung ist.

A3 Gefahrübergang
B3 Gefahrübergang

Mit der erfolgten Lieferung im Sinne des A2 und mit Ausnahme der in B3 genannten Sonderumstände, findet zeitgleich auch der Gefahrübergang für Verlust und Schäden am Transportgut vom Verkäufer auf den Käufer statt.

679

Der Käufer muss daher die Ware bezahlen (Preisgefahr), wenn diese nach Lieferung (A2) beschädigt wird, verloren geht oder sonst wie abhandenkommt (Transportgefahr; hierzu auch Art. 66 CISG). Allerdings belässt A8 einen Teil des Risikos

680

(Verpackung usw.) beim Verkäufer, sodass dieser für die Schadensfolgen einer Sorgfaltspflichtverletzung bei unsachgemäßer und nicht transportgerechter Verpackung selber einzutreten hat. Auch letzterer Grundsatz folgt Art. 66 CISG: Danach wird der Käufer von der Wirkung des Gefahrübergangs befreit, wenn Untergang oder Beschädigung der Ware auf eine Handlung oder Unterlassung des Verkäufers zurückzuführen sind.

681 B3 regelt, dass der Gefahrübergang mit dem Zeitpunkt der Lieferung (im Sinne von A2) auf den Käufer erfolgt. Die Gefahr geht aber schon vor der Lieferung (Übergabe an den Frachtführer), und zwar bereits mit Ablauf des vorgesehenen Lieferzeitpunkts oder der vereinbarten Lieferfrist, auf den Käufer über,

– wenn der Käufer es versäumt hat, den Verkäufer mit den Informationen nach B10 zu versorgen (also wenn der Käufer von dem ihm eingeräumten Recht, den Versendungszeitpunkt und/oder den Bestimmungsort nach B10 festzulegen, keinen Gebrauch gemacht hat)

– und, wenn es sich beim Transportgut um eine Gattungsware handelt, die für den Käufer bestimmte Ware deutlich als Vertragsware spezifiziert und damit ausgesondert gewesen ist.

A4 Transport
B4 Transport

682 Die Incoterms Regel CPT A5 entspricht wörtlich der älteren Regelung in den Incoterms 2010, CPT A3 Buchstabe a). Danach muss sich der Verkäufer um den Transportvertrag kümmern. Er muss den Beförderungsvertrag

– auf eigene Kosten entweder abschließen oder

– für seinen Abschluss sorgen,

– und zwar für eine Beförderung der Ware bis zu einem benannten Bestimmungsort oder,

– sofern entsprechend vereinbart, bis zu einem bestimmten Ort/Platz/Punkt an diesem Bestimmungsort.

683 Ist keine besondere Lieferstelle am Bestimmungsort vereinbart und gibt es dafür auch keine Übung oder Praxis, darf der Verkäufer die nach seiner Ansicht bestgeeignete Ablieferungsstelle auswählen.

684 Der Beförderungsvertrag

– muss mit den vertragstypischen Inhaltsmerkmalen („usual terms")

– und zu den „üblichen Bedingungen" ausgestattet sein (hier ist auf etwaige Haftungsausschlüsse, die branchen- oder transportüblich sind, zu achten),

– und einen Transport auf der üblichen Transportroute („usual route")

– in der üblichen Weise („in a customary manner") vorsehen.

685 Der Käufer hat keinerlei Verantwortung hinsichtlich des Beförderungsvertrages (CPT B5, in der früheren Incoterms-Version von 2010; CPT B3 Buchstabe a).

Im Wortlaut von CPT A4 sind „alle transportbezogenen Sicherheitsanforderungen für die Beförderung", die der Verkäufer zu erfüllen hat, neu aufgenommen worden. Hierzu sind ausführliche Ausführungen bereits oben gemacht worden (vgl. oben, Teil 3, 1.2.3. zu FCA A4, Transport).

A5 Versicherung
B5 Versicherung

Beide Parteien haben keine direkte Pflicht, einen Versicherungsvertrag abzuschließen, A5 und B5. Wenn der Käufer jedoch eine Transportversicherung abschließen möchte, verpflichtet A5 den Verkäufer dazu, den Käufer auf dessen Risiko und Kosten mit Informationen auszustatten, die dieser für den Abschluss einer Versicherung benötigt. Dazu gehören auch die Benachrichtigung über die Lieferung (A10) und die Mitteilung über Transportdetails (im Sinne von A10). Hinsichtlich der Versicherung des Gesamttransports siehe die grundlegende Anmerkung (vgl. oben, Teil 3, 1.2.3. zu FCA A5, Versicherung).

A6 Liefer-/Transportdokument
B6 Liefer-/Transportdokument

Sofern es branchenüblich ist oder der Praxis entspricht oder aber vom Käufer entsprechend ausbedungen wurde, muss der Verkäufer nach A5 auf eigene Kosten „*übliche*" Transportdokumente im Sinne des nach A4 vom Verkäufer abzuschließenden Beförderungsvertrages beschaffen und dem Käufer *zur Verfügung stellen*. Vgl. zu den Transportdokumenten die einführenden Hinweise (vgl. oben, Teil 2, 2.1.9.).

Die Incoterms 2020 regeln nicht, was unter „**üblichen**" Dokumenten zu verstehen ist. Offensichtlich schien dieser Begriff bei Ausarbeitung der Incoterms unproblematisch zu sein und so verstanden zu werden, dass – abgesehen von den individuellen Parteivereinbarungen – Transportdokumente auch dann als „üblich" angesehen werden, wenn sie in der internationalen Anwendung auf eine anerkannte Praxis zurückgehen. Dieses Verständnis lässt sich auch herleiten aus Art. 9 Abs. 2 CISG:

> „Haben die Parteien nichts anderes vereinbart, so wird angenommen, daß sie sich in ihrem Vertrag oder bei seinem Abschluß stillschweigend auf Gebräuche bezogen haben, die sie kannten oder kennen mußten und die im internationalen Handel den Parteien von Verträgen dieser Art in dem betreffenden Geschäftszweig weithin bekannt sind und von ihnen regelmäßig beachtet werden."

Die deutsche Übersetzung von CPT A6 legt fest, dass der Verkäufer die Transportdokumente „**zur Verfügung stellen**" soll. Der englische Ursprungstext spricht von „provide", geht also eher in die Richtung, dass der Verkäufer dem Käufer die Transportdokumente verschaffen muss, also die Möglichkeit eines Zugangs dazu eröffnet. Auf eine Übergabe der Papiere kommt es daher nicht an. Damit weicht diese Incoterms-Regel des CPT A6 auch deutlich ab von der Norm des Art 34 CISG, der die „Übergabe" von Dokumenten erfasst.

692 CPT A6 legt auch fest, was das Transportdokument inhaltlich abbilden soll: „Dieses Transportdokument muss die vertragliche Ware erfassen und innerhalb der zur Versendung vereinbarten Frist datiert sein. Falls vereinbart oder handelsüblich, muss das Dokument den Käufer auch in die Lage versetzen, die Herausgabe der Ware bei dem Frachtführer am benannten Bestimmungsort einfordern zu können und es dem Käufer ermöglichen, die Ware während des Transports durch Übergabe des Dokuments an einen nachfolgenden Käufer oder durch Benachrichtigung an den Frachtführer zu *verkaufen.*" Der Begriff des „Verkaufens" ist dabei so zu verstehen, dass das Transportdokument den Käufer in die Lage versetzen muss, einen über die Transportware abgeschlossenen Kaufvertrag durch (*soweit anwendbar, Indossament und*) Übergabe des Dokuments zu erfüllen. Außerdem muss das Transportdokument die Ware so repräsentieren, dass der Käufer in die Lage versetzt wird, die Herausgabe der Ware am Bestimmungsort einfordern zu können.

693 – Soweit ein *begebbares* Transportpapier (als ein oder mehrere Originale/e) erstellt wird, muss dem Käufer ein vollständiger Satz der Originale übergeben werden, CPT A6, 3. Absatz. Begebbar ist beispielsweise ein Orderkonnossement: es wird vom Ablader nach Verkauf der Ware indossiert, und die Auslieferung der Ware kann dann vom (letzten) Inhaber durch Vorlage des Originaldokuments verlangt werden – aufgrund der Begebbarkeit des Papiers kann die schwimmende Ware (mit Indossament und Übergabe des Konnossements an den neuen Warenkäufer) weiterverkauft werden.

– Auch die Verwendung von *nicht begebbaren Transportpapieren* (vgl. z.B. Art. 12 und 13 CMR) ist möglich, wie sich aus dem Umkehrschluss von CPT A6 ergibt. Dies kann beispielsweise durch Ausstellung eines Namenskonnossements geschehen, bei dem die Aushändigung der Ware ausschließlich nur an den im Konnossement namentlich benannten Berechtigten ausgehändigt wird.

694 Im Gegenzug verpflichtet B6 den Käufer dazu, das ihm vorgelegte Transport*dokument*, wenn es den Vorgaben des Beförderungsvertrages entspricht, anzunehmen. Damit nimmt der Käufer „den Nachweis der durch den Verkäufer erfolgten Lieferung" entgegen. Annahme des Transportdokuments ist aber *nicht gleichzusetzen* mit „Annahme der Ware als vertragsgemäß".

A7 Ausfuhr-/Einfuhrabfertigung
B7 Ausfuhr-/Einfuhrabfertigung

695 Mit der Klausel CPT A7 schuldet der Verkäufer dem Käufer die Freimachung der Ware für den Export, also die Beschaffung der Ausfuhrbewilligung, anderer behördlicher Genehmigungen sowie die Erledigung der Zollabfertigung, und er hat dafür auch die Kosten zu tragen (A9). Zugleich muss der Verkäufer den Käufer auf dessen Verlangen bei der Einfuhrabfertigung unterstützen. Diese Pflichten bestehen allerdings nur „**gegebenenfalls**", also nur dann, wenn sie für die Ausfuhr der Ware und die spätere Einfuhr im Bestimmungsland erforderlich sind. Zugleich legt die Formulierung in A7 fest, welche Partei das Risiko dafür trägt, dass die außen-

wirtschafts- und zollrechtliche Abfertigung nicht erfolgen kann, weil Ausfuhr- oder Einfuhrverbote entgegenstehen.

Verkäufer **696**

Problematisch kann hier die „**Ausfuhrabfertigung**" sein. Nach CPT A7 schuldet es der Verkäufer dem Käufer gegenüber, die für das jeweils vorgesehene Ausfuhrverfahren vorgesehenen Ausfuhrformalitäten durchzuführen und zu bezahlen, also in seiner Verantwortung zu betreiben. Der Verkäufer soll dafür einstehen, dass alle außenwirtschafts- und zollrechtlichen Anforderungen beachtet und erfüllt werden, damit die Ausfuhrware vom Lieferort ausgeführt werden kann. Die Erledigung aller zeitlich und örtlich nach der Lieferung und Ausfuhrabfertigung anfallenden außenwirtschafts- und zollrechtlichen Anforderungen ist Aufgabe des Käufers, CPT B7.

Wird eine Ausfuhr von den Behörden nicht genehmigt, ist es dem Verkäufer vorübergehend oder dauerhaft unmöglich, seine Pflicht zur Vornahme der Ausfuhrabfertigungsformalitäten nach CPT A7 zu erfüllen. Hier sind nun zwei Pflichten des Verkäufers voneinander zu trennen: **697**

– Die „*Lieferpflicht*" des Verkäufers (nach CPT A2) wird nicht verletzt, denn diese Pflicht des Verkäufers ist unabhängig von der Pflicht zur Vornahme der Ausfuhrabfertigung. **698**

– Gleichwohl verletzt der Verkäufer die durch CPT A7 vorgegebene *Vertragspflicht zur erfolgreichen Ausfuhrabfertigung*, sodass sich die Rechtsfolgen nach den vertraglichen Vereinbarungen im Kaufvertrag der Vertragsparteien richten. Der Käufer kann vom Verkäufer weiterhin Erfüllung verlangen, Art. 46 CISG und die Bezahlung der Ware aussetzen, Art. 71 Abs. 1 CISG. Stellt sich heraus, dass eine Ausfuhrabfertigung dauerhaft unmöglich ist und damit eine „wesentliche Vertragsverletzung" im Sinne des CISG vorliegt, kann der Käufer den Kaufvertrag aufheben, Art. 49 Abs. 1 lit. a CISG. Eine Schadensersatzpflicht trifft den Verkäufer jedoch nicht, wie sich aus Art. 79 Abs. 1 CISG herleiten lässt:

> „Eine Partei hat für die Nichterfüllung einer ihrer Pflichten nicht einzustehen, wenn sie beweist, daß die Nichterfüllung auf einem außerhalb ihres Einflußbereichs liegenden Hinderungsgrund beruht und dass von ihr vernünftigerweise nicht erwartet werden konnte, den Hinderungsgrund bei Vertragsabschluß in Betracht zu ziehen oder den Hinderungsgrund oder seine Folgen zu vermeiden oder zu überwinden."

Daneben kann die Pflicht zur Ausfuhrabfertigung für den Verkäufer noch weitere Risiken bergen, wenn er nicht oder nur beschränkt in der Lage ist, auf die Ausfuhrfreimachung Einfluss zu nehmen. Dies ist beispielsweise der Fall, wenn die Erteilung der Ausfuhrgenehmigung von anderen Freigaben abhängig ist, etwa von der Durchfuhrgenehmigung eines Transitlandes (T1/T2/NCTS TIR), der Vorlage einer Endverbleibserklärung des Käufers oder von Bescheinigungen, die das Zielland ausstellen muss, bevor die Ausfuhr genehmigt werden kann. **699**

700 CPT A7 enthält die Verpflichtung, gegebenenfalls auch eine **Sicherheitsfreigabe** für die Ware zu erreichen. Bereits die Incoterms 2010 enthielten in allen elf Klauseln zu A2/B2 den neuen Begriff „Sicherheitsfreigabe", welche wie die sonstigen Aus-, Durch- und Einfuhrformalitäten behandelt werden muss. Unter Sicherheitsfreigaben werden alle Kontrollen und Überprüfungen verstanden, denen sich die verkaufte Ware zur Vermeidung von schädigenden Aktivitäten (z.B. Terrorismus) unterziehen muss, bevor sie zur Ausfuhr, Durchfuhr oder Einfuhr zugelassen werden kann. Zur „Sicherheitsfreigabe" im Wortlaut der Incoterms-Regel CPT A7 vgl. im Übrigen die ausführlichen Ausführungen oben (Teil 3, 1.1.3. unter EXW A7).

701 Die Regelung zur **vor Ausfuhr durchzuführenden Warenkontrolle** (pre-shipment inspection) ist Bestandteil der Pflichten nach A7 (Ausfuhrabfertigung). Diese behördlich angeordneten Warenkontrollen vor Ausfuhr, die durch Dritte vorgenommen werden und sicherstellen sollen, dass die Ware in jeder Hinsicht der Einfuhr-/Ausfuhrgenehmigung oder sonstigen Vorgaben des Warengeschäfts entspricht, sind immer vom Verkäufer zu durchzuführen und zu bezahlen. Diese Behördenkontrollen haben nichts zu tun mit den „Sicherheitsanforderungen" nach A4 oder Untersuchungspflicht des Käufers, wie sie sich aus Art. 38 CISG ergibt.

702 Auch eventuell notwendige **sonstige behördliche Genehmigungen** sind vom Verkäufer zu besorgen und zu bezahlen, A7 Buchstabe a), wenn sie für die Erfüllung des zwischen Verkäufer und Käufer bestehenden Kaufvertrags erforderlich sind und mit der Ausfuhr, Durchfuhr oder Einfuhr in Zusammenhang stehen.

703 A7 Absatz 2 legt die Pflicht des Verkäufers fest, *auf Verlangen, Risiko und Kosten des Käufers* alles Notwendige zu tun oder zu beschaffen, was der Käufer für Einfuhr/Transit und/oder den Transport zum Bestimmungsort, für die Sicherheitsanforderungen und Warenkontrollen vor der Verladung an **Dokumenten oder auch sicherheitsrelevanten Informationen** benötigt. Da bereits in A6 auf Liefer-/Transportdokumente eingegangen wurde, versteht sich A7 Absatz 2 als Regelung zu *anderen* Dokumenten als die Liefernachweise und Transportdokumente, die nach A6 erfasst werden, und ist beispielsweise anwendbar für Ursprungszeugnisse, Konsulatspapiere usw., bei denen der Verkäufer auf Verlangen des Käufers und auf dessen Gefahr und Kosten zur Beschaffung Unterstützung leisten muss.

704 *Käufer*

Auf der anderen Seite stellt B7 für den Käufer klar, dass dieser die entsprechende Import- und gegebenenfalls Durchfuhrabwicklung einschließlich der damit verbundenen Sicherheitsfreigaben, Warenkontrolle vor der Verladung und die Beschaffung sonstiger behördlicher Genehmigungen auf eigene Gefahr und Kosten wahrzunehmen hat. Für die Einfuhrabfertigung benötigt der Käufer Daten zur Ware und gegebenenfalls auch weitere Dokumente, die der Verkäufer hat (oder beschaffen kann, z.B. Ursprungszeugnisse) und dem Käufer auf Verlangen, Gefahr und Kosten zur Verfügung stellt (A7 Buchstabe b). Diese Maßnahmen und Tätigkeiten sind selbstverständlich nur dann wahrzunehmen, wo sie „anwendbar" sind, wenn also Zollgrenzen überschritten werden, nicht aber innerhalb eines Binnenmarktes (z.B. der EU) oder einer Freihandelszone.

705 CPT A7 und B7 sind klare Verpflichtungen, die die beiden Parteien jeweils gegenseitig wahrzunehmen haben. Angesichts der Bedeutung der Dokumente, um die es hier geht, und mit deren Vorhandensein überhaupt erst eine Ausfuhr oder Einfuhr ermöglicht wird, ist eine Nichterfüllung der Pflichten nach A7 und B7 als Vertragspflichtverletzung im Sinne des Art. 30 CISG (Verkäuferpflicht) oder Art. 53 CISG (Käuferpflichten) anzusehen. Die sich hieraus ergebenden Rechtsfolgen (Schadensersatz, Lieferbefreiung, Rücktrittsrecht o.ä.) bestimmen sich entweder aus dem für den Kaufvertrag vereinbarten geltenden Recht, nach den Regeln des UN-Kaufrechts (CISG) oder aber nach dem aus den Grundsätzen des IPR ermittelten, für den Vertrag anzuwendenden nationalen Recht.

706 Angesichts der Bedeutung dieser Pflichten müssen die Vertragsparteien vor Abschluss des Kaufvertrages prüfen, in welcher Weise sie die Bedingungen nach CPT A7/B7 zu erfüllen haben und ob sie dazu überhaupt in der Lage sein können. Ist erkennbar, dass die Erteilung einer Exportlizenz oder einer Einfuhrbewilligung außerhalb des Einflussbereiches des zur Beschaffung verpflichteten Partners steht, sollte dies bei Vereinbarung der Klausel CPT mit dem Zusatz „vorbehaltlich Exportlizenz" oder „vorbehaltlich Einfuhrbewilligung" deutlich gemacht werden.

A8 Prüfung/Verpackung/Kennzeichnung
B8 Prüfung/Verpackung/Kennzeichnung

707 In CPT A8 ist – wie es *in allen* Incoterms-Regeln A8 aller neuen Incoterms 2020 Klauseln der Fall ist –

– der **Wortlaut** aller Incoterms-Regeln A8/B8 **identisch**

– und die Regelung zur *vor Ausfuhr durchzuführenden Warenkontrolle* (**pre-shipment inspection**) Bestandteil der Pflichten nach A7 (Ausfuhrabfertigung). Diese Kosten für **behördlich angeordnete** Warenkontrollen vor Ausfuhr, die durch Dritte vorgenommen werden und sicherstellen sollen, dass die Ware in jeder Hinsicht der Einfuhr-/Ausfuhrgenehmigung oder sonstigen Vorgaben des Warengeschäfts entspricht, sind immer vom Verkäufer zu tragen. Die ältere Version der Incoterms 2010 machte keine weiteren materiellen Anforderungen, sondern enthielt *nur eine Kostenregelung*. Nach der neuen Systematik der Incoterms 2020, die alle Kosten unter A9/B9 erfasst, passte die Kostenregelung zur pre-shipment inspection nicht mehr zur Verpackungsregelung in A8/B8. Nunmehr ist die *Pflicht zur pre-shipment inspection* in A7 Buchstabe a) und die *Kostentragung* in A9 Buchstabe f) enthalten.

Verpackung

708 Soweit eine Prüfung der Qualität (durch Qualitätsprüfung, Messen, Wiegen oder Zählen) der Ware für die Lieferung nach A2 notwendig ist, muss der Verkäufer hierfür entstandene Kosten nach A8 tragen.

709 Grundsätzlich muss der Verkäufer für eine transportgerechte Verpackung sorgen. Aus den für das Frachtrecht bestehenden Regeln ergibt sich bereits grundsätzlich, dass es dem Absender obliegt, das Gut, soweit dessen Natur unter Berücksichtigung der vereinbarten Beförderung eine Verpackung erfordert, so zu verpacken, dass es vor Verlust und Beschädigung geschützt ist und dass auch dem Frachtführer keine Schäden entstehen. Dabei ist für die Verpackungsbedürftigkeit vor allem die Art der Güter, insbesondere ihre Empfindlichkeit, entscheidend. Daneben spielen auch die Umstände der vereinbarten Beförderung für die Verpackung eine wichtige Rolle. Ist es dagegen handelsüblich, dass eine bestimmte Ware nicht verpackt wird, dann muss der Verkäufer auch nicht für eine Verpackung sorgen.

710 Eine Verpackungspflicht wird dem Verkäufer nach A8 nur auferlegt, wenn er die Umstände des Transports (Transportart, Transportweg usw.) bereits zum Vertragsschluss kannte; dabei reicht eine standardmäßige Verpackung in der Regel aus, wie sich aus dem Umkehrschluss von A8 Absatz 2 ergibt. Hat der Käufer den Verkäufer dagegen vor Vertragsabschluss von einem besonderen Verpackungserfordernis in Kenntnis gesetzt, muss der Verkäufer diese Anforderungen beachten und sie auf eigene Anforderungen erfüllen. Da die Benachrichtigung vor Vertragsschluss erfolgt sein muss, hat der Verkäufer noch Gelegenheit, dies bei seiner Preisgestaltung zu berücksichtigen.

711 Je nach Transportmittel können Verpackungen und deren Kosten, die der Verkäufer zu tragen hat, sehr unterschiedlich ausfallen, sodass der Verkäufer dies bei Kaufvertragsabschluss in seine Preiskalkulation mit einbeziehen muss. Ist im Moment des Vertragsschlusses noch nicht klar erkennbar, ob spezielle Verpackungsarten benötigt und damit höhere Kosten verursacht werden, kann CPT im Hinblick auf den Kaufpreis durch eine individuelle Vereinbarung dahingehend erweitert werden, dass Verpackungskosten gesondert berechnet werden, also zum fest vereinbarten Preis hinzugerechnet werden. Formuliert werden könnte dies beispielsweise durch Verwendung der Klausel wie folgt: „Geliefert wird CPT (Incoterms 2020), zuzüglich Verpackungskosten".

712 **Kennzeichnung**

A8 endet mit einem kurzen Hinweis auf eine Kennzeichnungspflicht auf der Verpackung. Dies entspricht dem allgemeinen frachtrechtlichen Konzept, wonach ein Versender gegenüber dem Frachtführer verpflichtet ist, das Frachtgut nicht nur ordnungsgemäß zu verpacken, sondern es auch ausreichend zu kennzeichnen, damit der Frachtführer seine Pflichten ordnungsgemäß erfüllen kann. Die Kennzeichnungspflicht umfasst daher Markierungen wie „Vorsicht Glas" oder „Vor Nässe schützen", aber auch Hinweise auf gefährliches Gut, die besondere Hinweis- und Vorsorgepflichten mit sich bringen.

A9 Kostenverteilung
B9 Kostenverteilung

713 Die Kostenverteilung bei CPT ist komplex und im Hinblick auf die frühere Incoterms-Version 2010 deutlich erweitert worden. Die Neuregelung schafft nun mehr Klarheit, wenn die Parteien bei Auswahl ihrer eingesetzten Incoterms-Klausel die für das Kaufgeschäft im Hinblick auf die Kostenverteilung bestgeeignete auswählen wollen.

A9 unterteilt die den Verkäufer betreffenden Kosten in sieben Kostenkategorien; B9 beschreibt für den Käufer sechs verschiedene Kostenansätze. Erkennbar wird bei A9/B9 wegen des häufigen Verweises auf den Beförderungsvertrag, dass dessen Vertragsbestimmungen hinsichtlich der Kostentragung unbedingt berücksichtigt werden müssen, da die Klausel CPT stets nachrangig zu den einzelvertraglich verabredeten Kostenklauseln zu verstehen ist. 714

Verkäuferkosten 715

Der Verkäufer muss

a) bis zur Lieferung gemäß A2 alle die Ware betreffenden Kosten tragen, ausgenommen die gemäß B9 vom Käufer zu tragenden Kosten;

b) Transport- und alle sonstigen gemäß A4 entstehenden Kosten tragen, einschließlich der Kosten für die Verladung der Ware und der transportbezogenen Sicherheitskosten;

c) alle Kosten und Gebühren für die Entladung am vereinbarten Bestimmungsort tragen, sofern diese Kosten und Gebühren gemäß Beförderungsvertrag zu Lasten des Verkäufers gehen;

d) die Kosten der Durchfuhr tragen, die gemäß Beförderungsvertrag zu Lasten des Verkäufers gehen;

e) die Kosten für die Erbringung des üblichen Nachweises für den Käufer gemäß A6 tragen, aus dem hervorgeht, dass die Ware geliefert wurde;

f) gegebenenfalls Zölle, Steuern und sonstige Kosten für die Ausfuhrabfertigung gemäß A7(a) tragen; und

g) dem Käufer alle Kosten und Gebühren erstatten, die dem Käufer durch die Unterstützung bei der Beschaffung der erforderlichen Dokumente und Informationen gemäß B7(a) entstanden sind.

Käuferkosten 716

Spiegelbildlich zu A9 trifft den Käufer in B9 die Kostentragungspflicht für Kosten, die *nach der Lieferung* an den Frachtführer und bis zur Ankunft am Bestimmungsort anfallen, mit Ausnahme der Kosten der *Ausfuhr*abwicklung, die nach A9 Buchstabe f) vom Verkäufer zu tragen sind.

B9 Buchstabe b) erlegt dem Käufer auch die Kosten und Gebühren auf, die im Transit und bis zum Erreichen des Bestimmungsortes anfallen, sofern nicht der Beförderungsvertrag eine andere Kostenregelung trifft. Dasselbe gilt nach B9 Buchstabe c) auch für die Entladekosten, die regelmäßig den Käufer treffen, sofern nicht der Beförderungsvertrag etwas anderes regelt. Im Seetransport, in dem Terminal Handling Charges und LCL Servicegebühren bei der Containerbehandlung, ferner Kaigebühren sowie weitere Kosten beim Löschen und Leichtern der Fracht entstehen, trägt der Käufer die Kosten, soweit nicht der Beförderungsvertrag eine andere Regelung zur Kostentragung vornimmt. 717

718 Nach B9 Buchstabe f) muss der Käufer auch die Kosten tragen, die dadurch entstehen, dass er eine rechtzeitige Benachrichtigung des Verkäufers hinsichtlich der Festlegung des Bestimmungsortes oder Entladeortes usw. nach B10 versäumt. Schließlich trägt der Käufer nach B9 Buchstaben d) und e) auch die Kosten, die dem Verkäufer mit der Unterstützung des Käufers in der Beschaffung von Dokumenten entstanden sind sowie Kosten der Einfuhrabwicklung sowie eines Transits nach B7 Buchstabe b).

A10 Benachrichtigungen
B10 Benachrichtigungen

719 Der Verkäufer ist nach A10 verpflichtet, den Käufer von der Lieferung an den Frachtführer zu benachrichtigen, sodass dieser die Ware für den Transport entsprechend versichern und ihren Empfang am Bestimmungsort vorbereiten kann. Da der Käufer eine ganze Reihe von Maßnahmen bezüglich des Transportgutes einleiten muss (Versicherung, Disposition, Vorbereitung des Ankunfts- und Entladeplatzes zur voraussichtlichen Ankunfts- und Entladezeit usw.), ist jegliche Benachrichtigung des Käufers wichtig und der Verkäufer ist nach A10 Absatz 2 verantwortlich, alles Notwendige (unverzüglich) zu tun, um den Käufer entsprechend informiert zu halten. Dies bedingt zugleich auch, dass der für die Benachrichtigung gewählte Kommunikationsweg der Eilbedürftigkeit der Benachrichtigung entspricht.

720 Da es im Ermessen des Käufers steht, den Zeitraum und den Zeitpunkt des Versands sowie den Bestimmungsort und Abladeplatz festzulegen, ist er nach B10 verpflichtet, den Verkäufer so rechtzeitig von seiner Entscheidung zu informieren, dass der Verkäufer diese Vorgaben in üblicher Weise erfüllen kann. Der Käufer, so stellt B10 klar, hat ein derartiges Begehren frühzeitig mitzuteilen, um dem Verkäufer das geeignete Handeln zu ermöglichen, und er hat für die hierdurch entstehenden Kosten aufzukommen.

1.4. CIP (Frachtfrei versichert – fügen Sie den benannten Bestimmungsort ein)

1.4.1. Vorbemerkung

721 Die Klausel CIP legt einige Grundsätze in den einführenden „Erläuternden Kommentaren für Nutzer" fest. Bei Nutzung der Klausel „Frachtfrei versichert" erfolgen die Lieferung der Ware und der Gefahrenübergang vom Verkäufer an den Käufer

– durch Übergabe der Ware an den Frachtführer,

– welcher vom Verkäufer beauftragt wurde,

– oder durch Verschaffung der so gelieferten Ware.

– Hierzu kann der Verkäufer die Ware in einer für die verwendete Transportart geeigneten Art und Weise und an einem diesbezüglich geeigneten Ort in den Besitz des Frachtführers übergeben.

Nach der so erfolgten Lieferung der Ware an den Käufer übernimmt der Verkäufer jedoch keine Garantie dafür, dass die Ware ihren Bestimmungsort in einwandfreiem Zustand oder in der angegebenen Qualität erreicht bzw. dass die Ware überhaupt am Bestimmungsort eintrifft. Der Grund hierfür ist, dass mit Lieferung der Ware an den Käufer durch Übergabe an den Frachtführer zugleich auch der Gefahrenübergang vom Verkäufer auf den Käufer erfolgt; ungeachtet dessen muss jedoch der Verkäufer einen Vertrag zur Beförderung der Ware vom Lieferort zum vereinbarten Bestimmungsort abschließen.

Anders als die Klausel CPT legt die Klausel CIP zusätzlich noch fest, dass den Verkäufer die Pflicht zur Versicherung der Transportware für die auf den Käufer übergehende Gefahr des Verlustes oder der Beschädigung der Ware während des Transports von der Lieferstelle mindestens bis zum Bestimmungsort trifft. Dies kann zu Schwierigkeiten führen, wenn das Bestimmungsland vorschreibt, dass der Versicherungsschutz in diesem Land erworben werden muss: In diesem Fall sollten die Parteien in Betracht ziehen, unter der Klausel CPT zu verkaufen bzw. zu kaufen. Der Verkäufer muss unter CIP der Incoterms 2020, abweichend von allen früheren Incoterms-Klauseln CIP, die stets nur eine Mindestversicherungsdeckung forderten, *für umfassenden Versicherungsschutz sorgen*, um die Bedingungen der Klausel (A) der Institute Cargo Clauses oder einer ähnlichen Klausel zu erfüllen.

Mit Ausnahme der Versicherungspflicht sind die beiden Klauseln CIP und CPT hinsichtlich der Verpflichtungen der Parteien in A1 bis A10 und B1 bis B10 identisch.

1.4.2. Richtige Anwendung

Die Klausel CIP ist dann die richtige Lieferbedingung für die Parteien, wenn *zusätzlich* zur in der Klausel CPT getroffenen Liefervereinbarung auch eine Regelung hinsichtlich der Versicherung getroffen werden soll und der Verkäufer dafür verantwortlich ist, auch die Transportversicherung gegen die vom Käufer getragene Gefahr des Verlusts oder der Beschädigung der Ware (all risks) während der Beförderung zu beschaffen.

1.4.3. Die Verpflichtungen im Einzelnen

Vgl. zu grundlegend gebrauchten Begriffen der Incoterms-Regeln (wie z.B. Lieferung/Lieferort [A/B2], Gefahrtragung [A/B3], Versicherung [A/B5], Transportdokument [A/B 6], Benachrichtigung [A/B10] usw.) die grundsätzlichen Vorbemerkungen und Erläuterungen in Teil 2, 2.1.).

A1 Allgemeine Verpflichtungen
B1 Allgemeine Verpflichtungen

Die Verpflichtungen der Vertragsparteien nach A1 (Verkäuferpflichten) und B1 (Käuferpflichten) sind in allen 11 Incoterms-Klauseln wörtlich identisch! Daher kann zu diesen Punkten auf die Hinweise unter der Klausel EXW verwiesen werden (vgl. oben, Teil 3, 1.1.3, EXW A1/B1.). Vgl. auch die *Vorbemerkungen zu CPT*, oben Teil 3, 1.3.1.

A2 Lieferung
B2 Übernahme

728 Vgl. hierzu die Erläuterungen zur textgleichen Incoterms-Klausel CPT, oben, Teil 3, 1.3.3., CPT A2/B2.

A3 Gefahrübergang
B3 Gefahrübergang

729 Vgl. hierzu die Erläuterungen zur textgleichen Incoterms-Klausel CPT, oben, Teil 3, 1.3.3., CPT A3/B3.

A4 Transport
B4 Transport

730 Vgl. hierzu die Erläuterungen zur textgleichen Incoterms-Klausel CPT, oben, Teil 3, 1.3.3., CPT A4/B4.

A5 Versicherung
B5 Versicherung

731 Die Incoterms 2020 haben die Versicherungspflicht des Verkäufers in A5 völlig neu geregelt, während die Pflicht des Käufers nach B5 sich nur im Wortlaut geändert hat, in der inhaltlichen Konsequenz jedoch gleichgeblieben ist.

732 Der neue Text der Incoterms 2020 (**Einführung**, Ziffer 70) schreibt dazu:

„In den Incoterms 2010 wird dem Verkäufer gemäß Punkt A3 der Klauseln CIF und CIP die Verpflichtung auferlegt, „auf eigene Kosten eine Transportversicherung abzuschließen, die zumindest der *Mindestdeckung gemäß den Klauseln (C) der Institute Cargo Clauses* (Lloyd's Market Association/International Underwriting Association – LMA/IUA) oder ähnlichen Klauseln entspricht". Die Klauseln (C) der Institute Cargo Clauses bieten Versicherungsschutz für eine Reihe von aufgeführten Gefahren, vorbehaltlich entsprechend aufgegliederter Ausschlüsse; die Klauseln (A) der Institute Cargo Clauses hingegen decken „alle Gefahren" ab, sofern sie nicht unter die ebenfalls hierzu aufgeführten Ausschlüsse fallen.

733 Während der Beratungen im Rahmen der Ausarbeitung der Incoterms® 2020 wurde der Wunsch geäußert, von den Klauseln (C) zu den Klauseln (A) der Institute Cargo Clauses zu wechseln und somit den vom Verkäufer zu beschaffenden Versicherungsschutz zugunsten des Käufers zu erweitern. Dies könnte natürlich auch zu Kostensteigerungen bei Versicherungsprämien führen. Der gegensätzliche Standpunkt, weiterhin die Klauseln (C) der Institute Cargo Clauses zu verwenden, wurde ebenso vehement vertreten, insbesondere von Akteuren aus der Branche der internationalen Frachtschifffahrt. Nach eingehender Beratung inner- und außerhalb des Rahmens der Arbeitsgruppe (Drafting Group) wurde die Entscheidung gefasst, unterschiedliche Mindestdeckungen in der Incoterms Klausel CIF sowie in der Incoterms Klausel CIP vorzugeben. In der ersten Klausel, die mit höherer Wahrscheinlichkeit im Seegüterhandel Anwendung findet, wird die gegenwärtige Regelung mit den Klauseln (C) der Institute Cargo Clauses als Standardposition beibehalten, obgleich es selbstverständlich den Parteien überlassen wird, ggf. höhere Deckungssummen zu vereinbaren. Im zweiten Fall, insbesondere bei der Incoterms Klausel CIP, muss der Verkäufer ab jetzt für Versicherungsschutz entsprechend den Klauseln (A) der Institute Cargo Clauses sorgen, obwohl jedoch auch hier den Parteien die Möglichkeit offensteht, sich auf eine geringere Mindestdeckungshöhe der Versicherung zu einigen."

Somit besteht in den neuen Incoterms 2020 eine unterschiedliche Versicherungspflicht 734

– in CIP (all risks)

– und CIF (Mindestdeckung).

Der Verkäufer muss nach CIP A5 auf seine Kosten eine Transportversicherung abschließen, die den Käufer oder eine andere Person mit versichertem Interesse an den Gütern berechtigt, direkt beim Versicherer Ansprüche geltend zu machen. Die Versicherung muss bei zuverlässigen Versicherern oder Versicherungsgesellschaften mit einwandfreiem Ruf abgeschlossen werden. Zur Transportversicherung vgl. auch die grundsätzlichen Anmerkungen unter FCA, A5 (vgl. oben, Teil 3, 1.2.3.). 735

Grundsätzlich haben die Parteien die Möglichkeit, den **Umfang der Versicherung** vertraglich zu vereinbaren. 736

Institute Cargo Clauses 737

Fehlt eine solche Absprache, gibt CIP A5 vor, dass eine Mindestdeckung gemäß Klausel A der „Institute Cargo Clauses" oder einem ähnlichen Bedingungswerk erforderlich ist. Die sogenannten „Institute Cargo Clauses" sind die von der „International Underwriting Association of London" (IUA) herausgegebenen Versicherungsbedingungen, Policenformen und Transportversicherungsverträge, die vor allem im Seetransport und Landtransport nutzbar sind. Die „Institute Cargo Clauses" haben drei Kategorien:

– **Klauseltyp „A"** gewährt den umfangreichsten Versicherungsschutz („**all risks**"). Dieser Klauseltyp A ist nicht etwa nur eine kurze Formulierung oder ein kurzer Satz, sondern er wird in einem mehrseitigen Dokument ausformuliert (Muster für alle Klauseltypen, auch die Zusatzversicherungen, z.B. auf der Webseite von Lloyds: https://www.lmalloyds.com/lma/underwriting/marine/JCC/JCC_Clauses_Project/Cargo_Clauses.aspx ; 738

– **Klauseltyp „B"** versichert nur die in der Versicherungspolice ausdrücklich genannten Risiken („named perils", zum Beispiel Überbordspülen, Seewasserschäden, Totalverluste ganzer Kolli beim Laden und Löschen)

– und **Klauseltyp „C"** bietet einen *nur eingeschränkten Mindestschutz* für bestimmte Schadensereignisse wie etwa Große Havarie, Feuer, Strandung, Seebeben usw.

Zusätzlich – und zuvor einzelvertraglich unter den Parteien ausbedungen – können vereinbart werden: 739

- „Institute War Clauses" (Kriegsklausel),
- „Institute Strike Clauses" (Streikklausel),
- „Malicious Damage Clauses" (für mutwillige Beschädigung oder Zerstörung),
- „Institute Commodity Trade Clauses" usw.

740 Diesen **Zusatzschutz** muss der Verkäufer auf Verlangen und Kosten des Käufers – vorbehaltlich der durch den Käufer zu stellenden Informationen und vom Verkäufer benötigten Informationen – beschaffen, CIP A5, 2. Absatz.

741 Die Versicherung muss zumindest den im Vertrag genannten Preis zuzüglich zehn Prozent (d.h. **110 %**) decken und in der Währung des Vertrags ausgestellt sein.

742 Der Versicherungsschutz für die Ware muss ab der in A2 festgelegten Lieferstelle mindestens bis zum benannten Bestimmungsort gelten. Der Verkäufer muss dem Käufer die Versicherungspolice oder -urkunde bzw. einen sonstigen **Nachweis** über den Versicherungsschutz aushändigen. Ferner hat der Verkäufer dem Käufer auf dessen Verlangen, Gefahr und Kosten jene Informationen zur Verfügung zu stellen, die der Käufer für den Abschluss etwaiger zusätzlicher Versicherungen benötigt.

743 „Ähnliche Klauseln"

Werden Versicherungsverträge nicht auf der Basis der „Institute Cargo Clauses" geschlossen, sieht CIP A5, 1. Absatz die Möglichkeit vor, „any similar clauses" für den Abschluss eines Versicherungsvertrages zugrunde zu legen. Ein ähnliches Bedingungswerk sind beispielsweise die von deutschen Transportversicherern genutzten DTV Güterversicherungsbedingungen. Bei den „**DTV Güterversicherungsbedingungen 2000/2011 – Volle Deckung**" handelt es sich um eine unverbindliche Bekanntgabe von Versicherungsbedingungen des Gesamtverbandes der Deutschen Versicherungswirtschaft e.V. (GDV) zur fakultativen Verwendung. Abweichende Vereinbarungen sind also möglich.

744 Schließlich muss der Verkäufer dem Käufer die Versicherungspolice oder einen sonstigen Nachweis über den Versicherungsschutz übermitteln, und er muss dem Käufer jegliche Information über den Versicherungsschutz zugänglich machen, sodass der Käufer entscheiden kann, ob er zusätzlichen Versicherungsschutz wünscht oder eigenständig eindeckt.

A6 Liefer-/Transportdokument
B6 Liefer-/Transportdokument

745 Vgl. hierzu die Erläuterungen zur textgleichen Incoterms-Klausel CPT, oben, Teil 3, 1.3.3., CPT A6/B 6.

A7 Ausfuhr-/Einfuhrabfertigung
B7 Ausfuhr-/Einfuhrabfertigung

746 Vgl. hierzu die Erläuterungen zur textgleichen Incoterms-Klausel CPT, oben, Teil 3, 1.3.3., CPT A7/B7.

A8 Prüfung/Verpackung/Kennzeichnung
B8 Prüfung/Verpackung/Kennzeichnung

Vgl. hierzu die Erläuterungen zur textgleichen Incoterms-Klausel CPT, oben, Teil 3, 1.3.3., CPT A8/B8.

747

A9 Kostenverteilung
B9 Kostenverteilung

Vgl. hierzu die Erläuterungen zur textgleichen Incoterms-Klausel CPT, oben, Teil 3, 1.3.3., CPT A9/B9.

748

A10 Benachrichtigungen
B10 Benachrichtigungen

Vgl. hierzu die Erläuterungen zur textgleichen Incoterms-Klausel CPT, oben, Teil 3, 1.3.3., CPT A10/B10.

749

1.5. DAP (Geliefert benannter Ort – fügen Sie den benannten Bestimmungsort ein)

1.5.1. Vorbemerkungen

Die Klausel DAP wurde neu in die Incoterms 2010 aufgenommen und ist in den Incoterms 2020 nur redaktionell auf die neue Incoterms-Struktur hin angepasst worden.

750

Sie legt einige Grundsätze für ihre Anwendung in den „Erläuternden Kommentaren für Nutzer" der Incoterms-Regeln wie folgt fest:

751

Bei Nutzung der Klausel „Geliefert benannter Ort" erfolgen die Lieferung der Ware und der Gefahrenübergang vom Verkäufer der Ware an den Käufer,

752

– sobald die Ware dem Käufer

– auf dem ankommenden Beförderungsmittel des Verkäufers entladebereit

– am benannten Bestimmungsort oder

– an der vereinbarten Stelle an diesem Ort, sofern eine derartige Stelle vereinbart wurde, zur Verfügung gestellt wird.

Der Verkäufer trägt alle Risiken in Zusammenhang mit der Beförderung der Ware zum benannten Bestimmungsort oder zu der vereinbarten Stelle an diesem Bestimmungsort. In dieser Incoterms-Klausel sind daher Lieferung und Ankunft am Bestimmungsort identisch.

753

Da ein Bestimmungsort eine zu vage Beschreibung des Platzes ist, an dem Kosten und Gefahr auf den Käufer übergehen sollen, wird durch die Erläuterungshinweise der Incoterms 2020 zu DAP empfohlen, den präzisen Übergabepunkt am Bestimmungsort festzulegen und diesen Übergabepunkt auch im Transportvertrag exakt zu bestimmen.

754

755 Der Verkäufer ist *nicht verpflichtet*, die Ware vom ankommenden Transportmittel *zu entladen*. Entstehen dem Verkäufer gemäß seinem Beförderungsvertrag Kosten durch die Entladung am Liefer-/Bestimmungsort, so ist der Verkäufer nicht berechtigt, diese Kosten gesondert vom Käufer zurückzufordern, sofern nichts anderes zwischen den Parteien vereinbart ist.

1.5.2. Richtige Anwendung

756 Die Klausel DAP geht davon aus, dass ein Transportgut bis zu einem Platz an einem Bestimmungsort geliefert wird und dass der Verkäufer bis zu diesem Moment neben den Kosten auch die Sachgefahr tragen muss. Die Klausel DAP ist damit eine sogenannte „Ankunftsklausel".

757 Die Klausel DAP ist immer dann die richtige Lieferbedingung, wenn eigentlich auch die Klauseln FCA oder CPT anwendbar wären, der Käufer jedoch

- weder Gefahr und Kosten des Transports (wie bei FCA)
- noch die Gefahr allein (wie bei CPT) tragen will,
- sondern die gesamten Gefahren und Kosten bis zum Bestimmungsort zulasten des Verkäufers gehen sollen.

758 Der Kosten- und Gefahrübergang mit Erreichen eines Platzes am Bestimmungsort wird diesem Begehr des Käufers gerecht.

759 Wenn die Parteien erreichen wollen, dass der Verkäufer die Kosten und Gefahren nur solange tragen soll, bis die Ware ein Terminal (beispielsweise zur Umladung) oder einen Abladeplatz erreicht hat, bevor sie an einen anderen Platz/Ort weiter transportiert wird, sollte anstelle von DAP die Klausel DPU vereinbart werden.

760 Die Klausel DAP ist für alle Transportarten und auch bei multimodalem Transport einsetzbar.

1.5.3. Die Verpflichtungen im Einzelnen

761 Vgl. zu grundlegend gebrauchten Begriffen der Incoterms-Regeln (wie z.B. Lieferung/Lieferort [A/B2], Gefahrtragung [A/B3], Versicherung [A/B5], Transportdokument [A/B 6], Benachrichtigung [A/B10] usw.) die grundsätzlichen Vorbemerkungen und Erläuterungen in Teil 2, 2.1.)

A1 Allgemeine Verpflichtungen
B1 Allgemeine Verpflichtungen

762 Die Verpflichtungen der Vertragsparteien nach A1 (Verkäuferpflichten) und B1 (Käuferpflichten) sind in den 11 Incoterms-Klauseln wörtlich identisch. Daher kann zu diesen Punkten auf die Hinweise unter der Klausel EXW verwiesen werden (vgl. oben, Teil 3, 1.1.3, EXW A1/ B1.).

A2 Lieferung
B2 Übernahme

Der Verkäufer muss die Ware liefern, indem er sie dem Käufer auf dem ankommenden Beförderungsmittel entladebereit an der gegebenenfalls benannten Stelle, am benannten Bestimmungsort zur Verfügung stellt oder die so gelieferte Ware verschafft. In jedem Fall muss der Verkäufer die Ware zum vereinbarten Termin oder innerhalb der vereinbarten Frist liefern. 763

Bei den Incoterms-Klauseln der D-Gruppe ist der Verkäufer für den Haupttransport verantwortlich. Der Lieferort befindet sich – anders als bei allen anderen Incoterms-Klauseln der E-, F- und C-Gruppen – zeitlich und örtlich hinter dem Haupttransport. Damit ist der Lieferort gleichzeitig auch der Bestimmungsort. 764

Der Verkäufer schuldet nach A2 die nach A7 ausfuhrabgefertigte Ware und muss gegebenenfalls auch den Transit durch ein Drittland abwickeln, sofern dieser vor dem Moment der Lieferung (A2) erfolgt. Dem Käufer obliegt nach B2 die Einfuhrabwicklung. 765

Entladebereit 766

DAP A2 verlangt, dass der Verkäufer die Ware entladebereit an der benannten Stelle am Bestimmungsort zur Verfügung stellt. Damit unterscheidet sich DAP von der neuen Incoterms 2020-Klausel DPU, die das Entladen noch zur Verpflichtung des Verkäufers macht. Unter Entladebereitschaft ist zu verstehen, dass die Ware so bereitgestellt ist, dass der Käufer sie ohne Weiteres entladen und übernehmen kann. Befindet sich die Ware in einem verschlossenen Transportmittel, endet die Verpflichtung des Verkäufers im Rahmen seiner Lieferpflicht damit, dass er – je nach den vorhandenen Umständen –

– das Transportmittel öffnet,
– Ladesicherungen entfernt
– und – wenn Gattungssachen im Transportmittel geladen sind – die für den Käufer bestimmte Ware individualisiert.

Bei Anlieferung eines Containers (dieser ist *Verpackungsmittel* und nicht etwa ein Transportmittel) muss dieser frei zugänglich sein (also nicht von anderen Containern behindert oder zugestellt worden sein), sodass der Empfänger ohne Weiteres an die Ware gelangen und sie ausladen oder umladen kann. 767

Da es auf die *Rechtzeitigkeit der Lieferung* ausdrücklich ankommt (A2, letzter Satz), kann – insbesondere bei ausdrücklicher vertraglicher Vereinbarung einer exakten Frist oder eines exakten Zeitpunkts – damit auf die Verabredung eines sogenannten Fixgeschäfts im Sinne des § 376 Abs. 1 HGB geschlossen werden, mit der Folge, dass der Käufer zum Rücktritt berechtigt oder zum Fordern von Schadensersatz wegen Nichterfüllung befugt sein kann. Hier ist also auf die vertragliche Verabredung besondere Sorgfalt zu legen. 768

A2 und B2 sind Verpflichtungen, die die beiden Parteien jeweils gegenseitig wahrzunehmen haben. Angesichts der Bedeutung der Dokumente, um die es hier geht, 769 und mit deren Vorhandensein überhaupt erst eine Ausfuhr oder Einfuhr ermöglicht wird, ist eine Nichterfüllung der Pflichten nach A2 und B2 als Vertragspflichtverletzung im Sinne des Art. 30 CISG (Verkäuferpflicht) oder Art. 53 CISG (Käuferpflichten) anzusehen; die sich hieraus ergebenden Rechtsfolgen (Schadensersatz, Lieferbefreiung, Rücktrittsrecht o.ä.) bestimmen sich entweder aus dem für den Kaufvertrag vereinbarten geltenden Recht, nach den Regeln des UN-Kaufrechts (CISG) oder aber nach dem aus den Grundsätzen des IPR ermittelten, für den Vertrag anzuwendenden nationalen Recht.

770 A2 bedingt zugleich, dass der Verkäufer dem Käufer auch die zur Abnahme benötigten Dokumente zur Verfügung stellen muss (vgl. A6), sodass der Käufer die Ware in Besitz nehmen oder weiter über sie verfügen kann. Der Käufer muss die Ware abnehmen (B2). Unter Abnahme ist (entsprechend Art. 60 CISG) lediglich die körperliche Entgegennahme zu verstehen, nicht aber etwa eine Billigung der Ware als vertragsgemäß, wie man dies etwa im deutschen Werkvertragsrecht versteht.

771 Angesichts der Bedeutung dieser Pflichten müssen die Vertragsparteien vor Abschluss des Kaufvertrages und damit einhergehender Festlegung der Incoterms 2020 prüfen, in welcher Weise sie die Bedingungen nach A2/B2 zu erfüllen haben und ob sie dazu überhaupt in der Lage sein können. Ist erkennbar, dass die Erteilung einer Exportlizenz oder einer Einfuhrbewilligung außerhalb des Einflussbereiches des zur Beschaffung verpflichteten Partners steht, sollte dies bei Vereinbarung der Klausel DAP (Incoterms 2010) „vorbehaltlich Exportlizenz" oder „vorbehaltlich Einfuhrbewilligung" deutlich gemacht werden.

A3 Gefahrübergang
B3 Gefahrübergang

772 Mit der erfolgten Lieferung am Bestimmungsort im Sinne des A2 (und mit Ausnahme der in B3 genannten Sonderumstände) findet zeitgleich auch der Gefahrübergang für Verlust und Schäden am Transportgut vom Verkäufer auf den Käufer statt.

773 Der Käufer muss daher die Ware bezahlen, wenn sie nach Lieferung (A2) beschädigt wird, verloren geht oder sonst wie abhandenkommt (Transportgefahr; hierzu auch Art. 66 CISG).

774 B3 regelt, dass der Gefahrübergang mit dem Zeitpunkt der Lieferung (im Sinne von A2) auf den Käufer erfolgt. Hierzu gibt es nach B3 zwei Ausnahmen:

a) Falls der Käufer seine Verpflichtungen gemäß B7 nicht erfüllt, trägt er alle daraus resultierenden Risiken des Verlustes oder der Beschädigung der Ware; oder

b) falls der Käufer es unterlässt, eine Benachrichtigung gemäß B10 zu erteilen, trägt er alle Risiken des Verlustes oder der Beschädigung der Ware ab dem vereinbarten Lieferzeitpunkt oder ab dem Ende des vereinbarten Lieferzeitraums,

vorausgesetzt, die Ware wurde eindeutig als die vertragliche Ware kenntlich gemacht.

Für beide Fälle der Gefahrtragung des Käufers gilt, dass eine Gattungsware bereits als für den Käufer bestimmte Ware spezifiziert und damit ausgesondert gewesen sein muss.

A4 Transport
B4 Transport

Nach A4 muss der Verkäufer sich um den Transportvertrag kümmern. Er muss den Beförderungsvertrag auf eigene Kosten entweder abschließen oder für seinen Abschluss sorgen, und zwar für eine Beförderung der Ware bis zu einem benannten Bestimmungsort oder bis an einen genau bezeichneten Platz am benannten Bestimmungsort. Ist kein besonderer Platz oder keine konkrete Stelle vereinbart und gibt es dafür auch keine Übung oder Praxis, darf der Verkäufer den nach seiner Ansicht bestgeeigneten Platz an einem Bestimmungsort auswählen.

Zu den *transportbezogenen Sicherheitsanforderungen* in DAP A4, 2. Absatz, vgl. die Ausführungen zu FCA oben (Teil 3, 1.2.3., FCA A4).

Der Käufer hat keinerlei Verantwortung hinsichtlich des Beförderungsvertrages (B4).

A5 Versicherung
B5 Versicherung

Beide Parteien haben keine direkte Pflicht, einen Versicherungsvertrag abzuschließen, A5/B5. Wenn der Verkäufer jedoch eine Transportversicherung abschließen möchte, verpflichtet B5 den Käufer dazu, den Verkäufer auf dessen Verlangen, Gefahr und Kosten mit allen Informationen auszustatten, die dieser für den Abschluss einer Versicherung benötigt.

A6 Liefer-/Transportdokument
B6 Liefer-/Transportdokument

Entsprechend der Verpflichtung des Verkäufers nach A6, dem Käufer die Entgegennahme der Transportware zu ermöglichen, muss er dem Käufer auch auf seine, des Verkäufers Kosten das Dokument zukommen lassen, das diesen zur Entgegennahme des Beförderungsgutes berechtigt. Im Seetransport können dies ein Konnossement oder ein Seefrachtbrief sein, im Binnenschiffstransport ein Ladeschein, im Eisenbahn-, Straßen- und Luftverkehr ein Frachtbrief usw.

Der Käufer muss diesen Liefernachweis annehmen, B6.

A7 Ausfuhr-/Einfuhrabfertigung
B7 Ausfuhr-/Einfuhrabfertigung

Vgl. hierzu die Erläuterungen zur textgleichen Incoterms-Klausel CPT, oben, Teil 3, 1.3.3., CPT A7/B7 – einzig die „Transitabfertigung" wird in DAP noch zusätzlich als Verpflichtung A7/B7 mit aufgenommen.

A8 Prüfung/Verpackung/Kennzeichnung
B8 Prüfung/Verpackung/Kennzeichnung

783   Vgl. hierzu die Erläuterungen zur textgleichen Incoterms-Klausel CPT, oben, Teil 3, 1.3.3., CPT A8 / B8.

A9 Kostenverteilung
B9 Kostenverteilung

784   Der *Verkäufer* muss:

a) bis zur Lieferung gemäß A2 alle die Ware und ihren Transport betreffenden Kosten tragen, ausgenommen die gemäß B9 vom Käufer zu tragenden Kosten;

b) alle Kosten und Gebühren für die Entladung am Bestimmungsort tragen, sofern diese Kosten und Gebühren gemäß Beförderungsvertrag zu Lasten des Verkäufers gehen;

c) die Kosten für die Beschaffung und Bereitstellung des Liefer-/Transportdokuments gemäß A6 tragen;

d) gegebenenfalls Zölle, Steuern und sonstige Kosten für die Ausfuhr- und Transitabfertigung gemäß A7(a) tragen; und

e) dem Käufer alle Kosten und Gebühren erstatten, die dem Käufer durch die Unterstützung bei der Beschaffung der erforderlichen Dokumente und Informationen gemäß B5 und B7 (a) entstanden sind.

785   Der *Käufer* muss:

a) alle die Ware betreffenden Kosten ab dem Zeitpunkt der Lieferung gemäß A2 tragen;

b) alle Entladekosten tragen, die erforderlich sind, um die Ware vom ankommenden Beförderungsmittel am benannten Bestimmungsort zu übernehmen, sofern diese Kosten gemäß Beförderungsvertrag nicht zu Lasten des Verkäufers gehen;

c) dem Verkäufer alle Kosten und Gebühren erstatten, die dem Verkäufer durch die Unterstützung bei der Beschaffung der erforderlichen Dokumente und Informationen gemäß A7 (b) entstanden sind;

d) gegebenenfalls Zölle, Steuern und sonstige Kosten in Zusammenhang mit der Einfuhrabfertigung gemäß B7 (b) zahlen; und

e) alle zusätzlichen Kosten tragen, die dem Verkäufer entstehen, falls der Käufer seine Verpflichtungen gemäß B7 nicht erfüllt oder es versäumt, eine Benachrichtigung gemäß B10 zu erteilen, vorausgesetzt, die Ware wurde eindeutig als die vertragliche Ware kenntlich gemacht.

A10 Benachrichtigungen
B10 Benachrichtigungen

Der Verkäufer ist nach A10 verpflichtet, den Käufer von der Lieferung am benannten Bestimmungsort auf geeignete Weise zu benachrichtigen, sodass dieser sich entsprechend auf ihren Empfang und die Übernahme am Bestimmungsort vorbereiten kann.   786

Da es im Ermessen des Käufers steht, den Zeitraum und den Zeitpunkt der Lieferung am benannten Bestimmungsort festzulegen, ist er nach B10 verpflichtet, den Verkäufer so rechtzeitig von seiner Entscheidung zu informieren, dass der Verkäufer diese Vorgaben in üblicher Weise erfüllen kann.   787

1.6. DPU (Geliefert benannter Ort entladen – fügen Sie den benannten Bestimmungsort ein)

1.6.1. Vorbemerkungen

Die neue Klausel DPU ersetzt die bisherige Klausel DAT (Geliefert Terminal), die ihrerseits erst in den Incoterms 2010 neu aufgenommen worden war, sich aber in der Praxis nicht bewähren konnte. Bereits in der früheren Incoterms 2010-Klausel DAT gehörte es zu den Pflichten des Verkäufers, die Ware am Lieferort/Terminal zu entladen und nicht etwa nur entladebereit zur Verfügung zu stellen. Die neue Klausel DPU Incoterms 2020 greift diese Vorgabe nun auf und verlangt als zentrale Leistungspflicht die Entladung durch den Verkäufer.   788

Die „Erläuternden Kommentare für Nutzer" sagen hierzu (*Erläuterungen*, Ziffer 1): „Bei Nutzung der Klausel „Geliefert benannter Ort entladen" erfolgen die Lieferung der Ware und der Gefahrenübergang vom Verkäufer der Ware an den Käufer,   789

– indem die Ware,
– nachdem sie vom ankommenden Transportmittel entladen wurde,
– dem Käufer
– am benannten Bestimmungsort oder
– an der vereinbarten Stelle an diesem Ort, sofern eine derartige Stelle vereinbart wurde, zur Verfügung gestellt wird.

Der Verkäufer trägt alle Gefahren, die in Zusammenhang mit der Beförderung der Ware zum und der Entladung am benannten Bestimmungsort entstehen. In dieser Incoterms®-Klausel sind daher Lieferung und Ankunft am Bestimmungsort identisch. DPU ist die einzige Incoterms-Klausel, die den Verkäufer verpflichtet, die Ware am Bestimmungsort zu entladen. Der Verkäufer sollte daher sicherstellen, dass er in der Lage ist, die Entladung am benannten Ort zu organisieren. Falls die Parteien übereinkommen, dass der Verkäufer die Gefahr und die Kosten der Entladung nicht tragen soll, sollte die Klausel DPU vermieden und stattdessen die Klausel DAP verwendet werden."   790

791 Ferner geben die *Erläuterungen* zu DPU (in Ziffer 3) noch folgende Hinweise: „Den Parteien wird aus verschiedenen Gründen empfohlen, Lieferort oder Lieferstelle sowie Bestimmungsort möglichst präzise zu bezeichnen. Zunächst ist festzustellen, dass die Gefahr des Verlusts oder der Beschädigung der Ware an dieser Lieferstelle oder am jeweiligen Bestimmungsort auf den Käufer übergeht; sowohl für den Verkäufer als auch den Käufer ist es daher unabdingbar, sich über die konkrete Stelle im Klaren zu sein, an der sich dieser kritische Gefahrenübergang vollzieht. Zweitens gilt, dass die Kosten bis zu diesem Liefer-/Bestimmungsort bzw. bis zur Lieferstelle zu Lasten des Verkäufers gehen und die ab dieser Stelle bzw. ab diesem Ort entstehenden Kosten dem Käufer zugerechnet werden. Drittens muss der Verkäufer den Transport der Ware bis zum benannten Liefer-/Bestimmungsort oder zur benannten Lieferstelle vertraglich beauftragen oder organisieren. Anderenfalls würde der Verkäufer gegen seine Verpflichtungen aus dieser Klausel verstoßen und wäre gegenüber dem Käufer für die hieraus entstehenden Verluste haftbar. Somit müsste beispielsweise der Verkäufer alle zusätzlichen Kosten übernehmen, die der Frachtführer dem Käufer ggf. für den zusätzlichen Weitertransport der Ware berechnen würde."

1.6.2. Richtige Anwendung

792 Die neue Klausel DPU geht davon aus, dass ein Transportgut an einen Bestimmungsort geliefert und an einer benannten Stelle dem Käufer zur Verfügung gestellt wird, sodass dieser die Ware ab- bzw. umladen kann. Bis zum Moment der Zurverfügungstellung oder des Verschaffens der gelieferten Ware trägt der Verkäufer neben den Kosten auch die Sachgefahr. Diese Klausel, die von einem Bestimmungsort ausgeht, ist damit (wie DAP) eine sogenannte „Ankunftsklausel".

793 Die Klausel DPU ist immer dann die richtige Lieferbedingung, wenn eigentlich auch die Klausel FCA oder CPT anwendbar wäre, der Käufer jedoch weder Gefahr und Kosten des Transports (wie bei FCA) noch die Gefahr allein (wie bei CPT) tragen will, sondern die gesamten Gefahren und Kosten bis zum Bestimmungsort zulasten des Verkäufers gehen sollen. Der Kosten- und Gefahrübergang an einer bestimmten Stelle am Bestimmungort im Bestimmungsland werden diesem Begehr des Käufers gerecht.

1.6.3. Die Verpflichtungen im Einzelnen

794 Vgl. zu grundlegend gebrauchten Begriffen der Incoterms-Regeln (wie z.B. Lieferung/Lieferort [A/B2], Gefahrtragung [A/B3], Versicherung [A/B5], Transportdokument [A/B 6], Benachrichtigung [A/B10] usw.) die grundsätzlichen Vorbemerkungen und Erläuterungen in Teil 2, 2.1.).

A1 Allgemeine Verpflichtungen
B1 Allgemeine Verpflichtungen

795 Die Verpflichtungen der Vertragsparteien nach A1 (Verkäuferpflichten) und B1 (Käuferpflichten) sind in allen 11 Incoterms-Klauseln wörtlich identisch. Daher

kann zu diesen Punkten auf die Hinweise unter der Klausel EXW verwiesen werden (vgl. oben, Teil 3, 1.1.3., EXW A1/B1.).

A2 Lieferung
B2 Übernahme

DPU unterscheidet sich von DAP – bei ansonsten identischer Verpflichtung – dadurch, dass der Verkäufer die Ware dem Käufer vom ankommenden Beförderungsmittel *entladen* **und** dann *liefern* muss, indem er sie dem Käufer zur Verfügung stellt. Die Lieferung muss auf jeden Fall zur vereinbarten Zeit oder innerhalb der vereinbarten Frist erfolgen. 796

Entladung 797

Bereits die in den früheren Incoterms 2010 neu aufgenommene Klausel DAT, die durch DPU Incoterms 2020 schon wieder ersetzt wurde, war das *Entladen* eine der Pflichten des Verkäufers. Diese Verpflichtung kann der Verkäufer nur erfüllen, wenn er tatsächlich auch in der Lage ist, eine Entladung vorzunehmen. Wird nämlich im Einfuhrland gefordert, dass vor der Entladung die Einfuhrabfertigung/Importverzollung stattzufinden hat, liegt diese wiederum in der Sphäre des Käufers, DPU B7 Buchstabe b). Die Entladung ist dann solange nicht möglich, wie die Importabfertigung nicht erfolgt ist.

Da der Verkäufer unter DPU zur Entladung der Ware verpflichtet ist, trägt er auch alle mit der Entladung verbundenen Kosten und Abgaben (DPU A9). 798

Lieferung 799

Nach der Entladung muss der Verkäufer dem Käufer die Ware so bereitstellen, dass der Käufer sie ohne Weiteres übernehmen kann. Die Bereitstellung geschieht losgelöst vom Beförderungsmittel: Es muss lediglich erreicht werden, dass der Empfänger über die Ware verfügen kann – bei einem Containertransport also in der Weise, dass der für den Transport verwendete Container zugänglich (also nicht durch andere Container blockiert) ist und Zugriff auf die Ware ermöglicht. Diese Zurverfügungstellung der Ware beendet die Lieferhandlung am vereinbarten Lieferort zur vereinbarten Lieferzeit (oder innerhalb der vereinbarten Lieferfrist), sodass der Verkäufer damit seine aus dem Kaufvertrag und der DPU-Klausel resultierende Lieferpflicht erfüllt hat. Der erfolgreichen Lieferung folgt zum selben Zeitpunkt der Gefahrübergang.

Übernahme 800

Der Begriff „Übernahme" in der Überschrift ist oben bereits besprochen worden (oben, Teil 2, 2.11.). Er versteht sich – angesichts des A2 Verpflichtung des Verkäufers zur bloßen „Zurverfügungstellung" – als Vorgang, in dem die Ware durch den Verkäufer abgeladen und zur Übernahme bereitgestellt wird. Dieser Aspekt findet sich auch in Art. 31 CISG, der in den beiden Varianten (a) und (b) der Vorschrift zwischen Übergabe (= Übertragung der Sachherrschaft) und „Zurverfügungstellung (= Bereitstellen zur Übernahme) unterscheidet.

A3 Gefahrübergang
B3 Gefahrübergang

801 Mit der erfolgten Lieferung am benannten Bestimmungsort im Sinne des A2 (und mit Ausnahme der in B3 genannten Sonderumstände) findet zeitgleich auch der Gefahrübergang für Verlust und Schäden am Transportgut vom Verkäufer auf den Käufer statt.

802 Der Käufer muss daher die Ware bezahlen (Preisgefahr), wenn sie nach Lieferung am benannten Bestimmungsort (A2) beschädigt wird, verloren geht oder sonst wie abhandenkommt (Transportgefahr; hierzu auch Art. 66 CISG). A8 belässt einen Teil des Risikos (Verpackung usw.) beim Verkäufer, sodass dieser für die Schadensfolgen einer Sorgfaltspflichtverletzung bei unsachgemäßer und nicht transportgerechter Verpackung selbst einzutreten hat. Auch letzterer Grundsatz folgt Art. 66 CISG: Danach wird der Käufer von der Wirkung des Gefahrübergangs befreit, wenn Untergang oder Beschädigung der Ware auf eine Handlung oder Unterlassung des Verkäufers zurückzuführen sind.

803 B3 regelt, dass der Gefahrübergang mit dem Zeitpunkt der Lieferung (im Sinne von A2) auf den Käufer erfolgt. Hierzu gibt es nach B3 zwei Ausnahmen: „Falls:

a) der Käufer seine Verpflichtungen gemäß B7 nicht erfüllt, trägt er alle daraus resultierenden Risiken des Verlusts oder der Beschädigung der Ware; oder

b) der Käufer es versäumt, eine Benachrichtigung gemäß B10 zu erteilen, trägt er alle Risiken des Verlusts oder der Beschädigung der Ware ab dem vereinbarten Lieferzeitpunkt oder ab dem Ende des vereinbarten Lieferzeitraums,

vorausgesetzt, die Ware wurde eindeutig als die vertragliche Ware kenntlich gemacht."

804 Für beide Fälle der Gefahrtragung des Käufers gilt, dass eine Gattungsware bereits als für den Käufer bestimmte Ware spezifiziert und damit ausgesondert gewesen sein muss.

A4 Transport
B4 Transport

805 Nach A4 muss der Verkäufer sich um den Transportvertrag kümmern. Er muss den Beförderungsvertrag auf eigene Kosten entweder abschließen oder für seinen Abschluss sorgen, und zwar für eine Beförderung der Ware bis zu einem benannten Bestimmungsort oder bis an einen genau bezeichneten Platz am benannten Bestimmungsort. Ist kein besonderer Platz oder keine konkrete Stelle vereinbart und gibt es dafür auch keine Übung oder Praxis, darf der Verkäufer den nach seiner Ansicht bestgeeigneten Platz an einem Bestimmungsort auswählen.

806 Zu den *transportbezogenen Sicherheitsanforderungen* in DPU A4, 2. Absatz, vgl. die Ausführungen zu FCA oben (Teil 3, 1.2.3., FCA A4).

807 Der Käufer hat keinerlei Verantwortung hinsichtlich des Beförderungsvertrages (B4).

A5 Versicherung
B5 Versicherung

Beide Parteien haben keine direkte Pflicht, einen Versicherungsvertrag abzuschließen, A5/B5. Wenn der Verkäufer jedoch eine Transportversicherung abschließen möchte, verpflichtet B5 den Käufer dazu, den Verkäufer auf dessen Verlangen, Gefahr und Kosten mit allen Informationen auszustatten, die dieser für den Abschluss einer Versicherung benötigt.   808

A6 Liefer-/Transportdokument
B6 Liefer-/Transportdokument

Entsprechend der Verpflichtung des Verkäufers nach A6, dem Käufer die Entgegennahme der Transportware zu ermöglichen, muss er dem Käufer auch auf seine, des Verkäufers Kosten das Dokument zukommen lassen, das diesen zur Entgegennahme des Beförderungsgutes berechtigt. Im Seetransport können dies ein Konnossement oder ein Seefrachtbrief sein, im Binnenschiffstransport ein Ladeschein, im Eisenbahn-, Straßen- und Luftverkehr ein Frachtbrief usw.   809

Der Käufer muss diesen Liefernachweis annehmen, B6.   810

A7 Ausfuhr-/Einfuhrabfertigung
B7 Ausfuhr-/Einfuhrabfertigung

Vgl. hierzu die Erläuterungen zur textgleichen Incoterms-Klausel CPT, oben, Teil 3, 1.3.3., CPT A7/B7 – einzig die „Transitabfertigung" wird in DPU noch zusätzlich als Verpflichtung A7/B7 mit aufgenommen.   811

A8 Prüfung/Verpackung/Kennzeichnung
B8 Prüfung/Verpackung/Kennzeichnung

Vgl. hierzu die Erläuterungen zur textgleichen Incoterms-Klausel CPT, oben, Teil 3, 1.3.3., CPT A8/B8.   812

A9 Kostenverteilung
B9 Kostenverteilung

„Der *Verkäufer* muss: 813

a) bis zur Entladung und Lieferung der Ware gemäß A2 alle die Ware und ihren Transport betreffenden Kosten tragen, ausgenommen die gemäß B9 vom Käufer zu zahlenden Kosten;

b) die Kosten für die Beschaffung und Bereitstellung des Liefer-/Transportdokuments gemäß A6 tragen;

c) gegebenenfalls Zölle, Steuern und sonstige Kosten für die Ausfuhr- und Transitabfertigung gemäß A7(a) tragen; und

d) dem Käufer alle Kosten und Gebühren erstatten, die dem Käufer durch die Unterstützung bei der Beschaffung der erforderlichen Dokumente und Informationen gemäß B5 und B7(a) entstanden sind."

814 „Der *Käufer* muss:

a) alle die Ware betreffenden Kosten ab dem Zeitpunkt der Lieferung gemäß A2 tragen;

b) dem Verkäufer alle Kosten und Gebühren erstatten, die dem Verkäufer durch die Unterstützung bei der Beschaffung der erforderlichen Dokumente und Informationen gemäß A7(b) entstanden sind;

c) gegebenenfalls Zölle, Steuern und sonstige Kosten in Zusammenhang mit der Einfuhrabfertigung gemäß B7(b) zahlen; und

d) alle zusätzlichen Kosten tragen, die dem Verkäufer entstehen, falls der Käufer seine Verpflichtungen gemäß B7 nicht erfüllt oder es versäumt, eine Benachrichtigung gemäß B10 zu erteilen, vorausgesetzt, die Ware wurde eindeutig als die vertragliche Ware kenntlich gemacht."

A10 Benachrichtigungen
B10 Benachrichtigungen

815 Der Verkäufer ist nach A10 verpflichtet, den Käufer von der Lieferung am benannten Bestimmungsort auf geeignete Weise zu benachrichtigen, sodass dieser sich entsprechend auf ihren Empfang und die Übernahme am Bestimmungsort vorbereiten kann.

816 Da es im Ermessen des Käufers steht, den Zeitraum und den Zeitpunkt der Lieferung am benannten Bestimmungsort festzulegen, ist er nach B10 verpflichtet, den Verkäufer so rechtzeitig von seiner Entscheidung zu informieren, dass der Verkäufer diese Vorgaben in üblicher Weise erfüllen kann.

1.7. DDP (Geliefert verzollt – fügen Sie den benannten Bestimmungsort ein)

1.7.1. Vorbemerkungen

817 Die Klausel DDP stellt an den Exporteur/Verkäufer die größten Anforderungen und erlegt ihm angesichts der anderen Lieferbedingungen die umfangreichsten Pflichten und Verantwortungen auf, während die Klausel für den Importeur/Käufer im Vergleich zu den anderen Lieferbedingungen maximale Vorteile bietet. Die Klausel DDP legt einige Grundsätze für ihre Anwendung in den „Erläuternden Kommentaren für Nutzer" in der *Einführung* der Incoterms-Regeln für DDP fest.

818 „Bei Nutzung der Klausel „Geliefert verzollt" erfolgt die Lieferung der Ware vom Verkäufer an den Käufer,

– indem der Verkäufer dem Käufer

– die zur Einfuhr freigemachte Ware

– auf dem ankommenden Transportmittel

– entladebereit

– an dem vereinbarten Bestimmungsort oder an der vereinbarten Stelle an diesem Ort, sofern eine derartige Stelle vereinbart wurde, zur Verfügung stellt.

Der Verkäufer trägt alle Gefahren in Zusammenhang mit der Beförderung der Ware zum benannten Bestimmungsort oder zu der vereinbarten Stelle an diesem Bestimmungsort. In dieser Incoterms®-Klausel sind daher Lieferung und Ankunft am Bestimmungsort identisch."

1.7.2. Richtige Anwendung

Die Klausel DDP geht davon aus, dass den Verkäufer hinsichtlich der Gefahr- und Kostentragung die Maximalanforderung trifft. Sie ist daher für den Verkäufer besonders nachteilig, für den Käufer dagegen besonders vorteilhaft. Diese Klausel, die von einem Bestimmungsort ausgeht, ist damit eine sogenannte „Ankunftsklausel". **819**

Die Klausel DDP sieht in A2 vor, dass der Verkäufer die Ware unabgeladen zu liefern hat. Trotzdem kann es nach den Bestimmungen des Beförderungsvertrages vorgesehen sein, dass die Beförderung erst mit dem Abladen endet und die durch die Erfüllung des gesamten Beförderungsvertrages (Transport und Abladung) entstehenden Kosten durch den Verkäufer als Vertragspartner des Frachtunternehmers zu tragen sind. Die Kosten der Abladung sind dann vom Verkäufer zu tragen; sie können vom Grundsatz her nur dann an den Käufer weitergegeben werden, wenn dies schon in der Lieferbedingung des Grundvertrages (des Kaufvertrages) entsprechend vereinbart wurde. **820**

Gemäß der Regelung in DDP A7 ist der Verkäufer unter der Klausel DDP verpflichtet, die Ware nötigenfalls zur Ausfuhr sowie zur Einfuhr freizumachen und etwaige Einfuhrzölle zu entrichten oder Zollformalitäten zu erledigen. Falls der Verkäufer daher nicht in der Lage ist, die Einfuhrabfertigung zu erledigen, und diese Formalitäten lieber dem Käufer im Einfuhrland überlassen möchte, sollte der Verkäufer möglicherweise die Klausel DAP oder DPU wählen, bei denen die Lieferung zwar ebenfalls am Bestimmungsort erfolgt, jedoch die Einfuhrabfertigung dem Käufer obliegt. Hieraus können sich steuerliche Auswirkungen ergeben, wobei diese Steuern möglicherweise vom Käufer nicht erstattet werden können, vgl. dazu A9 (d). **821**

1.7.3. Die Verpflichtungen im Einzelnen

Vgl. zu grundlegend gebrauchten Begriffen der Incoterms-Regeln (wie z.B. Lieferung/Lieferort [A/B2], Gefahrtragung [A/B3], Versicherung [A/B5], Transportdokument [A/B 6], Benachrichtigung [A/B10] usw.) die grundsätzlichen Vorbemerkungen und Erläuterungen in Teil 2, 2.1.). **822**

A1 Allgemeine Verpflichtungen
B1 Allgemeine Verpflichtungen

Die Verpflichtungen der Vertragsparteien nach A1 (Verkäuferpflichten) und B1 (Käuferpflichten) sind in allen 11 Incoterms-Klauseln wörtlich identisch. Daher **823** kann zu diesen Punkten auf die Hinweise unter der Klausel EXW verwiesen werden (vgl. oben, Teil 3, 1.1.3., EXW A1/ B1.).

A2 Lieferung
B2 Übernahme

824 Der Verkäufer muss die Ware liefern, indem er sie dem Käufer auf dem ankommenden Beförderungsmittel entladebereit an der gegebenenfalls benannten Stelle, am benannten Bestimmungsort zur Verfügung stellt oder die so gelieferte Ware verschafft. In jedem Fall muss der Verkäufer die Ware zum vereinbarten Termin oder innerhalb der vereinbarten Frist liefern.

825 Bei den Incoterms-Klauseln der D-Gruppe ist der Verkäufer für den Haupttransport verantwortlich. Der Lieferort befindet sich – anders als bei allen anderen Incoterms-Klauseln der E-, F- und C-Gruppen – zeitlich und örtlich hinter dem Haupttransport. Damit ist der Lieferort gleichzeitig auch der Bestimmungsort.

826 Der Verkäufer schuldet nach A2 die nach A7 ausfuhrabgefertigte Ware und muss gegebenenfalls auch den Transit durch ein Drittland abwickeln, sofern dieser vor dem Moment der Lieferung (A2) erfolgt. Dem Käufer obliegt nach B2 die Einfuhrabwicklung.

827 *Entladebereit*

DDP A2 verlangt, dass der Verkäufer die Ware entladebereit an der benannten Stelle am Bestimmungsort zur Verfügung stellt. Damit unterscheidet sich DDP von der neuen Incoterms 2020-Klausel DPU, die das Entladen zur Verpflichtung des Verkäufers macht. Unter Entladebereitschaft ist zu verstehen, dass die Ware so bereitgestellt ist, dass der Käufer sie ohne Weiteres entladen und übernehmen kann. Befindet sich die Ware in einem verschlossenen Transportmittel, endet die Verpflichtung des Verkäufers im Rahmen seiner Lieferpflicht damit, dass er – je nach den vorhandenen Umständen –

– das Transportmittel öffnet,

– Ladesicherungen entfernt

– und – wenn Gattungssachen im Transportmittel geladen sind – die für den Käufer bestimmte Ware individualisiert.

828 Bei Anlieferung eines Containers (dieser ist *Verpackungsmittel* und nicht etwa ein Transportmittel) muss dieser frei zugänglich sein (also nicht von anderen Containern behindert oder zugestellt worden sein), sodass der Empfänger ohne Weiteres an die Ware gelangen und sie ausladen oder umladen kann.

829 Da es auf die *Rechtzeitigkeit der Lieferung* ausdrücklich ankommt (A2, letzter Satz), kann – insbesondere bei ausdrücklicher vertraglicher Vereinbarung einer exakten Frist oder eines exakten Zeitpunkts – damit auf die Verabredung eines sogenannten Fixgeschäfts im Sinne des § 376 Abs. 1 HGB geschlossen werden, mit der Folge, dass der Käufer zum Rücktritt berechtigt oder zum Fordern von Schadensersatz wegen Nichterfüllung befugt sein kann. Hier ist also auf die vertragliche Verabredung besondere Sorgfalt zu legen.

A2 und B2 sind Verpflichtungen, die die beiden Parteien jeweils gegenseitig wahrzunehmen haben. Angesichts der Bedeutung der Dokumente, um die es hier geht, und mit deren Vorhandensein überhaupt erst eine Ausfuhr oder Einfuhr ermöglicht wird, ist eine Nichterfüllung der Pflichten nach A2 und B2 als Vertragspflichtverletzung im Sinne des Art. 30 CISG (Verkäuferpflicht) oder Art. 53 CISG (Käuferpflichten) anzusehen; die sich hieraus ergebenden Rechtsfolgen (Schadensersatz, Lieferbefreiung, Rücktrittsrecht o.ä.) bestimmen sich entweder aus dem für den Kaufvertrag vereinbarten geltenden Recht, nach den Regeln des UN-Kaufrechts (CISG) oder aber nach dem aus den Grundsätzen des IPR ermittelten, für den Vertrag anzuwendenden nationalen Recht. **830**

A2 bedingt zugleich, dass der Verkäufer dem Käufer auch die zur Abnahme benötigten Dokumente zur Verfügung stellen muss (vgl. A6), sodass der Käufer die Ware in Besitz nehmen oder weiter über sie verfügen kann. Der Käufer muss die Ware abnehmen (B2). Unter Abnahme ist (entsprechend Art. 60 CISG) lediglich die körperliche Entgegennahme zu verstehen, nicht aber eine Billigung der Ware als vertragsgemäß, wie man dies etwa im deutschen Werkvertragsrecht versteht. **831**

A3 Gefahrübergang
B3 Gefahrübergang

Mit der erfolgten Lieferung am Bestimmungsort im Sinne des A2 (und mit Ausnahme der in B3 genannten Sonderumstände) findet zeitgleich auch der Gefahrübergang für Verlust und Schäden am Transportgut vom Verkäufer auf den Käufer statt. **832**

Der Käufer muss daher die Ware bezahlen, wenn sie nach Lieferung (A2) beschädigt wird, verloren geht oder sonst wie abhandenkommt (Transportgefahr; hierzu auch Art. 66 CISG). **833**

B3 regelt, dass der Gefahrübergang mit dem Zeitpunkt der Lieferung (im Sinne von A2) auf den Käufer erfolgt. Hierzu gibt es nach B3 zwei Ausnahmen: „Falls **834**

a) der Käufer seine Verpflichtungen gemäß B7 nicht erfüllt, trägt er alle daraus resultierenden Risiken des Verlustes oder der Beschädigung der Ware; oder

b) der Käufer es unterlässt, eine Benachrichtigung gemäß B10 zu erteilen, trägt er alle Risiken des Verlustes oder der Beschädigung der Ware ab dem vereinbarten Lieferzeitpunkt oder ab dem Ende des vereinbarten Lieferzeitraums,

vorausgesetzt, die Ware wurde eindeutig als die vertragliche Ware kenntlich gemacht."

Für beide Fälle der Gefahrtragung des Käufers gilt, dass eine Gattungsware bereits als für den Käufer bestimmte Ware spezifiziert und damit ausgesondert gewesen sein muss. **835**

A4 Transport
B4 Transport

836 Nach A4 muss der Verkäufer sich um den Transportvertrag kümmern. Er muss den Beförderungsvertrag auf eigene Kosten entweder abschließen oder für seinen Abschluss sorgen, und zwar für eine Beförderung der Ware bis zu einem benannten Bestimmungsort oder bis an einen genau bezeichneten Platz am benannten Bestimmungsort. Ist kein besonderer Platz oder keine konkrete Stelle vereinbart und gibt es dafür auch keine Übung oder Praxis, darf der Verkäufer den nach seiner Ansicht bestgeeigneten Platz an einem Bestimmungsort auswählen.

837 Zu den *transportbezogenen Sicherheitsanforderungen* in DDP A4, 2. Absatz, vgl. die Ausführungen zu FCA oben (Teil 3, 1.2.3., FCA A4).

838 Der Käufer hat keinerlei Verantwortung hinsichtlich des Beförderungsvertrages (B4).

A5 Versicherung
B5 Versicherung

839 Beide Parteien haben keine direkte Pflicht, einen Versicherungsvertrag abzuschließen, A5/B5. Wenn der Verkäufer jedoch eine Transportversicherung abschließen möchte, verpflichtet B5 den Käufer dazu, den Verkäufer auf dessen Verlangen, Gefahr und Kosten mit allen Informationen auszustatten, die dieser für den Abschluss einer Versicherung benötigt.

A6 Liefer-/Transportdokument
B6 Liefer-/Transportdokument

840 Entsprechend der Verpflichtung des Verkäufers nach A6, dem Käufer die Entgegennahme der Transportware zu ermöglichen, muss er dem Käufer auch auf seine, des Verkäufers Kosten das Dokument zukommen lassen, das diesen zur Entgegennahme des Beförderungsgutes berechtigt. Im Seetransport können dies ein Konnossement oder ein Seefrachtbrief sein, im Binnenschiffstransport ein Ladeschein, im Eisenbahn-, Straßen- und Luftverkehr ein Frachtbrief usw.

841 Der Käufer muss diesen Liefernachweis annehmen, B 6.

A7 Ausfuhr-/Einfuhrabfertigung
B7 Ausfuhr-/Einfuhrabfertigung

842 DDP A7/B7 bezeichnen die Extremposition in der Abwicklung des Warengeschäfts: Der Verkäufer ist bei Verwendung von DDP neben der Ausfuhrabfertigung auch zur Einfuhrabfertigung verpflichtet und muss zugleich auch alle bei der Einfuhr anfallenden Abgaben bezahlen. Wie bereits in der einführenden Erläuterung zu DDP ausdrücklich nachzulesen ist, sollte DDP nicht verwendet werden, wenn es dem Verkäufer nicht möglich ist, die Einfuhrabfertigung vorzunehmen. So ist es beispielsweise nach den Importbestimmungen vieler Länder vorgeschrieben, dass die Einfuhranmeldung nur durch eine im Zollgebiet ansässige Person erfolgen kann. Ist daher schon bei Vertragsschluss erkennbar, dass die Vornahme der Einfuhrab-

fertigung für den Verkäufer problematisch werden kann, sollte anstelle der Klausel DDP eher DAP oder DPU verwendet werden.

Zu den Verpflichtungen des Verkäufers aus A7 im Hinblick auf Ausfuhr-/Durchfuhr-/Einfuhrgenehmigungen, Sicherheitsfreigabe, Warenkontrolle und sonstige behördliche Genehmigungen vgl. im Übrigen die Anmerkungen zur Incoterms-Klausel CPT, oben, Teil 3, 1.3.3., CPT A7/B7. 843

Soweit zutreffend, hat der Käufer den Verkäufer auf dessen Verlangen, Gefahr und Kosten bei der Beschaffung von Dokumenten und/oder Informationen für alle Ausfuhr-/Transit-/Einfuhrabfertigungsformalitäten zu unterstützen, die von den Ausfuhr-/Transit-/Einfuhrländern vorgeschrieben sind. 844

A8 Prüfung/Verpackung/Kennzeichnung
B8 Prüfung/Verpackung/Kennzeichnung

Vgl. hierzu die Erläuterungen zur textgleichen Incoterms-Klausel CPT, oben, Teil 3, 1.3.3., CPT A8/B8. 845

A9 Kostenverteilung
B9 Kostenverteilung

„Der *Verkäufer* muss: 846

a) bis zur Lieferung gemäß A2 alle die Ware und ihren Transport betreffenden Kosten tragen, ausgenommen die gemäß B9 vom Käufer zu tragenden Kosten;

b) alle Kosten und Gebühren für die Entladung am Bestimmungsort tragen, sofern diese Kosten und Gebühren gemäß Beförderungsvertrag zu Lasten des Verkäufers gehen;

c) die Kosten für die Beschaffung und Bereitstellung des Liefer-/Transportdokuments gemäß A6 tragen;

d) gegebenenfalls Zölle, Steuern und sonstige Kosten in Zusammenhang mit der Einfuhr-, Transit- und Einfuhrabfertigung gemäß A7 zahlen; und

e) dem Käufer alle Kosten und Gebühren erstatten, die dem Käufer durch die Unterstützung bei der Beschaffung der erforderlichen Dokumente und Informationen gemäß B5 und B7 entstanden sind.

Der *Käufer* muss: 847

a) alle die Ware betreffenden Kosten ab dem Zeitpunkt der Lieferung gemäß A2 tragen;

b) alle Entladekosten tragen, die erforderlich sind, um die Ware vom ankommenden Beförderungsmittel am benannten Bestimmungsort zu übernehmen, sofern diese Kosten gemäß Beförderungsvertrag nicht zu Lasten des Verkäufers gehen; und

c) alle zusätzlichen Kosten tragen, die dem Verkäufer entstehen, falls der Käufer seine Verpflichtungen gemäß B7 nicht erfüllt oder es versäumt, eine Benachrichtigung gemäß B10 zu erteilen, vorausgesetzt, die Ware wurde eindeutig als die vertragliche Ware kenntlich gemacht."

A10 Benachrichtigungen
B10 Benachrichtigungen

848 Der Verkäufer ist nach A10 verpflichtet, den Käufer von der Lieferung am benannten Bestimmungsort auf geeignete Weise zu benachrichtigen, sodass dieser sich entsprechend auf ihren Empfang und die Übernahme am Bestimmungsort vorbereiten kann.

849 Da es im Ermessen des Käufers steht, den Zeitraum und den Zeitpunkt der Lieferung am benannten Bestimmungsort festzulegen, ist er nach B10 verpflichtet, den Verkäufer so rechtzeitig von seiner Entscheidung zu informieren, dass der Verkäufer diese Vorgaben in üblicher Weise erfüllen kann.

2. Klauseln für den Seeschiffs- und Binnenschiffstransport

850 Die Incoterms 2020 enthalten vier Lieferbedingungen, die sich nicht für alle Transportarten und/oder den multimodalen Transport eignen, sondern die ausdrücklich auf den Transport mittels Seeschiff oder Binnenschiff ausgerichtet sind. Die Klauseln gehören den Kategorien der F- und C-Klauseln an und sind:

- FAS   …   benannter Verschiffungshafen
- FOB   …   benannter Verschiffungshafen
- CFR   …   benannter Bestimmungshafen
- CIF   …   benannter Bestimmungshafen

851 **Eignung von FAS und FOB im Containerverkehr**

Im Schiffsverkehr werden häufig auch Container transportiert, sodass die Überlegung aufkommt, ob sich die speziell für den Schiffstransport einsetzbaren Incoterms 2020 dann überhaupt eignen. In der Praxis ist im Containertransport beispielsweise die Klausel FCA besser geeignet als die Klauseln FOB oder FAS, wie nachstehend bei Behandlung der einzelnen Klauselarten noch näher beschrieben wird. Grund für die mangelnde Eignung von FOB und FAS im Containerverkehr ist, dass (mit Ausnahme einer Containerverladung auf ein *konventionelles* Frachtschiff) die Verpflichtung des Verkäufers nicht erfüllbar ist, „die Ware an Bord des vom Käufer benannten Seeschiffs zu liefern". Hauptgrund ist, dass die Lieferung *„im Verschiffungshafen"* erfolgt, Container aber tatsächlich schon vorher an einem Terminal abgeladen und in fremde Obhut übergeben werden.

852 Die Lieferung von Containern *an Bord* eines Containerschiffes (oder längsseits) wird immer vom Seefrachtführer beeinflusst, da der Verkäufer selber seine Containerlieferung immer nur bis zum Verladeterminal im oder beim Verschiffungshafen durchführen und beeinflussen kann, während die Terminals von Reedereien, Hafenumschlagsbetrieben oder Kaibetrieben unterhalten werden.

Im Seetransport werden diese Betriebe zur Abwicklung von Containerverkehr im Auftrage des Seefrachtführers wie folgt tätig: 853

- Bei FCL Containern („*full container load*") nehmen die Betriebe diese *fertig gepackten Container* an (zum Beispiel Übernahme vom anliefernden LKW, Weitertransport zu einem Stellplatz und kurzfristige Lagerung dort, bis der Container mittels Ladekrans am Terminal auf das Seeschiff/Containerschiff verladen wird),
- während sie bei kleineren Stückguttransporten, wenn ein Container nur teilbeladen ist und durch weitere Waren aufgefüllt wird (LCL Gut, „less than a container load"), das Stückgut in Container stauen, die Container dann auf dem Terminalgelände zwischenlagern, sie zum Stellplatz verbringen und schließlich die gefüllten Container an Bord des Seeschiffs verladen.

Da damit der Verkäufer seine Lieferung nicht bis „an Bord" oder „längsseits Schiff" erbringen kann, sondern die Ware bereits vorher an den Frachtführer übergibt, eignen sich im Containerverkehr die Klauseln FOB und FAS nicht, sondern es ist stattdessen beispielsweise die Klausel FCA vorzuziehen. 854

Eignung von CFR und CIF im Containerverkehr 855

Diese Schwierigkeiten gibt es beim Einsatz der Klauseln CFR und CIF nicht in diesem Ausmaß. Immer, wenn eine Containerverschiffung von FCL Containern oder LCL Gütern erfolgt und die Klauseln CFR oder CIF eingesetzt werden, weisen die Lieferbedingungen auf einen „benannten *Bestimmungshafen*" hin (und nicht, wie bei FOB oder FAS, auf einen „Verschiffungshafen"). In beiden Fällen kommt es also darauf an, dass der FCL oder LCL Container im Bestimmungshafen an den Käufer zur Weiterbeförderung zu übergeben ist oder aber die Ware im Bestimmungshafen zur Ablieferung an den Käufer aus dem Container entladen werden muss. Die entsprechenden Pflichten des Verkäufers zum Abschluss des Beförderungsvertrages (A3) und die Kostenregelung (A6) zeigen dies. Nur hinsichtlich der Problematik im Verschiffungshafen (Lieferung an Bord, Gefahrübergang) bestehen dieselben Schwierigkeiten wie oben für FAS und FOB beschrieben, doch hindert dies nicht die grundsätzliche Anwendbarkeit der Klausel CFR und CIF im Containerverkehr.

Im Folgenden werden diese Themen bei Beschreibung der einzelnen für den Schiffstransport geeigneten Incoterms 2020 noch weiter vertieft. 856

2.1. FAS (Frei Längsseite Schiff – fügen Sie den benannten Verschiffungshafen ein)

2.1.1. Vorbemerkungen

Die Klausel FAS ist eine traditionelle Lieferbedingung, die im herkömmlichen Seetransport oder Binnenschiffstransport eingesetzt wird, sich jedoch nicht für den Containerverkehr per Schiff eignet. Vgl. hierzu die generellen Anmerkungen (vgl. oben, Teil 3, 2.). Damit ist der Anwendungsbereich für die Klausel FAS auf Seefracht, die nicht in Containern transportiert wird, bezogen, also ausgerichtet auf 857

Stückgut oder Massengüter, die auf „normalen" Frachtschiffen transportiert werden.

858 Bei der Klausel FAS muss der Verkäufer die Ware im Verschiffungshafen längsseits an einem Transportschiff anliefern, was

- von der Uferseite her gesehen ein Abliefern am Kai sein kann, an dem das Schiff liegt
- und von der Wasserseite her gesehen beispielsweise durch ein Feederschiff oder ein sonstiges Zubringerschiff geschehen kann, das sich wasserseitig längsseits des Transportschiffes befindet.

2.1.2. Richtige Anwendung

859 Die Incoterms-Regeln legen zu der Klausel FAS einige Grundsätze für ihre Anwendung in den „Erläuternden Kommentaren für Nutzer" fest: „Bei Nutzung der Klausel „Frei Längsseite Schiff" erfolgt die Lieferung der Ware vom Verkäufer an den Käufer,

- indem die Ware längsseits eines Schiffs (z.B. an einer Kaianlage oder auf einem Binnenschiff),
- das vom Käufer benannt wurde,
- im benannten Verschiffungshafen bereitgestellt wird,
- oder indem der Verkäufer bereits so gelieferte Ware verschafft.

Die Gefahr des Verlusts oder der Beschädigung der Ware geht auf den Käufer über, wenn sich die Ware längsseits des Schiffs befindet. Ab diesem Zeitpunkt trägt der Käufer alle Kosten."

860 Maßnahmen und Tätigkeiten (bezüglich Export- und Importformalitäten) sind nur dann wahrzunehmen, wo sie „anwendbar" sind, wenn also Zollgrenzen überschritten werden, nicht aber innerhalb eines Binnenmarktes (z.B. der EU) oder einer Freihandelszone.

861 Erfolgt eine Lieferung in einem Container, passt die Klausel FAS nicht; stattdessen sollte auf die Klausel FCA zurückgegriffen werden.

2.1.3. Die Verpflichtungen im Einzelnen

862 Vgl. zu grundlegend gebrauchten Begriffen der Incoterms-Regeln (wie z.B. Lieferung/Lieferort [A/B2], Gefahrtragung [A/B3], Versicherung [A/B5], Transportdokument [A/B 6], Benachrichtigung [A/B10] usw.) die grundsätzlichen Vorbemerkungen und Erläuterungen in Teil 2, 2.1.).

A1 Allgemeine Verpflichtungen
B1 Allgemeine Verpflichtungen

863 Die Verpflichtungen der Vertragsparteien nach A1 (Verkäuferpflichten) und B1 (Käuferpflichten) sind in allen 11 Incoterms-Klauseln wörtlich identisch. Daher

kann zu diesen Punkten auf die Hinweise unter der Klausel EXW verwiesen werden (vgl. oben, Teil 3, 1.1.3, EXW A1/ B1.).

A2 Lieferung
B2 Übernahme

Die Verkäuferpflichten nach FAS A2 wurden inhaltlich überarbeitet und neu strukturiert, dabei aber gegenüber der Version der Incoterms 2010 nicht gravierend verändert. Zu *„Lieferung"* vgl. die grundlegenden Ausführungen oben, Teil 2, 2.1.7.; zur *„Übernahme"* vgl. die Ausführungen oben, Teil 2, 2.11. 864

Lieferung 865

Der Verkäufer ist nach A2 verpflichtet,

- entweder durch Bereitstellung längsseits des vom Käufer benannten Schiffs an der Ladestelle, die vom Käufer im benannten Verschiffungshafen anzugeben ist, zu liefern, falls angegeben,
- oder er hat die derart gelieferte Ware (z.B. bei Kettengeschäften/„string sales", etwa im Rohstoffgeschäft) zu besorgen.
- In beiden Fällen hat der Verkäufer die Ware nach A2
- am vereinbarten Tag, *oder*
- zu dem innerhalb des vereinbarten Zeitraums liegenden Zeitpunkt, der vom Käufer gemäß B10 mitgeteilt wurde, *oder*,
- wenn ein derartiger Zeitpunkt nicht mitgeteilt wurde, zum Ende des vereinbarten Zeitraums **und**
- in der im Hafen üblichen Weise liefern.

Transportgut ist in der Weise anzuliefern, dass es ohne Weiteres mit den Transporteinrichtungen (des Schiffes, des Hafens, der Kaianlage) auf das Schiff verladen werden kann; das Verladen an sich, auch die unmittelbare Vorbereitung dazu, gehört nicht zur Klausel FAS, die nur die „Bereitstellung" verlangt, sondern kann für die etwas weiterführende Aufgabe z.B. der Klausel FOB (Verladung…) von Bedeutung sein. 866

A2 enthält in Absatz 3 Lieferalternativen, wie folgt: 867

- Falls keine bestimmte Ladestelle durch den Käufer angegeben worden ist, kann der Verkäufer die für seine Zwecke am besten geeignete Stelle innerhalb des benannten Verschiffungshafens auswählen.
- Falls die Parteien vereinbart haben, dass die Lieferung innerhalb einer Frist stattfinden soll, hat der Käufer die Möglichkeit, den Zeitpunkt innerhalb der Frist zu wählen.

868 *Übernahme*

Der Käufer muss nach B2 die Ware übernehmen, wenn der Verkäufer sie gemäß A2 geliefert hat. Die Übernahme erfolgt an demselben Ort durch den Käufer selber oder eine von ihm beauftragte Person.

A3 Gefahrübergang
B3 Gefahrübergang

869 Mit der erfolgten Lieferung im Sinne des A2 und (mit Ausnahme der in B3 genannten Sonderumstände) findet zeitgleich auch der Gefahrübergang für Verlust und Schäden am Transportgut auf den Käufer statt.

870 Der Käufer muss daher die Ware bezahlen (Preisgefahr), wenn sie nach Lieferung (A2) beschädigt wird, verloren geht oder sonst wie abhandenkommt (Transportgefahr; hierzu auch Art. 66 CISG). A8 belässt einen Teil des Risikos (Verpackung usw.) beim Verkäufer, sodass dieser für die Schadensfolgen einer Sorgfaltspflichtverletzung bei unsachgemäßer und nicht transportgerechter Verpackung selber einzutreten hat. Auch letzterer Grundsatz folgt Art. 66 CISG: Danach wird der Käufer von der Wirkung des Gefahrübergangs befreit, wenn Untergang oder Beschädigung der Ware auf eine Handlung oder Unterlassung des Verkäufers zurückzuführen sind.

871 B3 regelt, dass der Gefahrübergang mit dem Zeitpunkt der Lieferung (im Sinne von A2) auf den Käufer erfolgt. Die Gefahr geht vor der Lieferung bereits mit Ablauf des vorgesehenen Lieferzeitpunkts oder der vereinbarten Lieferfrist auf den Käufer über, wenn er es versäumt, den Verkäufer mit den Informationen nach B3 (Schiffsname, Ladeplatz, und Lieferzeit, falls nötig) zu versehen, oder wenn das Schiff nicht rechtzeitig eintrifft, die Ware nicht übernimmt oder das Verladen vorzeitig vor dem durch B10 festgesetzten Zeitpunkt einstellt. Handelt es sich beim Transportgut allerdings um eine Gattungsware, musste die für den Käufer bestimmte Ware klar als Vertragsware spezifiziert und damit ausgesondert gewesen sein.

A4 Transport
B4 Transport

872 Die Klausel FAS erlegt dem Käufer in B4 die Pflicht auf, sich um den *Transportvertrag* mit einem See- oder Binnenschiff zu kümmern. Er hat daher den Transportvertrag ab Lieferort (längsseits Schiff) auf seine Kosten zu schließen. Dies ist in der Praxis nicht immer sinnvoll, wenn die branchenüblichen Gepflogenheiten, die ständige Übung zwischen den Vertragsparteien oder schlicht die Zweckmäßigkeit dafür sprechen, den Beförderungsvertrag durch den Verkäufer abschließen zu lassen.

873 Der Käufer kann den Verkäufer direkt um Abschluss des Transportauftrags bitten, wie sich aus A4 Absatz 1 ergibt. Denkbar ist aber auch, dass es in der Handelspraxis üblich ist und der Käufer nicht rechtzeitig eine gegenteilige Anweisung erteilt, dass in diesen Fällen der Verkäufer den Beförderungsvertrag zu den üblichen Bedingungen und auf Gefahr und Kosten des Käufers abschließen darf. Zu beachten ist, dass ein den Frachtauftrag erteilender Verkäufer damit Vertragspartner des Frachtvertrages und dem Frachtführer gegenüber zahlungspflichtig wird; er kann die entstandenen Kosten aber dem Käufer weiterbelasten. Hierin liegt durchaus ein gewisses Risiko, dass der Verkäufer nicht sicher wissen kann, ob der Käufer ihm die entstandenen Transportkosten auch tatsächlich ersetzen wird; daher darf er die Beauftragung des Transports (unverzüglich) ablehnen, wenn er den Transportvertrag nicht abschließen will.

Zu den *transportbezogenen Sicherheitsanforderungen* in FAS A4, vgl. die Ausführungen zu FCA oben (Teil 3, 1.2.3., FCA A4). 874

A5 Versicherung
B5 Versicherung

Hinsichtlich des Versicherungsvertrages erlegen FAS A5 und B5 keiner der Parteien eine Versicherungspflicht auf, doch da die Ware ab dem Lieferort auf das Risiko des Käufers transportiert wird (dazu B3), liegt es in seinem Interesse, das Transportrisiko zu versichern. 875

Umgekehrt verpflichtet A3 den Verkäufer dazu, Risiken des Transports bis zum Lieferort zu tragen, sodass der Verkäufer ein Interesse daran haben muss, bis zum Lieferort eine Transportversicherung zu haben. 876

Daher werden im Grunde zwei Transportrisikoversicherungen benötigt: für den Verkäufer eine bis zum FAS-Lieferort, für den Käufer eine ab FAS-Lieferort. Dies ist jedoch kaum zweckmäßig, wenn im Schadensfall nicht genau feststellbar ist, in welchem Moment ein schädigendes Ereignis eingetreten ist, und die Vertragsparteien letztlich darunter leiden, dass zwei eigenständige Versicherungen eine Versicherungspflicht mangels Beweisbarkeit eines Schadenseintritts ablehnen oder zumindest lange herauszögern. 877

Sinnvoll ist es daher, für den gesamten Zeitraum des Gütertransports einen durchgehenden Versicherungsschutz zu vereinbaren und im Rahmen der Kaufpreisverhandlungen darüber zu sprechen, wie die zu zahlende Versicherungsprämie, welche die den Vertrag abschließende Partei zu zahlen hat, sinnvoll geteilt werden kann. 878

A6 Liefer-/Transportdokument
B6 Liefer-/Transportdokument

Nach A6 besteht eine Verpflichtung des Verkäufers darin, dem Käufer auf eigene Kosten und auf geeignete Weise nachzuweisen, dass er die Lieferung bewirkt hat. Sofern sich keine anderen Anhaltspunkte ergeben, die auf ein bestimmtes Lieferdokument schließen lassen, muss der Verkäufer dem Käufer das übliche Dokument („usual proof") zum Nachweis der erbrachten Lieferung beschaffen. 879

– Wird die Ware auf dem Landweg an das Schiff herangebracht und am Kai (landseitig) geliefert, dann ist das übliche Dokument der *Kaiempfangsschein*; 880

– wird die Ware wasserseitig angeliefert, nutzt man einen *Bordempfangsschein*.

881 Benötigt der Käufer ein Transportdokument, verpflichtet A6 Absatz 2 den Verkäufer dazu, hierfür Unterstützung zu leisten. Dies kommt beispielsweise beim Seetransport in Seehäfen vor, wenn der Verkäufer bei Anlieferung eines FCL-Containers als Ablader eine Empfangsbestätigung erhält oder bei LCL Gut einen Empfangsschein. Wird später ein Seefrachtvertrag abgeschlossen, benötigt der Käufer diese Empfangsbescheinigung, um vom Seefrachtführer das Transportdokument (gegen Rückgabe der Empfangsbescheinigung) zu erhalten; hier zeigt sich, dass der Verkäufer nach A6 Absatz 2 Unterstützung leisten muss.

882 Andererseits benötigt der Verkäufer den Liefernachweis selber, wenn ihm nach A4 der Abschluss des Transportauftrags obliegt. In diesen Fällen ist das mittels Transportbeauftragung erhaltene Transportdokument (Konnossement oder Seefrachtbrief) gleichzeitig auch der Liefernachweis nach A6.

883 Wenn der Verkäufer wegen der Transportbeauftragung ein Konnossement erhalten hat, muss er dieses dem Käufer weiterreichen, da dieser es (als Inhaberpapier) für die Inempfangnahme der Ware benötigt. Kosten und Gefahr der Zusendung des Konnossements trägt der Käufer (A6).

A7 Ausfuhr-/Einfuhrabfertigung
B7 Einfuhr-/Ausfuhrabfertigung

884 Vgl. hierzu zunächst die Erläuterungen zur textgleichen Incoterms-Klausel CPT, oben, Teil 3, 1.3.3., CPT A7/B7.

885 A7/B7 erlegen den Vertragsparteien des Kaufvertrages die Verantwortung dafür auf, sich um behördliche Formalitäten und Genehmigungen, Sicherheitsfreigaben und eine Warenkontrolle vor Verladung zu kümmern, die – vorausgesetzt, es liegen überhaupt Ausfuhr und Einfuhr vor (daher die Formulierung in A7/B7: „gegebenenfalls…") – für diese notwendig sind.

886 Die Erledigung von Ausfuhr- und Einfuhrabfertigung sind daher Bestandteil der Verpflichtung zur Lieferung (A2) und der Übernahme der Ware (B2). Anders gesagt: Jegliche behördliche Genehmigung oder sonstige Formalitäten, die nicht der Erfüllung des Kaufvertrages und damit der Erfüllung der Verpflichtungen aus A2 und B2 dienen, unterfallen auch nicht der Verpflichtung nach A7/B7.

887 Da die Genehmigungsanforderungen und sonstigen behördlichen Voraussetzungen vom jeweiligen Ausfuhr-, Transit- oder Einfuhrland abhängig sind, wie A7/B7 ebenfalls formulieren, kann die konkrete Verpflichtung der Parteien (und die jeweilige Kostentragung für die Ausfuhr-/Einfuhrabfertigung) nach A7 und B7 sich nur anhand des konkret zu beurteilenden Sachverhalts im Einzelfall feststellen lassen.

888 A7 und B7 nennen des Weiteren die konkrete Durchführung oder Beschaffungspflicht (falls erforderlich) von Warenkontrollen und Sicherheitsfreigaben sowie die Befolgung von Sicherheitsanforderungen.

889 *Pre-shipment inspection*

Die Regelung zur vor Verladung durchzuführenden Warenkontrolle (pre-shipment inspection) ist Bestandteil der Pflichten nach A7 und B7. Diese behördlich angeordneten Warenkontrollen vor der Verladung, die durch Dritte vorgenommen werden und sicherstellen sollen, dass die Ware in jeder Hinsicht (Qualität/Quantität) der Einfuhr-/Ausfuhrgenehmigung oder sonstigen Vorgaben des Warengeschäfts (z.B. den Bedingungen von Normen, Zertifizierungen, für eine Devisenfreigabe usw.) entspricht, sind immer von der Vertragspartei zu veranlassen und zu bezahlen, die durch die gewählte Incoterms-Klausel in A7 oder B7 dazu aufgefordert wird.

Die Verantwortung für die Warenkontrolle und vor allem auch die Kostentragung trifft nach der Systematik in A7/B7 stets die Partei, die auch für die Erledigung der Ausfuhr- oder Einfuhrformalitäten verantwortlich ist. Haben die Parteien sich für EXW entschieden, trägt der Käufer die Verantwortung und Kosten; umgekehrt ist es bei Verabredung einer D-Klausel. Wird eine der anderen Incoterms-Klauseln verabredet, kommt es für die Kostentragung bei der pre-shipment inspection darauf an, ob diese Warenkontrolle vom Ausfuhrland für die Erlangung der Ausfuhrgenehmigung nötig ist, oder ob sie ein Erfordernis des Importlandes ist, damit die Einfuhrgenehmigung erteilt werden kann. **890**

Diese Warenkontrollen sind „Behördenkontrollen" und haben weder etwas zu tun mit einer „Qualitätskontrolle", die die Vertragsparteien in ihrem Kaufvertrag vereinbaren, um sicherzugehen, dass eine einwandfreie Ware verladen wird. Sie haben auch nichts zu tun mit den „Sicherheitsanforderungen" nach A4 oder der Untersuchungspflicht des Käufers, wie sie sich aus Art. 38 CISG ergibt. **891**

- Zum Begriff der „Sicherheitsfreigabe" (für die Ausfuhr A7 a, für die Einfuhr A7 b) vgl. oben, Teil 3, 1.1.3. zu EXW A7. **892**
- Zum Begriff der „Sicherheitsanforderungen" (B7) vgl. oben, Teil 3, 1.2.3. zu FCA A4.

A8 Prüfung/Verpackung/Kennzeichnung
B8 Prüfung/Verpackung/Kennzeichnung

Vgl. hierzu die Erläuterungen zur textgleichen Incoterms-Klausel CPT, oben, Teil 3, 1.3.3., CPT A8/B8. **893**

A9 Kostenverteilung
B9 Kostenverteilung

„Der *Verkäufer* muss: **894**

a) bis zur Lieferung gemäß A2 alle die Ware betreffenden Kosten tragen, ausgenommen die gemäß B9 vom Käufer zu tragenden Kosten;

b) die Kosten für die Erbringung des üblichen Nachweises für den Käufer gemäß A6 tragen, aus dem hervorgeht, dass die Ware geliefert wurde;

c) gegebenenfalls Zölle, Steuern und sonstige Kosten für die Ausfuhrabfertigung gemäß A7 (a) tragen; und

d) dem Käufer alle Kosten und Gebühren erstatten, die dem Käufer durch die Unterstützung bei der Beschaffung der erforderlichen Dokumente und Informationen gemäß B7 (a) entstanden sind.

895 Der *Käufer* muss:

a) alle die Ware betreffenden Kosten ab dem Zeitpunkt der Lieferung gemäß A2 tragen, mit Ausnahme der gemäß A9 vom Verkäufer zu übernehmenden Kosten;

b) dem Verkäufer alle Kosten und Gebühren erstatten, die dem Verkäufer durch die Unterstützung bei der Beschaffung der erforderlichen Dokumente und Informationen gemäß A4, A5, A6 und A7 (b) entstanden sind;

c) gegebenenfalls Zölle, Steuern und sonstige Kosten in Zusammenhang mit der Transit- oder Einfuhrabfertigung gemäß B7 (b) zahlen; und

d) alle zusätzlichen Kosten übernehmen, die entweder dadurch entstehen, dass:

(i) der Käufer es versäumt hat, eine Benachrichtigung gemäß B10 zu erteilen, oder

(ii) das vom Käufer gemäß B10 benannte Schiff nicht rechtzeitig eintrifft, die Ware nicht übernimmt oder schon vor dem gemäß B10 mitgeteilten Zeitpunkt keine Ladung mehr annimmt;

vorausgesetzt, die Ware wurde eindeutig als die vertragliche Ware kenntlich gemacht."

A10 Benachrichtigungen
B10 Benachrichtigungen

896 Der Verkäufer muss den Käufer in hinreichender Weise davon in Kenntnis setzen, dass die Waren gemäß A2 geliefert worden sind oder dass das Schiff die Waren nicht innerhalb der vereinbarten Frist geladen hat.

897 Der Käufer muss umgekehrt dem Verkäufer in hinreichender Weise alle *transportbezogenen Sicherheitsanforderungen* (dazu oben, Teil 3, 1.2.3. zu FCA A4), den Namen des Schiffs, die Ladestelle und gegebenenfalls den gewählten Lieferzeitpunkt innerhalb des vereinbarten Lieferzeitraums mitteilen.

2.2. FOB (Frei an Bord – fügen Sie den benannten Verschiffungshafen ein)

2.2.1. Vorbemerkungen

898 Die Klausel FOB ist eine traditionelle Lieferbedingung. Im Grunde ist sie vergleichbar mit einer FCA-Klausel, die sich speziell und eigenständig für den Schiffstransport entwickelt hat. Sie wird unverändert im herkömmlichen Seetransport oder Binnenschiffstransport eingesetzt, eignet sich jedoch nicht für den Containerverkehr per Schiff (wenn die Ware dem Frachtführer übergeben wird, bevor sie sich auf dem Schiff befindet, z.B. bei Containern, die üblicherweise am Terminal angeliefert werden), sodass in diesen Fällen die Klausel FCA zu bevorzugen ist (vgl. oben, Teil 3, 2.).

2.2.2. Richtige Anwendung

Wird die Klausel FOB trotz dieser Schwierigkeiten dennoch für den Transport eines Containers genutzt, kann der Gefahrübergang auf den Käufer erst stattfinden, wenn der Container *an Bord eines Schiffes verladen* wurde. Es ist dann das Verlust- oder Beschädigungsrisiko des Verkäufers, wenn er den Container bereits früher (nämlich bei Abnahme am Terminal, aber nach Verladung an Bord des Schiffes) an den Frachtführer übergibt, damit die unmittelbare Sachherrschaft über den Container aufgibt und die Kontrolle über die im Container beförderte Ware verliert.

899

Damit ist der richtige Anwendungsbereich für die Klausel FOB auf Seefracht, die *nicht* in Containern transportiert wird, beschränkt, also ausgerichtet auf Stückgut oder Massengüter, die auf „normalen" Frachtschiffen transportiert werden.

900

Die Incoterms-Regeln zu FOB legen einige Grundsätze für ihre Anwendung in den „Erläuternden Kommentaren für Nutzer" fest: „Bei Nutzung der Klausel „Frei an Bord" liefert der Verkäufer die Ware an den Käufer

901

- an Bord des Schiffs,
- das vom Käufer benannt wurde
- und das im benannten Verschiffungshafen liegt,
- oder der Verkäufer verschafft die bereits so gelieferte Ware.

Die Gefahr des Verlusts oder der Beschädigung der Ware geht auf den Käufer über, wenn die Ware an Bord des Schiffs ist. Ab diesem Zeitpunkt trägt der Käufer alle Kosten."

2.2.3. Die Verpflichtungen im Einzelnen

Vgl. zu grundlegend gebrauchten Begriffen der Incoterms-Regeln (wie z.B. Lieferung/Lieferort [A/B2], Gefahrtragung [A/B3], Versicherung [A/B5], Transportdokument [A/B 6], Benachrichtigung [A/B10] usw.) die grundsätzlichen Vorbemerkungen und Erläuterungen in Teil 2, 2.1.).

902

A1 Allgemeine Verpflichtungen
B1 Allgemeine Verpflichtungen

Die Verpflichtungen der Vertragsparteien nach A1 (Verkäuferpflichten) und B1 (Käuferpflichten) sind in allen 11 Incoterms-Klauseln wörtlich identisch. Daher kann zu diesen Punkten auf die Hinweise unter der Klausel EXW verwiesen werden (vgl. oben, Teil 3, 1.1.3, EXW A1/B1.).

903

A2 Lieferung
B2 Übernahme

Die Verkäuferpflichten nach FOB A2 wurden inhaltlich überarbeitet und neu strukturiert, dabei aber gegenüber der Version der Incoterms 2010 nicht gravierend verändert. Zu *„Lieferung"* vgl. die grundlegenden Ausführungen oben, Teil 2, 2.1.7.; zur *„Übernahme"* vgl. die Ausführungen oben, Teil 2, 2.11.

904

905 *Lieferung*

Der Verkäufer muss nach A2 die Ware liefern, indem er sie an Bord des vom Käufer benannten Schiffs an der gegebenenfalls vom Käufer bestimmten Ladestelle im benannten Verschiffungshafen verbringt oder die bereits so gelieferte Ware verschafft.

906 Dabei muss der Verkäufer die Ware nach A2 Absatz 2

– am vereinbarten Tag, *oder*

– zu dem innerhalb des vereinbarten Zeitraums liegenden Zeitpunkt, der vom Käufer gemäß B10 mitgeteilt wurde, *oder*,

– wenn ein derartiger Zeitpunkt nicht mitgeteilt wurde, zum Ende des vereinbarten Zeitraums **und**

– in der im Hafen üblichen Weise liefern.

907 A2 enthält in Absatz 3 Lieferalternativen, wie folgt:

– Falls keine bestimmte Ladestelle durch den Käufer angegeben worden ist, kann der Verkäufer die für seine Zwecke am besten geeignete Stelle innerhalb des benannten Verschiffungshafens auswählen.

– Falls die Parteien vereinbart haben, dass die Lieferung innerhalb einer Frist stattfinden soll, hat der Käufer die Möglichkeit, den Zeitpunkt innerhalb der Frist zu wählen.

908 Damit geht die Klausel FOB in ihrer Lieferpflicht ein Stück weiter als die Klausel FAS, bei der die Lieferung längsseits eines Schiffs zu erfolgen hat; die Klausel FOB verlangt ein Verladen an Bord. Alternativ kann vom Verkäufer verlangt werden, dass er eine derartige Lieferung der Ware besorgt.

909 In beiden Fällen hat der Verkäufer die Ware zum vereinbarten Zeitpunkt oder innerhalb der vereinbarten Frist zu liefern. Hier ist zu prüfen, ob die vorgegebene Lieferzeit das gesamte Geschäft zu einem Fixgeschäft macht. Da es auf die Rechtzeitigkeit der Lieferung ausdrücklich ankommen kann, kann – insbesondere bei ausdrücklicher vertraglicher Vereinbarung einer exakten Frist/eines exakten Zeitpunkts – auf Verabredung eines sogenannten Fixgeschäfts im Sinne des § 376 Abs. 1 HGB geschlossen werden, mit der Folge, dass der Käufer zum Rücktritt berechtigt oder zum Fordern von Schadensersatz wegen Nichterfüllung befugt sein könnte. Hier ist also auf die vertragliche Verabredung besondere Sorgfalt zu legen.

910 Der Verkäufer hat gegebenenfalls in der im Hafen üblichen Weise zu liefern. Sieht der Hafenbrauch beispielsweise vor, dass die Ware bereits an Land entgegengenommen wird, gehen spätere Ladekosten ab dem Übernahmeplatz zulasten der Seefracht, sodass der Verkäufer hierfür dann nicht mehr verantwortlich ist.

911 Falls keine bestimmte Ladestelle durch den Käufer angegeben worden ist, kann der Verkäufer die für seine Zwecke am besten geeignete Stelle innerhalb des benannten Verschiffungshafens auswählen.

Übernahme   **912**

Der Käufer muss nach B2 die Ware übernehmen, wenn der Verkäufer sie gemäß A2 geliefert hat. Die Übernahme erfolgt an demselben Ort durch den Käufer selber oder eine von ihm beauftragte Person.

A3 Gefahrübergang
B3 Gefahrübergang

Mit der erfolgten Lieferung im Sinne des A2 (und mit Ausnahme der in B3 genannten Sonderumstände des Verlusts oder der Beschädigung) findet zeitgleich auch der Gefahrübergang für Verlust und Schäden am Transportgut auf den Käufer statt. Für die „Lieferung nach A2" wird die Verladung an Bord eines Schiffes vorausgesetzt. Die Gefahr des Verlusts oder der Beschädigung der Ware geht damit über, wenn die Ware an Bord des Schiffs gelangt, also im Ladevorgang auf die Planken gesetzt oder auf dem Ladedeck abgesetzt wird.   **913**

B3 regelt, dass der Gefahrübergang mit dem Zeitpunkt der Lieferung (im Sinne von A2) auf den Käufer erfolgt.   **914**

Die Gefahr geht vor der Lieferung auf den Käufer über, wenn   **915**

– der Käufer die nach B10 nötige Benachrichtigung über das bezeichnete Schiff unterlässt, B3 Buchstabe a),

– oder nach B3 Buchstabe b) das vom Käufer benannte Schiff nicht rechtzeitig eintrifft, um es dem Verkäufer zu ermöglichen, seine Pflichten entsprechend A2 zu erfüllen, oder das Schiff die Ware nicht übernehmen kann, oder es schon vor der gemäß B10 festgesetzten Zeit keine Ladung mehr annimmt.

Der Gefahrübergang auf den Käufer findet dann bereits mit Ablauf des vorgesehenen Lieferzeitpunkts oder der vereinbarten Lieferfrist statt. Handelt es sich beim Transportgut um eine Gattungsware, musste die für den Käufer bestimmte Ware klar als Vertragsware spezifiziert und damit ausgesondert gewesen sein. Mit der erfolgten Lieferung im Sinne des A2 und (mit Ausnahme der in B3 genannten Sonderumstände) findet zeitgleich auch der Gefahrübergang für Verlust und Schäden am Transportgut auf den Käufer statt.   **916**

Der Käufer muss daher die Ware bezahlen (Preisgefahr), wenn sie nach Lieferung (A2) beschädigt wird, verloren geht oder sonst wie abhandenkommt (Transportgefahr; hierzu auch Art. 66 CISG). A8 belässt einen Teil des Risikos (Verpackung usw.) beim Verkäufer, sodass dieser für die Schadensfolgen einer Sorgfaltspflichtverletzung bei unsachgemäßer und nicht transportgerechter Verpackung selber einzutreten hat. Auch letzterer Grundsatz folgt Art. 66 CISG: Danach wird der Käufer von der Wirkung des Gefahrübergangs befreit, wenn Untergang oder Beschädigung der Ware auf eine Handlung oder Unterlassung des Verkäufers zurückzuführen sind.   **917**

A4 Transport
B4 Transport

918 Die Klausel FOB erlegt dem Käufer in B4 die Pflicht auf, sich um den *Transportvertrag vom benannten Verschiffungshafen* mit einem See- oder Binnenschiff zu kümmern. Er hat daher den Transportvertrag ab Lieferort (verladen an Bord) auf seine Kosten zu schließen. Dies ist in der Praxis nicht immer sinnvoll, wenn die branchenüblichen Gepflogenheiten, die ständige Übung zwischen den Vertragsparteien oder schlicht die Zweckmäßigkeit dafür sprechen, den Beförderungsvertrag durch den Verkäufer abschließen zu lassen.

919 Der Käufer kann den Verkäufer direkt um Abschluss des Transportauftrags bitten, wie sich aus A4 Absatz 1 ergibt. Denkbar ist aber auch, dass es in der Handelspraxis üblich ist und der Käufer nicht rechtzeitig eine gegenteilige Anweisung erteilt, dass in diesen Fällen der Verkäufer den Beförderungsvertrag zu den üblichen Bedingungen und auf Gefahr und Kosten des Käufers abschließen darf. Zu beachten ist, dass ein den Frachtauftrag erteilender Verkäufer damit Vertragspartner des Frachtvertrages und dem Frachtführer gegenüber zahlungspflichtig wird; er kann die entstandenen Kosten aber dem Käufer weiterbelasten. Hierin liegt durchaus ein gewisses Risiko, dass der Verkäufer nicht sicher wissen kann, ob der Käufer ihm die entstandenen Transportkosten auch tatsächlich ersetzen wird; daher darf er die Beauftragung des Transports (unverzüglich) ablehnen, wenn er den Transportvertrag nicht abschließen will.

920 Zu den *transportbezogenen Sicherheitsanforderungen* in FAS A4, vgl. die Ausführungen zu FCA oben (Teil 3, 1.2.3., FCA A4).

A5 Versicherung
B5 Versicherung

921 Hinsichtlich des Versicherungsvertrages erlegen FOB A5 und B5 keiner der Parteien eine Versicherungspflicht auf, doch da die Ware ab dem Lieferort auf das Risiko des Käufers transportiert wird (dazu B3), liegt es in seinem Interesse, das Transportrisiko zu versichern.

922 Umgekehrt verpflichtet A3 den Verkäufer dazu, Risiken des Transports bis zum Lieferort zu tragen, sodass der Verkäufer ein Interesse daran haben muss, bis zum Lieferort eine Transportversicherung zu haben.

923 Daher werden im Grunde zwei Transportrisikoversicherungen benötigt: für den Verkäufer eine bis zum FOB-Lieferort, für den Käufer eine ab FOB-Lieferort. Dies ist jedoch kaum zweckmäßig, wenn im Schadensfall nicht genau feststellbar ist, in welchem Moment ein schädigendes Ereignis eingetreten ist, und die Vertragsparteien letztlich darunter leiden, dass zwei eigenständige Versicherungen eine Versicherungspflicht mangels Beweisbarkeit eines Schadenseintritts ablehnen oder zumindest lange herauszögern.

924 Sinnvoll ist es daher, für den gesamten Zeitraum des Gütertransports einen durchgehenden Versicherungsschutz zu vereinbaren und im Rahmen der Kaufpreisver-

handlungen darüber zu sprechen, wie die zu zahlende Versicherungsprämie, die die den Vertrag abschließende Partei zu zahlen hat, sinnvoll geteilt werden kann.

A6 Liefer-/Transportdokument
B6 Liefer-/Transportdokument

Nach A6 besteht eine Verpflichtung des Verkäufers darin, dem Käufer auf eigene Kosten und auf geeignete Weise nachzuweisen, dass er die Lieferung bewirkt hat. Sofern sich keine anderen Anhaltspunkte ergeben, die auf ein bestimmtes Lieferdokument schließen lassen, muss der Verkäufer dem Käufer das übliche Dokument („usual proof") zum Nachweis der erbrachten Lieferung beschaffen. 925

Benötigt der Käufer ein Transportdokument, verpflichtet A6 Absatz 2 den Verkäufer dazu, hierfür Unterstützung zu leisten. Dies kommt beispielsweise beim Seetransport in Seehäfen vor, wenn der Verkäufer bei Anlieferung eines FCL-Containers als Ablader eine Empfangsbestätigung erhält oder bei LCL Gut einen Empfangsschein. Wird später ein Seefrachtvertrag abgeschlossen, benötigt der Käufer diese Empfangsbescheinigung, um vom Seefrachtführer das Transportdokument (gegen Rückgabe der Empfangsbescheinigung) zu erhalten; hier zeigt sich, dass der Verkäufer nach A6 Absatz 2 Unterstützung leisten muss. 926

Andererseits benötigt der Verkäufer den Liefernachweis selber, wenn ihm nach A4 der Abschluss des Transportauftrags obliegt. In diesen Fällen ist das mittels Transportbeauftragung erhaltene Transportdokument (Konnossement oder Seefrachtbrief) gleichzeitig auch der Liefernachweis nach A6. 927

Wenn der Verkäufer wegen der Transportbeauftragung ein Konnossement erhalten hat, muss er dieses dem Käufer weiterreichen, da dieser es (als Inhaberpapier) für die Inempfangnahme der Ware benötigt. Kosten und Gefahr der Zusendung des Konnossements trägt der Käufer (A6). 928

Anders ist es beim Seefrachtbrief, der nur den Abschluss eines Seefrachtvertrages nachweist, aber kein Inhaberpapier ist. Die Übergabe der Ware im Bestimmungshafen erfolgt hier mithilfe eines Auslieferungspapiers, ohne dass es der Vorlage des Seefrachtbriefes bedarf. Der Verkäufer wird dem Käufer den Seefrachtbrief nur dann – im Sinne von A6 Absatz 2 – überlassen, wenn der Käufer das Papier zu Beweis- oder Zahlungszwecken im Original benötigt. 929

A7 Ausfuhr-/Einfuhrabfertigung
B7 Einfuhr-/Ausfuhrabfertigung

Vgl. hierzu zunächst die Erläuterungen zur textgleichen Incoterms-Klausel CPT, oben, Teil 3, 1.3.3., CPT A7/B7. 930

A7/B7 erlegen den Vertragsparteien des Kaufvertrages die Verantwortung dafür auf, sich um behördliche Formalitäten und Genehmigungen, Sicherheitsfreigaben und eine Warenkontrolle vor Verladung zu kümmern, die – vorausgesetzt, es liegen überhaupt Ausfuhr und Einfuhr vor (daher die Formulierung in A7/B7: „gegebenenfalls…") – für diese notwendig sind. 931

932 Die Erledigung von Ausfuhr- und Einfuhrabfertigung ist daher Bestandteil der Verpflichtung zur Lieferung (A2) und der Übernahme der Ware (B2). Anders gesagt: Jegliche behördliche Genehmigung oder sonstige Formalitäten, die nicht der Erfüllung des Kaufvertrages und damit der Erfüllung der Verpflichtungen aus A2 und B2 dienen, unterfallen auch nicht der Verpflichtung nach A7/B7.

933 Da die Genehmigungsanforderungen und sonstigen behördlichen Voraussetzungen vom jeweiligen Ausfuhr-, Transit- oder Einfuhrland abhängig sind, wie A7/B7 ebenfalls formulieren, kann die konkrete Verpflichtung der Parteien (und die jeweilige Kostentragung für die Ausfuhr-/Einfuhrabfertigung) nach A7 und B7 sich nur anhand des konkret zu beurteilenden Sachverhalts im Einzelfall feststellen lassen.

934 A7 und B7 nennen des Weiteren die konkrete Durchführung oder Beschaffungspflicht (falls erforderlich) von Warenkontrollen und Sicherheitsfreigaben sowie die Befolgung von Sicherheitsanforderungen.

935 *Pre-shipment inspection*

Die Regelung zur vor Verladung durchzuführenden Warenkontrolle (pre-shipment inspection) ist Bestandteil der Pflichten nach A7 und B7. Diese behördlich angeordneten Warenkontrollen vor der Verladung, die durch Dritte vorgenommen werden und sicherstellen sollen, dass die Ware in jeder Hinsicht (Qualität/Quantität) der Einfuhr-/Ausfuhrgenehmigung oder sonstigen Vorgaben des Warengeschäfts (z.B. den Bedingungen von Normen, Zertifizierungen, für eine Devisenfreigabe usw.) entspricht, sind immer von der Vertragspartei zu veranlassen und zu bezahlen, die durch die gewählte Incoterms Klausel in A7 oder B7 dazu aufgefordert wird.

936 Die Verantwortung für die Warenkontrolle und vor allem auch die Kostentragung trifft nach der Systematik in A7/B7 stets die Partei, die auch für die Erledigung der Ausfuhr- oder Einfuhrformalitäten verantwortlich ist. Haben die Parteien sich für EXW entschieden, trägt der Käufer die Verantwortung und Kosten; umgekehrt ist es bei Verabredung einer D-Klausel. Wird eine der anderen Incoterms-Klauseln verabredet, kommt es für die Kostentragung bei der pre-shipment inspection darauf an, ob diese Warenkontrolle vom Ausfuhrland für die Erlangung der Ausfuhrgenehmigung nötig ist, oder ob sie ein Erfordernis des Importlandes ist, damit die Einfuhrgenehmigung erteilt werden kann.

937 Diese Warenkontrollen sind „Behördenkontrollen" und haben weder etwas zu tun mit einer „Qualitätskontrolle", die die Vertragsparteien in ihrem Kaufvertrag vereinbaren, um sicherzugehen, dass eine einwandfreie Ware verladen wird. Sie haben auch nichts zu tun mit den „Sicherheitsanforderungen" nach A4 oder der Untersuchungspflicht des Käufers, wie sie sich aus Art. 38 CISG ergibt.

938 – Zum Begriff der „Sicherheitsfreigabe" (für die Ausfuhr A7 a, für die Einfuhr A7 b) vgl. oben, Teil 3, 1.1.3. zu EXW A7.

  – Zum Begriff der „Sicherheitsanforderungen" (B7) vgl. oben, Teil 3, 1.2.3. zu FCA A4.

A8 Prüfung/Verpackung/Kennzeichnung
B8 Prüfung/Verpackung/Kennzeichnung

Vgl. hierzu die Erläuterungen zur textgleichen Incoterms-Klausel CPT, oben, Teil 3, 1.3.3., CPT A8/B8. **939**

A9 Kostenverteilung
B9 Kostenverteilung

„Der *Verkäufer* muss: **940**

a) bis zur Lieferung gemäß A2 alle die Ware betreffenden Kosten tragen, ausgenommen die gemäß B9 vom Käufer zu tragenden Kosten;

b) die Kosten für die Erbringung des üblichen Nachweises für den Käufer gemäß A6 tragen, aus dem hervorgeht, dass die Ware geliefert wurde;

c) gegebenenfalls Zölle, Steuern und sonstige Kosten für die Ausfuhrabfertigung gemäß A7(a) tragen; und

d) dem Käufer alle Kosten und Gebühren erstatten, die dem Käufer durch die Unterstützung bei der Beschaffung der erforderlichen Dokumente und Informationen gemäß B7(a) entstanden sind.

Der *Käufer* muss: **941**

a) alle die Ware betreffenden Kosten ab dem Zeitpunkt der Lieferung gemäß A2 tragen, mit Ausnahme der gemäß A9 vom Verkäufer zu übernehmenden Kosten;

b) dem Verkäufer alle Kosten und Gebühren erstatten, die dem Verkäufer durch die Unterstützung bei der Beschaffung der erforderlichen Dokumente und Informationen gemäß A4, A5, A6 und A7(b) entstanden sind;

c) gegebenenfalls Zölle, Steuern und sonstige Kosten in Zusammenhang mit der Transit- oder Einfuhrabfertigung gemäß B7(b) zahlen; und

d) alle zusätzlichen Kosten übernehmen, die entweder dadurch entstehen, dass:

(i) der Käufer es versäumt hat, eine Benachrichtigung gemäß B10 zu erteilen, oder

(ii) das vom Käufer gemäß B10 benannte Schiff nicht rechtzeitig eintrifft, die Ware nicht übernimmt oder schon vor dem gemäß B10 mitgeteilten Zeitpunkt keine Ladung mehr annimmt;

vorausgesetzt, die Ware wurde eindeutig als die vertragliche Ware kenntlich gemacht."

A10 Benachrichtigungen
B10 Benachrichtigungen

Der Verkäufer muss den Käufer in hinreichender Weise davon in Kenntnis setzen, dass die Waren gemäß A2 geliefert worden sind oder dass das Schiff die Waren nicht innerhalb der vereinbarten Frist geladen hat. **942**

943 Der Käufer muss umgekehrt dem Verkäufer in hinreichender Weise alle *transportbezogenen Sicherheitsanforderungen* (dazu oben, Teil 3, 1.2.3. zu FCA A4), den Namen des Schiffs, die Ladestelle und gegebenenfalls den gewählten Lieferzeitpunkt innerhalb des vereinbarten Lieferzeitraums mitteilen.

2.3. CFR (Kosten und Fracht – fügen Sie den benannten Bestimmungshafen ein)

2.3.1. Vorbemerkungen

944 Die Klausel CFR ist ausschließlich für den Transport mit Seeschiffen oder Binnenschiffen geeignet. Sie wird unverändert im herkömmlichen Seetransport oder Binnenschiffstransport eingesetzt, und sie eignet sich für den Containerverkehr per Schiff nur ausnahmsweise. Die Klausel CFR entspricht wörtlich – mit Ausnahme des Bestandteils zur *Versicherung in CIF* – der Klausel CIF.

945 „Kosten und Fracht" bedeutet, dass

– der Verkäufer die Ware an Bord des Schiffs liefert oder

– die Ware in einem bereits für den Bestimmungsort verschiffungsbereiten Zustand besorgt. Dabei ist den C-Klauseln (also CPT, CIP, CFR, CIF) der Incoterms 2020 gemeinsam, dass der Verkäufer seine Lieferpflicht erfüllt, wenn er die Ware dem Frachtführer in der gemäß der gewählten Klausel bestimmten Weise übergibt und nicht erst, wenn die Ware den Käufer am Bestimmungsort erreicht.

– Die Gefahr des Verlusts oder der Beschädigung der Ware geht über, wenn die Ware an Bord des Schiffs gelangt.

– Der Verkäufer hat den Beförderungsvertrag abzuschließen oder zu „beschaffen/besorgen". Das „Besorgen" eines verschiffungsbereiten Zustands sowie das „Besorgen" eines Beförderungsvertrages ist auf hintereinander geschaltete Käufe in einer Geschäftskette abgestellt („string sales"), wie sie vor allem im Rohstoffhandel vorkommen,

– und der Verkäufer muss die Kosten und die Fracht, die für die Beförderung der Ware zum benannten Bestimmungshafen erforderlich sind, tragen.

2.3.2. Richtige Anwendung

946 Die Gefahr des Verlusts oder der Beschädigung der Ware geht über, sobald sich die Ware an Bord des Schiffs befindet, womit der Verkäufer seine Verpflichtung zur Lieferung der Ware erfüllt hat, unabhängig davon, ob die betreffende Ware in einwandfreiem Zustand, in der angegebenen Qualität oder überhaupt an ihrem Bestimmungsort eintrifft.

947 *Versicherung?*

„Bei Wahl der Klausel CFR hat der Verkäufer gegenüber dem Käufer **keine Verpflichtung**, entsprechenden Versicherungsschutz zu erwerben: Der Käufer wäre daher gut beraten, selbst eine passende Versicherung abzuschließen." (Erläuternde Kommentare für Nutzer, CFR Ziffer 1)

Seetransport 948

Diese Klausel ist ausschließlich für den See- und Binnenschiffstransport geeignet. Wenn mehrere Transportarten genutzt werden, was häufig der Fall sein wird, wenn Waren an einen Frachtführer an einem Containerterminal übergeben werden, sollte anstelle von CFR die besser geeignete Klausel CPT gewählt werden. An sich sollen also die Klauseln CFR und CIF im Containertransportverkehr nicht eingesetzt werden. Passen können sie dennoch unter der engen Voraussetzung, dass die im Container befindliche Ware im Bestimmungshafen zum Zweck der Ablieferung an den Käufer aus dem Container entladen werden muss oder auch dann, wenn der volle Container dem Käufer im Bestimmungshafen zur Weiterbeförderung übergeben wird.

Die Klausel CFR kann *unangebracht* sein, wenn die Ware dem Frachtführer übergeben wird, bevor sie sich auf dem Schiff befindet, z.B. bei containerisierter Ware, welche üblicherweise schon zeitlich früher am Terminal geliefert wird. Unter solchen Umständen sollte die Klausel CPT verwendet werden. 949

Bestimmungshafen 950

In CFR sind zwei Häfen von Bedeutung:
- der Hafen, an dem die Ware an Bord des Schiffs geliefert wird,
- und der Hafen, der als Bestimmungsort der Ware vereinbart wurde.

„Der **Gefahrübergang** vom Verkäufer auf den Käufer erfolgt, wenn die Ware an den Käufer geliefert wird, indem sie **im Verschiffungshafen an Bord des Schiffs** gebracht oder indem die bereits so gelieferte Ware verschafft wird. Der Verkäufer muss jedoch einen Vertrag über die Beförderung der Ware ab dem Lieferort bis zum vereinbarten Bestimmungsort abschließen. Beispielsweise wird in Shanghai (ein Hafen) Ware an Bord eines Schiffs gebracht, die für den Transport nach Southampton (ebenfalls ein Hafen) bestimmt ist. Die Lieferung erfolgt in diesem Fall, sobald sich die Ware in Shanghai an Bord befindet, wobei auch der Gefahrenübergang auf den Käufer zu diesem Zeitpunkt stattfindet, und der Verkäufer muss einen Beförderungsvertrag von Shanghai nach Southampton abschließen." (Erläuternde Kommentare für Nutzer, CFR Ziffer 4) 951

Verschiffungshafen 952

Der Verschiffungshafen ist der Ort, an dem der **Gefahrübergang** stattfindet. In der Praxis ist es meist so, dass bei Vereinbarung der Incoterms-Klausel CFR – mit zusätzlicher Benennung eines Hafens – damit immer *nur der Bestimmungshafen genannt* wird, an dem der Kostenübergang stattfindet. Damit fehlt eine präzise Festlegung des Ortes, an dem der Gefahrübergang stattfindet. Kommt es den Vertragsparteien also auch darauf an, exakt festzulegen, an welcher Stelle (im Verschiffungshafen) der Gefahrübergang vom Verkäufer auf den Käufer erfolgen soll, dann ist – neben Vereinbarung der Klausel CFR mit benanntem Bestimmungshafen – zusätzlich auch der Verschiffungshafen (einschließlich der möglichst genauen Bezeichnung der Stelle, an der der Verkäufer „liefert") zu bezeichnen.

953 *Bestimmungsort*

Den Parteien wird geraten, den *vereinbarten Bestimmungshafen* so genau wie möglich zu bezeichnen. Da die **Kosten** bis zu einem präzisen Punkt zulasten des Verkäufers gehen und in Häfen mehrere Dienstleister tätig werden und Kosten verursachen, ist dem Verkäufer zu raten, die Beförderungsverträge im Hinblick auf die getroffene Wahl des Bestimmungshafens präzise abzuschließen und gegebenenfalls auch festzulegen, welche Kosten im Bestimmungshafen von welcher Vertragspartei zu tragen sind. Dies spricht im Ergebnis dafür,

– nicht nur den Bestimmungshafen (als Gebiet),
– sondern auch **den exakten Ort/die exakte Stelle** im Bestimmungshafen festzulegen, an dem/der der Kostenübergang stattfindet,
– bei Bedarf erweitert um eine Kostenregelung für den Bestimmungshafen.

954 Zu beachten ist in diesem Zusammenhang: „Entstehen dem Verkäufer nach seinem Beförderungsvertrag Kosten in Zusammenhang mit der Entladung an der festgelegten Stelle im Bestimmungshafen, ist der Verkäufer nicht berechtigt, diese Kosten gesondert vom Käufer zurückzufordern, *sofern nichts Anderes zwischen den Parteien vereinbart* ist." (Erläuternde Kommentare für Nutzer, CFR Ziffer 8)

955 Das bedeutet: Da der Verkäufer den Beförderungsvertrag abschließt (CFR A4), gehört zu der Dienstleistung auch die Entladung. Will der Verkäufer die Entladekosten nicht tragen, muss er dies im Kaufvertrag mit dem Abnehmer/Käufer gesondert vereinbaren, um dem Käufer die durch Abladen entstandenen Kosten weitergeben zu können.

956 *Mehrere Frachtführer*

„Es ist möglich, die Beförderung der Ware von mehreren Frachtführern durchführen zu lassen, die jeweils unterschiedliche Teilstrecken des Seetransports übernehmen, z. B. zuerst durch einen Frachtführer, der das Zubringerschiff von Hongkong nach Shanghai betreibt, woraufhin der Weitertransport von Shanghai nach Southampton durch ein Seeschiff übernommen wird. Hier ergibt sich allerdings die Frage, ob der Gefahrenübergang vom Verkäufer auf den Käufer in Hongkong oder Shanghai stattfindet: Wo erfolgt die Lieferung? Die Parteien können diesen Punkt durchaus im Kaufvertrag geregelt haben. Wenn jedoch keine derartige vertragliche Regelung getroffen wurde, gilt die herkömmliche Sichtweise, gemäß der der Gefahrenübergang auf den Käufer bei Lieferung der Ware an den ersten Frachtführer erfolgt, d. h. in Hongkong, wodurch sich der Zeitraum verlängert, in dem der Käufer die Verlust- oder Schadensgefahr trägt. Wünschen die Parteien einen späteren Gefahrenübergang (in diesem Fall in Shanghai), müssen sie dies in ihrem Kaufvertrag festlegen." (Erläuternde Kommentare für Nutzer, CFR Ziffer 7)

2.3.3. Die Verpflichtungen im Einzelnen

Vgl. zu grundlegend gebrauchten Begriffen der Incoterms-Regeln (wie z.B. Lieferung/Lieferort [A/B2], Gefahrtragung [A/B3], Versicherung [A/B5], Transportdokument [A/B 6], Benachrichtigung [A/B10] usw.) die grundsätzlichen Vorbemerkungen und Erläuterungen in Teil 2, 2.1.

957

A1 Allgemeine Verpflichtungen
B1 Allgemeine Verpflichtungen

Die Verpflichtungen der Vertragsparteien nach A1 (Verkäuferpflichten) und B1 (Käuferpflichten) sind in allen 11 Incoterms-Klauseln wörtlich identisch. Daher kann zu diesen Punkten auf die Hinweise unter der Klausel EXW verwiesen werden (vgl. oben, Teil 3, 1.1.3., EXW A1/B1.)

958

A2 Lieferung
B2 Übernahme

Mit der Klausel CFR wird in A2 festgelegt, dass der Verkäufer exportfreie Ware liefern muss. Daher hat er, soweit anwendbar, auf eigene Gefahr und Kosten die Ausfuhrbewilligung oder anderen behördliche Genehmigungen zu beschaffen sowie Zollformalitäten zu erledigen, die für die Ausfuhr erforderlich sind (dazu A7).

959

Auf der anderen Seite stellt B2 (in Verbindung mit B7) für den Käufer klar, dass dieser die entsprechende Import- und gegebenenfalls Durchfuhrabwicklung auf eigene Gefahr und Kosten wahrzunehmen hat. Diese Maßnahmen und Tätigkeiten sind selbstverständlich nur dann wahrzunehmen, wo sie „anwendbar" sind, wenn also Zollgrenzen überschritten werden, nicht aber innerhalb eines Binnenmarktes (z.B. der EU) oder einer Freihandelszone.

960

A2 und B2 sind Verpflichtungen, die die beiden Parteien jeweils gegenseitig wahrzunehmen haben. Angesichts der Bedeutung der Dokumente, um die es hier geht, und mit deren Vorhandensein überhaupt erst eine Ausfuhr oder Einfuhr ermöglicht wird, ist eine Nichterfüllung der Pflichten nach A2 und B2 als Vertragspflichtverletzung im Sinne des Art. 30 CISG (Verkäuferpflicht) oder Art. 53 CISG (Käuferpflichten) anzusehen; die sich hieraus ergebenden Rechtsfolgen (Schadensersatz, Lieferbefreiung, Rücktrittsrecht o.ä.) bestimmen sich entweder aus dem für den Kaufvertrag vereinbarten geltenden Recht, nach den Regeln des UN-Kaufrechts (CISG) oder aber nach dem aus den Grundsätzen des IPR ermittelten, für den Vertrag anzuwendenden nationalen Recht.

961

Angesichts der Bedeutung dieser Pflichten müssen die Vertragsparteien vor Abschluss des Kaufvertrages und damit einhergehender Festlegung der Incoterms 2020 prüfen, in welcher Weise sie die Bedingungen nach A2/B2 (und A7/B7) zu erfüllen haben und ob sie dazu überhaupt in der Lage sein können. Ist erkennbar, dass die Erteilung einer Exportlizenz oder einer Einfuhrbewilligung außerhalb des Einflussbereiches des zur Beschaffung verpflichteten Partners steht, sollte dies bei Vereinbarung der Klausel CFR (Incoterms 2020) „*vorbehaltlich Exportlizenz*" oder „*vorbehaltlich Einfuhrbewilligung*" deutlich gemacht werden.

962

A3 Gefahrübergang
B3 Gefahrübergang

963   Der Verkäufer trägt die Gefahren des Verlusts oder der Beschädigung der Ware, bis sie gemäß A2 geliefert worden ist, mit Ausnahme des Verlusts oder der Beschädigung unter den Umständen, wie sie in B3 beschrieben sind. Der Käufer muss schließlich auch zusätzliche Kosten tragen, die dadurch entstehen, dass er von dem für den Versand vereinbarten Zeitpunkt oder vom Ablauf der hierfür vereinbarten Frist an die Benachrichtigung gemäß B10 unterlassen hat. Dieser Absatz gilt für den Fall, dass die Vertragsparteien vereinbart hatten, dass der Käufer berechtigt sein sollte, den Zeitpunkt der Verschiffung der Ware und/oder den Bestimmungshafen festzulegen. Nach B10 muss der Käufer dann die erforderliche Benachrichtigung so rechtzeitig vornehmen, dass der Verkäufer in die Lage versetzt wird, den Zeitpunkt der Verschiffung einzuhalten. Dabei ist allerdings vorausgesetzt, dass eine Gattungsware bereits hinreichend konkretisiert worden war (B3, letzter Satz).

A4 Transport
B4 Transport

964   Der *Verkäufer* muss einen Vertrag über die Beförderung der Ware von der gegebenenfalls vereinbarten Lieferstelle am Lieferort bis zum benannten Bestimmungshafen oder einer gegebenenfalls vereinbarten Stelle in diesem Hafen abschließen oder verschaffen.

965   Der Beförderungsvertrag ist zu den üblichen Bedingungen auf Kosten des Verkäufers abzuschließen und hat die Beförderung auf der üblichen Route mit einem Schiff der Bauart zu gewährleisten, die normalerweise für den Transport der verkauften Warenart verwendet wird.

966   Der Verkäufer muss alle *transportbezogenen Sicherheitsanforderungen* (dazu oben, Teil 3, 1.2.3., zu FCA A4) für die Beförderung der Waren bis zum Bestimmungsort erfüllen.

A5 Versicherung
B5 Versicherung

967   Hinsichtlich des Versicherungsvertrages erlegen CFR A5 und B5 keiner der Parteien eine Versicherungspflicht auf, doch da die Ware ab dem Lieferort auf das Risiko des Käufers transportiert wird (dazu B3), liegt es in dessen Interesse, das Transportrisiko zu versichern.

968   Umgekehrt verpflichtet A3 den Verkäufer dazu, Risiken des Transports bis zum Lieferort zu tragen, sodass der Verkäufer ein Interesse daran haben muss, bis zum Lieferort eine Transportversicherung zu haben.

969   Daher werden im Grunde zwei Transportrisikoversicherungen benötigt: für den Verkäufer eine bis zum CFR-Lieferort im Verschiffungshafen, für den Käufer eine ab CFR-Lieferort. Dies ist jedoch kaum zweckmäßig, wenn im Schadensfall nicht genau feststellbar ist, in welchem Moment ein schädigendes Ereignis eingetreten

ist, und die Vertragsparteien letztlich darunter leiden, dass zwei eigenständige Versicherungen eine Versicherungspflicht mangels Beweisbarkeit eines Schadenseintritts ablehnen oder zumindest lange herauszögern.

Sinnvoll ist es daher, für den gesamten Zeitraum des Gütertransports einen durchgehenden Versicherungsschutz zu vereinbaren und im Rahmen der Kaufpreisverhandlungen darüber zu sprechen, wie die zu zahlende Versicherungsprämie, die die den Vertrag abschließende Partei zu zahlen hat, sinnvoll geteilt werden kann. Die vertragliche Vereinbarung zum Abschluss der Versicherung (und der Kostentragung) muss dann im Kaufvertrag der Vertragsparteien erfolgen. 970

A6 Liefer-/Transportdokument
B6 Liefer-/Transportdokument

Nach A6 besteht eine Verpflichtung des Verkäufers darin, dem Käufer auf eigene Kosten und auf geeignete Weise nachzuweisen, dass er die Lieferung bewirkt hat. Sofern sich keine anderen Anhaltspunkte ergeben, die auf ein bestimmtes Lieferdokument schließen lassen, muss der Verkäufer dem Käufer das übliche Dokument („usual proof") zum Nachweis der erbrachten Lieferung beschaffen. 971

- Das Transportdokument muss über die vertraglich vereinbarte Ware lauten, 972
- ein innerhalb der für die Verschiffung vereinbarten Frist liegendes Datum tragen,
- den Käufer berechtigen, die Herausgabe der Ware im Bestimmungshafen von dem Frachtführer zu verlangen,
- und mangels anderer Vereinbarung dem Käufer ermöglichen, die Ware während des Transports an einen nachfolgenden Käufer durch Übertragung des Dokuments oder durch Mitteilung an den Frachtführer zu verkaufen.

Transportpapier: Konnossement 973

Eine derartige Voraussetzung erfüllt das Konnossement, das als begebbares Dokument in mehreren Originalen ausgestellt wird. Wenn der Verkäufer als Transportdokument ein Konnossement erhalten hat, muss er dieses dem Käufer weiterreichen, da dieser es (als Inhaberpapier) dafür benötigt, die Ware im Bestimmungshafen vom Frachtführer herauszuverlangen.

Wenn das Konnossement in mehreren Originalen ausgestellt wird, muss der Verkäufer dem Käufer den vollständigen Satz übergeben, A6 Abs. 3. Bei Abwicklung des Zahlungsverkehrs in dokumentärer Form (also durch Dokumentenakkreditiv oder Dokumenteninkasso) ist daher stets auch die Zahlung nur gegen Vorlage des vollständigen Dokumentensatzes bei der Zahlstellenbank möglich. 974

Seefrachtbrief 975

Fraglich ist, ob auch ein Seefrachtbrief die an das Transportpapier gestellten Anforderungen von A6 erfüllen kann. Es ist üblich, einen Seefrachtbrief anstelle eines Konnossements zu verwenden, wenn

- der Empfänger die *Ware* vor Versand der Ware *bereits bezahlt* hat.

- Ein Seefrachtbrief anstelle eines Konnossements wird auch dann oft verwendet, wenn dem Verlader der *Empfänger der Ladung bekannt* ist, z.B. beim Versand zwischen verbundenen Unternehmen, oder wenn ein hohes Maß an Vertrauen zwischen dem Verlader und dem Empfänger besteht.

- Seefrachtbriefe sind auch vorteilhaft, wenn während des Transports kein Verkauf der Ladung zu erwarten ist, denn dafür wird ein Inhaberpapier benötigt (also ein Konnossement). Auf diese Weise wird die Ware direkt an den benannten Empfänger versandt, was Zeit und (Kurier-)Kosten erspart.

976 Wenn also keine Veräußerung schwimmender Ware vorgesehen ist, kann ein Seefrachtbrief genügen, da er kein Inhaberpapier ist und damit nicht in der Lage ist, ein Eigentumsrecht nachzuweisen und einen Eigentumsübergang an Ware zu bewirken. So ergibt sich aus § 526 HGB:

„(1) Der Verfrachter kann, sofern er nicht ein Konnossement ausgestellt hat, einen Seefrachtbrief ausstellen….

(2) Der Seefrachtbrief dient bis zum Beweis des Gegenteils als Nachweis für Abschluss und Inhalt des Stückgutfrachtvertrages sowie für die Übernahme des Gutes durch den Verfrachter."

977 Daraus ergibt sich, dass der Seefrachtbrief zwei Funktionen hat: Er dient zum Nachweis eines Beförderungsvertrages und ist zugleich eine Quittung für Fracht (zwischen Spediteur und Verlader).

978 CFR A6 sieht im zweiten Absatz beide Lösungsmöglichkeiten vor, wie oben bereits wörtlich wiedergegeben ist. Mit der Formulierung „sofern nichts Anderes vereinbart wurde" wird die Möglichkeit eröffnet, den Transport auch ohne begebbares Inhaberpapier nachzuweisen.

A7 Ausfuhr-/Einfuhrabfertigung
B7 Einfuhr-/Ausfuhrabfertigung

979 Vgl. hierzu zunächst die Erläuterungen zur textgleichen Incoterms-Klausel CPT, oben, Teil 3, 1.3.3., CPT A7/B7.

980 A7/B7 erlegen den Vertragsparteien des Kaufvertrages die Verantwortung dafür auf, sich um behördliche Formalitäten und Genehmigungen, Sicherheitsfreigaben und eine Warenkontrolle vor Verladung zu kümmern, die – vorausgesetzt, es liegen überhaupt Ausfuhr und Einfuhr vor (*daher die Formulierung in A7/B7: „gegebenenfalls…"*) – für diese notwendig sind.

981 Die Erledigung von Ausfuhr- und Einfuhrabfertigung ist daher Bestandteil der Verpflichtung zur Lieferung (A2) und der Übernahme der Ware (B2). Anders gesagt: Jegliche behördliche Genehmigung oder sonstige Formalitäten, die nicht der Erfüllung des Kaufvertrages und damit der Erfüllung der Verpflichtungen aus A2 und B2 dienen, unterfallen auch nicht der Verpflichtung nach A7/B7.

982 Da die Genehmigungsanforderungen und sonstigen behördlichen Voraussetzungen vom jeweiligen Ausfuhr-, Transit- oder Einfuhrland abhängig sind, wie A7/B7 ebenfalls formulieren, kann die *konkrete Verpflichtung der Parteien (und die jewei-*

lige Kostentragung für die Ausfuhr-/Einfuhrabfertigung) nach A7 und B7 sich nur anhand des konkret zu beurteilenden Sachverhalts **im Einzelfall** feststellen lassen.

A7 und B7 nennen des Weiteren die konkrete Durchführung oder Beschaffungspflicht (falls erforderlich) von **Warenkontrollen und Sicherheitsfreigaben** sowie die Befolgung von **Sicherheitsanforderungen**. 983

Pre-shipment inspection 984

Die Regelung zur vor Verladung durchzuführenden *Warenkontrolle* (pre-shipment inspection) ist Bestandteil der Pflichten nach A7 und B7. Diese behördlich angeordneten Warenkontrollen vor der Verladung, die durch Dritte vorgenommen werden und sicherstellen sollen, dass die Ware in jeder Hinsicht (Qualität/Quantität) der Einfuhr-/Ausfuhrgenehmigung oder sonstigen Vorgaben des Warengeschäfts (z.B. den Bedingungen von Normen, Zertifizierungen, für eine Devisenfreigabe usw.) entspricht, sind immer von der Vertragspartei zu veranlassen und zu bezahlen, die durch die gewählte Incoterms-Klausel in A7 oder B7 dazu aufgefordert wird.

Die Verantwortung für die Warenkontrolle und vor allem auch die Kostentragung trifft nach der Systematik in A7/B7 stets die Partei, die auch für die Erledigung der Ausfuhr- oder Einfuhrformalitäten verantwortlich ist. Haben die Parteien sich für EXW entschieden, trägt der Käufer die Verantwortung und Kosten; umgekehrt ist es bei Verabredung einer D-Klausel. Wird eine der anderen Incoterms-Klauseln verabredet, kommt es für die Kostentragung bei der pre-shipment inspection darauf an, ob diese Warenkontrolle vom Ausfuhrland für die Erlangung der Ausfuhrgenehmigung nötig ist, oder ob sie ein Erfordernis des Importlandes ist, damit die Einfuhrgenehmigung erteilt werden kann. 985

Diese Warenkontrollen sind „Behördenkontrollen" und haben weder etwas zu tun mit einer „Qualitätskontrolle", die die *Vertragsparteien in ihrem Kaufvertrag vereinbaren*, um sicherzugehen, dass eine einwandfreie Ware verladen wird. Sie haben auch nichts zu tun mit den „Sicherheitsanforderungen" nach A4 oder der Untersuchungspflicht des Käufers, wie sie sich aus Art. 38 CISG ergibt. 986

– Zum Begriff der *„Sicherheitsfreigabe"* (für die Ausfuhr A7 a, für die Einfuhr A7 b) vgl. oben, Teil 3, 1.1.3. zu EXW A7. 987

– Zum Begriff der *„Sicherheitsanforderungen"* (B7) vgl. oben, Teil 3, 1.2.3. zu FCA A4.

A8 Prüfung/Verpackung/Kennzeichnung
B8 Prüfung/Verpackung/Kennzeichnung

Vgl. hierzu die Erläuterungen zur textgleichen Incoterms-Klausel CPT, oben, Teil 3, 1.3.3., CPT A8/B8. Klausel 988

Verpackung 989

Grundsätzlich muss der Verkäufer für eine transportgerechte Verpackung sorgen, was insbesondere beim Seetransport eine besondere Sorgfalt erfordert. Aus den für das Frachtrecht bestehenden Regeln ergibt sich bereits grundsätzlich, dass es dem Absender obliegt, das Gut, soweit dessen Natur unter Berücksichtigung der vereinbarten Beförderung eine Verpackung erfordert, so zu verpacken, dass es vor Verlust und Beschädigung geschützt ist und dass auch dem Frachtführer keine Schäden entstehen. Dabei ist für die Verpackungsbedürftigkeit vor allem die Art der Güter, insbesondere ihre Empfindlichkeit, entscheidend. Daneben spielen auch die Umstände der vereinbarten Beförderung für die Verpackung eine wichtige Rolle. Ist es dagegen handelsüblich, dass eine bestimmte Ware nicht verpackt wird, dann muss der Verkäufer auch nicht für eine Verpackung sorgen.

A9 Kostenverteilung
B9 Kostenverteilung

990 „Der *Verkäufer* muss:

a) bis zur Lieferung gemäß A2 alle die Ware betreffenden Kosten tragen, ausgenommen die gemäß B9 vom Käufer zu tragenden Kosten;

b) die Fracht- und alle sonstigen gemäß A4 entstehenden Kosten tragen, einschließlich der Kosten für die Verladung der Ware sowie der transportbezogenen Sicherheitskosten;

c) alle Gebühren für die Entladung am vereinbarten Entladehafen entrichten, die laut Beförderungsvertrag zu Lasten des Verkäufers gehen;

d) die Kosten der Durchfuhr tragen, die gemäß Beförderungsvertrag zu Lasten des Verkäufers gehen;

e) die Kosten für die Erbringung des üblichen Nachweises für den Käufer gemäß A6 tragen, aus dem hervorgeht, dass die Ware geliefert wurde;

f) gegebenenfalls Zölle, Steuern und sonstige Kosten für die Ausfuhrabfertigung gemäß A7(a) tragen; und

g) dem Käufer alle Kosten und Gebühren erstatten, die dem Käufer durch die Unterstützung bei der Beschaffung der erforderlichen Dokumente und Informationen gemäß B7(a) entstanden sind.

991 Der *Käufer* muss:

a) alle die Ware betreffenden Kosten ab dem Zeitpunkt der Lieferung gemäß A2 tragen, mit Ausnahme der gemäß A9 vom Verkäufer zu übernehmenden Kosten;

b) die Kosten der Durchfuhr tragen, sofern diese Kosten nicht gemäß Beförderungsvertrag zu Lasten des Verkäufers gehen;

c) die Entladekosten tragen, einschließlich der Kosten für Leichterung und Kaigebühren, es sei denn, diese Kosten und Gebühren gehen nach dem Beförderungsvertrag zu Lasten des Verkäufers;

d) dem Verkäufer alle Kosten und Gebühren erstatten, die dem Verkäufer durch die Unterstützung bei der Beschaffung der erforderlichen Dokumente und Informationen gemäß A5 und A7(b) entstanden sind;

e) gegebenenfalls Zölle, Steuern und sonstige Kosten in Zusammenhang mit der Transit- oder Einfuhrabfertigung gemäß B7(b) zahlen; und

f) alle zusätzlichen Kosten tragen, die ab dem vereinbarten Termin für die Versendung oder ab dem Ende des hierfür vereinbarten Zeitraums entstehen, falls er es versäumt, eine Benachrichtigung gemäß B10 zu erteilen, vorausgesetzt, die Ware wurde eindeutig als die vertragliche Ware kenntlich gemacht."

A10 Benachrichtigungen
B10 Benachrichtigungen

Nach A10 ist der Verkäufer verpflichtet, den Käufer auf angemessene Weise von der Lieferung nach A2 zu benachrichtigen, um es dem Käufer zu ermöglichen, die Maßnahmen zu treffen, die üblicherweise erforderlich sind, um dem Käufer die Übernahme der Ware zu ermöglichen. 992

„Wenn vereinbart wird, dass der Käufer berechtigt ist, den Zeitpunkt für die Verschiffung der Ware und/oder die Stelle für die Entgegennahme der Ware innerhalb des benannten Bestimmungshafens zu bestimmen, muss er den Verkäufer in hinreichender Weise von diesem Zeitpunkt und/oder der betreffenden Stelle in Kenntnis setzen." (B10) 993

2.4. CIF (Kosten, Versicherung und Fracht ... fügen Sie den benannten Bestimmungshafen ein)

2.4.1. Richtige Anwendung

Bei Nutzung der Klausel „CIF", also Kosten, Versicherung und Fracht liefert der Verkäufer die Ware an den Käufer 994

– an Bord des Schiffs oder

– er verschafft die bereits so gelieferte Ware.

Die Gefahr des Verlusts oder der Beschädigung der Ware geht über, sobald sich die Ware an Bord des Schiffs befindet, womit der Verkäufer seine Verpflichtung zur Lieferung der Ware erfüllt hat, unabhängig davon, ob die betreffende Ware in einwandfreiem Zustand, in der angegebenen Qualität oder überhaupt an ihrem Bestimmungsort eintrifft. 995

Der Verkäufer hat den Beförderungsvertrag abzuschließen und die Kosten für die Fracht, die für die Beförderung der Ware zum benannten Bestimmungshafen erforderlich sind, zu tragen. 996

Zusätzlich muss der Verkäufer einen Versicherungsvertrag abschließen, der den Käufer vor der Gefahr des Verlusts oder der Beschädigung der Ware während des Transports schützt. Der Verkäufer ist nur verpflichtet, eine Versicherung mit abzuschließen. Hierin unterscheidet sich CIF von der Klausel CIP, deren Anforderung an die Versicherungsdeckung (all risks) mit den neuen Incoterms 2020 erstmals deutlich ausgeweitet hat. Sollte der Käufer bei Anwendung von CIF einen höheren Ver- 997 sicherungsschutz wünschen, müsste er dieses entweder ausdrücklich mit dem Verkäufer vereinbaren oder eigene zusätzliche Versicherungsvorkehrungen treffen.

2.4.2. Die Verpflichtungen im Einzelnen

998 Vgl. zu grundlegend gebrauchten Begriffen der Incoterms-Regeln (wie z.B. Lieferung/Lieferort [A/B2], Gefahrtragung [A/B3], Versicherung [A/B5], Transportdokument [A/B 6], Benachrichtigung [A/B10] usw.) die grundsätzlichen Vorbemerkungen und Erläuterungen in Teil 2, 2.1.

999 Aufgrund der **Übereinstimmungen der Klausel CIF mit der Klausel CFR**, die auch die „erläuternden Kommentare für Nutzer" umfasst, wird auf die einzelnen **Kommentierungen der Abschnitte CFR A1 bis A10 und B1 bis B10 unter Teil 3, 2.3.** (CFR) verwiesen. Einziges Unterscheidungskriterium der beiden Klauseln CFR und CIF ist die Verpflichtung in **CIF A5/B5**, die die **Versicherung** regelt.

1000 Hierzu sagt der „erläuternde Kommentar für Nutzer" in CIF, Ziffer 8: „Der Verkäufer muss ebenfalls einen Versicherungsvertrag für die auf den Käufer übergehende Gefahr des Verlusts oder der Beschädigung der Ware während des Transports vom Verschiffungshafen mindestens bis zum Bestimmungshafen abschließen. Dies kann zu Problemen führen, wenn das Bestimmungsland vorschreibt, dass der Versicherungsschutz in diesem Land erworben werden muss: In diesem Fall sollten die Parteien in Betracht ziehen, unter der Klausel CFR zu verkaufen bzw. zu kaufen. Der Käufer sollte ebenfalls bedenken, dass der Verkäufer unter der Klausel CIF der Incoterms 2020 nur für einen eingeschränkten Versicherungsschutz sorgen muss, um die Bedingungen der Klausel (C) der Institute Cargo Clauses oder einer ähnlichen Klausel zu erfüllen, wohingegen die Klausel (A) der Institute Cargo Clauses einen umfassenderen Versicherungsschutz vorsieht. Den Parteien steht jedoch auch die Möglichkeit offen, einen höheren Versicherungsschutz zu vereinbaren."

A5 Versicherung
B5 Versicherung

1001 Es verbleibt daher bei einer näheren Betrachtung ausschließlich des Punktes A3 lit. b (Verpflichtung zum Abschluss eines Versicherungsvertrages).

1002 Zur Versicherung vgl. zunächst die *Ausführungen oben* (unter CIP), Teil 3, 1.4.3., CIP A5/B5.

1003 Der Verkäufer hat unter CIF A5 auf eigene Kosten eine Transportversicherung zumindest entsprechend der Mindestdeckung, wie in den Regeln der „Institute Cargo Clauses" („Institute of London Underwriters") oder einem ähnlichen Bedingungswerk vorgeschrieben, abzuschließen. Gedacht ist dabei an die in Clause C der „Institute Cargo Clauses" niedergelegte Mindestdeckung. „Die Versicherung ist bei Einzelversicherern oder Versicherungsgesellschaften mit einwandfreiem Leumund abzuschließen und muss den Käufer oder jede andere Person mit einem versicherbaren Interesse an der Ware berechtigen, Ansprüche direkt bei dem Versicherer geltend zu machen", CIF A5, 1. Absatz, Satz 2.

2. Klauseln für den Seeschiffs- und Binnenschiffstransport

Der Verkäufer muss auf Verlangen und Kosten des Käufers, vorbehaltlich der durch den Käufer zur Verfügung zu stellenden, vom Verkäufer benötigten Informationen, zusätzlichen Versicherungsschutz beschaffen, falls erhältlich, z.B. Deckung entsprechend den Institute War Clauses und/oder Institute Strikes Clauses (LMA/IUA) oder ähnlichen Klauseln (es sei denn, ein derartiger Versicherungsschutz ist bereits in der im vorhergehenden Absatz beschriebenen Transportversicherung inkludiert). **1004**

Die **Versicherung muss** zumindest den im Vertrag genannten Preis zuzüglich zehn Prozent (d.h. **110 %**) **decken** und in der Währung des Vertrags ausgestellt sein. **1005**

Der Käufer hat, abgesehen von einer Informationspflicht bei entsprechendem Verlangen des Verkäufers, keine weitere Verpflichtung aus CIF B5. **1006**

Anhang: Offizielles Regelwerk der Internationalen Handelskammer (ICC)

Incoterms® 2020 by the International Chamber of Commerce (ICC)

DIE REGELN DER ICC ZUR AUSLEGUNG NATIONALER UND INTERNATIONALER HANDELSKLAUSELN

ICC INTERNATIONAL CHAMBER OF COMMERCE
The world business organization

Anhang: Offizielles Regelwerk der Internationalen Handelskammer (ICC)

Incoterms® 2020
ICC rules for the use of domestic and international trade terms

© 2019 International Chamber of Commerce ("ICC")
Für die deutsche Übersetzung: © 2019 ICC Germany e.V. („ICC Germany")

Alle Rechte vorbehalten. Dieses Werk ist, einschließlich aller seiner Teile, urheberrechtlich geschützt. Die ICC ist Inhaberin der Urheberrechte an der englischsprachigen Version der *Incoterms® 2020*, ICC Germany e.V. ist Inhaberin der Urheberrechte an der deutschsprachigen Version der *Incoterms® 2020*. Sofern nicht gesetzlich zulässig, ist jegliche Vervielfältigung, Verbreitung, Übermittlung, Übersetzung oder Anpassung dieses Regelwerks, auch auszugsweise, ohne schriftliche Einwilligung der ICC und/oder gegebenenfalls von ICC Germany untersagt.

Eine diesbezügliche Einwilligung kann bei der ICC unter publications@iccwbo.org und bei ICC Germany unter icc@iccgermany.de beantragt werden.

Die englischsprachige Fassung enthält den maßgebenden Wortlaut der Incoterms®.

„Incoterms®" ist eine eingetragene Marke der ICC. Die Regelungen zur ordnungsgemäßen Verwendung dieser Marke finden Sie unter https://iccwbo.org/incoterms-copyright/.

ICC Publikation: 723 DE
ISBN: 978-3-929621-73-0

INCOTERMS® 2020

Vorwort
von John W.H. Denton, AO, ICC-Generalsekretär

Das Wachstum der globalen Wirtschaft ermöglicht vielen Unternehmen in einem bisher nicht gekannten Ausmaß den Zugang zu den weltweiten Märkten. Der internationale Handel gewinnt stetig an Volumen und Vielfalt – bei gleichzeitig steigendem Tempo. Um Missverständnissen und kostenintensiven Streitigkeiten vorzubeugen, muss bei der Verhandlung von Kaufverträgen der zunehmenden Komplexität des Welthandels stets Rechnung getragen werden.

Die ICC Incoterms®, das offizielle Regelwerk zur Auslegung nationaler und internationaler Handelsklauseln, erleichtern die Abwicklung des weltweiten Handels. Durch den Verweis auf die *Incoterms® 2020* in einem Warenkaufvertrag werden die jeweiligen Pflichten der Parteien in Bezug auf den Gefahrübergang, die Kosten und Transportmodalitäten sowie die Verzollung eindeutig festgelegt, und damit das Risiko rechtlicher Missverständnisse vermindert.

Seit der erstmaligen Veröffentlichung eines Regelwerks zu den standardmäßigen Handelsklauseln in Form der Incoterms® Regeln durch die ICC im Jahr 1936 wurde dieses weltweit anerkannte Standardwerk regelmäßig überarbeitet, um mit den Entwicklungen im internationalen Handel Schritt zu halten. Die Incoterms® 2020 Regeln berücksichtigen die gestiegenen Sicherheitsbedürfnisse beim Transport von Waren, den Bedarf an höherer Flexibilität beim Versicherungsschutz je nach Art der Waren und des Transports sowie die von Bankenseite erhobene Forderung nach einem Bordkonnossement bei bestimmten finanzierten Käufen gemäß FCA-Klausel.

Die *Incoterms® 2020* bieten zudem eine einfache und übersichtliche Darstellung aller Klauseln, die sprachlich überarbeitet und durch eine erweiterte Einführung sowie erläuternde Kommentare ergänzt wurden; ebenso wurde die Reihenfolge vieler Artikel verändert, um sie an den logischen Ablauf einer Verkaufstransaktion anzupassen. Die *Incoterms® 2020* enthalten außerdem erstmals eine „horizontale" Darstellung, bei der alle ähnlichen Artikel nebeneinander angeordnet werden, sodass der Nutzer die unterschiedliche Behandlung bestimmter Fragen in den elf Incoterms® Klauseln einfach nachvollziehen kann.

Das vertiefte Fachwissen der ICC auf dem Gebiet des Handelsrechts wird durch die Zusammenarbeit mit Experten aus der ganzen Welt sichergestellt, die aus allen Branchen und von Mitgliedsunternehmen jeglicher Größe kommen. Damit stellt die ICC sicher, dass die *Incoterms® 2020* an jedem Ort der Welt den dort jeweils geltenden geschäftlichen Anforderungen gerecht werden.

© 2019 INTERNATIONAL CHAMBER OF COMMERCE (ICC GERMANY E.V.)

Anhang: Offizielles Regelwerk der Internationalen Handelskammer (ICC)

INCOTERMS® 2020

ICC dankt den Mitgliedern des internationalen Redaktionskomitees der ICC-Kommission für Handelsrecht und -praxis für ihre Mitarbeit an den *Incoterms® 2020*. Diese Gruppe bestand aus David Lowe (Co-Vorsitzender, Großbritannien), Christoph Martin Radtke (Co-Vorsitzender, Frankreich), Charles Debattista (Sonderberater, Großbritannien), Ercüment Erdem (Türkei), Virginie Jan, Jian Baozhu (China), Burghard Piltz (Deutschland), Frank Reynolds (USA) und Bob Ronai (Australien). Wir bedanken uns ebenfalls bei Asko Räty (Finnland) für seine Unterstützung bei der Gestaltung der Grafiken, auf denen die elf Klauseln dargestellt sind.

Unsere Anerkennung gilt ebenso Emily O'Connor (Direktorin, Multilaterale Regeln für Handel und Investitionen, ICC) und Florence Binta Diao-Gueye (ICC-Kommission für Handelsrecht und -praxis, ICC).

© 2019 INTERNATIONAL CHAMBER OF COMMERCE (ICC GERMANY E.V.)

Anhang: Offizielles Regelwerk der Internationalen Handelskammer (ICC)

INCOTERMS® 2020

Inhalt

EINFÜHRUNG IN DIE *INCOTERMS® 2020* 1

KLAUSELN FÜR ALLE TRANSPORTARTEN 23

    EXW | Ab Werk 25

    FCA | Frei Frachtführer 33

    CPT | Frachtfrei 47

    CIP | Frachtfrei versichert 57

    DAP | Geliefert benannter Ort 69

    DPU | Geliefert benannter Ort entladen 79

    DDP | Geliefert verzollt 89

KLAUSELN FÜR DEN SEE- UND BINNENSCHIFFSTRANSPORT . . 99

    FAS | Frei Längsseite Schiff 101

    FOB | Frei an Bord 111

    CFR | Kosten und Fracht 121

    CIF | Kosten, Versicherung und Fracht 131

WORTLAUT DER EINZELNEN REGELN DER KLAUSELN 143

INCOTERMS® 2020 DRAFTING GROUP 195

© 2019 INTERNATIONAL CHAMBER OF COMMERCE (ICC GERMANY E.V.)

Anhang: Offizielles Regelwerk der Internationalen Handelskammer (ICC)

INCOTERMS® 2020

© 2019 INTERNATIONAL CHAMBER OF COMMERCE (ICC GERMANY E.V.)

Anhang: Offizielles Regelwerk der Internationalen Handelskammer (ICC)

INCOTERMS® 2020

Einführung in die *Incoterms® 2020*
Ziele, Struktur und Bedeutung dieser Einführung

1. Mit dieser Einführung werden vier Ziele verfolgt:
   - Erläuterung der *Incoterms® 2020* und der bestmöglichen Einbeziehung dieser Handelsklauseln in Verträge;
   - Festlegung der wesentlichen Grundlagen der Incoterms® Regeln: grundsätzliche Rollen und Verantwortlichkeiten von Käufer und Verkäufer, Lieferung, Gefahrübergang sowie Verhältnis zwischen den Incoterms® Regeln und den Verträgen, die typische Kaufverträge für den Export/Import sowie gegebenenfalls für Inlandsverkäufe darstellen können;
   - Erläuterung der bestmöglichen Vorgehensweise zur Auswahl der passenden Incoterms® Klausel für einen bestimmten Kaufvertrag;
   - Erläuterung der wichtigsten Unterschiede zwischen den *Incoterms® 2010* und den *Incoterms® 2020*.

2. Die Einführung ist nach folgenden Punkten gegliedert:
   - I. Was können die Incoterms® Regeln leisten?
   - II. Was können die Incoterms® Regeln NICHT leisten?
   - III. Wie lassen sich die Incoterms® Regeln am besten in Verträge einbeziehen?
   - IV. Lieferung, Gefahrübergang und Kosten in den Incoterms® 2020 Regeln
   - V. Die Incoterms® 2020 Regeln und der Frachtführer
   - VI. Regeln für den Kaufvertrag und deren Verhältnis zu anderen Verträgen
   - VII. Die elf Incoterms® 2020 Klauseln – „See- und Binnenschiffsklauseln" und „Klauseln für alle Transportarten": die richtige Auswahl treffen
   - VIII. Reihenfolge innerhalb der Incoterms® 2020 Klauseln
   - IX. Unterschiede zwischen den *Incoterms® 2010* und den *Incoterms® 2020*
   - X. Vorsicht bei vertraglichen Abweichungen von den Incoterms® Regeln

3. Diese Einführung enthält Hinweise und unterstützende Informationen zum Gebrauch und zu den Grundprinzipien der *Incoterms® 2020*.

© 2019 INTERNATIONAL CHAMBER OF COMMERCE (ICC GERMANY E.V.) | 1

Anhang: Offizielles Regelwerk der Internationalen Handelskammer (ICC)

INCOTERMS® 2020

I. WAS KÖNNEN DIE INCOTERMS® REGELN LEISTEN?

4. Die Incoterms® Regeln dienen der Auslegung von elf der gebräuchlichsten Handelsklauseln, die jeweils mit drei Buchstaben abgekürzt werden, z. B. CIF oder DAP. Sie legen die im internationalen Warenhandel zwischen Unternehmen üblichen Praktiken in Kaufverträgen fest.

5. Die Incoterms® Regeln beschreiben:

    - *Pflichten*: Wer übernimmt im Rahmen der Beziehung zwischen Verkäufer und Käufer welche Aufgaben, d. h. wer ist für den Transport oder die Versicherung der Waren sowie die Beschaffung der Frachtpapiere und der Ausfuhr- oder Einfuhrgenehmigungen verantwortlich?
    - *Gefahrübergang*: Wo und wann „liefert" der Verkäufer die Waren oder anders gesagt: An welcher Stelle erfolgt der Gefahrübergang vom Verkäufer auf den Käufer?
    - *Kosten*: Welche Seite ist für welche Kosten verantwortlich, z. B. Transport-, Verpackungs-, Lade- und Entladekosten sowie Kosten für Überprüfungen oder sicherheitsbezogene Kosten?

    Die Incoterms® Regeln befassen sich mit diesen Bereichen in insgesamt zehn Artikeln, die mit A1/B1 etc. durchnummeriert sind, wobei die Artikel unter A jeweils die Pflichten des Verkäufers und die Artikel unter B die Pflichten des Käufers regeln. Weitere Informationen finden Sie in Randziffer 53 dieses Dokuments.

II. WAS KÖNNEN DIE INCOTERMS® REGELN NICHT LEISTEN?

6. Die Incoterms® Regeln bilden für sich allein genommen KEINEN Vertrag und können daher auch nicht als Ersatz für einen Kaufvertrag dienen. Sie sind dazu bestimmt, Handelspraktiken nicht für eine bestimmte, sondern für jede beliebige Art von Waren in einer standardisierten Weise zu formulieren. So können Incoterms® Klauseln etwa sowohl beim Handel mit Eisenerz als Schüttgut als auch beim Verkauf von fünf Containern mit elektronischen Geräten oder zehn Paletten mit frischen Blumen als Luftfracht verwendet werden.

7. Die Incoterms® Regeln können folgende Angelegenheiten NICHT regeln:

    - die Tatsache, ob überhaupt ein Kaufvertrag besteht;
    - die Spezifikationen der verkauften Waren;
    - Zeit, Ort, Zahlungsweise oder -währung der Bezahlung;
    - die Rechtsmittel, die bei Verstößen gegen einen Kaufvertrag eingelegt werden können;
    - die meisten Folgen eines Verzugs bei der Erfüllung oder sonstiger Verletzungen von Vertragspflichten;
    - die Wirkung von Sanktionen;
    - die Verhängung von Zöllen;

INCOTERMS® 2020

- Export- oder Importverbote;
- höhere Gewalt oder Härtefälle;
- Rechte an geistigem Eigentum;
- Art der Streitbeilegung, Gerichtstand oder anwendbares Recht im Falle derartiger Verstöße.

Besonders zu beachten ist außerdem, dass die Incoterms® Regeln KEINE Regelungen zum Eigentumsübergang der verkauften Waren enthalten.

8. Diese Themen müssen von den Parteien im jeweiligen Kaufvertrag gesondert geregelt werden. Diesbezügliche Versäumnisse dürften aller Wahrscheinlichkeit nach zu einem späteren Zeitpunkt zu Problemen führen, falls sich Streitigkeiten bezüglich der Erfüllung und Verletzung eines Vertrags ergeben. Grundsätzlich stellen die Incoterms® 2020 Regeln für sich allein genommen *keinen* Kaufvertrag dar. Sie werden nur dann *Bestandteil* eines Vertrags, wenn sie durch Bezugnahme in einen bereits bestehenden Vertrag aufgenommen werden. Die Incoterms® Regeln enthalten keinerlei Aussagen oder Festlegungen über das auf einen Vertrag anwendbare Recht. Möglicherweise sind daher internationale Rechtsnormen bzw. Rechtssysteme auf Verträge anwendbar, z. B. das Übereinkommen über Verträge für den internationalen Warenkauf (CISG), oder auch innerstaatliches zwingendes Recht – z. B. bezüglich Sicherheit, Gesundheits- und Umweltschutz.

III. WIE LASSEN SICH DIE INCOTERMS® REGELN AM BESTEN IN VERTRÄGE EINBEZIEHEN?

9. Falls die Parteien eines Vertrags möchten, dass die Incoterms® 2020 Regeln in ihrem Vertrag Anwendung finden, besteht die sicherste Maßnahme darin, diesen Willen in ihrem Vertrag durch folgende oder eine ähnliche Formulierung eindeutig zum Ausdruck zu bringen:

    „[die gewählte Incoterms® Klausel] [benannter Hafen, Ort oder Stelle] Incoterms 2020".

10. Beispiel:
    CIF Shanghai Incoterms 2020 oder
    DAP Nr. 123, ABC-Straße, Importland Incoterms 2020.

11. Wird kein Jahr für die Version der Incoterms® angegeben, könnte dies zu Problemen führen, die möglicherweise schwer zu lösen sind. Für die Parteien, einen Richter oder Schiedsrichter muss in jedem Fall klar ersichtlich und eindeutig bestimmbar sein, welche Version der Incoterms® Regeln Anwendung auf einen Vertrag findet.

12. Der benannte Ort, der hinter der gewählten Incoterms® Klausel steht, ist sogar noch wichtiger:

INCOTERMS® 2020

- In allen Incoterms® Klauseln mit Ausnahme der C-Klauseln wird durch den benannten Ort angegeben, wohin die Waren „geliefert" werden müssen, d. h. an welchem Ort der Gefahrübergang vom Verkäufer auf den Käufer erfolgt;
- In den D-Klauseln ist der benannte Ort jeweils der Lieferort und zugleich der Bestimmungsort, wobei der Verkäufer den Transport bis zu dieser Stelle organisieren muss;
- In den C-Klauseln gibt der benannte Ort den Bestimmungsort an, bis zu dem der Verkäufer den Transport der Waren organisieren und bezahlen muss, wobei dieser Ort nicht mit dem Lieferort oder -hafen identisch ist.

13. Bei einem FOB-Verkauf, bei dem der Verschiffungshafen nicht festgelegt ist, können beide Parteien nicht genau wissen, wo der Käufer den Frachter zur Verschiffung und für den Transport zum Käufer zur Verfügung stellen muss – und wohin der Verkäufer die Waren an Bord des Frachtschiffs liefern muss, d. h. wo der Gefahrübergang bezüglich der Waren vom Verkäufer auf den Käufer erfolgt. Ebenfalls werden bei einem CPT-Vertrag, in dem der Bestimmungsort nicht eindeutig benannt ist, beide Parteien in Unklarheit darüber gelassen, bis zu welcher Stelle der Verkäufer den Transport der Waren beauftragen und bezahlen muss.

14. Am besten lassen sich derartige Probleme von vornherein vermeiden, indem man in der jeweils gewählten Incoterms® Klausel einen konkreten Hafen, Ort bzw. geografischen Punkt so genau wie möglich benennt.

15. Bei der Einbeziehung einer bestimmten Incoterms® 2020 Regel in einen Kaufvertrag ist es nicht erforderlich, das Markensymbol zu verwenden. Weitere Hinweise zu Marken und Urheberrechten finden Sie in der Anmerkung zu Marken am Ende der Incoterms® 2020 Regeln.

IV. **LIEFERUNG, GEFAHRÜBERGANG UND KOSTEN IN DEN INCOTERMS® 2020 REGELN**

16. Ein benannter Ort oder Hafen, der hinter dem aus drei Buchstaben bestehenden Code steht, z. B. CIP Las Vegas oder CIF Los Angeles, ist für die Wirkung der Incoterms® 2020 Regeln von entscheidender Bedeutung. Je nachdem welche Incoterms® 2020 Klausel gewählt wird, bezeichnet dieser Ort entweder den Ort oder Hafen, an dem die dorthin transportierten Waren als vom Verkäufer an den Käufer „geliefert" gelten, d. h. den „Lieferort" oder aber den Ort bzw. Hafen, bis zu dem der Verkäufer den Transport der Waren organisieren muss, d. h. ihren Bestimmungsort; im Falle der D-Klauseln gilt hingegen beides.

17. In allen Incoterms® 2020 Klauseln definiert A2 den „Lieferort oder -hafen" – und dieser Ort oder Hafen ist in EXW und FCA (Gelände des Verkäufers) am nächsten zum Verkäufer gelegen und in DAP, DPU und DDP am nächsten zum Käufer gelegen.

18. Der durch A2 angegebene Lieferort oder -hafen ist im Hinblick auf den Gefahrübergang und die Kosten von entscheidender Bedeutung.

19. Der Lieferort oder -hafen gemäß A2 kennzeichnet den Ort, an dem der Gefahrübergang vom Verkäufer auf den Käufer gemäß A3 erfolgt. Mit der Ankunft der Waren an diesem Ort oder Hafen erfüllt der Verkäufer seine vertragliche Verpflichtung zur Bereitstellung der Waren gemäß A1. Der Käufer kann gegen den Verkäufer keine Entschädigung für Verlust oder Beschädigung der Waren geltend machen, nachdem die Waren an der Lieferstelle angekommen sind.

20. Der Lieferort oder -hafen unter A2 kennzeichnet auch den zentralen Punkt unter A9, welcher die dem Käufer und Verkäufer zugerechneten Kosten regelt. Allgemein ausgedrückt werden durch A9 die vor der Lieferstelle entstehenden Kosten dem Verkäufer und die nach dieser Lieferstelle erwachsenden Kosten dem Käufer zugerechnet.

Lieferstellen
Extrem- und Zwischenpositionen: die vier traditionellen Gruppen von Incoterms® Klauseln

21. In den bis 2010 geltenden Fassungen der Incoterms® Regeln waren die Handelsklauseln üblicherweise in vier Gruppen geordnet: in E, F, C und D, wobei E und D in Bezug auf die Lieferstelle jeweils gegensätzliche Extrempositionen abbildeten und die F- sowie C-Klauseln jeweils dazwischen lagen. Obgleich die Incoterms® Klauseln seit 2010 nach den verwendeten Transportmitteln gruppiert werden, erweisen sich die früher üblichen Gruppierungen immer noch als hilfreich für das Verständnis des Konzepts der Lieferstelle. Die Lieferstelle in EXW ist somit ein vereinbarter Punkt zur Abholung der Waren durch den Käufer, unabhängig davon, an welchen Bestimmungsort der Käufer die Waren letztendlich transportieren wird. Im anderen Extremfall ist z. B. in den Klauseln DAP, DPU und DDP die Lieferstelle jeweils mit dem Bestimmungsort identisch, bis zu dem der Verkäufer oder dessen Frachtführer die Waren transportieren wird. Im erstgenannten Fall, bei der Klausel EXW, erfolgt der Gefahrübergang noch vor Beginn des Transportzyklus; im zweiten Fall hingegen, in dem eine D-Klausel gewählt wird, tritt der Gefahrübergang zu einem sehr späten Zeitpunkt des Transportzyklus ein. Im ersten Fall, bei der Klausel EXW, und in diesem Kontext auch bei der Klausel FCA (Gelände des Verkäufers) ist die Erfüllung der Verpflichtung zur Lieferung der Waren durch den Verkäufer nicht daran gebunden, ob die betreffenden Waren tatsächlich an ihrem Bestimmungsort eintreffen. Im zweiten Fall erfüllt der Verkäufer seine Verpflichtung zur Lieferung der Waren jedoch nur dann, wenn diese Waren tatsächlich an ihrem Bestimmungsort ankommen.

Anhang: Offizielles Regelwerk der Internationalen Handelskammer (ICC)

INCOTERMS® 2020

22. Diese beiden Klauseln, die gewissermaßen Extrempositionen der Incoterms® Regeln darstellen, lauten EXW und DDP. Händler sollten ggf. für ihre internationalen Verträge andere als die vorstehend genannten Klauseln in Betracht ziehen. EXW bedeutet, dass der Verkäufer die Waren dem Käufer lediglich zur Verfügung stellen muss. Dies kann sowohl für den Verkäufer als auch den Käufer bei der Verladung bzw. Exportabfertigung Probleme verursachen. Der Verkäufer wäre in diesem Falle besser beraten, seine Waren unter Anwendung der FCA-Klausel zu verkaufen. DDP hingegen bedeutet, dass der Verkäufer gegenüber dem Käufer gewisse Verpflichtungen übernimmt, die nur innerhalb des Landes des Käufers erfüllt werden können, z. B. die Einfuhrabfertigung. Unter praktischen oder rechtlichen Gesichtspunkten kann es für den Verkäufer unter Umständen schwierig sein, diesen Verpflichtungen im Land des Käufers nachzukommen, sodass ein Verkäufer besser beraten wäre, in einer derartigen Situation die Waren unter den Klauseln DAP oder DPU zu verkaufen.

23. Zwischen den beiden Extrempositionen der E- und D-Klauseln sind die drei F-Klauseln (FCA, FAS und FOB) und die vier C-Klauseln (CPT, CIP, CFR und CIF) einzuordnen.

24. Bei allen sieben F- und C-Klauseln befindet sich der Lieferort auf der Verkäuferseite des voraussichtlichen Transports: Verkäufe mit diesen Incoterms® Klauseln werden daher oft auch als Versendungskäufe bezeichnet. Die Lieferung ist beispielsweise erfolgt,

   a) sobald sich die Waren bei einem CFR-, CIF- oder FOB-Verkauf an Bord eines Frachtschiffs im Verladehafen befinden; oder

   b) wenn die Waren bei einem CPT- oder CIP-Verkauf an den Frachtführer übergeben wurden; oder

   c) wenn mit der Klausel FCA verkaufte Waren auf das vom Käufer bereitgestellte Transportmittel verladen oder dem Frachtführer des Käufers zur Verfügung gestellt wurden.

   In den Gruppen der F- und C-Klauseln erfolgt der Gefahrübergang vom Verkäufer auf den Käufer bereits zu Beginn des Transports, sodass der Verkäufer seine Verpflichtung zur Lieferung der Waren erfüllt hat – unabhängig davon, ob die betreffenden Waren tatsächlich an ihrem Bestimmungsort eintreffen. Alle F- und C-Klauseln, unabhängig davon, ob sie sich auf Incoterms® Klauseln für Seetransport oder Incoterms® Klauseln für alle Transportarten beziehen, sind durch die Eigenschaft eines Versendungskaufs gekennzeichnet, bei dem die Lieferung zu Beginn des Transportzyklus auf der Verkäuferseite erfolgt.

25. Die F- und C-Klauseln unterscheiden sich jedoch darin, ob der Verkäufer oder der Käufer den Transport der Waren über den Lieferort oder -hafen hinaus vertraglich beauftragt bzw. organi-

siert. Bei den F-Klauseln ist es der Käufer, der derartige Vereinbarungen schließen muss, sofern die Parteien nichts anderes vereinbaren. Bei den C-Klauseln obliegt dies dem Verkäufer.

26. Da ein Verkäufer bei jeder C-Klausel den Transport der Waren über den Lieferort hinaus beauftragt oder organisiert, müssen die Parteien den Bestimmungsort kennen, zu dem der Transport jeweils organisiert werden muss – und *dies* ist der Ort, der hinter der Bezeichnung der Incoterms® Klausel steht, z. B. „CIF Hafen Dalian" oder „CIP Stadt Shenyang". Dieser benannte Bestimmungsort kann und wird jedoch niemals der Lieferort sein. Obwohl der Gefahrübergang bei der Verschiffung oder Übergabe der Waren am Lieferort an den Käufer erfolgt, muss der Beförderungsvertrag vom Verkäufer für den benannten Bestimmungsort abgeschlossen worden sein. Liefer- und Bestimmungsort können in den C-Klauseln nicht derselbe Ort sein.

V. DIE INCOTERMS® 2020 REGELN UND DER FRACHTFÜHRER

27. Wenn unter den F- und C-Klauseln die Waren beispielsweise an Bord des Frachtschiffs verladen oder an den Frachtführer übergeben bzw. ihm zur Verfügung gestellt werden, markiert dieser Frachtführer die Stelle, an der die Waren als vom Verkäufer an den Käufer „geliefert" gelten. Dies ist somit auch die Stelle, an welcher der Gefahrübergang vom Verkäufer auf den Käufer erfolgt.

28. In Anbetracht der schwerwiegenden Auswirkungen dieser beiden Ereignisse ist es von entscheidender Bedeutung, den jeweiligen Frachtführer zu identifizieren, wenn mehrere Frachtführer eingesetzt sind, die unterschiedliche Teilstrecken des Transports übernehmen, z. B. per Schiene, Straße, Flugzeug oder auf See. Wenn sich jedoch der Verkäufer für eine vernünftigere Vorgehensweise entschieden und einen Beförderungsvertrag geschlossen hat, bei dem ein Frachtführer die Verantwortung für die gesamte Transportkette übernimmt, d. h. einen sog. „durchgehenden" Beförderungsvertrag, tritt dieses Problem nicht auf. Wenn jedoch kein „durchgehender" Beförderungsvertrag besteht, könnten die Waren an eine LKW-Spedition oder ein Bahntransportunternehmen übergeben werden (wobei die CIP- oder CPT-Klauseln Anwendung finden), welche die Waren bis zum Seeverfrachter weiterbefördern. Dieselbe Situation *kann* sich ergeben, wenn Waren ausschließlich per Seetransport befördert und beispielsweise zuerst an ein Flussfrachtunternehmen oder als Zubringer fungierendes Kurzstrecken-Seefrachtunternehmen übergeben werden, das die Beförderung bis zum Seefrachtführer übernimmt.

29. Wann gelten die Waren in solchen Fällen als an den Käufer „geliefert": bei Übergabe der Waren an den ersten, zweiten oder dritten Frachtführer?

INCOTERMS® 2020

30. Bevor wir uns der Beantwortung dieser Frage zuwenden, soll noch ein anderer Punkt erwähnt werden. Obwohl der Frachtführer in den meisten Fällen ein unabhängiger Dritter ist, der durch einen Beförderungsvertrag vom Verkäufer oder Käufer (je nachdem ob die Parteien eine C- oder F-Klausel der Incoterms® gewählt haben) beauftragt wurde, gibt es auch Situationen, in denen kein derartiger unabhängiger Dritter beauftragt wird, da der Verkäufer oder der Käufer den Transport der verkauften Waren selbst übernehmen wird. Wahrscheinlich wird dies eher bei Wahl einer D-Klausel (DAP, DPU und DDP) der Fall sein, wobei der Verkäufer sein eigenes Transportmittel zur Beförderung der Waren zum Käufer nutzen kann, der sich am Bestimmungsort der Lieferung befindet. In den *Incoterms® 2020* wurde daher eine Regelung eingeführt, der zufolge es einem Verkäufer unter den D-Klauseln gestattet ist, einen Transport zu *beauftragen* oder zu *organisieren*, d. h. durch Nutzung eines eigenen Transportmittels durchzuführen: siehe hierzu A4.

31. Die im vorstehenden Absatz 29 aufgeworfene Frage bezieht sich daher nicht einfach auf den „Transport": Es handelt sich vielmehr um eine den „Verkauf" betreffende Frage. Dabei geht es nicht darum, welchen Frachtführer ein Verkäufer oder Käufer gemäß dem Beförderungsvertrag gerichtlich belangen kann, wenn die ge- bzw. verkauften Waren auf dem Transportweg beschädigt wurden. Die den „Verkauf" betreffende Frage lautet vielmehr wie folgt: Wenn mehrere Frachtführer an der Beförderung der Waren vom Verkäufer an den Käufer beteiligt sind, an welchem Punkt in der Transportkette gilt bei Übergabe der Waren die Lieferung als vollzogen, sodass der Gefahrübergang an diesem Punkt vom *Verkäufer auf den Käufer* erfolgt?

32. Es muss eine einfache Antwort auf diese Frage geben, da die Beziehungen zwischen mehreren eingesetzten Frachtführern untereinander sowie zwischen Verkäufer und/oder Käufer und diesen verschiedenen Frachtführern komplexer Natur sind – je nachdem wie die Bedingungen der einzelnen Beförderungsverträge gestaltet sind. So kann beispielsweise in einer Kette von Beförderungsverträgen ein Frachtführer, der die Waren auf einer Teilstrecke per LKW durch ein Land transportiert, auch in der Eigenschaft als Vertreter des Verkäufers einen Beförderungsvertrag mit einem Seefrachtführer abschließen.

33. Die *Incoterms® 2020* geben eine eindeutige Antwort auf diese Frage, wenn die Parteien die FCA-Klausel vereinbaren. Der relevante Frachtführer ist nach FCA der vom Käufer benannte Frachtführer, dem der Verkäufer an einem im Kaufvertrag jeweils vereinbarten Ort oder Punkt die Waren übergibt. Selbst wenn ein Verkäufer somit eine Lkw-Spedition beauftragt, die Waren zur vereinbarten Lieferstelle zu transportieren, würde der Gefahrübergang nicht am Ort und zum Zeitpunkt der Übergabe der Waren vom Verkäufer an den von ihm beauftragten Spediteur erfolgen, sondern an dem Ort und zu dem Zeitpunkt, an bzw.

zu dem die Waren dem vom Käufer beauftragten Frachtführer zur Verfügung gestellt werden. Aus diesem Grund ist es bei FCA-Verkäufen von entscheidender Bedeutung, den Lieferort oder die Lieferstelle so genau wie möglich zu benennen. Dieselbe Situation kann bei einem FOB-Verkauf eintreten, wenn ein Verkäufer ein Zubringerschiff oder einen Lastkahn einsetzt, um die Waren zu dem vom Käufer angemieteten Frachtschiff zu transportieren. Eine ähnliche Antwort findet sich in den *Incoterms® 2020*: Die Lieferung ist erfolgt, wenn die Waren an Bord des Frachters des Käufers abgestellt werden.

34. Bei den C-Klauseln ist der Fall komplexer und kann in verschiedenen Rechtssystemen jeweils unterschiedliche Lösungen erfordern. Bei Anwendung der Klauseln CPT und CIP wird zumindest in manchen Ländern jeweils der erste Frachtführer, an den der Verkäufer die Waren unter A2 übergibt (sofern die Parteien keine Lieferstelle vereinbart haben), als relevanter Frachtführer angesehen. Der Käufer weiß nichts von den vertraglichen Vereinbarungen, die zwischen dem Verkäufer und dem ersten oder folgenden Frachtführern oder zwischen diesem ersten Frachtführer und den folgenden Frachtführern geschlossen wurden. Der Käufer weiß jedoch, dass sich die Waren „auf dem Transportweg" zu ihm befinden – und dass der „Transportweg" nach Kenntnis des Käufers beginnt, sobald die Waren vom Verkäufer in die Hände des ersten Frachtführers übergeben wurden. Daraus folgt, dass bereits in dieser frühen Phase der „Lieferung" an den ersten Frachtführer der Gefahrübergang vom Verkäufer auf den Käufer erfolgt. Dieselbe Situation kann sich bei Anwendung der Klauseln CFR und CIF ergeben, wenn ein Verkäufer ein Zubringerschiff oder einen Lastkahn anmietet, um die Waren ggf. zum vereinbarten Verschiffungshafen zu transportieren. Eine ähnliche Antwort könnte auch in manchen Rechtssystemen empfohlen werden: Die Lieferung ist erfolgt, sobald die Waren an Bord des Frachtschiffs im ggf. vereinbarten Verschiffungshafen verladen wurden.

35. Ein derartiges Fazit, sofern man es akzeptiert, erscheint für den Käufer möglicherweise unvorteilhaft. Bei CPT- und CIP-Verkäufen würde der Gefahrübergang bereits mit Übergabe der Waren an den ersten Frachtführer vom Verkäufer auf den Käufer erfolgen. Der Käufer weiß jedoch zu diesem Zeitpunkt nicht, ob dieser erste Frachtführer für Verlust oder Beschädigung der Waren gemäß dem betreffenden Beförderungsvertrag haftbar ist. Da der Käufer keine Partei dieses Vertrags ist, hat er keinerlei Kontrolle darüber und kennt somit dessen Bestimmungen und Bedingungen nicht. Dennoch würde der Käufer letztlich die Gefahren, welche die Waren betreffen, ab dem frühesten Zeitpunkt der Übergabe tragen, möglicherweise sogar ohne Anspruch auf Entschädigung gegenüber diesem ersten Frachtführer.

36. Auch wenn der Käufer somit die Gefahr des Verlusts der Waren oder von Schäden an den Waren bereits in einer frühen Phase

INCOTERMS® 2020

der Transportkette übernehmen müsste, hätte er jedoch dieser Sichtweise nach einen Abhilfeanspruch gegen den Verkäufer. A2/A3 existieren nicht in einem luftleeren Raum: Unter A4 muss der Verkäufer einen Beförderungsvertrag für die Waren „von der ggf. vereinbarten Lieferstelle am Lieferort bis zum benannten Bestimmungsort oder einer ggf. vereinbarten Stelle an diesem Ort abschließen". Selbst wenn der Gefahrübergang zum Zeitpunkt der Übergabe der Waren an den ersten Frachtführer gemäß A2/A3 auf den Käufer erfolgt ist, wäre der Verkäufer entsprechend dieser Sichtweise weiterhin gegenüber dem Käufer nach A4 haftbar, wenn dieser erste Frachtführer seine Verantwortung gemäß seinem Beförderungsvertrag für den Transport der Waren zum benannten Bestimmungsort nicht wahrnimmt. Demzufolge sollte der Verkäufer einen Beförderungsvertrag bis zu dem im Kaufvertrag genannten Bestimmungsort abschließen.

VI. REGELN FÜR DEN KAUFVERTRAG UND DEREN VERHÄLTNIS ZU ANDEREN VERTRÄGEN

37. Im Rahmen der Diskussion über die Rolle des Frachtführers bei der Lieferung der Waren zwischen Verkäufer und Käufer in den C- und F-Klauseln der Incoterms® Regeln stellt sich folgende Frage: Welche Rolle spielen die Incoterms® Regeln im Beförderungsvertrag oder in anderen Verträgen, die üblicherweise mit einem Exportvertrag in Zusammenhang stehen, z. B. in einem Versicherungsvertrag oder Akkreditiv?

38. Die kurze Antwort ist, dass die Incoterms® Regeln kein Bestandteil solcher anderen Verträge sind: Bei ihrer Einbeziehung in einen Kaufvertrag sind die Incoterms® Regeln *nur* auf bestimmte Aspekte des Kaufvertrags anwendbar und regeln *nur* diese bestimmten vertraglichen Aspekte.

39. Dies bedeutet jedoch nicht, dass die Incoterms® Regeln keine *Auswirkungen* auf diese anderen Verträge haben. Waren werden durch ein Netzwerk von Verträgen, die idealerweise übereinstimmen sollten, exportiert und importiert. Somit kann es in Zusammenhang mit einem Kaufvertrag z. B. erforderlich sein, ein Transportdokument einzureichen, das vom Frachtführer für den Verkäufer/Befrachter gemäß einem Beförderungsvertrag ausgestellt wurde und unter Umständen vorgelegt werden muss, damit der Verkäufer/Befrachter/Begünstigte nach den Bedingungen eines Akkreditivs bezahlt werden kann. Wenn diese drei Verträge übereinstimmende Regelungen enthalten, läuft der Handel reibungslos; anderenfalls können schnell Probleme entstehen.

40. Soweit sich Incoterms® Regeln z. B. auf Fracht- oder Transportdokumente (in A4/B4 und A6/B6) oder auf den Versicherungsschutz (A5/B5) beziehen, sind diese Regelungen für den Frachtführer oder Versicherer bzw. die beteiligten Banken in keiner Weise *bindend*. Ein Frachtführer ist somit nur verpflichtet, ein

INCOTERMS® 2020

Transportdokument auszustellen, wenn und soweit dies durch den Beförderungsvertrag, den er mit der betreffenden anderen Vertragspartei geschlossen hat, vorgeschrieben ist: Zur Einhaltung der Incoterms® Regeln ist er nicht verpflichtet, ein Transportdokument auszustellen. Ebenso ist ein Versicherer lediglich verpflichtet, eine Police mit der Deckungshöhe und zu den Bedingungen auszustellen, die mit der Partei vereinbart wurden, die den Versicherungsschutz jeweils erworben hat; die Versicherungsgesellschaft muss jedoch keine Police ausstellen, die den Incoterms® Regeln entspricht. Letztlich orientiert sich eine Bank nur an den im Akkreditiv festgelegten Dokumentationsanforderungen und richtet sich nicht nach den ggf. im Kaufvertrag festgeschriebenen Anforderungen.

41. Dennoch liegt es im Interesse aller Parteien der verschiedenen Verträge in diesem Netzwerk, dafür Sorge zu tragen, dass die mit dem Frachtführer oder Versicherer vereinbarten Beförderungs- bzw. Versicherungsbedingungen oder die Bedingungen eines Akkreditivs mit den Regelungen aus dem Kaufvertrag über noch abzuschließende untergeordnete Verträge oder zu beschaffende bzw. einzureichende Dokumente im Einklang stehen. *Diese* Aufgabe obliegt nicht dem Frachtführer, Versicherer oder der Bank, die keine Parteien des Kaufvertrags und daher nicht an die Incoterms® 2020 Regeln gebunden sind. Es *liegt* jedoch im Interesse des Verkäufers und des Käufers, nach besten Kräften dafür zu sorgen, dass die verschiedenen Parteien dieses Vertragsnetzwerks aufeinander abgestimmt sind – wobei der Ausgangspunkt der Kaufvertrag ist – und den Incoterms® 2020 Regeln entsprechen, soweit diese anwendbar sind.

VII. **DIE ELF INCOTERMS® 2020 KLAUSELN – „SEE- UND BINNENSCHIFFSKLAUSELN" UND „KLAUSELN FÜR ALLE TRANSPORTARTEN": DIE RICHTIGE AUSWAHL TREFFEN**

42. Die in den *Incoterms® 2010* eingeführte Hauptunterscheidung zwischen den **„Klauseln für alle Transportarten"** (EXW, FCA, CPT, CIP, DAP, die neu benannte Klausel DPU – die alte Klausel DAT, und DDP) und den **„Klauseln für den See- und Binnenschiffstransport"** (FAS, FOB, CFR und CIF) wurde beibehalten.

43. Die vier so genannten Incoterms® „Seeklauseln" sind für Situationen bestimmt, in denen der Verkäufer die Waren an Bord (oder bei Wahl der FAS-Klausel längsseits) eines Schiffs in einem See- oder Binnenhafen ablädt. Dies ist die Stelle, an der die Lieferung der Waren vom Verkäufer an den Käufer erfolgt. Bei Nutzung dieser Klauseln trägt der Käufer ab diesem Hafen die Gefahr des Verlusts von oder Schäden an den Waren.

44. Die sieben Incoterms® Klauseln für alle Transportarten (auch als „multimodale" Beförderung bezeichnet) sind hingegen zur Verwendung in Situationen bestimmt, in denen

INCOTERMS® 2020

a) die Stelle, an der der Verkäufer die Waren einem Frachtführer übergibt oder zur Verfügung stellt, oder

b) die Stelle, an der der Frachtführer die Waren dem Käufer übergibt, oder die Stelle, an der die Waren dem Käufer zur Verfügung gestellt werden, oder

c) beide unter (a) und (b) genannten Stellen

sich nicht an Bord (oder bei Wahl der FAS-Klausel längsseits) eines Schiffs befinden.

45. Wo genau bei diesen sieben Incoterms® Klauseln die Lieferung erfolgt und der Gefahrübergang auf den Käufer stattfindet, ist davon abhängig, welche dieser Klauseln jeweils genutzt wird. Bei Nutzung der Klausel CPT erfolgt die Lieferung z. B. einseitig durch den Verkäufer, nämlich bei Übergabe der Waren an den von diesem Verkäufer beauftragten Frachtführer. Wird hingegen die Klausel DAP vereinbart, so findet die Lieferung statt, wenn die Waren am benannten Bestimmungsort oder -punkt dem Käufer zur Verfügung gestellt werden.

46. Wie bereits erwähnt, wurde die Reihenfolge, in der die *Incoterms® 2010* präsentiert wurden, bei den *Incoterms® 2020* weitgehend beibehalten. Es soll an dieser Stelle noch einmal auf den Unterschied zwischen den beiden Gruppen von Incoterms® Klauseln verwiesen werden, damit in Abhängigkeit vom jeweils genutzten Transportmittel die geeignete Klausel für einen Kaufvertrag ausgewählt wird.

47. Eines der häufigsten Probleme bei der Nutzung der Incoterms® Klauseln besteht darin, dass eine falsche Klausel für einen bestimmten Vertragstyp ausgewählt wird.

48. So ist z. B. ein Kaufvertrag unter Verwendung der FOB-Klausel bei Festlegung eines im Inland befindlichen Ortes (z. B. Flughafen oder Lagerhaus) kaum sinnvoll: Welche Art von Beförderungsvertrag muss der Käufer abschließen? Hat der Käufer gegenüber dem Verkäufer die Verpflichtung, einen Beförderungsvertrag zu schließen, in dem der Frachtführer verpflichtet wird, die Waren an dem benannten Ort im Inland oder an dem zu diesem Ort nächstgelegenen Hafen zu übernehmen?

49. Auch ein Kaufvertrag mit CIF, (benannter Seehafen), bei dem der Käufer erwartet, dass die Waren zu einem Ort im Inland, d. h. im Land des Käufers, transportiert werden, ist wenig sinnvoll. Muss der Verkäufer in diesem Fall einen Beförderungsvertrag und eine Versicherungspolice abschließen, die den Transport bis zu dem von den Parteien gewünschten endgültigen Bestimmungsort im Inland oder nur bis zu dem im Kaufvertrag genannten Seehafen abdecken?

50. Aller Wahrscheinlichkeit nach werden sich dann Lücken, Überschneidungen und unnötige Kosten ergeben – und all dies nur, weil für einen bestimmten Vertrag eine falsche Incoterms® Klausel ausgewählt wurde. Diese „falsche" Auswahl wird da-

INCOTERMS® 2020

durch begünstigt, dass die beiden wichtigsten Merkmale der Incoterms® Klauseln nur unzureichend beachtet werden: Lieferhafen, Lieferort bzw. Lieferstelle und Gefahrübergang.

51. Der Grund für dieses Versäumnis, welches häufig zur Verwendung der falschen Incoterms® Klausel führt, liegt darin, dass Incoterms® Klauseln oft als Bestandteil der Preisangaben angesehen werden: Man spricht z. B. von EXW-, FOB- oder DAP-Preisen. Die Buchstabenkürzel für die Incoterms® Klauseln sind zweifellos praktische Abkürzungen, die im Rahmen der Preiskalkulation verwendet werden können. Incoterms® Klauseln sind jedoch keinesfalls ausschließlich und auch nicht hauptsächlich als Preisbezeichnungen zu verstehen. Die Incoterms® Klauseln symbolisieren eine Liste allgemeiner Verpflichtungen, die Verkäufer und Käufer gemäß allgemein anerkannten Formen von Kaufverträgen zu erfüllen haben – eine ihrer Hauptaufgaben besteht in der Angabe von Lieferhafen, Lieferorten oder Lieferstellen, an denen der Gefahrübergang auf den Käufer erfolgt.

VIII. REIHENFOLGE INNERHALB DER INCOTERMS® 2020 KLAUSELN

52. Alle zehn A/B-Regeln in jeder der Incoterms® Klauseln sind wichtig – wenn auch einige wichtiger sind als andere.

53. Es wurde eine grundlegende Neuordnung der *internen* Reihenfolge vorgenommen, in der die zehn Regeln innerhalb der einzelnen Incoterms® Klauseln strukturiert wurden. In den *Incoterms® 2020* lautet die interne Reihenfolge der Angaben in jeder Incoterms® Klausel wie folgt:

A1/B1	Allgemeine Verpflichtungen
A2/B2	Lieferung/Übernahme
A3/B3	Gefahrübergang
A4/B4	Transport
A5/B5	Versicherung
A6/B6	Liefer-/Transportdokument
A7/B7	Ausfuhr-/Einfuhrabfertigung
A8/B8	Prüfung/Verpackung/Kennzeichnung
A9/B9	Kostenverteilung
A10/B10	Benachrichtigungen

54. Bezüglich der Incoterms® 2020 Klauseln ist anzumerken, dass die grundlegenden Verpflichtungen der Parteien für Waren/Zahlung, Lieferung und Gefahrübergang, die zuvor in A1 enthalten waren, an eine passendere Position, nämlich A2 bzw. A3, verschoben wurden.

55. Die weitere allgemeine Reihenfolge lautet wie folgt:

INCOTERMS® 2020

- Untergeordnete Verträge (A4/B4 und A5/B5, Transport und Versicherung);
- Transportdokumente (A6/B6);
- Ausfuhr-/Einfuhrabfertigung (A7/B7);
- Verpackung (A8/B8);
- Kosten (A9/B9); und
- Benachrichtigungen (A10/B10).

56. Es versteht sich, dass die Gewöhnung an diese veränderte Reihenfolge der A/B-Regel einige Zeit – und Kosten – erfordern wird. Es bleibt zu hoffen, dass es durch die Platzierung der Punkte Lieferung und Gefahrübergang an besser sichtbarer Stelle für Händler einfacher wird, die Unterschiede zwischen den verschiedenen Incoterms® Klauseln, d. h. die unterschiedlichen Zeitpunkte und Orte zu erkennen, an denen der Verkäufer die Waren an den Käufer „liefert", wobei der Gefahrübergang ab diesem Zeitpunkt und Ort auf den Käufer erfolgt.

57. Zum ersten Mal werden die Incoterms® Klauseln im traditionellen Format mit einer Auflistung der elf Incoterms® Klauseln und in einem neuen „horizontalen" Format veröffentlicht, in dem die zehn Regeln innerhalb jeder Incoterms® Klausel unter jeder der in vorstehendem Absatz 53 benannten Überschrift zunächst für den Verkäufer und dann für den Käufer aufgeführt werden. Händler können daher z. B. den Unterschied zwischen einem Lieferort in FCA und einem Lieferort in DAP oder zwischen den Kostenpositionen, die von einem Käufer bei Verwendung der Klauseln CIF und CFR jeweils zu tragen sind, leichter erkennen. Diese „horizontale" Darstellung der Incoterms® 2020 Klauseln wird Händler hoffentlich dabei unterstützen, die für ihre geschäftlichen Anforderungen am besten geeignete Incoterms® Klausel auszuwählen.

IX. UNTERSCHIEDE ZWISCHEN DEN *INCOTERMS® 2010* UND *2020*

58. Die Einführung der Incoterms® 2020 Regeln hatte hauptsächlich eine Verbesserung der Darstellung zum Ziel, um es Nutzern zu ermöglichen, stets die passende Incoterms® Klausel für ihren Kaufvertrag auszuwählen. Im Einzelnen ergaben sich daher folgende Unterschiede:

   a) ein größeres Augenmerk auf die Auswahl der passenden Klausel in dieser Einführung;

   b) eine präzise Erläuterung der Abgrenzung und Verbindung zwischen dem Kaufvertrag und seinen nachgeordneten Verträgen;

   c) aktualisierte Anwendungshinweise, die jetzt in Form von erläuternden Kommentaren jeder einzelnen Incoterms® Klausel beigefügt werden; und

INCOTERMS® 2020

    d) eine veränderte Reihenfolge der Incoterms® Klauseln, um die Aspekte Lieferung und Gefahrübergang hervorzuheben und ihnen mehr Bedeutung zu verleihen.

Alle diese Veränderungen, auch wenn sie nur geringfügig erscheinen mögen, zeugen in der Praxis von wirksamen Bemühungen seitens der ICC, welche die internationale Handelsbranche bei einer reibungslosen Abwicklung von Ausfuhr-/Einfuhrgeschäften unterstützen möchte.

59. Abgesehen von diesen allgemeinen Änderungen gab es auch einige wesentliche inhaltliche Veränderungen in den *Incoterms® 2020* gegenüber den *Incoterms® 2010*. Bevor wir uns mit diesen Änderungen befassen, muss eine spezielle Entwicklung in der Handelspraxis erwähnt werden, die sich seit 2010 ergeben hat, jedoch laut Entscheidung der ICC *nicht* zu einer Änderung der Incoterms® 2020 Regeln führen sollte: die Einführung der sog. bestätigten Bruttomasse (VGM – Verified Gross Mass).

60. *Anmerkung zur bestätigten Bruttomasse (VGM – Verified Gross Mass):* Seit dem 1. Juli 2016 wird durch die Regelung 2 im Rahmen des Übereinkommens zum Schutz des menschlichen Lebens auf See (SOLAS – Safety of Life at Sea Convention) Befrachtern beim Versand von Containern die Verpflichtung auferlegt, den beladenen Frachtcontainer mit einer kalibrierten und zertifizierten Messeinrichtung zu wiegen oder aber nur den Inhalt des Frachtcontainers zu wiegen und dann das Gewicht des leeren Containers zu addieren, um die VGM zu ermitteln. In jedem Fall muss die betreffende VGM beim Frachtführer erfasst und aufgezeichnet werden. Bei Nichteinhaltung dieser Vorschrift wird gemäß dem SOLAS-Übereinkommen die Sanktion verhängt, dass der betreffende Container „nicht auf ein Schiff verladen werden darf": siehe Absatz 4.2, MSC1/Circ.1475, 9. Juni 2014.

Es versteht sich, dass diese Wägungen natürlich Kosten verursachen und im Säumnisfall zu Verzögerungen bei Verladetätigkeiten führen können. Da diese Regelung nach 2010 eingeführt wurde, überrascht es nicht, dass in den Beratungen zur Vorbereitung der *Incoterms® 2020* angeregt wurde, in der neuen Fassung des Regelwerks klarzustellen, inwieweit im Verhältnis zwischen Verkäufer und Käufer derartige Verpflichtungen übernommen werden sollten.

61. Das internationale Redaktionskomitee war jedoch der Ansicht, dass die Verpflichtungen und Kosten in Zusammenhang mit der Ermittlung und Erfassung der VGM zu speziell und zu komplex seien, um sie in die Incoterms® 2020 Regeln aufzunehmen.

62. Weitere Änderungen, die seitens der ICC an den *Incoterms® 2010* vorgenommen wurden und in den *Incoterms® 2020* umgesetzt sind:

    [a] Konnossemente mit An-Bord-Vermerk und der Incoterms® Klausel FCA

Anhang: Offizielles Regelwerk der Internationalen Handelskammer (ICC)

INCOTERMS® 2020

- [b] Kosten und deren Positionierung innerhalb des Regelwerks
- [c] Verschiedene Deckungsstufen des Versicherungsschutzes in CIF und CIP
- [d] Organisation des Transports mit eigenen Transportmitteln des Verkäufers oder Käufers in FCA, DAP, DPU und DDP
- [e] Änderung der dreibuchstabigen Klausel DAT zu DPU
- [f] Aufnahme sicherheitsbezogener Anforderungen mit Transportpflichten und -kosten
- [g] Erläuternde Kommentare für Nutzer

[a] **Konnossemente mit einem An-Bord-Vermerk und der Incoterms® Klausel FCA**

63. Bei einem Verkauf von Waren als Seefracht unter der Klausel FCA werden Verkäufer oder Käufer (oder eher deren Banken, sofern ein Akkreditiv gestellt ist) wahrscheinlich ein Konnossement mit An-Bord-Vermerk (Bordkonnossement) verlangen.

64. Eine Lieferung unter der Klausel FCA gilt jedoch vor Verladung der Waren an Bord des Schiffs als abgeschlossen. Es ist keinesfalls sicher, dass der Verkäufer ein Bordkonnossement von seinem Frachtführer erhalten kann. Aller Wahrscheinlichkeit nach ist dieser Frachtführer gemäß seinem Beförderungsvertrag verpflichtet und berechtigt, ein Bordkonnossement auszustellen, sobald sich die Waren tatsächlich an Bord befinden.

65. Um dieser Situation gerecht zu werden, bietet FCA A6/B6 der *Incoterms® 2020* jetzt eine zusätzliche Option. Der Käufer und der Verkäufer können vereinbaren, dass der Käufer seinen Frachtführer anweisen soll, dem Verkäufer nach Verladung der Waren ein Bordkonnossement auszustellen, woraufhin der Verkäufer verpflichtet ist, dieses Konnossement dem Käufer zu übergeben – üblicherweise mittels der Banken. Die ICC ist sich der Tatsache bewusst, dass diese Situation ungeachtet der etwas unglücklich erscheinenden Kombination von Bordkonnossement und FCA-Lieferung einen nachweislich vorhandenen Bedarf am Markt widerspiegelt. Letztlich sollte auch betont werden, dass selbst bei Übernahme dieses optionalen Mechanismus der Verkäufer gegenüber dem Käufer keine Verpflichtung im Hinblick auf die Bedingungen des Beförderungsvertrags hat.

66. Kann man dem Verkäufer bei Lieferung von Containerfracht an den Käufer durch Übergabe an einen Frachtführer vor Verladung auf ein Schiff nun weiterhin empfehlen, seine Ware zu FCA- anstelle von FOB- Bedingungen zu verkaufen? Die Antwortet auf diese Frage lautet: Ja. In den *Incoterms® 2020* ist jedoch für den Fall, dass ein Verkäufer dennoch ein Konnossement mit einem An-Bord-Vermerk wünscht oder

INCOTERMS® 2020

benötigt, eine neue zusätzliche Option in der FCA-Bedingung A6/B6 vorhanden, durch die die Ausstellung eines derartigen Dokuments geregelt ist.

[b] Kosten und deren Positionierung innerhalb des Regelwerks

67. In der neuen Anordnung der Regeln innerhalb der *Incoterms® 2020* erscheinen jetzt die Kosten unter Punkt A9/B9 jeder Incoterms® Klausel. Abgesehen von der Verschiebung der Kostenpositionen an eine andere Stelle wurde jedoch eine weitere Veränderung vorgenommen, die Nutzer sofort erkennen werden. Die verschiedenen Kosten, die von verschiedenen Regeln der Incoterms® Klauseln zugeordnet werden, wurden bislang immer in unterschiedlichen Teilen jeder Incoterms® Klausel aufgeführt. So wurden z. B. die für die Beschaffung eines Lieferscheins in FOB 2010 anfallenden Kosten in A8 erwähnt, d. h. in der Regel unter der Überschrift „Transportdokument", jedoch nicht in der Regel A6 unter der Überschrift „Kostenverteilung".

68. In den *Incoterms® 2020* sind jedoch in dem Pendant zu A6/B6, nämlich unter A9/B9, nunmehr sämtliche Kostenelemente aufgeführt, die durch jede einzelne Incoterms® Klausel zugeordnet werden. Die Regeln A9/B9 in den *Incoterms® 2020* sind folglich länger als die entsprechenden Regeln A6/B6 in den *Incoterms® 2010*.

69. Der Zweck besteht darin, den Nutzern eine kompakte, durchgehende Kostenaufstellung an die Hand zu geben, damit der Verkäufer oder Käufer an einer Stelle im Regelwerk in übersichtlicher Form alle Kosten finden kann, für die er unter einer bestimmten Incoterms® Klausel verantwortlich wäre. Kostenelemente werden jedoch auch in den entsprechenden Ursprungsregeln erwähnt: So sind beispielsweise die Kosten für die Beschaffung von Papieren in FOB sowohl unter A6/B6 als auch unter A9/B9 aufgeführt. Der Grund für diese Änderung lag in der Erkenntnis, dass Nutzer, die sich für die genaue Zuordnung der dokumentarischen Kosten interessieren, möglicherweise eher dazu neigen, die betreffende Regel aufzurufen, der sich mit Lieferdokumenten befasst, anstatt die allgemeine Regel zu konsultieren, in der alle Kosten aufgelistet sind.

[c] Verschiedene Deckungshöhen des Versicherungsschutzes in CIF und CIP

70. In den *Incoterms® 2010* wird dem Verkäufer gemäß Punkt A3 der Klauseln CIF und CIP die Verpflichtung auferlegt, „auf eigene Kosten eine Transportversicherung abzuschließen, die zumindest der Mindestdeckung gemäß den Klauseln (C) der Institute Cargo Clauses (Lloyd's Market Association/International Underwriting Association – LMA/IUA) oder ähnlichen Klauseln entspricht". Die Klauseln (C) der Institute Cargo Clauses bieten Versicherungsschutz für eine Reihe von aufgeführten Gefahren,

INCOTERMS® 2020

vorbehaltlich entsprechend aufgegliederter Ausschlüsse; die Klauseln (A) der Institute Cargo Clauses hingegen decken „alle Gefahren" ab, sofern sie nicht unter die ebenfalls hierzu aufgeführten Ausschlüsse fallen. Während der Beratungen im Rahmen der Ausarbeitung der *Incoterms® 2020* wurde der Wunsch geäußert, von den Klauseln (C) zu den Klauseln (A) der Institute Cargo Clauses zu wechseln und somit den vom Verkäufer zu beschaffenden Versicherungsschutz zugunsten des Käufers zu erweitern. Dies könnte natürlich auch zu Kostensteigerungen bei Versicherungsprämien führen. Der gegensätzliche Standpunkt, weiterhin die Klauseln (C) der Institute Cargo Clauses zu verwenden, wurde ebenso vehement vertreten, insbesondere von Akteuren aus der Branche der internationalen Frachtschifffahrt. Nach eingehender Beratung inner- und außerhalb des internationalen Redaktionskomitees wurde die Entscheidung gefasst, unterschiedliche Mindestdeckungen in der Incoterms® Klausel CIF sowie in der Incoterms® Klausel CIP vorzugeben. In der ersten Klausel, die mit höherer Wahrscheinlichkeit im Seegüterhandel Anwendung findet, wird die gegenwärtige Regelung mit den Klauseln (C) der Institute Cargo Clauses als Standardposition beibehalten, obgleich es selbstverständlich den Parteien überlassen wird, ggf. höhere Deckungssummen zu vereinbaren. Im zweiten Fall, insbesondere bei der Incoterms® Klausel CIP, muss der Verkäufer ab jetzt für Versicherungsschutz entsprechend den Klauseln (A) der Institute Cargo Clauses sorgen, obwohl jedoch auch hier den Parteien die Möglichkeit offen steht, sich auf eine geringere Mindestdeckungshöhe der Versicherung zu einigen.

[d] Organisation des Transports mit eigenen Transportmitteln des Verkäufers oder Käufers in FCA, DAP, DPU und DDP

71. In den Incoterms® 2010 Regeln wurde stets davon ausgegangen, dass für den Fall eines Warentransports vom Verkäufer zum Käufer diese Waren von einem unabhängigen Frachtführer befördert werden, der – je nachdem welche Incoterms® Klausel verwendet wird – vom Verkäufer oder Käufer eigens zu diesem Zweck beauftragt wird.

72. Während der Beratungen im Vorfeld der *Incoterms® 2020* wurde jedoch deutlich, dass es einige Situationen gibt, in denen die Waren vom Verkäufer zum Käufer befördert werden müssen, für diesen Transport aber kein Dritter, d. h. kein unabhängiger Frachtführer, beauftragt werden muss. So konnte beispielsweise ein Verkäufer, der die D-Klausel verwendete, einen solchen Warentransport organisieren, indem er seine eigenen Transportmittel nutzte und diese Funktion somit nicht an einen Dritten auslagern musste. Ebenso sprach bei einem FCA-Kauf nichts dagegen, dass der Käufer sein eigenes Fahrzeug zur Abholung der Waren und für ihren weiteren Transport bis zu seinem eigenen Gelände nutzt.

18 | © 2019 INTERNATIONAL CHAMBER OF COMMERCE (ICC GERMANY E.V.)

73. In den Incoterms® 2010 Regeln wurden solche möglichen Szenarien offenbar nicht berücksichtigt. In den Incoterms® 2020 Regeln ist dies jedoch der Fall, indem nicht nur der Abschluss eines Beförderungsvertrags ausdrücklich vorgesehen ist, sondern auch gestattet wird, ggf. den nötigen Transport lediglich zu organisieren.

[e] Änderung der dreibuchstabigen Klausel DAT zu DPU

74. Der einzige Unterschied zwischen den Klauseln DAT und DAP in den *Incoterms® 2010* bestand darin, dass der Verkäufer in DAT die Waren geliefert hatte, sobald die Ware von dem ankommenden Beförderungsmittel an einem „Terminal" entladen war, während die Lieferung der Waren durch den Verkäufer in DAP erfolgt war, wenn diese Waren dem Käufer auf dem ankommenden Beförderungsmittel zur Entladung, d. h. entladebereit zur Verfügung gestellt worden waren. Es soll zudem daran erinnert werden, dass im Anwendungshinweis für DAT in den *Incoterms® 2010* die Definition des Begriffs „Terminal" relativ weit gefasst war und „jeden Ort, unabhängig davon, ob überdacht oder nicht ..." mit einschloss.

75. Die ICC beschloss, zwei Änderungen an den Klauseln DAT und DAP vorzunehmen. Zunächst wurde die Reihenfolge umgekehrt, in der die beiden Klauseln in den *Incoterms® 2020* aufgeführt werden, wobei die Klausel DAP, bei der die Lieferung vor der Entladung erfolgt, jetzt vor DAT erscheint. Zweitens ist die Bezeichnung der Klausel DAT zu DPU (Delivered at Place Unloaded; Geliefert benannter Ort entladen) geändert, um die Tatsache zu unterstreichen, dass der Bestimmungsort ein beliebiger Ort sein kann und kein „Terminal" sein muss. Falls sich dieser Ort jedoch nicht in einem Terminal befindet, sollte der Verkäufer sicherstellen, dass die Waren an dem Ort, an dem er sie anliefern möchte, auch entladen werden können.

[f] Aufnahme sicherheitsbezogener Anforderungen mit Transportpflichten und -kosten

76. Es sei daran erinnert, dass sicherheitsbezogene Anforderungen in den Punkten A2/B2 und A10/B10 für jede Klausel in den *Incoterms® 2010* eine relativ untergeordnete Rolle spielten. Die *Incoterms® 2010* waren die erste überarbeitete Fassung der Incoterms® Regeln, die in Kraft treten sollte, nachdem zu Beginn dieses Jahrhunderts in zunehmendem Maße Sicherheitsbedenken aufkamen. Das Bewusstsein für diese Probleme und die daraufhin geschaffenen Versandpraktiken haben sich mittlerweile weitgehend durchgesetzt. Da die Sicherheitsthematik mit den Transportanforderungen verbunden ist, wurde eine ausdrückliche Zuordnung sicherheitsbezogener Pflichten in die Regel A4 und A7 jeder Incoterms® Klausel mit aufgenommen. Die durch diese Anforderungen verursachten Kosten werden jetzt auch deutlicher in der kostenbezogenen Regel A9/B9 herausgestellt.

Anhang: Offizielles Regelwerk der Internationalen Handelskammer (ICC)

INCOTERMS® 2020

[g] Erläuternde Kommentare für Nutzer

77. Die Anwendungshinweise, die in der Fassung von 2010 an den Anfang jeder Incoterms® Klausel gestellt wurden, erscheinen jetzt unter dem Titel „Erläuternde Kommentare für Nutzer". In diesen Kommentaren werden die wesentlichen Inhalte jeder einzelnen Klausel der *Incoterms® 2020* erläutert, z. B. wann eine bestimmte Klausel verwendet werden sollte, wann der Gefahrübergang erfolgt und wie sich die Kosten zwischen Verkäufer und Käufer aufteilen. Die erläuternden Kommentare sind (a) dazu gedacht, den Nutzer präzise und schnell zu der für ein bestimmtes Geschäft geeigneten Incoterms® Klausel zu leiten; und (b) Entscheidungsträgern oder Beratern bei Streitigkeiten oder Verträgen, die den *Incoterms® 2020* unterliegen, eine Orientierungshilfe für Angelegenheiten an die Hand zu geben, die möglicherweise einer Auslegung bedürfen. Zur Vermittlung von unterstützenden Informationen zu grundlegenden Fragen, welche die *Incoterms® 2020* eher in allgemeiner Hinsicht betreffen, kann selbstverständlich auch auf diese Einführung verwiesen werden.

X. VORSICHT BEI VERTRAGLICHEN ABWEICHUNGEN VON DEN INCOTERMS® REGELN

78. Manchmal besteht bei Parteien der Wunsch, eine Incoterms® Klausel abzuändern. Die *Incoterms® 2020* verbieten eine solche Abänderung nicht, jedoch ergeben sich daraus Gefahren. Um unangenehme Überraschungen zu vermeiden, sollten die Parteien die beabsichtigte Wirkung einer solchen Abänderung sehr genau in ihrem Vertrag deutlich machen. Wenn beispielsweise die in den Incoterms® 2020 Regeln vorgegebene Verteilung der Kosten vertraglich abgeändert wird, sollten die Parteien auch klarstellen, ob sie ebenfalls beabsichtigen, die Stelle zu ändern, an der die Lieferung erfolgt und der Gefahrübergang vom Verkäufer auf den Käufer erfolgt.

Charles Debattista[*]
ICC-Sonderberater
des Internationalen Redaktionskomitees für die *Incoterms® 2020*

36 Stone
Gray's Inn
London

---

[*] Ich bin sehr dankbar für alle Kommentare, die ich zu früheren Entwürfen dieser persönlichen Einführung zum neuen Regelwerk von den nationalen Komitees der ICC und meinen Kolleginnen und Kollegen aus dem Internationalen Redaktionskomitee erhalten habe. Die in dieser Einführung geäußerten Ansichten spiegeln ausschließlich meine persönliche Meinung wider und sind kein Bestandteil der *Incoterms® 2020*.

Anhang: Offizielles Regelwerk der Internationalen Handelskammer (ICC)

INCOTERMS® 2020

Anhang: Offizielles Regelwerk der Internationalen Handelskammer (ICC)

INCOTERMS® 2020

Anhang: Offizielles Regelwerk der Internationalen Handelskammer (ICC)

KLAUSELN FÜR ALLE TRANSPORTARTEN

Anmerkung zu den Abbildungen im Buch: Die Farbe Blau zeigt die Pflichten des Verkäufers an, Gold die Pflichten des Käufers – so auch in den Überschriften. Grün zeigt an, wenn es sich um gemeinsame Pflichten handelt oder sie zwischen den Vertragspartnern aufgeteilt sind.

Anhang: Offizielles Regelwerk der Internationalen Handelskammer (ICC)

INCOTERMS® 2020

Anhang: Offizielles Regelwerk der Internationalen Handelskammer (ICC)

INCOTERMS® 2020

EXW | Ab Werk

EXW (fügen Sie den benannten Lieferort ein) *Incoterms® 2020*

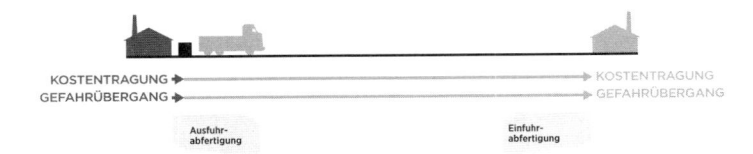

KOSTENTRAGUNG → KOSTENTRAGUNG
GEFAHRÜBERGANG → GEFAHRÜBERGANG

Ausfuhr-abfertigung   Einfuhr-abfertigung

ERLÄUTERNDE KOMMENTARE FÜR NUTZER

1. **Lieferung und Gefahrübergang** — Bei Nutzung der Klausel „Ab Werk" liefert der Verkäufer die Ware an den Käufer,
   - indem er die Ware dem Käufer an einem benannten Ort (z. B. Fabrik oder Lager) zur Verfügung stellt, wobei
   - dieser benannte Ort auch auf dem Gelände des Verkäufers liegen kann.

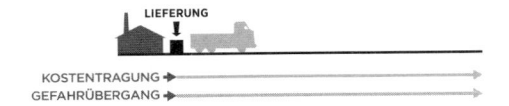

   LIEFERUNG

   KOSTENTRAGUNG →
   GEFAHRÜBERGANG →

   Für den Vollzug der Lieferung muss der Verkäufer die Ware weder auf ein abholendes Transportmittel verladen noch muss er sie zur Ausfuhr freimachen, falls dies erforderlich sein sollte.

2. **Transportart** — Diese Klausel kann unabhängig von der/den gewählten Transportart(en) verwendet werden.

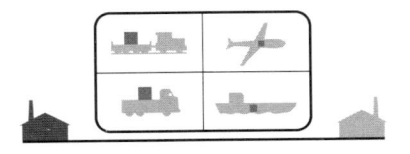

© 2019 INTERNATIONAL CHAMBER OF COMMERCE (ICC GERMANY E.V.) | 25

INCOTERMS® 2020

3. **Ort oder genaue Stelle der Lieferung** — Die Parteien müssen lediglich den *Ort* der Lieferung benennen. Die Parteien sind jedoch gut beraten, *auch* die konkrete *Stelle* am benannten Lieferort so genau wie möglich zu bezeichnen. Eine genau benannte *Lieferstelle* ermöglicht es beiden Parteien, deutlich zu erkennen, wann bzw. wo die Ware geliefert wird und der Gefahrübergang auf den Käufer erfolgt; eine solche präzise Angabe markiert auch den Punkt, ab dem die Kosten zu Lasten des Käufers gehen. Falls die Parteien eine genaue *Lieferstelle* nicht benennen, wird davon ausgegangen, dass man es dem Verkäufer überlässt, die Stelle auszuwählen, „die für diesen Zweck am besten geeignet ist". In diesem Fall trägt jedoch der Käufer die Gefahr, dass die vom Verkäufer ggf. gewählte Lieferstelle möglicherweise in der Nähe einer Stelle liegt, an der die betreffende Ware verloren geht oder beschädigt wird. Für den Käufer ist es daher am besten, an einem Lieferort die genaue Stelle auszuwählen, an der die Lieferung stattfinden soll.

4. **Hinweis für Käufer** — EXW ist die Incoterms® Klausel, die dem Verkäufer das geringste Maß an Verpflichtungen auferlegt. Aus Käufersicht sollte diese Klausel daher aus verschiedenen, nachstehend angeführten Gründen mit Vorsicht angewendet werden.

5. **Verladerisiken** — Die Lieferung und der Gefahrübergang erfolgen nicht erst nach der Verladung der Waren, sondern wenn sie dem Käufer zur Verfügung gestellt werden. Die Gefahr des Verlusts oder einer Beschädigung der Waren während einer Verladung, die unter Umständen vom Verkäufer durchgeführt wird, könnte somit durchaus beim Käufer liegen, selbst wenn er an den Verladearbeiten nicht beteiligt ist. Angesichts dieser Möglichkeit wäre es ratsam, wenn die Parteien in den Fällen, in denen der Verkäufer die Verladung durchführen soll, vorab vereinbaren, wer die Gefahr des Verlusts oder von Beschädigungen der Waren während der Verladung trägt. Dies ist eine alltägliche Situation, da der Verkäufer in der Regel eher über die nötigen Verladeeinrichtungen auf seinem Gelände verfügt oder weil geltende Sicherheitsvorschriften den Zutritt zum Gelände des Verkäufers durch unbefugtes Personal verbieten. Wenn der Käufer jegliche Gefahren während der Verladung auf dem Gelände des Verkäufers vermeiden möchte, sollte er in Betracht ziehen, die FCA-Klausel für seinen Kaufvertrag zu wählen (gemäß der der Verkäufer dem Käufer gegenüber zur Verladung verpflichtet ist, wenn die Waren auf dem Gelände des Verkäufers geliefert werden, wobei die Gefahr des Verlusts oder von Beschädigungen der Waren während dieses Verladevorgangs beim Verkäufer liegt).

6. **Ausfuhrabfertigung** — Da die Lieferung erfolgt, indem die Waren dem Käufer auf dem Gelände des Verkäufers oder an einer anderen benannten Stelle – üblicherweise im Land des Verkäufers oder innerhalb derselben Zollunion – zur Verfügung

INCOTERMS® 2020

gestellt werden, hat der Verkäufer keine Verpflichtung, die Ausfuhrabfertigung oder eine Transitabfertigung in Drittländern, welche die Waren bei ihrer Durchfuhr passieren, zu organisieren. EXW kann für Inlandsgeschäfte geeignet sein, bei denen nicht beabsichtigt ist, die betreffenden Waren zu exportieren. Die Beteiligung des Verkäufers an der Ausfuhrabfertigung beschränkt sich ggf. darauf, Unterstützung bei der Beschaffung von Dokumenten und Informationen zu leisten, die der Käufer möglicherweise für den Export der Waren benötigt. Wenn der Käufer beabsichtigt, die Waren zu exportieren, und er Probleme bei der Durchführung der Ausfuhrabfertigung erwartet, wäre der Käufer besser beraten, die FCA-Klausel zu wählen, gemäß der die Verpflichtung und Kosten für die Erlangung der Ausfuhrabfertigung vom Verkäufer übernommen werden.

Ausfuhrabfertigung des Käufers

Einfuhrabfertigung des Käufers

Anhang: Offizielles Regelwerk der Internationalen Handelskammer (ICC)

INCOTERMS® 2020

A VERPFLICHTUNGEN DES VERKÄUFERS

A1 Allgemeine Verpflichtungen
Der Verkäufer hat die Ware und die Handelsrechnung in Übereinstimmung mit dem Kaufvertrag bereitzustellen und jeden sonstigen vertraglich vereinbarten Konformitätsnachweis zu erbringen.

Jedes vom Verkäufer bereitzustellende Dokument kann in Papierform oder in elektronischer Form vorliegen, je nachdem, wie dies zwischen den Parteien vereinbart wird oder handelsüblich ist.

A2 Lieferung
Der Verkäufer hat die Ware zu liefern, indem er sie dem Käufer am genannten Lieferort, an der gegebenenfalls vereinbarten Stelle, zur Verfügung stellt, jedoch ohne Verladung auf das abholende Beförderungsmittel. Wurde am benannten Lieferort keine bestimmte Stelle für die Lieferung vereinbart und kommen mehrere Stellen in Betracht, kann der Verkäufer die Stelle auswählen, die für diesen Zweck am besten geeignet ist. Der Verkäufer hat die Ware zum vereinbarten Zeitpunkt oder innerhalb des vereinbarten Zeitraums zu liefern.

A3 Gefahrübergang
Der Verkäufer trägt bis zur Lieferung gemäß A2 alle Gefahren des Verlusts oder der Beschädigung der Ware, mit Ausnahme von Verlust oder Beschädigung unter den in B3 beschriebenen Umständen.

A4 Transport
Der Verkäufer hat gegenüber dem Käufer keine Verpflichtung, einen Beförderungsvertrag abzuschließen.

Jedoch muss der Verkäufer dem Käufer auf dessen Verlangen, Gefahr und Kosten jegliche im Besitz des Verkäufers befindliche Informationen zur Verfügung stellen, einschließlich transportbezogener Sicherheitsanforderungen, die der Käufer für die Organisation des Transports benötigt.

A5 Versicherung
Der Verkäufer hat gegenüber dem Käufer keine Verpflichtung, einen Versicherungsvertrag abzuschließen. Jedoch muss der Verkäufer dem Käufer auf dessen Verlangen, Gefahr und Kosten jeweils im Besitz des Verkäufers befindliche Informationen zur Verfügung stellen, die der Käufer zur Erlangung des Versicherungsschutzes benötigt.

A6 Liefer-/Transportdokument
Der Verkäufer hat gegenüber dem Käufer keine Verpflichtung.

28 | © 2019 INTERNATIONAL CHAMBER OF COMMERCE (ICC GERMANY E.V.)

INCOTERMS® 2020

| B | VERPFLICHTUNGEN DES KÄUFERS |

B1   Allgemeine Verpflichtungen
Der Käufer hat den im Kaufvertrag genannten Preis der Ware zu zahlen.

Jedes vom Käufer bereitzustellende Dokument kann in Papierform oder in elektronischer Form vorliegen, je nachdem, wie dies zwischen den Parteien vereinbart wird oder handelsüblich ist.

B2   Übernahme
Der Käufer muss die Ware übernehmen, wenn sie gemäß A2 geliefert wurde und eine entsprechende Benachrichtigung gemäß A10 ergangen ist.

B3   Gefahrübergang
Der Käufer trägt ab dem Zeitpunkt der Lieferung gemäß A2 alle Gefahren des Verlusts oder der Beschädigung der Ware.

Falls der Käufer keine Benachrichtigung gemäß B10 erteilt, trägt der Käufer alle Gefahren des Verlusts oder der Beschädigung der Ware ab dem vereinbarten Lieferzeitpunkt oder nach dem Ende des vereinbarten Lieferzeitraums, vorausgesetzt, die Ware wurde eindeutig als die vertragliche Ware kenntlich gemacht.

B4   Transport
Es ist dem Käufer überlassen, auf eigene Kosten einen Vertrag über die Beförderung der Ware vom benannten Lieferort abzuschließen oder zu organisieren.

B5   Versicherung
Der Käufer hat gegenüber dem Verkäufer keine Verpflichtung, einen Versicherungsvertrag abzuschließen.

B6   Liefernachweis
Der Käufer hat dem Verkäufer einen angemessenen Nachweis der Warenübernahme zu erbringen.

© 2019 INTERNATIONAL CHAMBER OF COMMERCE (ICC GERMANY E.V.) | **29**

Anhang: Offizielles Regelwerk der Internationalen Handelskammer (ICC)

INCOTERMS® 2020

A VERPFLICHTUNGEN DES VERKÄUFERS

A7 Ausfuhr-/Einfuhrabfertigung

Soweit zutreffend, hat der Verkäufer den Käufer auf dessen Verlangen, Gefahr und Kosten bei der Beschaffung von Dokumenten und/oder Informationen für alle Ausfuhr-/Transit-/Einfuhrabfertigungsformalitäten, die von den Ausfuhr-/Transit-/Einfuhrländern vorgeschrieben sind, zu unterstützen, z. B.:

- Ausfuhr-/Durchfuhr-/Einfuhrgenehmigung;
- Sicherheitsfreigabe für Ausfuhr/Durchfuhr/Einfuhr;
- Warenkontrolle vor der Verladung; und
- sonstige behördliche Genehmigungen.

A8 Prüfung/Verpackung/Kennzeichnung

Der Verkäufer hat die Kosten jener Prüfvorgänge (z. B. Qualitätsprüfung, Messen, Wiegen und Zählen) zu tragen, die notwendig sind, um die Ware gemäß A2 zu liefern.

Der Verkäufer hat auf eigene Kosten die Ware zu verpacken, es sei denn es ist handelsüblich, die jeweilige Art der verkauften Ware unverpackt zu transportieren. Der Verkäufer muss die Ware in der für ihren Transport geeigneten Weise verpacken und kennzeichnen, es sei denn, die Parteien haben genaue Verpackungs- oder Kennzeichnungsanforderungen vereinbart.

A9 Kostenverteilung

Der Verkäufer muss bis zur Lieferung gemäß A2 alle die Ware betreffenden Kosten tragen, ausgenommen die gemäß B9 vom Käufer zu tragenden Kosten.

A10 Benachrichtigungen

Der Verkäufer muss den Käufer über alles Nötige benachrichtigen, damit dieser die Ware übernehmen kann.

INCOTERMS® 2020

B   VERPFLICHTUNGEN DES KÄUFERS

B7   Ausfuhr-/Einfuhrabfertigung

Gegebenenfalls hat der Käufer alle Ausfuhr-/Transit-/Einfuhrabfertigungsformalitäten durchzuführen und zu bezahlen, die von den Ausfuhr-/Transit-/Einfuhrländern vorgeschrieben sind, z. B.:

- Ausfuhr-/Durchfuhr-/Einfuhrgenehmigung;
- Sicherheitsfreigabe für Ausfuhr/Durchfuhr/Einfuhr;
- Warenkontrolle vor der Verladung; und
- sonstige behördliche Genehmigungen.

B8   Prüfung/Verpackung/Kennzeichnung

Der Käufer hat gegenüber dem Verkäufer keine Verpflichtung.

B9   Kostenverteilung

Der Käufer muss

a) alle die Ware betreffenden Kosten ab dem Zeitpunkt der Lieferung gemäß A2 tragen;

b) dem Verkäufer alle Kosten und Gebühren erstatten, die dem Verkäufer durch die Unterstützung bei der Beschaffung der erforderlichen Dokumente und Informationen gemäß A4, A5 oder A7 entstanden sind;

c) ggf. alle Zölle, Steuern und sonstigen Abgaben und Gebühren sowie die bei der Ausfuhr fälligen Kosten der Zollformalitäten tragen; und

d) alle zusätzlichen Kosten tragen, die entweder dadurch entstanden sind, dass die ihm zur Verfügung gestellte Ware nicht übernommen worden ist oder keine Benachrichtigung gemäß B10 erfolgt ist, vorausgesetzt, die Ware ist eindeutig als die vertragliche Ware kenntlich gemacht worden.

B10   Benachrichtigungen

Wenn vereinbart wurde, dass der Käufer berechtigt ist, innerhalb eines vereinbarten Zeitraums den Zeitpunkt und/oder am benannten Ort die Stelle für die Warenübernahme zu bestimmen, muss der Käufer den Verkäufer hierüber in geeigneter Weise benachrichtigen.

Anhang: Offizielles Regelwerk der Internationalen Handelskammer (ICC)

INCOTERMS® 2020

INCOTERMS® 2020

FCA | Frei Frachtführer

FCA (fügen Sie den benannten Lieferort ein) *Incoterms® 2020*

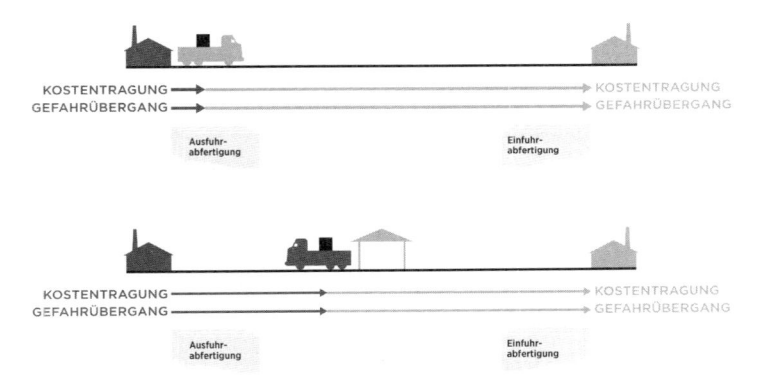

ERLÄUTERNDE KOMMENTARE FÜR NUTZER

1. **Lieferung und Gefahrübergang** — Bei Nutzung der Klausel „Frei Frachtführer (benannter Ort)" liefert der Verkäufer die Waren in einer von zwei Verfahrensweisen an den Käufer.
   - Wenn der benannte Ort auf dem Gelände des Verkäufers liegt, gelten die Waren als geliefert,
     - sobald sie auf das vom Käufer organisierte Beförderungsmittel verladen wurden. 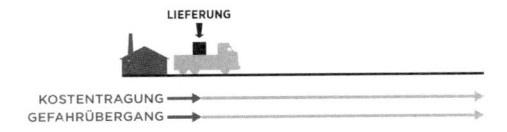
   - Wenn der benannte Ort hingegen an einem anderen Ort liegt, gelten die Waren als geliefert,
     - wenn sie nach der Verladung auf das Beförderungsfahrzeug des Verkäufers,

Anhang: Offizielles Regelwerk der Internationalen Handelskammer (ICC)

INCOTERMS® 2020

- den benannten anderen Ort erreichen und
- auf diesem Beförderungsmittel des Verkäufers entladebereit sind sowie
- dem Frachtführer oder einer anderen vom Käufer benannten Person zur Verfügung stehen.

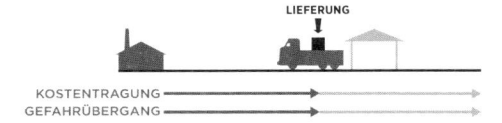

Unabhängig davon, welcher dieser beiden Orte als Lieferort gewählt wird, legt dieser Ort damit fest, wo und wann der Gefahr- und Kostenübergang vom Verkäufer auf den Käufer erfolgt.

2. **Transportart** — Diese Klausel kann unabhängig von der gewählten Transportart verwendet werden, auch dann, wenn mehr als eine Transportart zum Einsatz kommt.

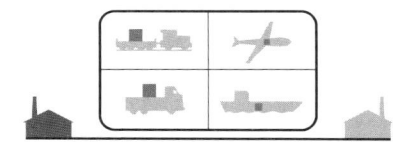

3. **Lieferort oder -stelle** — Ein Verkauf gemäß FCA kann abgeschlossen werden, indem lediglich der Lieferort benannt wird, der auf dem Gelände des Verkäufers oder an einem anderen *Ort* liegen kann, ohne dass die genaue Stelle für die Lieferung an diesem benannten Lieferort festgelegt wird. Die Parteien sind jedoch gut beraten, *auch* die konkrete Stelle am benannten Lieferort so genau wie möglich zu bezeichnen. Eine genau benannte *Lieferstelle* ermöglicht es beiden Parteien, deutlich zu erkennen, wann bzw. wo die Ware geliefert wird und der Gefahrübergang auf den Käufer erfolgt; eine solch präzise Angabe markiert auch den Punkt, ab dem die Kosten zu Lasten des Käufers gehen. Wird auf eine genaue Bezeichnung dieser konkreten Stelle verzichtet, kann dies für den Käufer zu Problemen führen. Der Verkäufer hat in diesem Fall das Recht, die Stelle auszuwählen, „die für den Zweck am besten geeignet ist": Diese Stelle wird zur Lieferstelle, ab der der Gefahren- und Kostenübergang auf den Käufer erfolgt. Falls die genaue Lieferstelle im Vertrag nicht benannt wird, gilt die Annahme, dass die Parteien es dem Verkäufer überlassen, die Stelle auszuwählen, „die für diesen Zweck am besten geeignet ist". In diesem Fall trägt jedoch der Käufer die Gefahr, dass die vom Verkäufer ggf. gewählte Lieferstelle möglicherweise in der Nähe einer Stelle liegt, an der die betreffende Ware verloren geht oder beschädigt

34 | © 2019 INTERNATIONAL CHAMBER OF COMMERCE (ICC GERMANY E.V.)

wird. Für den Käufer ist es daher am besten, an einem Lieferort die genaue Stelle auszuwählen, an der die Lieferung stattfinden soll.

4. **„oder so gelieferte Ware beschafft"** — Der Begriff „beschaffen" bezieht sich hier auf mehrere hintereinander geschaltete Verkäufe in einer Verkaufskette („string sales"), die häufig, wenn auch nicht ausschließlich, im Rohstoffhandel vorkommen.

5. **Ausfuhr-/Einfuhrabfertigung** — FCA verpflichtet den Verkäufer, die Ware nötigenfalls zur Ausfuhr freizumachen. Jedoch hat der Verkäufer keine Verpflichtung, die Ware zur Einfuhr oder Durchfuhr durch Drittländer freizumachen, Einfuhrzölle zu zahlen oder Einfuhrzollformalitäten zu erledigen.

Ausfuhrabfertigung des Verkäufers

Einfuhrabfertigung des Käufers

6. **Konnossemente mit An-Bord-Vermerk bei FCA-Verkäufen** — Es ist bereits bekannt, dass FCA für Verwendungen unabhängig von der/den gewählten Transportart(en) vorgesehen ist. Wenn Ware z. B. von einer LKW-Spedition des Käufers in Las Vegas abgeholt werden soll, wäre es eher unüblich, vom Frachtführer zu erwarten, dass er *ab Las Vegas* ein Konnossement mit An-Bord-Vermerk ausstellt, da dieser Ort kein Hafen ist und von einem Schiff somit nicht angefahren werden kann, um die Ware an Bord zu nehmen. Dennoch kann es bei Verkäufern, die unter der Klausel FCA Las Vegas verkaufen, manchmal vorkommen, dass sie ein Konnossement mit An-Bord-Vermerk *benötigen* (üblicherweise wenn Bankeinzug oder Akkreditiv vorgeschrieben ist), obgleich in diesem Fall unbedingt angegeben werden muss, dass die Ware in Los Angeles an Bord verladen, jedoch in Las Vegas zum Transport in Empfang genommen wurde. Damit auch solche Fälle abgedeckt sind, in denen ein FCA-Verkäufer ein Konnossement mit einem An-Bord-Vermerk benötigt, ist laut FCA-Klausel der *Incoterms® 2020* erstmals folgendes optionales Verfahren gestattet. Bei entsprechender Vereinbarung der Parteien im Kaufvertrag hat der Käufer seinen Frachtführer anzuweisen, dem Verkäufer ein Konnossement mit An-Bord-Vermerk auszustellen. Der Frachtführer kann selbstverständlich die Forderung des Käufers erfüllen oder ablehnen, da der Frachtführer nur dann verpflichtet und berechtigt ist, ein derartiges Konnossement auszustellen, sobald die Ware in Los Angeles verladen wurde. Wenn der Frachtführer dem Verkäufer das Konnossement auf Kosten und Gefahr des Käufers ausstellt, muss der Verkäufer jedoch dieses Dokument an den Käufer übermitteln, der das Konnossement zum Erhalt der Ware vom Frachtführer benötigt. Dieses optionale Verfahren wird jedoch überflüssig,

Anhang: Offizielles Regelwerk der Internationalen Handelskammer (ICC)

INCOTERMS® 2020

wenn sich beide Parteien darauf geeinigt haben, dass der Verkäufer dem Käufer ein Konnossement vorlegt, in dem lediglich festgestellt wird, dass die Ware zur Verladung entgegengenommen wurde, jedoch nicht, dass die Verladung an Bord erfolgt ist. Des Weiteren sollte auch betont werden, dass selbst bei Übernahme dieses optionalen Verfahrens der Verkäufer gegenüber dem Käufer keine Verpflichtung im Hinblick auf die Bedingungen des Beförderungsvertrags hat. Schließlich werden bei Übernahme dieses optionalen Verfahrens die Termine für die Lieferung im Inland und die Verladung an Bord zwangsläufig unterschiedlich sein, wodurch sich für einen Verkäufer, der an die Bedingungen eines Akkreditivs gebunden ist, unter Umständen Schwierigkeiten ergeben können.

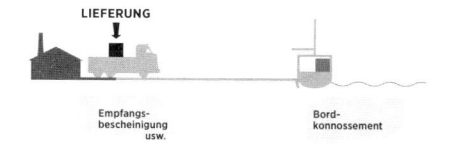

LIEFERUNG

Empfangsbescheinigung usw.

Bordkonnossement

Anhang: Offizielles Regelwerk der Internationalen Handelskammer (ICC)

INCOTERMS® 2020

FCA

Anhang: Offizielles Regelwerk der Internationalen Handelskammer (ICC)

INCOTERMS® 2020

A VERPFLICHTUNGEN DES VERKÄUFERS

A1 Allgemeine Verpflichtungen

Der Verkäufer hat die Ware und die Handelsrechnung in Übereinstimmung mit dem Kaufvertrag bereitzustellen und jeden sonstigen vertraglich vereinbarten Konformitätsnachweis zu erbringen.

Jedes vom Verkäufer bereitzustellende Dokument kann in Papierform oder in elektronischer Form vorliegen, je nachdem, wie dies zwischen den Parteien vereinbart wird oder handelsüblich ist.

A2 Lieferung

Der Verkäufer hat die Ware an den Frachtführer oder eine andere vom Käufer benannte Person an der gegebenenfalls vereinbarten Stelle am benannten Ort zu liefern oder bereits so gelieferte Ware zu beschaffen.

Der Verkäufer muss die Ware

1. am vereinbarten Tag oder
2. zu dem innerhalb der vereinbarten Lieferfrist liegenden Termin, der vom Käufer gemäß B10(b) mitgeteilt wurde, oder,
3. wenn ein derartiger Termin nicht mitgeteilt wurde, zum Ende der vereinbarten Frist liefern.

Die Lieferung ist abgeschlossen,

a) falls der benannte Ort auf dem Gelände des Verkäufers liegt; sobald die Ware auf das vom Käufer bereitgestellte Beförderungsmittel verladen worden ist; oder
b) in allen anderen Fällen, sobald die Ware dem Frachtführer oder einer anderen vom Käufer benannten Person auf dem Beförderungsmittel des Verkäufers entladebereit zur Verfügung gestellt wird.

Wenn der Käufer am benannten Lieferort keine bestimmte Stelle gemäß B10(d) mitgeteilt hat und mehrere Stellen in Betracht kommen, kann der Verkäufer jene Stelle auswählen, die für den betreffenden Zweck am besten geeignet ist.

38 | © 2019 INTERNATIONAL CHAMBER OF COMMERCE (ICC GERMANY E.V.)

Anhang: Offizielles Regelwerk der Internationalen Handelskammer (ICC)

INCOTERMS® 2020

B VERPFLICHTUNGEN DES KÄUFERS

B1 Allgemeine Verpflichtungen

Der Käufer hat den im Kaufvertrag genannten Preis der Ware zu zahlen.

Jedes vom Käufer bereitzustellende Dokument kann in Papierform oder in elektronischer Form vorliegen, je nachdem, wie dies zwischen den Parteien vereinbart wird oder handelsüblich ist.

B2 Übernahme

Der Käufer muss die Ware übernehmen, wenn sie gemäß A2 geliefert wurde.

Anhang: Offizielles Regelwerk der Internationalen Handelskammer (ICC)

INCOTERMS® 2020

A VERPFLICHTUNGEN DES VERKÄUFERS

A3 Gefahrübergang

Der Verkäufer trägt bis zur Lieferung gemäß A2 alle Gefahren des Verlusts oder der Beschädigung der Ware, mit Ausnahme von Verlust oder Beschädigung unter den in B3 beschriebenen Umständen.

A4 Transport

Der Verkäufer hat gegenüber dem Käufer keine Verpflichtung, einen Beförderungsvertrag abzuschließen. Jedoch muss der Verkäufer dem Käufer auf dessen Verlangen, Gefahr und Kosten jeweils im Besitz des Verkäufers befindliche Informationen zur Verfügung stellen, einschließlich transportbezogener Sicherheitsanforderungen, die der Käufer für die Organisation des Transports benötigt. Bei entsprechender Vereinbarung muss der Verkäufer einen Beförderungsvertrag zu den üblichen Bedingungen auf Gefahr und Kosten des Käufers abschließen.

Der Verkäufer muss alle transportbezogenen Sicherheitsanforderungen bis zur Lieferung erfüllen.

A5 Versicherung

Der Verkäufer hat gegenüber dem Käufer keine Verpflichtung, einen Versicherungsvertrag abzuschließen. Jedoch muss der Verkäufer dem Käufer auf dessen Verlangen, Gefahr und Kosten jeweils im Besitz des Verkäufers befindliche Informationen zur Verfügung stellen, die der Käufer zur Erlangung des Versicherungsschutzes benötigt.

INCOTERMS® 2020

B	VERPFLICHTUNGEN DES KÄUFERS

B3 Gefahrübergang

Der Käufer trägt ab dem Zeitpunkt der Lieferung gemäß A2 alle Gefahren des Verlusts oder der Beschädigung der Ware.

Falls

a) der Käufer es versäumt, einen Frachtführer oder eine andere Person gemäß A2 zu benennen oder eine Benachrichtigung gemäß B10 zu erteilen; oder

b) der Frachtführer oder die vom Käufer gemäß B10(a) benannte Person es versäumt, die Ware zu übernehmen,

trägt der Käufer alle Gefahren des Verlusts oder der Beschädigung der Ware

(i) ab dem vereinbarten Zeitpunkt oder, wenn kein bestimmter Zeitpunkt vereinbart wurde,

(ii) ab dem vom Käufer gemäß B10(b) ausgewählten Zeitpunkt; oder, falls ein solcher Zeitpunkt nicht mitgeteilt wurde,

(iii) ab dem Ende des jeweils vereinbarten Lieferzeitraums,

vorausgesetzt, die Ware wurde eindeutig als die vertragliche Ware kenntlich gemacht.

B4 Transport

Der Käufer muss auf eigene Kosten einen Vertrag über die Beförderung der Ware vom benannten Lieferort schließen oder den Warentransport organisieren, es sei denn, der Beförderungsvertrag wird vom Verkäufer, wie in A4 geregelt, abgeschlossen.

B5 Versicherung

Der Käufer hat gegenüber dem Verkäufer keine Verpflichtung, einen Versicherungsvertrag abzuschließen.

INCOTERMS® 2020

A VERPFLICHTUNGEN DES VERKÄUFERS

A6 Liefer-/Transportdokument

Der Verkäufer hat gegenüber dem Käufer auf eigene Kosten den üblichen Nachweis zu erbringen, dass die Ware gemäß A2 geliefert worden ist.

Der Verkäufer hat den Käufer auf dessen Verlangen, Gefahr und Kosten bei der Beschaffung eines Transportdokuments zu unterstützen.

Wenn der Käufer den Frachtführer angewiesen hat, dem Verkäufer ein Transportdokument gemäß B6 auszustellen, muss der Verkäufer dieses Dokument dem Käufer aushändigen.

A7 Ausfuhr-/Einfuhrabfertigung

a) **Ausfuhrabfertigung**

Gegebenenfalls hat der Verkäufer alle Ausfuhrabfertigungsformalitäten durchzuführen und zu bezahlen, die von dem jeweiligen Ausfuhrland vorgeschrieben sind, z. B.:
- Ausfuhrgenehmigung;
- Sicherheitsfreigabe für die Ausfuhr;
- Warenkontrolle vor der Verladung; und
- sonstige behördliche Genehmigungen.

b) **Unterstützung bei der Einfuhrabfertigung**

Gegebenenfalls hat der Verkäufer den Käufer auf dessen Verlangen, Gefahr und Kosten bei der Beschaffung von Dokumenten und/oder Informationen für alle Transit-/Einfuhrabfertigungsformalitäten zu unterstützen, einschließlich Sicherheitsanforderungen und Warenkontrollen vor der Verladung, die von den Transit-/Einfuhrländern vorgeschrieben sind.

A8 Prüfung/Verpackung/Kennzeichnung

Der Verkäufer hat die Kosten jener Prüfvorgänge (z. B. Qualitätsprüfung, Messen, Wiegen und Zählen) zu tragen, die notwendig sind, um die Ware gemäß A2 zu liefern.

Der Verkäufer hat auf eigene Kosten die Ware zu verpacken, es sei denn, es ist handelsüblich, die jeweilige Art der verkauften Ware unverpackt zu transportieren. Der Verkäufer muss die Ware in der für ihren Transport geeigneten Weise verpacken und kennzeichnen, es sei denn, die Parteien haben genaue Verpackungs- oder Kennzeichnungsanforderungen vereinbart.

B VERPFLICHTUNGEN DES KÄUFERS

B6 Liefer-/Transportdokument
Der Käufer muss den Nachweis über eine erfolgte Lieferung der Ware gemäß A2 annehmen.

Bei entsprechender Vereinbarung der Parteien muss der Käufer seinen Frachtführer anweisen, dem Verkäufer auf Kosten und Gefahr des Käufers ein Transportdokument auszustellen, aus dem hervorgeht, dass die Ware verladen wurde (z. B. ein Konnossement mit An-Bord-Vermerk).

B7 Ausfuhr-/Einfuhrabfertigung
a) **Unterstützung bei Ausfuhrabfertigung**
Gegebenenfalls hat der Käufer den Verkäufer auf dessen Verlangen, Gefahr und Kosten bei der Beschaffung von Dokumenten und/oder Informationen für alle Ausfuhrabfertigungsformalitäten, einschließlich Sicherheitsanforderungen und Warenkontrollen vor der Verladung, die von dem betreffenden Ausfuhrland vorgeschrieben sind, zu unterstützen.

b) **Einfuhrabfertigung**
Gegebenenfalls hat der Käufer alle Formalitäten durchzuführen und zu bezahlen, die von dem betreffenden Transit- und Einfuhrland vorgeschrieben sind, z. B.:
- Einfuhrgenehmigung und ggf. erforderliche Durchfuhrgenehmigungen;
- Sicherheitsfreigabe für die Einfuhr und etwaige Durchfuhr;
- Warenkontrolle vor der Verladung; und
- sonstige behördliche Genehmigungen.

B8 Prüfung/Verpackung/Kennzeichnung
Der Käufer hat gegenüber dem Verkäufer keine Verpflichtung.

INCOTERMS® 2020

A VERPFLICHTUNGEN DES VERKÄUFERS

A9 Kostenverteilung

Der Verkäufer muss

a) bis zur Lieferung gemäß A2 alle die Ware betreffenden Kosten tragen, ausgenommen die gemäß B9 vom Käufer zu tragenden Kosten;

b) die Kosten für die Erbringung des üblichen Nachweises für den Käufer gemäß A6 tragen, aus dem hervorgeht, dass die Ware geliefert wurde;

c) gegebenenfalls Zölle, Steuern und sonstige Kosten in Zusammenhang mit der Ausfuhrabfertigung gemäß A7(a) tragen; und

d) dem Käufer alle Kosten und Gebühren erstatten, die dem Käufer durch die Unterstützung bei der Beschaffung der erforderlichen Dokumente und Informationen gemäß B7(a) entstanden sind.

A10 Benachrichtigungen

Der Verkäufer hat den Käufer hinreichend darüber zu benachrichtigen, dass die Ware gemäß A2 geliefert wurde oder dass der Frachtführer bzw. eine andere vom Käufer benannte Person die Ware innerhalb der vereinbarten Frist nicht übernommen hat.

INCOTERMS® 2020

| B | **VERPFLICHTUNGEN DES KÄUFERS** |

B9 **Kostenverteilung**

Der Käufer muss

a) alle die Ware betreffenden Kosten ab dem Zeitpunkt der Lieferung gemäß A2 tragen, mit Ausnahme der gemäß A9 vom Verkäufer zu übernehmenden Kosten;

b) dem Verkäufer alle Kosten und Gebühren erstatten, die dem Verkäufer durch die Unterstützung bei der Beschaffung der erforderlichen Dokumente und Informationen gemäß A4, A5, A6 und A7(b) entstanden sind;

c) gegebenenfalls Zölle, Steuern und sonstige Kosten in Zusammenhang mit der Transit- oder Einfuhrabfertigung gemäß B7(b) zahlen; und

d) alle zusätzlichen Kosten übernehmen, die entweder dadurch entstehen, dass

  (i) der Käufer es versäumt, einen Frachtführer oder eine andere gemäß B10 zu bestimmende Person zu benennen, oder

  (ii) der Frachtführer oder die vom Käufer gemäß B10 benannte Person es versäumt, die Ware zu übernehmen,

vorausgesetzt, die Ware wurde eindeutig als die vertragliche Ware kenntlich gemacht.

B10 **Benachrichtigungen**

Der Käufer muss den Verkäufer über folgende Einzelheiten in Kenntnis setzen:

a) Name des Frachtführers oder einer anderen benannten Person, wobei diese Inkenntnissetzung innerhalb einer ausreichenden Frist erfolgen muss, um dem Verkäufer die Lieferung der Ware gemäß A2 zu ermöglichen;

b) gewählter Zeitpunkt innerhalb des vereinbarten Lieferzeitraums, an dem der Frachtführer oder die benannte Person die Ware übernehmen wird;

c) Transportart, die vom Frachtführer oder von der benannten Person genutzt wird, einschließlich aller transportbezogener Sicherheitsanforderungen; und

d) die Stelle, an der die Ware am benannten Lieferort entgegengenommen wird.

Anhang: Offizielles Regelwerk der Internationalen Handelskammer (ICC)

INCOTERMS® 2020

Anhang: Offizielles Regelwerk der Internationalen Handelskammer (ICC)

INCOTERMS® 2020

CPT | Frachtfrei

CPT (fügen Sie den benannten Bestimmungsort ein)
Incoterms® 2020

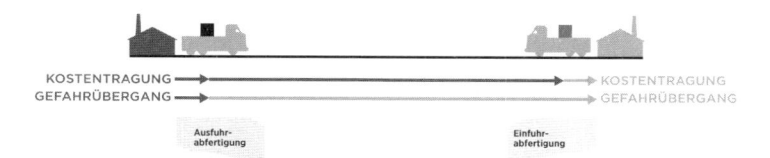

KOSTENTRAGUNG ➝ KOSTENTRAGUNG
GEFAHRÜBERGANG ➝ GEFAHRÜBERGANG

Ausfuhrabfertigung   Einfuhrabfertigung

ERLÄUTERNDE KOMMENTARE FÜR NUTZER

1. **Lieferung und Gefahrübergang** — Bei Nutzung der Klausel „Frachtfrei" erfolgen die Lieferung der Ware und der Gefahrübergang vom Verkäufer an den Käufer
   - durch Übergabe der Ware an den Frachtführer,
   - welcher vom Verkäufer beauftragt wurde,
   - oder durch Verschaffung der so gelieferten Ware.
   - Hierzu kann der Verkäufer die Ware in einer für die verwendete Transportart geeigneten Art und Weise und an einem diesbezüglich geeigneten Ort in den Besitz des Frachtführers übergeben.

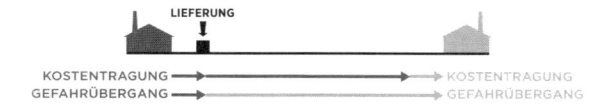

LIEFERUNG

KOSTENTRAGUNG ➝ KOSTENTRAGUNG
GEFAHRÜBERGANG ➝ GEFAHRÜBERGANG

Nach der so erfolgten Lieferung der Ware an den Käufer übernimmt der Verkäufer jedoch keine Garantie dafür, dass die Ware ihren Bestimmungsort in einwandfreiem Zustand oder in der angegebenen Qualität erreicht bzw. dass die Ware überhaupt am Bestimmungsort eintrifft. Der Grund hierfür ist, dass mit Lieferung der Ware an den Käufer durch Übergabe an den Frachtführer zugleich auch der Gefahrübergang vom Verkäufer auf den Käufer erfolgt; ungeachtet dessen muss jedoch der Verkäufer einen Vertrag zur Beförderung der Ware vom Lieferort zum vereinbarten Bestimmungsort abschließen. Somit könnte beispielsweise Ware an einen Frachtführer in Las Vegas (das keinen

© 2019 INTERNATIONAL CHAMBER OF COMMERCE (ICC GERMANY E.V.) | **47**

Anhang: Offizielles Regelwerk der Internationalen Handelskammer (ICC)

INCOTERMS® 2020

Hafen besitzt) für den Transport nach Southampton (mit Hafen) oder Winchester (wiederum ohne Hafen) übergeben werden. In jedem Fall erfolgen die Lieferung und der damit verbundene Gefahrübergang auf den Käufer in Las Vegas, wobei der Verkäufer jedoch einen Beförderungsvertrag für den Transport der Ware nach Southampton oder Winchester abzuschließen hat.

2. **Transportart** — Diese Klausel kann unabhängig von der gewählten Transportart verwendet werden, auch dann, wenn mehr als eine Transportart zum Einsatz kommt.

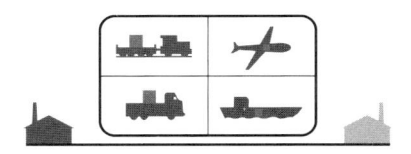

3. **Lieferorte (oder -stellen) und Bestimmungsorte** — In der Klausel CPT sind zwei Orte wichtig: der Ort oder ggf. die Stelle der Lieferung der Ware (Punkt des Gefahrübergangs) und der Ort oder die Stelle, der bzw. die als Bestimmungsort der Ware vereinbart wurde (die Stelle, bis zu der der vom Verkäufer abzuschließende Beförderungsvertrag gilt).

4. **Genaue Bezeichnung des Lieferortes oder der Lieferstelle** — Die Parteien sind gut beraten, beide Orte oder ggf. Stellen an diesem Ort im Kaufvertrag so genau wie möglich anzugeben. Eine möglichst präzise Bezeichnung des Lieferortes oder ggf. der Lieferstelle ist von großer Bedeutung, um häufig eintretende Situationen zu meistern, in denen mehrere Frachtführer für jeweils unterschiedliche Teilstrecken des Transports von Lieferort bis zum Bestimmungsort beauftragt sind. Wenn dies geschieht und sich die Parteien nicht auf einen konkreten Lieferort oder eine genaue Lieferstelle einigen, erfolgt der Gefahrübergang üblicherweise, sobald die Ware an den ersten Frachtführer übergeben wird; die Auswahl der Stelle, an der die Lieferung erfolgen soll, liegt in diesen Fällen allein im Ermessen des Verkäufers, während der Käufer darauf keinen Einfluss hat. Wünschen die Parteien einen Gefahrübergang zu einem späteren (z. B. an einem See-, Fluss- oder Flughafen) oder früheren Zeitpunkt (z. B. einem Ort im Inland, der eine gewisse Strecke von einem See- oder Flusshafen entfernt liegt), dann müssen die Parteien dies in ihrem Kaufvertrag festlegen und sorgfältig über die möglichen Folgen nachdenken, die sich ergeben würden, falls die Ware verloren gehen oder beschädigt werden sollte.

5. **Möglichst genaue Bezeichnung des Bestimmungsortes** — Die Parteien sind außerdem gut beraten, am vereinbarten Bestimmungsort die Stelle so genau wie möglich anzugeben, da dies

48 | © 2019 INTERNATIONAL CHAMBER OF COMMERCE (ICC GERMANY E.V.)

die Stelle ist, bis zu der der Verkäufer den Beförderungsvertrag abschließen muss und folglich die Transportkosten bis zu dieser Stelle zu Lasten des Verkäufers gehen.

6. **„oder durch Verschaffung der so gelieferten Ware"** — Der Begriff „Verschaffung" bezieht sich hier auf mehrere hintereinander geschaltete Verkäufe in einer Verkaufskette („string sales"), die häufig, wenn auch nicht ausschließlich, im Rohstoffhandel vorkommen.

7. **Kosten der Entladung am Bestimmungsort** — Entstehen dem Verkäufer gemäß seinem Beförderungsvertrag Kosten in Zusammenhang mit der Entladung am benannten Bestimmungsort, so ist der Verkäufer nicht berechtigt, diese Kosten zusätzlich vom Käufer zurückzufordern, sofern nichts anderes zwischen den Parteien vereinbart ist.

8. **Ausfuhr-/Einfuhrabfertigung** — CPT verpflichtet den Verkäufer, die Ware nötigenfalls zur Ausfuhr freizumachen. Jedoch hat der Verkäufer keinerlei Verpflichtungen, die Ware zur Einfuhr oder Durchfuhr durch Drittländer freizumachen, Einfuhrzölle zu zahlen oder Einfuhrzollformalitäten zu erledigen.

Ausfuhrabfertigung des Verkäufers

Einfuhrabfertigung des Käufers

Anhang: Offizielles Regelwerk der Internationalen Handelskammer (ICC)

INCOTERMS® 2020

A VERPFLICHTUNGEN DES VERKÄUFERS

A1 Allgemeine Verpflichtungen

Der Verkäufer hat die Ware und die Handelsrechnung in Übereinstimmung mit dem Kaufvertrag bereitzustellen und jeden sonstigen vertraglich vereinbarten Konformitätsnachweis zu erbringen.

Jedes vom Verkäufer bereitzustellende Dokument kann in Papierform oder in elektronischer Form vorliegen, je nachdem, wie dies zwischen den Parteien vereinbart wird oder handelsüblich ist.

A2 Lieferung

Der Verkäufer hat die Ware zu liefern, indem er sie an den gemäß A4 beauftragten Frachtführer übergibt oder indem er die so gelieferte Ware beschafft. In jedem Fall muss der Verkäufer die Ware zum vereinbarten Termin oder innerhalb der vereinbarten Frist liefern.

A3 Gefahrübergang

Der Verkäufer trägt bis zur Lieferung gemäß A2 alle Gefahren des Verlusts oder der Beschädigung der Ware, mit Ausnahme von Verlust oder Beschädigung unter den in B3 beschriebenen Umständen.

A4 Transport

Der Verkäufer hat für die Ware einen Beförderungsvertrag von der gegebenenfalls vereinbarten Lieferstelle am Lieferort bis zum benannten Bestimmungsort oder einer gegebenenfalls vereinbarten Stelle an diesem Ort abzuschließen oder zu beschaffen. Der Beförderungsvertrag ist zu den üblichen Bedingungen auf Kosten des Verkäufers abzuschließen und hat die Beförderung auf der üblichen Route in der üblichen Weise und mit einem Transportmittel der Bauart zu gewährleisten, die normalerweise für den Transport der verkauften Warenart verwendet wird. Ist keine bestimmte Stelle vereinbart und ergibt sie sich auch nicht aus der Handelspraxis, kann der Verkäufer die Stelle am Lieferort und am benannten Bestimmungsort auswählen, die für den Zweck am besten geeignet ist.

Der Verkäufer muss alle transportbezogenen Sicherheitsanforderungen für die Beförderung der Waren bis zum Bestimmungsort erfüllen.

INCOTERMS® 2020

| B | VERPFLICHTUNGEN DES KÄUFERS |

B1 Allgemeine Verpflichtungen

Der Käufer hat den im Kaufvertrag genannten Preis der Ware zu zahlen.

Jedes vom Käufer bereitzustellende Dokument kann in Papierform oder in elektronischer Form vorliegen, je nachdem, wie dies zwischen den Parteien vereinbart wird oder handelsüblich ist.

B2 Übernahme

Der Käufer muss die gemäß A2 gelieferte Ware übernehmen und am benannten Bestimmungsort oder ggf. an der an diesem Ort vereinbarten Stelle vom Frachtführer entgegennehmen.

B3 Gefahrübergang

Der Käufer trägt ab dem Zeitpunkt der Lieferung gemäß A2 alle Gefahren des Verlusts oder der Beschädigung der Ware.

Falls der Käufer keine Benachrichtigung gemäß B10 erteilt, trägt der Käufer alle Gefahren des Verlusts oder der Beschädigung der Ware ab dem vereinbarten Lieferzeitpunkt oder nach dem Ende des vereinbarten Lieferzeitraums, vorausgesetzt, die Ware wurde eindeutig als die vertragliche Ware kenntlich gemacht.

B4 Transport

Der Käufer hat gegenüber dem Verkäufer keine Verpflichtung, einen Beförderungsvertrag abzuschließen.

INCOTERMS® 2020

A VERPFLICHTUNGEN DES VERKÄUFERS

A5 Versicherung

Der Verkäufer hat gegenüber dem Käufer keine Verpflichtung, einen Versicherungsvertrag abzuschließen. Jedoch muss der Verkäufer dem Käufer auf dessen Verlangen, Gefahr und Kosten jeweils im Besitz des Verkäufers befindliche Informationen zur Verfügung stellen, die der Käufer zur Erlangung des Versicherungsschutzes benötigt.

A6 Liefer-/Transportdokument

Falls handelsüblich oder falls der Käufer es verlangt, hat der Verkäufer auf eigene Kosten dem Käufer das oder die übliche/n Transportdokument/e für den gemäß A4 vertraglich vereinbarten Transport zur Verfügung zu stellen.

Dieses Transportdokument muss die vertragliche Ware erfassen und innerhalb der zur Versendung vereinbarten Frist datiert sein. Falls vereinbart oder handelsüblich, muss das Dokument den Käufer auch in die Lage versetzen, die Herausgabe der Ware bei dem Frachtführer am benannten Bestimmungsort einfordern zu können und es dem Käufer ermöglichen, die Ware während des Transports durch Übergabe des Dokuments an einen nachfolgenden Käufer oder durch Benachrichtigung an den Frachtführer zu verkaufen.

Wird ein solches Transportdokument als begebbares Dokument und in mehreren Originalen ausgestellt, muss dem Käufer ein vollständiger Satz von Originalen übergeben werden.

A7 Ausfuhr-/Einfuhrabfertigung

a) **Ausfuhrabfertigung**

Gegebenenfalls hat der Verkäufer alle Ausfuhrabfertigungsformalitäten durchzuführen und zu bezahlen, die von dem jeweiligen Ausfuhrland vorgeschrieben sind, z. B.
- Ausfuhrgenehmigung;
- Sicherheitsfreigabe für die Ausfuhr;
- Warenkontrolle vor der Verladung; und
- sonstige behördliche Genehmigungen.

b) **Unterstützung bei der Einfuhrabfertigung**

Gegebenenfalls hat der Verkäufer den Käufer auf dessen Verlangen, Gefahr und Kosten bei der Beschaffung von Dokumenten und/oder Informationen für alle Transit-/Einfuhrabfertigungsformalitäten zu unterstützen, einschließlich Sicherheitsanforderungen und Warenkontrollen vor der Verladung, die von den Transit-/Einfuhrländern vorgeschrieben sind.

INCOTERMS® 2020

B   VERPFLICHTUNGEN DES KÄUFERS

B5   Versicherung
Der Käufer hat gegenüber dem Verkäufer keine Verpflichtung, einen Versicherungsvertrag abzuschließen.

B6   Liefer-/Transportdokument
Der Käufer hat das gemäß A6 zur Verfügung gestellte Transportdokument anzunehmen, wenn es mit dem Vertrag übereinstimmt.

B7   Ausfuhr-/Einfuhrabfertigung

a) **Unterstützung bei Ausfuhrabfertigung**
Gegebenenfalls hat der Käufer den Verkäufer auf dessen Verlangen, Gefahr und Kosten bei der Beschaffung von Dokumenten, und/oder Informationen für alle Ausfuhrabfertigungsformalitäten, einschließlich Sicherheitsanforderungen und Warenkontrollen vor der Verladung, zu unterstützen, die von dem betreffenden Ausfuhrland vorgeschrieben sind.

b) **Einfuhrabfertigung**
Gegebenenfalls hat der Käufer alle Formalitäten durchzuführen und zu bezahlen, die von dem betreffenden Transit- und Einfuhrland vorgeschrieben sind, z. B.:
- Einfuhrgenehmigung und ggf. erforderliche Durchfuhrgenehmigungen;
- Sicherheitsfreigabe für die Einfuhr und etwaige Durchfuhr;
- Warenkontrolle vor der Verladung; und
- sonstige behördliche Genehmigungen.

INCOTERMS® 2020

A VERPFLICHTUNGEN DES VERKÄUFERS

A8 Prüfung/Verpackung/Kennzeichnung

Der Verkäufer hat die Kosten jener Prüfvorgänge (z. B. Qualitätsprüfung, Messen, Wiegen und Zählen) zu tragen, die notwendig sind, um die Ware gemäß A2 zu liefern.

Der Verkäufer hat auf eigene Kosten die Ware zu verpacken, es sei denn, es ist handelsüblich, die jeweilige Art der verkauften Ware unverpackt zu transportieren. Der Verkäufer muss die Ware in der für ihren Transport geeigneten Weise verpacken und kennzeichnen, es sei denn, die Parteien haben genaue Verpackungs- oder Kennzeichnungsanforderungen vereinbart.

A9 Kostenverteilung

Der Verkäufer muss

a) bis zur Lieferung gemäß A2 alle die Ware betreffenden Kosten tragen, ausgenommen die gemäß B9 vom Käufer zu tragenden Kosten;

b) Transportkosten und alle sonstigen gemäß A4 entstehenden Kosten tragen, einschließlich der Kosten für die Verladung der Ware und der transportbezogenen Sicherheitskosten;

c) alle Kosten und Gebühren für die Entladung am vereinbarten Bestimmungsort tragen, sofern diese Kosten und Gebühren gemäß Beförderungsvertrag zu Lasten des Verkäufers gehen;

d) die Kosten der Durchfuhr tragen, die gemäß Beförderungsvertrag zu Lasten des Verkäufers gehen;

e) die Kosten für die Erbringung des üblichen Nachweises für den Käufer gemäß A6 tragen, aus dem hervorgeht, dass die Ware geliefert wurde;

f) gegebenenfalls Zölle, Steuern und sonstige Kosten für die Ausfuhrabfertigung gemäß A7(a) tragen; und

g) dem Käufer alle Kosten und Gebühren erstatten, die dem Käufer durch die Unterstützung bei der Beschaffung der erforderlichen Dokumente und Informationen gemäß B7(a) entstanden sind.

A10 Benachrichtigungen

Der Verkäufer muss den Käufer benachrichtigen, dass die Ware gemäß A2 geliefert wurde.

Der Verkäufer muss den Käufer über alles Nötige benachrichtigen, damit dieser die Ware übernehmen kann.

INCOTERMS® 2020

B VERPFLICHTUNGEN DES KÄUFERS

B8 Prüfung/Verpackung/Kennzeichnung
Der Käufer hat gegenüber dem Verkäufer keine Verpflichtung.

B9 Kostenverteilung
Der Käufer muss

a) alle die Ware betreffenden Kosten ab dem Zeitpunkt der Lieferung gemäß A2 tragen, mit Ausnahme der gemäß A9 vom Verkäufer zu übernehmenden Kosten;
b) die Kosten der Durchfuhr tragen, sofern diese Kosten nicht gemäß Beförderungsvertrag zu Lasten des Verkäufers gehen;
c) die Entladekosten tragen, sofern diese Kosten nicht gemäß Beförderungsvertrag zu Lasten des Verkäufers gehen;
d) dem Verkäufer alle Kosten und Gebühren erstatten, die dem Verkäufer durch die Unterstützung bei der Beschaffung der erforderlichen Dokumente und Informationen gemäß A5 und A7(b) entstanden sind;
e) gegebenenfalls Zölle, Steuern und sonstige Kosten in Zusammenhang mit der Transit- oder Einfuhrabfertigung gemäß B7(b) zahlen; und
f) alle zusätzlichen Kosten tragen, die ab dem vereinbarten Termin für die Versendung oder ab dem Ende des hierfür vereinbarten Zeitraums entstehen, falls er es versäumt, eine Benachrichtigung gemäß B10 zu erteilen, vorausgesetzt, die Ware wurde eindeutig als die vertragliche Ware kenntlich gemacht.

B10 Benachrichtigungen
Wenn vereinbart wurde, dass der Käufer berechtigt ist, den Zeitpunkt für die Versendung der Ware und/oder die Stelle für die Entgegennahme der Ware am benannten Bestimmungsort zu bestimmen, muss der Käufer den Verkäufer hierüber in hinreichender Weise benachrichtigen.

Anhang: Offizielles Regelwerk der Internationalen Handelskammer (ICC)

INCOTERMS® 2020

Anhang: Offizielles Regelwerk der Internationalen Handelskammer (ICC)

INCOTERMS® 2020

CIP | Frachtfrei versichert

CIP (fügen Sie den benannten Bestimmungsort ein)
Incoterms® 2020

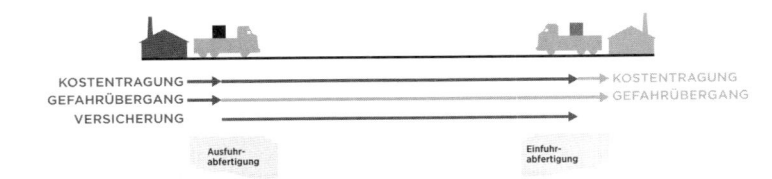

KOSTENTRAGUNG → KOSTENTRAGUNG
GEFAHRÜBERGANG → GEFAHRÜBERGANG
VERSICHERUNG

Ausfuhrabfertigung   Einfuhrabfertigung

ERLÄUTERNDE KOMMENTARE FÜR NUTZER

1. **Lieferung und Gefahrübergang** — Bei Nutzung der Klausel „Frachtfrei versichert" erfolgt die Lieferung der Ware und der Gefahrübergang vom Verkäufer an den Käufer
   - durch Übergabe der Ware an den Frachtführer,
   - welcher vom Verkäufer beauftragt wurde,
   - oder durch Verschaffung der so gelieferten Ware.
   - Hierzu kann der Verkäufer die Ware in einer für die verwendete Transportart geeigneten Art und Weise und an einem diesbezüglich geeigneten Ort in den Besitz des Frachtführers übergeben.

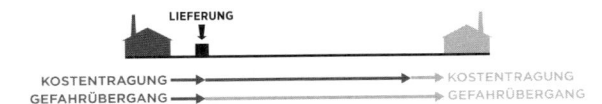

LIEFERUNG

KOSTENTRAGUNG → KOSTENTRAGUNG
GEFAHRÜBERGANG → GEFAHRÜBERGANG

Nach der so erfolgten Lieferung der Ware an den Käufer übernimmt der Verkäufer jedoch keine Garantie dafür, dass die Ware ihren Bestimmungsort in einwandfreiem Zustand oder in der angegebenen Qualität erreicht bzw. dass die Ware überhaupt am Bestimmungsort eintrifft. Der Grund hierfür ist, dass mit Lieferung der Ware an den Käufer durch Übergabe an den Frachtführer zugleich auch der Gefahrübergang vom Verkäufer auf den Käufer erfolgt; ungeachtet dessen muss jedoch der Verkäufer einen Vertrag zur Beförderung der Ware vom Lieferort zum vereinbarten Bestimmungsort abschließen. Somit könnte beispielsweise Ware an einen Frachtführer in Las Vegas

© 2019 INTERNATIONAL CHAMBER OF COMMERCE (ICC GERMANY E.V.) | 57

(das keinen Hafen besitzt) für den Transport nach Southampton (mit Hafen) oder Winchester (wiederum ohne Hafen) übergeben werden. In jedem Fall erfolgen die Lieferung und der damit verbundene Gefahrübergang auf den Käufer in Las Vegas, wobei der Verkäufer jedoch einen Beförderungsvertrag für den Transport der Ware nach Southampton oder Winchester abzuschließen hat.

2. **Transportart** — Diese Klausel kann unabhängig von der gewählten Transportart verwendet werden, auch dann, wenn mehrere Transportarten zum Einsatz kommen.

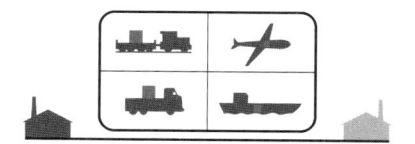

3. **Lieferorte (oder -stellen) und Bestimmungsorte** — In der Klausel CIP sind zwei Orte wichtig: der Ort oder die Stelle der Lieferung der Ware (für den Gefahrübergang) und der Ort oder die Stelle, der bzw. die als Bestimmungsort der Ware vereinbart wurde (die Stelle, bis zu der der vom Verkäufer abzuschließende Beförderungsvertrag gilt).

4. **Versicherung** — Der Verkäufer muss ebenfalls einen Versicherungsvertrag für die auf den Käufer übergehende Gefahr des Verlustes oder der Beschädigung der Ware während des Transports von der Lieferstelle mindestens bis zum Bestimmungsort abschließen. Dies kann zu Schwierigkeiten führen, wenn das Bestimmungsland vorschreibt, dass der Versicherungsschutz in diesem Land erworben werden muss: In diesem Fall sollten die Parteien in Betracht ziehen, unter der Klausel CPT zu verkaufen bzw. zu kaufen. Der Käufer sollte ebenfalls bedenken, dass der Verkäufer unter der Klausel CIP der *Incoterms® 2020* für umfassenden Versicherungsschutz sorgen muss, um die Bedingungen der Klausel (A) der Institute Cargo Clauses oder einer ähnlichen Klausel zu erfüllen, wohingegen die Klausel (C) der Institute Cargo Clauses einen geringeren Versicherungsschutz vorsieht. Den Parteien steht jedoch immer noch die Möglichkeit offen, einen geringeren Versicherungsschutz zu vereinbaren.

5. **Genaue Bezeichnung des Lieferortes oder der Lieferstelle** — Die Parteien sind gut beraten, beide Orte oder ggf. Stellen an diesem Ort im Kaufvertrag so genau wie möglich anzugeben. Eine möglichst präzise Bezeichnung des Lieferortes oder ggf. der Lieferstelle ist von großer Bedeutung, um häufig eintretende Situationen zu meistern, in denen mehrere Frachtführer für jeweils unterschiedliche Teilstrecken des Transports von Lieferort bis zum Bestimmungsort beauftragt sind. Wenn dies geschieht und sich die Parteien nicht auf einen konkreten Lieferort oder

eine genaue Lieferstelle einigen, erfolgt der Gefahrübergang üblicherweise, sobald die Ware an den ersten Frachtführer übergeben wird; die Auswahl der Stelle, an der die Lieferung erfolgen soll, liegt in diesen Fällen allein im Ermessen des Verkäufers, während der Käufer darauf keinen Einfluss hat. Wünschen die Parteien einen Gefahrübergang zu einem späteren (z. B. an einem See-, Fluss- oder Flughafen) oder früheren Zeitpunkt (z. B. einem Ort im Inland, der eine gewisse Strecke von einem See- oder Flusshafen entfernt liegt), dann müssen die Parteien dies in ihrem Kaufvertrag festlegen und sorgfältig über die möglichen Folgen nachdenken, die sich ergeben würden, falls die Ware verloren gehen oder beschädigt werden sollte.

6. **Möglichst genaue Bezeichnung des Bestimmungsortes** — Die Parteien sind außerdem gut beraten, die betreffende Stelle am vereinbarten Bestimmungsort so genau wie möglich zu bezeichnen, da dies die Stelle ist, bis zu der der Verkäufer einen Beförderungs- und Versicherungsvertrag abschließen muss, sodass die bis zu dieser Stelle entstehenden Transport- und Versicherungskosten zu Lasten des Verkäufers gehen.

7. **„oder durch Verschaffung der so gelieferten Ware"** — Der Begriff „Verschaffung" bezieht sich hier auf mehrere hintereinander geschaltete Verkäufe in einer Verkaufskette („string sales"), die häufig, wenn auch nicht ausschließlich, im Rohstoffhandel vorkommen.

8. **Kosten der Entladung am Bestimmungsort** — Entstehen dem Verkäufer gemäß seinem Beförderungsvertrag Kosten in Zusammenhang mit der Entladung am benannten Bestimmungsort, so ist der Verkäufer nicht zusätzlich berechtigt, diese Kosten zusätzlich vom Käufer zurückzufordern, sofern nichts anderes zwischen den Parteien vereinbart ist.

9. **Ausfuhr-/Einfuhrabfertigung** — CIP verpflichtet den Verkäufer, die Ware nötigenfalls zur Ausfuhr freizumachen. Jedoch hat der Verkäufer keinerlei Verpflichtungen, die Ware zur Einfuhr oder Durchfuhr durch Drittländer freizumachen, Einfuhrzölle zu zahlen oder Einfuhrzollformalitäten zu erledigen.

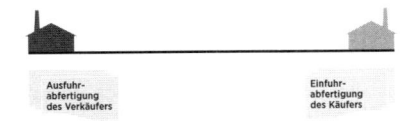

Anhang: Offizielles Regelwerk der Internationalen Handelskammer (ICC)

INCOTERMS® 2020

A VERPFLICHTUNGEN DES VERKÄUFERS

A1 Allgemeine Verpflichtungen

Der Verkäufer hat die Ware und die Handelsrechnung in Übereinstimmung mit dem Kaufvertrag bereitzustellen und jeden sonstigen vertraglich vereinbarten Konformitätsnachweis zu erbringen.

Jedes vom Verkäufer bereitzustellende Dokument kann in Papierform oder in elektronischer Form vorliegen, je nachdem, wie dies zwischen den Parteien vereinbart wird oder handelsüblich ist.

A2 Lieferung

Der Verkäufer hat die Ware zu liefern, indem er sie an den gemäß A4 beauftragten Frachtführer übergibt oder indem er die so gelieferte Ware beschafft. In jedem Fall muss der Verkäufer die Ware zum vereinbarten Termin oder innerhalb der vereinbarten Frist liefern.

A3 Gefahrübergang

Der Verkäufer trägt bis zur Lieferung gemäß A2 alle Gefahren des Verlusts oder der Beschädigung der Ware, mit Ausnahme von Verlust oder Beschädigung unter den in B3 beschriebenen Umständen.

A4 Transport

Der Verkäufer hat für die Ware einen Beförderungsvertrag von der gegebenenfalls vereinbarten Lieferstelle am Lieferort bis zum benannten Bestimmungsort oder einer gegebenenfalls vereinbarten Stelle an diesem Ort abzuschließen oder zu beschaffen. Der Beförderungsvertrag ist zu den üblichen Bedingungen auf Kosten des Verkäufers abzuschließen und hat die Beförderung auf der üblichen Route in der üblichen Weise und mit einem Transportmittel der Bauart zu gewährleisten, die normalerweise für den Transport der verkauften Warenart verwendet wird. Ist keine bestimmte Stelle vereinbart und ergibt sie sich auch nicht aus der Handelspraxis, kann der Verkäufer die Stelle am Lieferort und am benannten Bestimmungsort auswählen, die für den Zweck am besten geeignet ist.

Der Verkäufer muss alle transportbezogenen Sicherheitsanforderungen für die Beförderung der Waren bis zum Bestimmungsort erfüllen.

Anhang: Offizielles Regelwerk der Internationalen Handelskammer (ICC)

INCOTERMS® 2020

B	VERPFLICHTUNGEN DES KÄUFERS

B1 Allgemeine Verpflichtungen

Der Käufer hat den im Kaufvertrag genannten Preis der Ware zu zahlen.

Jedes vom Käufer bereitzustellende Dokument kann in Papierform oder in elektronischer Form vorliegen, je nachdem, wie dies zwischen den Parteien vereinbart wird oder handelsüblich ist.

B2 Übernahme

Der Käufer muss die gemäß A2 gelieferte Ware übernehmen und am benannten Bestimmungsort oder ggf. an der an diesem Ort vereinbarten Stelle vom Frachtführer entgegennehmen.

B3 Gefahrübergang

Der Käufer trägt ab dem Zeitpunkt der Lieferung gemäß A2 alle Gefahren des Verlusts oder der Beschädigung der Ware.

Falls der Käufer keine Benachrichtigung gemäß B10 erteilt, trägt der Käufer alle Gefahren des Verlusts oder der Beschädigung der Ware ab dem vereinbarten Lieferzeitpunkt oder nach dem Ende des vereinbarten Lieferzeitraums, vorausgesetzt, die Ware wurde eindeutig als die vertragliche Ware kenntlich gemacht.

B4 Transport

Der Käufer hat gegenüber dem Verkäufer keine Verpflichtung, einen Beförderungsvertrag abzuschließen.

CIP

INCOTERMS® 2020

A VERPFLICHTUNGEN DES VERKÄUFERS

A5   Versicherung

Sofern nicht anders vereinbart oder handelsüblich, hat der Verkäufer auf eigene Kosten eine Transportversicherung abzuschließen, die der vorgeschriebenen Deckungshöhe gemäß den Klauseln (A) der Institute Cargo Clauses (LMA/IUA) oder ähnlichen Klauseln entspricht, welche den eingesetzten Transportmitteln angemessen sind. Die Versicherung ist bei Einzelversicherern oder Versicherungsgesellschaften mit einwandfreiem Leumund abzuschließen und muss den Käufer oder jede andere Person mit einem versicherbaren Interesse an der Ware berechtigen, Ansprüche direkt bei dem Versicherer geltend zu machen.

Der Verkäufer muss auf Verlangen und Kosten des Käufers, vorbehaltlich der durch den Käufer zur Verfügung zu stellenden, vom Verkäufer benötigten Informationen, zusätzlichen Versicherungsschutz beschaffen, falls erhältlich, z. B. Deckung entsprechend den Institute War Clauses und/oder Institute Strikes Clauses (LMA/IUA) oder ähnlichen Klauseln (es sei denn, ein derartiger Versicherungsschutz ist bereits in der im vorhergehenden Absatz beschriebenen Transportversicherung inkludiert).

Die Versicherung muss zumindest den im Vertrag genannten Preis zuzüglich zehn Prozent (d. h. 110 %) decken und in der Währung des Vertrags ausgestellt sein.

Der Versicherungsschutz für die Ware muss ab der in A2 festgelegten Lieferstelle mindestens bis zum benannten Bestimmungsort gelten.

Der Verkäufer muss dem Käufer die Versicherungspolice oder -urkunde bzw. einen sonstigen Nachweis über den Versicherungsschutz aushändigen.

Ferner hat der Verkäufer dem Käufer auf dessen Verlangen, Gefahr und Kosten jene Informationen zur Verfügung zu stellen, die der Käufer für den Abschluss etwaiger zusätzlicher Versicherungen benötigt.

Anhang: Offizielles Regelwerk der Internationalen Handelskammer (ICC)

INCOTERMS® 2020

| B | VERPFLICHTUNGEN DES KÄUFERS |

B5 Versicherung

Der Käufer hat gegenüber dem Verkäufer keine Verpflichtung, einen Versicherungsvertrag abzuschließen. Allerdings muss der Käufer dem Verkäufer auf dessen Verlangen hin alle Informationen übermitteln, die zum Abschluss der vom Käufer gemäß A5 ggf. verlangten zusätzlichen Versicherung benötigt werden.

Anhang: Offizielles Regelwerk der Internationalen Handelskammer (ICC)

INCOTERMS® 2020

A VERPFLICHTUNGEN DES VERKÄUFERS

A6 Liefer-/Transportdokument

Falls handelsüblich oder falls der Käufer es verlangt, hat der Verkäufer auf eigene Kosten dem Käufer das oder die übliche/n Transportdokument/e für den gemäß A4 vertraglich vereinbarten Transport zur Verfügung zu stellen.

Dieses Transportdokument muss die vertragliche Ware erfassen und innerhalb der zur Versendung vereinbarten Frist datiert sein. Falls vereinbart oder handelsüblich, muss das Dokument den Käufer auch in die Lage versetzen, die Herausgabe der Ware bei dem Frachtführer am benannten Bestimmungsort einfordern zu können und es dem Käufer ermöglichen, die Ware während des Transports durch Übergabe des Dokuments an einen nachfolgenden Käufer oder durch Benachrichtigung an den Frachtführer zu verkaufen.

Wird ein solches Transportdokument als begebbares Dokument und in mehreren Originalen ausgestellt, muss dem Käufer ein vollständiger Satz von Originalen übergeben werden.

A7 Ausfuhr-/Einfuhrabfertigung

a) Ausfuhrabfertigung

Gegebenenfalls hat der Verkäufer alle Ausfuhrabfertigungsformalitäten durchzuführen und zu bezahlen, die von dem jeweiligen Ausfuhrland vorgeschrieben sind, z. B.:
- Ausfuhrgenehmigung;
- Sicherheitsfreigabe für die Ausfuhr;
- Warenkontrolle vor der Verladung; und
- sonstige behördliche Genehmigungen.

b) Unterstützung bei der Einfuhrabfertigung

Gegebenenfalls hat der Verkäufer den Käufer auf dessen Verlangen, Gefahr und Kosten bei der Beschaffung von Dokumenten und/oder Informationen für alle Transit-/Einfuhrabfertigungsformalitäten zu unterstützen, einschließlich Sicherheitsanforderungen und Warenkontrollen vor der Verladung, die von den Transit-/Einfuhrländern vorgeschrieben sind.

B VERPFLICHTUNGEN DES KÄUFERS

B6 Liefer-/Transportdokument
Der Käufer hat das gemäß A6 zur Verfügung gestellte Transportdokument anzunehmen, wenn es mit dem Vertrag übereinstimmt.

B7 Ausfuhr-/Einfuhrabfertigung

a) **Unterstützung bei Ausfuhrabfertigung**
Gegebenenfalls hat der Käufer den Verkäufer auf dessen Verlangen, Gefahr und Kosten bei der Beschaffung von Dokumenten und/oder Informationen für alle Ausfuhrabfertigungsformalitäten zu unterstützen, einschließlich Sicherheitsanforderungen und Warenkontrollen vor der Verladung, die von dem betreffenden Ausfuhrland vorgeschrieben sind.

b) **Einfuhrabfertigung**
Gegebenenfalls hat der Käufer alle Formalitäten durchzuführen und zu bezahlen, die von dem betreffenden Transit- und Einfuhrland vorgeschrieben sind, z. B.

- Einfuhrgenehmigung und ggf. erforderliche Durchfuhrgenehmigungen;
- Sicherheitsfreigabe für die Einfuhr und etwaige Durchfuhr;
- Warenkontrolle vor der Verladung; und
- sonstige behördliche Genehmigungen.

Anhang: Offizielles Regelwerk der Internationalen Handelskammer (ICC)

INCOTERMS® 2020

A VERPFLICHTUNGEN DES VERKÄUFERS

A8 Prüfung/Verpackung/Kennzeichnung

Der Verkäufer hat die Kosten jener Prüfvorgänge (z. B. Qualitätsprüfung, Messen, Wiegen und Zählen) zu tragen, die notwendig sind, um die Ware gemäß A2 zu liefern.

Der Verkäufer hat auf eigene Kosten die Ware zu verpacken, es sei denn, es ist handelsüblich, die jeweilige Art der verkauften Ware unverpackt zu transportieren. Der Verkäufer muss die Ware in der für ihren Transport geeigneten Weise verpacken und kennzeichnen, es sei denn, die Parteien haben genaue Verpackungs- oder Kennzeichnungsanforderungen vereinbart.

A9 Kostenverteilung

Der Verkäufer muss

a) bis zur Lieferung gemäß A2 alle die Ware betreffenden Kosten tragen, ausgenommen die gemäß B9 vom Käufer zu tragenden Kosten;

b) Transportkosten und alle sonstigen gemäß A4 entstehenden Kosten tragen, einschließlich der Kosten für die Verladung der Ware und der transportbezogenen Sicherheitskosten;

c) alle Kosten und Gebühren für die Entladung am vereinbarten Bestimmungsort tragen, sofern diese Kosten und Gebühren gemäß Beförderungsvertrag zu Lasten des Verkäufers gehen;

d) die Kosten der Durchfuhr tragen, die gemäß Beförderungsvertrag zu Lasten des Verkäufers gehen;

e) die Kosten für die Erbringung des üblichen Nachweises für den Käufer gemäß A6 tragen, aus dem hervorgeht, dass die Ware geliefert wurde;

f) die sich aus A5 ergebenden Kosten der Versicherung tragen;

g) gegebenenfalls Zölle, Steuern und sonstige Kosten für die Ausfuhrabfertigung gemäß A7(a) tragen; und

h) dem Käufer alle Kosten und Gebühren erstatten, die dem Käufer durch die Unterstützung bei der Beschaffung der erforderlichen Dokumente und Informationen gemäß B7(a) entstanden sind.

A10 Benachrichtigungen

Der Verkäufer muss den Käufer benachrichtigen, dass die Ware gemäß A2 geliefert wurde.

Der Verkäufer muss den Käufer über alles Nötige benachrichtigen, damit dieser die Ware übernehmen kann.

INCOTERMS® 2020

B VERPFLICHTUNGEN DES KÄUFERS

B8 Prüfung/Verpackung/Kennzeichnung

Der Käufer hat gegenüber dem Verkäufer keine Verpflichtung.

B9 Kostenverteilung

Der Käufer muss

a) alle die Ware betreffenden Kosten ab dem Zeitpunkt der Lieferung gemäß A2 tragen, mit Ausnahme der gemäß A9 vom Verkäufer zu übernehmenden Kosten;

b) die Kosten der Durchfuhr tragen, sofern diese Kosten nicht gemäß Beförderungsvertrag zu Lasten des Verkäufers gehen;

c) die Entladekosten tragen, sofern diese Kosten nicht gemäß Beförderungsvertrag zu Lasten des Verkäufers gehen;

d) die Kosten für jede zusätzliche auf Verlangen des Käufers nach A5 und B5 abgeschlossene Versicherung tragen;

e) dem Verkäufer alle Kosten und Gebühren erstatten, die dem Verkäufer durch die Unterstützung bei der Beschaffung der erforderlichen Dokumente und Informationen gemäß A5 und A7(b) entstanden sind;

f) gegebenenfalls Zölle, Steuern und sonstige Kosten in Zusammenhang mit der Transit- oder Einfuhrabfertigung gemäß B7(b) zahlen; und

g) alle zusätzlichen Kosten tragen, die ab dem vereinbarten Termin für die Versendung oder ab dem Ende des vereinbarten Versendungszeitraums entstehen, falls der Käufer es versäumt, eine Benachrichtigung gemäß B10 zu erteilen, vorausgesetzt, die Ware wurde eindeutig als die vertragliche Ware kenntlich gemacht.

B10 Benachrichtigungen

Wenn vereinbart wurde, dass der Käufer berechtigt ist, den Zeitpunkt für die Versendung der Ware und/oder die Stelle für die Entgegennahme der Ware am benannten Bestimmungsort zu bestimmen, muss der Käufer den Verkäufer hierüber in hinreichender Weise benachrichtigen.

Anhang: Offizielles Regelwerk der Internationalen Handelskammer (ICC)

INCOTERMS® 2020

Anhang: Offizielles Regelwerk der Internationalen Handelskammer (ICC)

INCOTERMS® 2020

DAP | Geliefert benannter Ort

DAP (fügen Sie den benannten Bestimmungsort ein)
Incoterms® 2020

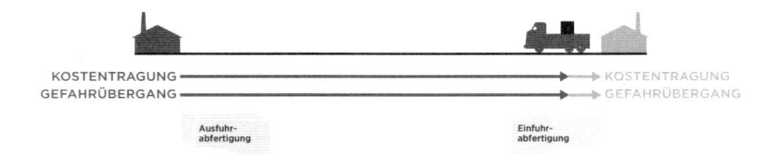

KOSTENTRAGUNG
GEFAHRÜBERGANG

KOSTENTRAGUNG
GEFAHRÜBERGANG

Ausfuhr-
abfertigung

Einfuhr-
abfertigung

ERLÄUTERNDE KOMMENTARE FÜR NUTZER

1. **Lieferung und Gefahrübergang** — Bei Nutzung der Klausel „Geliefert benannter Ort" erfolgt die Lieferung der Ware und der Gefahrübergang vom Verkäufer der Ware an den Käufer,
   - sobald die Ware dem Käufer
   - auf dem ankommenden Beförderungsmittel des Verkäufers entladebereit
   - am benannten Bestimmungsort oder
   - an der vereinbarten Stelle an diesem Ort, sofern eine derartige Stelle vereinbart wurde, zur Verfügung gestellt wird.

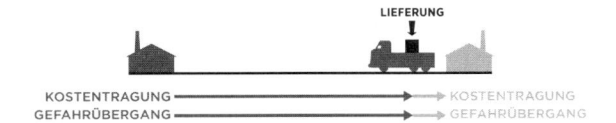

LIEFERUNG

KOSTENTRAGUNG
GEFAHRÜBERGANG

KOSTENTRAGUNG
GEFAHRÜBERGANG

Der Verkäufer trägt alle Gefahren in Zusammenhang mit der Beförderung der Ware zum benannten Bestimmungsort oder zu der vereinbarten Stelle an diesem Bestimmungsort. In dieser Incoterms® Klausel sind daher Lieferung und Ankunft am Bestimmungsort identisch.

© 2019 INTERNATIONAL CHAMBER OF COMMERCE (ICC GERMANY E.V.) | **69**

INCOTERMS® 2020

2. **Transportart** — Diese Klausel kann unabhängig von der gewählten Transportart verwendet werden, auch dann, wenn mehrere Transportarten zum Einsatz kommen.

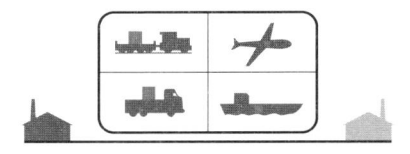

3. **Genaue Bezeichnung des Lieferortes bzw. der Lieferstelle und des Bestimmungsortes** — Den Parteien wird aus verschiedenen Gründen empfohlen, Lieferort oder Lieferstelle sowie Bestimmungsort möglichst präzise zu bezeichnen. Zunächst ist festzustellen, dass die Gefahr des Verlusts oder der Beschädigung der Ware an dieser Lieferstelle oder am jeweiligen Bestimmungsort auf den Käufer übergeht; sowohl für den Verkäufer als auch den Käufer ist es daher unabdingbar, sich über die konkrete Stelle im Klaren zu sein, an der sich dieser kritische Gefahrübergang vollzieht. Zweitens gilt, dass die Kosten bis zu diesem Liefer-/Bestimmungsort bzw. bis zur Lieferstelle zu Lasten des Verkäufers gehen und die ab dieser Stelle bzw. ab diesem Ort entstehenden Kosten dem Käufer zugerechnet werden. Drittens muss der Verkäufer den Transport der Ware bis zum benannten Liefer-/Bestimmungsort oder zur benannten Lieferstelle vertraglich beauftragen oder organisieren. Anderenfalls würde der Verkäufer gegen seine Verpflichtungen aus der Incoterms® Klausel DAP verstoßen und wäre gegenüber dem Käufer für die hieraus entstehenden Verluste haftbar. Somit müsste beispielsweise der Verkäufer alle zusätzlichen Kosten übernehmen, die der Frachtführer dem Käufer ggf. für zusätzlichen Weitertransport der Ware berechnet.

4. **„oder die so gelieferte Ware beschafft"** — Der Begriff „beschaffen" bezieht sich hier auf mehrere hintereinander geschaltete Verkäufe in einer Verkaufskette („string sales"), die häufig, wenn auch nicht ausschließlich, im Rohstoffhandel vorkommen.

5. **Entladekosten** — Der Verkäufer ist nicht verpflichtet, die Ware vom ankommenden Transportmittel zu entladen. Entstehen dem Verkäufer gemäß seinem Beförderungsvertrag Kosten durch die Entladung am Liefer-/Bestimmungsort, so ist der Verkäufer nicht berechtigt, diese Kosten gesondert vom Käufer zurückzufordern, sofern nichts anderes zwischen den Parteien vereinbart ist.

6. **Ausfuhr-/Einfuhrabfertigung** — DAP verpflichtet den Verkäufer, die Ware ggf. zur Ausfuhr freizumachen. Jedoch hat der Verkäufer keine Verpflichtung, die Ware zur Einfuhr oder nach der Lieferung zur Durchfuhr durch Drittländer freizumachen, Einfuhrzölle zu zahlen oder Einfuhrzollformalitäten zu erledigen. Sollte

70 | © 2019 INTERNATIONAL CHAMBER OF COMMERCE (ICC GERMANY E.V.)

INCOTERMS® 2020

es der Käufer daher versäumen, eine Einfuhrabfertigung zu organisieren, wird die Ware in einem Hafen oder Binnenterminal im Bestimmungsland zurückgehalten. Wer trägt die Gefahr des Verlusts, der entstehen könnte während die Ware im Eingangshafen des Bestimmungslandes zurückgehalten wird? Die Antwort lautet: der Käufer, denn die Lieferung ist noch nicht erfolgt; gemäß B3(a) verbleibt die Gefahr des Verlusts oder der Beschädigung der Ware beim Käufer, bis die Durchfuhr bzw. Weiterbeförderung zu einer benannten Stelle im Inland wiederaufgenommen werden kann. Wenn die Parteien dieses Szenario vermeiden möchten und stattdessen wünschen, dass der Verkäufer die Ware zur Einfuhr freimacht, jegliche Einfuhrzölle oder -steuern zahlt und alle Einfuhrzollformalitäten erledigt, sollten die Parteien möglicherweise die DDP-Klausel verwenden.

Ausfuhrabfertigung des Verkäufers

Einfuhrabfertigung des Käufers

DAP

INCOTERMS® 2020

A VERPFLICHTUNGEN DES VERKÄUFERS

A1 Allgemeine Verpflichtungen

Der Verkäufer hat die Ware und die Handelsrechnung in Übereinstimmung mit dem Kaufvertrag bereitzustellen und jeden sonstigen vertraglich vereinbarten Konformitätsnachweis zu erbringen.

Jedes vom Verkäufer bereitzustellende Dokument kann in Papierform oder in elektronischer Form vorliegen, je nachdem, wie dies zwischen den Parteien vereinbart wird oder handelsüblich ist.

A2 Lieferung

Der Verkäufer muss die Ware liefern, indem er sie dem Käufer auf dem ankommenden Beförderungsmittel entladebereit an der ggf. benannten Stelle am benannten Bestimmungsort zur Verfügung stellt oder die so gelieferte Ware beschafft. In jedem Fall muss der Verkäufer die Ware zum vereinbarten Termin oder innerhalb der vereinbarten Frist liefern.

A3 Gefahrübergang

Der Verkäufer trägt bis zur Lieferung gemäß A2 alle Gefahren des Verlusts oder der Beschädigung der Ware, mit Ausnahme von Verlust oder Beschädigung unter den in B3 beschriebenen Umständen.

A4 Transport

Der Verkäufer muss auf eigene Kosten den Transport der Ware bis zum benannten Bestimmungsort oder zu der gegebenenfalls vereinbarten Stelle am benannten Bestimmungsort vertraglich beauftragen oder organisieren. Ist keine genaue Stelle vereinbart oder ergibt sie sich nicht aus der Handelspraxis, kann der Verkäufer eine beliebige Stelle am benannten Bestimmungsort auswählen, die für den Zweck am besten geeignet ist.

Der Verkäufer muss alle transportbezogenen Sicherheitsanforderungen für die Beförderung der Waren bis zum Bestimmungsort erfüllen.

INCOTERMS® 2020

B VERPFLICHTUNGEN DES KÄUFERS

B1 Allgemeine Verpflichtungen

Der Käufer hat den im Kaufvertrag genannten Preis der Ware zu zahlen.

Jedes vom Käufer bereitzustellende Dokument kann in Papierform oder in elektronischer Form vorliegen, je nachdem, wie dies zwischen den Parteien vereinbart wird oder handelsüblich ist.

B2 Übernahme

Der Käufer muss die Ware übernehmen, wenn sie gemäß A2 geliefert wurde.

B3 Gefahrübergang

Der Käufer trägt ab dem Zeitpunkt der Lieferung gemäß A2 alle Gefahren des Verlusts oder der Beschädigung der Ware.
Falls

a) der Käufer seine Verpflichtungen gemäß B7 nicht erfüllt, trägt er alle daraus resultierenden Gefahren des Verlustes oder der Beschädigung der Ware; oder

b) b) der Käufer es unterlässt, eine Benachrichtigung gemäß B10 zu erteilen, trägt er alle Gefahren des Verlustes oder der Beschädigung der Ware ab dem vereinbarten Lieferzeitpunkt oder ab dem Ende des vereinbarten Lieferzeitraums,

vorausgesetzt, die Ware wurde eindeutig als die vertragliche Ware kenntlich gemacht.

B4 Transport

Der Käufer hat gegenüber dem Verkäufer keine Verpflichtung, einen Beförderungsvertrag abzuschließen

Anhang: Offizielles Regelwerk der Internationalen Handelskammer (ICC)

INCOTERMS® 2020

A VERPFLICHTUNGEN DES VERKÄUFERS

A5 Versicherung
Der Verkäufer hat gegenüber dem Käufer keine Verpflichtung, einen Versicherungsvertrag abzuschließen.

A6 Liefer-/Transportdokument
Der Verkäufer hat dem Käufer auf eigene Kosten alle erforderlichen Dokumente zur Verfügung zu stellen, die dem Käufer die Übernahme der Ware ermöglichen.

A7 Ausfuhr-/Einfuhrabfertigung

a) **Ausfuhr- und Transitabfertigung**
Gegebenenfalls hat der Verkäufer alle Ausfuhr- und Transitabfertigungsformalitäten durchzuführen und zu bezahlen, die von dem jeweiligen Ausfuhr- und Transitland (außer dem Einfuhrland) vorgeschrieben sind, z. B.:
- Ausfuhr-/Durchfuhrgenehmigung;
- Sicherheitsfreigabe für Ausfuhr/Durchfuhr;
- Warenkontrolle vor der Verladung; und
- sonstige behördliche Genehmigungen.

b) **Unterstützung bei der Einfuhrabfertigung**
Gegebenenfalls hat der Verkäufer den Käufer auf dessen Verlangen, Gefahr und Kosten bei der Beschaffung von Dokumenten und/oder Informationen für alle Einfuhrabfertigungsformalitäten zu unterstützen, einschließlich Sicherheitsanforderungen und Warenkontrollen vor der Verladung, die von dem betreffenden Einfuhrland vorgeschrieben sind.

A8 Prüfung/Verpackung/Kennzeichnung
Der Verkäufer hat die Kosten jener Prüfvorgänge (z. B. Qualitätsprüfung, Messen, Wiegen und Zählen) zu tragen, die notwendig sind, um die Ware gemäß A2 zu liefern.

Der Verkäufer hat auf eigene Kosten die Ware zu verpacken, es sei denn, es ist handelsüblich, die jeweilige Art der verkauften Ware unverpackt zu transportieren. Der Verkäufer muss die Ware in der für ihren Transport geeigneten Weise verpacken und kennzeichnen, es sei denn, die Parteien haben genaue Verpackungs- oder Kennzeichnungsanforderungen vereinbart.

INCOTERMS® 2020

B	VERPFLICHTUNGEN DES KÄUFERS

B5 Versicherung

Der Käufer hat gegenüber dem Verkäufer keine Verpflichtung, einen Versicherungsvertrag abzuschließen. Jedoch muss der Käufer dem Verkäufer auf dessen Verlangen, Gefahr und Kosten jeweils Informationen zur Verfügung stellen, die der Verkäufer zur Erlangung des Versicherungsschutzes benötigt.

B6 Liefer-/Transportdokument

Der Käufer muss das gemäß A6 zur Verfügung gestellte Dokument annehmen.

B7 Ausfuhr-/Einfuhrabfertigung

a) **Unterstützung bei der Ausfuhr- und Transitabfertigung**
Gegebenenfalls hat der Käufer den Verkäufer auf dessen Verlangen, Gefahr und Kosten bei der Beschaffung von Dokumenten und/oder Informationen für alle Ausfuhr-/Transitabfertigungsformalitäten zu unterstützen, einschließlich Sicherheitsanforderungen und Warenkontrollen vor der Verladung, die von dem betreffenden Ausfuhr- und Transitland (außer dem Einfuhrland) vorgeschrieben sind.

b) **Einfuhrabfertigung**
Gegebenenfalls hat der Käufer alle Formalitäten durchzuführen und zu bezahlen, die von dem betreffenden Einfuhrland vorgeschrieben sind, z. B.:
▸ Einfuhrgenehmigung;
▸ Sicherheitsfreigabe für die Einfuhr;
▸ Warenkontrolle vor der Verladung; und
▸ sonstige behördliche Genehmigungen.

B8 Prüfung/Verpackung/Kennzeichnung

Der Käufer hat gegenüber dem Verkäufer keine Verpflichtung.

INCOTERMS® 2020

A VERPFLICHTUNGEN DES VERKÄUFERS

A9 Kostenverteilung
Der Verkäufer muss

a) bis zur Lieferung gemäß A2 alle die Ware und ihren Transport betreffenden Kosten tragen, ausgenommen die gemäß B9 vom Käufer zu tragenden Kosten;

b) alle Kosten und Gebühren für die Entladung am Bestimmungsort tragen, sofern diese Kosten und Gebühren gemäß Beförderungsvertrag zu Lasten des Verkäufers gehen;

c) die Kosten für die Beschaffung und Bereitstellung des Liefer-/Transportdokuments gemäß A6 tragen;

d) gegebenenfalls Zölle, Steuern und sonstige Kosten für die Ausfuhr- und Transitabfertigung gemäß A7(a) tragen; und

e) dem Käufer alle Kosten und Gebühren erstatten, die dem Käufer durch die Unterstützung bei der Beschaffung der erforderlichen Dokumente und Informationen gemäß B5 und B7(a) entstanden sind.

A10 Benachrichtigungen
Der Verkäufer muss den Käufer über alles Nötige benachrichtigen, damit dieser die Ware übernehmen kann.

B VERPFLICHTUNGEN DES KÄUFERS

B9 Kostenverteilung

Der Käufer muss

a) alle die Ware betreffenden Kosten ab dem Zeitpunkt der Lieferung gemäß A2 tragen;

b) alle Entladekosten tragen, die erforderlich sind, um die Ware vom ankommenden Beförderungsmittel am benannten Bestimmungsort zu übernehmen, sofern diese Kosten gemäß Beförderungsvertrag nicht zu Lasten des Verkäufers gehen;

c) dem Verkäufer alle Kosten und Gebühren erstatten, die dem Verkäufer durch die Unterstützung bei der Beschaffung der erforderlichen Dokumente und Informationen gemäß A7(b) entstanden sind;

d) gegebenenfalls Zölle, Steuern und sonstige Kosten in Zusammenhang mit der Einfuhrabfertigung gemäß B7(b) zahlen; und

e) alle zusätzlichen Kosten tragen, die dem Verkäufer entstehen, falls der Käufer seine Verpflichtungen gemäß B7 nicht erfüllt oder es versäumt, eine Benachrichtigung gemäß B10 zu erteilen, vorausgesetzt, die Ware wurde eindeutig als die vertragliche Ware kenntlich gemacht.

B10 Benachrichtigungen

Wenn vereinbart wurde, dass der Käufer berechtigt ist, innerhalb eines vereinbarten Lieferzeitraums den Zeitpunkt und/oder am benannten Bestimmungsort die Stelle für die Warenübernahme zu bestimmen, muss der Käufer den Verkäufer hierüber in geeigneter Weise benachrichtigen.

Anhang: Offizielles Regelwerk der Internationalen Handelskammer (ICC)

INCOTERMS® 2020

INCOTERMS® 2020

DPU | Geliefert benannter Ort entladen

DPU (fügen Sie den benannten Bestimmungsort ein)
Incoterms® 2020

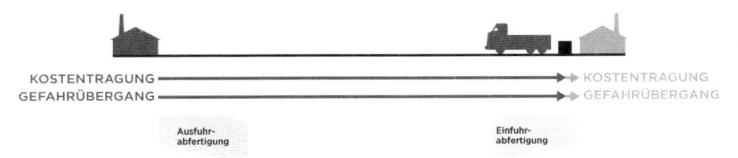

KOSTENTRAGUNG ──────────────────→ KOSTENTRAGUNG
GEFAHRÜBERGANG ────────────────→ GEFAHRÜBERGANG

Ausfuhr-abfertigung   Einfuhr-abfertigung

ERLÄUTERNDE KOMMENTARE FÜR NUTZER

1. **Lieferung und Gefahrübergang** — Bei Nutzung der Klausel „Geliefert benannter Ort entladen" erfolgen die Lieferung der Ware und der Gefahrübergang vom Verkäufer der Ware an den Käufer,
   - indem die Ware,
   - nachdem sie vom ankommenden Transportmittel entladen wurde,
   - dem Käufer
   - am benannten Bestimmungsort oder
   - an der vereinbarten Stelle an diesem Ort, sofern eine derartige Stelle vereinbart wurde, zur Verfügung gestellt wird.

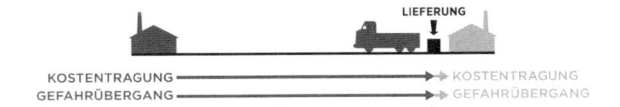

LIEFERUNG

KOSTENTRAGUNG ──────────→ KOSTENTRAGUNG
GEFAHRÜBERGANG ────────→ GEFAHRÜBERGANG

Der Verkäufer trägt alle Gefahren, die in Zusammenhang mit der Beförderung der Ware zum und der Entladung am benannten Bestimmungsort entstehen. In dieser Incoterms® Klausel sind daher Lieferung und Ankunft am Bestimmungsort identisch. DPU ist die einzige Incoterms® Klausel, die den Verkäufer verpflichtet, die Ware am Bestimmungsort zu entladen. Der Verkäufer sollte daher sicherstellen, dass er in der Lage ist, die Entladung am benannten Ort zu organisieren. Falls die Parteien übereinkommen, dass der Verkäufer die Gefahr und die Kosten der Entladung nicht tragen soll, sollte die Klausel DPU vermieden und stattdessen die Klausel DAP verwendet werden.

© 2019 INTERNATIONAL CHAMBER OF COMMERCE (ICC GERMANY E.V.) | **79**

INCOTERMS® 2020

2. **Transportart** — Diese Klausel kann unabhängig von der gewählten Transportart verwendet werden, auch dann, wenn mehrere Transportarten zum Einsatz kommen.

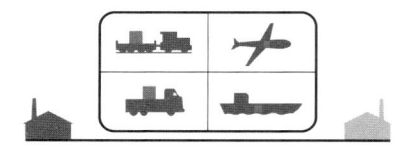

3. **Genaue Bezeichnung des Lieferortes bzw. der Lieferstelle und des Bestimmungsortes** — Den Parteien wird aus verschiedenen Gründen empfohlen, Lieferort oder Lieferstelle sowie Bestimmungsort möglichst präzise zu bezeichnen. Zunächst ist festzustellen, dass die Gefahr des Verlusts oder der Beschädigung der Ware an dieser Lieferstelle oder am jeweiligen Bestimmungsort auf den Käufer übergeht; sowohl für den Verkäufer als auch den Käufer ist es daher unabdingbar, sich über die konkrete Stelle im Klaren zu sein, an der sich dieser kritische Gefahrübergang vollzieht. Zweitens gilt, dass die Kosten bis zu diesem Liefer-/Bestimmungsort bzw. bis zur Lieferstelle zu Lasten des Verkäufers gehen und die ab dieser Stelle bzw. ab diesem Ort entstehenden Kosten dem Käufer zugerechnet werden. Drittens muss der Verkäufer den Transport der Ware bis zum benannten Liefer-/Bestimmungsort oder zur benannten Lieferstelle vertraglich beauftragen oder organisieren. Anderenfalls würde der Verkäufer gegen seine Verpflichtungen aus dieser Klausel verstoßen und wäre gegenüber dem Käufer für die hieraus entstehenden Verluste haftbar. Somit müsste beispielsweise der Verkäufer alle zusätzlichen Kosten übernehmen, die der Frachtführer dem Käufer ggf. für den zusätzlichen Weitertransport der Ware berechnen würde.

4. **„oder die so gelieferte Ware beschafft"** — Der Begriff „beschaffen" bezieht sich hier auf mehrere hintereinander geschaltete Verkäufe in einer Verkaufskette („string sales"), die häufig, wenn auch nicht ausschließlich, im Rohstoffhandel vorkommen.

5. **Ausfuhr-/Einfuhrabfertigung** — DPU verpflichtet den Verkäufer, die Ware ggf. zur Ausfuhr freizumachen. Jedoch hat der Verkäufer keine Verpflichtung, die Ware zur Einfuhr oder nach der Lieferung zur Durchfuhr durch Drittländer freizumachen, Einfuhrzölle zu zahlen oder Einfuhrzollformalitäten zu erledigen. Sollte es der Käufer daher versäumen, eine Einfuhrabfertigung zu organisieren, wird die Ware in einem Hafen oder Binnenterminal im Bestimmungsland zurückgehalten. Wer trägt die Gefahr des Verlusts, der entstehen könnte, während die Ware im Eingangshafen des Bestimmungslandes zurückgehalten wird? Die Antwort lautet: der Käufer, denn die Lieferung ist noch nicht erfolgt; gemäß B3(a) verbleibt die Gefahr des Verlusts oder der

INCOTERMS® 2020

Beschädigung der Ware beim Käufer, bis die Durchfuhr bzw. Weiterbeförderung zu einer benannten Stelle im Inland wiederaufgenommen werden kann. Wenn die Parteien zur Vermeidung dieses Szenarios möchten, dass der Verkäufer die Ware zur Einfuhr freimacht, jegliche Einfuhrzölle oder -steuern zahlt und alle Einfuhrzollformalitäten erledigt, sollten die Parteien möglicherweise die DDP-Klausel verwenden.

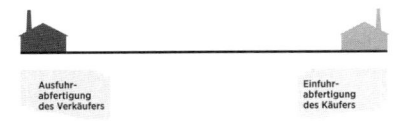

Ausfuhrabfertigung des Verkäufers

Einfuhrabfertigung des Käufers

INCOTERMS® 2020

A VERPFLICHTUNGEN DES VERKÄUFERS

A1 Allgemeine Verpflichtungen

Der Verkäufer hat die Ware und die Handelsrechnung in Übereinstimmung mit dem Kaufvertrag bereitzustellen und jeden sonstigen vertraglich vereinbarten Konformitätsnachweis zu erbringen.

Jedes vom Verkäufer bereitzustellende Dokument kann in Papierform oder in elektronischer Form vorliegen, je nachdem, wie dies zwischen den Parteien vereinbart wird oder handelsüblich ist.

A2 Lieferung

Der Verkäufer muss die Ware vom ankommenden Beförderungsmittel entladen und dann liefern, indem er sie an der ggf. benannten Stelle oder am benannten Bestimmungsort dem Käufer zur Verfügung stellt oder die so gelieferte Ware beschafft. In jedem Fall muss der Verkäufer die Ware zum vereinbarten Termin oder innerhalb der vereinbarten Frist liefern.

A3 Gefahrübergang

Der Verkäufer trägt bis zur Lieferung gemäß A2 alle Gefahren des Verlusts oder der Beschädigung der Ware, mit Ausnahme von Verlust oder Beschädigung unter den in B3 beschriebenen Umständen.

A4 Transport

Der Verkäufer muss auf eigene Kosten den Transport der Ware bis zum benannten Bestimmungsort oder zu der gegebenenfalls vereinbarten Stelle am benannten Bestimmungsort vertraglich beauftragen oder organisieren. Ist keine genaue Stelle vereinbart oder ergibt sie sich nicht aus der Handelspraxis, kann der Verkäufer eine beliebige Stelle am benannten Bestimmungsort auswählen, die für den Zweck am besten geeignet ist.

Der Verkäufer muss alle transportbezogenen Sicherheitsanforderungen für die Beförderung der Waren bis zum Bestimmungsort erfüllen.

B VERPFLICHTUNGEN DES KÄUFERS

B1 Allgemeine Verpflichtungen

Der Käufer hat den im Kaufvertrag genannten Preis der Ware zu zahlen.

Jedes vom Käufer bereitzustellende Dokument kann in Papierform oder in elektronischer Form vorliegen, je nachdem, wie dies zwischen den Parteien vereinbart wird oder handelsüblich ist.

B2 Übernahme

Der Käufer muss die Ware übernehmen, wenn sie gemäß A2 geliefert wurde.

B3 Gefahrübergang

Der Käufer trägt ab dem Zeitpunkt der Lieferung gemäß A2 alle Gefahren des Verlusts oder der Beschädigung der Ware.

Falls

a) der Käufer seine Verpflichtungen gemäß B7 nicht erfüllt, trägt er alle daraus resultierenden Gefahren des Verlusts oder der Beschädigung der Ware; oder

b) der Käufer es versäumt, eine Benachrichtigung gemäß B10 zu erteilen, trägt er alle Gefahren des Verlusts oder der Beschädigung der Ware ab dem vereinbarten Lieferzeitpunkt oder ab dem Ende des vereinbarten Lieferzeitraums,

vorausgesetzt, die Ware wurde eindeutig als die vertragliche Ware kenntlich gemacht.

B4 Transport

Der Käufer hat gegenüber dem Verkäufer keine Verpflichtung, einen Beförderungsvertrag abzuschließen.

INCOTERMS® 2020

A VERPFLICHTUNGEN DES VERKÄUFERS

A5 Versicherung

Der Verkäufer hat gegenüber dem Käufer keine Verpflichtung, einen Versicherungsvertrag abzuschließen.

A6 Liefer-/Transportdokument

Der Verkäufer hat dem Käufer auf eigene Kosten alle erforderlichen Dokumente zur Verfügung zu stellen, die dem Käufer die Übernahme der Ware ermöglichen.

A7 Ausfuhr-/Einfuhrabfertigung

a) **Ausfuhr- und Transitabfertigung**

Gegebenenfalls hat der Verkäufer alle Ausfuhr- und Transitabfertigungsformalitäten durchzuführen und zu bezahlen, die von dem jeweiligen Ausfuhr- und Transitland (außer dem Einfuhrland) vorgeschrieben sind, z. B.:

- Ausfuhr-/Durchfuhrgenehmigung;
- Sicherheitsfreigabe für Ausfuhr/Durchfuhr;
- Warenkontrolle vor der Verladung; und
- sonstige behördliche Genehmigungen.

b) **Unterstützung bei der Einfuhrabfertigung**

Gegebenenfalls hat der Verkäufer den Käufer auf dessen Verlangen, Gefahr und Kosten bei der Beschaffung von Dokumenten und/oder Informationen für alle Einfuhrabfertigungsformalitäten zu unterstützen, einschließlich Sicherheitsanforderungen und Warenkontrollen vor der Verladung, die von dem betreffenden Einfuhrland vorgeschrieben sind.

A8 Prüfung/Verpackung/Kennzeichnung

Der Verkäufer hat die Kosten jener Prüfvorgänge (z. B. Qualitätsprüfung, Messen, Wiegen und Zählen) zu tragen, die notwendig sind, um die Ware gemäß A2 zu liefern.

Der Verkäufer hat auf eigene Kosten die Ware zu verpacken, es sei denn, es ist handelsüblich, die jeweilige Art der verkauften Ware unverpackt zu transportieren. Der Verkäufer muss die Ware in der für ihren Transport geeigneten Weise verpacken und kennzeichnen, es sei denn, die Parteien haben genaue Verpackungs- oder Kennzeichnungsanforderungen vereinbart.

B VERPFLICHTUNGEN DES KÄUFERS

B5 Versicherung

Der Käufer hat gegenüber dem Verkäufer keine Verpflichtung, einen Versicherungsvertrag abzuschließen. Jedoch muss der Käufer dem Verkäufer auf dessen Verlangen, Gefahr und Kosten jeweils Informationen zur Verfügung stellen, die der Verkäufer zur Erlangung des Versicherungsschutzes benötigt.

B6 Liefer-/Transportdokument

Der Käufer muss das gemäß A6 zur Verfügung gestellte Dokument annehmen.

B7 Ausfuhr-/Einfuhrabfertigung

a) **Unterstützung bei der Ausfuhr- und Transitabfertigung**
Gegebenenfalls hat der Käufer den Verkäufer auf dessen Verlangen, Gefahr und Kosten bei der Beschaffung von Dokumenten und/oder Informationen für alle Ausfuhr-/Transitabfertigungsformalitäten zu unterstützen, einschließlich Sicherheitsanforderungen und Warenkontrollen vor der Verladung, die von dem betreffenden Ausfuhr- und Transitland (außer dem Einfuhrland) vorgeschrieben sind.

b) **Einfuhrabfertigung**
Gegebenenfalls hat der Käufer alle Formalitäten durchzuführen und zu bezahlen, die von dem betreffenden Einfuhrland vorgeschrieben sind, z. B.:
- Einfuhrgenehmigung;
- Sicherheitsfreigabe für die Einfuhr;
- Warenkontrolle vor der Verladung; und
- sonstige behördliche Genehmigungen.

B8 Prüfung/Verpackung/Kennzeichnung

Der Käufer hat gegenüber dem Verkäufer keine Verpflichtung.

INCOTERMS® 2020

A VERPFLICHTUNGEN DES VERKÄUFERS

A9 Kostenverteilung
Der Verkäufer muss
a) bis zur Entladung und Lieferung der Ware gemäß A2 alle die Ware und ihren Transport betreffenden Kosten tragen, ausgenommen die gemäß B9 vom Käufer zu zahlenden Kosten;
b) die Kosten für die Beschaffung und Bereitstellung des Liefer-/Transportdokuments gemäß A6 tragen;
c) gegebenenfalls Zölle, Steuern und sonstige Kosten für die Ausfuhr- und Transitabfertigung gemäß A7(a) tragen; und
d) dem Käufer alle Kosten und Gebühren erstatten, die dem Käufer durch die Unterstützung bei der Beschaffung der erforderlichen Dokumente und Informationen gemäß B5 und B7(a) entstanden sind.

A10 Benachrichtigungen
Der Verkäufer muss den Käufer über alles Nötige benachrichtigen, damit dieser die Ware übernehmen kann.

INCOTERMS® 2020

| B | VERPFLICHTUNGEN DES KÄUFERS |

B9 Kostenverteilung

Der Käufer muss

a) alle die Ware betreffenden Kosten ab dem Zeitpunkt der Lieferung gemäß A2 tragen;

b) dem Verkäufer alle Kosten und Gebühren erstatten, die dem Verkäufer durch die Unterstützung bei der Beschaffung der erforderlichen Dokumente und Informationen gemäß A7(b) entstanden sind;

c) gegebenenfalls Zölle, Steuern und sonstige Kosten in Zusammenhang mit der Einfuhrabfertigung gemäß B7(b) zahlen; und

d) alle zusätzlichen Kosten tragen, die dem Verkäufer entstehen, falls der Käufer seine Verpflichtungen gemäß B7 nicht erfüllt oder es versäumt, eine Benachrichtigung gemäß B10 zu erteilen, vorausgesetzt, die Ware wurde eindeutig als die vertragliche Ware kenntlich gemacht.

B10 Benachrichtigungen

Wenn vereinbart wurde, dass der Käufer berechtigt ist, innerhalb eines vereinbarten Lieferzeitraums den Zeitpunkt und/oder am benannten Bestimmungsort die Stelle für die Warenübernahme zu bestimmen, muss der Käufer den Verkäufer hierüber in geeigneter Weise benachrichtigen.

Anhang: Offizielles Regelwerk der Internationalen Handelskammer (ICC)

INCOTERMS® 2020

Anhang: Offizielles Regelwerk der Internationalen Handelskammer (ICC)

INCOTERMS® 2020

DDP | Geliefert verzollt

DDP (fügen Sie den benannten Bestimmungsort ein)
Incoterms® 2020

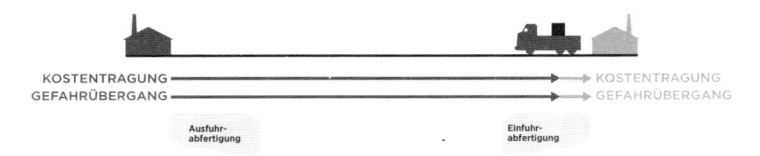

KOSTENTRAGUNG
GEFAHRÜBERGANG

Ausfuhr-
abfertigung

KOSTENTRAGUNG
GEFAHRÜBERGANG

Einfuhr-
abfertigung

ERLÄUTERNDE KOMMENTARE FÜR NUTZER

1. **Lieferung und Gefahrübergang** — Bei Nutzung der Klausel „Geliefert verzollt" erfolgt die Lieferung der Ware vom Verkäufer an den Käufer,
   - indem der Verkäufer dem Käufer
   - die zur Einfuhr freigemachte Ware
   - auf dem ankommenden Transportmittel
   - entladebereit
   - an dem vereinbarten Bestimmungsort oder an der vereinbarten Stelle an diesem Ort, sofern eine derartige Stelle vereinbart wurde, zur Verfügung stellt.

   Der Verkäufer trägt alle Gefahren in Zusammenhang mit der Beförderung der Ware zum benannten Bestimmungsort oder zu der vereinbarten Stelle an diesem Bestimmungsort. In dieser Incoterms® Klausel sind daher Lieferung und Ankunft am Bestimmungsort identisch.

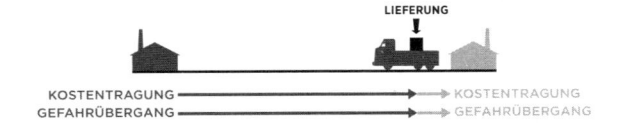

LIEFERUNG

KOSTENTRAGUNG
GEFAHRÜBERGANG

KOSTENTRAGUNG
GEFAHRÜBERGANG

© 2019 INTERNATIONAL CHAMBER OF COMMERCE (ICC GERMANY E.V.) | **89**

INCOTERMS® 2020

2. **Transportart** — Diese Klausel kann unabhängig von der gewählten Transportart verwendet werden, auch dann, wenn mehrere Transportarten zum Einsatz kommen.

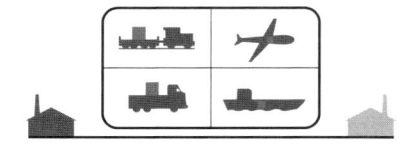

3. **Hinweis für Verkäufer: maximale Verantwortlichkeit** — DDP, gemäß der die Lieferung am Bestimmungsort erfolgt *und* der Verkäufer für die Zahlung der Importzölle und sonstige Abgaben verantwortlich ist, ist unter allen elf Incoterms® Klauseln diejenige Klausel, die dem Verkäufer das größtmögliche Maß an Verpflichtungen auferlegt. Aus Verkäufersicht sollte diese Klausel daher aus den in Absatz 7 angeführten Gründen mit Vorsicht angewendet werden.

4. **Genaue Bezeichnung des Lieferortes bzw. der Lieferstelle und des Bestimmungsortes** — Den Parteien wird aus verschiedenen Gründen empfohlen, Lieferort oder Lieferstelle sowie Bestimmungsort möglichst präzise zu bezeichnen. Zunächst ist festzustellen, dass die Gefahr des Verlusts oder der Beschädigung der Ware an dieser Lieferstelle oder am jeweiligen Bestimmungsort auf den Käufer übergeht; sowohl für den Verkäufer als auch den Käufer ist es daher unabdingbar, sich über die konkrete Stelle im Klaren zu sein, an der sich dieser kritische Gefahrübergang vollzieht. Zweitens gilt, dass die Kosten bis zu diesem Liefer-/Bestimmungsort bzw. bis zur Lieferstelle, einschließlich der Kosten für die Einfuhrabfertigung, zu Lasten des Verkäufers gehen und die ab dieser Stelle bzw. ab diesem Ort entstehenden Kosten, mit Ausnahme der Einfuhrkosten, dem Käufer zugerechnet werden. Drittens muss der Verkäufer den Transport der Ware bis zum benannten Liefer-/Bestimmungsort oder zur benannten Lieferstelle vertraglich beauftragen oder organisieren. Anderenfalls würde der Verkäufer gegen seine Verpflichtungen aus der Incoterms® Klausel DDP verstoßen und wäre gegenüber dem Käufer für die hieraus entstehenden Verluste haftbar. Somit müsste beispielsweise der Verkäufer alle zusätzlichen Kosten übernehmen, die der Frachtführer dem Käufer ggf. für zusätzlichen Weitertransport der Ware berechnet.

5. **„oder die so gelieferte Ware beschafft"** — Der Begriff „beschaffen" bezieht sich hier auf mehrere hintereinander geschaltete Verkäufe in einer Verkaufskette („string sales"), die häufig, wenn auch nicht ausschließlich, im Rohstoffhandel vorkommen.

6. **Entladekosten** — Entstehen dem Verkäufer gemäß seinem Beförderungsvertrag Kosten durch die Entladung am Liefer-/Bestimmungsort, so ist der Verkäufer nicht berechtigt, diese Kosten gesondert vom Käufer zurückzufordern, sofern nichts anderes zwischen den Parteien vereinbart ist.

7. **Ausfuhr-/Einfuhrabfertigung** — Gemäß der Regelung in Absatz 3 ist der Verkäufer unter der Klausel DDP verpflichtet, die Ware zur Ausfuhr abzufertigen und, soweit erforderlich, auch zur Einfuhr abzufertigen und Einfuhrzölle zu entrichten oder etwaige Zollformalitäten zu erledigen. Falls der Verkäufer daher nicht in der Lage ist, die Einfuhrabfertigung zu erledigen, und diese Formalitäten lieber dem Käufer im Einfuhrland überlassen möchte, sollte der Verkäufer möglicherweise die Klausel DAP oder DPU wählen, bei denen die Lieferung zwar ebenfalls am Bestimmungsort erfolgt, jedoch die Einfuhrabfertigung dem Käufer obliegt. Bei der Klausel DDP ist somit gut zu überlegen, ob sich steuerliche Auswirkungen ergeben. Gezahlte Abgaben können möglicherweise vom Käufer nicht zurück gefordert werden: siehe A9(d).

Ausfuhrabfertigung des Verkäufers

Einfuhrabfertigung des Verkäufers

Anhang: Offizielles Regelwerk der Internationalen Handelskammer (ICC)

INCOTERMS® 2020

A   VERPFLICHTUNGEN DES VERKÄUFERS

A1   Allgemeine Verpflichtungen

Der Verkäufer hat die Ware und die Handelsrechnung in Übereinstimmung mit dem Kaufvertrag bereitzustellen und jeden sonstigen vertraglich vereinbarten Konformitätsnachweis zu erbringen.

Jedes vom Verkäufer bereitzustellende Dokument kann in Papierform oder in elektronischer Form vorliegen, je nachdem, wie dies zwischen den Parteien vereinbart wird oder handelsüblich ist.

A2   Lieferung

Der Verkäufer muss die Ware liefern, indem er sie dem Käufer auf dem ankommenden Beförderungsmittel entladebereit an der ggf. benannten Stelle oder am benannten Bestimmungsort zur Verfügung stellt oder die so gelieferte Ware beschafft. In jedem Fall muss der Verkäufer die Ware zum vereinbarten Termin oder innerhalb der vereinbarten Frist liefern.

A3   Gefahrübergang

Der Verkäufer trägt bis zur Lieferung gemäß A2 alle Gefahren des Verlusts oder der Beschädigung der Ware, mit Ausnahme von Verlust oder Beschädigung unter den in B3 beschriebenen Umständen.

A4   Transport

Der Verkäufer muss auf eigene Kosten den Transport der Ware bis zum benannten Bestimmungsort oder zu der gegebenenfalls vereinbarten Stelle am benannten Bestimmungsort vertraglich beauftragen oder organisieren. Ist keine genaue Stelle vereinbart oder ergibt sie sich nicht aus der Handelspraxis, kann der Verkäufer eine beliebige Stelle am benannten Bestimmungsort auswählen, die für den Zweck am besten geeignet ist.

Der Verkäufer muss alle transportbezogenen Sicherheitsanforderungen für die Beförderung der Waren bis zum Bestimmungsort erfüllen.

INCOTERMS® 2020

B	VERPFLICHTUNGEN DES KÄUFERS

B1 Allgemeine Verpflichtungen

Der Käufer hat den im Kaufvertrag genannten Preis der Ware zu zahlen.

Jedes vom Käufer bereitzustellende Dokument kann in Papierform oder in elektronischer Form vorliegen, je nachdem, wie dies zwischen den Parteien vereinbart wird oder handelsüblich ist.

B2 Übernahme

Der Käufer muss die Ware übernehmen, wenn sie gemäß A2 geliefert wurde.

B3 Gefahrübergang

Der Käufer trägt ab dem Zeitpunkt der Lieferung gemäß A2 alle Gefahren des Verlusts oder der Beschädigung der Ware.

Falls

a) der Käufer seine Verpflichtungen gemäß B7 nicht erfüllt, trägt er alle daraus resultierenden Gefahren des Verlustes oder der Beschädigung der Ware; oder

b) der Käufer es versäumt, eine Benachrichtigung gemäß B10 zu erteilen, trägt er alle Gefahren des Verlusts oder der Beschädigung der Ware ab dem vereinbarten Lieferzeitpunkt oder ab dem Ende des vereinbarten Lieferzeitraums,

vorausgesetzt, die Ware wurde eindeutig als die vertragliche Ware kenntlich gemacht.

B4 Transport

Der Käufer hat gegenüber dem Verkäufer keine Verpflichtung, einen Beförderungsvertrag abzuschließen.

DDP

© 2019 INTERNATIONAL CHAMBER OF COMMERCE (ICC GERMANY E.V.) | **93**

Anhang: Offizielles Regelwerk der Internationalen Handelskammer (ICC)

INCOTERMS® 2020

A VERPFLICHTUNGEN DES VERKÄUFERS

A5 Versicherung
Der Verkäufer hat gegenüber dem Käufer keine Verpflichtung, einen Versicherungsvertrag abzuschließen.

A6 Liefer-/Transportdokument
Der Verkäufer hat dem Käufer auf eigene Kosten alle erforderlichen Dokumente zur Verfügung zu stellen, die dem Käufer die Übernahme der Ware ermöglichen.

A7 Ausfuhr-/Einfuhrabfertigung
Gegebenenfalls hat der Verkäufer alle Ausfuhr-/Transit- und Einfuhrabfertigungsformalitäten durchzuführen und zu bezahlen, die von den jeweiligen Ausfuhr-/Transit- und Einfuhrländern vorgeschrieben sind, z. B.:

- Ausfuhr-/Durchfuhr-/Einfuhrgenehmigung;
- Sicherheitsfreigabe für Ausfuhr/Durchfuhr/Einfuhr;
- Warenkontrolle vor der Verladung; und
- sonstige behördliche Genehmigungen.

A8 Prüfung/Verpackung/Kennzeichnung
Der Verkäufer hat die Kosten jener Prüfvorgänge (z. B. Qualitätsprüfung, Messen, Wiegen und Zählen) zu tragen, die notwendig sind, um die Ware gemäß A2 zu liefern.

Der Verkäufer hat auf eigene Kosten die Ware zu verpacken, es sei denn, es ist handelsüblich, die jeweilige Art der verkauften Ware unverpackt zu transportieren. Der Verkäufer muss die Ware in der für ihren Transport geeigneten Weise verpacken und kennzeichnen, es sei denn, die Parteien haben genaue Verpackungs- oder Kennzeichnungsanforderungen vereinbart.

94 | © 2019 INTERNATIONAL CHAMBER OF COMMERCE (ICC GERMANY E.V.)

INCOTERMS® 2020

B	VERPFLICHTUNGEN DES KÄUFERS

B5 Versicherung

Der Käufer hat gegenüber dem Verkäufer keine Verpflichtung, einen Versicherungsvertrag abzuschließen. Jedoch muss der Käufer dem Verkäufer auf dessen Verlangen, Gefahr und Kosten jeweils Informationen zur Verfügung stellen, die der Verkäufer zur Erlangung des Versicherungsschutzes benötigt.

B6 Liefer-/Transportdokument

Der Käufer muss das gemäß A6 zur Verfügung gestellte Dokument annehmen.

B7 Ausfuhr-/Einfuhrabfertigung

Soweit zutreffend, hat der Käufer den Verkäufer auf dessen Verlangen, Gefahr und Kosten bei der Beschaffung von Dokumenten und/oder Informationen für alle Ausfuhr-/Transit-/Einfuhrabfertigungsformalitäten, die von den Ausfuhr-/Transit-/Einfuhrländern vorgeschrieben sind, zu unterstützen, z. B.:

▸ Ausfuhr-/Durchfuhr-/Einfuhrgenehmigung;
▸ Sicherheitsfreigabe für Ausfuhr, Transport und Einfuhr;
▸ Warenkontrolle vor der Verladung; und
▸ sonstige behördliche Genehmigungen.

B8 Prüfung/Verpackung/Kennzeichnung

Der Käufer hat gegenüber dem Verkäufer keine Verpflichtung.

Anhang: Offizielles Regelwerk der Internationalen Handelskammer (ICC)

INCOTERMS® 2020

A VERPFLICHTUNGEN DES VERKÄUFERS

A9 Kostenverteilung

Der Verkäufer muss

a) bis zur Lieferung gemäß A2 alle die Ware und ihren Transport betreffenden Kosten tragen, ausgenommen die gemäß B9 vom Käufer zu tragenden Kosten;

b) alle Kosten und Gebühren für die Entladung am Bestimmungsort tragen, sofern diese Kosten und Gebühren gemäß Beförderungsvertrag zu Lasten des Verkäufers gehen;

c) die Kosten für die Beschaffung und Bereitstellung des Liefer-/Transportdokuments gemäß A6 tragen;

d) gegebenenfalls anfallende Zölle, Steuern und sonstige Kosten in Zusammenhang mit der Einfuhr-, Transit- und Einfuhrabfertigung gemäß A7 zahlen; und

e) dem Käufer alle Kosten und Gebühren erstatten, die dem Käufer durch die Unterstützung bei der Beschaffung der erforderlichen Dokumente und Informationen gemäß B5 und B7 entstanden sind.

A10 Benachrichtigungen

Der Verkäufer muss den Käufer über alles Nötige benachrichtigen, damit dieser die Ware übernehmen kann.

INCOTERMS® 2020

B VERPFLICHTUNGEN DES KÄUFERS

B9 Kostenverteilung

Der Käufer muss

a) alle die Ware betreffenden Kosten ab dem Zeitpunkt der Lieferung gemäß A2 tragen;

b) alle Entladekosten tragen, die erforderlich sind, um die Ware vom ankommenden Beförderungsmittel am benannten Bestimmungsort zu übernehmen, sofern diese Kosten gemäß Beförderungsvertrag nicht zu Lasten des Verkäufers gehen; und

c) alle zusätzlichen Kosten tragen, die dem Verkäufer entstehen, falls der Käufer seine Verpflichtungen gemäß B7 nicht erfüllt oder es versäumt, eine Benachrichtigung gemäß B10 zu erteilen, vorausgesetzt, die Ware wurde eindeutig als die vertragliche Ware kenntlich gemacht.

B10 Benachrichtigungen

Wenn vereinbart wurde, dass der Käufer berechtigt ist, innerhalb eines vereinbarten Lieferzeitraums den Zeitpunkt und/oder am benannten Bestimmungsort die Stelle für die Warenübernahme zu bestimmen, muss der Käufer den Verkäufer hierüber in geeigneter Weise benachrichtigen.

Anhang: Offizielles Regelwerk der Internationalen Handelskammer (ICC)

INCOTERMS® 2020

KLAUSELN FÜR DEN SEE- UND BINNEN- SCHIFFSTRANSPORT

Anmerkung zu den Abbildungen im Buch: Die Farbe Blau zeigt die Pflichten des Verkäufers an, Gold die Pflichten des Käufers – so auch in den Überschriften. Grün zeigt an, wenn es sich um gemeinsame Pflichten handelt oder sie zwischen den Vertragspartnern aufgeteilt sind.

Anhang: Offizielles Regelwerk der Internationalen Handelskammer (ICC)

INCOTERMS® 2020

INCOTERMS® 2020

FAS | Frei Längsseite Schiff

FAS (fügen Sie den benannten Verschiffungshafen ein)
Incoterms® 2020

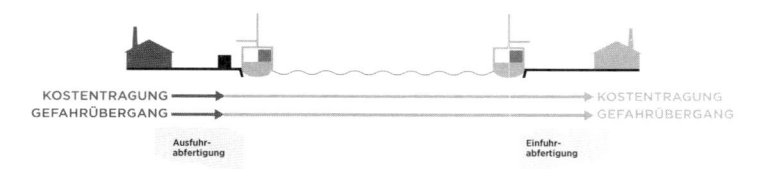

KOSTENTRAGUNG → → KOSTENTRAGUNG
GEFAHRÜBERGANG → → GEFAHRÜBERGANG

Ausfuhrabfertigung   Einfuhrabfertigung

ERLÄUTERNDE KOMMENTARE FÜR NUTZER

1. **Lieferung und Gefahrübergang** — Bei Nutzung der Klausel „Frei Längsseite Schiff" erfolgt die Lieferung der Ware vom Verkäufer an den Käufer,

    ▸ indem die Ware längsseits eines Schiffs bereitgestellt wird (z. B. an einer Kaianlage oder auf einem Binnenschiff),

    ▸ wie vom Käufer benannt,

    ▸ im benannten Verschiffungshafen,

    ▸ oder indem der Verkäufer bereits so gelieferte Ware beschafft.

    Die Gefahr des Verlusts oder der Beschädigung der Ware geht auf den Käufer über, wenn sich die Ware längsseits des Schiffs befindet. Ab diesem Zeitpunkt trägt der Käufer alle Kosten.

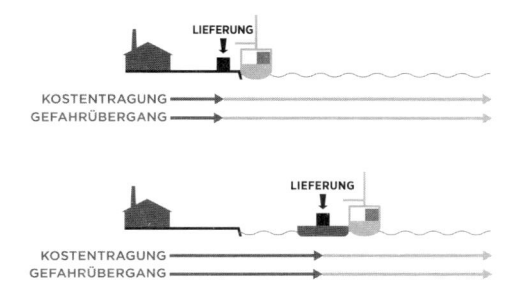

LIEFERUNG
KOSTENTRAGUNG →
GEFAHRÜBERGANG →

LIEFERUNG
KOSTENTRAGUNG →
GEFAHRÜBERGANG →

© 2019 INTERNATIONAL CHAMBER OF COMMERCE (ICC GERMANY E.V.) | **101**

INCOTERMS® 2020

2. **Transportart** — Diese Klausel ist ausschließlich für den See- und Binnenschiffstransport geeignet, bei dem es der Absicht der Parteien entspricht, dass die Ware geliefert wird, indem sie längsseits eines Schiffs bereitgestellt wird. FAS ist somit ungeeignet, wenn die Ware einem Frachtführer übergeben wird, bevor sie sich längsseits des Schiffs befindet, z. B. wenn Ware an einem Containerterminal übergeben wird. Wenn dies der Fall ist, sollten die Parteien in Betracht ziehen, anstelle von FAS die Klausel FCA zu verwenden.

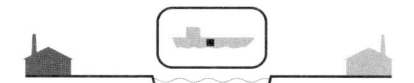

3. **Genaue Bezeichnung der Ladestelle** — Die Parteien sind gut beraten, die Ladestelle im benannten Verschiffungshafen, an der die Ware von der Kaianlage oder von einem Frachtkahn auf das betreffende Schiff verladen wird, so genau wie möglich zu bestimmen, da die Kosten und Gefahren bis zu dieser Stelle zu Lasten des Verkäufers gehen. Diese Kosten und damit verbundene Umschlagskosten (handling charges) können entsprechend der Hafenpraxis variieren.

4. **„oder die so gelieferte Ware beschafft"** — Der Verkäufer ist verpflichtet, die Ware entweder längsseits des Schiffs zu liefern oder bereits so für die Verschiffung gelieferte Ware zu beschaffen. Der Begriff „beschaffen" bezieht sich hier auf mehrere hintereinander geschaltete Verkäufe in einer Verkaufskette („string sales"), die insbesondere im Rohstoffhandel vorkommen.

5. **Ausfuhr-/Einfuhrabfertigung** — FAS verpflichtet den Verkäufer, die Ware ggf. zur Ausfuhr freizumachen. Jedoch hat der Verkäufer keine Verpflichtung, die Ware zur Einfuhr oder Durchfuhr durch Drittländer freizumachen, Einfuhrzölle zu zahlen oder Einfuhrzollformalitäten zu erledigen.

Ausfuhr-
abfertigung
des Verkäufers

Einfuhr-
abfertigung
des Käufers

Anhang: Offizielles Regelwerk der Internationalen Handelskammer (ICC)

INCOTERMS® 2020

FAS

Anhang: Offizielles Regelwerk der Internationalen Handelskammer (ICC)

INCOTERMS® 2020

A VERPFLICHTUNGEN DES VERKÄUFERS

A1 Allgemeine Verpflichtungen

Der Verkäufer hat die Ware und die Handelsrechnung in Übereinstimmung mit dem Kaufvertrag bereitzustellen und jeden sonstigen vertraglich vereinbarten Konformitätsnachweis zu erbringen.

Jedes vom Verkäufer bereitzustellende Dokument kann in Papierform oder in elektronischer Form vorliegen, je nachdem, wie dies zwischen den Parteien vereinbart wird oder handelsüblich ist.

A2 Lieferung

Der Verkäufer muss die Ware liefern, indem er sie längsseits des vom Käufer benannten Schiffs an der gegebenenfalls vom Käufer bestimmten Ladestelle im benannten Verschiffungshafen verbringt oder die so gelieferte Ware beschafft.

Der Verkäufer muss die Ware

1. am vereinbarten Tag oder
2. zu dem innerhalb des vereinbarten Zeitraums liegenden Zeitpunktes, der vom Käufer gemäß B10 mitgeteilt wurde, oder,
3. wenn ein derartiger Zeitpunkt nicht mitgeteilt wurde, zum Ende des vereinbarten Zeitraums und
4. in der im Hafen üblichen Weise liefern.

Falls keine bestimmte Ladestelle durch den Käufer angegeben worden ist, kann der Verkäufer die für den Zweck am besten geeignete Stelle innerhalb des benannten Verschiffungshafens auswählen.

A3 Gefahrübergang

Der Verkäufer trägt bis zur Lieferung gemäß A2 alle Gefahren des Verlusts oder der Beschädigung der Ware, mit Ausnahme von Verlust oder Beschädigung unter den in B3 beschriebenen Umständen.

INCOTERMS® 2020

| B | VERPFLICHTUNGEN DES KÄUFERS |

B1 Allgemeine Verpflichtungen

Der Käufer hat den im Kaufvertrag genannten Preis der Ware zu zahlen.

Jedes vom Käufer bereitzustellende Dokument kann in Papierform oder in elektronischer Form vorliegen, je nachdem, wie dies zwischen den Parteien vereinbart wird oder handelsüblich ist.

B2 Übernahme

Der Käufer muss die Ware übernehmen, wenn sie gemäß A2 geliefert wurde.

B3 Gefahrübergang

Der Käufer trägt ab dem Zeitpunkt der Lieferung gemäß A2 alle Gefahren des Verlusts oder der Beschädigung der Ware.

Falls

a) der Käufer es versäumt, eine Benachrichtigung gemäß B10 zu erteilen; oder

b) das vom Käufer benannte Schiff nicht rechtzeitig eintrifft, um es dem Verkäufer zu ermöglichen, seine Pflichten entsprechend A2 zu erfüllen, oder das Schiff die Ware nicht übernimmt bzw. schon vor dem gemäß B10 mitgeteilten Zeitpunkt keine Ladung mehr annimmt;

dann trägt der Käufer alle Gefahren des Verlusts oder der Beschädigung der Ware

(i) ab dem vereinbarten Zeitpunkt oder, wenn kein bestimmter Zeitpunkt vereinbart wurde,

(ii) ab dem vom Käufer gemäß B10 ausgewählten Zeitpunkt oder, falls ein solcher Zeitpunkt nicht mitgeteilt wurde,

(iii) ab dem Ende des jeweils vereinbarten Lieferzeitraums,

vorausgesetzt, die Ware wurde eindeutig als die vertragliche Ware kenntlich gemacht.

FAS

Anhang: Offizielles Regelwerk der Internationalen Handelskammer (ICC)

INCOTERMS® 2020

A VERPFLICHTUNGEN DES VERKÄUFERS

A4 Transport

Der Verkäufer hat gegenüber dem Käufer keine Verpflichtung, einen Beförderungsvertrag abzuschließen. Jedoch muss der Verkäufer dem Käufer auf dessen Verlangen, Gefahr und Kosten jeweils im Besitz des Verkäufers befindliche Informationen zur Verfügung stellen, einschließlich transportbezogener Sicherheitsanforderungen, die der Käufer für die Organisation des Transports benötigt. Bei entsprechender Vereinbarung muss der Verkäufer einen Beförderungsvertrag zu den üblichen Bedingungen auf Gefahr und Kosten des Käufers abschließen.

Der Verkäufer muss alle transportbezogenen Sicherheitsanforderungen bis zur Lieferung erfüllen.

A5 Versicherung

Der Verkäufer hat gegenüber dem Käufer keine Verpflichtung, einen Versicherungsvertrag abzuschließen. Jedoch muss der Verkäufer dem Käufer auf dessen Verlangen, Gefahr und Kosten jeweils im Besitz des Verkäufers befindliche Informationen zur Verfügung stellen, die der Käufer zur Erlangung des Versicherungsschutzes benötigt.

A6 Liefer-/Transportdokument

Der Verkäufer hat gegenüber dem Käufer auf eigene Kosten den üblichen Nachweis zu erbringen, dass die Ware gemäß A2 geliefert worden ist.

Sofern es sich bei einem solchen Nachweis nicht um ein Transportdokument handelt, hat der Verkäufer den Käufer auf dessen Verlangen, Gefahr und Kosten bei der Beschaffung eines Transportdokuments zu unterstützen.

A7 Ausfuhr-/Einfuhrabfertigung

a) **Ausfuhrabfertigung**

Gegebenenfalls hat der Verkäufer alle Ausfuhrabfertigungsformalitäten durchzuführen und zu bezahlen, die von dem jeweiligen Ausfuhrland vorgeschrieben sind, z. B.:
- Ausfuhrgenehmigung;
- Sicherheitsfreigabe für die Ausfuhr;
- Warenkontrolle vor der Verladung; und
- sonstige behördliche Genehmigungen.

b) **Unterstützung bei der Einfuhrabfertigung**

Gegebenenfalls hat der Verkäufer den Käufer auf dessen Verlangen, Gefahr und Kosten bei der Beschaffung von Dokumenten und/oder Informationen für alle Transit-/Einfuhrabfertigungsformalitäten zu unterstützen, einschließlich Sicherheitsanforderungen und Warenkontrollen vor der Verladung, die von den Transit-/Einfuhrländern vorgeschrieben sind.

Anhang: Offizielles Regelwerk der Internationalen Handelskammer (ICC)

INCOTERMS® 2020

B	VERPFLICHTUNGEN DES KÄUFERS

B4 Transport
Der Käufer hat auf eigene Kosten den Vertrag über die Beförderung der Ware vom benannten Verschiffungshafen abzuschließen, sofern der Beförderungsvertrag nicht vom Verkäufer gemäß der Regelung in A4 abgeschlossen wurde.

B5 Versicherung
Der Käufer hat gegenüber dem Verkäufer keine Verpflichtung, einen Versicherungsvertrag abzuschließen.

B6 Liefer-/Transportdokument
Der Käufer muss den gemäß A6 bereitgestellten Liefernachweis annehmen.

B7 Ausfuhr-/Einfuhrabfertigung

a) **Unterstützung bei Ausfuhrabfertigung**
Gegebenenfalls hat der Käufer den Verkäufer auf dessen Verlangen, Gefahr und Kosten bei der Beschaffung von Dokumenten und/oder Informationen für alle Ausfuhrabfertigungsformalitäten zu unterstützen, einschließlich Sicherheitsanforderungen und Warenkontrollen vor der Verladung, die von dem betreffenden Ausfuhrland vorgeschrieben sind.

b) **Einfuhrabfertigung**
Gegebenenfalls hat der Käufer alle Formalitäten durchzuführen und zu bezahlen, die von dem betreffenden Transit- und Einfuhrland vorgeschrieben sind, z. B.:
- Einfuhrgenehmigung und ggf. erforderliche Durchfuhrgenehmigungen;
- Sicherheitsfreigabe für die Einfuhr und etwaige Durchfuhr;
- Warenkontrolle vor der Verladung; und
- sonstige behördliche Genehmigungen.

FAS

INCOTERMS® 2020

A   VERPFLICHTUNGEN DES VERKÄUFERS

A8   Prüfung/Verpackung/Kennzeichnung

Der Verkäufer hat die Kosten jener Prüfvorgänge (z. B. Qualitätsprüfung, Messen, Wiegen und Zählen) zu tragen, die notwendig sind, um die Ware gemäß A2 zu liefern.

Der Verkäufer hat auf eigene Kosten die Ware zu verpacken, es sei denn, es ist handelsüblich, die jeweilige Art der verkauften Ware unverpackt zu transportieren. Der Verkäufer muss die Ware in der für ihren Transport geeigneten Weise verpacken und kennzeichnen, es sei denn, die Parteien haben genaue Verpackungs- oder Kennzeichnungsanforderungen vereinbart.

A9   Kostenverteilung

Der Verkäufer muss

a) bis zur Lieferung gemäß A2 alle die Ware betreffenden Kosten tragen, ausgenommen die gemäß B9 vom Käufer zu tragenden Kosten;

b) die Kosten für die Erbringung des üblichen Nachweises für den Käufer gemäß A6 tragen, aus dem hervorgeht, dass die Ware geliefert wurde;

c) gegebenenfalls Zölle, Steuern und sonstige Kosten für die Ausfuhrabfertigung gemäß A7(a) tragen; und

d) dem Käufer alle Kosten und Gebühren erstatten, die dem Käufer durch die Unterstützung bei der Beschaffung der erforderlichen Dokumente und Informationen gemäß B7(a) entstanden sind.

A10   Benachrichtigungen

Der Verkäufer muss den Käufer in hinreichender Weise davon in Kenntnis setzen, dass die Waren gemäß A2 geliefert worden sind oder dass das Schiff die Waren nicht innerhalb der vereinbarten Frist geladen hat.

Anhang: Offizielles Regelwerk der Internationalen Handelskammer (ICC)

INCOTERMS® 2020

B   VERPFLICHTUNGEN DES KÄUFERS

B8   Prüfung/Verpackung/Kennzeichnung
Der Käufer hat gegenüber dem Verkäufer keine Verpflichtung.

B9   Kostenverteilung
Der Käufer muss

a) alle die Ware betreffenden Kosten ab dem Zeitpunkt der Lieferung gemäß A2 tragen, mit Ausnahme der gemäß A9 vom Verkäufer zu übernehmenden Kosten;

b) dem Verkäufer alle Kosten und Gebühren erstatten, die dem Verkäufer durch die Unterstützung bei der Beschaffung der erforderlichen Dokumente und Informationen gemäß A4, A5, A6 und A7(b) entstanden sind;

c) gegebenenfalls Zölle, Steuern und sonstige Kosten in Zusammenhang mit der Transit- oder Einfuhrabfertigung gemäß B7(b) zahlen; und

d) alle zusätzlichen Kosten übernehmen, die entweder dadurch entstehen, dass

   (i) der Käufer es versäumt hat, eine Benachrichtigung gemäß B10 zu erteilen, oder

   (ii) das vom Käufer gemäß B10 benannte Schiff nicht rechtzeitig eintrifft, die Ware nicht übernimmt oder schon vor dem gemäß B10 mitgeteilten Zeitpunkt keine Ladung mehr annimmt;

vorausgesetzt, die Ware wurde eindeutig als die vertragliche Ware kenntlich gemacht.

B10   Benachrichtigungen
Der Käufer muss dem Verkäufer in hinreichender Weise alle transportbezogenen Sicherheitsanforderungen, den Namen des Schiffs, die Ladestelle und ggf. den gewählten Lieferzeitpunkt innerhalb des vereinbarten Lieferzeitraums mitteilen.

© 2019 INTERNATIONAL CHAMBER OF COMMERCE (ICC GERMANY E.V.) | 109

Anhang: Offizielles Regelwerk der Internationalen Handelskammer (ICC)

INCOTERMS® 2020

INCOTERMS® 2020

FOB | Frei an Bord

FOB (fügen Sie den benannten Verschiffungshafen ein)
Incoterms® 2020

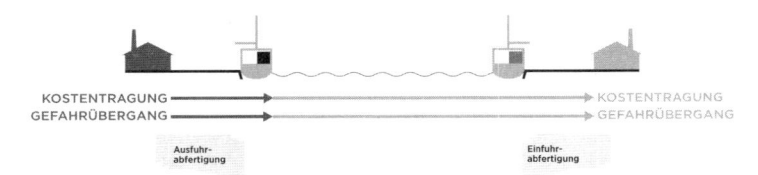

KOSTENTRAGUNG ──────────────▶ KOSTENTRAGUNG
GEFAHRÜBERGANG ──────────────▶ GEFAHRÜBERGANG

Ausfuhr-abfertigung   Einfuhr-abfertigung

ERLÄUTERNDE KOMMENTARE FÜR NUTZER

1. **Lieferung und Gefahrübergang** — Bei Nutzung der Klausel „Frei an Bord" liefert der Verkäufer die Ware an den Käufer
   - an Bord des Schiffs,
   - wie vom Käufer benannt
   - im benannten Verschiffungshafen,
   - oder der Verkäufer beschafft die bereits so gelieferte Ware.

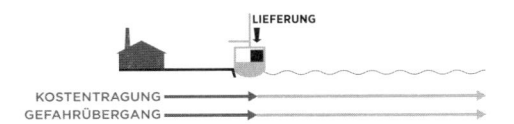

   LIEFERUNG

   KOSTENTRAGUNG ──────────────▶
   GEFAHRÜBERGANG ──────────────▶

   Die Gefahr des Verlusts oder der Beschädigung der Ware geht auf den Käufer über, wenn die Ware an Bord des Schiffs ist. Ab diesem Zeitpunkt trägt der Käufer alle Kosten.

2. **Transportart** — Diese Klausel ist ausschließlich für den See- und Binnenschiffstransport geeignet, bei dem es der Absicht der Parteien entspricht, dass die Ware geliefert wird, indem sie an Bord eines Schiffs gebracht wird. Die Klausel FOB ist somit ungeeignet, wenn die Ware dem Frachtführer übergeben wird, bevor sie sich an Bord des Schiffs befindet, z. B. wenn Ware an

INCOTERMS® 2020

einem Containerterminal übergeben wird. Wenn dies der Fall ist, sollten die Parteien in Betracht ziehen, anstelle der Klausel FOB die Klausel FCA zu verwenden.

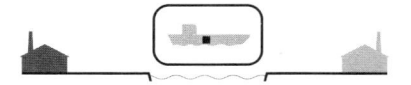

3. **„oder beschafft die so gelieferte Ware"** — Der Verkäufer ist verpflichtet, die Ware entweder an Bord des Schiffs zu liefern oder bereits so für die Verschiffung gelieferte Ware zu beschaffen. Der Begriff „beschaffen" bezieht sich hier auf mehrere hintereinander geschaltete Verkäufe in einer Verkaufskette („string sales"), die insbesondere im Rohstoffhandel vorkommen.

4. **Ausfuhr-/Einfuhrabfertigung** — FOB verpflichtet den Verkäufer, die Ware ggf. zur Ausfuhr freizumachen. Jedoch hat der Verkäufer keine Verpflichtung, die Ware zur Einfuhr oder Durchfuhr durch Drittländer freizumachen, Einfuhrzölle zu zahlen oder Einfuhrzollformalitäten zu erledigen.

Ausfuhrabfertigung des Verkäufers

Einfuhrabfertigung des Käufers

Anhang: Offizielles Regelwerk der Internationalen Handelskammer (ICC)

INCOTERMS® 2020

FOB

INCOTERMS® 2020

A VERPFLICHTUNGEN DES VERKÄUFERS

A1 Allgemeine Verpflichtungen

Der Verkäufer hat die Ware und die Handelsrechnung in Übereinstimmung mit dem Kaufvertrag bereitzustellen und jeden sonstigen vertraglich vereinbarten Konformitätsnachweis zu erbringen.

Jedes vom Verkäufer bereitzustellende Dokument kann in Papierform oder in elektronischer Form vorliegen, je nachdem, wie dies zwischen den Parteien vereinbart wird oder handelsüblich ist.

A2 Lieferung

Der Verkäufer muss die Ware liefern, indem er sie an Bord des vom Käufer benannten Schiffs an der gegebenenfalls vom Käufer bestimmten Ladestelle im benannten Verschiffungshafen verbringt oder die bereits so gelieferte Ware beschafft.

Der Verkäufer muss die Ware

1. am vereinbarten Tag oder
2. zu dem innerhalb des vereinbarten Zeitraums liegenden Zeitpunkt, der vom Käufer gemäß B10 mitgeteilt wurde, oder,
3. wenn ein derartiger Zeitpunkt nicht mitgeteilt wurde, zum Ende des vereinbarten Zeitraums und
4. in der im Hafen üblichen Weise liefern.

Falls keine bestimmte Ladestelle durch den Käufer angegeben worden ist, kann der Verkäufer die für den Zweck am besten geeignete Stelle innerhalb des benannten Verschiffungshafens auswählen.

A3 Gefahrübergang

Der Verkäufer trägt bis zur Lieferung gemäß A2 alle Gefahren des Verlusts oder der Beschädigung der Ware, mit Ausnahme von Verlust oder Beschädigung unter den in B3 beschriebenen Umständen.

INCOTERMS® 2020

B VERPFLICHTUNGEN DES KÄUFERS

B1 Allgemeine Verpflichtungen

Der Käufer hat den im Kaufvertrag genannten Preis der Ware zu zahlen.

Jedes vom Käufer bereitzustellende Dokument kann in Papierform oder in elektronischer Form vorliegen, je nachdem, wie dies zwischen den Parteien vereinbart wird oder handelsüblich ist.

B2 Übernahme

Der Käufer muss die Ware übernehmen, wenn sie gemäß A2 geliefert wurde.

B3 Gefahrübergang

Der Käufer trägt ab dem Zeitpunkt der Lieferung gemäß A2 alle Gefahren des Verlusts oder der Beschädigung der Ware.

Falls

a) der Käufer es versäumt, eine Benachrichtigung gemäß B10 zu erteilen; oder

b) das vom Käufer benannte Schiff nicht rechtzeitig eintrifft, um es dem Verkäufer zu ermöglichen, seine Pflichten entsprechend A2 zu erfüllen, oder das Schiff die Ware nicht übernimmt bzw. schon vor dem gemäß B10 mitgeteilten Zeitpunkt keine Ladung mehr annimmt;

dann trägt der Käufer alle Gefahren des Verlusts oder der Beschädigung der Ware

(i) ab dem vereinbarten Zeitpunkt oder, wenn kein bestimmter Zeitpunkt vereinbart wurde,

(ii) ab dem vom Käufer gemäß B10 ausgewählten Zeitpunkt oder, falls ein solcher Zeitpunkt nicht mitgeteilt wurde,

(iii) ab dem Ende des jeweils vereinbarten Lieferzeitraums,

vorausgesetzt, die Ware wurde eindeutig als die vertragliche Ware kenntlich gemacht.

FOB

INCOTERMS® 2020

A VERPFLICHTUNGEN DES VERKÄUFERS

A4 Transport

Der Verkäufer hat gegenüber dem Käufer keine Verpflichtung, einen Beförderungsvertrag abzuschließen. Jedoch muss der Verkäufer dem Käufer auf dessen Verlangen, Gefahr und Kosten jeweils im Besitz des Verkäufers befindliche Informationen zur Verfügung stellen, einschließlich transportbezogener Sicherheitsanforderungen, die der Käufer für die Organisation des Transports benötigt. Bei entsprechender Vereinbarung muss der Verkäufer einen Beförderungsvertrag zu den üblichen Bedingungen auf Gefahr und Kosten des Käufers abschließen.

Der Verkäufer muss alle transportbezogenen Sicherheitsanforderungen bis zur Lieferung erfüllen.

A5 Versicherung

Der Verkäufer hat gegenüber dem Käufer keine Verpflichtung, einen Versicherungsvertrag abzuschließen. Jedoch muss der Verkäufer dem Käufer auf dessen Verlangen, Gefahr und Kosten jeweils im Besitz des Verkäufers befindliche Informationen zur Verfügung stellen, die der Käufer zur Erlangung des Versicherungsschutzes benötigt.

A6 Liefer-/Transportdokument

Der Verkäufer hat gegenüber dem Käufer auf eigene Kosten den üblichen Nachweis zu erbringen, dass die Ware gemäß A2 geliefert worden ist.

Sofern es sich bei einem solchen Nachweis nicht um ein Transportdokument handelt, hat der Verkäufer den Käufer auf dessen Verlangen, Gefahr und Kosten bei der Beschaffung eines Transportdokuments zu unterstützen.

A7 Ausfuhr-/Einfuhrabfertigung

a) **Ausfuhrabfertigung**

Gegebenenfalls hat der Verkäufer alle Ausfuhrabfertigungsformalitäten durchzuführen und zu bezahlen, die von dem jeweiligen Ausfuhrland vorgeschrieben sind, z. B.:

- Ausfuhrgenehmigung;
- Sicherheitsfreigabe für die Ausfuhr;
- Warenkontrolle vor der Verladung; und
- sonstige behördliche Genehmigungen.

b) **Unterstützung bei der Einfuhrabfertigung**

Gegebenenfalls hat der Verkäufer den Käufer auf dessen Verlangen, Gefahr und Kosten bei der Beschaffung von Dokumenten und/oder Informationen für alle Transit-/Einfuhrabfertigungsformalitäten zu unterstützen, einschließlich Sicherheitsanforderungen und Warenkontrollen vor der Verladung, die von den Transit-/Einfuhrländern vorgeschrieben sind.

116 | © 2019 INTERNATIONAL CHAMBER OF COMMERCE (ICC GERMANY E.V.)

Anhang: Offizielles Regelwerk der Internationalen Handelskammer (ICC)

INCOTERMS® 2020

B	VERPFLICHTUNGEN DES KÄUFERS

B4 Transport
Der Käufer hat auf eigene Kosten den Vertrag über die Beförderung der Ware vom benannten Verschiffungshafen abzuschließen, sofern der Beförderungsvertrag nicht vom Verkäufer gemäß der Regelung in A4 abgeschlossen wurde.

B5 Versicherung
Der Käufer hat gegenüber dem Verkäufer keine Verpflichtung, einen Versicherungsvertrag abzuschließen.

B6 Liefer-/Transportdokument
Der Käufer muss den gemäß A6 bereitgestellten Liefernachweis annehmen.

B7 Ausfuhr-/Einfuhrabfertigung
a) **Unterstützung bei der Ausfuhrabfertigung**
Gegebenenfalls hat der Käufer den Verkäufer auf dessen Verlangen, Gefahr und Kosten bei der Beschaffung von Dokumenten und/oder Informationen für alle Ausfuhrabfertigungsformalitäten zu unterstützen, einschließlich Sicherheitsanforderungen und Warenkontrollen vor der Verladung, die von dem betreffenden Ausfuhrland vorgeschrieben sind.

b) **Einfuhrabfertigung**
Gegebenenfalls hat der Käufer alle Formalitäten durchzuführen und zu bezahlen, die von dem betreffenden Transit- und Einfuhrland vorgeschrieben sind, z. B.:
▸ Einfuhrgenehmigung und ggf. erforderliche Durchfuhrgenehmigungen;
▸ Sicherheitsfreigabe für die Einfuhr und etwaige Durchfuhr;
▸ Warenkontrolle vor der Verladung; und
▸ sonstige behördliche Genehmigungen.

FOB

© 2019 INTERNATIONAL CHAMBER OF COMMERCE (ICC GERMANY E.V.) | **117**

INCOTERMS® 2020

A VERPFLICHTUNGEN DES VERKÄUFERS

A8 Prüfung/Verpackung/Kennzeichnung

Der Verkäufer hat die Kosten jener Prüfvorgänge (z. B. Qualitätsprüfung, Messen, Wiegen und Zählen) zu tragen, die notwendig sind, um die Ware gemäß A2 zu liefern.

Der Verkäufer hat auf eigene Kosten die Ware zu verpacken, es sei denn, es ist handelsüblich, die jeweilige Art der verkauften Ware unverpackt zu transportieren. Der Verkäufer muss die Ware in der für ihren Transport geeigneten Weise verpacken und kennzeichnen, es sei denn, die Parteien haben genaue Verpackungs- oder Kennzeichnungsanforderungen vereinbart.

A9 Kostenverteilung

Der Verkäufer muss

a) bis zur Lieferung gemäß A2 alle die Ware betreffenden Kosten tragen, ausgenommen die gemäß B9 vom Käufer zu tragenden Kosten;

b) die Kosten für die Erbringung des üblichen Nachweises für den Käufer gemäß A6 tragen, aus dem hervorgeht, dass die Ware geliefert wurde;

c) gegebenenfalls Zölle, Steuern und sonstige Kosten für die Ausfuhrabfertigung gemäß A7(a) tragen; und

d) dem Käufer alle Kosten und Gebühren erstatten, die dem Käufer durch die Unterstützung bei der Beschaffung der erforderlichen Dokumente und Informationen gemäß B7(a) entstanden sind.

A10 Benachrichtigungen

Der Verkäufer muss den Käufer in hinreichender Weise davon in Kenntnis setzen, dass die Waren gemäß A2 geliefert worden sind oder dass das Schiff die Waren nicht innerhalb der vereinbarten Frist geladen hat.

Anhang: Offizielles Regelwerk der Internationalen Handelskammer (ICC)

INCOTERMS® 2020

B VERPFLICHTUNGEN DES KÄUFERS

B8 Prüfung/Verpackung/Kennzeichnung
Der Käufer hat gegenüber dem Verkäufer keine Verpflichtung.

B9 Kostenverteilung
Der Käufer muss

a) alle die Ware betreffenden Kosten ab dem Zeitpunkt der Lieferung gemäß A2 tragen, mit Ausnahme der gemäß A9 vom Verkäufer zu übernehmenden Kosten;

b) dem Verkäufer alle Kosten und Gebühren erstatten, die dem Verkäufer durch die Unterstützung bei der Beschaffung der erforderlichen Dokumente und Informationen gemäß A4, A5, A6 und A7(b) entstanden sind;

c) gegebenenfalls Zölle, Steuern und sonstige Kosten in Zusammenhang mit der Transit- oder Einfuhrabfertigung gemäß B7(b) zahlen; und

d) alle zusätzlichen Kosten übernehmen, die entweder dadurch entstehen, dass

(i) der Käufer es versäumt hat, eine Benachrichtigung gemäß B10 zu erteilen, oder

(ii) das vom Käufer gemäß B10 benannte Schiff nicht rechtzeitig eintrifft, die Ware nicht übernimmt oder schon vor dem gemäß B10 mitgeteilten Zeitpunkt keine Ladung mehr annimmt;

vorausgesetzt, die Ware wurde eindeutig als die vertragliche Ware kenntlich gemacht.

B10 Benachrichtigungen
Der Käufer muss dem Verkäufer in hinreichender Weise alle transportbezogenen Sicherheitsanforderungen, den Namen des Schiffs, die Ladestelle und ggf. den gewählten Lieferzeitpunkt innerhalb des vereinbarten Lieferzeitraums mitteilen.

FOB

Anhang: Offizielles Regelwerk der Internationalen Handelskammer (ICC)

INCOTERMS® 2020

INCOTERMS® 2020

CFR | Kosten und Fracht

CFR (fügen Sie den benannten Bestimmungshafen ein)
Incoterms® 2020

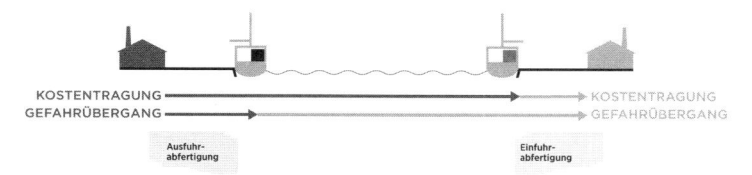

ERLÄUTERNDE KOMMENTARE FÜR NUTZER

1. **Lieferung und Gefahrübergang** — Bei Nutzung der Klausel „Kosten und Fracht" liefert der Verkäufer die Ware an den Käufer
   - an Bord des Schiffs
   - oder er beschafft die bereits so gelieferte Ware.

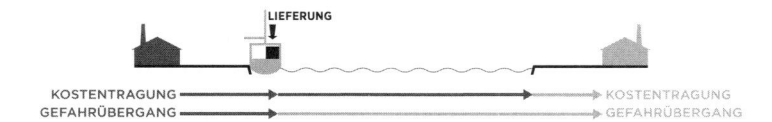

   Die Gefahr des Verlusts oder der Beschädigung der Ware geht über, sobald sich die Ware an Bord des Schiffs befindet, womit der Verkäufer seine Verpflichtung zur Lieferung der Ware erfüllt hat, unabhängig davon, ob die betreffende Ware in einwandfreiem Zustand, in der angegebenen Qualität oder überhaupt an ihrem Bestimmungsort eintrifft. Bei Wahl der Klausel CFR hat der Verkäufer gegenüber dem Käufer keinerlei Verpflichtung, entsprechenden Versicherungsschutz zu erwerben: Der Käufer wäre daher gut beraten, selbst eine passende Versicherung abzuschließen.

2. **Transportart** — Diese Klausel ist ausschließlich für den See- und Binnenschiffstransport geeignet. Wenn mehrere Transportarten genutzt werden, was häufig der Fall sein wird, wenn Waren an

INCOTERMS® 2020

einen Frachtführer an einem Containerterminal übergeben werden, sollte anstelle von CFR die besser geeignete Klausel CPT gewählt werden.

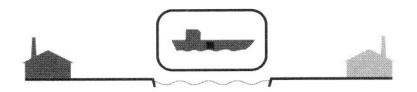

3. „**oder beschafft die so gelieferte Ware**" — Der Begriff „beschaffen" bezieht sich hier auf mehrere hintereinander geschaltete Verkäufe in einer Verkaufskette („string sales"), die häufig, wenn auch nicht ausschließlich, im Rohstoffhandel vorkommen.

4. **Liefer- und Bestimmungs*hafen*** — In CFR sind zwei Häfen von Bedeutung: der Hafen, an dem die Ware an Bord des Schiffs geliefert wird, und der Hafen, der als Bestimmungsort der Ware vereinbart wurde. Der Gefahrübergang vom Verkäufer auf den Käufer erfolgt, wenn die Ware an den Käufer geliefert wird, indem sie im Verschiffungshafen an Bord des Schiffs gebracht oder indem die bereits so gelieferte Ware beschafft wird. Der Verkäufer muss jedoch einen Vertrag über die Beförderung der Ware ab dem Lieferort bis zum vereinbarten Bestimmungsort abschließen. Beispielsweise wird in Shanghai (ein Hafen) Ware an Bord eines Schiffs gebracht, die für den Transport nach Southampton (ebenfalls ein Hafen) bestimmt ist. Die Lieferung erfolgt in diesem Fall, sobald sich die Ware in Shanghai an Bord befindet, wobei auch der Gefahrübergang auf den Käufer zu diesem Zeitpunkt stattfindet, und der Verkäufer muss einen Beförderungsvertrag von Shanghai nach Southampton abschließen.

5. **Muss der Verschiffungshafen benannt werden?** — Obwohl man im Vertrag stets den Bestimmungshafen angibt, wird unter Umständen darauf verzichtet, den Verschiffungshafen festzulegen, in dem der Gefahrübergang auf den Käufer erfolgt. Falls der Verschiffungshafen für den Käufer von besonderer Bedeutung ist, z. B. weil sich der Käufer vergewissern möchte, ob der Frachtanteil im Preis angemessen ist, sind die Parteien gut beraten, diesen Verschiffungshafen im Vertrag so genau wie möglich zu bezeichnen.

6. **Bezeichnung des Bestimmungsortes im Entladehafen** — Die Parteien sind gut beraten, den genauen Bestimmungsort im vereinbarten Bestimmungshafen möglichst präzise zu bezeichnen, da die Kosten bis zu diesem Ort zu Lasten des Verkäufers gehen. Der Verkäufer muss einen oder mehrere Verträge abschließen, welche die Beförderung der Ware ab der Lieferung bis zum benannten Hafen oder zur vereinbarten Stelle in diesem Hafen sicherstellen, wenn eine derartige Stelle im Kaufvertrag vereinbart wurde.

Anhang: Offizielles Regelwerk der Internationalen Handelskammer (ICC)

INCOTERMS® 2020

7. **Mehrere Frachtführer** — Es ist möglich, die Beförderung der Ware von mehreren Frachtführern durchführen zu lassen, die jeweils unterschiedliche Teilstrecken des Seetransports übernehmen, z. B. zuerst durch einen Frachtführer, der das Zubringerschiff von Hongkong nach Shanghai betreibt, woraufhin der Weitertransport von Shanghai nach Southampton durch ein Seeschiff übernommen wird. Hier ergibt sich allerdings die Frage, ob der Gefahrübergang vom Verkäufer auf den Käufer in Hongkong oder Shanghai stattfindet: Wo erfolgt die Lieferung? Die Parteien können diesen Punkt durchaus im Kaufvertrag geregelt haben. Wenn jedoch keine derartige vertragliche Regelung getroffen wurde, gilt die herkömmliche Sichtweise, gemäß welcher der Gefahrübergang auf den Käufer bei Lieferung der Ware an den ersten Frachtführer erfolgt, d. h. in Hongkong, wodurch sich der Zeitraum verlängert, in dem der Käufer die Verlust- oder Schadensgefahr trägt. Wünschen die Parteien einen späteren Gefahrübergang (in diesem Fall in Shanghai), müssen sie dies in ihrem Kaufvertrag festlegen.

8. **Entladekosten** — Entstehen dem Verkäufer nach seinem Beförderungsvertrag Kosten in Zusammenhang mit der Entladung an der festgelegten Stelle im Bestimmungshafen, ist der Verkäufer nicht berechtigt, diese Kosten gesondert vom Käufer zurückzufordern, sofern nichts anderes zwischen den Parteien vereinbart ist.

9. **Ausfuhr-/Einfuhrabfertigung** — CFR verpflichtet den Verkäufer, die Ware ggf. zur Ausfuhr freizumachen. Jedoch hat der Verkäufer keine Verpflichtung, die Ware zur Einfuhr oder Durchfuhr durch Drittländer freizumachen, Einfuhrzölle zu zahlen oder Einfuhrzollformalitäten zu erledigen.

Ausfuhrabfertigung des Verkäufers

Einfuhrabfertigung des Käufers

CFR

© 2019 INTERNATIONAL CHAMBER OF COMMERCE (ICC GERMANY E.V.) | **123**

Anhang: Offizielles Regelwerk der Internationalen Handelskammer (ICC)

INCOTERMS® 2020

A VERPFLICHTUNGEN DES VERKÄUFERS

A1 Allgemeine Verpflichtungen

Der Verkäufer hat die Ware und die Handelsrechnung in Übereinstimmung mit dem Kaufvertrag bereitzustellen und jeden sonstigen vertraglich vereinbarten Konformitätsnachweis zu erbringen.

Jedes vom Verkäufer bereitzustellende Dokument kann in Papierform oder in elektronischer Form vorliegen, je nachdem, wie dies zwischen den Parteien vereinbart wird oder handelsüblich ist.

A2 Lieferung

Der Verkäufer hat die Ware zu liefern, entweder, indem er sie an Bord des Schiffs verbringt oder die so gelieferte Ware beschafft. In beiden Fällen hat der Verkäufer die Ware zum vereinbarten Zeitpunkt oder innerhalb des vereinbarten Zeitraums und in der im Hafen üblichen Weise zu liefern.

A3 Gefahrübergang

Der Verkäufer trägt bis zur Lieferung gemäß A2 alle Gefahren des Verlusts oder der Beschädigung der Ware, mit Ausnahme von Verlust oder Beschädigung unter den in B3 beschriebenen Umständen.

A4 Transport

Der Verkäufer muss einen Vertrag über die Beförderung der Ware von der gegebenenfalls vereinbarten Lieferstelle am Lieferort bis zum benannten Bestimmungshafen oder einer gegebenenfalls vereinbarten Stelle in diesem Hafen abschließen oder beschaffen. Der Beförderungsvertrag ist zu den üblichen Bedingungen auf Kosten des Verkäufers abzuschließen und hat die Beförderung auf der üblichen Route mit einem Schiff der Bauart zu gewährleisten, die normalerweise für den Transport der verkauften Warenart verwendet wird.

Der Verkäufer muss alle transportbezogenen Sicherheitsanforderungen für die Beförderung der Waren bis zum Bestimmungsort erfüllen.

B	VERPFLICHTUNGEN DES KÄUFERS

B1 Allgemeine Verpflichtungen

Der Käufer hat den im Kaufvertrag genannten Preis der Ware zu zahlen.

Jedes vom Käufer bereitzustellende Dokument kann in Papierform oder in elektronischer Form vorliegen, je nachdem, wie dies zwischen den Parteien vereinbart wird oder handelsüblich ist.

B2 Übernahme

Der Käufer muss die gemäß A2 gelieferte Ware übernehmen und von dem Frachtführer im benannten Bestimmungshafen entgegennehmen.

B3 Gefahrübergang

Der Käufer trägt ab dem Zeitpunkt der Lieferung gemäß A2 alle Gefahren des Verlusts oder der Beschädigung der Ware.

Falls der Käufer es versäumt, eine Benachrichtigung gemäß B10 zu erteilen, trägt er alle Gefahren des Verlusts oder der Beschädigung der Ware ab dem für die Verschiffung vereinbarten Zeitpunkt oder ab dem Ende der hierfür vereinbarten Frist, vorausgesetzt, die Ware ist eindeutig als die vertragliche Ware kenntlich gemacht worden.

B4 Transport

Der Käufer hat gegenüber dem Verkäufer keine Verpflichtung, einen Beförderungsvertrag abzuschließen.

INCOTERMS® 2020

A VERPFLICHTUNGEN DES VERKÄUFERS

A5 Versicherung
Der Verkäufer hat gegenüber dem Käufer keine Verpflichtung, einen Versicherungsvertrag abzuschließen. Jedoch muss der Verkäufer dem Käufer auf dessen Verlangen, Gefahr und Kosten jeweils im Besitz des Verkäufers befindliche Informationen zur Verfügung stellen, die der Käufer zur Erlangung des Versicherungsschutzes benötigt.

A6 Liefer-/Transportdokument
Der Verkäufer hat dem Käufer auf eigene Kosten das übliche Transportdokument für den vereinbarten Bestimmungshafen zur Verfügung zu stellen.

Dieses Transportdokument muss über die vertragliche Ware lauten, ein innerhalb der für die Verschiffung vereinbarten Frist liegendes Datum tragen, den Käufer berechtigen, die Herausgabe der Ware im Bestimmungshafen von dem Frachtführer zu verlangen und, sofern nichts anderes vereinbart wurde, es dem Käufer ermöglichen, die Ware während des Transports an einen nachfolgenden Käufer durch Übertragung des Dokuments oder durch Mitteilung an den Frachtführer zu verkaufen.

Wird ein solches Transportdokument als begebbares Dokument und in mehreren Originalen ausgestellt, muss dem Käufer ein vollständiger Satz von Originalen übergeben werden.

A7 Ausfuhr-/Einfuhrabfertigung

a) **Ausfuhrabfertigung**
Gegebenenfalls hat der Verkäufer alle Ausfuhrabfertigungsformalitäten durchzuführen und zu bezahlen, die von dem jeweiligen Ausfuhrland vorgeschrieben sind, z. B.:
- Ausfuhrgenehmigung;
- Sicherheitsfreigabe für die Ausfuhr;
- Warenkontrolle vor der Verladung; und
- sonstige behördliche Genehmigungen.

b) **Unterstützung bei der Einfuhrabfertigung**
Gegebenenfalls hat der Verkäufer den Käufer auf dessen Verlangen, Gefahr und Kosten bei der Beschaffung von Dokumenten und/oder Informationen für alle Transit-/Einfuhrabfertigungsformalitäten zu unterstützen, einschließlich Sicherheitsanforderungen und Warenkontrollen vor der Verladung, die von den Transit-/Einfuhrländern vorgeschrieben sind.

INCOTERMS® 2020

| B | VERPFLICHTUNGEN DES KÄUFERS |

B5 Versicherung
Der Käufer hat gegenüber dem Verkäufer keine Verpflichtung, einen Versicherungsvertrag abzuschließen.

B6 Liefer-/Transportdokument
Der Käufer hat das gemäß A6 zur Verfügung gestellte Transportdokument anzunehmen, wenn es mit dem Vertrag übereinstimmt.

B7 Ausfuhr-/Einfuhrabfertigung

a) **Unterstützung bei Ausfuhrabfertigung**
Gegebenenfalls hat der Käufer den Verkäufer auf dessen Verlangen, Gefahr und Kosten bei der Beschaffung von Dokumenten und/oder Informationen für alle Ausfuhrabfertigungsformalitäten zu unterstützen, einschließlich Sicherheitsanforderungen und Warenkontrollen vor der Verladung, die von dem betreffenden Ausfuhrland vorgeschrieben sind.

b) **Einfuhrabfertigung**
Gegebenenfalls hat der Käufer alle Formalitäten durchzuführen und zu bezahlen, die von dem betreffenden Transit- und Einfuhrland vorgeschrieben sind, z. B.:
- Einfuhrgenehmigung und ggf. erforderliche Durchfuhrgenehmigungen;
- Sicherheitsfreigabe für die Einfuhr und etwaige Durchfuhr;
- Warenkontrolle vor der Verladung; und
- sonstige behördliche Genehmigungen.

INCOTERMS® 2020

A VERPFLICHTUNGEN DES VERKÄUFERS

A8 Prüfung/Verpackung/Kennzeichnung

Der Verkäufer hat die Kosten jener Prüfvorgänge (z. B. Qualitätsprüfung, Messen, Wiegen und Zählen) zu tragen, die notwendig sind, um die Ware gemäß A2 zu liefern.

Der Verkäufer hat auf eigene Kosten die Ware zu verpacken, es sei denn, es ist handelsüblich, die jeweilige Art der verkauften Ware unverpackt zu transportieren. Der Verkäufer muss die Ware in der für ihren Transport geeigneten Weise verpacken und kennzeichnen, es sei denn, die Parteien haben genaue Verpackungs- oder Kennzeichnungsanforderungen vereinbart.

A9 Kostenverteilung

Der Verkäufer muss

a) bis zur Lieferung gemäß A2 alle die Ware betreffenden Kosten tragen, ausgenommen die gemäß B9 vom Käufer zu tragenden Kosten;

b) die Frachtkosten und alle sonstigen gemäß A4 entstehenden Kosten tragen, einschließlich der Kosten für die Verladung der Ware sowie der transportbezogenen Sicherheitskosten;

c) alle Gebühren für die Entladung am vereinbarten Entladehafen entrichten, die laut Beförderungsvertrag zu Lasten des Verkäufers gehen;

d) die Kosten der Durchfuhr tragen, die gemäß Beförderungsvertrag zu Lasten des Verkäufers gehen;

e) die Kosten für die Erbringung des üblichen Nachweises für den Käufer gemäß A6 tragen, aus dem hervorgeht, dass die Ware geliefert wurde;

f) gegebenenfalls Zölle, Steuern und sonstige Kosten für die Ausfuhrabfertigung gemäß A7(a) tragen; und

g) dem Käufer alle Kosten und Gebühren erstatten, die dem Käufer durch die Unterstützung bei der Beschaffung der erforderlichen Dokumente und Informationen gemäß B7(a) entstanden sind;

A10 Benachrichtigungen

Der Verkäufer muss den Käufer benachrichtigen, dass die Ware gemäß A2 geliefert wurde.

Der Verkäufer muss den Käufer über alles Nötige benachrichtigen, damit dieser die Ware übernehmen kann.

INCOTERMS® 2020

B VERPFLICHTUNGEN DES KÄUFERS

B8 Prüfung/Verpackung/Kennzeichnung
Der Käufer hat gegenüber dem Verkäufer keine Verpflichtung.

B9 Kostenverteilung
Der Käufer muss

a) alle die Ware betreffenden Kosten ab dem Zeitpunkt der Lieferung gemäß A2 tragen, mit Ausnahme der gemäß A9 vom Verkäufer zu übernehmenden Kosten;

b) die Kosten der Durchfuhr tragen, sofern diese Kosten nicht gemäß Beförderungsvertrag zu Lasten des Verkäufers gehen;

c) die Entladekosten tragen, einschließlich der Kosten für Leichterung und Kaigebühren, es sei denn, diese Kosten und Gebühren gehen nach dem Beförderungsvertrag zu Lasten des Verkäufers;

d) dem Verkäufer alle Kosten und Gebühren erstatten, die dem Verkäufer durch die Unterstützung bei der Beschaffung der erforderlichen Dokumente und Informationen gemäß A5 und A7(b) entstanden sind;

e) gegebenenfalls Zölle, Steuern und sonstige Kosten in Zusammenhang mit der Transit- oder Einfuhrabfertigung gemäß B7(b) zahlen; und

f) alle zusätzlichen Kosten tragen, die ab dem vereinbarten Termin für die Versendung oder ab dem Ende des hierfür vereinbarten Zeitraums entstehen, falls er es versäumt, eine Benachrichtigung gemäß B10 zu erteilen, vorausgesetzt, die Ware wurde eindeutig als die vertragliche Ware kenntlich gemacht.

B10 Benachrichtigungen
Wenn vereinbart wird, dass der Käufer berechtigt ist, den Zeitpunkt für die Verschiffung der Ware und/oder die Stelle für die Entgegennahme der Ware innerhalb des benannten Bestimmungshafens zu bestimmen, muss er den Verkäufer in hinreichender Weise von diesem Zeitpunkt und/oder der betreffenden Stelle in Kenntnis setzen.

Anhang: Offizielles Regelwerk der Internationalen Handelskammer (ICC)

INCOTERMS® 2020

Anhang: Offizielles Regelwerk der Internationalen Handelskammer (ICC)

INCOTERMS® 2020

CIF | Kosten, Versicherung und Fracht

CIF (fügen Sie den benannten Bestimmungshafen ein)
Incoterms® 2020

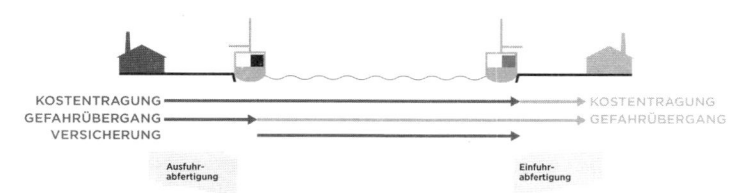

KOSTENTRAGUNG
GEFAHRÜBERGANG
VERSICHERUNG

KOSTENTRAGUNG
GEFAHRÜBERGANG

Ausfuhrabfertigung

Einfuhrabfertigung

ERLÄUTERNDE KOMMENTARE FÜR NUTZER

1. **Lieferung und Gefahrübergang** — Bei Nutzung der Klausel „Kosten, Versicherung und Fracht" liefert der Verkäufer die Ware an den Käufer

   ▸ an Bord des Schiffs,

   ▸ oder er beschafft die bereits so gelieferte Ware.

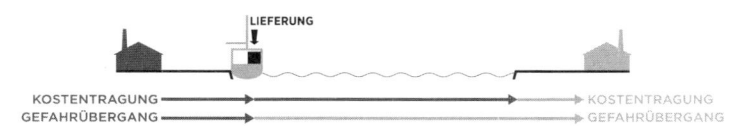

   LIEFERUNG

   KOSTENTRAGUNG
   GEFAHRÜBERGANG

   KOSTENTRAGUNG
   GEFAHRÜBERGANG

   Die Gefahr des Verlusts oder der Beschädigung der Ware geht über, sobald sich die Ware an Bord des Schiffs befindet, womit der Verkäufer seine Verpflichtung zur Lieferung der Ware erfüllt hat, unabhängig davon, ob die betreffende Ware in einwandfreiem Zustand, in der angegebenen Qualität oder überhaupt an ihrem Bestimmungsort eintrifft.

2. **Transportart** — Diese Klausel ist ausschließlich für den See- und Binnenschiffstransport geeignet. Wenn mehrere Transportarten genutzt werden, was häufig der Fall sein wird, wenn Waren an einen Frachtführer an einem Containerterminal übergeben werden, sollte anstelle von CIF die besser geeignete Klausel CIP gewählt werden.

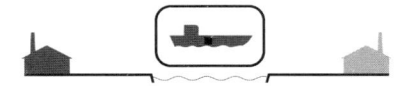

© 2019 INTERNATIONAL CHAMBER OF COMMERCE (ICC GERMANY E.V.) | **131**

INCOTERMS® 2020

3. **„oder beschafft die so gelieferte Ware"** — Der Begriff „beschaffen" bezieht sich hier auf mehrere hintereinander geschaltete Verkäufe in einer Verkaufskette („string sales"), die häufig, wenn auch nicht ausschließlich, im Rohstoffhandel vorkommen.

4. **Liefer- und Bestimmungs*hafen*** — In CIF sind zwei Häfen von Bedeutung: der Hafen, an dem die Ware an Bord des Schiffs geliefert wird, und der Hafen, der als Bestimmungsort der Ware vereinbart wurde. Der Gefahrübergang vom Verkäufer auf den Käufer erfolgt, wenn die Ware an den Käufer geliefert wird, indem sie im Verschiffungshafen an Bord des Schiffs gebracht oder indem die bereits so gelieferte Ware beschafft wird. Der Verkäufer muss jedoch einen Vertrag über die Beförderung der Ware ab dem Lieferort bis zum vereinbarten Bestimmungsort abschließen. Beispielsweise wird in Shanghai (ein Hafen) Ware an Bord eines Schiffs gebracht, die für den Transport nach Southampton (ebenfalls ein Hafen) bestimmt ist. Die Lieferung erfolgt in diesem Fall, sobald sich die Ware in Shanghai an Bord befindet, wobei auch der Gefahrübergang auf den Käufer zu diesem Zeitpunkt stattfindet, und der Verkäufer muss einen Beförderungsvertrag von Shanghai nach Southampton abschließen.

5. **Muss der Verschiffungshafen benannt werden?** — Obwohl man im Vertrag stets den Bestimmungshafen angibt, wird unter Umständen darauf verzichtet, den Verschiffungshafen festzulegen, in dem der Gefahrübergang auf den Käufer erfolgt. Falls der Verschiffungshafen für den Käufer von besonderer Bedeutung ist, z. B. weil sich der Käufer vergewissern möchte, ob der Fracht- oder Versicherungsanteil im Preis angemessen ist, sind die Parteien gut beraten, diesen Verschiffungshafen im Vertrag so genau wie möglich zu bezeichnen.

6. **Bezeichnung des Bestimmungsortes im Entladehafen** — Die Parteien sind gut beraten, den genauen Bestimmungsort im vereinbarten Bestimmungshafen möglichst präzise zu bezeichnen, da die Kosten bis zu diesem Ort zu Lasten des Verkäufers gehen. Der Verkäufer muss einen oder mehrere Beförderungsverträge abschließen, die den Transport der Ware ab der Lieferung bis zum benannten Hafen oder zur vereinbarten Stelle in diesem Hafen abdecken, wenn eine derartige Stelle im Kaufvertrag vereinbart wurde.

7. **Mehrere Frachtführer** — Es ist möglich, die Beförderung der Ware von mehreren Frachtführern durchführen zu lassen, die jeweils unterschiedliche Teilstrecken des Seetransports übernehmen, z. B. zuerst durch einen Frachtführer, der das Zubringerschiff von Hongkong nach Shanghai betreibt, woraufhin der Weitertransport von Shanghai nach Southampton durch ein Seeschiff übernommen wird. Hier ergibt sich allerdings die Frage, ob der Gefahrübergang vom Verkäufer auf den Käufer in Hongkong oder Shanghai stattfindet: Wo erfolgt die Lieferung? Die

INCOTERMS® 2020

Parteien können diesen Punkt durchaus im Kaufvertrag geregelt haben. Wenn jedoch keine derartige vertragliche Regelung getroffen wurde, gilt die herkömmliche Sichtweise, gemäß welcher der Gefahrübergang auf den Käufer bei Lieferung der Ware an den ersten Frachtführer erfolgt, d. h. in Hongkong, wodurch sich der Zeitraum verlängert, in dem der Käufer die Verlust- oder Schadensgefahr trägt. Wünschen die Parteien einen späteren Gefahrübergang (in diesem Fall in Shanghai), müssen sie dies in ihrem Kaufvertrag festlegen.

8. **Versicherung** — Der Verkäufer muss ebenfalls einen Versicherungsvertrag für die auf den Käufer übergehende Gefahr des Verlusts oder der Beschädigung der Ware während des Transports vom Verschiffungshafen mindestens bis zum Bestimmungshafen abschließen. Dies kann zu Problemen führen, wenn das Bestimmungsland vorschreibt, dass der Versicherungsschutz in diesem Land erworben werden muss: In diesem Fall sollten die Parteien in Betracht ziehen, unter der Klausel CFR zu verkaufen bzw. zu kaufen. Der Käufer sollte ebenfalls bedenken, dass der Verkäufer unter der Klausel CIF der *Incoterms® 2020* nur für einen eingeschränkten Versicherungsschutz sorgen muss, um die Bedingungen der Klausel (C) der Institute Cargo Clauses oder einer ähnlichen Klausel zu erfüllen, wohingegen die Klausel (A) der Institute Cargo Clauses einen umfassenderen Versicherungsschutz vorsieht. Den Parteien steht jedoch auch die Möglichkeit offen, einen höheren Versicherungsschutz zu vereinbaren.

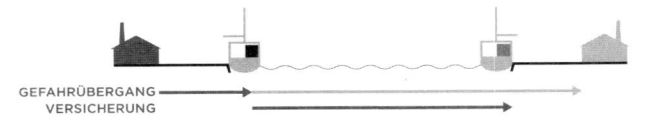

GEFAHRÜBERGANG
VERSICHERUNG

9. **Entladekosten** — Entstehen dem Verkäufer nach seinem Beförderungsvertrag Kosten in Zusammenhang mit der Entladung an der festgelegten Stelle im Bestimmungshafen, ist der Verkäufer nicht berechtigt, diese Kosten gesondert vom Käufer zurückzufordern, sofern nichts anderes zwischen den Parteien vereinbart ist.

10. **Ausfuhr-/Einfuhrabfertigung** — CIF verpflichtet den Verkäufer, die Ware ggf. zur Ausfuhr freizumachen. Jedoch hat der Verkäufer keine Verpflichtung, die Ware zur Einfuhr oder Durchfuhr durch Drittländer freizumachen, Einfuhrzölle zu zahlen oder Einfuhrzollformalitäten zu erledigen.

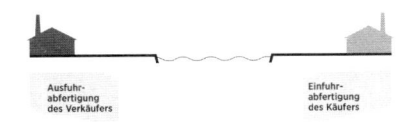

Ausfuhr-
abfertigung
des Verkäufers

Einfuhr-
abfertigung
des Käufers

Anhang: Offizielles Regelwerk der Internationalen Handelskammer (ICC)

INCOTERMS® 2020

A VERPFLICHTUNGEN DES VERKÄUFERS

A1 Allgemeine Verpflichtungen
Der Verkäufer hat die Ware und die Handelsrechnung in Übereinstimmung mit dem Kaufvertrag bereitzustellen und jeden sonstgen vertraglich vereinbarten Konformitätsnachweis zu erbringen.

Jedes vom Verkäufer bereitzustellende Dokument kann in Papierform oder in elektronischer Form vorliegen, je nachdem, wie dies zwischen den Parteien vereinbart wird oder handelsüblich ist.

A2 Lieferung
Der Verkäufer hat die Ware zu liefern, entweder, indem er sie an Bord des Schiffs verbringt oder die so gelieferte Ware beschafft. In beiden Fällen hat der Verkäufer die Ware zum vereinbarten Zeitpunkt oder innerhalb des vereinbarten Zeitraums und in der im Hafen üblichen Weise zu liefern.

A3 Gefahrübergang
Der Verkäufer trägt bis zur Lieferung gemäß A2 alle Gefahren des Verlusts oder der Beschädigung der Ware, mit Ausnahme von Verlust oder Beschädigung unter den in B3 beschriebenen Umständen.

A4 Transport
Der Verkäufer muss einen Vertrag über die Beförderung der Ware von der gegebenenfalls vereinbarten Lieferstelle am Lieferort bis zum benannten Bestimmungshafen oder einer gegebenenfalls vereinbarten Stelle in diesem Hafen abschließen oder beschaffen. Der Beförderungsvertrag ist zu den üblichen Bedingungen auf Kosten des Verkäufers abzuschließen und hat die Beförderung auf der üblichen Route mit einem Schiff der Bauart zu gewährleisten, die normalerweise für den Transport der verkauften Warenart verwendet wird.

Der Verkäufer muss alle transportbezogenen Sicherheitsanforderungen für die Beförderung der Waren bis zum Bestimmungsort erfüllen.

INCOTERMS® 2020

B	**VERPFLICHTUNGEN DES KÄUFERS**

B1 Allgemeine Verpflichtungen

Der Käufer hat den im Kaufvertrag genannten Preis der Ware zu zahlen.

Jedes vom Käufer bereitzustellende Dokument kann in Papierform oder in elektronischer Form vorliegen, je nachdem, wie dies zwischen den Parteien vereinbart wird oder handelsüblich ist.

B2 Übernahme

Der Käufer muss die gemäß A2 gelieferte Ware übernehmen und von dem Frachtführer im benannten Bestimmungshafen entgegennehmen.

B3 Gefahrübergang

Der Käufer trägt ab dem Zeitpunkt der Lieferung gemäß A2 alle Gefahren des Verlusts oder der Beschädigung der Ware.

Falls der Käufer es versäumt, eine Benachrichtigung gemäß B10 zu erteilen, trägt er alle Gefahren des Verlusts oder der Beschädigung der Ware ab dem für die Verschiffung vereinbarten Zeitpunkt oder ab dem Ende der hierfür vereinbarten Frist, vorausgesetzt, die Ware ist eindeutig als die vertragliche Ware kenntlich gemacht worden.

B4 Transport

Der Käufer hat gegenüber dem Verkäufer keine Verpflichtung, einen Beförderungsvertrag abzuschließen.

Anhang: Offizielles Regelwerk der Internationalen Handelskammer (ICC)

INCOTERMS® 2020

A   VERPFLICHTUNGEN DES VERKÄUFERS

A5   Versicherung

Sofern nicht anders vereinbart oder handelsüblich, hat der Verkäufer auf eigene Kosten eine Transportversicherung abzuschließen, die der vorgeschriebenen Deckungshöhe gemäß den Klauseln (C) der Institute Cargo Clauses (LMA/IUA) oder ähnlichen Klauseln entspricht. Die Versicherung ist bei Einzelversicherern oder Versicherungsgesellschaften mit einwandfreiem Leumund abzuschließen und muss den Käufer oder jede andere Person mit einem versicherbaren Interesse an der Ware berechtigen, Ansprüche direkt bei dem Versicherer geltend zu machen.

Der Verkäufer muss auf Verlangen und Kosten des Käufers, vorbehaltlich der durch den Käufer zur Verfügung zu stellenden vom Verkäufer benötigten Informationen, zusätzlichen Versicherungsschutz beschaffen, falls erhältlich, z. B. Deckung entsprechend den Institute War Clauses und/oder Institute Strikes Clauses (LMA/IUA) oder ähnlichen Klauseln (es sei denn, ein derartiger Versicherungsschutz ist bereits in der im vorhergehenden Absatz beschriebenen Transportversicherung inkludiert).

Die Versicherung muss zumindest den im Vertrag genannten Preis zuzüglich zehn Prozent (d. h. 110 %) decken und in der Währung des Vertrags ausgestellt sein.

Der Versicherungsschutz für die Ware muss ab der Lieferstelle, wie in A2 festgelegt, bis mindestens zum benannten Bestimmungshafen wirksam sein.

Der Verkäufer muss dem Käufer die Versicherungspolice oder -urkunde bzw. einen sonstigen Nachweis über den Versicherungsschutz aushändigen.

Ferner hat der Verkäufer dem Käufer auf dessen Verlangen, Gefahr und Kosten jene Informationen zur Verfügung zu stellen, die der Käufer für den Abschluss etwaiger zusätzlicher Versicherungen benötigt.

A6   Liefer-/Transportdokument

Der Verkäufer hat dem Käufer auf eigene Kosten das übliche Transportdokument für den vereinbarten Bestimmungshafen zur Verfügung zu stellen.

Dieses Transportdokument muss über die vertragliche Ware lauten, ein innerhalb der für die Verschiffung vereinbarten Frist liegendes Datum tragen, den Käufer berechtigen, die Herausgabe der Ware im Bestimmungshafen von dem Frachtführer zu verlangen und, sofern nichts anderes vereinbart wurde, es dem Käufer ermöglichen, die Ware während des Transports an einen nachfolgenden Käufer durch Übertragung des Dokuments oder durch Mitteilung an den Frachtführer zu verkaufen.

Wird ein solches Transportdokument als begebbares Dokument und in mehreren Originalen ausgestellt, muss dem Käufer ein vollständiger Satz von Originalen übergeben werden.

136 | © 2019 INTERNATIONAL CHAMBER OF COMMERCE (ICC GERMANY E.V.)

B VERPFLICHTUNGEN DES KÄUFERS

B5 Versicherung

Der Käufer hat gegenüber dem Verkäufer keine Verpflichtung, einen Versicherungsvertrag abzuschließen. Allerdings muss der Käufer dem Verkäufer auf dessen Verlangen hin alle Informationen übermitteln, die zum Abschluss der vom Käufer gemäß A5 ggf. verlangten zusätzlichen Versicherung benötigt werden.

B6 Liefer-/Transportdokument

Der Käufer hat das gemäß A6 zur Verfügung gestellte Transportdokument anzunehmen, wenn es mit dem Vertrag übereinstimmt.

INCOTERMS® 2020

A VERPFLICHTUNGEN DES VERKÄUFERS

A7 Ausfuhr-/Einfuhrabfertigung

   a) **Ausfuhrabfertigung**
   Gegebenenfalls hat der Verkäufer alle Ausfuhrabfertigungsformalitäten durchzuführen und zu bezahlen, die von dem jeweiligen Ausfuhrland vorgeschrieben sind, z. B.:
   - Ausfuhrgenehmigung;
   - Sicherheitsfreigabe für die Ausfuhr;
   - Warenkontrolle vor der Verladung; und
   - sonstige behördliche Genehmigungen.

   b) **Unterstützung bei der Einfuhrabfertigung**
   Gegebenenfalls hat der Verkäufer den Käufer auf dessen Verlangen, Gefahr und Kosten bei der Beschaffung von Dokumenten und/oder Informationen für alle Transit-/Einfuhrabfertigungsformalitäten zu unterstützen, einschließlich Sicherheitsanforderungen und Warenkontrollen vor der Verladung, die von den Transit-/Einfuhrländern vorgeschrieben sind.

A8 Prüfung/Verpackung/Kennzeichnung

   Der Verkäufer hat die Kosten jener Prüfvorgänge (z. B. Qualitätsprüfung, Messen, Wiegen und Zählen) zu tragen, die notwendig sind, um die Ware gemäß A2 zu liefern.

   Der Verkäufer hat auf eigene Kosten die Ware zu verpacken, es sei denn, es ist handelsüblich, die jeweilige Art der verkauften Ware unverpackt zu transportieren. Der Verkäufer muss die Ware in der für ihren Transport geeigneten Weise verpacken und kennzeichnen, es sei denn, die Parteien haben genaue Verpackungs- oder Kennzeichnungsanforderungen vereinbart.

B VERPFLICHTUNGEN DES KÄUFERS

B7 Ausfuhr-/Einfuhrabfertigung

a) **Unterstützung bei der Ausfuhrabfertigung**
Gegebenenfalls hat der Käufer den Verkäufer auf dessen Verlangen, Gefahr und Kosten bei der Beschaffung von Dokumenten und/oder Informationen für alle Ausfuhrabfertigungsformalitäten, zu unterstützen, einschließlich Sicherheitsanforderungen und Warenkontrollen vor der Verladung, die von dem betreffenden Ausfuhrland vorgeschrieben sind.

b) **Einfuhrabfertigung**
Gegebenenfalls hat der Käufer alle Formalitäten durchzuführen und zu bezahlen, die von dem betreffenden Transit- und Einfuhrland vorgeschrieben sind, z. B.:
- Einfuhrgenehmigung und ggf. erforderliche Durchfuhrgenehmigungen;
- Sicherheitsfreigabe für die Einfuhr und etwaige Durchfuhr;
- Warenkontrolle vor der Verladung; und
- sonstige behördliche Genehmigungen.

B8 Prüfung/Verpackung/Kennzeichnung
Der Käufer hat gegenüber dem Verkäufer keine Verpflichtung.

INCOTERMS® 2020

A VERPFLICHTUNGEN DES VERKÄUFERS

A9 Kostenverteilung

Der Verkäufer muss

a) bis zur Lieferung gemäß A2 alle die Ware betreffenden Kosten tragen, ausgenommen die gemäß B9 vom Käufer zu tragenden Kosten;

b) die Frachtkosten und alle sonstigen gemäß A4 entstehenden Kosten tragen, einschließlich der Kosten für die Verladung der Ware sowie der transportbezogenen Sicherheitskosten;

c) alle Gebühren für die Entladung am vereinbarten Entladehafen entrichten, die laut Beförderungsvertrag zu Lasten des Verkäufers gehen;

d) die Kosten der Durchfuhr tragen, die gemäß Beförderungsvertrag zu Lasten des Verkäufers gehen;

e) die Kosten für die Erbringung des üblichen Nachweises für den Käufer gemäß A6 tragen, aus dem hervorgeht, dass die Ware geliefert wurde;

f) die sich aus A5 ergebenden Kosten der Versicherung tragen;

g) gegebenenfalls Zölle, Steuern und sonstige Kosten für die Ausfuhrabfertigung gemäß A7(a) tragen; und

h) dem Käufer alle Kosten und Gebühren erstatten, die dem Käufer durch die Unterstützung bei der Beschaffung der erforderlichen Dokumente und Informationen gemäß B7(a) entstanden sind.

A10 Benachrichtigungen

Der Verkäufer muss den Käufer benachrichtigen, dass die Ware gemäß A2 geliefert wurde.

Der Verkäufer muss den Käufer über alles Nötige benachrichtigen, damit dieser die Ware übernehmen kann.

B VERPFLICHTUNGEN DES KÄUFERS

B9 Kostenverteilung

Der Käufer muss

a) alle die Ware betreffenden Kosten ab dem Zeitpunkt der Lieferung gemäß A2 tragen, mit Ausnahme der gemäß A9 vom Verkäufer zu übernehmenden Kosten;

b) die Kosten der Durchfuhr tragen, sofern diese Kosten nicht gemäß dem Beförderungsvertrag zu Lasten des Verkäufers gehen;

c) die Entladekosten tragen, einschließlich der Kosten für Leichterung und Kaigebühren, es sei denn, diese Kosten und Gebühren gehen nach dem Beförderungsvertrag zu Lasten des Verkäufers;

d) die Kosten für jede zusätzliche auf Verlangen des Käufers nach A5 und B5 abgeschlossene Versicherung tragen;

e) dem Verkäufer alle Kosten und Gebühren erstatten, die dem Verkäufer durch die Unterstützung bei der Beschaffung der erforderlichen Dokumente und Informationen gemäß A5 und A7(b) entstanden sind;

f) gegebenenfalls Zölle, Steuern und sonstige Kosten in Zusammenhang mit der Transit- oder Einfuhrabfertigung gemäß B7(b) zahlen; und

g) alle zusätzlichen Kosten tragen, die ab dem vereinbarten Termin für die Versendung oder ab dem Ende des hierfür vereinbarten Zeitraums entstehen, falls er es versäumt, eine Benachrichtigung gemäß B10 zu erteilen, vorausgesetzt, die Ware wurde eindeutig als die vertragliche Ware kenntlich gemacht.

B10 Benachrichtigungen

Wenn vereinbart wird, dass der Käufer berechtigt ist, den Zeitpunkt für die Verschiffung der Ware und/oder die Stelle für die Entgegennahme der Ware innerhalb des benannten Bestimmungshafens zu bestimmen, muss er den Verkäufer in hinreichender Weise von diesem Zeitpunkt und/oder der betreffenden Stelle in Kenntnis setzen.

Anhang: Offizielles Regelwerk der Internationalen Handelskammer (ICC)

INCOTERMS® 2020

Anhang: Offizielles Regelwerk der Internationalen Handelskammer (ICC)

INCOTERMS® 2020

Wortlaut der einzelnen Regeln der Klauseln

A1 ALLGEMEINE VERPFLICHTUNGEN

EXW (Ab Werk)

Der Verkäufer hat die Ware und die Handelsrechnung in Übereinstimmung mit dem Kaufvertrag bereitzustellen und jeden sonstigen vertraglich vereinbarten Konformitätsnachweis zu erbringen.

Jedes vom Verkäufer bereitzustellende Dokument kann in Papierform oder in elektronischer Form vorliegen, je nachdem, wie dies zwischen den Parteien vereinbart wird oder handelsüblich ist.

FCA (Frei Frachtführer)

Der Verkäufer hat die Ware und die Handelsrechnung in Übereinstimmung mit dem Kaufvertrag bereitzustellen und jeden sonstigen vertraglich vereinbarten Konformitätsnachweis zu erbringen.

Jedes vom Verkäufer bereitzustellende Dokument kann in Papierform oder in elektronischer Form vorliegen, je nachdem, wie dies zwischen den Parteien vereinbart wird oder handelsüblich ist.

CPT (Frachtfrei)

Der Verkäufer hat die Ware und die Handelsrechnung in Übereinstimmung mit dem Kaufvertrag bereitzustellen und jeden sonstigen vertraglich vereinbarten Konformitätsnachweis zu erbringen.

Jedes vom Verkäufer bereitzustellende Dokument kann in Papierform oder in elektronischer Form vorliegen, je nachdem, wie dies zwischen den Parteien vereinbart wird oder handelsüblich ist.

CIP (Frachtfrei versichert)

Der Verkäufer hat die Ware und die Handelsrechnung in Übereinstimmung mit dem Kaufvertrag bereitzustellen und jeden sonstigen vertraglich vereinbarten Konformitätsnachweis zu erbringen.

Anhang: Offizielles Regelwerk der Internationalen Handelskammer (ICC)

INCOTERMS® 2020

Jedes vom Verkäufer bereitzustellende Dokument kann in Papierform oder in elektronischer Form vorliegen, je nachdem, wie dies zwischen den Parteien vereinbart wird oder handelsüblich ist.

DAP (Geliefert benannter Ort)

Der Verkäufer hat die Ware und die Handelsrechnung in Übereinstimmung mit dem Kaufvertrag bereitzustellen und jeden sonstigen vertraglich vereinbarten Konformitätsnachweis zu erbringen.

Jedes vom Verkäufer bereitzustellende Dokument kann in Papierform oder in elektronischer Form vorliegen, je nachdem, wie dies zwischen den Parteien vereinbart wird oder handelsüblich ist.

DPU (Geliefert benannter Ort entladen)

Der Verkäufer hat die Ware und die Handelsrechnung in Übereinstimmung mit dem Kaufvertrag bereitzustellen und jeden sonstigen vertraglich vereinbarten Konformitätsnachweis zu erbringen.

Jedes vom Verkäufer bereitzustellende Dokument kann in Papierform oder in elektronischer Form vorliegen, je nachdem, wie dies zwischen den Parteien vereinbart wird oder handelsüblich ist.

DDP (Geliefert verzollt)

Der Verkäufer hat die Ware und die Handelsrechnung in Übereinstimmung mit dem Kaufvertrag bereitzustellen und jeden sonstigen vertraglich vereinbarten Konformitätsnachweis zu erbringen.

Jedes vom Verkäufer bereitzustellende Dokument kann in Papierform oder in elektronischer Form vorliegen, je nachdem, wie dies zwischen den Parteien vereinbart wird oder handelsüblich ist.

FAS (Frei Längsseite Schiff)

Der Verkäufer hat die Ware und die Handelsrechnung in Übereinstimmung mit dem Kaufvertrag bereitzustellen und jeden sonstigen vertraglich vereinbarten Konformitätsnachweis zu erbringen.

Jedes vom Verkäufer bereitzustellende Dokument kann in Papierform oder in elektronischer Form vorliegen, je nachdem, wie dies zwischen den Parteien vereinbart wird oder handelsüblich ist.

FOB (Frei an Bord)

Der Verkäufer hat die Ware und die Handelsrechnung in Übereinstimmung mit dem Kaufvertrag bereitzustellen und jeden sonstigen vertraglich vereinbarten Konformitätsnachweis zu erbringen.

144 | © 2019 INTERNATIONAL CHAMBER OF COMMERCE (ICC GERMANY E.V.)

INCOTERMS® 2020 | WORTLAUT DER EINZELNEN REGELN DER KLAUSELN

Jedes vom Verkäufer bereitzustellende Dokument kann in Papierform oder in elektronischer Form vorliegen, je nachdem, wie dies zwischen den Parteien vereinbart wird oder handelsüblich ist.

CFR (Kosten und Fracht)

Der Verkäufer hat die Ware und die Handelsrechnung in Übereinstimmung mit dem Kaufvertrag bereitzustellen und jeden sonstigen vertraglich vereinbarten Konformitätsnachweis zu erbringen.

Jedes vom Verkäufer bereitzustellende Dokument kann in Papierform oder in elektronischer Form vorliegen, je nachdem, wie dies zwischen den Parteien vereinbart wird oder handelsüblich ist.

CIF (Kosten, Versicherung und Fracht)

Der Verkäufer hat die Ware und die Handelsrechnung in Übereinstimmung mit dem Kaufvertrag bereitzustellen und jeden sonstigen vertraglich vereinbarten Konformitätsnachweis zu erbringen.

Jedes vom Verkäufer bereitzustellende Dokument kann in Papierform oder in elektronischer Form vorliegen, je nachdem, wie dies zwischen den Parteien vereinbart wird oder handelsüblich ist.

B1 ALLGEMEINE VERPFLICHTUNGEN

EXW (Ab Werk)

Der Käufer hat den im Kaufvertrag genannten Preis der Ware zu zahlen.

Jedes vom Käufer bereitzustellende Dokument kann in Papierform oder in elektronischer Form vorliegen, je nachdem, wie dies zwischen den Parteien vereinbart wird oder handelsüblich ist.

FCA (Frei Frachtführer)

Der Käufer hat den im Kaufvertrag genannten Preis der Ware zu zahlen.

Jedes vom Käufer bereitzustellende Dokument kann in Papierform oder in elektronischer Form vorliegen, je nachdem, wie dies zwischen den Parteien vereinbart wird oder handelsüblich ist.

CPT (Frachtfrei)

Der Käufer hat den im Kaufvertrag genannten Preis der Ware zu zahlen.

Jedes vom Käufer bereitzustellende Dokument kann in Papierform oder in elektronischer Form vorliegen, je nachdem, wie dies zwischen den Parteien vereinbart wird oder handelsüblich ist.

Anhang: Offizielles Regelwerk der Internationalen Handelskammer (ICC)

INCOTERMS® 2020

CIP (Frachtfrei versichert)

Der Käufer hat den im Kaufvertrag genannten Preis der Ware zu zahlen.

Jedes vom Käufer bereitzustellende Dokument kann in Papierform oder in elektronischer Form vorliegen, je nachdem, wie dies zwischen den Parteien vereinbart wird oder handelsüblich ist.

DAP (Geliefert benannter Ort)

Der Käufer hat den im Kaufvertrag genannten Preis der Ware zu zahlen.

Jedes vom Käufer bereitzustellende Dokument kann in Papierform oder in elektronischer Form vorliegen, je nachdem, wie dies zwischen den Parteien vereinbart wird oder handelsüblich ist.

DPU (Geliefert benannter Ort entladen)

Der Käufer hat den im Kaufvertrag genannten Preis der Ware zu zahlen.

Jedes vom Käufer bereitzustellende Dokument kann in Papierform oder in elektronischer Form vorliegen, je nachdem, wie dies zwischen den Parteien vereinbart wird oder handelsüblich ist.

DDP (Geliefert verzollt)

Der Käufer hat den im Kaufvertrag genannten Preis der Ware zu zahlen.

Jedes vom Käufer bereitzustellende Dokument kann in Papierform oder in elektronischer Form vorliegen, je nachdem, wie dies zwischen den Parteien vereinbart wird oder handelsüblich ist.

FAS (Frei Längsseite Schiff)

Der Käufer hat den im Kaufvertrag genannten Preis der Ware zu zahlen.

Jedes vom Käufer bereitzustellende Dokument kann in Papierform oder in elektronischer Form vorliegen, je nachdem, wie dies zwischen den Parteien vereinbart wird oder handelsüblich ist.

FOB (Frei an Bord)

Der Käufer hat den im Kaufvertrag genannten Preis der Ware zu zahlen.

Jedes vom Käufer bereitzustellende Dokument kann in Papierform oder in elektronischer Form vorliegen, je nachdem, wie dies zwischen den Parteien vereinbart wird oder handelsüblich ist.

INCOTERMS® 2020 | WORTLAUT DER EINZELNEN REGELN DER KLAUSELN

CFR (Kosten und Fracht)

Der Käufer hat den im Kaufvertrag genannten Preis der Ware zu zahlen.

Jedes vom Käufer bereitzustellende Dokument kann in Papierform oder in elektronischer Form vorliegen, je nachdem, wie dies zwischen den Parteien vereinbart wird oder handelsüblich ist.

CIF (Kosten, Versicherung und Fracht)

Der Käufer hat den im Kaufvertrag genannten Preis der Ware zu zahlen.

Jedes vom Käufer bereitzustellende Dokument kann in Papierform oder in elektronischer Form vorliegen, je nachdem, wie dies zwischen den Parteien vereinbart wird oder handelsüblich ist.

Anhang: Offizielles Regelwerk der Internationalen Handelskammer (ICC)

INCOTERMS® 2020

A2 LIEFERUNG/ÜBERNAHME

EXW (Ab Werk)

Der Verkäufer hat die Ware zu liefern, indem er sie dem Käufer am genannten Lieferort an der gegebenenfalls vereinbarten Stelle zur Verfügung stellt, jedoch ohne Verladung auf das abholende Beförderungsmittel. Wurde am benannten Lieferort keine bestimmte Stelle für die Lieferung vereinbart und kommen mehrere Stellen in Betracht, kann der Verkäufer die Stelle auswählen, die für diesen Zweck am besten geeignet ist. Der Verkäufer hat die Ware zum vereinbarten Zeitpunkt oder innerhalb des vereinbarten Zeitraums zu liefern.

FCA (Frei Frachtführer)

Der Verkäufer hat die Ware an den Frachtführer oder eine andere vom Käufer benannte Person an der gegebenenfalls vereinbarten Stelle am benannten Ort zu liefern oder bereits so gelieferte Ware zu beschaffen.

Der Verkäufer muss die Ware

1. am vereinbarten Tag oder
2. zu dem innerhalb der vereinbarten Lieferfrist liegenden Termin, der vom Käufer gemäß B10(b) mitgeteilt wurde, oder,
3. wenn ein derartiger Termin nicht mitgeteilt wurde, zum Ende der vereinbarten Frist liefern.

Die Lieferung ist abgeschlossen,

a) falls der benannte Ort auf dem Gelände des Verkäufers liegt; sobald die Ware auf das vom Käufer bereitgestellte Beförderungsmittel verladen worden ist; oder

b) in allen anderen Fällen, wenn die Ware dem Frachtführer oder einer anderen vom Käufer benannten Person auf dem Beförderungsmittel des Verkäufers entladebereit zur Verfügung gestellt wird.

Wenn der Käufer am benannten Lieferort keine bestimmte Stelle gemäß B10(d) mitgeteilt hat und mehrere Stellen in Betracht kommen, kann der Verkäufer jene Stelle auswählen, die für den betreffenden Zweck am besten geeignet ist.

CPT (Frachtfrei)

Der Verkäufer hat die Ware zu liefern, indem er sie an den gemäß A4 beauftragten Frachtführer übergibt oder indem er die so gelieferte Ware beschafft. In jedem Fall muss der Verkäufer die Ware zum vereinbarten Termin oder innerhalb der vereinbarten Frist liefern.

INCOTERMS® 2020 | WORTLAUT DER EINZELNEN REGELN DER KLAUSELN

CIP (Frachtfrei versichert)

Der Verkäufer hat die Ware zu liefern, indem er sie an den gemäß A4 beauftragten Frachtführer übergibt oder indem er die so gelieferte Ware beschafft. In jedem Fall muss der Verkäufer die Ware zum vereinbarten Termin oder innerhalb der vereinbarten Frist liefern.

DAP (Geliefert benannter Ort)

Der Verkäufer muss die Ware liefern, indem er sie dem Käufer auf dem ankommenden Beförderungsmittel entladebereit an der ggf. benannten Stelle oder am benannten Bestimmungsort zur Verfügung stellt oder die so gelieferte Ware beschafft. In jedem Fall muss der Verkäufer die Ware zum vereinbarten Termin oder innerhalb der vereinbarten Frist liefern.

DPU (Geliefert benannter Ort entladen)

Der Verkäufer muss die Ware vom ankommenden Beförderungsmittel entladen und dann liefern, indem er sie an der ggf. benannten Stelle oder am benannten Bestimmungsort dem Käufer zur Verfügung stellt oder die so gelieferte Ware beschafft. In jedem Fall muss der Verkäufer die Ware zum vereinbarten Termin oder innerhalb der vereinbarten Frist liefern.

DDP (Geliefert verzollt)

Der Verkäufer muss die Ware liefern, indem er sie dem Käufer auf dem ankommenden Beförderungsmittel entladebereit an der ggf. benannten Stelle oder am benannten Bestimmungsort zur Verfügung stellt oder die so gelieferte Ware beschafft. In jedem Fall muss der Verkäufer die Ware zum vereinbarten Termin oder innerhalb der vereinbarten Frist liefern.

FAS (Frei Längsseite Schiff)

Der Verkäufer muss die Ware liefern, indem er sie längsseits des vom Käufer benannten Schiffs an der gegebenenfalls vom Käufer bestimmten Ladestelle im benannten Verschiffungshafen verbringt oder die so gelieferte Ware beschafft.

Der Verkäufer muss die Ware

1. am vereinbarten Tag; oder
2. zu dem innerhalb des vereinbarten Zeitraums liegenden Zeitpunkt, der vom Käufer gemäß B10 mitgeteilt wurde; oder,
3. wenn ein derartiger Zeitpunkt nicht mitgeteilt wurde, zum Ende des vereinbarten Zeitraums; und
4. in der im Hafen üblichen Weise liefern.

Falls keine bestimmte Ladestelle durch den Käufer angegeben worden ist, kann der Verkäufer die für den Zweck am besten geeignete Stelle innerhalb des benannten Verschiffungshafens auswählen.

© 2019 INTERNATIONAL CHAMBER OF COMMERCE (ICC GERMANY E.V.) | **149**

Anhang: Offizielles Regelwerk der Internationalen Handelskammer (ICC)

INCOTERMS® 2020

FOB (Frei an Bord)

Der Verkäufer muss die Ware liefern, indem er sie an Bord des vom Käufer benannten Schiffs an der gegebenenfalls vom Käufer bestimmten Ladestelle im benannten Verschiffungshafen verbringt oder die bereits so gelieferte Ware beschafft.

Der Verkäufer muss die Ware

1. am vereinbarten Tag; oder
2. zu dem innerhalb des vereinbarten Zeitraums liegenden Zeitpunkt, der vom Käufer gemäß B10 mitgeteilt wurde; oder,
3. wenn ein derartiger Zeitpunkt nicht mitgeteilt wurde, zum Ende des vereinbarten Zeitraums; und
4. in der im Hafen üblichen Weise liefern.

Falls keine bestimmte Ladestelle durch den Käufer angegeben worden ist, kann der Verkäufer die für den Zweck am besten geeignete Stelle innerhalb des benannten Verschiffungshafens auswählen.

CFR (Kosten und Fracht)

Der Verkäufer hat die Ware zu liefern, entweder, indem er sie an Bord des Schiffs verbringt oder die so gelieferte Ware beschafft. In beiden Fällen hat der Verkäufer die Ware zum vereinbarten Zeitpunkt oder innerhalb des vereinbarten Zeitraums und in der im Hafen üblichen Weise zu liefern.

CIF (Kosten, Versicherung und Fracht)

Der Verkäufer hat die Ware zu liefern, entweder, indem er sie an Bord des Schiffs verbringt oder die so gelieferte Ware beschafft. In beiden Fällen hat der Verkäufer die Ware zum vereinbarten Zeitpunkt oder innerhalb des vereinbarten Zeitraums und in der im Hafen üblichen Weise zu liefern.

B2 LIEFERUNG/ÜBERNAHME

EXW (Ab Werk)

Der Käufer muss die Ware übernehmen, wenn sie gemäß A2 geliefert wurde und eine entsprechende Benachrichtigung gemäß A10 ergangen ist.

FCA (Frei Frachtführer)

Der Käufer muss die Ware übernehmen, wenn sie gemäß A2 geliefert wurde.

CPT (Frachtfrei)

Der Käufer muss die gemäß A2 gelieferte Ware übernehmen und am benannten Bestimmungsort oder ggf. an der an diesem Ort vereinbarten Stelle vom Frachtführer entgegennehmen.

INCOTERMS® 2020 | WORTLAUT DER EINZELNEN REGELN DER KLAUSELN

CIP (Frachtfrei versichert)

Der Käufer muss die gemäß A2 gelieferte Ware übernehmen und am benannten Bestimmungsort oder ggf. an der an diesem Ort vereinbarten Stelle vom Frachtführer entgegennehmen.

DAP (Geliefert benannter Ort)

Der Käufer muss die Ware übernehmen, wenn sie gemäß A2 geliefert wurde.

DPU (Geliefert benannter Ort entladen)

Der Käufer muss die Ware übernehmen, wenn sie gemäß A2 geliefert wurde.

DDP (Geliefert verzollt)

Der Käufer muss die Ware übernehmen, wenn sie gemäß A2 geliefert wurde.

FAS (Frei Längsseite Schiff)

Der Käufer muss die Ware übernehmen, wenn sie gemäß A2 geliefert wurde.

FOB (Frei an Bord)

Der Käufer muss die Ware übernehmen, wenn sie gemäß A2 geliefert wurde.

CFR (Kosten und Fracht)

Der Käufer muss die gemäß A2 gelieferte Ware übernehmen und von dem Frachtführer im benannten Bestimmungshafen entgegennehmen.

CIF (Kosten, Versicherung und Fracht)

Der Käufer muss die gemäß A2 gelieferte Ware übernehmen und von dem Frachtführer im benannten Bestimmungshafen entgegennehmen.

INCOTERMS® 2020

A3 GEFAHRÜBERGANG

EXW (Ab Werk)

Der Verkäufer trägt bis zur Lieferung gemäß A2 alle Gefahren des Verlusts oder der Beschädigung der Ware, mit Ausnahme von Verlust oder Beschädigung unter den in B3 beschriebenen Umständen.

FCA (Frei Frachtführer)

Der Verkäufer trägt bis zur Lieferung gemäß A2 alle Gefahren des Verlusts oder der Beschädigung der Ware, mit Ausnahme von Verlust oder Beschädigung unter den in B3 beschriebenen Umständen.

CPT (Frachtfrei)

Der Verkäufer trägt bis zur Lieferung gemäß A2 alle Gefahren des Verlusts oder der Beschädigung der Ware, mit Ausnahme von Verlust oder Beschädigung unter den in B3 beschriebenen Umständen.

CIP (Frachtfrei versichert)

Der Verkäufer trägt bis zur Lieferung gemäß A2 alle Gefahren des Verlusts oder der Beschädigung der Ware, mit Ausnahme von Verlust oder Beschädigung unter den in B3 beschriebenen Umständen.

DAP (Geliefert benannter Ort)

Der Verkäufer trägt bis zur Lieferung gemäß A2 alle Gefahren des Verlusts oder der Beschädigung der Ware, mit Ausnahme von Verlust oder Beschädigung unter den in B3 beschriebenen Umständen.

DPU (Geliefert benannter Ort entladen)

Der Verkäufer trägt bis zur Lieferung gemäß A2 alle Gefahren des Verlusts oder der Beschädigung der Ware, mit Ausnahme von Verlust oder Beschädigung unter den in B3 beschriebenen Umständen.

DDP (Geliefert verzollt)

Der Verkäufer trägt bis zur Lieferung gemäß A2 alle Gefahren des Verlusts oder der Beschädigung der Ware, mit Ausnahme von Verlust oder Beschädigung unter den in B3 beschriebenen Umständen.

FAS (Frei Längsseite Schiff)

Der Verkäufer trägt bis zur Lieferung gemäß A2 alle Gefahren des Verlusts oder der Beschädigung der Ware, mit Ausnahme von Verlust oder Beschädigung unter den in B3 beschriebenen Umständen.

INCOTERMS® 2020 | WORTLAUT DER EINZELNEN REGELN DER KLAUSELN

FOB (Frei an Bord)

Der Verkäufer trägt bis zur Lieferung gemäß A2 alle Gefahren des Verlusts oder der Beschädigung der Ware, mit Ausnahme von Verlust oder Beschädigung unter den in B3 beschriebenen Umständen.

CFR (Kosten und Fracht)

Der Verkäufer trägt bis zur Lieferung gemäß A2 alle Gefahren des Verlusts oder der Beschädigung der Ware, mit Ausnahme von Verlust oder Beschädigung unter den in B3 beschriebenen Umständen.

CIF (Kosten, Versicherung und Fracht)

Der Verkäufer trägt bis zur Lieferung gemäß A2 alle Gefahren des Verlusts oder der Beschädigung der Ware, mit Ausnahme von Verlust oder Beschädigung unter den in B3 beschriebenen Umständen.

B3 GEFAHRÜBERGANG

EXW (Ab Werk)

Der Käufer trägt ab dem Zeitpunkt der Lieferung gemäß A2 alle Gefahren des Verlusts oder der Beschädigung der Ware.

Falls der Käufer keine Benachrichtigung gemäß B10 erteilt, trägt der Käufer alle Gefahren des Verlusts oder der Beschädigung der Ware ab dem vereinbarten Lieferzeitpunkt oder nach dem Ende des vereinbarten Lieferzeitraums, vorausgesetzt, die Ware wurde eindeutig als die vertragliche Ware kenntlich gemacht.

FCA (Frei Frachtführer)

Der Käufer trägt ab dem Zeitpunkt der Lieferung gemäß A2 alle Gefahren des Verlusts oder der Beschädigung der Ware.

Falls

a) der Käufer es versäumt, einen Frachtführer oder eine andere Person gemäß A2 zu benennen oder eine Benachrichtigung gemäß B10 zu erteilen; oder

b) der Frachtführer oder die vom Käufer gemäß B10(a) benannte Person es versäumt, die Ware zu übernehmen,

trägt der Käufer alle Gefahren des Verlusts oder der Beschädigung der Ware:

    (i) ab dem vereinbarten Zeitpunkt oder, wenn kein bestimmter Zeitpunkt vereinbart wurde,

    (ii) ab dem vom Käufer gemäß B10(b) ausgewählten Zeitpunkt; oder, falls ein solcher Zeitpunkt nicht mitgeteilt wurde,

    (iii) ab dem Ende des jeweils vereinbarten Lieferzeitraums,

vorausgesetzt, die Ware wurde eindeutig als die vertragliche Ware kenntlich gemacht.

Anhang: Offizielles Regelwerk der Internationalen Handelskammer (ICC)

INCOTERMS® 2020

CPT (Frachtfrei)

Der Käufer trägt ab dem Zeitpunkt der Lieferung gemäß A2 alle Gefahren des Verlusts oder der Beschädigung der Ware.

Falls der Käufer keine Benachrichtigung gemäß B10 erteilt, trägt der Käufer alle Gefahren des Verlusts oder der Beschädigung der Ware ab dem vereinbarten Lieferzeitpunkt oder nach dem Ende des vereinbarten Lieferzeitraums, vorausgesetzt, die Ware wurde eindeutig als die vertragliche Ware kenntlich gemacht.

CIP (Frachtfrei versichert)

Der Käufer trägt ab dem Zeitpunkt der Lieferung gemäß A2 alle Gefahren des Verlusts oder der Beschädigung der Ware.

Falls der Käufer keine Benachrichtigung gemäß B10 erteilt, trägt der Käufer alle Gefahren des Verlusts oder der Beschädigung der Ware ab dem vereinbarten Lieferzeitpunkt oder nach dem Ende des vereinbarten Lieferzeitraums, vorausgesetzt, die Ware wurde eindeutig als die vertragliche Ware kenntlich gemacht.

DAP (Geliefert benannter Ort)

Der Käufer trägt ab dem Zeitpunkt der Lieferung gemäß A2 alle Gefahren des Verlusts oder der Beschädigung der Ware.

Falls

a) der Käufer seine Verpflichtungen gemäß B7 nicht erfüllt, trägt er alle daraus resultierenden Gefahren des Verlusts oder der Beschädigung der Ware; oder

b) der Käufer es versäumt, eine Benachrichtigung gemäß B10 zu erteilen, trägt er alle Gefahren des Verlusts oder der Beschädigung der Ware ab dem vereinbarten Lieferzeitpunkt oder ab dem Ende des vereinbarten Lieferzeitraums,

vorausgesetzt, die Ware wurde eindeutig als die vertragliche Ware kenntlich gemacht.

DPU (Geliefert benannter Ort entladen)

Der Käufer trägt ab dem Zeitpunkt der Lieferung gemäß A2 alle Gefahren des Verlusts oder der Beschädigung der Ware.

Falls

a) der Käufer seine Verpflichtungen gemäß B7 nicht erfüllt, trägt er alle daraus resultierenden Gefahren des Verlusts oder der Beschädigung der Ware; oder

b) der Käufer es versäumt, eine Benachrichtigung gemäß B10 zu erteilen, trägt er alle Gefahren des Verlusts oder der Beschädigung der Ware ab dem vereinbarten Lieferzeitpunkt oder ab dem Ende des vereinbarten Lieferzeitraums,

vorausgesetzt, die Ware wurde eindeutig als die vertragliche Ware kenntlich gemacht.

INCOTERMS® 2020 | WORTLAUT DER EINZELNEN REGELN DER KLAUSELN

DDP (Geliefert verzollt)

Der Käufer trägt ab dem Zeitpunkt der Lieferung gemäß A2 alle Gefahren des Verlusts oder der Beschädigung der Ware.

Falls

a) der Käufer seine Verpflichtungen gemäß B7 nicht erfüllt, trägt er alle daraus resultierenden Gefahren des Verlusts oder der Beschädigung der Ware; oder

b) der Käufer es versäumt, eine Benachrichtigung gemäß B10 zu erteilen, trägt er alle Gefahren des Verlusts oder der Beschädigung der Ware ab dem vereinbarten Lieferzeitpunkt oder ab dem Ende des vereinbarten Lieferzeitraums,

vorausgesetzt, die Ware wurde eindeutig als die vertragliche Ware kenntlich gemacht.

FAS (Frei Längsseite Schiff)

Der Käufer trägt ab dem Zeitpunkt der Lieferung gemäß A2 alle Gefahren des Verlusts oder der Beschädigung der Ware.

Falls

a) der Käufer es versäumt, eine Benachrichtigung gemäß B10 zu erteilen; oder

b) das vom Käufer benannte Schiff nicht rechtzeitig eintrifft, um es dem Verkäufer zu ermöglichen, seine Pflichten entsprechend A2 zu erfüllen, oder das Schiff die Ware nicht übernimmt bzw. schon vor dem gemäß B10 mitgeteilten Zeitpunkt keine Ladung mehr annimmt;

dann trägt der Käufer alle Gefahren des Verlusts oder der Beschädigung der Ware

(i) ab dem vereinbarten Zeitpunkt oder, wenn kein bestimmter Zeitpunkt vereinbart wurde,

(ii) ab dem vom Käufer gemäß B10 ausgewählten Zeitpunkt oder, falls ein solcher Zeitpunkt nicht mitgeteilt wurde,

(iii) ab dem Ende des jeweils vereinbarten Lieferzeitraums,

vorausgesetzt, die Ware wurde eindeutig als die vertragliche Ware kenntlich gemacht.

FOB (Frei an Bord)

Der Käufer trägt ab dem Zeitpunkt der Lieferung gemäß A2 alle Gefahren des Verlusts oder der Beschädigung der Ware.

Falls

a) der Käufer es versäumt, eine Benachrichtigung gemäß B10 zu erteilen; oder

b) das vom Käufer benannte Schiff nicht rechtzeitig eintrifft, um es dem Verkäufer zu ermöglichen, seine Pflichten entsprechend A2 zu erfüllen, oder das Schiff die Ware nicht übernimmt bzw. schon vor dem gemäß B10 mitgeteilten Zeitpunkt keine Ladung mehr annimmt;

© 2019 INTERNATIONAL CHAMBER OF COMMERCE (ICC GERMANY E.V.) | 155

INCOTERMS® 2020

dann trägt der Käufer alle Gefahren des Verlusts oder der Beschädigung der Ware:

- (i) ab dem vereinbarten Zeitpunkt oder, wenn kein bestimmter Zeitpunkt vereinbart wurde,
- (ii) ab dem vom Käufer gemäß B10 ausgewählten Zeitpunkt oder, falls ein solcher Zeitpunkt nicht mitgeteilt wurde,
- (iii) ab dem Ende des jeweils vereinbarten Lieferzeitraums,

vorausgesetzt, die Ware wurde eindeutig als die vertragliche Ware kenntlich gemacht.

CFR (Kosten und Fracht)

Der Käufer trägt ab dem Zeitpunkt der Lieferung gemäß A2 alle Gefahren des Verlusts oder der Beschädigung der Ware.

Falls der Käufer es versäumt, eine Benachrichtigung gemäß B10 zu erteilen, trägt er alle Gefahren des Verlusts oder der Beschädigung der Ware ab dem für die Verschiffung vereinbarten Zeitpunkt oder ab dem Ende der hierfür vereinbarten Frist, vorausgesetzt, die Ware ist eindeutig als die vertragliche Ware kenntlich gemacht worden.

CIF (Kosten, Versicherung und Fracht)

Der Käufer trägt ab dem Zeitpunkt der Lieferung gemäß A2 alle Gefahren des Verlusts oder der Beschädigung der Ware.

Falls der Käufer es versäumt, eine Benachrichtigung gemäß B10 zu erteilen, trägt er alle Gefahren des Verlusts oder der Beschädigung der Ware ab dem für die Verschiffung vereinbarten Zeitpunkt oder ab dem Ende der hierfür vereinbarten Frist, vorausgesetzt, die Ware ist eindeutig als die vertragliche Ware kenntlich gemacht worden.

INCOTERMS® 2020 | WORTLAUT DER EINZELNEN REGELN DER KLAUSELN

A4 TRANSPORT

EXW (Ab Werk)

Der Verkäufer hat gegenüber dem Käufer keine Verpflichtung, einen Beförderungsvertrag abzuschließen.

Jedoch muss der Verkäufer dem Käufer auf dessen Verlangen, Gefahr und Kosten jeweils im Besitz des Verkäufers befindliche Informationen zur Verfügung stellen, einschließlich transportbezogener Sicherheitsanforderungen, die der Käufer für die Organisation des Transports benötigt.

FCA (Frei Frachtführer)

Der Verkäufer hat gegenüber dem Käufer keine Verpflichtung, einen Beförderungsvertrag abzuschließen. Jedoch muss der Verkäufer dem Käufer auf dessen Verlangen, Gefahr und Kosten jeweils im Besitz des Verkäufers befindliche Informationen zur Verfügung stellen, einschließlich transportbezogener Sicherheitsanforderungen, die der Käufer für die Organisation des Transports benötigt. Bei entsprechender Vereinbarung muss der Verkäufer einen Beförderungsvertrag zu den üblichen Bedingungen auf Gefahr und Kosten des Käufers abschließen.

Der Verkäufer muss alle transportbezogenen Sicherheitsanforderungen bis zur Lieferung erfüllen.

CPT (Frachtfrei)

Der Verkäufer hat für die Ware einen Beförderungsvertrag von der gegebenenfalls vereinbarten Lieferstelle am Lieferort bis zum benannten Bestimmungsort oder einer gegebenenfalls vereinbarten Stelle an diesem Ort abzuschließen oder zu beschaffen. Der Beförderungsvertrag ist zu den üblichen Bedingungen auf Kosten des Verkäufers abzuschließen und hat die Beförderung auf der üblichen Route in der üblichen Weise und mit einem Transportmittel der Bauart zu gewährleisten, die normalerweise für den Transport der verkauften Warenart verwendet wird. Ist keine bestimmte Stelle vereinbart und ergibt sie sich auch nicht aus der Handelspraxis, kann der Verkäufer die Stelle am Lieferort und am benannten Bestimmungsort auswählen, die für den Zweck am besten geeignet ist.

Der Verkäufer muss alle transportbezogenen Sicherheitsanforderungen für die Beförderung der Waren bis zum Bestimmungsort erfüllen.

CIP (Frachtfrei versichert)

Der Verkäufer hat für die Ware einen Beförderungsvertrag von der gegebenenfalls vereinbarten Lieferstelle am Lieferort bis zum benannten Bestimmungsort oder einer gegebenenfalls vereinbarten Stelle an diesem Ort abzuschließen oder zu beschaffen. Der Beförderungsvertrag ist zu den üblichen Bedingungen auf Kosten des Verkäufers abzuschließen und hat die Beförderung auf der üblichen Route in der üblichen Weise

INCOTERMS® 2020

und mit einem Transportmittel der Bauart zu gewährleisten, die normalerweise für den Transport der verkauften Warenart verwendet wird. Ist keine bestimmte Stelle vereinbart und ergibt sie sich auch nicht aus der Handelspraxis, kann der Verkäufer die Stelle am Lieferort und am benannten Bestimmungsort auswählen, die für den Zweck am besten geeignet ist.

Der Verkäufer muss alle transportbezogenen Sicherheitsanforderungen für die Beförderung der Waren bis zum Bestimmungsort erfüllen.

DAP (Geliefert benannter Ort)

Der Verkäufer muss auf eigene Kosten den Transport der Ware bis zum benannten Bestimmungsort oder zu der gegebenenfalls vereinbarten Stelle am benannten Bestimmungsort vertraglich beauftragen oder organisieren. Ist keine genaue Stelle vereinbart oder ergibt sie sich nicht aus der Handelspraxis, kann der Verkäufer eine beliebige Stelle am benannten Bestimmungsort auswählen, die für den Zweck am besten geeignet ist.

Der Verkäufer muss alle transportbezogenen Sicherheitsanforderungen für die Beförderung der Waren bis zum Bestimmungsort erfüllen.

DPU (Geliefert benannter Ort entladen)

Der Verkäufer muss auf eigene Kosten den Transport der Ware bis zum benannten Bestimmungsort oder zu der gegebenenfalls vereinbarten Stelle am benannten Bestimmungsort vertraglich beauftragen oder organisieren. Ist keine genaue Stelle vereinbart oder ergibt sie sich nicht aus der Handelspraxis, kann der Verkäufer eine beliebige Stelle am benannten Bestimmungsort auswählen, die für den Zweck am besten geeignet ist.

Der Verkäufer muss alle transportbezogenen Sicherheitsanforderungen für die Beförderung der Waren bis zum Bestimmungsort erfüllen.

DDP (Geliefert verzollt)

Der Verkäufer muss auf eigene Kosten den Transport der Ware bis zum benannten Bestimmungsort oder zu der gegebenenfalls vereinbarten Stelle am benannten Bestimmungsort vertraglich beauftragen oder organisieren. Ist keine genaue Stelle vereinbart oder ergibt sie sich nicht aus der Handelspraxis, kann der Verkäufer eine beliebige Stelle am benannten Bestimmungsort auswählen, die für den Zweck am besten geeignet ist.

Der Verkäufer muss alle transportbezogenen Sicherheitsanforderungen für die Beförderung der Waren bis zum Bestimmungsort erfüllen.

INCOTERMS® 2020 | WORTLAUT DER EINZELNEN REGELN DER KLAUSELN

FAS (Frei Längsseite Schiff)

Der Verkäufer hat gegenüber dem Käufer keine Verpflichtung, einen Beförderungsvertrag abzuschließen. Jedoch muss der Verkäufer dem Käufer auf dessen Verlangen, Gefahr und Kosten jeweils im Besitz des Verkäufers befindliche Informationen zur Verfügung stellen, einschließlich transportbezogener Sicherheitsanforderungen, die der Käufer für die Organisation des Transports benötigt. Bei entsprechender Vereinbarung muss der Verkäufer einen Beförderungsvertrag zu den üblichen Bedingungen auf Gefahr und Kosten des Käufers abschließen.

Der Verkäufer muss alle transportbezogenen Sicherheitsanforderungen bis zur Lieferung erfüllen.

FOB (Frei an Bord)

Der Verkäufer hat gegenüber dem Käufer keine Verpflichtung, einen Beförderungsvertrag abzuschließen. Jedoch muss der Verkäufer dem Käufer auf dessen Verlangen, Gefahr und Kosten jeweils im Besitz des Verkäufers befindliche Informationen zur Verfügung stellen, einschließlich transportbezogener Sicherheitsanforderungen, die der Käufer für die Organisation des Transports benötigt. Bei entsprechender Vereinbarung muss der Verkäufer einen Beförderungsvertrag zu den üblichen Bedingungen auf Gefahr und Kosten des Käufers abschließen.

Der Verkäufer muss alle transportbezogenen Sicherheitsanforderungen bis zur Lieferung erfüllen.

CFR (Kosten und Fracht)

Der Verkäufer muss einen Vertrag über die Beförderung der Ware von der gegebenenfalls vereinbarten Lieferstelle am Lieferort bis zum benannten Bestimmungshafen oder einer gegebenenfalls vereinbarten Stelle in diesem Hafen abschließen oder beschaffen. Der Beförderungsvertrag ist zu den üblichen Bedingungen auf Kosten des Verkäufers abzuschließen und hat die Beförderung auf der üblichen Route mit einem Schiff der Bauart zu gewährleisten, die normalerweise für den Transport der verkauften Warenart verwendet wird.

Der Verkäufer muss alle transportbezogenen Sicherheitsanforderungen für die Beförderung der Waren bis zum Bestimmungsort erfüllen.

CIF (Kosten, Versicherung und Fracht)

Der Verkäufer muss einen Vertrag über die Beförderung der Ware von der gegebenenfalls vereinbarten Lieferstelle am Lieferort bis zum benannten Bestimmungshafen oder einer gegebenenfalls vereinbarten Stelle in diesem Hafen abschließen oder beschaffen. Der Beförderungsvertrag ist zu den üblichen Bedingungen auf Kosten des Verkäufers abzuschließen und hat

Anhang: Offizielles Regelwerk der Internationalen Handelskammer (ICC)

INCOTERMS® 2020

die Beförderung auf der üblichen Route mit einem Schiff der Bauart zu gewährleisten, die normalerweise für den Transport der verkauften Warenart verwendet wird.

Der Verkäufer muss alle transportbezogenen Sicherheitsanforderungen für die Beförderung der Waren bis zum Bestimmungsort erfüllen.

B4 TRANSPORT

EXW (Ab Werk)
Es ist dem Käufer überlassen, auf eigene Kosten einen Vertrag über die Beförderung der Ware vom benannten Lieferort abzuschließen oder zu organisieren.

FCA (Frei Frachtführer)
Der Käufer muss auf eigene Kosten einen Vertrag über die Beförderung der Ware vom benannten Lieferort schließen oder den Warentransport organisieren, es sei denn, der Beförderungsvertrag wird vom Verkäufer, wie in A4 geregelt, abgeschlossen.

CPT (Frachtfrei)
Der Käufer hat gegenüber dem Verkäufer keine Verpflichtung, einen Beförderungsvertrag abzuschließen.

CIP (Frachtfrei versichert)
Der Käufer hat gegenüber dem Verkäufer keine Verpflichtung, einen Beförderungsvertrag abzuschließen.

DAP (Geliefert benannter Ort)
Der Käufer hat gegenüber dem Verkäufer keine Verpflichtung, einen Beförderungsvertrag abzuschließen.

DPU (Geliefert benannter Ort entladen)
Der Käufer hat gegenüber dem Verkäufer keine Verpflichtung, einen Beförderungsvertrag abzuschließen.

DDP (Geliefert verzollt)
Der Käufer hat gegenüber dem Verkäufer keine Verpflichtung, einen Beförderungsvertrag abzuschließen.

FAS (Frei Längsseite Schiff)
Der Käufer hat auf eigene Kosten den Vertrag über die Beförderung der Ware vom benannten Verschiffungshafen abzuschließen, sofern der Beförderungsvertrag nicht vom Verkäufer gemäß der Regelung in A4 abgeschlossen wurde.

FOB (Frei an Bord)
Der Käufer hat auf eigene Kosten den Vertrag über die Beförderung der Ware vom benannten Verschiffungshafen abzuschließen, sofern der Beförderungsvertrag nicht vom Verkäufer gemäß der Regelung in A4 abgeschlossen wurde.

Anhang: Offizielles Regelwerk der Internationalen Handelskammer (ICC)

INCOTERMS® 2020 | WORTLAUT DER EINZELNEN REGELN DER KLAUSELN

CFR (Kosten und Fracht)
Der Käufer hat gegenüber dem Verkäufer keine Verpflichtung, einen Beförderungsvertrag abzuschließen.

CIF (Kosten, Versicherung und Fracht)
Der Käufer hat gegenüber dem Verkäufer keine Verpflichtung, einen Beförderungsvertrag abzuschließen.

INCOTERMS® 2020

A5 VERSICHERUNG

EXW (Ab Werk)

Der Verkäufer hat gegenüber dem Käufer keine Verpflichtung, einen Versicherungsvertrag abzuschließen. Jedoch muss der Verkäufer dem Käufer auf dessen Verlangen, Gefahr und Kosten jeweils im Besitz des Verkäufers befindliche Informationen zur Verfügung stellen, welche der Käufer zur Erlangung des Versicherungsschutzes benötigt.

FCA (Frei Frachtführer)

Der Verkäufer hat gegenüber dem Käufer keine Verpflichtung, einen Versicherungsvertrag abzuschließen. Jedoch muss der Verkäufer dem Käufer auf dessen Verlangen, Gefahr und Kosten jeweils im Besitz des Verkäufers befindliche Informationen zur Verfügung stellen, welche der Käufer zur Erlangung des Versicherungsschutzes benötigt.

CPT (Frachtfrei)

Der Verkäufer hat gegenüber dem Käufer keine Verpflichtung, einen Versicherungsvertrag abzuschließen. Jedoch muss der Verkäufer dem Käufer auf dessen Verlangen, Gefahr und Kosten jeweils im Besitz des Verkäufers befindliche Informationen zur Verfügung stellen, welche der Käufer zur Erlangung des Versicherungsschutzes benötigt.

CIP (Frachtfrei versichert)

Sofern nicht anders vereinbart oder handelsüblich, hat der Verkäufer auf eigene Kosten eine Transportversicherung abzuschließen, die der vorgeschriebenen Deckungshöhe gemäß den Klauseln (A) der Institute Cargo Clauses (LMA/IUA) oder ähnlichen Klauseln entspricht, die den eingesetzten Transportmitteln angemessen sind. Die Versicherung ist bei Einzelversicherern oder Versicherungsgesellschaften mit einwandfreiem Leumund abzuschließen und muss den Käufer oder jede andere Person mit einem versicherbaren Interesse an der Ware berechtigen, Ansprüche direkt bei dem Versicherer geltend zu machen.

Der Verkäufer muss auf Verlangen und Kosten des Käufers, vorbehaltlich der durch den Käufer zur Verfügung zu stellenden, vom Verkäufer benötigten Informationen, zusätzlichen Versicherungsschutz beschaffen, falls erhältlich, z. B. Deckung entsprechend den Institute War Clauses und/oder Institute Strikes Clauses (LMA/IUA) oder ähnlichen Klauseln (es sei denn, ein derartiger Versicherungsschutz ist bereits in der im vorhergehenden Absatz beschriebenen Transportversicherung inkludiert).

Die Versicherung muss zumindest den im Vertrag genannten Preis zuzüglich zehn Prozent (d. h. 110 %) decken und in der Währung des Vertrags ausgestellt sein.

INCOTERMS® 2020 | WORTLAUT DER EINZELNEN REGELN DER KLAUSELN

Der Versicherungsschutz für die Ware muss ab der in A2 festgelegten Lieferstelle mindestens bis zum benannten Bestimmungsort gelten.

Der Verkäufer muss dem Käufer die Versicherungspolice oder -urkunde bzw. einen sonstigen Nachweis über den Versicherungsschutz aushändigen.

Ferner hat der Verkäufer dem Käufer auf dessen Verlangen, Gefahr und Kosten jene Informationen zur Verfügung zu stellen, die der Käufer für den Abschluss etwaiger zusätzlicher Versicherungen benötigt.

DAP (Geliefert benannter Ort)

Der Verkäufer hat gegenüber dem Käufer keine Verpflichtung, einen Versicherungsvertrag abzuschließen.

DPU (Geliefert benannter Ort entladen)

Der Verkäufer hat gegenüber dem Käufer keine Verpflichtung, einen Versicherungsvertrag abzuschließen.

DDP (Geliefert verzollt)

Der Verkäufer hat gegenüber dem Käufer keine Verpflichtung, einen Versicherungsvertrag abzuschließen.

FAS (Frei Längsseite Schiff)

Der Verkäufer hat gegenüber dem Käufer keine Verpflichtung, einen Versicherungsvertrag abzuschließen. Jedoch muss der Verkäufer dem Käufer auf dessen Verlangen, Gefahr und Kosten jeweils im Besitz des Verkäufers befindliche Informationen zur Verfügung stellen, die der Käufer zur Erlangung des Versicherungsschutzes benötigt.

FOB (Frei an Bord)

Der Verkäufer hat gegenüber dem Käufer keine Verpflichtung, einen Versicherungsvertrag abzuschließen. Jedoch muss der Verkäufer dem Käufer auf dessen Verlangen, Gefahr und Kosten jeweils im Besitz des Verkäufers befindliche Informationen zur Verfügung stellen, die der Käufer zur Erlangung des Versicherungsschutzes benötigt.

CFR (Kosten und Fracht)

Der Verkäufer hat gegenüber dem Käufer keine Verpflichtung, einen Versicherungsvertrag abzuschließen. Jedoch muss der Verkäufer dem Käufer auf dessen Verlangen, Gefahr und Kosten jeweils im Besitz des Verkäufers befindliche Informationen zur Verfügung stellen, die der Käufer zur Erlangung des Versicherungsschutzes benötigt.

CIF (Kosten, Versicherung und Fracht)

Sofern nicht anders vereinbart oder handelsüblich, hat der Verkäufer auf eigene Kosten eine Transportversicherung abzu-

INCOTERMS® 2020

schließen, die der vorgeschriebenen Deckungshöhe gemäß den Klauseln (C) der Institute Cargo Clauses (LMA/IUA) oder ähnlicher Klauseln entspricht. Die Versicherung ist bei Einzelversicherern oder Versicherungsgesellschaften mit einwandfreiem Leumund abzuschließen und muss den Käufer oder jede andere Person mit einem versicherbaren Interesse an der Ware berechtigen, Ansprüche direkt bei dem Versicherer geltend zu machen.

Der Verkäufer muss auf Verlangen und Kosten des Käufers, vorbehaltlich der durch den Käufer zur Verfügung zu stellenden, vom Verkäufer benötigten Informationen, zusätzlichen Versicherungsschutz beschaffen, falls erhältlich, z. B. Deckung entsprechend den Institute War Clauses und/oder Institute Strikes Clauses (LMA/IUA) oder ähnlichen Klauseln (es sei denn, ein derartiger Versicherungsschutz ist bereits in der im vorhergehenden Absatz beschriebenen Transportversicherung inkludiert).

Die Versicherung muss zumindest den im Vertrag genannten Preis zuzüglich zehn Prozent (d. h. 110 %) decken und in der Währung des Vertrags ausgestellt sein.

Der Versicherungsschutz für die Ware muss ab der Lieferstelle, wie in A2 festgelegt, bis mindestens zum benannten Bestimmungshafen wirksam sein.

Der Verkäufer muss dem Käufer die Versicherungspolice oder -urkunde bzw. einen sonstigen Nachweis über den Versicherungsschutz aushändigen.

Ferner hat der Verkäufer dem Käufer auf dessen Verlangen, Gefahr und Kosten jene Informationen zur Verfügung zu stellen, die der Käufer für den Abschluss etwaiger zusätzlicher Versicherungen benötigt.

B5 VERSICHERUNG

EXW (Ab Werk)

Der Käufer hat gegenüber dem Verkäufer keine Verpflichtung, einen Versicherungsvertrag abzuschließen.

FCA (Frei Frachtführer)

Der Käufer hat gegenüber dem Verkäufer keine Verpflichtung, einen Versicherungsvertrag abzuschließen.

CPT (Frachtfrei)

Der Käufer hat gegenüber dem Verkäufer keine Verpflichtung, einen Versicherungsvertrag abzuschließen.

CIP (Frachtfrei versichert)

Der Käufer hat gegenüber dem Verkäufer keine Verpflichtung, einen Versicherungsvertrag abzuschließen. Allerdings muss der Käufer dem Verkäufer auf dessen Verlangen hin alle Informationen übermitteln, die zum Abschluss der vom Käufer gemäß A5 ggf. verlangten zusätzlichen Versicherung benötigt werden.

Anhang: Offizielles Regelwerk der Internationalen Handelskammer (ICC)

INCOTERMS® 2020 | WORTLAUT DER EINZELNEN REGELN DER KLAUSELN

DAP (Geliefert benannter Ort)

Der Käufer hat gegenüber dem Verkäufer keine Verpflichtung, einen Versicherungsvertrag abzuschließen. Jedoch muss der Käufer dem Verkäufer auf dessen Verlangen, Gefahr und Kosten jeweils Informationen zur Verfügung stellen, die der Verkäufer zur Erlangung des Versicherungsschutzes benötigt.

DPU (Geliefert benannter Ort entladen)

Der Käufer hat gegenüber dem Verkäufer keine Verpflichtung, einen Versicherungsvertrag abzuschließen. Jedoch muss der Käufer dem Verkäufer auf dessen Verlangen, Gefahr und Kosten jeweils Informationen zur Verfügung stellen, die der Verkäufer zur Erlangung des Versicherungsschutzes benötigt.

DDP (Geliefert verzollt)

Der Käufer hat gegenüber dem Verkäufer keine Verpflichtung, einen Versicherungsvertrag abzuschließen. Jedoch muss der Käufer dem Verkäufer auf dessen Verlangen, Gefahr und Kosten jeweils Informationen zur Verfügung stellen, die der Verkäufer zur Erlangung des Versicherungsschutzes benötigt.

FAS (Frei Längsseite Schiff)

Der Käufer hat gegenüber dem Verkäufer keine Verpflichtung, einen Versicherungsvertrag abzuschließen.

FOB (Frei an Bord)

Der Käufer hat gegenüber dem Verkäufer keine Verpflichtung, einen Versicherungsvertrag abzuschließen.

CFR (Kosten und Fracht)

Der Käufer hat gegenüber dem Verkäufer keine Verpflichtung, einen Versicherungsvertrag abzuschließen.

CIF (Kosten, Versicherung und Fracht)

Der Käufer hat gegenüber dem Verkäufer keine Verpflichtung, einen Versicherungsvertrag abzuschließen. Allerdings muss der Käufer dem Verkäufer auf dessen Verlangen hin alle Informationen übermitteln, die zum Abschluss der vom Käufer gemäß A5 ggf. verlangten zusätzlichen Versicherung benötigt werden.

INCOTERMS® 2020

A6 LIEFER-/TRANSPORTDOKUMENT

EXW (Ab Werk)
Der Verkäufer hat gegenüber dem Käufer keine Verpflichtung.

FCA (Frei Frachtführer)
Der Verkäufer hat gegenüber dem Käufer auf eigene Kosten den üblichen Nachweis zu erbringen, dass die Ware gemäß A2 geliefert worden ist.

Der Verkäufer hat den Käufer auf dessen Verlangen, Gefahr und Kosten bei der Beschaffung eines Transportdokuments zu unterstützen.

Wenn der Käufer den Frachtführer angewiesen hat, dem Verkäufer ein Transportdokument gemäß B6 auszustellen, muss der Verkäufer dieses Dokument dem Käufer aushändigen.

CPT (Frachtfrei)
Falls handelsüblich oder falls der Käufer es verlangt, hat der Verkäufer auf eigene Kosten dem Käufer das oder die übliche(n) Transportdokument(e) für den gemäß A4 vertraglich vereinbarten Transport zur Verfügung zu stellen.

Dieses Transportdokument muss die vertragliche Ware erfassen und innerhalb der zur Versendung vereinbarten Frist datiert sein. Falls vereinbart oder handelsüblich, muss das Dokument den Käufer auch in die Lage versetzen, die Herausgabe der Ware bei dem Frachtführer am benannten Bestimmungsort einfordern zu können und es dem Käufer ermöglichen, die Ware während des Transports durch Übergabe des Dokuments an einen nachfolgenden Käufer oder durch Benachrichtigung an den Frachtführer zu verkaufen.

Wird ein solches Transportdokument als begebbares Dokument und in mehreren Originalen ausgestellt, muss dem Käufer ein vollständiger Satz von Originalen übergeben werden.

CIP (Frachtfrei versichert)
Falls handelsüblich oder falls der Käufer es verlangt, hat der Verkäufer auf eigene Kosten dem Käufer das oder die übliche(n) Transportdokument(e) für den gemäß A4 vertraglich vereinbarten Transport zur Verfügung zu stellen.

Dieses Transportdokument muss die vertragliche Ware erfassen und innerhalb der zur Versendung vereinbarten Frist datiert sein. Falls vereinbart oder handelsüblich, muss das Dokument den Käufer auch in die Lage versetzen, die Herausgabe der Ware bei dem Frachtführer am benannten Bestimmungsort einfordern zu können und es dem Käufer ermöglichen, die Ware während des Transports durch Übergabe des Dokuments an einen nachfolgenden Käufer oder durch Benachrichtigung an den Frachtführer zu verkaufen.

INCOTERMS® 2020 | WORTLAUT DER EINZELNEN REGELN DER KLAUSELN

Wird ein solches Transportdokument als begebbares Dokument und in mehreren Originalen ausgestellt, muss dem Käufer ein vollständiger Satz von Originalen übergeben werden.

DAP (Geliefert benannter Ort)

Der Verkäufer hat auf eigene Kosten alle erforderlichen Dokumente dem Käufer zur Verfügung zu stellen, die dem Käufer die Übernahme der Ware ermöglichen.

DPU (Geliefert benannter Ort entladen)

Der Verkäufer hat dem Käufer auf eigene Kosten alle erforderlichen Dokumente zur Verfügung zu stellen, die dem Käufer die Übernahme der Ware ermöglichen.

DDP (Geliefert verzollt)

Der Verkäufer hat dem Käufer auf eigene Kosten alle erforderlichen Dokumente zur Verfügung zu stellen, die dem Käufer die Übernahme der Ware ermöglichen.

FAS (Frei Längsseite Schiff)

Der Verkäufer hat gegenüber dem Käufer auf eigene Kosten den üblichen Nachweis zu erbringen, dass die Ware gemäß A2 geliefert worden ist.

Sofern es sich bei einem solchen Nachweis nicht um ein Transportdokument handelt, hat der Verkäufer den Käufer auf dessen Verlangen, Gefahr und Kosten bei der Beschaffung eines Transportdokuments zu unterstützen.

FOB (Frei an Bord)

Der Verkäufer hat gegenüber dem Käufer auf eigene Kosten den üblichen Nachweis zu erbringen, dass die Ware gemäß A2 geliefert worden ist.

Sofern es sich bei einem solchen Nachweis nicht um ein Transportdokument handelt, hat der Verkäufer den Käufer auf dessen Verlangen, Gefahr und Kosten bei der Beschaffung eines Transportdokuments zu unterstützen.

CFR (Kosten und Fracht)

Der Verkäufer hat dem Käufer auf eigene Kosten das übliche Transportdokument für den vereinbarten Bestimmungshafen zur Verfügung zu stellen.

Dieses Transportdokument muss über die vertragliche Ware lauten, ein innerhalb der für die Verschiffung vereinbarten Frist liegendes Datum tragen, den Käufer berechtigen, die Herausgabe der Ware im Bestimmungshafen von dem Frachtführer zu verlangen und, sofern nichts anderes vereinbart wurde, es dem Käufer ermöglichen, die Ware während des Transports an einen nachfolgenden Käufer durch Übertragung des Dokuments oder durch Mitteilung an den Frachtführer zu verkaufen.

INCOTERMS® 2020

Wird ein solches Transportdokument als begebbares Dokument und in mehreren Originalen ausgestellt, muss dem Käufer ein vol ständiger Satz von Originalen übergeben werden.

CIF (Kosten, Versicherung und Fracht)

Der Verkäufer hat dem Käufer auf eigene Kosten das übliche Transportdokument für den vereinbarten Bestimmungshafen zur Verfügung zu stellen.

Dieses Transportdokument muss über die vertragliche Ware lauten, ein innerhalb der für die Verschiffung vereinbarten Frist liegendes Datum tragen, den Käufer berechtigen, die Herausgabe der Ware im Bestimmungshafen von dem Frachtführer zu verlangen und, sofern nichts anderes vereinbart wurde, es dem Käufer ermöglichen, die Ware während des Transports an einen nachfolgenden Käufer durch Übertragung des Dokuments oder durch Mitteilung an den Frachtführer zu verkaufen.

Wird ein solches Transportdokument als begebbares Dokument und in mehreren Originalen ausgestellt, muss dem Käufer ein vollständiger Satz von Originalen übergeben werden.

B6 LIEFERUNG/TRANSPORTDOKUMENT

EXW (Ab Werk)

Der Käufer muss dem Verkäufer einen hinreichenden Nachweis der Warenübernahme zur Verfügung stellen.

FCA (Frei Frachtführer)

Der Käufer muss den Nachweis über eine erfolgte Lieferung der Ware gemäß A2 annehmen.

Bei entsprechender Vereinbarung der Parteien muss der Käufer seinen Frachtführer anweisen, dem Verkäufer auf Kosten und Gefahr des Käufers ein Transportdokument auszustellen, aus dem hervorgeht, dass die Ware verladen wurde (z. B. ein Konnossement mit An-Bord-Vermerk).

CPT (Frachtfrei)

Der Käufer hat das gemäß A6 zur Verfügung gestellte Transportdokument anzunehmen, wenn es mit dem Vertrag übereinstimmt.

CIP (Frachtfrei versichert)

Der Käufer hat das gemäß A6 zur Verfügung gestellte Transportdokument anzunehmen, wenn es mit dem Vertrag übereinstimmt.

DAP (Geliefert benannter Ort)

Der Käufer muss das gemäß A6 zur Verfügung gestellte Dokument annehmen.

168 | © 2019 INTERNATIONAL CHAMBER OF COMMERCE (ICC GERMANY E.V.)

Anhang: Offizielles Regelwerk der Internationalen Handelskammer (ICC)

INCOTERMS® 2020 | WORTLAUT DER EINZELNEN REGELN DER KLAUSELN

DPU (Geliefert benannter Ort entladen)
Der Käufer muss das gemäß A6 zur Verfügung gestellte Dokument annehmen.

DDP (Geliefert verzollt)
Der Käufer muss das gemäß A6 zur Verfügung gestellte Dokument annehmen.

FAS (Frei Längsseite Schiff)
Der Käufer muss den gemäß A6 bereitgestellten Liefernachweis annehmen.

FOB (Frei an Bord)
Der Käufer muss den gemäß A6 bereitgestellten Liefernachweis annehmen.

CFR (Kosten und Fracht)
Der Käufer hat das gemäß A6 zur Verfügung gestellte Transportdokument anzunehmen, wenn es mit dem Vertrag übereinstimmt.

CIF (Kosten, Versicherung und Fracht)
Der Käufer hat das gemäß A6 zur Verfügung gestellte Transportdokument anzunehmen, wenn es mit dem Vertrag übereinstimmt.

Anhang: Offizielles Regelwerk der Internationalen Handelskammer (ICC)

INCOTERMS® 2020

A7 AUSFUHR-/EINFUHRABFERTIGUNG

EXW (Ab Werk)

Soweit zutreffend, hat der Verkäufer den Käufer auf dessen Verlangen, Gefahr und Kosten bei der Beschaffung von Dokumenten und/oder Informationen für alle Ausfuhr-/Transit-/Einfuhrabfertigungsformalitäten, die von den Ausfuhr-/Transit-/Einfuhrländern vorgeschrieben sind, zu unterstützen, z. B.:

- Ausfuhr-/Durchfuhr-/Einfuhrgenehmigung;
- Sicherheitsfreigabe für Ausfuhr/Durchfuhr/Einfuhr;
- Warenkontrolle vor der Verladung; und
- sonstige behördliche Genehmigungen.

FCA (Frei Frachtführer)

a) **Ausfuhrabfertigung**

Gegebenenfalls hat der Verkäufer alle Ausfuhrabfertigungsformalitäten durchzuführen und zu bezahlen, die von dem jeweiligen Ausfuhrland vorgeschrieben sind, z. B.:

- Ausfuhrgenehmigung;
- Sicherheitsfreigabe für die Ausfuhr;
- Warenkontrolle vor der Verladung; und
- sonstige behördliche Genehmigungen.

b) **Unterstützung bei der Einfuhrabfertigung**

Gegebenenfalls hat der Verkäufer den Käufer auf dessen Verlangen, Gefahr und Kosten bei der Beschaffung von Dokumenten und/oder Informationen für alle Transit-/Einfuhrabfertigungsformalitäten zu unterstützen, einschließlich Sicherheitsanforderungen und Warenkontrollen vor der Verladung, die von den Transit-/Einfuhrländern vorgeschrieben sind.

CPT (Frachtfrei)

a) **Ausfuhrabfertigung**

Gegebenenfalls hat der Verkäufer alle Ausfuhrabfertigungsformalitäten durchzuführen und zu bezahlen, die von dem jeweiligen Ausfuhrland vorgeschrieben sind, z. B.:

- Ausfuhrgenehmigung;
- Sicherheitsfreigabe für die Ausfuhr;
- Warenkontrolle vor der Verladung; und
- sonstige behördliche Genehmigungen.

b) **Unterstützung bei der Einfuhrabfertigung**

Gegebenenfalls hat der Verkäufer den Käufer auf dessen Verlangen, Gefahr und Kosten bei der Beschaffung von Dokumenten und/oder Informationen für alle Transit-/Einfuhrabfertigungsformalitäten zu unterstützen, einschließlich Sicherheitsanforderungen und Warenkontrollen vor der Verladung, die von den Transit-/Einfuhrländern vorgeschrieben sind.

INCOTERMS® 2020 | WORTLAUT DER EINZELNEN REGELN DER KLAUSELN

CIP (Frachtfrei versichert)

a) Ausfuhrabfertigung

Gegebenenfalls hat der Verkäufer alle Ausfuhrabfertigungsformalitäten durchzuführen und zu bezahlen, die von dem jeweiligen Ausfuhrland vorgeschrieben sind, z. B.:

- Ausfuhrgenehmigung;
- Sicherheitsfreigabe für die Ausfuhr;
- Warenkontrolle vor der Verladung; und
- sonstige behördliche Genehmigungen.

b) Unterstützung bei der Einfuhrabfertigung

Gegebenenfalls hat der Verkäufer den Käufer auf dessen Verlangen, Gefahr und Kosten bei der Beschaffung von Dokumenten und/oder Informationen für alle Transit-/Einfuhrabfertigungsformalitäten zu unterstützen, einschließlich Sicherheitsanforderungen und Warenkontrollen vor der Verladung, die von den Transit-/Einfuhrländern vorgeschrieben sind.

DAP (Geliefert benannter Ort)

a) Ausfuhr- und Transitabfertigung

Gegebenenfalls hat der Verkäufer alle Ausfuhr- und Transitabfertigungsformalitäten durchzuführen und zu bezahlen, die von dem jeweiligen Ausfuhr- und Transitland (außer dem Einfuhrland) vorgeschrieben sind, z. B.:

- Ausfuhr-/Durchfuhrgenehmigung;
- Sicherheitsfreigabe für Ausfuhr/Durchfuhr;
- Warenkontrolle vor der Verladung; und
- sonstige behördliche Genehmigungen.

b) Unterstützung bei der Einfuhrabfertigung

Gegebenenfalls hat der Verkäufer den Käufer auf dessen Verlangen, Gefahr und Kosten bei der Beschaffung von Dokumenten und/oder Informationen für alle Einfuhrabfertigungsformalitäten zu unterstützen, einschließlich Sicherheitsanforderungen und Warenkontrollen vor der Verladung, die von dem betreffenden Einfuhrland vorgeschrieben sind.

DPU (Geliefert benannter Ort entladen)

a) Ausfuhr- und Transitabfertigung

Gegebenenfalls hat der Verkäufer alle Ausfuhr- und Transitabfertigungsformalitäten durchzuführen und zu bezahlen, die von dem jeweiligen Ausfuhr- und Transitland (außer dem Einfuhrland) vorgeschrieben sind, z. B.:

- Ausfuhr-/Durchfuhrgenehmigung;
- Sicherheitsfreigabe für Ausfuhr/Durchfuhr;
- Warenkontrolle vor der Verladung; und
- sonstige behördliche Genehmigungen.

Anhang: Offizielles Regelwerk der Internationalen Handelskammer (ICC)

INCOTERMS® 2020

b) **Unterstützung bei der Einfuhrabfertigung**

Gegebenenfalls hat der Verkäufer den Käufer auf dessen Verlangen, Gefahr und Kosten bei der Beschaffung von Dokumenten und/oder Informationen für alle Einfuhrabfertigungsformalitäten zu unterstützen, einschließlich Sicherheitsanforderungen und Warenkontrollen vor der Verladung, die von dem betreffenden Einfuhrland vorgeschrieben sind.

DDP (Geliefert verzollt)

Gegebenenfalls hat der Verkäufer alle Ausfuhr-/Transit- und Einfuhrabfertigungsformalitäten durchzuführen und zu bezahlen, die von den jeweiligen Ausfuhr-/Transit- und Einfuhrländern vorgeschrieben sind, z. B.:

- Ausfuhr-/Durchfuhr-/Einfuhrgenehmigung;
- Sicherheitsfreigabe für Ausfuhr/Durchfuhr/Einfuhr;
- Warenkontrolle vor der Verladung; und
- sonstige behördliche Genehmigungen.

FAS (Frei Längsseite Schiff)

a) **Ausfuhrabfertigung**

Gegebenenfalls hat der Verkäufer alle Ausfuhrabfertigungsformalitäten durchzuführen und zu bezahlen, die von dem jeweiligen Ausfuhrland vorgeschrieben sind, z. B.:

- Ausfuhrgenehmigung;
- Sicherheitsfreigabe für die Ausfuhr;
- Warenkontrolle vor der Verladung; und
- sonstige behördliche Genehmigungen.

b) **Unterstützung bei der Einfuhrabfertigung**

Gegebenenfalls hat der Verkäufer den Käufer auf dessen Verlangen, Gefahr und Kosten bei der Beschaffung von Dokumenten und/oder Informationen für alle Transit-/Einfuhrabfertigungsformalitäten zu unterstützen, einschließlich Sicherheitsanforderungen und Warenkontrollen vor der Verladung, die von den Transit-/Einfuhrländern vorgeschrieben sind.

FOB (Frei an Bord)

a) **Ausfuhrabfertigung**

Gegebenenfalls hat der Verkäufer alle Ausfuhrabfertigungsformalitäten durchzuführen und zu bezahlen, die von dem jeweiligen Ausfuhrland vorgeschrieben sind, z. B.:

- Ausfuhrgenehmigung;
- Sicherheitsfreigabe für die Ausfuhr;
- Warenkontrolle vor der Verladung; und
- sonstige behördliche Genehmigungen.

INCOTERMS® 2020 | WORTLAUT DER EINZELNEN REGELN DER KLAUSELN

b) Unterstützung bei der Einfuhrabfertigung

Gegebenenfalls hat der Verkäufer den Käufer auf dessen Verlangen, Gefahr und Kosten bei der Beschaffung von Dokumenten und/oder Informationen für alle Transit-/Einfuhrabfertigungsformalitäten zu unterstützen, einschließlich Sicherheitsanforderungen und Warenkontrollen vor der Verladung, die von den Transit-/Einfuhrländern vorgeschrieben sind.

CFR (Kosten und Fracht)

a) Ausfuhrabfertigung

Gegebenenfalls hat der Verkäufer alle Ausfuhrabfertigungsformalitäten durchzuführen und zu bezahlen, die von dem jeweiligen Ausfuhrland vorgeschrieben sind, z. B.:

- Ausfuhrgenehmigung;
- Sicherheitsfreigabe für die Ausfuhr;
- Warenkontrolle vor der Verladung; und
- sonstige behördliche Genehmigungen.

b) Unterstützung bei der Einfuhrabfertigung

Gegebenenfalls hat der Verkäufer den Käufer auf dessen Verlangen, Gefahr und Kosten bei der Beschaffung von Dokumenten und/oder Informationen für alle Transit-/Einfuhrabfertigungsformalitäten zu unterstützen, einschließlich Sicherheitsanforderungen und Warenkontrollen vor der Verladung, die von den Transit-/Einfuhrländern vorgeschrieben sind.

CIF (Kosten, Versicherung und Fracht)

a) Ausfuhrabfertigung

Gegebenenfalls hat der Verkäufer alle Ausfuhrabfertigungsformalitäten durchzuführen und zu bezahlen, die von dem jeweiligen Ausfuhrland vorgeschrieben sind, z. B.:

- Ausfuhrgenehmigung;
- Sicherheitsfreigabe für die Ausfuhr;
- Warenkontrolle vor der Verladung; und
- sonstige behördliche Genehmigungen.

b) Unterstützung bei der Einfuhrabfertigung

Gegebenenfalls hat der Verkäufer den Käufer auf dessen Verlangen, Gefahr und Kosten bei der Beschaffung von Dokumenten und/oder Informationen für alle Transit-/Einfuhrabfertigungsformalitäten zu unterstützen, einschließlich Sicherheitsanforderungen und Warenkontrollen vor der Verladung, die von den Transit-/Einfuhrländern vorgeschrieben sind.

Anhang: Offizielles Regelwerk der Internationalen Handelskammer (ICC)

INCOTERMS® 2020

B7 AUSFUHR-/EINFUHRABFERTIGUNG

EXW (Ab Werk)

Gegebenenfalls hat der Käufer alle Ausfuhr-/Transit-/Einfuhrabfertigungsformalitäten durchzuführen und zu bezahlen, die von den Ausfuhr-/Transit-/Einfuhrländern vorgeschrieben sind, z. B.:

- Ausfuhr-/Durchfuhr-/Einfuhrgenehmigung;
- Sicherheitsfreigabe für Ausfuhr/Durchfuhr/Einfuhr;
- Warenkontrolle vor der Verladung; und
- sonstige behördliche Genehmigungen.

FCA (Frei Frachtführer)

a) Unterstützung bei der Ausfuhrabfertigung

Gegebenenfalls hat der Käufer den Verkäufer auf dessen Verlangen, Gefahr und Kosten bei der Beschaffung von Dokumenten und/oder Informationen für alle Ausfuhrabfertigungsformalitäten zu unterstützen, einschließlich Sicherheitsanforderungen und Warenkontrollen vor der Verladung, die von dem betreffenden Ausfuhrland vorgeschrieben sind.

b) Einfuhrabfertigung

Gegebenenfalls hat der Käufer alle Formalitäten durchzuführen und zu bezahlen, die von dem betreffenden Transit- und Einfuhrland vorgeschrieben sind, z. B.:

- Einfuhrgenehmigung und ggf. erforderliche Durchfuhrgenehmigungen;
- Sicherheitsfreigabe für die Einfuhr und etwaige Durchfuhr;
- Warenkontrolle vor der Verladung; und
- sonstige behördliche Genehmigungen.

CPT (Frachtfrei)

a) Unterstützung bei der Ausfuhrabfertigung

Gegebenenfalls hat der Käufer den Verkäufer auf dessen Verlangen, Gefahr und Kosten bei der Beschaffung von Dokumenten und/oder Informationen für alle Ausfuhrabfertigungsformalitäten zu unterstützen, einschließlich Sicherheitsanforderungen und Warenkontrollen vor der Verladung, die von dem betreffenden Ausfuhrland vorgeschrieben sind.

b) Einfuhrabfertigung

Gegebenenfalls hat der Käufer alle Formalitäten durchzuführen und zu bezahlen, die von dem betreffenden Transit- und Einfuhrland vorgeschrieben sind, z. B.:

- Einfuhrgenehmigung und ggf. erforderliche Durchfuhrgenehmigungen;
- Sicherheitsfreigabe für die Einfuhr und etwaige Durchfuhr;
- Warenkontrolle vor der Verladung; und
- sonstige behördliche Genehmigungen.

INCOTERMS® 2020 | WORTLAUT DER EINZELNEN REGELN DER KLAUSELN

CIP (Frachtfrei versichert)

a) Unterstützung bei der Ausfuhrabfertigung

Gegebenenfalls hat der Käufer den Verkäufer auf dessen Verlangen, Gefahr und Kosten bei der Beschaffung von Dokumenten und/oder Informationen für alle Ausfuhrabfertigungsformalitäten zu unterstützen, einschließlich Sicherheitsanforderungen und Warenkontrollen vor der Verladung, die von dem betreffenden Ausfuhrland vorgeschrieben sind.

b) Einfuhrabfertigung

Gegebenenfalls hat der Käufer alle Formalitäten durchzuführen und zu bezahlen, die von dem betreffenden Transit- und Einfuhrland vorgeschrieben sind, z. B.:

- Einfuhrgenehmigung und ggf. erforderliche Durchfuhrgenehmigungen;
- Sicherheitsfreigabe für die Einfuhr und etwaige Durchfuhr;
- Warenkontrolle vor der Verladung; und
- sonstige behördliche Genehmigungen.

DAP (Geliefert benannter Ort)

a) Unterstützung bei der Ausfuhr- und Transitabfertigung

Gegebenenfalls hat der Käufer den Verkäufer auf dessen Verlangen, Gefahr und Kosten bei der Beschaffung von Dokumenten und/oder Informationen für alle Ausfuhr-/Transitabfertigungsformalitäten zu unterstützen, einschließlich Sicherheitsanforderungen und Warenkontrollen vor der Verladung, die von dem betreffenden Ausfuhr- und Transitland (außer dem Einfuhrland) vorgeschrieben sind.

b) Einfuhrabfertigung

Gegebenenfalls hat der Käufer alle Formalitäten durchzuführen und zu bezahlen, die von dem betreffenden Einfuhrland vorgeschrieben sind, z. B.:

- Einfuhrgenehmigung;
- Sicherheitsfreigabe für die Einfuhr;
- Warenkontrolle vor der Verladung; und
- sonstige behördliche Genehmigungen.

DPU (Geliefert benannter Ort entladen)

a) Unterstützung bei der Ausfuhr- und Transitabfertigung

Gegebenenfalls hat der Käufer den Verkäufer auf dessen Verlangen, Gefahr und Kosten bei der Beschaffung von Dokumenten und/oder Informationen für alle Ausfuhr-/Transitabfertigungsformalitäten zu unterstützen, einschließlich Sicherheitsanforderungen und Warenkontrollen vor der Verladung, die von dem betreffenden Ausfuhr- und Transitland (außer dem Einfuhrland) vorgeschrieben sind.

INCOTERMS® 2020

b) Einfuhrabfertigung

Gegebenenfalls hat der Käufer alle Formalitäten durchzuführen und zu bezahlen, die von dem betreffenden Einfuhrland vorgeschrieben sind, z. B.:

- Einfuhrgenehmigung;
- Sicherheitsfreigabe für die Einfuhr;
- Warenkontrolle vor der Verladung; und
- sonstige behördliche Genehmigungen.

DDP (Geliefert verzollt)

Soweit zutreffend, hat der Käufer den Verkäufer auf dessen Verlangen, Gefahr und Kosten bei der Beschaffung von Dokumenten und/oder Informationen für alle Ausfuhr-/Transit-/Einfuhrabfertigungsformalitäten, die von den Ausfuhr-/Transit-/Einfuhrländern vorgeschrieben sind, zu unterstützen, z. B.:

- Ausfuhr-/Durchfuhr-/Einfuhrgenehmigung;
- Sicherheitsfreigabe für Ausfuhr, Transport und Einfuhr;
- Warenkontrolle vor der Verladung; und
- sonstige behördliche Genehmigungen.

FAS (Frei Längsseite Schiff)

a) Unterstützung bei der Ausfuhrabfertigung

Gegebenenfalls hat der Käufer den Verkäufer auf dessen Verlangen, Gefahr und Kosten bei der Beschaffung von Dokumenten und/oder Informationen für alle Ausfuhrabfertigungsformalitäten zu unterstützen, einschließlich Sicherheitsanforderungen und Warenkontrollen vor der Verladung, die von dem betreffenden Ausfuhrland vorgeschrieben sind.

b) Einfuhrabfertigung

Gegebenenfalls hat der Käufer alle Formalitäten durchzuführen und zu bezahlen, die von dem betreffenden Transit- und Einfuhrland vorgeschrieben sind, z. B.:

- Einfuhrgenehmigung und ggf. erforderliche Durchfuhrgenehmigungen;
- Sicherheitsfreigabe für die Einfuhr und etwaige Durchfuhr;
- Warenkontrolle vor der Verladung; und
- sonstige behördliche Genehmigungen.

FOB (Frei an Bord)

a) Unterstützung bei der Ausfuhrabfertigung

Gegebenenfalls hat der Käufer den Verkäufer auf dessen Verlangen, Gefahr und Kosten bei der Beschaffung von Dokumenten und/oder Informationen für alle Ausfuhrabfertigungsformalitäten zu unterstützen, einschließlich Sicherheitsanforderungen und Warenkontrollen vor der Verladung, die von dem betreffenden Ausfuhrland vorgeschrieben sind.

INCOTERMS® 2020 | WORTLAUT DER EINZELNEN REGELN DER KLAUSELN

b) Einfuhrabfertigung

Gegebenenfalls hat der Käufer alle Formalitäten durchzuführen und zu bezahlen, die von dem betreffenden Transit- und Einfuhrland vorgeschrieben sind, z. B.:

- Einfuhrgenehmigung und ggf. erforderliche Durchfuhrgenehmigungen;
- Sicherheitsfreigabe für die Einfuhr und etwaige Durchfuhr;
- Warenkontrolle vor der Verladung; und
- sonstige behördliche Genehmigungen.

CFR (Kosten und Fracht)

a) Unterstützung bei der Ausfuhrabfertigung

Gegebenenfalls hat der Käufer den Verkäufer auf dessen Verlangen, Gefahr und Kosten bei der Beschaffung von Dokumenten und/oder Informationen für alle Ausfuhrabfertigungsformalitäten zu unterstützen, einschließlich Sicherheitsanforderungen und Warenkontrollen vor der Verladung, die von dem betreffenden Ausfuhrland vorgeschrieben sind.

b) Einfuhrabfertigung

Gegebenenfalls hat der Käufer alle Formalitäten durchzuführen und zu bezahlen, die von dem betreffenden Transit- und Einfuhrland vorgeschrieben sind, z. B.:

- Einfuhrgenehmigung und ggf. erforderliche Durchfuhrgenehmigungen;
- Sicherheitsfreigabe für die Einfuhr und etwaige Durchfuhr;
- Warenkontrolle vor der Verladung; und
- sonstige behördliche Genehmigungen.

CIF (Kosten, Versicherung und Fracht)

a) Unterstützung bei der Ausfuhrabfertigung

Gegebenenfalls hat der Käufer den Verkäufer auf dessen Verlangen, Gefahr und Kosten bei der Beschaffung von Dokumenten und/oder Informationen für alle Ausfuhrabfertigungsformalitäten zu unterstützen, einschließlich Sicherheitsanforderungen und Warenkontrollen vor der Verladung, die von dem betreffenden Ausfuhrland vorgeschrieben sind.

b) Einfuhrabfertigung

Gegebenenfalls hat der Käufer alle Formalitäten durchzuführen und zu bezahlen, die von dem betreffenden Transit- und Einfuhrland vorgeschrieben sind, z. B.:

- Einfuhrgenehmigung und ggf. erforderliche Durchfuhrgenehmigungen;
- Sicherheitsfreigabe für die Einfuhr und etwaige Durchfuhr;
- Warenkontrolle vor der Verladung; und
- sonstige behördliche Genehmigungen.

Anhang: Offizielles Regelwerk der Internationalen Handelskammer (ICC)

INCOTERMS® 2020

A8 PRÜFUNG/VERPACKUNG/KENNZEICHNUNG

EXW (Ab Werk)

Der Verkäufer hat die Kosten jener Prüfvorgänge (z. B. Qualitätsprüfung, Messen, Wiegen und Zählen) zu tragen, die notwendig sind, um die Ware gemäß A2 zu liefern.

Der Verkäufer hat auf eigene Kosten die Ware zu verpacken, es sei denn, es ist handelsüblich, die jeweilige Art der verkauften Ware unverpackt zu transportieren. Der Verkäufer muss die Ware in der für ihren Transport geeigneten Weise verpacken und kennzeichnen, es sei denn, die Parteien haben genaue Verpackungs- oder Kennzeichnungsanforderungen vereinbart.

FCA (Frei Frachtführer)

Der Verkäufer hat die Kosten jener Prüfvorgänge (z. B. Qualitätsprüfung, Messen, Wiegen und Zählen) zu tragen, die notwendig sind, um die Ware gemäß A2 zu liefern.

Der Verkäufer hat auf eigene Kosten die Ware zu verpacken, es sei denn, es ist handelsüblich, die jeweilige Art der verkauften Ware unverpackt zu transportieren. Der Verkäufer muss die Ware in der für ihren Transport geeigneten Weise verpacken und kennzeichnen, es sei denn, die Parteien haben genaue Verpackungs- oder Kennzeichnungsanforderungen vereinbart.

CPT (Frachtfrei)

Der Verkäufer hat die Kosten jener Prüfvorgänge (z. B. Qualitätsprüfung, Messen, Wiegen und Zählen) zu tragen, die notwendig sind, um die Ware gemäß A2 zu liefern.

Der Verkäufer hat auf eigene Kosten die Ware zu verpacken, es sei denn, es ist handelsüblich, die jeweilige Art der verkauften Ware unverpackt zu transportieren. Der Verkäufer muss die Ware in der für ihren Transport geeigneten Weise verpacken und kennzeichnen, es sei denn, die Parteien haben genaue Verpackungs- oder Kennzeichnungsanforderungen vereinbart.

CIP (Frachtfrei versichert)

Der Verkäufer hat die Kosten jener Prüfvorgänge (z. B. Qualitätsprüfung, Messen, Wiegen und Zählen) zu tragen, die notwendig sind, um die Ware gemäß A2 zu liefern.

Der Verkäufer hat auf eigene Kosten die Ware zu verpacken, es sei denn, es ist handelsüblich, die jeweilige Art der verkauften Ware unverpackt zu transportieren. Der Verkäufer muss die Ware in der für ihren Transport geeigneten Weise verpacken und kennzeichnen, es sei denn, die Parteien haben genaue Verpackungs- oder Kennzeichnungsanforderungen vereinbart.

DAP (Geliefert benannter Ort)

Der Verkäufer hat die Kosten jener Prüfvorgänge (z. B. Qualitätsprüfung, Messen, Wiegen und Zählen) zu tragen, die notwendig sind, um die Ware gemäß A2 zu liefern.

INCOTERMS® 2020 | WORTLAUT DER EINZELNEN REGELN DER KLAUSELN

Der Verkäufer hat auf eigene Kosten die Ware zu verpacken, es sei denn, es ist handelsüblich, die jeweilige Art der verkauften Ware unverpackt zu transportieren. Der Verkäufer muss die Ware in der für ihren Transport geeigneten Weise verpacken und kennzeichnen, es sei denn, die Parteien haben genaue Verpackungs- oder Kennzeichnungsanforderungen vereinbart.

DPU (Geliefert benannter Ort entladen)

Der Verkäufer hat die Kosten jener Prüfvorgänge (z. B. Qualitätsprüfung, Messen, Wiegen und Zählen) zu tragen, die notwendig sind, um die Ware gemäß A2 zu liefern.

Der Verkäufer hat auf eigene Kosten die Ware zu verpacken, es sei denn, es ist handelsüblich, die jeweilige Art der verkauften Ware unverpackt zu transportieren. Der Verkäufer muss die Ware in der für ihren Transport geeigneten Weise verpacken und kennzeichnen, es sei denn, die Parteien haben genaue Verpackungs- oder Kennzeichnungsanforderungen vereinbart.

DDP (Geliefert verzollt)

Der Verkäufer hat die Kosten jener Prüfvorgänge (z. B. Qualitätsprüfung, Messen, Wiegen und Zählen) zu tragen, die notwendig sind, um die Ware gemäß A2 zu liefern.

Der Verkäufer hat auf eigene Kosten die Ware zu verpacken, es sei denn, es ist handelsüblich, die jeweilige Art der verkauften Ware unverpackt zu transportieren. Der Verkäufer muss die Ware in der für ihren Transport geeigneten Weise verpacken und kennzeichnen, es sei denn, die Parteien haben genaue Verpackungs- oder Kennzeichnungsanforderungen vereinbart.

FAS (Frei Längsseite Schiff)

Der Verkäufer hat die Kosten jener Prüfvorgänge (z. B. Qualitätsprüfung, Messen, Wiegen und Zählen) zu tragen, die notwendig sind, um die Ware gemäß A2 zu liefern.

Der Verkäufer hat auf eigene Kosten die Ware zu verpacken, es sei denn, es ist handelsüblich, die jeweilige Art der verkauften Ware unverpackt zu transportieren. Der Verkäufer muss die Ware in der für ihren Transport geeigneten Weise verpacken und kennzeichnen, es sei denn, die Parteien haben genaue Verpackungs- oder Kennzeichnungsanforderungen vereinbart.

FOB (Frei an Bord)

Der Verkäufer hat die Kosten jener Prüfvorgänge (z. B. Qualitätsprüfung, Messen, Wiegen und Zählen) zu tragen, die notwendig sind, um die Ware gemäß A2 zu liefern.

Der Verkäufer hat auf eigene Kosten die Ware zu verpacken, es sei denn, es ist handelsüblich, die jeweilige Art der verkauften Ware unverpackt zu transportieren. Der Verkäufer muss die Ware in der für ihren Transport geeigneten Weise verpacken und kennzeichnen, es sei denn, die Parteien haben genaue Verpackungs- oder Kennzeichnungsanforderungen vereinbart.

Anhang: Offizielles Regelwerk der Internationalen Handelskammer (ICC)

INCOTERMS® 2020

CFR (Kosten und Fracht)

Der Verkäufer hat die Kosten jener Prüfvorgänge (z. B. Qualitätsprüfung, Messen, Wiegen und Zählen) zu tragen, die notwendig sind, um die Ware gemäß A2 zu liefern.

Der Verkäufer hat auf eigene Kosten die Ware zu verpacken, es sei denn, es ist handelsüblich, die jeweilige Art der verkauften Ware unverpackt zu transportieren. Der Verkäufer muss die Ware in der für ihren Transport geeigneten Weise verpacken und kennzeichnen, es sei denn, die Parteien haben genaue Verpackungs- oder Kennzeichnungsanforderungen vereinbart.

CIF (Kosten, Versicherung und Fracht)

Der Verkäufer hat die Kosten jener Prüfvorgänge (z. B. Qualitätsprüfung, Messen, Wiegen und Zählen) zu tragen, die notwendig sind, um die Ware gemäß A2 zu liefern.

Der Verkäufer hat auf eigene Kosten die Ware zu verpacken, es sei denn, es ist handelsüblich, die jeweilige Art der verkauften Ware unverpackt zu transportieren. Der Verkäufer muss die Ware in der für ihren Transport geeigneten Weise verpacken und kennzeichnen, es sei denn, die Parteien haben genaue Verpackungs- oder Kennzeichnungsanforderungen vereinbart.

B8 PRÜFUNG/VERPACKUNG/KENNZEICHNUNG

EXW (Ab Werk)
Der Käufer hat gegenüber dem Verkäufer keine Verpflichtung.

FCA (Frei Frachtführer)
Der Käufer hat gegenüber dem Verkäufer keine Verpflichtung.

CPT (Frachtfrei)
Der Käufer hat gegenüber dem Verkäufer keine Verpflichtung.

CIP (Frachtfrei versichert)
Der Käufer hat gegenüber dem Verkäufer keine Verpflichtung.

DAP (Geliefert benannter Ort)
Der Käufer hat gegenüber dem Verkäufer keine Verpflichtung.

DPU (Geliefert benannter Ort entladen)
Der Käufer hat gegenüber dem Verkäufer keine Verpflichtung.

DDP (Geliefert verzollt)
Der Käufer hat gegenüber dem Verkäufer keine Verpflichtung.

FAS (Frei Längsseite Schiff)
Der Käufer hat gegenüber dem Verkäufer keine Verpflichtung.

FOB (Frei an Bord)
Der Käufer hat gegenüber dem Verkäufer keine Verpflichtung.

INCOTERMS® 2020 | WORTLAUT DER EINZELNEN REGELN DER KLAUSELN

CFR (Kosten und Fracht)
Der Käufer hat gegenüber dem Verkäufer keine Verpflichtung.

CIF (Kosten, Versicherung und Fracht)
Der Käufer hat gegenüber dem Verkäufer keine Verpflichtung.

Anhang: Offizielles Regelwerk der Internationalen Handelskammer (ICC)

INCOTERMS® 2020

A9 KOSTENVERTEILUNG

EXW (Ab Werk)

Der Verkäufer muss bis zur Lieferung gemäß A2 alle die Ware betreffenden Kosten tragen, ausgenommen die gemäß B9 vom Käufer zu tragenden Kosten.

FCA (Frei Frachtführer)

Der Verkäufer muss

a) bis zur Lieferung gemäß A2 alle die Ware betreffenden Kosten tragen, ausgenommen die gemäß B9 vom Käufer zu tragenden Kosten;

b) die Kosten für die Erbringung des üblichen Nachweises für den Käufer gemäß A6 tragen, aus dem hervorgeht, dass die Ware geliefert wurde;

c) gegebenenfalls Zölle, Steuern und sonstige Kosten in Zusammenhang mit der Ausfuhrabfertigung gemäß A7(a) tragen; und

d) dem Käufer alle Kosten und Gebühren erstatten, die dem Käufer durch die Unterstützung bei der Beschaffung der erforderlichen Dokumente und Informationen gemäß B7(a) entstanden sind.

CPT (Frachtfrei)

Der Verkäufer muss

a) bis zur Lieferung gemäß A2 alle die Ware betreffenden Kosten tragen, ausgenommen die gemäß B9 vom Käufer zu tragenden Kosten;

b) Transport- und alle sonstigen gemäß A4 entstehenden Kosten tragen, einschließlich der Kosten für die Verladung der Ware und der transportbezogenen Sicherheitskosten;

c) alle Kosten und Gebühren für die Entladung am vereinbarten Bestimmungsort tragen, sofern diese Kosten und Gebühren gemäß Beförderungsvertrag zu Lasten des Verkäufers gehen;

d) die Kosten der Durchfuhr tragen, die gemäß Beförderungsvertrag zu Lasten des Verkäufers gehen;

e) die Kosten für die Erbringung des üblichen Nachweises für den Käufer gemäß A6 tragen, aus dem hervorgeht, dass die Ware geliefert wurde;

f) gegebenenfalls Zölle, Steuern und sonstige Kosten für die Ausfuhrabfertigung gemäß A7(a) tragen; und

g) dem Käufer alle Kosten und Gebühren erstatten, die dem Käufer durch die Unterstützung bei der Beschaffung der erforderlichen Dokumente und Informationen gemäß B7(a) entstanden sind.

INCOTERMS® 2020 | WORTLAUT DER EINZELNEN REGELN DER KLAUSELN

CIP (Frachtfrei versichert)

Der Verkäufer muss

a) bis zur Lieferung gemäß A2 alle die Ware betreffenden Kosten tragen, ausgenommen die gemäß B9 vom Käufer zu tragenden Kosten;

b) Transport- und alle sonstigen gemäß A4 entstehenden Kosten tragen, einschließlich der Kosten für die Verladung der Ware und der transportbezogenen Sicherheitskosten;

c) alle Kosten und Gebühren für die Entladung am vereinbarten Bestimmungsort tragen, sofern diese Kosten und Gebühren gemäß Beförderungsvertrag zu Lasten des Verkäufers gehen;

d) die Kosten der Durchfuhr tragen, die gemäß Beförderungsvertrag zu Lasten des Verkäufers gehen;

e) die Kosten für die Erbringung des üblichen Nachweises für den Käufer gemäß A6 tragen, aus dem hervorgeht, dass die Ware geliefert wurde;

f) die sich aus A5 ergebenden Kosten der Versicherung tragen;

g) gegebenenfalls Zölle, Steuern und sonstige Kosten für die Ausfuhrabfertigung gemäß A7(a) tragen; und

h) dem Käufer alle Kosten und Gebühren erstatten, die dem Käufer durch die Unterstützung bei der Beschaffung der erforderlichen Dokumente und Informationen gemäß B7(a) entstanden sind.

DAP (Geliefert benannter Ort)

Der Verkäufer muss

a) bis zur Lieferung gemäß A2 alle die Ware und ihren Transport betreffenden Kosten tragen, ausgenommen die gemäß B9 vom Käufer zu tragenden Kosten; alle Kosten und Gebühren für die Entladung am Bestimmungsort tragen, sofern diese Kosten und Gebühren gemäß Beförderungsvertrag zu Lasten des Verkäufers gehen;

b) die Kosten für die Beschaffung und Bereitstellung des Liefer-/Transportdokuments gemäß A6 tragen;

c) gegebenenfalls Zölle, Steuern und sonstige Kosten für die Ausfuhr- und Transitabfertigung gemäß A7(a) tragen; und

d) dem Käufer alle Kosten und Gebühren erstatten, die dem Käufer durch die Unterstützung bei der Beschaffung der erforderlichen Dokumente und Informationen gemäß B5 und B7(a) entstanden sind.

Anhang: Offizielles Regelwerk der Internationalen Handelskammer (ICC)

INCOTERMS® 2020

DPU (Geliefert benannter Ort entladen)

Der Verkäufer muss

a) bis zur Entladung und Lieferung der Ware gemäß A2 alle die Ware und ihren Transport betreffenden Kosten tragen, ausgenommen die gemäß B9 vom Käufer zu zahlenden Kosten;

b) die Kosten für die Beschaffung und Bereitstellung des Liefer-/Transportdokuments gemäß A6 tragen;

c) gegebenenfalls Zölle, Steuern und sonstige Kosten für die Ausfuhr- und Transitabfertigung gemäß A7(a) tragen; und

d) dem Käufer alle Kosten und Gebühren erstatten, die dem Käufer durch die Unterstützung bei der Beschaffung der erforderlichen Dokumente und Informationen gemäß B5 und B7(a) entstanden sind.

DDP (Geliefert verzollt)

Der Verkäufer muss

a) bis zur Lieferung gemäß A2 alle die Ware und ihren Transport betreffenden Kosten tragen, ausgenommen die gemäß B9 vom Käufer zu tragenden Kosten;

b) alle Kosten und Gebühren für die Entladung am Bestimmungsort tragen, sofern diese Kosten und Gebühren gemäß Beförderungsvertrag zu Lasten des Verkäufers gehen;

c) die Kosten für die Beschaffung und Bereitstellung des Liefer-/Transportdokuments gemäß A6 tragen;

d) gegebenenfalls Zölle, Steuern und sonstige Kosten in Zusammenhang mit der Einfuhr-, Transit- und Einfuhrabfertigung gemäß A7 zahlen; und

e) dem Käufer alle Kosten und Gebühren erstatten, die dem Käufer durch die Unterstützung bei der Beschaffung der erforderlichen Dokumente und Informationen gemäß B5 und B7 entstanden sind.

FAS (Frei Längsseite Schiff)

Der Verkäufer muss

a) bis zur Lieferung gemäß A2 alle die Ware betreffenden Kosten tragen, ausgenommen die gemäß B9 vom Käufer zu tragenden Kosten;

b) die Kosten für die Erbringung des üblichen Nachweises für den Käufer gemäß A6 tragen, aus dem hervorgeht, dass die Ware geliefert wurde;

c) gegebenenfalls Zölle, Steuern und sonstige Kosten für die Ausfuhrabfertigung gemäß A7(a) tragen; und

d) dem Käufer alle Kosten und Gebühren erstatten, die dem Käufer durch die Unterstützung bei der Beschaffung der erforderlichen Dokumente und Informationen gemäß B7(a) entstanden sind.

INCOTERMS® 2020 | WORTLAUT DER EINZELNEN REGELN DER KLAUSELN

FOB (Frei an Bord)

Der Verkäufer muss

a) bis zur Lieferung gemäß A2 alle die Ware betreffenden Kosten tragen, ausgenommen die gemäß B9 vom Käufer zu tragenden Kosten;

b) die Kosten für die Erbringung des üblichen Nachweises für den Käufer gemäß A6 tragen, aus dem hervorgeht, dass die Ware geliefert wurde;

c) gegebenenfalls Zölle, Steuern und sonstige Kosten für die Ausfuhrabfertigung gemäß A7(a) tragen; und

d) dem Käufer alle Kosten und Gebühren erstatten, die dem Käufer durch die Unterstützung bei der Beschaffung der erforderlichen Dokumente und Informationen gemäß B7(a) entstanden sind.

CFR (Kosten und Fracht)

Der Verkäufer muss

a) bis zur Lieferung gemäß A2 alle die Ware betreffenden Kosten tragen, ausgenommen die gemäß B9 vom Käufer zu tragenden Kosten;

b) die Frachtkosten und alle sonstigen gemäß A4 entstehenden Kosten tragen, einschließlich der Kosten für die Verladung der Ware sowie der transportbezogenen Sicherheitskosten;

c) alle Gebühren für die Entladung am vereinbarten Entladehafen entrichten, die laut Beförderungsvertrag zu Lasten des Verkäufers gehen;

d) die Kosten der Durchfuhr tragen, die gemäß Beförderungsvertrag zu Lasten des Verkäufers gehen;

e) die Kosten für die Erbringung des üblichen Nachweises für den Käufer gemäß A6 tragen, aus dem hervorgeht, dass die Ware geliefert wurde;

f) gegebenenfalls Zölle, Steuern und sonstige Kosten für die Ausfuhrabfertigung gemäß A7(a) tragen; und

g) dem Käufer alle Kosten und Gebühren erstatten, die dem Käufer durch die Unterstützung bei der Beschaffung der erforderlichen Dokumente und Informationen gemäß B7(a) entstanden sind.

CIF (Kosten, Versicherung und Fracht)

Der Verkäufer muss

a) bis zur Lieferung gemäß A2 alle die Ware betreffenden Kosten tragen, ausgenommen die gemäß B9 vom Käufer zu tragenden Kosten;

Anhang: Offizielles Regelwerk der Internationalen Handelskammer (ICC)

INCOTERMS® 2020

b) die Frachtkosten und alle sonstigen gemäß A4 entstehenden Kosten tragen, einschließlich der Kosten für die Verladung der Ware sowie der transportbezogenen Sicherheitskosten;

c) alle Gebühren für die Entladung am vereinbarten Entladehafen entrichten, die laut Beförderungsvertrag zu Lasten des Verkäufers gehen;

d) die Kosten der Durchfuhr tragen, die gemäß Beförderungsvertrag zu Lasten des Verkäufers gehen;

e) die Kosten für die Erbringung des üblichen Nachweises für den Käufer gemäß A6 tragen, aus dem hervorgeht, dass die Ware geliefert wurde;

f) die sich aus A5 ergebenden Kosten der Versicherung tragen;

g) gegebenenfalls Zölle, Steuern und sonstige Kosten für die Ausfuhrabfertigung gemäß A7(a) tragen; und

h) dem Käufer alle Kosten und Gebühren erstatten, die dem Käufer durch die Unterstützung bei der Beschaffung der erforderlichen Dokumente und Informationen gemäß B7(a) entstanden sind.

B9 KOSTENVERTEILUNG

EXW (Ab Werk)

Der Käufer muss

a) alle die Ware betreffenden Kosten ab dem Zeitpunkt der Lieferung gemäß A2 tragen;

b) dem Verkäufer alle Kosten und Gebühren erstatten, die dem Verkäufer durch die Unterstützung bei der Beschaffung der erforderlichen Dokumente und Informationen gemäß A4, A5, oder A7 entstanden sind;

c) ggf. alle Zölle, Steuern und sonstigen Abgaben und Gebühren sowie die bei der Ausfuhr fälligen Kosten der Zollformalitäten tragen; und

d) alle zusätzlichen Kosten tragen, die entweder dadurch entstanden sind, dass die ihm zur Verfügung gestellte Ware nicht übernommen worden oder keine Benachrichtigung gemäß B10 erfolgt ist, vorausgesetzt, die Ware ist eindeutig als die vertragliche Ware kenntlich gemacht worden;

FCA (Frei Frachtführer)

Der Käufer muss

a) alle die Ware betreffenden Kosten ab dem Zeitpunkt der Lieferung gemäß A2 tragen, mit Ausnahme der gemäß A9 vom Verkäufer zu übernehmenden Kosten;

INCOTERMS® 2020 | WORTLAUT DER EINZELNEN REGELN DER KLAUSELN

b) dem Verkäufer alle Kosten und Gebühren erstatten, die dem Verkäufer durch die Unterstützung bei der Beschaffung der erforderlichen Dokumente und Informationen gemäß A4, A5, A6 und A7(b) entstanden sind;

c) gegebenenfalls Zölle, Steuern und sonstige Kosten in Zusammenhang mit der Transit- oder Einfuhrabfertigung gemäß B7(b) zahlen; und

d) alle zusätzlichen Kosten übernehmen, die entweder dadurch entstehen, dass

  (i) der Käufer es versäumt, einen Frachtführer oder eine andere gemäß B10 zu bestimmende Person zu benennen, oder

  (ii) der Frachtführer oder die vom Käufer gemäß B10 benannte Person es versäumt, die Ware zu übernehmen,

vorausgesetzt, die Ware wurde eindeutig als die vertragliche Ware kenntlich gemacht.

CPT (Frachtfrei)

Der Käufer muss

a) alle die Ware betreffenden Kosten ab dem Zeitpunkt der Lieferung gemäß A2 tragen, mit Ausnahme der gemäß A9 vom Verkäufer zu übernehmenden Kosten;

b) die Kosten der Durchfuhr tragen, sofern diese Kosten nicht gemäß Beförderungsvertrag zu Lasten des Verkäufers gehen;

c) die Entladekosten tragen, sofern diese Kosten nicht gemäß Beförderungsvertrag zu Lasten des Verkäufers gehen;

d) dem Verkäufer alle Kosten und Gebühren erstatten, die dem Verkäufer durch die Unterstützung bei der Beschaffung der erforderlichen Dokumente und Informationen gemäß A5 und A7(b) entstanden sind;

e) gegebenenfalls Zölle, Steuern und sonstige Kosten in Zusammenhang mit der Transit- oder Einfuhrabfertigung gemäß B7(b) zahlen; und

f) alle zusätzlichen Kosten tragen, die ab dem vereinbarten Termin für die Versendung oder ab dem Ende des hierfür vereinbarten Zeitraums entstehen, falls er es versäumt, eine Benachrichtigung gemäß B10 zu erteilen, vorausgesetzt, die Ware wurde eindeutig als die vertragliche Ware kenntlich gemacht.

CIP (Frachtfrei versichert)

Der Käufer muss

a) alle die Ware betreffenden Kosten ab dem Zeitpunkt der Lieferung gemäß A2 tragen, mit Ausnahme der gemäß A9 vom Verkäufer zu übernehmenden Kosten;

© 2019 INTERNATIONAL CHAMBER OF COMMERCE (ICC GERMANY E.V.) | 187

Anhang: Offizielles Regelwerk der Internationalen Handelskammer (ICC)

INCOTERMS® 2020

b) die Kosten der Durchfuhr tragen, sofern diese Kosten nicht gemäß Beförderungsvertrag zu Lasten des Verkäufers gehen;

c) die Entladekosten tragen, sofern diese Kosten nicht gemäß Beförderungsvertrag zu Lasten des Verkäufers gehen;

d) die Kosten für jede zusätzliche auf Verlangen des Käufers nach A5 und B5 abgeschlossene Versicherung tragen;

e) dem Verkäufer alle Kosten und Gebühren erstatten, die dem Verkäufer durch die Unterstützung bei der Beschaffung der erforderlichen Dokumente und Informationen gemäß A5 und A7(b) entstanden sind;

f) gegebenenfalls Zölle, Steuern und sonstige Kosten in Zusammenhang mit der Transit- oder Einfuhrabfertigung gemäß B7(b) zahlen; und

g) alle zusätzlichen Kosten tragen, die ab dem vereinbarten Termin für die Versendung oder ab dem Ende des hierfür vereinbarten Zeitraums entstehen, falls er es versäumt, eine Benachrichtigung gemäß B10 zu erteilen, vorausgesetzt, die Ware wurde eindeutig als die vertragliche Ware kenntlich gemacht.

DAP (Geliefert benannter Ort)

Der Käufer muss

a) alle die Ware betreffenden Kosten ab dem Zeitpunkt der Lieferung gemäß A2 tragen;

b) alle Entladekosten tragen, die erforderlich sind, um die Ware vom ankommenden Beförderungsmittel am benannten Bestimmungsort zu übernehmen, sofern diese Kosten gemäß Beförderungsvertrag nicht zu Lasten des Verkäufers gehen;

c) dem Verkäufer alle Kosten und Gebühren erstatten, die dem Verkäufer durch die Unterstützung bei der Beschaffung der erforderlichen Dokumente und Informationen gemäß A7(b) entstanden sind;

d) gegebenenfalls Zölle, Steuern und sonstige Kosten in Zusammenhang mit der Einfuhrabfertigung gemäß B7(b) zahlen; und

e) alle zusätzlichen Kosten tragen, die dem Verkäufer entstehen, falls der Käufer seine Verpflichtungen gemäß B7 nicht erfüllt oder es versäumt, eine Benachrichtigung gemäß B10 zu erteilen, vorausgesetzt, die Ware wurde eindeutig als die vertragliche Ware kenntlich gemacht.

188 | © 2019 INTERNATIONAL CHAMBER OF COMMERCE (ICC GERMANY E.V.)

INCOTERMS® 2020 | WORTLAUT DER EINZELNEN REGELN DER KLAUSELN

DPU (Geliefert benannter Ort entladen)

Der Käufer muss

a) alle die Ware betreffenden Kosten ab dem Zeitpunkt der Lieferung gemäß A2 tragen;

b) dem Verkäufer alle Kosten und Gebühren erstatten, die dem Verkäufer durch die Unterstützung bei der Beschaffung der erforderlichen Dokumente und Informationen gemäß A7(b) entstanden sind;

c) gegebenenfalls Zölle, Steuern und sonstige Kosten in Zusammenhang mit der Einfuhrabfertigung gemäß B7(b) zahlen; und

d) alle zusätzlichen Kosten tragen, die dem Verkäufer entstehen, falls der Käufer seine Verpflichtungen gemäß B7 nicht erfüllt oder es versäumt, eine Benachrichtigung gemäß B10 zu erteilen, vorausgesetzt, die Ware wurde eindeutig als die vertragliche Ware kenntlich gemacht.

DDP (Geliefert verzollt)

Der Käufer muss

a) alle die Ware betreffenden Kosten ab dem Zeitpunkt der Lieferung gemäß A2 tragen;

b) alle Entladekosten tragen, die erforderlich sind, um die Ware vom ankommenden Beförderungsmittel am benannten Bestimmungsort zu übernehmen, sofern diese Kosten gemäß Beförderungsvertrag nicht zu Lasten des Verkäufers gehen; und

c) alle zusätzlichen Kosten tragen, die dem Verkäufer entstehen, falls der Käufer seine Verpflichtungen gemäß B7 nicht erfüllt oder es versäumt, eine Benachrichtigung gemäß B10 zu erteilen, vorausgesetzt, die Ware wurde eindeutig als die vertragliche Ware kenntlich gemacht.

FAS (Frei Längsseite Schiff)

Der Käufer muss

a) alle die Ware betreffenden Kosten ab dem Zeitpunkt der Lieferung gemäß A2 tragen, mit Ausnahme der gemäß A9 vom Verkäufer zu übernehmenden Kosten;

b) dem Verkäufer alle Kosten und Gebühren erstatten, die dem Verkäufer durch die Unterstützung bei der Beschaffung der erforderlichen Dokumente und Informationen gemäß A4, A5, A6 und A7(b) entstanden sind;

c) gegebenenfalls Zölle, Steuern und sonstige Kosten in Zusammenhang mit der Transit- oder Einfuhrabfertigung gemäß B7(b) zahlen; und

© 2019 INTERNATIONAL CHAMBER OF COMMERCE (ICC GERMANY E.V.) | **189**

INCOTERMS® 2020

d) alle zusätzlichen Kosten übernehmen, die entweder dadurch entstehen, dass
   (i) der Käufer es versäumt hat, eine Benachrichtigung gemäß B10 zu erteilen, oder
   (ii) das vom Käufer gemäß B10 benannte Schiff nicht rechtzeitig eintrifft, die Ware nicht übernimmt oder schon vor dem gemäß B10 mitgeteilten Zeitpunkt keine Ladung mehr annimmt;

vorausgesetzt, die Ware wurde eindeutig als die vertragliche Ware kenntlich gemacht.

FOB (Frei an Bord)

Der Käufer muss

a) alle die Ware betreffenden Kosten ab dem Zeitpunkt der Lieferung gemäß A2 tragen, mit Ausnahme der gemäß A9 vom Verkäufer zu übernehmenden Kosten;

b) dem Verkäufer alle Kosten und Gebühren erstatten, die dem Verkäufer durch die Unterstützung bei der Beschaffung der erforderlichen Dokumente und Informationen gemäß A4, A5, A6 und A7(b) entstanden sind;

c) gegebenenfalls Zölle, Steuern und sonstige Kosten in Zusammenhang mit der Transit- oder Einfuhrabfertigung gemäß B7(b) zahlen; und

d) alle zusätzlichen Kosten übernehmen, die entweder dadurch entstehen, dass
   (i) der Käufer es versäumt hat, eine Benachrichtigung gemäß B10 zu erteilen, oder
   (ii) das vom Käufer gemäß B10 benannte Schiff nicht rechtzeitig eintrifft, die Ware nicht übernimmt oder schon vor dem gemäß B10 mitgeteilten Zeitpunkt keine Ladung mehr annimmt;

vorausgesetzt, die Ware wurde eindeutig als die vertragliche Ware kenntlich gemacht.

CFR (Kosten und Fracht)

Der Käufer muss

a) alle die Ware betreffenden Kosten ab dem Zeitpunkt der Lieferung gemäß A2 tragen, mit Ausnahme der gemäß A9 vom Verkäufer zu übernehmenden Kosten;

b) die Kosten der Durchfuhr tragen, sofern diese Kosten nicht gemäß Beförderungsvertrag zu Lasten des Verkäufers gehen;

c) die Entladekosten tragen, einschließlich der Kosten für Leichterung und Kaigebühren, es sei denn, diese Kosten und Gebühren gehen nach dem Beförderungsvertrag zu Lasten des Verkäufers;

INCOTERMS® 2020 | WORTLAUT DER EINZELNEN REGELN DER KLAUSELN

d) dem Verkäufer alle Kosten und Gebühren erstatten, die dem Verkäufer durch die Unterstützung bei der Beschaffung der erforderlichen Dokumente und Informationen gemäß A5 und A7(b) entstanden sind;

e) gegebenenfalls Zölle, Steuern und sonstige Kosten in Zusammenhang mit der Transit- oder Einfuhrabfertigung gemäß B7(b) zahlen; und

f) alle zusätzlichen Kosten tragen, die ab dem vereinbarten Termin für die Versendung oder ab dem Ende des hierfür vereinbarten Zeitraums entstehen, falls er es versäumt, eine Benachrichtigung gemäß B10 zu erteilen, vorausgesetzt, die Ware wurde eindeutig als die vertragliche Ware kenntlich gemacht.

CIF (Kosten, Versicherung und Fracht)

Der Käufer muss

a) alle die Ware betreffenden Kosten ab dem Zeitpunkt der Lieferung gemäß A2 tragen, mit Ausnahme der gemäß A9 vom Verkäufer zu übernehmenden Kosten;

b) die Kosten der Durchfuhr tragen, sofern diese Kosten nicht gemäß Beförderungsvertrag zu Lasten des Verkäufers gehen;

c) die Entladekosten tragen, einschließlich der Kosten für Leichterung und Kaigebühren, es sei denn, diese Kosten und Gebühren gehen nach dem Beförderungsvertrag zu Lasten des Verkäufers;

d) die Kosten für jede zusätzliche auf Verlangen des Käufers nach A5 und B5 abgeschlossene Versicherung tragen;

e) dem Verkäufer alle Kosten und Gebühren erstatten, die dem Verkäufer durch die Unterstützung bei der Beschaffung der erforderlichen Dokumente und Informationen gemäß A5 und A7(b) entstanden sind;

f) gegebenenfalls Zölle, Steuern und sonstige Kosten in Zusammenhang mit der Transit- oder Einfuhrabfertigung gemäß B7(b) zahlen; und

g) alle zusätzlichen Kosten tragen, die ab dem vereinbarten Termin für die Versendung oder ab dem Ende des hierfür vereinbarten Zeitraums entstehen, falls er es versäumt, eine Benachrichtigung gemäß B10 zu erteilen, vorausgesetzt, die Ware wurde eindeutig als die vertragliche Ware kenntlich gemacht.

Anhang: Offizielles Regelwerk der Internationalen Handelskammer (ICC)

INCOTERMS® 2020

A10 BENACHRICHTIGUNGEN

EXW (Ab Werk)

Der Verkäufer muss den Käufer über alles Nötige benachrichtigen, damit dieser die Ware übernehmen kann.

FCA (Frei Frachtführer)

Der Verkäufer muss den Käufer in hinreichender Weise davon in Kenntnis setzen, dass die Ware gemäß A2 geliefert wurde oder dass der Frachtführer bzw. eine andere vom Käufer benannte Person die Ware innerhalb der vereinbarten Frist nicht übernommen hat.

CPT (Frachtfrei)

Der Verkäufer muss den Käufer benachrichtigen, dass die Ware gemäß A2 geliefert wurde.

Der Verkäufer muss den Käufer über alles Nötige benachrichtigen, damit dieser die Ware übernehmen kann.

CIP (Frachtfrei versichert)

Der Verkäufer muss den Käufer benachrichtigen, dass die Ware gemäß A2 geliefert wurde.

Der Verkäufer muss den Käufer über alles Nötige benachrichtigen, damit dieser die Ware übernehmen kann.

DAP (Geliefert benannter Ort)

Der Verkäufer muss den Käufer über alles Nötige benachrichtigen, damit dieser die Ware übernehmen kann.

DPU (Geliefert benannter Ort entladen)

Der Verkäufer muss den Käufer über alles Nötige benachrichtigen, damit dieser die Ware übernehmen kann.

DDP (Geliefert verzollt)

Der Verkäufer muss den Käufer über alles Nötige benachrichtigen, damit dieser die Ware übernehmen kann.

FAS (Frei Längsseite Schiff)

Der Verkäufer muss den Käufer in hinreichender Weise davon in Kenntnis setzen, dass die Waren gemäß A2 geliefert worden sind oder dass das Schiff die Waren nicht innerhalb der vereinbarten Frist geladen hat.

FOB (Frei an Bord)

Der Verkäufer muss den Käufer in hinreichender Weise davon in Kenntnis setzen, dass die Waren gemäß A2 geliefert worden sind oder dass das Schiff die Waren nicht innerhalb der vereinbarten Frist geladen hat.

INCOTERMS® 2020 | WORTLAUT DER EINZELNEN REGELN DER KLAUSELN

CFR (Kosten und Fracht)

Der Verkäufer muss den Käufer benachrichtigen, dass die Ware gemäß A2 geliefert wurde.

Der Verkäufer muss den Käufer über alles Nötige benachrichtigen, damit dieser die Ware übernehmen kann.

CIF (Kosten, Versicherung und Fracht)

Der Verkäufer muss den Käufer benachrichtigen, dass die Ware gemäß A2 geliefert wurde.

Der Verkäufer muss den Käufer über alles Nötige benachrichtigen, damit dieser die Ware übernehmen kann.

B10 BENACHRICHTIGUNGEN

EXW (Ab Werk)

Wenn vereinbart wurde, dass der Käufer berechtigt ist, innerhalb eines vereinbarten Zeitraums den Zeitpunkt und/oder am benannten Ort die Stelle für die Warenübernahme zu bestimmen, muss der Käufer den Verkäufer hierüber in geeigneter Weise benachrichtigen.

FCA (Frei Frachtführer)

Der Käufer muss den Verkäufer über folgende Einzelheiten in Kenntnis setzen:

a) Name des Frachtführers oder einer anderen benannten Person, wobei diese Inkenntnissetzung innerhalb einer ausreichenden Frist erfolgen muss, um dem Verkäufer die Lieferung der Ware gemäß A2 zu ermöglichen;

b) gewählter Zeitpunkt innerhalb des ggf. vereinbarten Lieferzeitraums, zu dem der Frachtführer oder die benannte Person die Ware übernehmen soll;

c) Transportart, die vom Frachtführer oder von der benannten Person genutzt wird, einschließlich aller transportbezogener Sicherheitsanforderungen; und

d) die Stelle, an der die Ware am benannten Lieferort entgegengenommen wird.

CPT (Frachtfrei)

Wenn vereinbart wurde, dass der Käufer berechtigt ist, den Zeitpunkt für die Versendung der Ware und/oder die Stelle für die Entgegennahme der Ware am benannten Bestimmungsort zu bestimmen, muss der Käufer den Verkäufer hierüber in hinreichender Weise benachrichtigen.

CIP (Frachtfrei versichert)

Wenn vereinbart wurde, dass der Käufer berechtigt ist, den Zeitpunkt für die Versendung der Ware und/oder die Stelle für die Entgegennahme der Ware am benannten Bestimmungsort zu bestimmen, muss der Käufer den Verkäufer hierüber in hinreichender Weise benachrichtigen.

© 2019 INTERNATIONAL CHAMBER OF COMMERCE (ICC GERMANY E.V.) | **193**

Anhang: Offizielles Regelwerk der Internationalen Handelskammer (ICC)

INCOTERMS® 2020

DAP (Geliefert benannter Ort)

Wenn vereinbart wurde, dass der Käufer berechtigt ist, innerhalb eines vereinbarten Lieferzeitraums den Zeitpunkt und/oder am benannten Bestimmungsort die Stelle für die Warenübernahme zu bestimmen, muss der Käufer den Verkäufer hierüber in geeigneter Weise benachrichtigen.

DPU (Geliefert benannter Ort entladen)

Wenn vereinbart wurde, dass der Käufer berechtigt ist, innerhalb eines vereinbarten Lieferzeitraums den Zeitpunkt und/oder am benannten Bestimmungsort die Stelle für die Warenübernahme zu bestimmen, muss der Käufer den Verkäufer hierüber in geeigneter Weise benachrichtigen.

DDP (Geliefert verzollt)

Wenn vereinbart wurde, dass der Käufer berechtigt ist, innerhalb eines vereinbarten Lieferzeitraums den Zeitpunkt und/oder am benannten Bestimmungsort die Stelle für die Warenübernahme zu bestimmen, muss der Käufer den Verkäufer hierüber in geeigneter Weise benachrichtigen.

FAS (Frei Längsseite Schiff)

Der Käufer muss dem Verkäufer in hinreichender Weise alle transportbezogenen Sicherheitsanforderungen, den Namen des Schiffs, die Ladestelle und ggf. den gewählten Lieferzeitpunkt innerhalb des vereinbarten Lieferzeitraums mitteilen.

FOB (Frei an Bord)

Der Käufer muss dem Verkäufer in hinreichender Weise alle transportbezogenen Sicherheitsanforderungen, den Namen des Schiffs, die Ladestelle und ggf. den gewählten Lieferzeitpunkt innerhalb des vereinbarten Lieferzeitraums mitteilen.

CFR (Kosten und Fracht)

Wenn vereinbart wird, dass der Käufer berechtigt ist, den Zeitpunkt für die Verschiffung der Ware und/oder die Stelle für die Entgegennahme der Ware innerhalb des benannten Bestimmungshafens zu bestimmen, muss er den Verkäufer in hinreichender Weise von diesem Zeitpunkt und/oder der betreffenden Stelle in Kenntnis setzen.

CIF (Kosten, Versicherung und Fracht)

Wenn vereinbart wird, dass der Käufer berechtigt ist, den Zeitpunkt für die Verschiffung der Ware und/oder die Stelle für die Entgegennahme der Ware innerhalb des benannten Bestimmungshafens zu bestimmen, muss er den Verkäufer in hinreichender Weise von diesem Zeitpunkt und/oder der betreffenden Stelle in Kenntnis setzen.

Anhang: Offizielles Regelwerk der Internationalen Handelskammer (ICC)

INCOTERMS® 2020

Incoterms® 2020 Drafting Group

Die Incoterms® 2020 Regeln wurden von einer ausgewählten ICC-Sachverständigengruppe in Abstimmung mit dem globalen ICC-Netzwerk verfasst, dem auch nationale Komitees der ICC angehören. Durch den breiten geografischen und branchenübergreifenden Rahmen dieses Abstimmungsprozesses ist sichergestellt, dass die *Incoterms® 2020* die aktuellen Gegebenheiten im internationalen Handel widerspiegeln und geschäftlichen Bedürfnissen in allen Regionen der Welt Rechnung tragen.

CO-VORSITZENDER + SONDERBERATER

David Lowe (Co-Vorsitzender)

David Lowe ist globaler Co-Vorsitzender der Incoterms® 2020 Drafting Group. Er war bereits Mitglied der Drafting Group für die *Incoterms® 2010*. Heute fungiert er als Vorsitzender der ICC-Kommission Handelsrecht und -praxis in Großbritannien.

David Lowe leitet das Team für Welthandelsrecht bei der internationalen Anwaltskanzlei Gowling WLG. Er berät Exporteure und Importeure zu Fragen ihrer internationalen Lieferketten und Vermarktungswege.

Christoph Martin Radtke (Co-Vorsitzender)

Christoph Martin Radtke ist Rechtsanwalt mit Doppelzulassung in Frankreich und Deutschland sowie Partner von FIDUCIAL LEGAL by LAMY, Frankreich – er leitet das dortige Team für internationalen Handel. Radtke ist ausgewiesener Experte für Schiedsrecht, internationales Recht und Recht der Europäischen Union.

Christoph Martin Radtke ist unter anderem auf folgenden Gebieten tätig: internationales Handelsrecht, internationaler Warenkauf, Handelsvertretung und Vertrieb, EU-Recht, französisches und deutsches Wirtschaftsrecht, internationale Schiedsgerichtsbarkeit und internationale Prozessführung. Er ist ein aktiver und erfahrener Schiedsrichter, der in zahlreichen Schiedsverfahren der ICC und anderer

© 2019 INTERNATIONAL CHAMBER OF COMMERCE (ICC GERMANY E.V.) | **195**

Anhang: Offizielles Regelwerk der Internationalen Handelskammer (ICC)

internationaler Schiedsinstitutionen tätig war. Er vertritt häufig Parteien vor Schiedsgerichten und in Mediationsverfahren.

Herr Radtke ist Vorsitzender der Kommission für Handelsrecht und -Praxis und Mitglied der Schiedskommission von ICC France sowie des Schlichtungszentrums der deutsch-französischen Industrie- und Handelskammer und Mitglied der ICC-Kommission für internationales Handelsrecht und internationale Handelspraxis sowie verschiedener ICC-Arbeitsgruppen. Zudem hat er verschiedene ICC-Musterverträge, -Handbücher und –Anleitungen mitverfasst und fungierte als Co-Vorsitzender der internationalen Drafting Group für die ICC *Incoterms® 2010*.

Charles Debattista (Sonderberater)

Charles Debattista praktiziert als Anwalt und Schiedsrichter für 36 Stone, eine Gruppe von Anwälten für Schifffahrtsrecht, internationales Handelsrecht und Schiedsrecht mit Sitz in Gray's Inn, London. Den größten Teil seiner Arbeitszeit widmet er der Tätigkeit als Anwalt an englischen Gerichten und Schiedsgerichten in Großbritannien und anderen Ländern. Er ist auch als Schiedsrichter gemäß den Schiedsordnungen vieler Institutionen tätig, einschließlich der ICC.

Zu seinen Spezialgebieten zählen Fragen des internationalen Handels, einschließlich Verkäufe unter Anwendung der Incoterms®, sowie Akkreditive, Konnossemente und Charterverträge. Debattista hat zahlreiche Bücher und Artikel zu diesen Themen veröffentlicht; vor seiner Tätigkeit als Anwalt lehrte er als Professor für Handelsrecht an der University of Southampton in Großbritannien. Er hatte den Vorsitz der International Drafting Group inne, die für die Erarbeitung der *Incoterms® 2000* verantwortlich war; er war Co-Vorsitzender der Arbeitsgruppe *Incoterms® 2010* und überwachte dann als ICC-Sonderberater die Erstellung der *Incoterms® 2010*. Charles Debattista war zudem viele Jahre lang stellvertretender Vorsitzender der Kommission für Handelsrecht und -praxis der ICC.

Anhang: Offizielles Regelwerk der Internationalen Handelskammer (ICC)

MITGLIEDER DER DRAFTING GROUP

Jian Baozhu/Virginie Jan
International Trade Expert, China

Ercüment Erdem
Prof. Dr. H. Ercüment Erdem ist Gründer und Seniorpartner von Erdem&Erdem. Er verfügt über mehr als 30 Jahre Erfahrung auf den Gebieten Schiedsgerichtsbarkeit, internationales Handelsrecht, Wettbewerbs- und Kartellrecht, Fusionen und Übernahmen, Privatisierungen und Unternehmensfinanzierung. Prof. Dr. Erdem betreut internationale und nationale Mandanten aus verschiedenen Branchen, darunter Energie-, Bau- und Finanzwesen, Einzelhandel, Immobilienwirtschaft, Luft- und Raumfahrt, Gesundheitswesen und Versicherungswirtschaft.

Er hat als Vorsitzender und Einzelschiedsrichter oder parteibenannter Schiedsrichter an zahlreichen internationalen und nationalen Schiedsverfahren nach verschiedenen Schiedsordnungen teilgenommen, einschließlich der Schiedsordnung der Internationalen Handelskammer (ICC), der Schweizer Schiedsordnung, der Moskauer Schiedsordnung, der Schiedsordnung der Kommission der Vereinten Nationen für internationales Handelsrecht (UNCITRAL), der Teheraner Schiedsgerichtsbarkeit sowie in Ad-hoc-Schiedsverfahren, und ist auf diesem Gebiet als herausragender Experte anerkannt.

Als Professor für Handelsrecht hat Erdem an führenden Universitäten gelehrt, z. B. an der Galatasaray-Universität in der Türkei und der Universität Fribourg in der Schweiz. Er verfügt über mehr als 30 Jahre Erfahrung als Rechtswissenschaftler und hat in folgenden Teildisziplinen geforscht: Schiedsrecht, internationales Handelsrecht, Wettbewerbs- und Kartellrecht, M&A, Unternehmensrecht usw.

Ercüment Erdem war als langjähriges aktives Mitglied der CLP-Kommission an zahlreichen Arbeitsgruppen beteiligt, bevor er 2010 die Funktion eines stellvertretenden Vorsitzenden und 2016 das Amt des Co-Vorsitzenden übernahm. Er war Leiter der Arbeitsgruppe, die den ersten ICC-Mustervertrag für Dienstleistungen erarbeitete, den ICC-Mustervertrag für internationale Beratungsleistungen (ICC Model Contract on International Consulting Services), der 2017 veröffentlicht wurde. Darüber hinaus war er Mitglied der Drafting Group, die für die Überarbeitung der *Incoterms® 2000* verantwortlich war. Er führt regelmäßig Schulungen durch und veröffentlicht Artikel und Beiträge in Büchern über die Incoterms®. Des Weiteren hat er die *Incoterms® 2000* und die *Incoterms® 2010* ins Türkische übersetzt.

Prof. Erdem ist Mitglied der International Bar Association (internationale Anwaltsvereinigung), der Istanbul Bar Association (Anwaltsvereinigung von Istanbul), Co-Vorsitzender der CLP-Kommission der ICC und Mitglied der ICC-Schiedskommission, des ICC-Schiedsgerichts, des ICC Institute Counsel, des türkischen nationalen Ausschusses für Schiedsgerichtsbarkeit der ICC, des Istanbul Arbitration Centre (ISTAC) und der Association Suisse de l'Arbitrage (ASA).

Von „The Legal 500" wurde Prof. Erdem zu einem der führenden Experten auf dem Gebiet der Streitbeilegung gewählt.

Burghard Piltz

Prof. Dr. Burghard Piltz kann auf eine langjährige Berufserfahrung als Rechtsanwalt zurückblicken. Bevor er 2014 als Partner in die Kanzlei Ahlers & Vogel eintrat, arbeitete er für eine überregional tätige deutsche Anwaltskanzlei, deren Gründungspartner er auch war.

Burghard Piltz hat sich auf internationales Wirtschaftsrecht spezialisiert, insbesondere internationale Verkaufsgeschäfte und zugehörige Transaktionen (CISG, Incoterms®, internationaler Vertrieb usw.), und ist sowohl als Rechtsanwalt als auch als Schiedsrichter auf dem Gebiet des internationalen Handelsrechts tätig.

Burghard Piltz ist Präsident des von der deutsch-argentinischen Handelskammer, Buenos Aires, gegründeten Schlichtungszentrums und Vorsitzender des Executive Committee (Exekutivausschuss) der European-Latinamerican Arbitration Association (ELArb; europäisch-lateinamerikanische Schlichtungsvereinigung) in Hamburg. Des Weiteren ist er als Landesexperte für Deutschland beim International Distribution Institute (IDI) tätig und war Vorsitzender des Ausschusses für europäisches Vertragsrecht, der von der Bundesrechtsanwaltskammer in Deutschland begründet wurde. Burghard Piltz fungiert seit 2001 als Berater des Präsidenten der internationalen Anwaltsvereinigung (UIA) und lehrt internationales Privatrecht sowie internationales Kaufrecht. 1997 wurde Herr Piltz zum Honorarprofessor ernannt.

Frank Reynolds

Frank Reynolds ist Präsident von International Projects, Inc., einer internationalen Handels- und Beratungsfirma aus den USA. Als Vertreter der USA war er an der Überarbeitung der Fassungen der *Incoterms® 2000, 2010* und *2020* beteiligt und hat 17 Bücher zu internationalen Themen geschrieben oder mitverfasst. Frank Reynolds hat außerdem mehr als 300 Kolumnen für internationale Publikationen, z. B. *Journal of Commerce, Exporter und Documentary Credit Insight der ICC*, geschrieben.

Seit über 30 Jahren hält Herr Reynolds in den USA Vorlesungen zu handelsbezogenen Themen, z. B. über die Incoterms® Regeln, Dokumentenakkreditive, US-Freihandelsvereinbarungen, Ausfuhr- und Einfuhrverfahren und über das „harmonisierte System". Er war 22 Jahre beim District Export Council des US-Handelsministeriums angestellt; sein Unternehmen wurde mit dem „E" sowie dem „E Star" *Awards for Excellence in Export Service* des Handelsministeriums ausgezeichnet. Frank Reynolds ist ebenfalls im Besitz einer Zollmaklerlizenz der Zoll- und Grenzschutzbehörde des US-Heimatschutzministeriums (US Department of Homeland Security, Customs Border Protection).

Bob (Robert) Ronai

Bob Ronai verfügt über mehr als 50 Jahre Erfahrung im Export- und Importgeschäft, wobei er zu Beginn seines beruflichen Werdegangs im internationalen Bankwesen tätig war, dann jedoch in die Welt des internationalen Handels wechselte. 1989 startete er in die Selbstständigkeit, indem er als unabhängiger Berater und Schulungsanbieter unterstützende Leistungen für Exporteure und Importeure im Hin-

INCOTERMS® 2020

blick auf die „Back Office"-Seite ihrer Unternehmen anbot. Insgesamt hat Bob Ronai im Laufe seiner Karriere Zehntausende Lieferungen verschiedenster Produkte weltweit direkt gesteuert und koordiniert.

Bob Ronai besitzt ein Diplom in Export Management (1977) vom Australian Institute of Export und ist Certified Documentary Credit Specialist (CDCS) vom The London Institute of Banking and Finance. Er ist Mitglied des Australian Institute of Export und des australischen Nationalkomitees der ICC.

Seit mehr als zwei Jahrzehnten führt er außerdem Weiterbildungsmaßnahmen und Schulungen zu verschiedenen Aspekten des internationalen Handels durch, insbesondere zu Akkreditiven und Incoterms®-Klauseln, mit Seminaren, Vorlesungen und Vorträgen in Australien, Singapur, Hongkong, Rangun, Wien und Prag, durch Konferenzen, Bildungsorganisationen, Regierungsstellen, Industrieverbände, große australische Banken, Unternehmen und eigene öffentliche Seminare.

ICC-SEKRETARIAT

Emily O'Connor

Emily O'Connor ist Director of Multilateral Rules for Trade & Investment bei der ICC und hat die Entwicklung der *Incoterms® 2020* beaufsichtigt. Nach einem Abschluss von der Columbia Law School in New York war sie zunächst als Rechtsberaterin für die damalige US-Außenministerin Madeline Albright beschäftigt, bevor sie auf dem Gebiet des internationalen Gesellschaftsrechts bei Debevoise & Plimpton in New York tätig war. Seit 2006 arbeitet Emily O'Connor im internationalen ICC-Sekretariat in Paris.

Florence Binta Diao-Gueye

Florence B. Diao-Gueye hat einen Master-Abschluss in International Security der Sciences Po Paris mit den Spezialisierungen African Studies und Defence and Security Economics. Der Schwerpunkt ihrer Tätigkeit liegt auf den Themen illegaler Handel, Wiederaufbau und Entwicklung nach Konflikten. Sie hat außerdem einen Abschluss als LL.M. (Master of Laws) in International Law der Descartes University Paris (2016). Frau Diao-Gueye ist seit 2016 beim

INCOTERMS® 2020 | INCOTERMS® 2020 DRAFTING GROUP

ICC-Sekretariat beschäftigt und im ICC-Wettbewerbsausschuss sowie in der ICC-Kommission für Handelsrecht und -praxis tätig; in den letzten drei Jahren konnte sie ihre Kenntnisse im internationalen Wirtschaftsrecht und Völkerrecht vertiefen. Zusätzlich zur Unterstützung der Drafting Group der *Incoterms® 2020* hat Florence B. Diao-Gueye auch an Publikationen wie dem ICC Leniency Manual und dem ICC-ECCO Guide to International Offset Contracts mitgearbeitet. Außerdem war sie an der Gründung eines ICC-Projekts zur Erleichterung nachhaltiger Investitionen in Entwicklungsländern beteiligt, welches vor allem der Förderung des internationalen und intraregionalen Handels dienen soll.

Anhang: Offizielles Regelwerk der Internationalen Handelskammer (ICC)

INCOTERMS® 2020

Anhang: Offizielles Regelwerk der Internationalen Handelskammer (ICC)

Incoterms® 2020

by the International Chamber of Commerce (ICC)

ICC RULES FOR THE USE OF DOMESTIC AND INTERNATIONAL TRADE TERMS

ICC INTERNATIONAL CHAMBER OF COMMERCE
The world business organization

Anhang: Offizielles Regelwerk der Internationalen Handelskammer (ICC)

Incoterms® 2020
ICC rules for the use of domestic and international trade terms

© 2019 International Chamber of Commerce ("ICC")
For the German translation: © 2019 ICC Germany e.V. ("ICC Germany")

All rights reserved. ICC holds all copyright and other intellectual property rights in this collective work. ICC Germany holds all copyright in the German version of the text. No part of this work may be reproduced, distributed, transmitted, translated or adapted in any form or by any means, except as permitted by law, without the written permission of ICC and/or ICC Germany, as the case may be.

Permission can be requested from ICC through publications@iccwbo.org, and from ICC Germany through icc@iccgermany.de.

The English language version contains the official text of the Incoterms®.

"Incoterms" is a registered trademark of ICC. Rules on the correct usage of the trademark can be found on https://iccwbo.org/incoterms-copyright/

Foreword

By John W.H. Denton, AO, ICC Secretary General

The growth of the global economy has given most businesses greater access than ever before to markets all over the world. Goods are sold today in more countries, in larger quantities, in greater variety, and at a faster pace as a result. But as both the volume and complexity of global trade increase, so do possibilities for misunderstandings and costly disputes when sale contracts are not adequately drafted.

The ICC Incoterms® rules on the use of domestic and international trade terms address this risk by facilitating the conduct of global trade. Reference to an Incoterms® 2020 rule in a contract for the sale of goods clearly defines the parties' respective obligations regarding topics such as risk, cost and arrangement of transport and customs clearance, thereby reducing the potential for legal complications.

Since ICC first codified a set of standard trading terms as the Incoterms® rules in 1936, this globally accepted contractual standard has been updated periodically to reflect the evolution of international trade. The Incoterms® 2020 rules take account of the increased attention to security in the movement of goods, the need for flexibility in insurance coverage depending on the nature of goods and transport, and the call by banks for an on-board bill of lading in certain financed sales under the FCA rule.

Incoterms® 2020 also offers a simpler and clearer presentation of all the rules, featuring revised language, an expanded introduction and explanatory notes, and articles reordered to better reflect the logic of a sale transaction. *Incoterms® 2020* is also the first version of ICC's Incoterms® rules to include a 'horizontal' presentation, grouping all like articles together and allowing users to clearly see differences in treatment of particular issues across the 11 Incoterms® rules.

ICC's deep expertise in commercial law—drawn from a global membership representing all trade sectors and companies of all sizes —ensures that *Incoterms® 2020* responds to business needs everywhere.

ICC would like to express its gratitude to the members of the drafting group from the ICC Commission on Commercial Law and Practice for their contributions to *Incoterms® 2020*. The working group comprised David Lowe (Co-Chair, UK), Christoph Martin Radtke (Co-Chair, France), Charles Debattista (Special Advisor, UK), Ercüment Erdem (Turkey), Virginie Jan (Jian Baozhu (China)), Burghard Piltz (Germany), Frank Reynolds (US), and Bob Ronai (Australia). We also thank Asko Räty (Finland) for his assistance with the images depicting the 11 rules.

Our appreciation is also due to Emily O'Connor (Director, Multilateral Rules for Trade and Investment, ICC) and Florence Binta Diao-Gueye (Commission on Commercial Law and Practice, ICC).

Anhang: Offizielles Regelwerk der Internationalen Handelskammer (ICC)

INCOTERMS® 2020

Anhang: Offizielles Regelwerk der Internationalen Handelskammer (ICC)

INCOTERMS® 2020

Contents

INTRODUCTION TO *INCOTERMS® 2020* 209

RULES FOR ANY MODE OR MODES OF TRANSPORT 227

    EXW | Ex Works 229

    FCA | Free Carrier 237

    CPT | Carriage Paid To 249

    CIP | Carriage and Insurance Paid To 259

    DAP | Delivered at Place. 271

    DPU | Delivered at Place Unloaded. 281

    DDP | Delivered Duty Paid 291

RULES FOR SEA AND INLAND WATERWAY TRANSPORT. 299

    FAS | Free Alongside Ship. 301

    FOB | Free On Board 311

    CFR | Cost and Freight. 321

    CIF | Cost Insurance and Freight 331

ARTICLE-BY-ARTICLE TEXT OF RULES 343

INCOTERMS® 2020 DRAFTING GROUP. 391

© 2019 INTERNATIONAL CHAMBER OF COMMERCE (ICC) | **207**

437

Anhang: Offizielles Regelwerk der Internationalen Handelskammer (ICC)

INCOTERMS® 2020

Anhang: Offizielles Regelwerk der Internationalen Handelskammer (ICC)

INCOTERMS® 2020

Introduction to *Incoterms® 2020*

1. The purpose of the text of this Introduction is fourfold:
   - to explain what the Incoterms® 2020 rules do and do NOT do and how they are best incorporated;
   - to set out the important fundamentals of the Incoterms® rules: the basic roles and responsibilities of seller and buyer, delivery, risk, and the relationship between the Incoterms® rules and the contracts surrounding a typical contract of sale for export/import and also, where appropriate, for domestic sales;
   - to explain how best to choose the right Incoterms® rule for the particular sale contract; and
   - to set out the central changes between *Incoterms® 2010* and *Incoterms® 2020*.

2. The Introduction follows this structure:
   - I. What the Incoterms® rules do
   - II. What the Incoterms® rules do NOT do
   - III. How best to incorporate the Incoterms® rules
   - IV. Delivery, risk and costs in the Incoterms® 2020 rules
   - V. Incoterms® 2020 rules and the carrier
   - VI. Rules for the contract of sale and their relationship to other contracts
   - VII. The eleven Incoterms® 2020 rules—"sea and inland waterway" and "any mode(s) of transport": getting it right
   - VIII. Order within the Incoterms® 2020 rules
   - IX. Differences between *Incoterms® 2010* and *Incoterms® 2020*
   - X. Caution with variants of Incoterms® rules.

3. This Introduction gives guidance on the use of, and about the fundamental principles behind, the Incoterms® 2020 rules.

Anhang: Offizielles Regelwerk der Internationalen Handelskammer (ICC)

INCOTERMS® 2020

I. WHAT THE INCOTERMS® RULES DO

4. The Incoterms® rules explain a set of eleven of the most commonly-used three-letter trade terms, e.g. CIF, DAP, etc., reflecting business-to-business practice in contracts for the sale and purchase of goods.

5. The Incoterms® rules describe:

   - *Obligations*: Who does what as between seller and buyer, e.g. who organises carriage or insurance of the goods or who obtains shipping documents and export or import licences;
   - *Risk*: Where and when the seller "delivers" the goods, in other words where risk transfers from seller to buyer; and
   - *Costs*: Which party is responsible for which costs, for example transport, packaging, loading or unloading costs, and checking or security-related costs.

   The Incoterms® rules cover these areas in a set of ten articles, numbered A1/B1 etc., the A articles representing the seller's obligations and the B articles representing the buyer's obligations. See paragraph 53 below.

II. WHAT THE INCOTERMS® RULES DO NOT DO

6. The Incoterms® rules are NOT in themselves—and are therefore no substitute for—a contract of sale. They are devised to reflect trade practice for no particular *type* of goods—and for *any*. They can be used as much for the trading of a bulk cargo of iron ore as for five containers of electronic equipment or ten pallets of airfreighted fresh flowers.

7. The Incoterms® rules do NOT deal with the following matters:

   - whether there is a contract of sale at all;
   - the specifications of the goods sold;
   - the time, place, method or currency of payment of the price;
   - the remedies which can be sought for breach of the contract of sale;
   - most consequences of delay and other breaches in the performance of contractual obligations;
   - the effect of sanctions;
   - the imposition of tariffs;
   - export or import prohibitions;
   - force majeure or hardship;
   - intellectual property rights; or
   - the method, venue, or law of dispute resolution in case of such breach.

INCOTERMS® 2020

Perhaps most importantly, it must be stressed that the Incoterms® rules do NOT deal with the transfer of property/title/ownership of the goods sold.

8. These are matters for which the parties need to make specific provision in their contract of sale. Failure to do so is likely to cause problems later if disputes arise about performance and breach. In essence, the Incoterms® 2020 rules are *not* themselves a contract of sale: they only become *part* of that contract when they are incorporated into a contract which already exists. Neither do the Incoterms® rules provide the law applicable to the contract. There may be legal regimes which apply to the contract, whether international, like the Convention on the International Sale of Goods (CISG); or domestic mandatory law relating, for example, to health and safety or the environment.

III. HOW BEST TO INCORPORATE THE INCOTERMS® RULES

9. If parties want the Incoterms® 2020 rules to apply to their contract, the safest way to ensure this is to make that intention clear in their contract, through words such as

    "[the chosen Incoterms® rule] [named port, place or point] Incoterms® 2020".

10. Thus, for example,
    CIF Shanghai Incoterms® 2020, or
    DAP No 123, ABC Street, Importland Incoterms® 2020.

11. Leaving the year out could cause problems that may be difficult to resolve. The parties, a judge or an arbitrator need to be able to determine which version of the Incoterms® rules applies to the contract.

12. The place named next to the chosen Incoterms® rule is even more important:

    ▶ in all Incoterms® rules except the C rules, the named place indicates where the goods are "delivered", i.e. where risk transfers from seller to buyer;

    ▶ in the D rules, the named place is the place of delivery and also the place of destination and the seller must organise carriage to that point;

    ▶ in the C rules, the named place indicates the destination to which the seller must organise and pay for the carriage of the goods, which is not, however, the place or port of delivery.

13. Thus, an FOB sale raising doubt about the port of shipment leaves both parties uncertain as to where the buyer must present the ship to the seller for the shipment and the transport of the goods—and as to where the seller must deliver the goods on board so as to transfer risk in the goods from seller to buyer. Again, a CPT contract with an unclear named

Anhang: Offizielles Regelwerk der Internationalen Handelskammer (ICC)

INCOTERMS® 2020

destination will leave both parties in doubt as to the point to which the seller must contract and pay for the transport of the goods.

14. It is best to avoid these types of issues by being as geographically specific as possible in naming the port, place or point, as the case may be, in the chosen Incoterms® rule.

15. When incorporating a particular Incoterms® 2020 rule into a sale contract, it is not necessary to use the trademark symbol. For further guidance on trademark and copyright, please refer to https://iccwbo.org/incoterms-copyright/.

IV. DELIVERY, RISK AND COSTS IN THE INCOTERMS® 2020 RULES

16. A named place or port attached to the three letters, e.g. CIP Las Vegas or CIF Los Angeles, then, is critical in the workings of the Incoterms® 2020 rules. Depending on which Incoterms® 2020 rule is chosen, that place will identify either the place or port at which the goods are considered to have been "delivered" by the seller to the buyer, the place of "delivery", or the place or port to which the seller must organise the carriage of the goods, i.e. their destination; or, in the case of the D rules, both.

17. In all Incoterms® 2020 rules, A2 will define the place or port of "delivery"—and that place or port is closest to the seller in EXW and FCA (seller's premises) and closest to the buyer in DAP, DPU and DDP.

18. The place or port of delivery identified by A2 is critical both for risk and for costs.

19. The place or port of delivery under A2 marks the place at which risk transfers from seller to buyer under A3. It is at that place or port that the seller performs its obligation to provide the goods under the contract as reflected in A1 such that the buyer cannot recover against the seller for the loss of or damage to the goods occurring after that point has passed.

20. The place or port of delivery under A2 also marks the central point under A9 which allocates costs to seller and buyer. In broad terms, A9 allocates costs before the point of delivery to the seller and costs after that point to the buyer.

Delivery points
Extremes and in-betweens: the four traditional Incoterms® rules groups

21. Versions of the Incoterms® rules before 2010 traditionally grouped the rules into four, namely E, F, C and D, with E and D lying at extreme poles from each other in terms of the point of delivery and the F and C rules lying in between. While the Incoterms® rules have, since 2010, been grouped according

INCOTERMS® 2020

to the means of transport used, the old groupings are still helpful in understanding the point of delivery. Thus, the delivery point in EXW is an agreed point for collection of the goods by the buyer, whatever the destination to which the buyer will take them. At the other extreme in DAP, DPU and DDP, the delivery point is the same as the destination point to which the seller or its carrier will carry the goods. In the first, EXW, risk transfers before the transport cycle even starts; in the second, the D rules, risk transfers very late in that cycle. Again, in the first, EXW and, for that matter, FCA (seller's premises), the seller performs its obligation to deliver the goods whether or not they actually arrive at their destination. In the second, the seller performs its obligation to deliver the goods only if they actually arrive at their destination.

22. The two rules at the extreme ends of the Incoterms® rules are EXW and DDP. However, traders should consider alternative rules to these two for their international contracts. Thus, with EXW the seller has to merely put the goods at the buyer's disposal. This may cause problems for the seller and the buyer, respectively, with loading and export clearance. The seller would be better advised to sell under the FCA rule. Likewise, with DDP, the seller owes some obligations to the buyer which can only be performed within the buyer's country, for example obtaining import clearance. It may be physically or legally difficult for the seller to carry out those obligations within the buyer's country and a seller would therefore be better advised to consider selling goods in such circumstances under the DAP or DPU rules.

23. Between the two extremes of E and D rules, there lie the three F rules (FCA, FAS and FOB), and the four C rules (CPT, CIP, CFR and CIF).

24. With all seven F and C rules, the place of delivery is on the seller's side of the anticipated carriage: consequently sales using these Incoterms® rules are often called "shipment" sales. Delivery occurs, for example,

   a) when the goods are placed on board the vessel at the port of loading in CFR, CIF and FOB; or
   b) by handing the goods over to the carrier in CPT and CIP; or
   c) by loading them on the means of transport provided by the buyer or placing them at the disposal of the buyer's carrier in FCA.

In the F and C groups, risk transfers at the seller's end of the main carriage such that the seller will have performed its obligation to deliver the goods whether or not the goods actually arrive at their destination. This feature, of being shipment sales with delivery happening at the seller's end early

© 2019 INTERNATIONAL CHAMBER OF COMMERCE (ICC) | **213**

INCOTERMS® 2020

in the transit cycle, is common to the F and the C rules, whether they are the maritime Incoterms® rules or the Incoterms® rules intended for any mode[s] of transport.

25. The F and the C rules do, however, differ as to whether it is the seller or buyer who contracts for or arranges the carriage of the goods beyond the place or port of delivery. In the F rules, it is the buyer who makes such arrangements, unless the parties agree otherwise. In the C rules, this obligation falls to the seller.

26. Given that a seller on any of the C rules contracts for or arranges the carriage of the goods beyond delivery, the parties need to know what the destination is to which it must arrange carriage—and *that* is the place attached to the name of the Incoterms® rule, e.g. "CIF the port of Dalian" or "CIP the inland city of Shenyang". Whatever that named destination is, that place is not and never becomes the place of delivery. Risk will have transferred on shipment or on handing over the goods at the place of delivery, but the contract of carriage must have been made by the seller for the named destination. Delivery and destination, then, in the C rules, are necessarily not the same place.

V. INCOTERMS® 2020 RULES AND THE CARRIER

27. In the F and the C rules, placing the goods, for example, on board the vessel or handing them over to, or placing them at the disposal of, the carrier marks the point at which the goods are "delivered" by the seller to the buyer. Therefore this is the point at which risk transfers from the seller to the buyer.

28. Given those two important consequences, it becomes essential to identify who the carrier is where there is more than one carrier, each carrying out a separate leg of transport, for instance by road, rail, air or sea. Of course, where the seller has taken the far more prudent course of making one contract of carriage with one carrier taking responsibility for the entire carriage chain, in a so-called "through" contract of carriage, the problem does not arise. However, where there is no such "through" carriage contract, the goods could be handed over (where the CIP or CPT rules are used) to a road-haulier or rail company for onward transmission to a sea carrier. The same situation *may* arise with exclusively maritime transport where, for example, the goods are first handed over to a river or feeder short-sea carrier for onward transmission to an ocean carrier.

29. In these situations, when does the seller "deliver" the goods to the buyer: when it hands the goods over to the first, second or third carrier?

30. Before we answer that question, a preliminary point. While in most cases the carrier will be an independent third party engaged under a contract of carriage by either the seller or the

buyer (depending on whether the parties have chosen a C Incoterms® rule or an F Incoterms® rule), there are situations where no such independent third party is engaged at all because the seller or the buyer itself will carry the goods sold. This is more likely to happen in the D rules (DAP, DPU and DDP), where the seller may use its own means of transport to carry the goods to the buyer at the delivery destination. Provision has therefore been made in the Incoterms® 2020 rules for a seller under the D rules either to *contract for* carriage or to *arrange for* carriage, that is to say through its own means of transport: see A4.

31. The question asked at paragraph 29 above is not simply a "carriage" question: it is an important "sale" question. The question is not which carrier can a seller or buyer of goods damaged in transit sue under the contract of carriage. The "sale" question is: where there is more than one carrier involved in the carriage of the goods from seller to buyer, at which point in the carriage string does the handing over of the goods mark the point of delivery and the transfer of risk *as between seller and buyer*?

32. There needs to be a simple answer to this question because the relationships between the multiple carriers used, and between the seller and/or the buyer with those several carriers, will be complex, depending as they do on the terms of a number of separate contracts of carriage. Thus, for example, in any such chain of contracts of carriage, one carrier, such as a carrier actually performing a leg of the transit by road, may well act as the seller's agent in concluding a contract of carriage with a carrier by sea.

33. The Incoterms® 2020 rules give a clear answer to this question where the parties contract on FCA. In FCA, the relevant carrier is the carrier nominated by the buyer to whom the seller hands over the goods at the place or point agreed in the contract of sale. Thus even if a seller engages a road haulier to take the goods to the agreed delivery point, risk would transfer not at the place and time where the seller hands the goods over to the haulier engaged by the seller, but at the place and time where the goods are placed at the disposal of the carrier engaged by the buyer. This is why the naming of the place or point of delivery as precisely as possible is so important in FCA sales. The same situation can arise in FOB if a seller engages a feeder vessel or barge to take the goods to the vessel engaged by the buyer. A similar answer is provided by *Incoterms® 2020*: delivery occurs when the goods are placed on board the buyer's carrier.

34. With the C rules, the position is more complex and may well attract different solutions under different legal systems. In CPT and CIP, the relevant carrier is likely to be regarded, at any rate in some jurisdictions, as the first carrier to whom the seller

INCOTERMS® 2020

hands over the goods under A2 (unless the parties have agreed on the point of delivery). The buyer knows nothing of the contractual arrangements made between the seller and the first or subsequent carriers, or indeed between that first carrier and subsequent carriers. What the buyer does know, however, is that the goods are "in transit" to him or her—and that "transit" starts as far as the buyer knows, when the goods are put by the seller into the hands of the first carrier. The consequence is that risk transfers from seller to buyer at that early stage of "delivery" to the first carrier. The same situation can arise in CFR and CIF if a seller engages a feeder vessel or barge to take the goods to the agreed port of shipment, if any. A similar answer might be suggested in some legal systems: delivery occurs when the goods are placed on board the vessel at the agreed port of shipment, if any.

35. Such a conclusion, if adopted, may seem harsh on the buyer. Risk would transfer from seller to buyer in CPT and CIP sales when the goods are handed over to the first carrier. The buyer does not know at that stage whether or not that first carrier is responsible for loss of or damage to the goods under the relevant carriage contract. The buyer is not a party to that contract, has no control over it and will not know its terms. Yet, despite this, the buyer would end up bearing the risk in the goods from the very earliest moment of handing over, possibly without recovery against that first carrier.

36. While the buyer would end up bearing the risk of loss of or damage to the goods at an early stage of the transport chain, it would, on this view however, have a remedy against the seller. A2/A3 do not operate in a vacuum: under A4, the seller must contract for the carriage of the goods "from the agreed point of delivery, if any, at the place of delivery to the named place of destination or, if agreed, any point at that place." Even if risk has transferred to the buyer at the time the goods were handed over to the first carrier under A2/A3, if that first carrier does not undertake responsibility under its contract of carriage for the through carriage of the goods to the named destination, the seller, on this view, would remain liable to the buyer under A4. In essence, the seller should make a contract of carriage to the destination named under the contract of sale.

VI. RULES FOR THE CONTRACT OF SALE AND THEIR RELATIONSHIP TO OTHER CONTRACTS

37. This discussion of the role of the carrier in the delivery of the goods as between the seller and the buyer in the C and F Incoterms® rules raises the question: what role do the Incoterms® rules play in the contract of carriage, or, indeed, in any of the other contracts typically surrounding an export contract, for example an insurance contract or a letter of credit?

38. The short answer is that the Incoterms® rules do not form part of those other contracts: where incorporated, the Incoterms® rules apply to and govern *only* certain aspects of the contract of sale.

39. This is not the same as saying, however, that the Incoterms® rules have no *impact* on those other contracts. Goods are exported and imported through a network of contracts that, in an ideal world, should match the one with the other. Thus, the sale contract, for example, will require the tender of a transport document issued by the carrier to the seller/shipper under a contract of carriage and against which the seller/shipper/beneficiary might wish to be paid under a letter of credit. Where the three contracts match, things go well; where they do not, problems rapidly arise.

40. What the Incoterms® rules say, for example, about carriage or transport documents, (in A4/B4 and A6/B6) or what they say about insurance cover (A5/B5), does not *bind* the carrier or the insurer or any of the banks involved. Thus, a carrier is only bound to issue a transport document as required by the contract of carriage it makes with the other party to *that* contract: it is not bound to issue a transport document complying with the Incoterms® rules. Likewise, an insurer is bound to issue a policy to the level and in the terms agreed with the party purchasing the insurance, not a policy which complies with the Incoterms® rules. Finally, a bank will look only at the documentary requirements in the letter of credit, if any, not at the requirements of the sales contract.

41. However, it is very much in the interests of all the parties to the different contracts in the network to ensure that the carriage or insurance terms they have agreed with the carrier or insurer, or the terms of a letter of credit, comply with what the sale contract says about ancillary contracts that need to be made or documents that need to be obtained and tendered. *That* task does not fall on the carrier, the insurer or the bank, none of whom are party to the contract of sale and none of whom are, therefore, party to or bound by the Incoterms® 2020 rules. It *is*, however, in the seller's and buyer's interest to try to ensure that the different parts of the network of contracts match—and the starting point is the sale contract—and therefore, where they apply, the Incoterms® 2020 rules.

VII. THE ELEVEN INCOTERMS® 2020 RULES—"SEA AND INLAND WATERWAY" AND "ANY MODE(S) OF TRANSPORT": GETTING IT RIGHT

42. The main distinction introduced in the Incoterms® 2010 rules, that between **Rules for any Mode or Modes of Transport** (comprising EXW, FCA, CPT, CIP, DAP, the newly named

INCOTERMS® 2020

DPU—the old DAT—and DDP), and **Rules for Sea and Inland Waterway Transport**, (comprising FAS, FOB, CFR and CIF) has been retained.

43. The four so-called "maritime" Incoterms® rules are intended for use where the seller places the goods on board (or in FAS alongside) a vessel at a sea or river port. It is at this point that the seller delivers the goods to the buyer. When these rules are used, the risk of loss of or damage to those goods is on the buyer's shoulders from that port.

44. The seven Incoterms® rules for any mode or modes of transport (so-called "multi-modal"), on the other hand, are intended for use where

    a) the point at which the seller hands the goods over to, or places them at the disposal of, a carrier, or

    b) the point at which the carrier hands the goods over to the buyer, or the point at which they are placed at the disposal of the buyer, or

    c) both points (a) and (b)

    are not on board (or in FAS alongside) a vessel.

45. Where delivery happens and risk transfers in each of these seven Incoterms® rules will depend on which particular rule is used. For example, in CPT, delivery happens at the seller's end when the goods are handed over to the carrier contracted by the seller. In DAP, on the other hand, delivery happens when the goods are placed at the buyer's disposal at the named place or point of destination.

46. The order in which the Incoterms® 2010 rules were presented has, as we have said, been largely retained in *Incoterms® 2020* and it is important to underline the distinction between the two families of Incoterms® rules so that the right rule is used for the contract of sale depending on the means of transport used.

47. One of the most frequent problems in the use of the Incoterms® rules is the choice of the wrong rule for the particular type of contract.

48. Thus, for example, an FOB inland point (for example an airport or a warehouse) sale contract makes little sense: what type of contract of carriage must the buyer make? Does the buyer owe the seller an obligation to make a contract of carriage under which the carrier is bound to take over the goods at the named inland point or at the nearest port to that point?

49. Again, a CIF named sea port sale contract where the buyer expects the goods to be brought to an inland point in the buyer's country makes little sense. Must the seller procure a contract of carriage and insurance cover to the eventual inland destination intended by the parties or to the seaport named in the sale contract?

50. Gaps, overlaps and unnecessary costs are likely to arise—and all this because the wrong Incoterms® rule has been chosen for the particular contract. What makes the mismatch "wrong" is that insufficient regard has been given to the two most important features of the Incoterms® rules, features which are mirrors of each other, namely the port, place or point of delivery and the transfer of risks.

51. The reason for the frequent misuse of the wrong Incoterms® rule is that Incoterms® rules are frequently regarded exclusively as price indicators: this or that is the EXW, FOB, or DAP price. The initials used in the Incoterms® rules are doubtless handy abbreviations for the formula used in the calculation of the price. Incoterms® rules are not, however, exclusively, or even primarily, price indicators. They are a list of general obligations that sellers and buyers owe each other under well-recognised forms of sale contract—and one of their main tasks is to indicate the port, place or point of delivery where the risk is transferred.

VIII. ORDER WITHIN THE INCOTERMS® 2020 RULES

52. All the ten A/B articles in each of the Incoterms® rules are important—but some are more important than others.

53. There has, indeed, been a radical shake-up in the internal order in which the ten articles within each Incoterms® rule have been organised. In *Incoterms® 2020*, the internal order within each Incoterms® rule now follows this sequence:

A1/B1	General obligations
A2/B2	Delivery/Taking delivery
A3/B3	Transfer of risks
A4/B4	Carriage
A5/B5	Insurance
A6/B6	Delivery/transport document
A7/B7	Export/import clearance
A8/B8	Checking/packaging/marking
A9/B9	Allocation of costs
A10/B10	Notices

54. It will be noticed that concerning the Incoterms® 2020 rules, after recording in A1/B1 the basic goods/payment obligations of the parties, Delivery and the Transfer of risks are moved to a more prominent location, namely to A2 and A3 respectively.

55. The broad sequence thereafter goes:
    - ancillary contracts (A4/B4 and A5/B5, carriage and insurance);
    - transport documents (A6/B6);

INCOTERMS® 2020

- export/import clearance (A7/B7);
- packaging (A8/B8);
- costs (A9/B9); and
- notices (A10/B10).

56. It is appreciated that this change in the order of the A/B articles will take some time—and cost—to become familiar. It is hoped that with delivery and risk now made more prominent, traders will find it easier to identify the differences among the various Incoterms® rules, i.e. the different points in time and place at which the seller "delivers" the goods to the buyer with risk transferring to the buyer from that time and point.

57. For the first time, the Incoterms® rules are published both in the traditional format setting out the eleven Incoterms® rules and in a new "horizontal" format setting out the ten articles within each Incoterms® rule under each of the headings listed above in paragraph 53, first for the seller and then for the buyer. Traders can therefore now far more easily see the difference, for example, between the place of delivery in FCA and the place of delivery in DAP; or the items of cost which fall on a buyer in CIF when compared with the items of cost which fall on a buyer in CFR. It is hoped that this "horizontal" representation of the Incoterms® 2020 rules will further assist traders in choosing the Incoterms® rule most appropriate to their commercial requirements.

IX. DIFFERENCES BETWEEN *INCOTERMS® 2010* AND *2020*

58. The most important initiative behind the Incoterms® 2020 rules has been to focus on how the presentation could be enhanced to steer users towards the right Incoterms® rule for their sale contract. Thus:

    a) a greater emphasis in this Introduction on making the right choice;

    b) a clearer explanation of the demarcation and connection between the sale contract and its ancillary contracts;

    c) upgraded Guidance Notes presented now as Explanatory Notes to each Incoterms® rule; and

    d) a re-ordering within the Incoterms® rules giving delivery and risk more prominence.

    All these changes, though cosmetic in appearance, are in reality substantial attempts on the part of ICC to assist the international trading community towards smoother export/import transactions.

59. Apart from these general changes, there are more substantive changes in the Incoterms® 2020 rules when compared with *Incoterms® 2010*. Before looking at those changes, mention must be made of a particular development in trade practice

which occurred since 2010 and which ICC has decided should *not* lead to a change in the Incoterms® 2020 rules, namely Verified Gross Mass (VGM).

60. *Note on Verified Gross Mass (VGM)*—Since 1 July 2016, Regulation 2 under the International Convention for the Safety of Life at Sea (SOLAS) imposed on shippers in the case of the shipment of containers the obligation either to weigh the packed container using calibrated and certified equipment, or to weigh the contents of the container and add the weight of the container when empty. In either case, the VGM is to be recorded with the carrier. A failure to comply bears the sanction under the SOLAS Convention that the container "should not be loaded onto a ship": see paragraph 4.2, MSC1/Circ.1475, 9 June 2014.

These weighing operations obviously incur expense and failure may lead to delay in loading. As this happened after 2010, it is unsurprising that there was some pressure in the consultations leading to *Incoterms® 2020* for a clear indication to be given as to who, as between seller and buyer, should bear such obligations.

61. It was felt by the Drafting Group that obligations and costs relating to VGM were too specific and complex to warrant explicit mention in the Incoterms® 2020 rules.

62. Returning to the changes made by ICC to the Incoterms® 2010 rules in the Incoterms® 2020 rules, these are:

   [a] Bills of lading with an on-board notation and the FCA Incoterms® rule
   [b] Costs, where they are listed
   [c] Different levels of insurance cover in CIF and CIP
   [d] Arranging for carriage with seller's or buyer's own means of transport in FCA, DAP, DPU and DDP
   [e] Change in the three-letter initials for DAT to DPU
   [f] Inclusion of security-related requirements within carriage obligations and costs
   [g] Explanatory Notes for Users

[a] Bills of lading with an on-board notation and the FCA Incoterms® rule

63. Where goods are sold FCA for carriage by sea, sellers or buyers (or more likely their banks where a letter of credit is in place) might want a bill of lading with an on-board notation.

64. However, delivery under the FCA rule is completed before the loading of the goods on board the vessel. It is by no means certain that the seller can obtain an on-board bill of lading from the carrier. That carrier is likely, under its contract of carriage, to be bound and entitled to issue an on-board bill of lading only once the goods are actually on board.

INCOTERMS® 2020

65. To cater for this situation, FCA A6/B6 of *Incoterms® 2020* now provides for an additional option. The buyer and the seller can agree that the buyer will instruct its carrier to issue an on-board bill of lading to the seller after the loading of the goods, the seller then being obliged to tender that bill of lading to the buyer, typically through the banks. ICC recognises that, despite this somewhat unhappy union between an on-board bill of lading and FCA delivery, this caters for a demonstrated need in the marketplace. Finally, it should be emphasised that even where this optional mechanism is adopted, the seller is under no obligation to the buyer as to the terms of the contract of carriage.

66. Does it remain true to say that where containerised goods are delivered by seller to buyer by handing over to a carrier before loading onto a ship, the seller is well advised to sell on FCA terms rather than on FOB terms? The answer to that question is Yes. Where *Incoterms® 2020* have made a difference, however, is that where such a seller still wants or needs a bill of lading with an on-board notation, the new additional option in the FCA term A6/B6 makes provision for such a document.

[b] Costs, where they are listed

67. In the new ordering of the articles within the Incoterms® 2020 rules, costs now appear at A9/B9 of each Incoterms® rule. Apart from that re-location, however, there is another change that will become obvious to users early on. The various costs which fall to be allocated by various articles within the Incoterms® rules have traditionally appeared in different parts of each Incoterms® rule. Thus, for example, costs related to the obtaining of a delivery document in FOB 2010 were mentioned in A8, the article under the heading "Delivery Document", but not in A6, the article under the heading "Allocation of Costs".

68. In the Incoterms® 2020 rules, however, the equivalent of A6/B6, namely A9/B9, now lists all the costs allocated by each particular Incoterms® rule. A9/B9 in the Incoterms® 2020 rules are consequently longer than A6/B6 in the Incoterms® 2010 rules.

69. The purpose is to provide users with a one-stop list of costs, so that the seller or buyer can now find in one place all the costs for which it would be responsible under that particular Incoterms® rule. Items of cost are also mentioned in their home article: thus, for example, the costs involved in obtaining documents in FOB still also appear at A6/B6 as well as at A9/B9. The thinking here was that users interested in discovering the specific allocation of documentary costs might be more inclined to go to the specific article dealing with delivery documents rather than to the general article listing all the costs.

INCOTERMS® 2020

[c] Different levels of insurance cover in CIF and CIP

70. In the Incoterms® 2010 rules, A3 of both CIF and CIP imposed on the seller the obligation to "obtain at its own expense cargo insurance complying at least with the minimum cover as provided by Clauses (C) of the Institute Cargo Clauses (Lloyd's Market Association/International Underwriting Association 'LMA/IUA') or any similar clauses." Institute Cargo Clauses (C) provide cover for a number of listed risks, subject to itemised exclusions; Institute Cargo Clauses (A), on the other hand, cover "all risks", again subject to itemised exclusions. During the consultations leading to the Incoterms® 2020 rules, the case was made for moving from Institute Cargo Clauses (C) to Institute Cargo Clauses (A), thus increasing the cover obtained by the seller for the benefit of the buyer. This could, of course, also involve an additional cost in premium. The contrary case, namely to stay with Institute Cargo Clauses (C), was equally strongly put, particularly by those involved in the maritime trade of commodities. After considerable discussion within and beyond the Drafting Group, the decision was made to provide for different minimum cover in the CIF Incoterms® rule and in the CIP Incoterms® rule. In the first, which is much more likely to be used in the maritime commodity trades, the status quo has been retained, with Institute Cargo Clauses (C) as the default position, although it is, of course, open to the parties to agree to higher cover. In the second, namely the CIP Incoterms® rule, the seller must now obtain insurance cover complying with Institute Cargo Clauses (A), although it is, of course, again open to the parties to agree on a lower level of cover.

[d] Arranging for carriage with seller's or buyer's own means of transport in FCA, DAP, DPU and DDP

71. In the Incoterms® 2010 rules, it was assumed throughout that where the goods were to be carried from the seller to the buyer, they would be carried by a third-party carrier engaged for the purpose either by the seller or the buyer, depending on which Incoterms® rule was used.

72. It became clear in the deliberations leading to *Incoterms® 2020*, however, that there were some situations where, although the goods were to be carried from the seller to the buyer, they could be so carried without any third-party carrier being engaged at all. Thus, for example, there was nothing stopping a seller on a D rule from arranging for such carriage without outsourcing that function to a third party, namely by using its own means of transportation. Likewise, with an FCA purchase, there was nothing to stop the buyer from using its own vehicle for the collection of the goods and for their transport to the buyer's premises.

© 2019 INTERNATIONAL CHAMBER OF COMMERCE (ICC) | **223**

73. The rules appeared not to take account of these eventualities. The Incoterms® 2020 rules now do, by expressly allowing not only for the making of a contract of carriage, but also for simply arranging for the necessary carriage.

[e] Change in the three-letter initials for DAT to DPU

74. The only difference between DAT and DAP in the Incoterms® 2010 rules was that in DAT the seller delivered the goods once unloaded from the arriving means of transport into a "terminal"; whereas in DAP, the seller delivered the goods when the goods were placed at the disposal of the buyer *on* the arriving means of transport *for* unloading. It will also be recalled that the Guidance Note for DAT in *Incoterms® 2010* defined the word "terminal" broadly to include "any place, whether covered or not..".

75. ICC decided to make two changes to DAT and DAP. First, the order in which the two Incoterms® 2020 rules are presented has been inverted, and DAP, where delivery happens before unloading, now appears before DAT. Secondly, the name of the rule DAT has been changed to DPU (Delivered at Place Unloaded), emphasising the reality that the place of destination could be any place and not only a "terminal". However, if that place is not in a terminal, the seller should make sure that the place where it intends to deliver the goods is a place where it is able to unload the goods.

[f] Inclusion of security-related requirements within carriage obligations and costs

76. It will be recalled that security-related requirements made a rather subdued entry into the Incoterms® 2010 rules, through A2/B2 and A10/B10 in each rule. The Incoterms® 2010 rules were the first revision of the Incoterms® rules to come into force after security-related concerns became so prevalent in the early part of this century. Those concerns, and the associated shipping practices which they have created in their wake, are now much more established. Connected as they are to carriage requirements, an express allocation of security-related obligations has now been added to A4 and A7 of each Incoterms® rule. The costs incurred by these requirements are also now given a more prominent position in the costs article, namely A9/B9.

[g] Explanatory Notes for Users

77. The Guidance Notes appearing at the start of each Incoterms® rule in the 2010 version now appear as "Explanatory Notes for Users". These Notes explain the fundamentals of each Incoterms® 2020 rule, such as when it should be used, when risk transfers and how costs are allocated between seller and buyer. The Explanatory Notes are intended (a) to help the user accurately and efficiently steer towards the appropriate

Incoterms® rule for a particular transaction; and (b) to provide those deciding or advising on disputes or contracts governed by *Incoterms® 2020* with guidance on matters which might require interpretation. For guidance on more fundamental issues that cut across the Incoterms® 2020 rules more generally, reference may, of course, also be made to the text of this Introduction.

X. CAUTION WITH VARIANTS OF INCOTERMS® RULES

78. Sometimes the parties want to alter an Incoterms® rule. The Incoterms® 2020 rules do not prohibit such alteration, but there are dangers in so doing. In order to avoid any unwelcome surprises, the parties would need to make the intended effect of such alterations extremely clear in their contract. Thus, for example, if the allocation of costs in the Incoterms® 2020 rules is altered in the contract, the parties should also clearly state whether they intend to vary the point at which delivery is made and the risk transfers to the buyer.

Charles Debattista[*]
Special ICC Advisor
Incoterms® 2020 Drafting Group

36 Stone
Gray's Inn
London

---

[*] I am very grateful for comments received on earlier drafts of this personal Introduction to the new rules, both from ICC national committees and from my colleagues on the Drafting Group. The views expressed in this Introduction, however, remain my own and do not therefore form part of the Incoterms® 2020 rules themselves.

Anhang: Offizielles Regelwerk der Internationalen Handelskammer (ICC)

INCOTERMS® 2020

Anhang: Offizielles Regelwerk der Internationalen Handelskammer (ICC)

RULES FOR ANY MODE OR MODES OF TRANSPORT

For the illustrations used throughout the book, please note that blue indicates the seller's obligations and gold indicates the buyer's obligations as shown in the headings throughout the book, and green indicates where these are mixed or shared.

Anhang: Offizielles Regelwerk der Internationalen Handelskammer (ICC)

INCOTERMS® 2020

Anhang: Offizielles Regelwerk der Internationalen Handelskammer (ICC)

INCOTERMS® 2020

EXW | Ex Works

EXW (insert named place of delivery) *Incoterms® 2020*

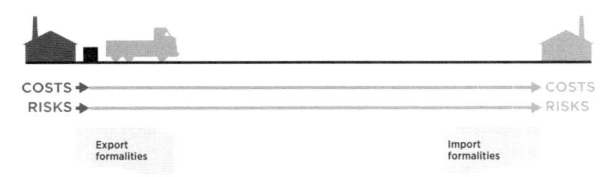

Export formalities
Import formalities

EXPLANATORY NOTES FOR USERS

1. **Delivery and risk**—"Ex Works" means that the seller delivers the goods to the buyer
   - when it places the goods at the disposal of the buyer at a named place (like a factory or warehouse), and
   - that named place may or may not be the seller's premises.

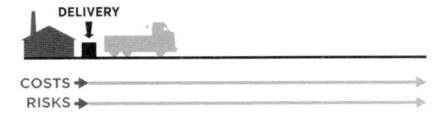

   For delivery to occur, the seller does not need to load the goods on any collecting vehicle, nor does it need to clear the goods for export, where such clearance is applicable.

2. **Mode of transport**—This rule may be used irrespective of the mode or modes of transport, if any, selected.

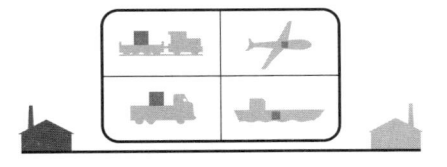

3. **Place or precise point of delivery**—The parties need only name the *place* of delivery. However, the parties are well advised *also* to specify as clearly as possible the precise *point* within the named place of delivery. A named precise *point* of

INCOTERMS® 2020

delivery makes it clear to both parties when the goods are delivered and when risk transfers to the buyer; such precision also marks the point at which costs are for the buyer's account. If the parties do *not* name the *point* of delivery, then they are taken to have left it to the seller to select the point "that best suits its purpose". This means that the buyer may incur the risk that the seller may choose a point just before the point at which goods are lost or damaged. Best for the buyer therefore to select the precise point within a place where delivery will occur.

4. **A note of caution to buyers**—EXW is the Incoterms® rule which imposes the least set of obligations on the seller. From the buyer's perspective, therefore, the rule should be used with care for different reasons as set out below.

5. **Loading risks**—Delivery happens—and risk transfers—when the goods are placed, not loaded, at the buyer's disposal. However, risk of loss of or damage to the goods occurring while the loading operation is carried out by the seller, as it may well be, might arguably lie with the buyer, who has not physically participated in the loading. Given this possibility, it would be advisable, where the seller is to load the goods, for the parties to agree in advance who is to bear the risk of any loss of or damage to the goods during loading. This is a common situation simply because the seller is more likely to have the necessary loading equipment at its own premises or because applicable safety or security rules prevent access to the seller's premises by unauthorised personnel. Where the buyer is keen to avoid any risk during loading at the seller's premises, then the buyer ought to consider choosing the FCA rule (under which, if the goods are delivered at the seller's premises, the seller owes the buyer an obligation to load, with the risk of loss of or damage to the goods during that operation remaining with the seller).

6. **Export clearance**—With delivery happening when the goods are at the buyer's disposal either at the seller's premises or at another named point typically within the seller's jurisdiction or within the same Customs Union, there is no obligation on the seller to organise export clearance or clearance within third countries through which the goods pass in transit. Indeed, EXW may be suitable for domestic trades, where there is no intention at all to export the goods. The seller's participation in export clearance is limited to providing assistance in obtaining such documents and information as the buyer may require for the purpose of exporting the goods. Where the buyer intends to export the goods and where it anticipates difficulty in obtaining export clearance, the buyer would be

Anhang: Offizielles Regelwerk der Internationalen Handelskammer (ICC)

INCOTERMS® 2020

EXW

better advised to choose the FCA rule, under which the obligation and cost of obtaining export clearance lies with the seller.

Buyer's export formalities

Buyer's import formalities

© 2019 INTERNATIONAL CHAMBER OF COMMERCE (ICC) | **231**

Anhang: Offizielles Regelwerk der Internationalen Handelskammer (ICC)

INCOTERMS® 2020

A THE SELLER'S OBLIGATIONS

A1 General obligations

The seller must provide the goods and the commercial invoice in conformity with the contract of sale and any other evidence of conformity that may be required by the contract.

Any document to be provided by the seller may be in paper or electronic form as agreed or, where there is no agreement, as is customary.

A2 Delivery

The seller must deliver the goods by placing them at the disposal of the buyer at the agreed point, if any, at the named place of delivery, not loaded on any collecting vehicle. If no specific point has been agreed within the named place of delivery, and if there are several points available, the seller may select the point that best suits its purpose. The seller must deliver the goods on the agreed date or within the agreed period.

A3 Transfer of risks

The seller bears all risks of loss of or damage to the goods until they have been delivered in accordance with A2, with the exception of loss or damage in the circumstance described in B3.

A4 Carriage

The seller has no obligation to the buyer to make a contract of carriage.

However, the seller must provide the buyer, at the buyer's request, risk and cost, with any information in the possession of the seller, including transport-related security requirements, that the buyer needs for arranging carriage.

A5 Insurance

The seller has no obligation to the buyer to make a contract of insurance. However, the seller must provide the buyer, at the buyer's request, risk and cost with information in the possession of the seller that the buyer needs for obtaining insurance.

A6 Delivery/transport document

The seller has no obligation to the buyer.

INCOTERMS® 2020

| B | THE BUYER'S OBLIGATIONS |

B1 General obligations

The buyer must pay the price of the goods as provided in the contract of sale.

Any document to be provided by the buyer may be in paper or electronic form as agreed or, where there is no agreement, as is customary.

B2 Taking delivery

The buyer must take delivery of the goods when they have been delivered under A2 and notice given under A10.

B3 Transfer of risks

The buyer bears all risks of loss of or damage to the goods from the time they have been delivered under A2.

If the buyer fails to give notice in accordance with B10, then the buyer bears all risks of loss of or damage to the goods from the agreed date or the end of the agreed period for delivery, provided that the goods have been clearly identified as the contract goods.

B4 Carriage

It is up to the buyer to contract or arrange at its own cost for the carriage of the goods from the named place of delivery.

B5 Insurance

The buyer has no obligation to the seller to make a contract of insurance.

B6 Proof of delivery

The buyer must provide the seller with appropriate evidence of having taken delivery.

Anhang: Offizielles Regelwerk der Internationalen Handelskammer (ICC)

INCOTERMS® 2020

A THE SELLER'S OBLIGATIONS

A7 Export/import clearance

Where applicable, the seller must assist the buyer, at the buyer's request, risk and cost, in obtaining any documents and/or information related to all export/transit/import clearance formalities required by the countries of export/transit/import, such as:

- export/transit/import licence;
- security clearance for export/transit/import;
- pre-shipment inspection; and
- any other official authorisation.

A8 Checking/packaging/marking

The seller must pay the costs of those checking operations (such as checking quality, measuring, weighing, counting) that are necessary for the purpose of delivering the goods in accordance with A2.

The seller must, at its own cost, package the goods, unless it is usual for the particular trade to transport the type of goods sold unpackaged. The seller must package and mark the goods in the manner appropriate for their transport, unless the parties have agreed on specific packaging or marking requirements.

A9 Allocation of costs

The seller must pay all costs relating to the goods until they have been delivered in accordance with A2, other than those payable by the buyer under B9.

A10 Notices

The seller must give the buyer any notice needed to enable the buyer to take delivery of the goods.

INCOTERMS® 2020

B	THE BUYER'S OBLIGATIONS

B7   Export/import clearance

Where applicable, it is up to the buyer to carry out and pay for all export/transit/import clearance formalities required by the countries of export/transit/import, such as:

- export/transit/import licence;
- security clearance for export/transit/import;
- pre-shipment inspection; and
- any other official authorisation.

B8   Checking/packaging/marking

The buyer has no obligation to the seller.

B9   Allocation of costs

The buyer must:

a) pay all costs relating to the goods from the time they have been delivered under A2;

b) reimburse all costs and charges incurred by the seller in providing assistance or information under A4, A5, or A7;

c) pay, where applicable, all duties, taxes and other charges, as well as the costs of carrying out customs formalities payable upon export; and

d) pay any additional costs incurred by failing either to take delivery of the goods when they have been placed at its disposal or to give appropriate notice in accordance with B10, provided that the goods have been clearly identified as the contract goods.

B10   Notices

The buyer must, whenever it is agreed that the buyer is entitled to determine the time within an agreed period and/or the point of taking delivery within the named place, give the seller sufficient notice.

Anhang: Offizielles Regelwerk der Internationalen Handelskammer (ICC)

INCOTERMS® 2020

Anhang: Offizielles Regelwerk der Internationalen Handelskammer (ICC)

INCOTERMS® 2020

FCA | Free Carrier

FCA (insert named place of delivery) *Incoterms® 2020*

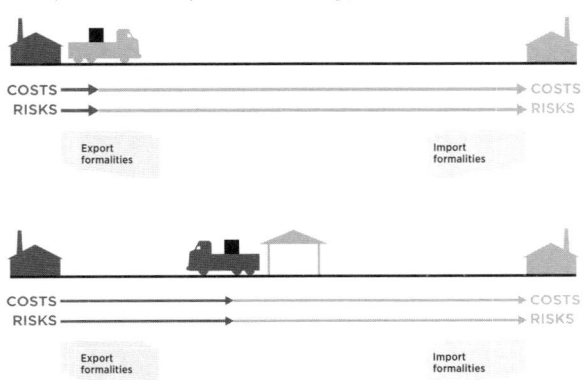

EXPLANATORY NOTES FOR USERS

1. **Delivery and risk**—"Free Carrier (named place)" means that the seller delivers the goods to the buyer in one or other of two ways.

   ▸ First, when the named place is the seller's premises, the goods are delivered
      ▸ when they are loaded on the means of transport arranged by the buyer.

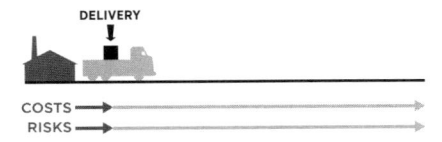

   ▸ Second, when the named place is another place, the goods are delivered
      ▸ when, having been loaded on the seller's means of transport,
      ▸ they reach the named other place and
      ▸ are ready for unloading from that seller's means of transport and

© 2019 INTERNATIONAL CHAMBER OF COMMERCE (ICC) | **237**

Anhang: Offizielles Regelwerk der Internationalen Handelskammer (ICC)

INCOTERMS® 2020

- at the disposal of the carrier or of another person nominated by the buyer.

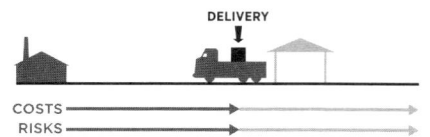

Whichever of the two is chosen as the place of delivery, that place identifies where risk transfers to the buyer and the time from which costs are for the buyer's account.

2. **Mode of transport**—This rule may be used irrespective of the mode of transport selected and may also be used where more than one mode of transport is employed.

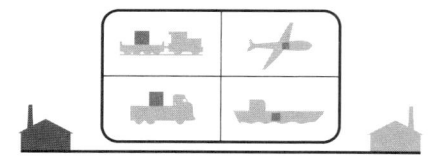

3. **Place or point of delivery**—A sale under FCA can be concluded naming only the place of delivery, either at the seller's premises or elsewhere, without specifying the precise point of delivery within that named place. However, the parties are well advised *also* to specify as clearly as possible the precise *point* within the named place of delivery. A named precise *point* of delivery makes it clear to both parties when the goods are delivered and when risk transfers to the buyer; such precision also marks the point at which costs are for the buyer's account. Where the precise point is not identified, however, this may cause problems for the buyer. The seller in this case has the right to select the point "that best suits its purpose": that point becomes the point of delivery, from which risk and costs transfer to the buyer. If the precise point of delivery is not identified by naming it in the contract, then the parties are taken to have left it to the seller to select the point "that best suits its purpose". This means that the buyer may incur the risk that the seller may choose a point just before the point at which goods are lost or damaged. Best for the buyer therefore to select the precise point within a place where delivery will occur.

4. **'or procure goods so delivered'**—The reference to "procure" here caters for multiple sales down a chain (string sales), particularly, although not exclusively, common in the commodity trades.

5. **Export/import clearance**—FCA requires the seller to clear the goods for export, where applicable. However, the seller has no

238 | © 2019 INTERNATIONAL CHAMBER OF COMMERCE (ICC)

INCOTERMS® 2020

obligation to clear the goods for import or for transit through third countries, to pay any import duty or to carry out any import customs formalities.

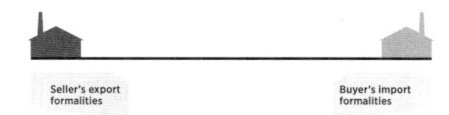

Seller's export formalities — *Buyer's import formalities*

6. **Bills of lading with an on-board notation in FCA sales**—We have already seen that FCA is intended for use irrespective of the mode or modes of transport used. Now if goods are being picked up by the buyer's road-haulier in Las Vegas, it would be rather uncommon to expect a bill of lading with an on-board notation to be issued by the carrier *from Las Vegas*, which is not a port and which a vessel cannot reach for goods to be placed on board. Nonetheless, sellers selling FCA Las Vegas do sometimes find themselves in a situation where they *need* a bill of lading with an on-board notation (typically because of a bank collection or a letter of credit requirement), albeit necessarily stating that the goods have been placed on board in Los Angeles as well as stating that they were received for carriage in Las Vegas. To cater for this possibility of an FCA seller needing a bill of lading with an on-board notation, FCA *Incoterms® 2020* has, for the first time, provided the following optional mechanism. If the parties have so agreed in the contract, the buyer must instruct its carrier to issue a bill of lading with an on-board notation to the seller. The carrier may or may not, of course, accede to the buyer's request, given that the carrier is only bound and entitled to issue such a bill of lading once the goods are on board in Los Angeles. However, if and when the bill of lading is issued to the seller by the carrier at the buyer's cost and risk, the seller must provide that same document to the buyer, who will need the bill of lading in order to obtain discharge of the goods from the carrier. This optional mechanism becomes unnecessary, of course, if the parties have agreed that the seller will present to the buyer a bill of lading stating simply that the goods have been received for shipment rather than that they have been shipped on board. Moreover, it should be emphasised that even where this optional mechanism is adopted, the seller is under no obligation to the buyer as to the terms of the contract of carriage. Finally, when this optional mechanism is adopted, the dates of delivery inland and loading on board will necessarily be different, which may well create difficulties for the seller under a letter of credit.

DELIVERY

Freight receipt etc. — *On-board bill of lading*

© 2019 INTERNATIONAL CHAMBER OF COMMERCE (ICC) | **239**

INCOTERMS® 2020

A THE SELLER'S OBLIGATIONS

A1 General obligations

The seller must provide the goods and the commercial invoice in conformity with the contract of sale and any other evidence of conformity that may be required by the contract.

Any document to be provided by the seller may be in paper or electronic form as agreed or, where there is no agreement, as is customary.

A2 Delivery

The seller must deliver the goods to the carrier or another person nominated by the buyer at the named point, if any, at the named place, or procure goods so delivered.

The seller must deliver the goods

1. on the agreed date
   or
2. at the time within the agreed period notified by the buyer under B10(b)
   or,
3. if no such time is notified, then at the end of the agreed period. Delivery is completed either:
   a) If the named place is the seller's premises, when the goods have been loaded on the means of transport provided by the buyer;
      or
   b) In any other case, when the goods are placed at the disposal of the carrier or another person nominated by the buyer on the seller's means of transport ready for unloading.

If no specific point has been notified by the buyer under B10(d) within the named place of delivery, and if there are several points available, the seller may select the point that best suits its purpose.

Anhang: Offizielles Regelwerk der Internationalen Handelskammer (ICC)

INCOTERMS® 2020

| B | THE BUYER'S OBLIGATIONS |

B1 General obligations

The buyer must pay the price of the goods as provided in the contract of sale.

Any document to be provided by the buyer may be in paper or electronic form as agreed or, where there is no agreement, as is customary.

B2 Taking delivery

The buyer must take delivery of the goods when they have been delivered under A2.

INCOTERMS® 2020

A THE SELLER'S OBLIGATIONS

A3 Transfer of risks

The seller bears all risks of loss of or damage to the goods until they have been delivered in accordance with A2, with the exception of loss or damage in the circumstances described in B3.

A4 Carriage

The seller has no obligation to the buyer to make a contract of carriage. However, the seller must provide the buyer, at the buyer's request, risk and cost, with any information in the possession of the seller, including transport-related security requirements, that the buyer needs for arranging carriage. If agreed, the seller must contract for carriage on the usual terms at the buyer's risk and cost.

The seller must comply with any transport-related security requirements up to delivery.

A5 Insurance

The seller has no obligation to the buyer to make a contract of insurance. However, the seller must provide the buyer, at the buyer's request, risk and cost, with information in the possession of the seller that the buyer needs for obtaining insurance.

A6 Delivery/transport document

The seller must provide the buyer at the seller's cost with the usual proof that the goods have been delivered in accordance with A2.

The seller must provide assistance to the buyer, at the buyer's request, risk and cost, in obtaining a transport document.

Where the buyer has instructed the carrier to issue to the seller a transport document under B6, the seller must provide any such document to the buyer.

INCOTERMS® 2020

B	THE BUYER'S OBLIGATIONS

B3 Transfer of risks

The buyer bears all risks of loss of or damage to the goods from the time they have been delivered under A2.

If:

a) the buyer fails to nominate a carrier or another person under A2 or to give notice in accordance with B10; or

b) the carrier or person nominated by the buyer under B10(a) fails to take the goods into its charge,

then, the buyer bears all risks of loss of or damage to the goods:

    (i) from the agreed date, or in the absence of an agreed date,

    (ii) from the time selected by the buyer under B10(b); or, if no such time has been notified,

    (iii) from the end of any agreed period for delivery,

provided that the goods have been clearly identified as the contract goods.

B4 Carriage

The buyer must contract or arrange at its own cost for the carriage of the goods from the named place of delivery, except when the contract of carriage is made by the seller as provided for in A4.

B5 Insurance

The buyer has no obligation to the seller to make a contract of insurance.

B6 Delivery/transport document

The buyer must accept the proof that the goods have been delivered in accordance with A2.

If the parties have so agreed, the buyer must instruct the carrier to issue to the seller, at the buyer's cost and risk, a transport document stating that the goods have been loaded (such as a bill of lading with an onboard notation).

Anhang: Offizielles Regelwerk der Internationalen Handelskammer (ICC)

INCOTERMS® 2020

A   THE SELLER'S OBLIGATIONS

A7   Export/import clearance

a) Export clearance

Where applicable, the seller must carry out and pay for all export clearance formalities required by the country of export, such as:

- export licence;
- security clearance for export;
- pre-shipment inspection; and
- any other official authorisation.

b) Assistance with import clearance

Where applicable, the seller must assist the buyer, at the buyer's request, risk and cost, in obtaining any documents and/or information related to all transit/import clearance formalities, including security requirements and pre-shipment inspection, needed by any country of transit or the country of import.

A8   Checking/packaging/marking

The seller must pay the costs of those checking operations (such as checking quality, measuring, weighing, counting) that are necessary for the purpose of delivering the goods in accordance with A2.

The seller must, at its own cost, package the goods, unless it is usual for the particular trade to transport the type of goods sold unpackaged. The seller must package and mark the goods in the manner appropriate for their transport, unless the parties have agreed on specific packaging or marking requirements.

A9   Allocation of costs

The seller must pay:

a) all costs relating to the goods until they have been delivered in accordance with A2, other than those payable by the buyer under B9;

b) the costs of providing the usual proof to the buyer under A6 that the goods have been delivered;

c) where applicable, duties, taxes and any other costs related to export clearance under A7(a); and

d) the buyer for all costs and charges related to providing assistance in obtaining documents and information in accordance with B7(a).

Anhang: Offizielles Regelwerk der Internationalen Handelskammer (ICC)

INCOTERMS® 2020

| B | THE BUYER'S OBLIGATIONS |

B7 Export/import clearance

a) **Assistance with export clearance**
Where applicable, the buyer must assist the seller at the seller's request, risk and cost in obtaining any documents and/or information related to all export clearance formalities, including security requirements and pre-shipment inspection, needed by the country of export.

b) **Import clearance**
Where applicable, the buyer must carry out and pay for all formalities required by any country of transit and the country of import, such as:
- import licence and any licence required for transit;
- security clearance for import and any transit;
- pre-shipment inspection; and
- any other official authorisation.

B8 Checking/packaging/marking
The buyer has no obligation to the seller.

B9 Allocation of costs
The buyer must pay:
a) all costs relating to the goods from the time they have been delivered under A2, other than those payable by the seller under A9;
b) the seller for all costs and charges related to providing assistance in obtaining documents and information in accordance with A4, A5, A6 and A7(b);
c) where applicable, duties, taxes and any other costs related to transit or import clearance under B7(b); and
d) any additional costs incurred, either because:
  (i) the buyer fails to nominate a carrier or another person under B10, or
  (ii) the carrier or person nominated by the buyer under B10 fails to take the goods into its charge,

provided that the goods have been clearly identified as the contract goods.

© 2019 INTERNATIONAL CHAMBER OF COMMERCE (ICC) | **245**

Anhang: Offizielles Regelwerk der Internationalen Handelskammer (ICC)

INCOTERMS® 2020

| A | THE SELLER'S OBLIGATIONS |

A10 Notices

The seller must give the buyer sufficient notice either that the goods have been delivered in accordance with A2 or that the carrier or another person nominated by the buyer has failed to take the goods within the time agreed.

B — THE BUYER'S OBLIGATIONS

B10 Notices

The buyer must notify the seller of

a) the name of the carrier or another person nominated within sufficient time as to enable the seller to deliver the goods in accordance with A2;

b) the selected time, if any, within the period agreed for delivery when the carrier or person nominated will receive the goods;

c) the mode of transport to be used by the carrier or the person nominated including any transport-related security requirements; and

d) the point where the goods will be received within the named place of delivery.

Anhang: Offizielles Regelwerk der Internationalen Handelskammer (ICC)

INCOTERMS® 2020

INCOTERMS® 2020

CPT | Carriage Paid To

CPT (insert named place of destination) *Incoterms® 2020*

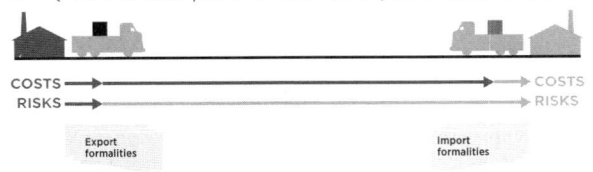

COSTS ⟶ COSTS
RISKS ⟶ RISKS

Export formalities   Import formalities

EXPLANATORY NOTES FOR USERS

1. **Delivery and risk**—"Carriage Paid To" means that the seller delivers the goods—and transfers the risk—to the buyer
   - by handing them over to the carrier
   - contracted by the seller
   - or by procuring the goods so delivered.
   - The seller may do so by giving the carrier physical possession of the goods in the manner and at the place appropriate to the means of transport used.

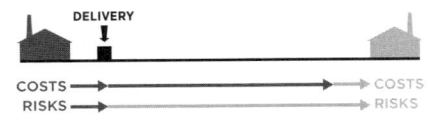

   DELIVERY

   COSTS ⟶ COSTS
   RISKS ⟶ RISKS

   Once the goods have been delivered to the buyer in this way, the seller does not guarantee that the goods will reach the place of destination in sound condition, in the stated quantity or indeed at all. This is because risk transfers from seller to buyer when the goods are delivered to the buyer by handing them over to the carrier; the seller must nonetheless contract for the carriage of the goods from delivery to the agreed destination. Thus, for example, goods are handed over to a carrier in Las Vegas (which is not a port) for carriage to Southampton (a port) or to Winchester (which is not a port). In either case, delivery transferring risk to the buyer happens in Las Vegas, and the seller must make a contract of carriage to either Southampton or Winchester.

2. **Mode of transport**—This rule may be used irrespective of the mode of transport selected and may also be used where more than one mode of transport is employed.

© 2019 INTERNATIONAL CHAMBER OF COMMERCE (ICC) | **249**

Anhang: Offizielles Regelwerk der Internationalen Handelskammer (ICC)

INCOTERMS® 2020

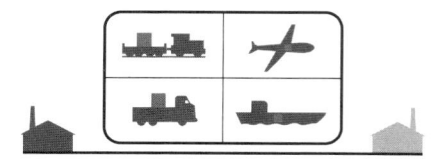

3. **Places (or points) of delivery and destination**—In CPT, two locations are important: the place or point (if any) at which the goods are delivered (for the transfer of risk) and the place or point agreed as the destination of the goods (as the point to which the seller promises to contract for carriage).

4. **Identifying the place or point of delivery with precision**—The parties are well advised to identify both places, or indeed points within those places, as precisely as possible in the contract of sale. Identifying the place or point (if any) of delivery as precisely as possible is important to cater for the common situation where several carriers are engaged, each for different legs of the transit from delivery to destination. Where this happens and the parties do not agree on a specific place or point of delivery, the default position is that risk transfers when the goods have been delivered to the first carrier at a point entirely of the seller's choosing and over which the buyer has no control. Should the parties wish the risk to transfer at a later stage (e.g. at a sea or river port or at an airport), or indeed an earlier one (e.g. an inland point some way away from a sea or river port), they need to specify this in their contract of sale and to carefully think through the consequences of so doing in case the goods are lost or damaged.

5. **Identifying the destination as precisely as possible**—The parties are also well advised to identify as precisely as possible in the contract of sale the point within the agreed place of destination, as this is the point to which the seller must contract for carriage and this is the point to which the costs of carriage fall on the seller.

6. **'or procuring the goods so delivered'**—The reference to "procure" here caters for multiple sales down a chain (string sales), particularly common in the commodity trades.

7. **Costs of unloading at destination**—If the seller incurs costs under its contract of carriage related to unloading at the named place of destination, the seller is not entitled to recover such costs separately from the buyer unless otherwise agreed between the parties.

8. **Export/import clearance**—CPT requires the seller to clear the goods for export, where applicable. However, the seller has no

Anhang: Offizielles Regelwerk der Internationalen Handelskammer (ICC)

INCOTERMS® 2020

obligation to clear the goods for import or for transit through third countries, or to pay any import duty or to carry out any import customs formalities.

Seller's export formalities **Buyer's import formalities**

INCOTERMS® 2020

A THE SELLER'S OBLIGATIONS

A1 General obligations

The seller must provide the goods and the commercial invoice in conformity with the contract of sale and any other evidence of conformity that may be required by the contract.

Any document to be provided by the seller may be in paper or electronic form as agreed or, where there is no agreement, as is customary.

A2 Delivery

The seller must deliver the goods by handing them over to the carrier contracted in accordance with A4 or by procuring the goods so delivered. In either case the seller must deliver the goods on the agreed date or within the agreed period.

A3 Transfer of risks

The seller bears all risks of loss of or damage to the goods until they have been delivered in accordance with A2, with the exception of loss or damage in the circumstance described in B3.

A4 Carriage

The seller must contract or procure a contract for the carriage of the goods from the agreed point of delivery, if any, at the place of delivery to the named place of destination or, if agreed, any point at that place. The contract of carriage must be made on usual terms at the seller's cost and provide for carriage by the usual route in a customary manner of the type normally used for carriage of the type of goods sold. If a specific point is not agreed or is not determined by practice, the seller may select the point of delivery and the point at the named place of destination that best suit its purpose.

The seller must comply with any transport-related security requirements for transport to the destination.

A5 Insurance

The seller has no obligation to the buyer to make a contract of insurance. However, the seller must provide the buyer, at the buyer's request, risk and cost, with information in the possession of the seller that the buyer needs for obtaining insurance.

INCOTERMS® 2020

| B | THE BUYER'S OBLIGATIONS |

B1 General obligations

The buyer must pay the price of the goods as provided in the contract of sale.

Any document to be provided by the buyer may be in paper or electronic form as agreed or, where there is no agreement, as is customary.

B2 Taking delivery

The buyer must take delivery of the goods when they have been delivered under A2 and receive them from the carrier at the named place of destination or if agreed, at the point within that place.

B3 Transfer of risks

The buyer bears all risks of loss of or damage to the goods from the time they have been delivered under A2.

If the buyer fails to give notice in accordance with B10, then the buyer bears all risks of loss of or damage to the goods from the agreed date or the end of the agreed period for delivery, provided that the goods have been clearly identified as the contract goods.

B4 Carriage

The buyer has no obligation to the seller to make a contract of carriage.

B5 Insurance

The buyer has no obligation to the seller to make a contract of insurance.

Anhang: Offizielles Regelwerk der Internationalen Handelskammer (ICC)

INCOTERMS® 2020

A THE SELLER'S OBLIGATIONS

A6 Delivery/transport document

If customary or at the buyer's request, the seller must provide the buyer, at the seller's cost, with the usual transport document[s] for the transport contracted in accordance with A4.

This transport document must cover the contract goods and be dated within the period agreed for shipment. If agreed or customary, the document must also enable the buyer to claim the goods from the carrier at the named place of destination and enable the buyer to sell the goods in transit by the transfer of the document to a subsequent buyer or by notification to the carrier.

When such a transport document is issued in negotiable form and in several originals, a full set of originals must be presented to the buyer.

A7 Export/import clearance

a) **Export clearance**

Where applicable, the seller must carry out and pay for all export clearance formalities required by the country of export, such as:

- export licence;
- security clearance for export;
- pre-shipment inspection; and
- any other official authorisation.

b) **Assistance with import clearance**

Where applicable, the seller must assist the buyer, at the buyer's request, risk and cost, in obtaining any documents and/or information related to all transit/import clearance formalities, including security requirements and pre-shipment inspection, needed by any country of transit or the country of import.

A8 Checking/packaging/marking

The seller must pay the costs of those checking operations (such as checking quality, measuring, weighing, counting) that are necessary for the purpose of delivering the goods in accordance with A2.

The seller must, at its own cost, package the goods, unless it is usual for the particular trade to transport the type of goods sold unpackaged. The seller must package and mark the goods in the manner appropriate for their transport, unless the parties have agreed on specific packaging or marking requirements.

B THE BUYER'S OBLIGATIONS

B6 Delivery/transport document
The buyer must accept the transport document provided under A6 if it is in conformity with the contract.

B7 Export/import clearance

a) **Assistance with export clearance**
Where applicable, the buyer must assist the seller at the seller's request, risk and cost in obtaining any documents and/or information related to all export clearance formalities, including security requirements and pre-shipment inspection, needed by the country of export.

b) **Import clearance**
Where applicable, the buyer must carry out and pay for all formalities required by any country of transit and the country of import, such as:
- import licence and any licence required for transit;
- security clearance for import and any transit;
- pre-shipment inspection; and
- any other official authorisation.

B8 Checking/packaging/marking
The buyer has no obligation to the seller.

Anhang: Offizielles Regelwerk der Internationalen Handelskammer (ICC)

INCOTERMS® 2020

A THE SELLER'S OBLIGATIONS

A9 Allocation of costs

The seller must pay:

a) all costs relating to the goods until they have been delivered in accordance with A2, other than those payable by the buyer under B9;

b) transport and all other costs resulting from A4, including the costs of loading the goods and transport-related security costs;

c) any charges for unloading at the agreed place of destination but only if those charges were for the seller's account under the contract of carriage;

d) the costs of transit that were for the seller's account under the contract of carriage;

e) the costs of providing the usual proof to the buyer under A6 that the goods have been delivered;

f) where applicable, duties, taxes and any other costs related to export clearance under A7(a); and

g) the buyer for all costs and charges related to providing assistance in obtaining documents and information in accordance with B7(a).

A10 Notices

The seller must notify the buyer that the goods have been delivered in accordance with A2.

The seller must give the buyer any notice required to enable the buyer to receive the goods.

INCOTERMS® 2020

B THE BUYER'S OBLIGATIONS

B9 Allocation of costs

The buyer must pay:

a) all costs relating to the goods from the time they have been delivered under A2, other than those payable by the seller under A9;

b) the costs of transit, unless such costs were for the seller's account under the contract of carriage;

c) unloading costs, unless such costs were for the seller's account under the contract of carriage;

d) the seller for all costs and charges related to providing assistance in obtaining documents and information in accordance with A5 and A7(b);

e) where applicable, duties, taxes and any other costs related to transit or import clearance under B7(b); and

f) any additional costs incurred if it fails to give notice in accordance with B10, from the agreed date or the end of the agreed period for shipment, provided that the goods have been clearly identified as the contract goods.

B10 Notices

The buyer must, whenever it is agreed that the buyer is entitled to determine the time for dispatching the goods and/or the point of receiving the goods within the named place of destination, give the seller sufficient notice.

Anhang: Offizielles Regelwerk der Internationalen Handelskammer (ICC)

INCOTERMS® 2020

INCOTERMS® 2020

CIP | Carriage and Insurance Paid To

CIP (insert named place of destination) *Incoterms® 2020*

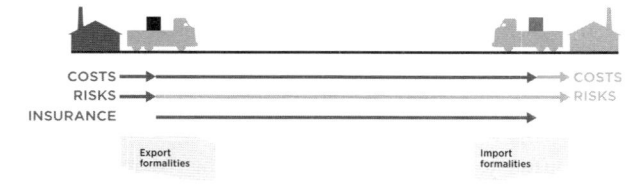

COSTS →→ COSTS
RISKS →→ RISKS
INSURANCE

Export formalities

Import formalities

EXPLANATORY NOTES FOR USERS

1. **Delivery and risk**—"Carriage and Insurance Paid To" means that the seller delivers the goods—and transfers the risk—to the buyer

   ▸ by handing them over to the carrier
   ▸ contracted by the seller
   ▸ or by procuring the goods so delivered.
   ▸ The seller may do so by giving the carrier physical possession of the goods in the manner and at the place appropriate to the means of transport used.

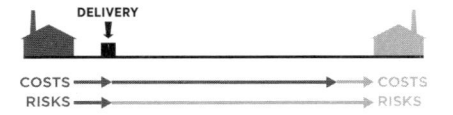

   DELIVERY

   COSTS →→ COSTS
   RISKS →→ RISKS

   Once the goods have been delivered to the buyer in this way, the seller does not guarantee that the goods will reach the place of destination in sound condition, in the stated quantity or indeed at all. This is because risk transfers from seller to buyer when the goods are delivered to the buyer by handing them over to the carrier; the seller must nonetheless contract for the carriage of the goods from delivery to the agreed destination. Thus, for example, goods are handed over to a carrier in Las Vegas (which is not a port) for carriage to Southampton (a port) or to Winchester (which is not a port). In either case, delivery transferring risk to the buyer happens in Las Vegas, and the seller must make a contract of carriage to either Southampton or Winchester.

© 2019 INTERNATIONAL CHAMBER OF COMMERCE (ICC) | **259**

INCOTERMS® 2020

2. **Mode of transport**—This rule may be used irrespective of the mode of transport selected and may also be used where more than one mode of transport is employed.

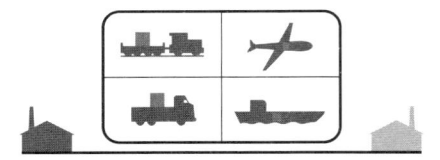

3. **Places (or points) of delivery and destination**—In CIP two locations are important: the place or point at which the goods are delivered (for the transfer of risk) and the place or point agreed as the destination of the goods (as the point to which the seller promises to contract for carriage).

4. **Insurance**—The seller must also contract for insurance cover against the buyer's risk of loss of or damage to the goods from the point of delivery to at least the point of destination. This may cause difficulty where the destination country requires insurance cover to be purchased locally: in this case the parties should consider selling and buying under CPT. The buyer should also note that under the CIP Incoterms® 2020 rule the seller is required to obtain extensive insurance cover complying with Institute Cargo Clauses (A) or similar clause, rather than with the more limited cover under Institute Cargo Clauses (C). It is, however, still open to the parties to agree on a lower level of cover.

5. **Identifying the place or point of delivery with precision**—The parties are well advised to identify both places, or indeed points within those places, as precisely as possible in the contract of sale. Identifying the place or point (if any) of delivery as precisely as possible is important to cater for the common situation where several carriers are engaged, each for different legs of the transit from delivery to destination. Where this happens and the parties do not agree on a specific place or point of delivery, the default position is that risk transfers when the goods have been delivered to the first carrier at a point entirely of the seller's choosing and over which the buyer has no control. Should the parties wish the risk to transfer at a later stage (e.g. at a sea or river port or at an airport), or indeed an earlier one (e.g. an inland point some way away from a sea or river port), they need to specify this in their contract of sale and to carefully think through the consequences of so doing in case the goods are lost or damaged.

6. **Identifying the destination as precisely as possible**—The parties are also well advised to identify as precisely as possible in the contract of sale the point within the agreed place of

destination, as this is the point to which the seller must contract for carriage and insurance and this is the point to which the costs of carriage and insurance fall on the seller.

7. **'or procuring the goods so delivered'**—The reference to "procure" here caters for multiple sales down a chain (string sales), particularly common in the commodity trades.

8. **Costs of unloading at destination**—If the seller incurs costs under its contract of carriage related to unloading at the named place of destination, the seller is not entitled to recover such costs separately from the buyer unless otherwise agreed between the parties.

9. **Export/import clearance**—CIP requires the seller to clear the goods for export, where applicable. However, the seller has no obligation to clear the goods for import or for transit through third countries, or to pay any import duty or to carry out any import customs formalities.

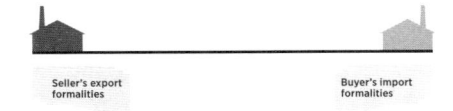

Seller's export formalities

Buyer's import formalities

Anhang: Offizielles Regelwerk der Internationalen Handelskammer (ICC)

INCOTERMS® 2020

A   THE SELLER'S OBLIGATIONS

A1   General obligations

The seller must provide the goods and the commercial invoice in conformity with the contract of sale and any other evidence of conformity that may be required by the contract.

Any document to be provided by the seller may be in paper or electronic form as agreed or, where there is no agreement, as is customary.

A2   Delivery

The seller must deliver the goods by handing them over to the carrier contracted in accordance with A4 or by procuring the goods so delivered. In either case the seller must deliver the goods on the agreed date or within the agreed period.

A3   Transfer of risks

The seller bears all risks of loss of or damage to the goods until they have been delivered in accordance with A2, with the exception of loss or damage in the circumstance described in B3.

A4   Carriage

The seller must contract or procure a contract for the carriage of the goods from the agreed point of delivery, if any, at the place of delivery to the named place of destination or, if agreed, any point at that place. The contract of carriage must be made on usual terms at the seller's cost and provide for carriage by the usual route in a customary manner of the type normally used for carriage of the type of goods sold. If a specific point is not agreed or is not determined by practice, the seller may select the point of delivery and the point at the named place of destination that best suit its purpose.

The seller must comply with any transport-related security requirements for transport to the destination.

INCOTERMS® 2020

B THE BUYER'S OBLIGATIONS

B1 General obligations

The buyer must pay the price of the goods as provided in the contract of sale.

Any document to be provided by the buyer may be in paper or electronic form as agreed or, where there is no agreement, as is customary.

B2 Taking delivery

The buyer must take delivery of the goods when they have been delivered under A2 and receive them from the carrier at the named place of destination or if agreed, at the point within that place.

B3 Transfer of risks

The buyer bears all risks of loss of or damage to the goods from the time they have been delivered under A2.

If the buyer fails to give notice in accordance with B10, then the buyer bears all risks of loss of or damage to the goods from the agreed date or the end of the agreed period for delivery, provided that the goods have been clearly identified as the contract goods.

B4 Carriage

The buyer has no obligation to the seller to make a contract of carriage.

Anhang: Offizielles Regelwerk der Internationalen Handelskammer (ICC)

INCOTERMS® 2020

| **A** | **THE SELLER'S OBLIGATIONS** |

A5   Insurance

Unless otherwise agreed or customary in the particular trade, the seller must obtain at its own cost cargo insurance complying with the cover provided by Clauses (A) of the Institute Cargo Clauses (LMA/IUA) or any similar clauses as appropriate to the means of transport used. The insurance shall be contracted with underwriters or an insurance company of good repute and entitle the buyer, or any other person having an insurable interest in the goods, to claim directly from the insurer.

When required by the buyer, the seller must, subject to the buyer providing any necessary information requested by the seller, provide at the buyer's cost any additional cover, if procurable, such as cover complying with the Institute War Clauses and/or Institute Strikes Clauses (LMA/IUA) or any similar clauses (unless such cover is already included with the cargo insurance described in the preceding paragraph).

The insurance shall cover, at a minimum, the price provided in the contract plus 10% (i.e. 110%) and shall be in the currency of the contract.

The insurance shall cover the goods from the point of delivery set out in A2 to at least the named place of destination.

The seller must provide the buyer with the insurance policy or certificate or any other evidence of insurance cover.

Moreover, the seller must provide the buyer, at the buyer's request, risk and cost, with information that the buyer needs to procure any additional insurance.

A6   Delivery/transport document

If customary or at the buyer's request, the seller must provide the buyer, at the seller's cost, with the usual transport document[s] for the transport contracted in accordance with A4.

This transport document must cover the contract goods and be dated within the period agreed for shipment. If agreed or customary, the document must also enable the buyer to claim the goods from the carrier at the named place of destination and enable the buyer to sell the goods in transit by the transfer of the document to a subsequent buyer or by notification to the carrier.

When such a transport document is issued in negotiable form and in several originals, a full set of originals must be presented to the buyer.

INCOTERMS® 2020

| B | THE BUYER'S OBLIGATIONS |

B5 Insurance

The buyer has no obligation to the seller to make a contract of insurance. However, the buyer must provide the seller, upon request, with any information necessary for the seller to procure any additional insurance requested by the buyer under A5.

B6 Delivery/transport document

The buyer must accept the transport document provided under A6 if it is in conformity with the contract.

INCOTERMS® 2020

A THE SELLER'S OBLIGATIONS

A7 Export/import clearance

a) **Export clearance**

Where applicable, the seller must carry out and pay for all export clearance formalities required by the country of export, such as:
- export licence;
- security clearance for export;
- pre-shipment inspection; and
- any other official authorisation.

b) **Assistance with import clearance**

Where applicable, the seller must assist the buyer, at the buyer's request, risk and cost, in obtaining any documents and/or information related to all transit/import clearance formalities, including security requirements and pre-shipment inspection, needed by any country of transit or the country of import.

A8 Checking/packaging/marking

The seller must pay the costs of those checking operations (such as checking quality, measuring, weighing, counting) that are necessary for the purpose of delivering the goods in accordance with A2.

The seller must, at its own cost, package the goods, unless it is usual for the particular trade to transport the type of goods sold unpackaged. The seller must package and mark the goods in the manner appropriate for their transport, unless the parties have agreed on specific packaging or marking requirements.

Anhang: Offizielles Regelwerk der Internationalen Handelskammer (ICC)

INCOTERMS® 2020

| **B** | **THE BUYER'S OBLIGATIONS** |

B7 Export/import clearance

a) **Assistance with export clearance**
Where applicable, the buyer must assist the seller at the seller's request, risk and cost in obtaining any documents and/or information related to all export clearance formalities, including security requirements and pre-shipment inspection, needed by the country of export.

b) **Import clearance**
Where applicable, the buyer must carry out and pay for all formalities required by any country of transit and the country of import, such as:
- import licence and any licence required for transit;
- security clearance for import and any transit;
- pre-shipment inspection; and
- any other official authorisation.

B8 Checking/packaging/marking

The buyer has no obligation to the seller.

Anhang: Offizielles Regelwerk der Internationalen Handelskammer (ICC)

INCOTERMS® 2020

A THE SELLER'S OBLIGATIONS

A9 Allocation of costs

The seller must pay:

a) all costs relating to the goods until they have been delivered in accordance with A2, other than those payable by the buyer under B9;

b) transport and all other costs resulting from A4, including the costs of loading the goods and transport-related security costs;

c) any charges for unloading at the agreed place of destination but only if those charges were for the seller's account under the contract of carriage;

d) the costs of transit that were for the seller's account under the contract of carriage;

e) the costs of providing the usual proof to the buyer under A6 that the goods have been delivered;

f) the costs of insurance resulting from A5;

g) where applicable, duties, taxes and any other costs related to export clearance under A7(a); and

h) the buyer for all costs and charges related to providing assistance in obtaining documents and information in accordance with B7(a).

A10 Notices

The seller must notify the buyer that the goods have been delivered in accordance with A2.

The seller must give the buyer any notice required to enable the buyer to receive the goods.

INCOTERMS® 2020

B THE BUYER'S OBLIGATIONS

B9 Allocation of costs

The buyer must pay:

a) all costs relating to the goods from the time they have been delivered under A2, other than those payable by the seller under A9;

b) the costs of transit, unless such costs were for the seller's account under the contract of carriage;

c) unloading costs, unless such costs were for the seller's account under the contract of carriage;

d) the costs of any additional insurance procured at the buyer's request under A5 and B5;

e) the seller for all costs and charges related to providing assistance in obtaining documents and information in accordance with A5 and A7(b);

f) where applicable, duties, taxes and any other costs related to transit or import clearance under B7(b); and

g) any additional costs incurred if it fails to give notice in accordance with B10, from the agreed date or the end of the agreed period for shipment, provided that the goods have been clearly identified as the contract goods.

B10 Notices

The buyer must, whenever it is agreed that the buyer is entitled to determine the time for dispatching the goods and/or the point of receiving the goods within the named place of destination, give the seller sufficient notice.

Anhang: Offizielles Regelwerk der Internationalen Handelskammer (ICC)

INCOTERMS® 2020

Anhang: Offizielles Regelwerk der Internationalen Handelskammer (ICC)

INCOTERMS® 2020

DAP | Delivered at Place

DAP (insert named place of destination) *Incoterms® 2020*

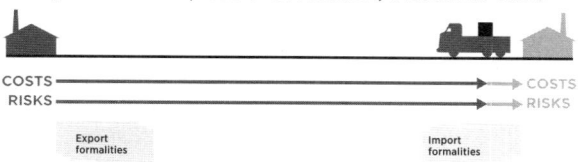

COSTS ──────────────────────────► COSTS
RISKS ──────────────────────────► RISKS

Export formalities   Import formalities

EXPLANATORY NOTES FOR USERS

1. **Delivery and risk**—"Delivered at Place" means that the seller delivers the goods—and transfers risk—to the buyer
   ▸ when the goods are placed at the disposal of the buyer
   ▸ on the arriving means of transport ready for unloading
   ▸ at the named place of destination or
   ▸ at the agreed point within that place, if any such point is agreed.

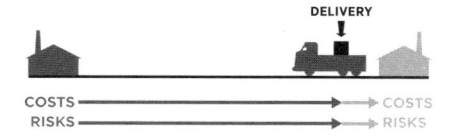

   DELIVERY

   COSTS ──────────────────► COSTS
   RISKS ──────────────────► RISKS

   The seller bears all risks involved in bringing the goods to the named place of destination or to the agreed point within that place. In this Incoterms® rule, therefore, delivery and arrival at destination are the same.

2. **Mode of transport**—This rule may be used irrespective of the mode of transport selected and may also be used where more than one mode of transport is employed.

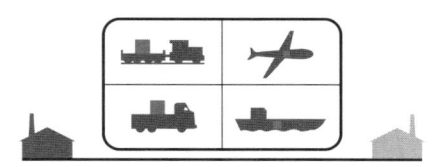

© 2019 INTERNATIONAL CHAMBER OF COMMERCE (ICC) | **271**

INCOTERMS® 2020

3. **Identifying the place or point of delivery/destination precisely**—The parties are well advised to specify the destination place or point as clearly as possible and this for several reasons. First, risk of loss of or damage to the goods transfers to the buyer at that point of delivery/destination—and it is best for the seller and the buyer to be clear about the point at which that critical transfer happens. Secondly, the costs before that place or point of delivery/destination are for the account of the seller and the costs after that place or point are for the account of the buyer. Thirdly, the seller must contract or arrange for the carriage of the goods to the agreed place or point of delivery/destination. If it fails to do so, the seller is in breach of its obligations under the Incoterms® DAP rule and will be liable to the buyer for any ensuing loss. Thus, for example, the seller would be responsible for any additional costs levied by the carrier to the buyer for any additional on-carriage.

4. **'or procuring the goods so delivered'**—The reference to "procure" here caters for multiple sales down a chain (string sales), particularly common in the commodity trades.

5. **Unloading costs**—The seller is not required to unload the goods from the arriving means of transportation. However, if the seller incurs costs under its contract of carriage related to unloading at the place of delivery/destination, the seller is not entitled to recover such costs separately from the buyer unless otherwise agreed between the parties.

6. **Export/import clearance**—DAP requires the seller to clear the goods for export, where applicable. However, the seller has no obligation to clear the goods for import or for post-delivery transit through third countries, to pay any import duty or to carry out any import customs formalities. As a result, if the buyer fails to organise import clearance, the goods will be held up at a port or inland terminal in the destination country. Who bears the risk of any loss that might occur while the goods are thus held up at the port of entry in the destination country? The answer is the buyer: delivery will not have occurred yet, B3(a) ensuring that the risk of loss of or damage to the goods is with the buyer until transit to a named inland point can be resumed. If, in order to avoid this scenario, the parties intend the seller to clear the goods for import, pay any import duty or tax and carry out any import customs formalities, the parties might consider using DDP.

Seller's export formalities

Buyer's import formalities

272 | © 2019 INTERNATIONAL CHAMBER OF COMMERCE (ICC)

Anhang: Offizielles Regelwerk der Internationalen Handelskammer (ICC)

INCOTERMS® 2020

DAP

Anhang: Offizielles Regelwerk der Internationalen Handelskammer (ICC)

INCOTERMS® 2020

A   THE SELLER'S OBLIGATIONS

A1   General obligations

The seller must provide the goods and the commercial invoice in conformity with the contract of sale and any other evidence of conformity that may be required by the contract.

Any document to be provided by the seller may be in paper or electronic form as agreed or, where there is no agreement, as is customary.

A2   Delivery

The seller must deliver the goods by placing them at the disposal of the buyer on the arriving means of transport ready for unloading at the agreed point, if any, at the named place of destination or by procuring the goods so delivered. In either case the seller must deliver the goods on the agreed date or within the agreed period.

A3   Transfer of risks

The seller bears all risks of loss of or damage to the goods until they have been delivered in accordance with A2, with the exception of loss or damage in the circumstances described in B3.

A4   Carriage

The seller must contract or arrange at its own cost for the carriage of the goods to the named place of destination or to the agreed point, if any, at the named place of destination. If a specific point is not agreed or is not determined by practice, the seller may select the point at the named place of destination that best suits its purpose.

The seller must comply with any transport-related security requirements for transport to the destination.

A5   Insurance

The seller has no obligation to the buyer to make a contract of insurance.

INCOTERMS® 2020

| B | THE BUYER'S OBLIGATIONS |

B1 General obligations

The buyer must pay the price of the goods as provided in the contract of sale.

Any document to be provided by the buyer may be in paper or electronic form as agreed or, where there is no agreement, as is customary.

B2 Taking delivery

The buyer must take delivery of the goods when they have been delivered under A2.

B3 Transfer of risks

The buyer bears all risks of loss of or damage to the goods from the time they have been delivered under A2.

If:

a) the buyer fails to fulfil its obligations in accordance with B7, then it bears all resulting risks of loss of or damage to the goods; or

b) the buyer fails to give notice in accordance with B10, then it bears all risks of loss of or damage to the goods from the agreed date or the end of the agreed period for delivery,

provided that the goods have been clearly identified as the contract goods.

B4 Carriage

The buyer has no obligation to the seller to make a contract of carriage.

B5 Insurance

The buyer has no obligation to the seller to make a contract of insurance. However, the buyer must provide the seller, at the seller's request, risk and cost, with information that the seller needs for obtaining insurance.

© 2019 INTERNATIONAL CHAMBER OF COMMERCE (ICC) | **275**

Anhang: Offizielles Regelwerk der Internationalen Handelskammer (ICC)

INCOTERMS® 2020

A THE SELLER'S OBLIGATIONS

A6 Delivery/transport document
The seller must provide the buyer, at the seller's cost, with any document required to enable the buyer to take over the goods.

A7 Export/import clearance

a) **Export and transit clearance**
Where applicable, the seller must carry out and pay for all export and transit clearance formalities required by the country of export and any country of transit (other than the country of import), such as:
- export/transit licence;
- security clearance for export/transit;
- pre-shipment inspection; and
- any other official authorisation.

b) **Assistance with import clearance**
Where applicable, the seller must assist the buyer, at the buyer's request, risk and cost, in obtaining any documents and/or information related to all import clearance formalities, including security requirements and pre-shipment inspection, needed by the country of import.

A8 Checking/packaging/marking
The seller must pay the costs of those checking operations (such as checking quality, measuring, weighing, counting) that are necessary for the purpose of delivering the goods in accordance with A2.

The seller must, at its own cost, package the goods, unless it is usual for the particular trade to transport the type of goods sold unpackaged. The seller must package and mark the goods in the manner appropriate for their transport, unless the parties have agreed on specific packaging or marking requirements.

A9 Allocation of costs
The seller must pay:

a) all costs relating to the goods and their transport until they have been delivered in accordance with A2, other than those payable by the buyer under B9;

b) any charges for unloading at the place of destination but only if those charges were for the seller's account under the contract of carriage;

c) the cost of providing the delivery/transport document under A6;

d) where applicable, duties, taxes and any other costs related to export and any transit clearance under A7(a); and

e) the buyer for all costs and charges related to providing assistance in obtaining documents and information in accordance with B5 and B7(a).

Anhang: Offizielles Regelwerk der Internationalen Handelskammer (ICC)

INCOTERMS® 2020

B THE BUYER'S OBLIGATIONS

B6 Delivery/transport document
The buyer must accept the document provided under A6.

B7 Export/import clearance

a) **Assistance with export and transit clearance**
Where applicable, the buyer must assist the seller at the seller's request, risk and cost in obtaining any documents and/or information related to all export/transit clearance formalities, including security requirements and pre-shipment inspection, needed by the country of export and any country of transit (other than the country of import).

b) **Import clearance**
Where applicable, the buyer must carry out and pay for all formalities required by the country of import, such as:
- import licence;
- security clearance for import;
- pre-shipment inspection; and
- any other official authorisation.

B8 Checking/packaging/marking
The buyer has no obligation to the seller.

B9 Allocation of costs
The buyer must pay:
a) all costs relating to the goods from the time they have been delivered under A2;
b) all costs of unloading necessary to take delivery of the goods from the arriving means of transport at the named place of destination, unless such costs were for the seller's account under the contract of carriage;
c) the seller for all costs and charges related to providing assistance in obtaining documents and information in accordance with A7(b);
d) where applicable, duties, taxes and any other costs related to import clearance under B7(b); and
e) any additional costs incurred by the seller if the buyer fails to fulfil its obligations in accordance with B7 or to give notice in accordance with B10, provided that the goods have been clearly identified as the contract goods.

© 2019 INTERNATIONAL CHAMBER OF COMMERCE (ICC) | **277**

Anhang: Offizielles Regelwerk der Internationalen Handelskammer (ICC)

INCOTERMS® 2020

A THE SELLER'S OBLIGATIONS

A10 Notices

The seller must give the buyer any notice required to enable the buyer to receive the goods.

| B | THE BUYER'S OBLIGATIONS |

B10 Notices

The buyer must, whenever it is agreed that the buyer is entitled to determine the time within an agreed period and/or the point of taking delivery within the named place of destination, give the seller sufficient notice.

Anhang: Offizielles Regelwerk der Internationalen Handelskammer (ICC)

INCOTERMS® 2020

Anhang: Offizielles Regelwerk der Internationalen Handelskammer (ICC)

INCOTERMS® 2020

DPU | Delivered at Place Unloaded

DPU (insert named place of destination) *Incoterms® 2020*

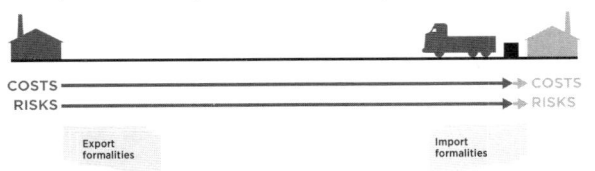

EXPLANATORY NOTES FOR USERS

1. **Delivery and risk**—"Delivered at Place Unloaded" means that the seller delivers the goods—and transfers risk—to the buyer
   - when the goods,
   - once unloaded from the arriving means of transport,
   - are placed at the disposal of the buyer
   - at a named place of destination or
   - at the agreed point within that place, if any such point is agreed.

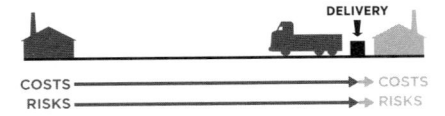

   The seller bears all risks involved in bringing the goods to and unloading them at the named place of destination. In this Incoterms® rule, therefore, the delivery and arrival at destination are the same. DPU is the only Incoterms® rule that requires the seller to unload goods at destination. The seller should therefore ensure that it is in a position to organise unloading at the named place. Should the parties intend the seller not to bear the risk and cost of unloading, the DPU rule should be avoided and DAP should be used instead.

2. **Mode of transport**—This rule may be used irrespective of the mode of transport selected and may also be used where more than one mode of transport is employed.

© 2019 INTERNATIONAL CHAMBER OF COMMERCE (ICC) | **281**

Anhang: Offizielles Regelwerk der Internationalen Handelskammer (ICC)

INCOTERMS® 2020

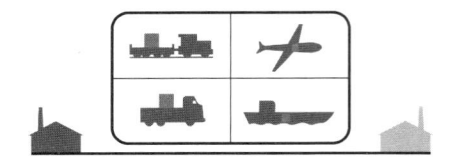

3. **Identifying the place or point of delivery/destination precisely**—The parties are well advised to specify the destination place or point as clearly as possible and this for several reasons. First, risk of loss of or damage to the goods transfers to the buyer at that point of delivery/destination—and it is best for the seller and the buyer to be clear about the point at which that critical transfer happens. Secondly, the costs before that place or point of delivery/destination are for the account of the seller and the costs after that place or point are for the account of the buyer. Thirdly, the seller must contract or arrange for the carriage of the goods to the agreed place or point of delivery/destination. If it fails to do so, the seller is in breach of its obligations under this rule and will be liable to the buyer for any ensuing loss. The seller would, for example, be responsible for any additional costs levied by the carrier to the buyer for any additional on-carriage.

4. **'or procuring the goods so delivered'**—The reference to "procure" here caters for multiple sales down a chain (string sales), particularly common in the commodity trades.

5. **Export/import clearance**—DPU requires the seller to clear the goods for export, where applicable. However, the seller has no obligation to clear the goods for import or for post-delivery transit through third countries, to pay any import duty or to carry out any import customs formalities. As a result, if the buyer fails to organise import clearance, the goods will be held up at a port or inland terminal in the destination country. Who bears the risk of any loss that might occur while the goods are thus held up at the port of entry in the destination country? The answer is the buyer: delivery will not have occurred yet, B3(a) ensuring that the risk of loss of or damage to the goods is with the buyer until transit to a named inland point can be resumed. If, in order to avoid this scenario, the parties intend the seller to clear the goods for import, pay any import duty or tax and carry out any import customs formalities, the parties might consider using DDP.

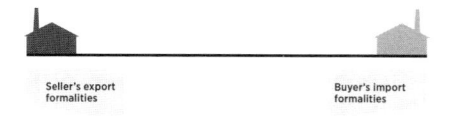

Seller's export formalities

Buyer's import formalities

282 | © 2019 INTERNATIONAL CHAMBER OF COMMERCE (ICC)

Anhang: Offizielles Regelwerk der Internationalen Handelskammer (ICC)

INCOTERMS® 2020

DPU

Anhang: Offizielles Regelwerk der Internationalen Handelskammer (ICC)

INCOTERMS® 2020

A   THE SELLER'S OBLIGATIONS

A1   General obligations

The seller must provide the goods and the commercial invoice in conformity with the contract of sale and any other evidence of conformity that may be required by the contract.

Any document to be provided by the seller may be in paper or electronic form as agreed or, where there is no agreement, as is customary.

A2   Delivery

The seller must unload the goods from the arriving means of transport and must then deliver them by placing them at the disposal of the buyer at the agreed point, if any, at the named place of destination or by procuring the goods so delivered. In either case the seller must deliver the goods on the agreed date or within the agreed period.

A3   Transfer of risks

The seller bears all risks of loss of or damage to the goods until they have been delivered in accordance with A2, with the exception of loss or damage in the circumstances described in B3.

A4   Carriage

The seller must contract or arrange at its own cost for the carriage of the goods to the named place of destination or to the agreed point, if any, at the named place of destination. If a specific point is not agreed or is not determined by practice, the seller may select the point at the named place of destination that best suits its purpose.

The seller must comply with any transport-related security requirements for transport to the destination.

A5   Insurance

The seller has no obligation to the buyer to make a contract of insurance.

B THE BUYER'S OBLIGATIONS

B1 General obligations

The buyer must pay the price of the goods as provided in the contract of sale.

Any document to be provided by the buyer may be in paper or electronic form as agreed or, where there is no agreement, as is customary.

B2 Taking delivery

The buyer must take delivery of the goods when they have been delivered under A2.

B3 Transfer of risks

The buyer bears all risks of loss of or damage to the goods from the time they have been delivered under A2.

If:

a) the buyer fails to fulfil its obligations in accordance with B7, then it bears all resulting risks of loss of or damage to the goods; or

b) the buyer fails to give notice in accordance with B10, then it bears all risks of loss of or damage to the goods from the agreed date or the end of the agreed period for delivery,

provided that the goods have been clearly identified as the contract goods.

B4 Carriage

The buyer has no obligation to the seller to make a contract of carriage.

B5 Insurance

The buyer has no obligation to the seller to make a contract of insurance. However, the buyer must provide the seller, at the seller's request, risk and cost, with information that the seller needs for obtaining insurance.

Anhang: Offizielles Regelwerk der Internationalen Handelskammer (ICC)

INCOTERMS® 2020

A THE SELLER'S OBLIGATIONS

A6 Delivery/transport document
The seller must provide the buyer, at the seller's cost, with any document required to enable the buyer to take over the goods.

A7 Export/import clearance

a) **Export and transit clearance**
Where applicable, the seller must carry out and pay for all export and transit clearance formalities required by the country of export and any country of transit (other than the country of import), such as:
- export/transit licence;
- security clearance for export/transit;
- pre-shipment inspection; and
- any other official authorisation.

b) **Assistance with import clearance**
Where applicable, the seller must assist the buyer, at the buyer's request, risk and cost, in obtaining any documents and/or information related to all import clearance formalities, including security requirements and pre-shipment inspection, needed by the country of import.

A8 Checking/packaging/marking
The seller must pay the costs of those checking operations (such as checking quality, measuring, weighing, counting) that are necessary for the purpose of delivering the goods in accordance with A2.

The seller must, at its own cost, package the goods, unless it is usual for the particular trade to transport the type of goods sold unpackaged. The seller must package and mark the goods in the manner appropriate for their transport, unless the parties have agreed on specific packaging or marking requirements.

A9 Allocation of costs
The seller must pay:
a) all costs relating to the goods and their transport until they have been unloaded and delivered in accordance with A2, other than those payable by the buyer under B9;
b) the cost of providing the delivery/transport document under A6;
c) where applicable, duties, taxes and any other costs related to export and any transit clearance under A7(a); and
d) the buyer for all costs and charges related to providing assistance in obtaining documents and information in accordance with B5 and B7(a).

B	THE BUYER'S OBLIGATIONS

B6 Delivery/transport document
The buyer must accept the document provided under A6.

B7 Export/import clearance
a) **Assistance with export and transit clearance**
Where applicable, the buyer must assist the seller at the seller's request, risk and cost in obtaining any documents and/or information related to all export/transit clearance formalities, including security requirements and pre-shipment inspection, needed by the country of export and any country of transit (other than the country of import).
b) **Import clearance**
Where applicable, the buyer must carry out and pay for all formalities required by the country of import, such as:
- import licence;
- security clearance for import;
- pre-shipment inspection; and
- any other official authorisation.

B8 Checking/packaging/marking
The buyer has no obligation to the seller.

B9 Allocation of costs
The buyer must pay:
a) all costs relating to the goods from the time they have been delivered under A2;
b) the seller for all costs and charges related to providing assistance in obtaining documents and information in accordance with A7(b);
c) where applicable, duties, taxes and any other costs related to import clearance under B7(b); and
d) any additional costs incurred by the seller if the buyer fails to fulfil its obligations in accordance with B7 or to give notice in accordance with B10, provided that the goods have been clearly identified as the contract goods.

Anhang: Offizielles Regelwerk der Internationalen Handelskammer (ICC)

INCOTERMS® 2020

| A | THE SELLER'S OBLIGATIONS |

A10 Notices

The seller must give the buyer any notice required to enable the buyer to receive the goods.

Anhang: Offizielles Regelwerk der Internationalen Handelskammer (ICC)

INCOTERMS® 2020

B THE BUYER'S OBLIGATIONS

B10 Notices

The buyer must, whenever it is agreed that the buyer is entitled to determine the time within an agreed period and/or the point of taking delivery within the named place of destination, give the seller sufficient notice.

Anhang: Offizielles Regelwerk der Internationalen Handelskammer (ICC)

INCOTERMS® 2020

Anhang: Offizielles Regelwerk der Internationalen Handelskammer (ICC)

INCOTERMS® 2020

DDP | Delivered Duty Paid

DDP (insert named place of destination) *Incoterms® 2020*

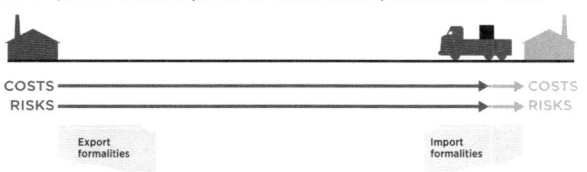

EXPLANATORY NOTES FOR USERS

1. **Delivery and risk**—"Delivered Duty Paid" means that the seller delivers the goods to the buyer
   - when the goods are placed at the disposal of the buyer,
   - cleared for import,
   - on the arriving means of transport,
   - ready for unloading,
   - at the named place of destination or at the agreed point within that place, if any such point is agreed.

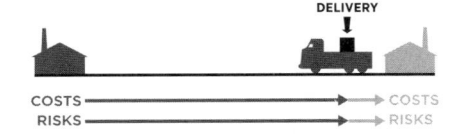

   The seller bears all risks involved in bringing the goods to the named place of destination or to the agreed point within that place. In this Incoterms® rule, therefore, delivery and arrival at destination are the same.

2. **Mode of transport**—This rule may be used irrespective of the mode of transport selected and may also be used where more than one mode of transport is employed.

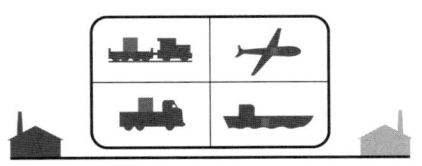

© 2019 INTERNATIONAL CHAMBER OF COMMERCE (ICC) | **291**

Anhang: Offizielles Regelwerk der Internationalen Handelskammer (ICC)

INCOTERMS® 2020

3. **A note of caution to sellers: maximum responsibility**—DDP, with delivery happening at destination *and* with the seller being responsible for the payment of import duty and applicable taxes is the Incoterms® rule imposing on the seller the maximum level of obligation of all eleven Incoterms® rules. From the seller's perspective, therefore, the rule should be used with care for different reasons as set out in paragraph 7.

4. **Identifying the place or point of delivery/destination precisely**—The parties are well advised to specify the destination place or point as clearly as possible and this for several reasons. First, risk of loss of or damage to the goods transfers to the buyer at that point of delivery/destination—and it is best for the seller and the buyer to be clear about the point at which that critical transfer happens. Secondly, the costs before that place or point of delivery/destination are for the account of the seller, including the costs of import clearance, and the costs after that place or point, other than the costs of import, are for the account of the buyer. Thirdly, the seller must contract or arrange for the carriage of the goods to the agreed place or point of delivery/destination. If it fails to do so, the seller is in breach of its obligations under the Incoterms® rule DDP and will be liable to the buyer for any ensuing loss. Thus, for example, the seller would be responsible for any additional costs levied by the carrier to the buyer for any additional on-carriage.

5. **'or procuring the goods so delivered'**—The reference to "procure" here caters for multiple sales down a chain (string sales), particularly common in the commodity trades.

6. **Unloading costs**—If the seller incurs costs under its contract of carriage related to unloading at the place of delivery/destination, the seller is not entitled to recover such costs separately from the buyer unless otherwise agreed between the parties.

7. **Export/import clearance**—As set out in paragraph 3, DDP requires the seller to clear the goods for export, where applicable, as well as for import and to pay any import duty or to carry out any customs formalities. Thus if the seller is unable to obtain import clearance and would rather leave that side of things in the buyer's hands in the country of import, then the seller should consider choosing DAP or DPU, under which rules delivery still happens at destination, but with import clearance being left to the buyer. There may be tax implications and this tax may not be recoverable from the buyer: see A9(d).

Seller's export formalities

Seller's import formalities

Anhang: Offizielles Regelwerk der Internationalen Handelskammer (ICC)

INCOTERMS® 2020

DDP

Anhang: Offizielles Regelwerk der Internationalen Handelskammer (ICC)

INCOTERMS® 2020

A THE SELLER'S OBLIGATIONS

A1 General obligations

The seller must provide the goods and the commercial invoice in conformity with the contract of sale and any other evidence of conformity that may be required by the contract.

Any document to be provided by the seller may be in paper or electronic form as agreed or, where there is no agreement, as is customary.

A2 Delivery

The seller must deliver the goods by placing them at the disposal of the buyer on the arriving means of transport ready for unloading at the agreed point, if any, at the named place of destination or by procuring the goods so delivered. In either case the seller must deliver the goods on the agreed date or within the agreed period.

A3 Transfer of risks

The seller bears all risks of loss of or damage to the goods until they have been delivered in accordance with A2, with the exception of loss or damage in the circumstances described in B3.

A4 Carriage

The seller must contract or arrange at its own cost for the carriage of the goods to the named place of destination or to the agreed point, if any, at the named place of destination. If a specific point is not agreed or is not determined by practice, the seller may select the point at the named place of destination that best suits its purpose.

The seller must comply with any transport-related security requirements for transport to the destination.

A5 Insurance

The seller has no obligation to the buyer to make a contract of insurance.

A6 Delivery/transport document

The seller must provide the buyer, at the seller's cost, with any document required to enable the buyer to take over the goods.

Anhang: Offizielles Regelwerk der Internationalen Handelskammer (ICC)

INCOTERMS® 2020

B	THE BUYER'S OBLIGATIONS

B1 General obligations

The buyer must pay the price of the goods as provided in the contract of sale.

Any document to be provided by the buyer may be in paper or electronic form as agreed or, where there is no agreement, as is customary.

B2 Taking delivery

The buyer must take delivery of the goods when they have been delivered under A2.

B3 Transfer of risks

The buyer bears all risks of loss of or damage to the goods from the time they have been delivered under A2.

If:

a) the buyer fails to fulfil its obligations in accordance with B7, then it bears all resulting risks of loss of or damage to the goods; or

b) the buyer fails to give notice in accordance with B10, then it bears all risks of loss of or damage to the goods from the agreed date or the end of the agreed period for delivery,

provided that the goods have been clearly identified as the contract goods.

B4 Carriage

The buyer has no obligation to the seller to make a contract of carriage.

B5 Insurance

The buyer has no obligation to the seller to make a contract of insurance. However, the buyer must provide the seller, at the seller's request, risk and cost, with information that the seller needs for obtaining insurance.

B6 Delivery/transport document

The buyer must accept the document provided under A6.

© 2019 INTERNATIONAL CHAMBER OF COMMERCE (ICC) | **295**

Anhang: Offizielles Regelwerk der Internationalen Handelskammer (ICC)

INCOTERMS® 2020

A THE SELLER'S OBLIGATIONS

A7 Export/import clearance

Where applicable, the seller must carry out and pay for all export/transit/import clearance formalities required by the countries of export, transit and import, such as:

- export/transit/import licence;
- security clearance for export/transit/import;
- pre-shipment inspection; and
- any other official authorisation.

A8 Checking/packaging/marking

The seller must pay the costs of those checking operations (such as checking quality, measuring, weighing, counting) that are necessary for the purpose of delivering the goods in accordance with A2.

The seller must, at its own cost, package the goods, unless it is usual for the particular trade to transport the type of goods sold unpackaged. The seller must package and mark the goods in the manner appropriate for their transport, unless the parties have agreed on specific packaging or marking requirements.

A9 Allocation of costs

The seller must pay:

a) all costs relating to the goods and their transport until they have been delivered in accordance with A2, other than those payable by the buyer under B9;

b) any charges for unloading at the place of destination but only if those charges were for the seller's account under the contract of carriage;

c) the cost of providing the delivery/transport document under A6;

d) where applicable, duties, taxes and any other costs related to export, transit and import clearance under A7; and

e) the buyer for all costs and charges related to providing assistance in obtaining documents and information in accordance with B5 and B7.

A10 Notices

The seller must give the buyer any notice required to enable the buyer to receive the goods.

INCOTERMS® 2020

B	THE BUYER'S OBLIGATIONS

B7 Export/import clearance

Where applicable, the buyer must assist the seller, at the seller's request, risk and cost. in obtaining any documents and/or information related to all export/transit/import clearance formalities required by the countries of export/transit/import, such as:

- export/transit/import licence;
- security clearance for export, transit and import;
- pre-shipment inspection; and
- any other official authorisation.

B8 Checking/packaging/marking

The buyer has no obligation to the seller.

B9 Allocation of costs

The buyer must pay:

a) all costs relating to the goods from the time they have been delivered under A2;

b) all costs of unloading necessary to take delivery of the goods from the arriving means of transport at the named place of destination, unless such costs were for the seller's account under the contract of carriage; and

c) any additional costs incurred by the seller if the buyer fails to fulfil its obligations in accordance with B7 or to give notice in accordance with B10, provided that the goods have been clearly identified as the contract goods.

B10 Notices

The buyer must, whenever it is agreed that the buyer is entitled to determine the time within an agreed period and/or the point of taking delivery within the named place of destination, give the seller sufficient notice.

Anhang: Offizielles Regelwerk der Internationalen Handelskammer (ICC)

INCOTERMS® 2020

Anhang: Offizielles Regelwerk der Internationalen Handelskammer (ICC)

RULES FOR SEA AND INLAND WATERWAY TRANSPORT

For the illustrations used throughout the book, please note that blue indicates the seller's obligations and gold indicates the buyer's obligations as shown in the headings throughout the book, and green indicates where these are mixed or shared.

Anhang: Offizielles Regelwerk der Internationalen Handelskammer (ICC)

INCOTERMS® 2020

Anhang: Offizielles Regelwerk der Internationalen Handelskammer (ICC)

INCOTERMS® 2020

FAS | Free Alongside Ship

FAS (insert named port of shipment) *Incoterms® 2020*

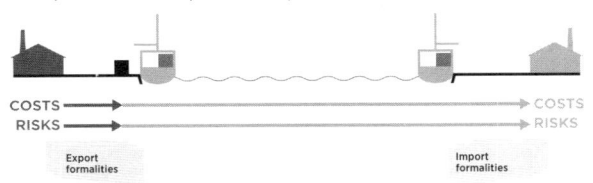

EXPLANATORY NOTES FOR USERS

1. **Delivery and risk**—"Free Alongside Ship" means that the seller delivers the goods to the buyer
   - when the goods are placed alongside the ship (e.g. on a quay or a barge)
   - nominated by the buyer
   - at the named port of shipment
   - or when the seller procures goods already so delivered.

   The risk of loss of or damage to the goods transfers when the goods are alongside the ship, and the buyer bears all costs from that moment onwards.

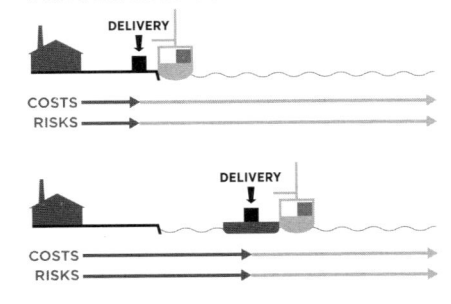

2. **Mode of transport**—This rule is to be used only for sea or inland waterway transport where the parties intend to deliver the goods by placing the goods alongside a vessel. Thus, the FAS rule is not appropriate where goods are handed over to the carrier before they are alongside the vessel, for example where

© 2019 INTERNATIONAL CHAMBER OF COMMERCE (ICC) | **301**

goods are handed over to a carrier at a container terminal. Where this is the case, parties should consider using the FCA rule rather than the FAS rule.

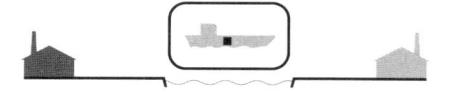

3. **Identifying the loading point precisely**—The parties are well advised to specify as clearly as possible the loading point at the named port of shipment where the goods are to be transferred from the quay or barge to the ship, as the costs and risks to that point are for the account of the seller and these costs and associated handling charges may vary according to the practice of the port.

4. **'or procuring the goods so delivered'**—The seller is required either to deliver the goods alongside the ship or to procure goods already so delivered for shipment. The reference to "procure" here caters for multiple sales down a chain (string sales), particularly common in the commodity trades.

5. **Export/import clearance**—FAS requires the seller to clear the goods for export, where applicable. However, the seller has no obligation to clear the goods for import or for transit through third countries, to pay any import duty or to carry out any import customs formalities.

Seller's export formalities

Buyer's import formalities

Anhang: Offizielles Regelwerk der Internationalen Handelskammer (ICC)

INCOTERMS® 2020

FAS

Anhang: Offizielles Regelwerk der Internationalen Handelskammer (ICC)

INCOTERMS® 2020

A   THE SELLER'S OBLIGATIONS

A1   General obligations

The seller must provide the goods and the commercial invoice in conformity with the contract of sale and any other evidence of conformity that may be required by the contract.

Any document to be provided by the seller may be in paper or electronic form as agreed or, where there is no agreement, as is customary.

A2   Delivery

The seller must deliver the goods either by placing them alongside the vessel nominated by the buyer at the loading point, if any, indicated by the buyer at the named port of shipment or by procuring the goods so delivered.

The seller must deliver the goods

1. on the agreed date
   or
2. at the time within the agreed period notified by the buyer under B10
   or,
3. if no such time is notified, then at the end of the agreed period
   and
4. in the manner customary at the port.

If no specific loading point has been indicated by the buyer, the seller may select the point within the named port of shipment that best suits its purpose.

A3   Transfer of risks

The seller bears all risks of loss of or damage to the goods until they have been delivered in accordance with A2, with the exception of loss or damage in the circumstances described in B3.

Anhang: Offizielles Regelwerk der Internationalen Handelskammer (ICC)

INCOTERMS® 2020

B THE BUYER'S OBLIGATIONS

B1 General obligations

The buyer must pay the price of the goods as provided in the contract of sale.

Any document to be provided by the buyer may be in paper or electronic form as agreed or, where there is no agreement, as is customary.

B2 Taking delivery

The buyer must take delivery of the goods when they have been delivered under A2.

B3 Transfer of risks

The buyer bears all risks of loss of or damage to the goods from the time they have been delivered under A2.

If:

a) the buyer fails to give notice in accordance with B10; or

b) the vessel nominated by the buyer fails to arrive on time to enable the seller to comply with A2, fails to take the goods, or closes for cargo earlier than the time notified in accordance with B10;

then the buyer bears all risks of loss of or damage to the goods:

  (i) from the agreed date, or in the absence of an agreed date,

  (ii) from the date selected by the buyer under B10, or, if no such date has been notified,

  (iii) from the end of any agreed period for delivery,

provided that the goods have been clearly identified as the contract goods.

FAS

© 2019 INTERNATIONAL CHAMBER OF COMMERCE (ICC) | **305**

Anhang: Offizielles Regelwerk der Internationalen Handelskammer (ICC)

INCOTERMS® 2020

A THE SELLER'S OBLIGATIONS

A4 Carriage

The seller has no obligation to the buyer to make a contract of carriage. However, the seller must provide the buyer, at the buyer's request, risk and cost, with any information in the possession of the seller, including transport-related security requirements, that the buyer needs for arranging carriage. If agreed, the seller must contract for carriage on the usual terms at the buyer's risk and cost.

The seller must comply with any transport-related security requirements up to delivery.

A5 Insurance

The seller has no obligation to the buyer to make a contract of insurance. However, the seller must provide the buyer, at the buyer's request, risk and cost, with information in possession of the seller that the buyer needs for obtaining insurance.

A6 Delivery/transport document

The seller must provide the buyer, at the seller's cost, with the usual proof that the goods have been delivered in accordance with A2.

Unless such proof is a transport document, the seller must provide assistance to the buyer, at the buyer's request, risk and cost, in obtaining a transport document.

A7 Export/import clearance

a) **Export clearance**

Where applicable, the seller must carry out and pay for all export clearance formalities required by the country of export, such as:

- export licence;
- security clearance for export;
- pre-shipment inspection; and
- any other official authorisation.

b) **Assistance with import clearance**

Where applicable, the seller must assist the buyer, at the buyer's request, risk and cost, in obtaining any documents and/or information related to all transit/import clearance formalities, including security requirements and pre-shipment inspection, needed by any country of transit or the country of import.

INCOTERMS® 2020

B	THE BUYER'S OBLIGATIONS

B4 Carriage

The buyer must contract at its own cost for the carriage of the goods from the named port of shipment, except when the contract of carriage is made by the seller as provided for in A4.

B5 Insurance

The buyer has no obligation to the seller to make a contract of insurance.

B6 Delivery/transport document

The buyer must accept the proof of delivery provided under A6.

B7 Export/import clearance

a) **Assistance with export clearance**
   Where applicable, the buyer must assist the seller at the seller's request, risk and cost in obtaining any documents and/or information related to all export clearance formalities, including security requirements and pre-shipment inspection, needed by the country of export.

b) **Import clearance**
   Where applicable, the buyer must carry out and pay for all formalities required by any country of transit and the country of import, such as:
   - import licence and any licence required for transit;
   - security clearance for import and any transit;
   - pre-shipment inspection; and
   - any other official authorisation.

INCOTERMS® 2020

A THE SELLER'S OBLIGATIONS

A8 Checking/packaging/marking

The seller must pay the costs of those checking operations (such as checking quality, measuring, weighing, counting) that are necessary for the purpose of delivering the goods in accordance with A2.

The seller must, at its own cost, package the goods, unless it is usual for the particular trade to transport the type of goods sold unpackaged. The seller must package and mark the goods in the manner appropriate for their transport, unless the parties have agreed on specific packaging or marking requirements.

A9 Allocation of costs

The seller must pay:

a) all costs relating to the goods until they have been delivered in accordance with A2, other than those payable by the buyer under B9;

b) the costs of providing the usual proof to the buyer under A6 that the goods have been delivered;

c) where applicable, duties, taxes and any other costs related to export clearance under A7(a); and

d) the buyer for all costs and charges related to providing assistance in obtaining documents and information in accordance with B7(a).

A10 Notices

The seller must give the buyer sufficient notice either that the goods have been delivered in accordance with A2 or that the vessel has failed to take delivery of the goods within the time agreed.

INCOTERMS® 2020

| B | THE BUYER'S OBLIGATIONS |

B8 Checking/packaging/marking

The buyer has no obligation to the seller.

B9 Allocation of costs

The buyer must pay:

a) all costs relating to the goods from the time they have been delivered under A2, other than those payable by the seller under A9;

b) the seller for all costs and charges related to providing assistance in obtaining documents and information in accordance with A4, A5, A6 and A7(b);

c) where applicable, duties, taxes and any other costs related to transit or import clearance under B7(b); and

d) any additional costs incurred, either because:

   (i) the buyer has failed to give notice under B10, or

   (ii) the vessel nominated by the buyer under B10 fails to arrive on time, fails to take the goods, or closes for cargo earlier than the time notified in accordance with B10,

provided that the goods have been clearly identified as the contract goods.

B10 Notices

The buyer must give the seller sufficient notice of any transport-related security requirements, the vessel name, loading point and, if any, the selected delivery date within the agreed period.

FAS

Anhang: Offizielles Regelwerk der Internationalen Handelskammer (ICC)

INCOTERMS® 2020

Anhang: Offizielles Regelwerk der Internationalen Handelskammer (ICC)

INCOTERMS® 2020

FOB | Free On Board

FOB (insert named port of shipment) *Incoterms® 2020*

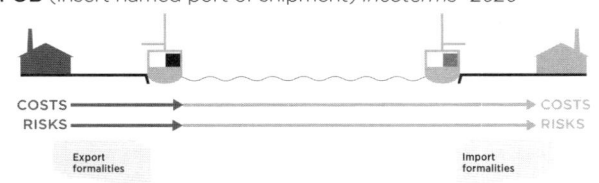

EXPLANATORY NOTES FOR USERS

1. **Delivery and risk**—"Free on Board" means that the seller delivers the goods to the buyer
   - on board the vessel
   - nominated by the buyer
   - at the named port of shipment
   - or procures the goods already so delivered.

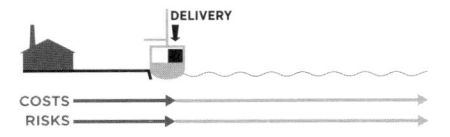

   The risk of loss of or damage to the goods transfers when the goods are on board the vessel, and the buyer bears all costs from that moment onwards.

2. **Mode of transport**—This rule is to be used only for sea or inland waterway transport where the parties intend to deliver the goods by placing the goods on board a vessel. Thus, the FOB rule is not appropriate where goods are handed over to the carrier before they are on board the vessel, for example where goods are handed over to a carrier at a container terminal. Where this is the case, parties should consider using the FCA rule rather than the FOB rule.

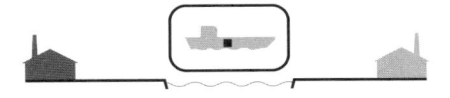

© 2019 INTERNATIONAL CHAMBER OF COMMERCE (ICC) | **311**

Anhang: Offizielles Regelwerk der Internationalen Handelskammer (ICC)

INCOTERMS® 2020

3. **'or procuring the goods so delivered'**—The seller is required either to deliver the goods on board the vessel or to procure goods already so delivered for shipment. The reference to "procure" here caters for multiple sales down a chain (string sales), particularly common in the commodity trades.

4. **Export/import clearance**—FOB requires the seller to clear the goods for export, where applicable. However, the seller has no obligation to clear the goods for import or for transit through third countries, to pay any import duty or to carry out any import customs formalities.

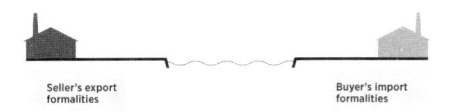

Seller's export formalities

Buyer's import formalities

Anhang: Offizielles Regelwerk der Internationalen Handelskammer (ICC)

INCOTERMS® 2020

FOB

© 2019 INTERNATIONAL CHAMBER OF COMMERCE (ICC) | **313**

Anhang: Offizielles Regelwerk der Internationalen Handelskammer (ICC)

INCOTERMS® 2020

A   THE SELLER'S OBLIGATIONS

A1   General obligations

The seller must provide the goods and the commercial invoice in conformity with the contract of sale and any other evidence of conformity that may be required by the contract.

Any document to be provided by the seller may be in paper or electronic form as agreed or, where there is no agreement, as is customary.

A2   Delivery

The seller must deliver the goods either by placing them on board the vessel nominated by the buyer at the loading point, if any, indicated by the buyer at the named port of shipment or by procuring the goods so delivered.

The seller must deliver the goods

1. on the agreed date
or
2. at the time within the agreed period notified by the buyer under B10
or,
3. if no such time is notified, then at the end of the agreed period and
4. in the manner customary at the port.
If no specific loading point has been indicated by the buyer, the seller may select the point within the named port of shipment that best suits its purpose.

A3   Transfer of risks

The seller bears all risks of loss of or damage to the goods until they have been delivered in accordance with A2, with the exception of loss or damage in the circumstances described in B3.

Anhang: Offizielles Regelwerk der Internationalen Handelskammer (ICC)

INCOTERMS® 2020

B THE BUYER'S OBLIGATIONS

B1 General obligations

The buyer must pay the price of the goods as provided in the contract of sale.

Any document to be provided by the buyer may be in paper or electronic form as agreed or, where there is no agreement, as is customary.

B2 Taking delivery

The buyer must take delivery of the goods when they have been delivered under A2.

B3 Transfer of risks

The buyer bears all risks of loss of or damage to the goods from the time they have been delivered under A2.

If:

a) the buyer fails to give notice in accordance with B10; or
b) the vessel nominated by the buyer fails to arrive on time to enable the seller to comply with A2, fails to take the goods, or closes for cargo earlier than the time notified in accordance with B10;

then the buyer bears all risks of loss of or damage to the goods:

(i) from the agreed date, or in the absence of an agreed date,

(ii) from the date selected by the buyer under B10, or, if no such date has been notified,

(iii) from the end of any agreed period for delivery,

provided that the goods have been clearly identified as the contract goods.

FOB

© 2019 INTERNATIONAL CHAMBER OF COMMERCE (ICC) | **315**

INCOTERMS® 2020

A THE SELLER'S OBLIGATIONS

A4 Carriage

The seller has no obligation to the buyer to make a contract of carriage. However, the seller must provide the buyer, at the buyer's request, risk and cost, with any information in the possession of the seller, including transport-related security requirements, that the buyer needs for arranging carriage. If agreed, the seller must contract for carriage on the usual terms at the buyer's risk and cost.

The seller must comply with any transport-related security requirements up to delivery.

A5 Insurance

The seller has no obligation to the buyer to make a contract of insurance. However, the seller must provide the buyer, at the buyer's request, risk and cost, with information in the possession of the seller that the buyer needs for obtaining insurance.

A6 Delivery/transport document

The seller must provide the buyer, at the seller's cost, with the usual proof that the goods have been delivered in accordance with A2.

Unless such proof is a transport document, the seller must provide assistance to the buyer, at the buyer's request, risk and cost, in obtaining a transport document.

A7 Export/import clearance

a) Export clearance

Where applicable, the seller must carry out and pay for all export clearance formalities required by the country of export, such as:

- export licence;
- security clearance for export;
- pre-shipment inspection; and
- any other official authorisation.

b) Assistance with import clearance

Where applicable, the seller must assist the buyer, at the buyer's request, risk and cost, in obtaining any documents and/or information related to all transit/import clearance formalities, including security requirements and pre-shipment inspection, needed by any country of transit or the country of import.

INCOTERMS® 2020

| B | THE BUYER'S OBLIGATIONS |

B4 Carriage

The buyer must contract at its own cost for the carriage of the goods from the named port of shipment, except when the contract of carriage is made by the seller as provided for in A4.

B5 Insurance

The buyer has no obligation to the seller to make a contract of insurance.

B6 Delivery/transport document

The buyer must accept the proof of delivery provided under A6.

B7 Export/import clearance

a) **Assistance with export clearance**
Where applicable, the buyer must assist the seller at the seller's request, risk and cost in obtaining any documents and/or information related to all export clearance formalities, including security requirements and pre-shipment inspection, needed by the country of export.

b) **Import clearance**
Where applicable, the buyer must carry out and pay for all formalities required by any country of transit and the country of import, such as:
- import licence and any licence required for transit;
- security clearance for import and any transit;
- pre-shipment inspection; and
- any other official authorisation.

Anhang: Offizielles Regelwerk der Internationalen Handelskammer (ICC)

INCOTERMS® 2020

A THE SELLER'S OBLIGATIONS

A8 Checking/packaging/marking

The seller must pay the costs of those checking operations (such as checking quality, measuring, weighing, counting) that are necessary for the purpose of delivering the goods in accordance with A2.

The seller must, at its own cost, package the goods, unless it is usual for the particular trade to transport the type of goods sold unpackaged. The seller must package and mark the goods in the manner appropriate for their transport, unless the parties have agreed on specific packaging or marking requirements.

A9 Allocation of costs

The seller must pay:

a) all costs relating to the goods until they have been delivered in accordance with A2, other than those payable by the buyer under B9;
b) the costs of providing the usual proof to the buyer under A6 that the goods have been delivered;
c) where applicable, duties, taxes and any other costs related to export clearance under A7(a); and
d) the buyer for all costs and charges related to providing assistance in obtaining documents and information in accordance with B7(a).

A10 Notices

The seller must give the buyer sufficient notice either that the goods have been delivered in accordance with A2 or that the vessel has failed to take the goods within the time agreed.

INCOTERMS® 2020

B THE BUYER'S OBLIGATIONS

B8 Checking/packaging/marking

The buyer has no obligation to the seller.

B9 Allocation of costs

The buyer must pay:

a) all costs relating to the goods from the time they have been delivered under A2, other than those payable by the seller under A9;

b) the seller for all costs and charges related to providing assistance in obtaining documents and information in accordance with A4, A5, A6 and A7(b);

c) where applicable, duties, taxes and any other costs related to transit or import clearance under B7(b); and

d) any additional costs incurred, either because:

   (i) the buyer has failed to give notice under B10, or

   (ii) the vessel nominated by the buyer under B10 fails to arrive on time, fails to take the goods, or closes for cargo earlier than the time notified in accordance with B10,

provided that the goods have been clearly identified as the contract goods.

B10 Notices

The buyer must give the seller sufficient notice of any transport-related security requirements, the vessel name, loading point and, if any, the selected delivery date within the agreed period.

Anhang: Offizielles Regelwerk der Internationalen Handelskammer (ICC)

INCOTERMS® 2020

Anhang: Offizielles Regelwerk der Internationalen Handelskammer (ICC)

INCOTERMS® 2020

CFR | Cost and Freight

CFR (insert named port of destination) *Incoterms® 2020*

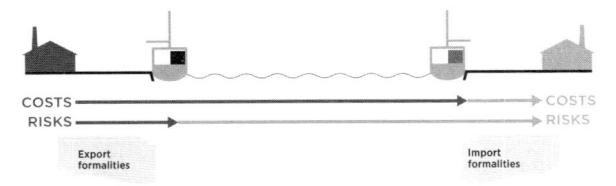

EXPLANATORY NOTES FOR USERS

1. **Delivery and risk**—"Cost and Freight" means that the seller delivers the goods to the buyer

   ▸ on board the vessel
   ▸ or procures the goods already so delivered.

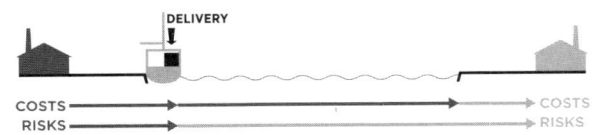

   The risk of loss of or damage to the goods transfers when the goods are on board the vessel, such that the seller is taken to have performed its obligation to deliver the goods whether or not the goods actually arrive at their destination in sound condition, in the stated quantity or, indeed, at all. In CFR, the seller owes no obligation to the buyer to purchase insurance cover: the buyer would be well-advised therefore to purchase some cover for itself.

2. **Mode of transport**—This rule is to be used only for sea or inland waterway transport. Where more than one mode of transport is to be used, which will commonly be the case where goods are handed over to a carrier at a container terminal, the appropriate rule to use is CPT rather than CFR.

INCOTERMS® 2020

3. **'or procuring the goods so delivered'**—The reference to "procure" here caters for multiple sales down a chain (string sales), particularly common in the commodity trades.

4. **Ports of delivery and destination**—In CFR, two ports are important: the port where the goods are delivered on board the vessel and the port agreed as the destination of the goods. Risk transfers from seller to buyer when the goods are delivered to the buyer by placing them on board the vessel at the shipment port or by procuring the goods already so delivered. However, the seller must contract for the carriage of the goods from delivery to the agreed destination. Thus, for example, goods are placed on board a vessel in Shanghai (which is a port) for carriage to Southampton (also a port). Delivery here happens when the goods are on board in Shanghai, with risk transferring to the buyer at that time; and the seller must make a contract of carriage from Shanghai to Southampton.

5. **Must the shipment port be named?**—While the contract will always specify a destination port, it might not specify the port of shipment, which is where risk transfers to the buyer. If the shipment port is of particular interest to the buyer, as it may be, for example, where the buyer wishes to ascertain that the freight element of the price is reasonable, the parties are well advised to identify it as precisely as possible in the contract.

6. **Identifying the destination point at the discharge port**—The parties are well advised to identify as precisely as possible the point at the named port of destination, as the costs to that point are for the account of the seller. The seller must make a contract or contracts of carriage that cover(s) the transit of the goods from delivery to the named port or to the agreed point within that port where such a point has been agreed in the contract of sale.

7. **Multiple carriers**—It is possible that carriage is effected through several carriers for different legs of the sea transport, for example, first by a carrier operating a feeder vessel from Hong Kong to Shanghai, and then onto an ocean vessel from Shanghai to Southampton. The question which arises here is whether risk transfers from seller to buyer at Hong Kong or at Shanghai: where does delivery take place? The parties may well have agreed this in the sale contract itself. Where, however, there is no such agreement, the default position is that risk transfers when the goods have been delivered to the first carrier, i.e. Hong Kong, thus increasing the period during which the buyer incurs the risk of loss or damage. Should the parties wish the risk to transfer at a later stage (here, Shanghai) they need to specify this in their contract of sale.

8. **Unloading costs**—If the seller incurs costs under its contract of carriage related to unloading at the specified point at the port

of destination, the seller is not entitled to recover such costs separately from the buyer unless otherwise agreed between the parties.

9. **Export/import clearance**—CFR requires the seller to clear the goods for export, where applicable. However, the seller has no obligation to clear the goods for import or for transit through third countries, to pay any import duty or to carry out any import customs formalities.

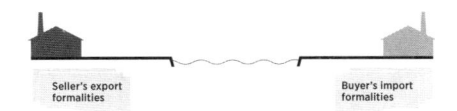

Seller's export formalities

Buyer's import formalities

Anhang: Offizielles Regelwerk der Internationalen Handelskammer (ICC)

INCOTERMS® 2020

A   THE SELLER'S OBLIGATIONS

A1   General obligations

The seller must provide the goods and the commercial invoice in conformity with the contract of sale and any other evidence of conformity that may be required by the contract.

Any document to be provided by the seller may be in paper or electronic form as agreed or, where there is no agreement, as is customary.

A2   Delivery

The seller must deliver the goods either by placing them on board the vessel or by procuring the goods so delivered. In either case, the seller must deliver the goods on the agreed date or within the agreed period and in the manner customary at the port.

A3   Transfer of risks

The seller bears all risks of loss of or damage to the goods until they have been delivered in accordance with A2, with the exception of loss or damage in the circumstance described in B3.

A4   Carriage

The seller must contract or procure a contract for the carriage of the goods from the agreed point of delivery, if any, at the place of delivery to the named port of destination or, if agreed, any point at that port. The contract of carriage must be made on usual terms at the seller's cost and provide for carriage by the usual route in a vessel of the type normally used for the transport of the type of goods sold.

The seller must comply with any transport-related security requirements for transport to the destination.

A5   Insurance

The seller has no obligation to the buyer to make a contract of insurance. However, the seller must provide the buyer, at the buyer's request, risk and cost, with information in the possession of the seller that the buyer needs for obtaining insurance.

Anhang: Offizielles Regelwerk der Internationalen Handelskammer (ICC)

INCOTERMS® 2020

B THE BUYER'S OBLIGATIONS

B1 General obligations

The buyer must pay the price of the goods as provided in the contract of sale.

Any document to be provided by the buyer may be in paper or electronic form as agreed or, where there is no agreement, as is customary.

B2 Taking delivery

The buyer must take delivery of the goods when they have been delivered under A2 and receive them from the carrier at the named port of destination.

B3 Transfer of risks

The buyer bears all risks of loss of or damage to the goods from the time they have been delivered under A2.

If the buyer fails to give notice in accordance with B10, then it bears all risks of loss of or damage to the goods from the agreed date or the end of the agreed period for shipment, provided that the goods have been clearly identified as the contract goods.

B4 Carriage

The buyer has no obligation to the seller to make a contract of carriage.

B5 Insurance

The buyer has no obligation to the seller to make a contract of insurance.

CFR

© 2019 INTERNATIONAL CHAMBER OF COMMERCE (ICC) | **325**

Anhang: Offizielles Regelwerk der Internationalen Handelskammer (ICC)

INCOTERMS® 2020

A THE SELLER'S OBLIGATIONS

A6 Delivery/transport document

The seller must, at its own cost, provide the buyer with the usual transport document for the agreed port of destination.

This transport document must cover the contract goods, be dated within the period agreed for shipment, enable the buyer to claim the goods from the carrier at the port of destination and, unless otherwise agreed, enable the buyer to sell the goods in transit by the transfer of the document to a subsequent buyer or by notification to the carrier.

When such a transport document is issued in negotiable form and in several originals, a full set of originals must be presented to the buyer.

A7 Export/import clearance

a) **Export clearance**

Where applicable, the seller must carry out and pay for all export clearance formalities required by the country of export, such as:

- export licence;
- security clearance for export;
- pre-shipment inspection; and
- any other official authorisation.

b) **Assistance with import clearance**

Where applicable, the seller must assist the buyer, at the buyer's request, risk and cost, in obtaining any documents and/or information related to all transit/import clearance formalities, including security requirements and pre-shipment inspection, needed by any country of transit or the country of import.

A8 Checking/packaging/marking

The seller must pay the costs of those checking operations (such as checking quality, measuring, weighing, counting) that are necessary for the purpose of delivering the goods in accordance with A2.

The seller must, at its own cost, package the goods, unless it is usual for the particular trade to transport the type of goods sold unpackaged. The seller must package and mark the goods in the manner appropriate for their transport, unless the parties have agreed on specific packaging or marking requirements.

Anhang: Offizielles Regelwerk der Internationalen Handelskammer (ICC)

INCOTERMS® 2020

B   THE BUYER'S OBLIGATIONS

B6   Delivery/transport document
The buyer must accept the transport document provided under A6 if it is in conformity with the contract.

B7   Export/import clearance

a) **Assistance with export clearance**
Where applicable, the buyer must assist the seller at the seller's request, risk and cost in obtaining any documents and/or information related to all export clearance formalities, including security requirements and pre-shipment inspection, needed by the country of export.

b) **Import clearance**
Where applicable, the buyer must carry out and pay for all formalities required by any country of transit and the country of import, such as:
- import licence and any licence required for transit;
- security clearance for import and any transit;
- pre-shipment inspection; and
- any other official authorisation.

B8   Checking/packaging/marking
The buyer has no obligation to the seller.

Anhang: Offizielles Regelwerk der Internationalen Handelskammer (ICC)

INCOTERMS® 2020

A THE SELLER'S OBLIGATIONS

A9 Allocation of costs

The seller must pay:

a) all costs relating to the goods until they have been delivered in accordance with A2, other than those payable by the buyer under B9;

b) the freight and all other costs resulting from A4, including the costs of loading the goods on board and transport-related security costs;

c) any charges for unloading at the agreed port of discharge that were for the seller's account under the contract of carriage;

d) the costs of transit that were for the seller's account under the contract of carriage;

e) the costs of providing the usual proof to the buyer under A6 that the goods have been delivered;

f) where applicable, duties, taxes and any other costs related to export clearance under A7(a); and

g) the buyer for all costs and charges related to providing assistance in obtaining documents and information in accordance with B7(a).

A10 Notices

The seller must notify the buyer that the goods have been delivered in accordance with A2.

The seller must give the buyer any notice required to enable the buyer to receive the goods.

INCOTERMS® 2020

| B | THE BUYER'S OBLIGATIONS |

B9 Allocation of costs

The buyer must pay:

a) all costs relating to the goods from the time they have been delivered under A2, other than those payable by the seller under A9;

b) the costs of transit, unless such costs were for the seller's account under the contract of carriage;

c) unloading costs including lighterage and wharfage charges, unless such costs and charges were for the seller's account under the contract of carriage;

d) the seller for all costs and charges related to providing assistance in obtaining documents and information in accordance with A5 and A7(b);

e) where applicable, duties, taxes and any other costs related to transit or import clearance under B7(b); and

f) any additional costs incurred if it fails to give notice in accordance with B10, from the agreed date or the end of the agreed period for shipment, provided that the goods have been clearly identified as the contract goods.

B10 Notices

The buyer must, whenever it is agreed that the buyer is entitled to determine the time for shipping the goods and/or the point of receiving the goods within the named port of destination, give the seller sufficient notice.

Anhang: Offizielles Regelwerk der Internationalen Handelskammer (ICC)

INCOTERMS® 2020

INCOTERMS® 2020

CIF | Cost Insurance and Freight

CIF (insert named port of destination) *Incoterms® 2020*

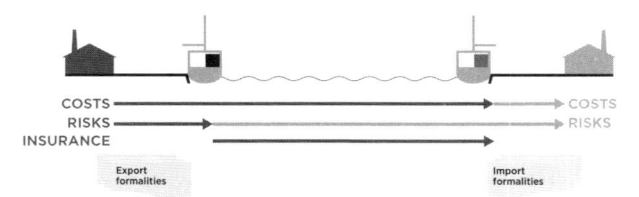

EXPLANATORY NOTES FOR USERS

1. **Delivery and risk**—"Cost Insurance and Freight" means that the seller delivers the goods to the buyer

    ▸ on board the vessel

    ▸ or procures the goods already so delivered.

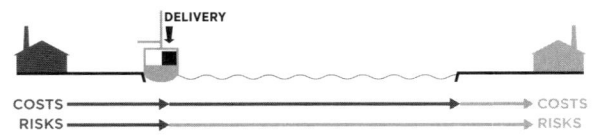

    The risk of loss of or damage to the goods transfers when the goods are on board the vessel, such that the seller is taken to have performed its obligation to deliver the goods whether or not the goods actually arrive at their destination in sound condition, in the stated quantity or, indeed, at all.

2. **Mode of transport**—This rule is to be used only for sea or inland waterway transport. Where more than one mode of transport is to be used, which will commonly be the case where goods are handed over to a carrier at a container terminal, the appropriate rule to use is CIP rather than CIF.

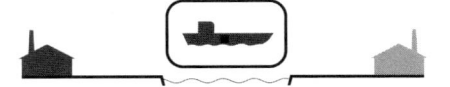

Anhang: Offizielles Regelwerk der Internationalen Handelskammer (ICC)

INCOTERMS® 2020

3. **'or procuring the goods so delivered'**—The reference to "procure" here caters for multiple sales down a chain (string sales), particularly common in the commodity trades.

4. **Ports of delivery and destination**—In CIF, two ports are important: the port where the goods are delivered on board the vessel and the port agreed as the destination of the goods. Risk transfers from seller to buyer when the goods are delivered to the buyer by placing them on board the vessel at the shipment port or by procuring the goods already so delivered. However, the seller must contract for the carriage of the goods from delivery to the agreed destination. Thus, for example, goods are placed on board a vessel in Shanghai (which is a port) for carriage to Southampton (also a port). Delivery here happens when the goods are on board in Shanghai, with risk transferring to the buyer at that time; and the seller must make a contract of carriage from Shanghai to Southampton.

5. **Must the shipment port be named?**—While the contract will always specify a destination port, it might not specify the port of shipment, which is where risk transfers to the buyer. If the shipment port is of particular interest to the buyer, as it may be, for example, where the buyer wishes to ascertain that the freight or the insurance element of the price is reasonable, the parties are well advised to identify it as precisely as possible in the contract.

6. **Identifying the destination point at the discharge port**—The parties are well advised to identify as precisely as possible the point at the named port of destination, as the costs to that point are for the account of the seller. The seller must make a contract or contracts of carriage that cover the transit of the goods from delivery to the named port or to the agreed point within that port where such a point has been agreed in the contract of sale.

7. **Multiple carriers**—It is possible that carriage is effected through several carriers for different legs of the sea transport, for example, first by a carrier operating a feeder vessel from Hong Kong to Shanghai, and then onto an ocean vessel from Shanghai to Southampton. The question which arises here is whether risk transfers from seller to buyer at Hong Kong or at Shanghai: where does delivery take place? The parties may well have agreed this in the sale contract itself. Where, however, there is no such agreement, the default position is that risk transfers when the goods have been delivered to the first carrier, i.e. Hong Kong, thus increasing the period during which the buyer incurs the risk of loss or damage. Should the parties wish the risk to transfer at a later stage (here, Shanghai) they need to specify this in their contract of sale.

8. **Insurance**—The seller must also contract for insurance cover against the buyer's risk of loss of or damage to the goods from

INCOTERMS® 2020

the port of shipment to at least the port of destination. This may cause difficulty where the destination country requires insurance cover to be purchased locally: in this case the parties should consider selling and buying under CFR. The buyer should also note that under the CIF Incoterms® 2020 rule the seller is required to obtain limited insurance cover complying with Institute Cargo Clauses (C) or similar clause, rather than with the more extensive cover under Institute Cargo Clauses (A). It is, however, still open to the parties to agree on a higher level of cover.

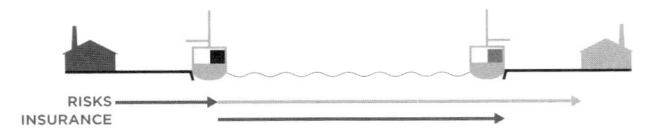

RISKS
INSURANCE

9. **Unloading costs**—If the seller incurs costs under its contract of carriage related to unloading at the specified point at the port of destination, the seller is not entitled to recover such costs separately from the buyer unless otherwise agreed between the parties.

10. **Export/import clearance**—CIF requires the seller to clear the goods for export, where applicable. However, the seller has no obligation to clear the goods for import or for transit through third countries, to pay any import duty or to carry out any import customs formalities.

Seller's export formalities

Buyer's import formalities

© 2019 INTERNATIONAL CHAMBER OF COMMERCE (ICC) | **333**

Anhang: Offizielles Regelwerk der Internationalen Handelskammer (ICC)

INCOTERMS® 2020

A THE SELLER'S OBLIGATIONS

A1 General obligations

The seller must provide the goods and the commercial invoice in conformity with the contract of sale and any other evidence of conformity that may be required by the contract.

Any document to be provided by the seller may be in paper or electronic form as agreed or, where there is no agreement, as is customary.

A2 Delivery

The seller must deliver the goods either by placing them on board the vessel or by procuring the goods so delivered. In either case, the seller must deliver the goods on the agreed date or within the agreed period and in the manner customary at the port.

A3 Transfer of risks

The seller bears all risks of loss of or damage to the goods until they have been delivered in accordance with A2, with the exception of loss or damage in the circumstance described in B3.

A4 Carriage

The seller must contract or procure a contract for the carriage of the goods from the agreed point of delivery, if any, at the place of delivery to the named port of destination or, if agreed, any point at that port. The contract of carriage must be made on usual terms at the seller's cost and provide for carriage by the usual route in a vessel of the type normally used for the transport of the type of goods sold.

The seller must comply with any transport-related security requirements for transport to the destination.

B — THE BUYER'S OBLIGATIONS

B1 General obligations

The buyer must pay the price of the goods as provided in the contract of sale.

Any document to be provided by the buyer may be in paper or electronic form as agreed or, where there is no agreement, as is customary.

B2 Taking delivery

The buyer must take delivery of the goods when they have been delivered under A2 and receive them from the carrier at the named port of destination.

B3 Transfer of risks

The buyer bears all risks of loss of or damage to the goods from the time they have been delivered under A2.

If the buyer fails to give notice in accordance with B10, then it bears all risks of loss of or damage to the goods from the agreed date or the end of the agreed period for shipment, provided that the goods have been clearly identified as the contract goods.

B4 Carriage

The buyer has no obligation to the seller to make a contract of carriage.

Anhang: Offizielles Regelwerk der Internationalen Handelskammer (ICC)

INCOTERMS® 2020

A   THE SELLER'S OBLIGATIONS

A5   Insurance

Unless otherwise agreed or customary in the particular trade, the seller must obtain, at its own cost, cargo insurance complying with the cover provided by Clauses (C) of the Institute Cargo Clauses (LMA/IUA) or any similar clauses. The insurance shall be contracted with underwriters or an insurance company of good repute and entitle the buyer, or any other person having an insurable interest in the goods, to claim directly from the insurer.

When required by the buyer, the seller must, subject to the buyer providing any necessary information requested by the seller, provide at the buyer's cost any additional cover, if procurable, such as cover complying with the Institute War Clauses and/or Institute Strikes Clauses (LMA/IUA) or any similar clauses (unless such cover is already included with the cargo insurance described in the preceding paragraph).

The insurance shall cover, at a minimum, the price provided in the contract plus 10% (i.e. 110%) and shall be in the currency of the contract.

The insurance shall cover the goods from the point of delivery set out in A2 to at least the named port of destination.

The seller must provide the buyer with the insurance policy or certificate or any other evidence of insurance cover.

Moreover, the seller must provide the buyer, at the buyer's request, risk and cost, with information that the buyer needs to procure any additional insurance.

A6   Delivery/transport document

The seller must, at its own cost, provide the buyer with the usual transport document for the agreed port of destination.

This transport document must cover the contract goods, be dated within the period agreed for shipment, enable the buyer to claim the goods from the carrier at the port of destination and, unless otherwise agreed, enable the buyer to sell the goods in transit by the transfer of the document to a subsequent buyer or by notification to the carrier.

When such a transport document is issued in negotiable form and in several originals, a full set of originals must be presented to the buyer.

B THE BUYER'S OBLIGATIONS

B5 Insurance

The buyer has no obligation to the seller to make a contract of insurance. However, the buyer must provide the seller, upon request, with any information necessary for the seller to procure any additional insurance requested by the buyer under A5.

B6 Delivery/transport document

The buyer must accept the transport document provided under A6 if it is in conformity with the contract.

INCOTERMS® 2020

A THE SELLER'S OBLIGATIONS

A7 Export/import clearance

a) **Export clearance**

Where applicable, the seller must carry out and pay for all export clearance formalities required by the country of export, such as:

- export licence;
- security clearance for export;
- pre-shipment inspection; and
- any other official authorisation.

b) **Assistance with import clearance**

Where applicable, the seller must assist the buyer, at the buyer's request, risk and cost, in obtaining any documents and/or information related to all transit/import clearance formalities, including security requirements and pre-shipment inspection, needed by any country of transit or the country of import.

A8 Checking/packaging/marking

The seller must pay the costs of those checking operations (such as checking quality, measuring, weighing, counting) that are necessary for the purpose of delivering the goods in accordance with A2.

The seller must, at its own cost, package the goods, unless it is usual for the particular trade to transport the type of goods sold unpackaged. The seller must package and mark the goods in the manner appropriate for their transport, unless the parties have agreed on specific packaging or marking requirements.

INCOTERMS® 2020

| B | THE BUYER'S OBLIGATIONS |

B7 Export/import clearance

a) **Assistance with export clearance**
Where applicable, the buyer must assist the seller at the seller's request, risk and cost in obtaining any documents and/or information related to all export clearance formalities, including security requirements and pre-shipment inspection, needed by the country of export.

b) **Import clearance**
Where applicable, the buyer must carry out and pay for all formalities required by any country of transit and the country of import, such as:
- import licence and any licence required for transit;
- security clearance for import and any transit;
- pre-shipment inspection; and
- any other official authorisation.

B8 Checking/packaging/marking
The buyer has no obligation to the seller.

Anhang: Offizielles Regelwerk der Internationalen Handelskammer (ICC)

INCOTERMS® 2020

A   THE SELLER'S OBLIGATIONS

A9   Allocation of costs

The seller must pay:

a) all costs relating to the goods until they have been delivered in accordance with A2, other than those payable by the buyer under B9;

b) the freight and all other costs resulting from A4, including the costs of loading the goods on board and transport-related security costs;

c) any charges for unloading at the agreed port of discharge that were for the seller's account under the contract of carriage;

d) the costs of transit that were for the seller's account under the contract of carriage;

e) the costs of providing the usual proof to the buyer under A6 that the goods have been delivered;

f) the costs of insurance resulting from A5;

g) where applicable, duties, taxes and any other costs related to export clearance under A7(a); and

h) the buyer for all costs and charges related to providing assistance in obtaining documents and information in accordance with B7(a).

A10   Notices

The seller must notify the buyer that the goods have been delivered in accordance with A2.

The seller must give the buyer any notice required to enable the buyer to receive the goods.

INCOTERMS® 2020

B THE BUYER'S OBLIGATIONS

B9 Allocation of costs

The buyer must pay:

a) all costs relating to the goods from the time they have been delivered under A2, other than those payable by the seller under A9;

b) the costs of transit, unless such costs were for the seller's account under the contract of carriage;

c) unloading costs including lighterage and wharfage charges, unless such costs and charges were for the seller's account under the contract of carriage;

d) the costs of any additional insurance procured at the buyer's request under A5 and B5;

e) the seller for all costs and charges related to providing assistance in obtaining documents and information in accordance with A5 and A7(b);

f) where applicable, duties, taxes and any other costs related to transit or import clearance under B7(b); and

g) any additional costs incurred if it fails to give notice in accordance with B10, from the agreed date or the end of the agreed period for shipment, provided that the goods have been clearly identified as the contract goods.

B10 Notices

The buyer must, whenever it is agreed that the buyer is entitled to determine the time for shipping the goods and/or the point of receiving the goods within the named port of destination, give the seller sufficient notice.

Anhang: Offizielles Regelwerk der Internationalen Handelskammer (ICC)

INCOTERMS® 2020

INCOTERMS® 2020

Article-by-Article Text of Rules

A1 GENERAL OBLIGATIONS

EXW (Ex Works)

> The seller must provide the goods and the commercial invoice in conformity with the contract of sale and any other evidence of conformity that may be required by the contract.
>
> Any document to be provided by the seller may be in paper or electronic form as agreed or, where there is no agreement, as is customary.

FCA (Free Carrier)

> The seller must provide the goods and the commercial invoice in conformity with the contract of sale and any other evidence of conformity that may be required by the contract.
>
> Any document to be provided by the seller may be in paper or electronic form as agreed or, where there is no agreement, as is customary.

CPT (Carriage Paid To)

> The seller must provide the goods and the commercial invoice in conformity with the contract of sale and any other evidence of conformity that may be required by the contract.
>
> Any document to be provided by the seller may be in paper or electronic form as agreed or, where there is no agreement, as is customary.

CIP (Carriage and Insurance Paid To)

> The seller must provide the goods and the commercial invoice in conformity with the contract of sale and any other evidence of conformity that may be required by the contract.
>
> Any document to be provided by the seller may be in paper or electronic form as agreed or, where there is no agreement, as is customary.

DAP (Delivered at Place)

> The seller must provide the goods and the commercial invoice in conformity with the contract of sale and any other evidence of conformity that may be required by the contract.

Anhang: Offizielles Regelwerk der Internationalen Handelskammer (ICC)

INCOTERMS® 2020

Any document to be provided by the seller may be in paper or electronic form as agreed or, where there is no agreement, as is customary.

DPU (Delivered at Place Unloaded)

The seller must provide the goods and the commercial invoice in conformity with the contract of sale and any other evidence of conformity that may be required by the contract.

Any document to be provided by the seller may be in paper or electronic form as agreed or, where there is no agreement, as is customary.

DDP (Delivered Duty Paid)

The seller must provide the goods and the commercial invoice in conformity with the contract of sale and any other evidence of conformity that may be required by the contract.

Any document to be provided by the seller may be in paper or electronic form as agreed or, where there is no agreement, as is customary.

FAS (Free Alongside Ship)

The seller must provide the goods and the commercial invoice in conformity with the contract of sale and any other evidence of conformity that may be required by the contract.

Any document to be provided by the seller may be in paper or electronic form as agreed or, where there is no agreement, as is customary.

FOB (Free on Board)

The seller must provide the goods and the commercial invoice in conformity with the contract of sale and any other evidence of conformity that may be required by the contract.

Any document to be provided by the seller may be in paper or electronic form as agreed or, where there is no agreement, as is customary.

CFR (Cost and Freight)

The seller must provide the goods and the commercial invoice in conformity with the contract of sale and any other evidence of conformity that may be required by the contract.

Any document to be provided by the seller may be in paper or electronic form as agreed or, where there is no agreement, as is customary.

CIF (Cost Insurance and Freight)

The seller must provide the goods and the commercial invoice in conformity with the contract of sale and any other evidence of conformity that may be required by the contract.

Anhang: Offizielles Regelwerk der Internationalen Handelskammer (ICC)

INCOTERMS® 2020 | ARTICLE-BY-ARTICLE TEXT OF RULES

Any document to be provided by the seller may be in paper or electronic form as agreed or, where there is no agreement, as is customary.

B1 GENERAL OBLIGATIONS

EXW (Ex Works)

The buyer must pay the price of the goods as provided in the contract of sale.

Any document to be provided by the buyer may be in paper or electronic form as agreed or, where there is no agreement, as is customary.

FCA (Free Carrier)

The buyer must pay the price of the goods as provided in the contract of sale.

Any document to be provided by the buyer may be in paper or electronic form as agreed or, where there is no agreement, as is customary.

CPT (Carriage Paid To)

The buyer must pay the price of the goods as provided in the contract of sale.

Any document to be provided by the buyer may be in paper or electronic form as agreed or, where there is no agreement, as is customary.

CIP (Carriage and Insurance Paid To)

The buyer must pay the price of the goods as provided in the contract of sale.

Any document to be provided by the buyer may be in paper or electronic form as agreed or, where there is no agreement, as is customary.

DAP (Delivered at Place)

The buyer must pay the price of the goods as provided in the contract of sale.

Any document to be provided by the buyer may be in paper or electronic form as agreed or, where there is no agreement, as is customary.

DPU (Delivered at Place Unloaded)

The buyer must pay the price of the goods as provided in the contract of sale.

Any document to be provided by the buyer may be in paper or electronic form as agreed or, where there is no agreement, as is customary.

INCOTERMS® 2020

DDP (Delivered Duty Paid)

The buyer must pay the price of the goods as provided in the contract of sale.

Any document to be provided by the buyer may be in paper or electronic form as agreed or, where there is no agreement, as is customary.

FAS (Free Alongside Ship)

The buyer must pay the price of the goods as provided in the contract of sale.

Any document to be provided by the buyer may be in paper or electronic form as agreed or, where there is no agreement, as is customary.

FOB (Free on Board)

The buyer must pay the price of the goods as provided in the contract of sale.

Any document to be provided by the buyer may be in paper or electronic form as agreed or, where there is no agreement, as is customary.

CFR (Cost and Freight)

The buyer must pay the price of the goods as provided in the contract of sale.

Any document to be provided by the buyer may be in paper or electronic form as agreed or, where there is no agreement, as is customary.

CIF (Cost Insurance and Freight)

The buyer must pay the price of the goods as provided in the contract of sale.

Any document to be provided by the buyer may be in paper or electronic form as agreed or, where there is no agreement, as is customary.

INCOTERMS® 2020 | ARTICLE-BY-ARTICLE TEXT OF RULES

A2 DELIVERY

EXW (Ex Works)

The seller must deliver the goods by placing them at the disposal of the buyer at the agreed point, if any, at the named place of delivery, not loaded on any collecting vehicle. If no specific point has been agreed within the named place of delivery, and if there are several points available, the seller may select the point that best suits its purpose. The seller must deliver the goods on the agreed date or within the agreed period.

FCA (Free Carrier

The seller must deliver the goods to the carrier or another person nominated by the buyer at the named point, if any, at the named place, or procure goods so delivered.

The seller must deliver the goods

1. on the agreed date
   or
2. at the time within the agreed period notified by the buyer under B10(b)
   or,
3. if no such time is notified, then at the end of the agreed period.

Delivery is completed either:

a) If the named place is the seller's premises, when the goods have been loaded on the means of transport provided by the buyer;
   or
b) In any other case, when the goods are placed at the disposal of the carrier or another person nominated by the buyer on the seller's means of transport ready for unloading.

If no specific point has been notified by the buyer under B10(d) within the named place of delivery, and if there are several points available, the seller may select the point that best suits its purpose.

CPT (Carriage Paid To)

The seller must deliver the goods by handing them over to the carrier contracted in accordance with A4 or by procuring the goods so delivered. In either case the seller must deliver the goods on the agreed date or within the agreed period.

CIP (Carriage and Insurance Paid To)

The seller must deliver the goods by handing them over to the carrier contracted in accordance with A4 or by procuring the goods so delivered. In either case the seller must deliver the goods on the agreed date or within the agreed period.

Anhang: Offizielles Regelwerk der Internationalen Handelskammer (ICC)

INCOTERMS® 2020

DAP (Delivered at Place)

The seller must deliver the goods by placing them at the disposal of the buyer on the arriving means of transport ready for unloading at the agreed point, if any, at the named place of destination or by procuring the goods so delivered. In either case the seller must deliver the goods on the agreed date or within the agreed period.

DPU (Delivered at Place Unloaded)

The seller must unload the goods from the arriving means of transport and must then deliver them by placing them at the disposal of the buyer at the agreed point, if any, at the named place of destination or by procuring the goods so delivered. In either case the seller must deliver the goods on the agreed date or within the agreed period.

DDP (Delivered Duty Paid)

The seller must deliver the goods by placing them at the disposal of the buyer on the arriving means of transport ready for unloading at the agreed point, if any, at the named place of destination or by procuring the goods so delivered. In either case the seller must deliver the goods on the agreed date or within the agreed period.

FAS (Free Alongside Ship)

The seller must deliver the goods either by placing them alongside the vessel nominated by the buyer at the loading point, if any, indicated by the buyer at the named port of shipment or by procuring the goods so delivered.

The seller must deliver the goods

1. on the agreed date
   or
2. at the time within the agreed period notified by the buyer under B10
   or,
3. if no such time is notified, then at the end of the agreed period and
4. in the manner customary at the port.

   If no specific loading point has been indicated by the buyer, the seller may select the point within the named port of shipment that best suits its purpose.

FOB (Free on Board)

The seller must deliver the goods either by placing them on board the vessel nominated by the buyer at the loading point, if any, indicated by the buyer at the named port of shipment or by procuring the goods so delivered.

The seller must deliver the goods

1. on the agreed date
or
2. at the time within the agreed period notified by the buyer under B10
or,
3. if no such time is notified, then at the end of the agreed period and
4. in the manner customary at the port.

If no specific loading point has been indicated by the buyer, the seller may select the point within the named port of shipment that best suits its purpose.

CFR (Cost and Freight)

The seller must deliver the goods either by placing them on board the vessel or by procuring the goods so delivered. In either case, the seller must deliver the goods on the agreed date or within the agreed period and in the manner customary at the port.

CIF (Cost Insurance and Freight)

The seller must deliver the goods either by placing them on board the vessel or by procuring the goods so delivered. In either case, the seller must deliver the goods on the agreed date or within the agreed period and in the manner customary at the port.

B2 TAKING DELIVERY

EXW (Ex Works)

The buyer must take delivery of the goods when they have been delivered under A2 and notice given under A10.

FCA (Free Carrier)

The buyer must take delivery of the goods when they have been delivered under A2.

CPT (Carriage Paid To)

The buyer must take delivery of the goods when they have been delivered under A2 and receive them from the carrier at the named place of destination or if agreed, at the point within that place.

CIP (Carriage and Insurance Paid To)

The buyer must take delivery of the goods when they have been delivered under A2 and receive them from the carrier at the named place of destination or if agreed, at the point within that place.

Anhang: Offizielles Regelwerk der Internationalen Handelskammer (ICC)

INCOTERMS® 2020

DAP (Delivered at Place)
The buyer must take delivery of the goods when they have been delivered under A2.

DPU (Delivered at Place Unloaded)
The buyer must take delivery of the goods when they have been delivered under A2.

DDP (Delivered Duty Paid)
The buyer must take delivery of the goods when they have been delivered under A2.

FAS (Free Alongside Ship)
The buyer must take delivery of the goods when they have been delivered under A2.

FOB (Free on Board)
The buyer must take delivery of the goods when they have been delivered under A2.

CFR (Cost and Freight)
The buyer must take delivery of the goods when they have been delivered under A2 and receive them from the carrier at the named port of destination.

CIF (Cost Insurance and Freight)
The buyer must take delivery of the goods when they have been delivered under A2 and receive them from the carrier at the named port of destination.

INCOTERMS® 2020 | ARTICLE-BY-ARTICLE TEXT OF RULES

A3 TRANSFER OF RISKS

EXW (Ex Works)

The seller bears all risks of loss of or damage to the goods until they have been delivered in accordance with A2, with the exception of loss or damage in the circumstance described in B3.

FCA (Free Carrier)

The seller bears all risks of loss of or damage to the goods until they have been delivered in accordance with A2, with the exception of loss or damage in the circumstances described in B3.

CPT (Carriage Paid To)

The seller bears all risks of loss of or damage to the goods until they have been delivered in accordance with A2, with the exception of loss or damage in the circumstance described in B3.

CIP (Carriage and Insurance Paid To)

The seller bears all risks of loss of or damage to the goods until they have been delivered in accordance with A2, with the exception of loss or damage in the circumstance described in B3.

DAP (Delivered at Place)

The seller bears all risks of loss of or damage to the goods until they have been delivered in accordance with A2, with the exception of loss or damage in the circumstances described in B3.

DPU (Delivered at Place Unloaded)

The seller bears all risks of loss of or damage to the goods until they have been delivered in accordance with A2, with the exception of loss or damage in the circumstances described in B3.

DDP (Delivered Duty Paid)

The seller bears all risks of loss of or damage to the goods until they have been delivered in accordance with A2, with the exception of loss or damage in the circumstances described in B3.

FAS (Free Alongside Ship)

The seller bears all risks of loss of or damage to the goods until they have been delivered in accordance with A2, with the exception of loss or damage in the circumstances described in B3.

INCOTERMS® 2020

FOB (Free on Board)
The seller bears all risks of loss of or damage to the goods until they have been delivered in accordance with A2, with the exception of loss or damage in the circumstances described in B3.

CFR (Cost and Freight)
The seller bears all risks of loss of or damage to the goods until they have been delivered in accordance with A2, with the exception of loss or damage in the circumstance described in B3.

CIF (Cost Insurance and Freight)
The seller bears all risks of loss of or damage to the goods until they have been delivered in accordance with A2, with the exception of loss or damage in the circumstance described in B3.

B3 TRANSFER OF RISKS

EXW (Ex Works)
The buyer bears all risks of loss of or damage to the goods from the time they have been delivered under A2.

If the buyer fails to give notice in accordance with B10, then the buyer bears all risks of loss of or damage to the goods from the agreed date or the end of the agreed period for delivery, provided that the goods have been clearly identified as the contract goods.

FCA (Free Carrier)
The buyer bears all risks of loss of or damage to the goods from the time they have been delivered under A2.

If:

a) the buyer fails to nominate a carrier or another person under A2 or to give notice in accordance with B10; or

b) the carrier or person nominated by the buyer under B10(a) fails to take the goods into its charge,

c) then, the buyer bears all risks of loss of or damage to the goods:

   (i) from the agreed date, or in the absence of an agreed date,

   (ii) from the time selected by the buyer under B10(b); or, if no such time has been notified,

   (iii) from the end of any agreed period for delivery,

provided that the goods have been clearly identified as the contract goods.

INCOTERMS® 2020 | ARTICLE-BY-ARTICLE TEXT OF RULES

CPT (Carriage Paid To)

The buyer bears all risks of loss of or damage to the goods from the time they have been delivered under A2.

If the buyer fails to give notice in accordance with B10, then the buyer bears all risks of loss of or damage to the goods from the agreed date or the end of the agreed period for delivery, provided that the goods have been clearly identified as the contract goods.

CIP (Carriage and Insurance Paid To)

The buyer bears all risks of loss of or damage to the goods from the time they have been delivered under A2.

If the buyer fails to give notice in accordance with B10, then the buyer bears all risks of loss of or damage to the goods from the agreed date or the end of the agreed period for delivery, provided that the goods have been clearly identified as the contract goods.

DAP (Delivered at Place)

The buyer bears all risks of loss of or damage to the goods from the time they have been delivered under A2.

If:

a) the buyer fails to fulfil its obligations in accordance with B7, then it bears all resulting risks of loss of or damage to the goods; or

b) the buyer fails to give notice in accordance with B10, then it bears all risks of loss of or damage to the goods from the agreed date or the end of the agreed period for delivery,

provided that the goods have been clearly identified as the contract goods.

DPU (Delivered at Place Unloaded)

The buyer bears all risks of loss of or damage to the goods from the time they have been delivered under A2.

If:

a) the buyer fails to fulfil its obligations in accordance with B7, then it bears all resulting risks of loss of or damage to the goods; or

b) the buyer fails to give notice in accordance with B10, then it bears all risks of loss of or damage to the goods from the agreed date or the end of the agreed period for delivery,

provided that the goods have been clearly identified as the contract goods.

DDP (Delivered Duty Paid)

The buyer bears all risks of loss of or damage to the goods from the time they have been delivered under A2.

© 2019 INTERNATIONAL CHAMBER OF COMMERCE (ICC) | 353

INCOTERMS® 2020

If:
a) the buyer fails to fulfil its obligations in accordance with B7, then it bears all resulting risks of loss of or damage to the goods; or
b) the buyer fails to give notice in accordance with B10, then it bears all risks of loss of or damage to the goods from the agreed date or the end of the agreed period for delivery,

provided that the goods have been clearly identified as the contract goods.

FAS (Free Alongside Ship)

The buyer bears all risks of loss of or damage to the goods from the time they have been delivered under A2.

If:
a) the buyer fails to give notice in accordance with B10; or
b) the vessel nominated by the buyer fails to arrive on time to enable the seller to comply with A2, fails to take the goods, or closes for cargo earlier than the time notified in accordance with B10;

then the buyer bears all risks of loss of or damage to the goods:

(i) from the agreed date, or in the absence of an agreed date,
(ii) from the date selected by the buyer under B10, or, if no such date has been notified,
(iii) from the end of any agreed period for delivery,

provided that the goods have been clearly identified as the contract goods.

FOB (Free on Board)

The buyer bears all risks of loss of or damage to the goods from the time they have been delivered under A2.

If:
a) the buyer fails to give notice in accordance with B10; or
b) the vessel nominated by the buyer fails to arrive on time to enable the seller to comply with A2, fails to take the goods, or closes for cargo earlier than the time notified in accordance with B10;

then the buyer bears all risks of loss of or damage to the goods:

(i) from the agreed date, or in the absence of an agreed date,
(ii) from the date selected by the buyer under B10, or, if no such date has been notified,
(iii) from the end of any agreed period for delivery,

provided that the goods have been clearly identified as the contract goods.

CFR (Cost and Freight)

The buyer bears all risks of loss of or damage to the goods from the time they have been delivered under A2.

If the buyer fails to give notice in accordance with B10, then it bears all risks of loss of or damage to the goods from the agreed date or the end of the agreed period for shipment, provided that the goods have been clearly identified as the contract goods.

CIF (Cost Insurance and Freight)

The buyer bears all risks of loss of or damage to the goods from the time they have been delivered under A2.

If the buyer fails to give notice in accordance with B10, then it bears all risks of loss of or damage to the goods from the agreed date or the end of the agreed period for shipment, provided that the goods have been clearly identified as the contract goods.

Anhang: Offizielles Regelwerk der Internationalen Handelskammer (ICC)

INCOTERMS® 2020

A4 CARRIAGE

EXW (Ex Works)

The seller has no obligation to the buyer to make a contract of carriage.

However, the seller must provide the buyer, at the buyer's request, risk and cost, with any information in the possession of the seller, including transport-related security requirements, that the buyer needs for arranging carriage.

FCA (Free Carrier)

The seller has no obligation to the buyer to make a contract of carriage. However, the seller must provide the buyer, at the buyer's request, risk and cost, with any information in the possession of the seller, including transport-related security requirements, that the buyer needs for arranging carriage. If agreed, the seller must contract for carriage on the usual terms at the buyer's risk and cost.

The seller must comply with any transport-related security requirements up to delivery.

CPT (Carriage Paid To)

The seller must contract or procure a contract for the carriage of the goods from the agreed point of delivery, if any, at the place of delivery to the named place of destination or, if agreed, any point at that place. The contract of carriage must be made on usual terms at the seller's cost and provide for carriage by the usual route in a customary manner of the type normally used for carriage of the type of goods sold. If a specific point is not agreed or is not determined by practice, the seller may select the point of delivery and the point at the named place of destination that best suit its purpose.

The seller must comply with any transport-related security requirements for transport to the destination.

CIP (Carriage and Insurance Paid To)

The seller must contract or procure a contract for the carriage of the goods from the agreed point of delivery, if any, at the place of delivery to the named place of destination or, if agreed, any point at that place. The contract of carriage must be made on usual terms at the seller's cost and provide for carriage by the usual route in a customary manner of the type normally used for carriage of the type of goods sold. If a specific point is not agreed or is not determined by practice, the seller may select the point of delivery and the point at the named place of destination that best suit its purpose.

The seller must comply with any transport-related security requirements for transport to the destination.

INCOTERMS® 2020 | ARTICLE-BY-ARTICLE TEXT OF RULES

DAP (Delivered at Place)

The seller must contract or arrange at its own cost for the carriage of the goods to the named place of destination or to the agreed point, if any, at the named place of destination. If a specific point is not agreed or is not determined by practice, the seller may select the point at the named place of destination that best suits its purpose.

The seller must comply with any transport-related security requirements for transport to the destination.

DPU (Delivered at Place Unloaded)

The seller must contract or arrange at its own cost for the carriage of the goods to the named place of destination or to the agreed point, if any, at the named place of destination. If a specific point is not agreed or is not determined by practice, the seller may select the point at the named place of destination that best suits its purpose.

The seller must comply with any transport-related security requirements for transport to the destination.

DDP (Delivered Duty Paid)

The seller must contract or arrange at its own cost for the carriage of the goods to the named place of destination or to the agreed point, if any, at the named place of destination. If a specific point is not agreed or is not determined by practice, the seller may select the point at the named place of destination that best suits its purpose.

The seller must comply with any transport-related security requirements for transport to the destination.

FAS (Free Alongside Ship)

The seller has no obligation to the buyer to make a contract of carriage. However, the seller must provide the buyer, at the buyer's request, risk and cost, with any information in the possession of the seller, including transport-related security requirements, that the buyer needs for arranging carriage. If agreed, the seller must contract for carriage on the usual terms at the buyer's risk and cost.

The seller must comply with any transport-related security requirements up to delivery.

FOB (Free on Board)

The seller has no obligation to the buyer to make a contract of carriage. However, the seller must provide the buyer, at the buyer's request, risk and cost, with any information in the possession of the seller, including transport-related security requirements, that the buyer needs for arranging carriage. If agreed, the seller must contract for carriage on the usual terms at the buyer's risk and cost.

© 2019 INTERNATIONAL CHAMBER OF COMMERCE (ICC) | **357**

INCOTERMS® 2020

The seller must comply with any transport-related security requirements up to delivery.

CFR (Cost and Freight)

The seller must contract or procure a contract for the carriage of the goods from the agreed point of delivery, if any, at the place of delivery to the named port of destination or, if agreed, any point at that port. The contract of carriage must be made on usual terms at the seller's cost and provide for carriage by the usual route in a vessel of the type normally used for the transport of the type of goods sold.

The seller must comply with any transport-related security requirements for transport to the destination.

CIF (Cost Insurance and Freight)

The seller must contract or procure a contract for the carriage of the goods from the agreed point of delivery, if any, at the place of delivery to the named port of destination or, if agreed, any point at that port. The contract of carriage must be made on usual terms at the seller's cost and provide for carriage by the usual route in a vessel of the type normally used for the transport of the type of goods sold.

The seller must comply with any transport-related security requirements for transport to the destination.

B4 CARRIAGE

EXW (Ex Works)

It is up to the buyer to contract or arrange at its own cost for the carriage of the goods from the named place of delivery.

FCA (Free Carrier)

The buyer must contract or arrange at its own cost for the carriage of the goods from the named place of delivery, except when the contract of carriage is made by the seller as provided for in A4.

CPT (Carriage Paid To)

The buyer has no obligation to the seller to make a contract of carriage.

CIP (Carriage and Insurance Paid To)

The buyer has no obligation to the seller to make a contract of carriage.

DAP (Delivered at Place)

The buyer has no obligation to the seller to make a contract of carriage.

DPU (Delivered at Place Unloaded)
The buyer has no obligation to the seller to make a contract of carriage.

DDP (Delivered Duty Paid)
The buyer has no obligation to the seller to make a contract of carriage.

FAS (Free Alongside Ship)
The buyer must contract at its own cost for the carriage of the goods from the named port of shipment, except when the contract of carriage is made by the seller as provided for in A4.

FOB (Free on Board)
The buyer must contract at its own cost for the carriage of the goods from the named port of shipment, except when the contract of carriage is made by the seller as provided for in A4.

CFR (Cost and Freight)
The buyer has no obligation to the seller to make a contract of carriage.

CIF (Cost Insurance and Freight)
The buyer has no obligation to the seller to make a contract of carriage.

INCOTERMS® 2020

A5 INSURANCE

EXW (Ex Works)

The seller has no obligation to the buyer to make a contract of insurance. However, the seller must provide the buyer, at the buyer's request, risk and cost with information in the possession of the seller that the buyer needs for obtaining insurance.

FCA (Free Carrier)

The seller has no obligation to the buyer to make a contract of insurance. However, the seller must provide the buyer, at the buyer's request, risk and cost, with information in the possession of the seller that the buyer needs for obtaining insurance.

CPT (Carriage Paid To)

The seller has no obligation to the buyer to make a contract of insurance. However, the seller must provide the buyer, at the buyer's request, risk and cost, with information in the possession of the seller that the buyer needs for obtaining insurance.

CIP (Carriage and Insurance Paid To)

Unless otherwise agreed or customary in the particular trade, the seller must obtain, at its own cost, cargo insurance complying with the cover provided by Clauses (A) of the Institute Cargo Clauses (LMA/IUA) or any similar clauses as appropriate to the means of transport used. The insurance shall be contracted with underwriters or an insurance company of good repute and entitle the buyer, or any other person having an insurable interest in the goods, to claim directly from the insurer.

When required by the buyer, the seller must, subject to the buyer providing any necessary information requested by the seller, provide at the buyer's cost any additional cover, if procurable, such as cover complying with the Institute War Clauses and/or Institute Strikes Clauses (LMA/IUA) or any similar clauses (unless such cover is already included with the cargo insurance described in the preceding paragraph).

The insurance shall cover, at a minimum, the price provided in the contract plus 10% (i.e. 110%) and shall be in the currency of the contract.

The insurance shall cover the goods from the point of delivery set out in A2 to at least the named place of destination.

The seller must provide the buyer with the insurance policy or certificate or any other evidence of insurance cover.

Moreover, the seller must provide the buyer, at the buyer's request, risk and cost, with information that the buyer needs to procure any additional insurance.

DAP (Delivered at Place)

The seller has no obligation to the buyer to make a contract of insurance.

DPU (Delivered at Place Unloaded)

The seller has no obligation to the buyer to make a contract of insurance.

DDP (Delivered Duty Paid)

The seller has no obligation to the buyer to make a contract of insurance.

FAS (Free Alongside Ship)

The seller has no obligation to the buyer to make a contract of insurance. However, the seller must provide the buyer, at the buyer's request, risk and cost, with information in possession of the seller that the buyer needs for obtaining insurance.

FOB (Free on Board)

The seller has no obligation to the buyer to make a contract of insurance. However, the seller must provide the buyer, at the buyer's request, risk and cost, with information in the possession of the seller that the buyer needs for obtaining insurance.

CFR (Cost and Freight)

The seller has no obligation to the buyer to make a contract of insurance. However, the seller must provide the buyer, at the buyer's request, risk and cost, with information in the possession of the seller that the buyer needs for obtaining insurance.

CIF (Cost Insurance and Freight)

Unless otherwise agreed or customary in the particular trade, the seller must obtain, at its own cost, cargo insurance complying with the cover provided by Clauses (C) of the Institute Cargo Clauses (LMA/IUA) or any similar clauses. The insurance shall be contracted with underwriters or an insurance company of good repute and entitle the buyer, or any other person having an insurable interest in the goods, to claim directly from the insurer.

When required by the buyer, the seller must, subject to the buyer providing any necessary information requested by the seller, provide at the buyer's cost any additional cover, if procurable, such as cover complying with the Institute War Clauses and/or Institute Strikes Clauses (LMA/IUA) or any similar clauses (unless such cover is already included with the cargo insurance described in the preceding paragraph).

The insurance shall cover, at a minimum, the price provided in the contract plus 10% (i.e. 110%) and shall be in the currency of the contract.

INCOTERMS® 2020

The insurance shall cover the goods from the point of delivery set out in A2 to at least the named port of destination.

The seller must provide the buyer with the insurance policy or certificate or any other evidence of insurance cover.

Moreover, the seller must provide the buyer, at the buyer's request, risk and cost, with information that the buyer needs to procure any additional insurance.

B5 INSURANCE

EXW (Ex Works)

The buyer has no obligation to the seller to make a contract of insurance.

FCA (Free Carrier)

The buyer has no obligation to the seller to make a contract of insurance.

CPT (Carriage Paid To)

The buyer has no obligation to the seller to make a contract of insurance.

CIP (Carriage and Insurance Paid To)

The buyer has no obligation to the seller to make a contract of insurance. However, the buyer must provide the seller, upon request, with any information necessary for the seller to procure any additional insurance requested by the buyer under A5.

DAP (Delivered at Place)

The buyer has no obligation to the seller to make a contract of insurance. However, the buyer must provide the seller, at the seller's request, risk and cost, with information that the seller needs for obtaining insurance.

DPU (Delivered at Place Unloaded)

The buyer has no obligation to the seller to make a contract of insurance. However, the buyer must provide the seller, at the seller's request, risk and cost, with information that the seller needs for obtaining insurance.

DDP (Delivered Duty Paid)

The buyer has no obligation to the seller to make a contract of insurance. However, the buyer must provide the seller, at the seller's request, risk and cost, with information that the seller needs for obtaining insurance.

FAS (Free Alongside Ship)

The buyer has no obligation to the seller to make a contract of insurance.

INCOTERMS® 2020 | ARTICLE-BY-ARTICLE TEXT OF RULES

FOB (Free on Board)

The buyer has no obligation to the seller to make a contract of insurance.

CFR (Cost and Freight)

The buyer has no obligation to the seller to make a contract of insurance.

CIF (Cost Insurance and Freight)

The buyer has no obligation to the seller to make a contract of insurance. However, the buyer must provide the seller, upon request, with any information necessary for the seller to procure any additional insurance requested by the buyer under A5.

Anhang: Offizielles Regelwerk der Internationalen Handelskammer (ICC)

INCOTERMS® 2020

A6 DELIVERY/TRANSPORT DOCUMENT

EXW (Ex Works)

The seller has no obligation to the buyer.

FCA (Free Carrier)

The seller must provide the buyer at the seller's cost with the usual proof that the goods have been delivered in accordance with A2.

The seller must provide assistance to the buyer, at the buyer's request, risk and cost, in obtaining a transport document.

Where the buyer has instructed the carrier to issue to the seller a transport document under B6, the seller must provide any such document to the buyer.

CPT (Carriage Paid To)

If customary or at the buyer's request, the seller must provide the buyer, at the seller's cost, with the usual transport document[s] for the transport contracted in accordance with A4.

This transport document must cover the contract goods and be dated within the period agreed for shipment. If agreed or customary, the document must also enable the buyer to claim the goods from the carrier at the named place of destination and enable the buyer to sell the goods in transit by the transfer of the document to a subsequent buyer or by notification to the carrier.

When such a transport document is issued in negotiable form and in several originals, a full set of originals must be presented to the buyer.

CIP (Carriage and Insurance Paid To)

If customary or at the buyer's request, the seller must provide the buyer, at the seller's cost, with the usual transport document[s] for the transport contracted in accordance with A4.

This transport document must cover the contract goods and be dated within the period agreed for shipment. If agreed or customary, the document must also enable the buyer to claim the goods from the carrier at the named place of destination and enable the buyer to sell the goods in transit by the transfer of the document to a subsequent buyer or by notification to the carrier.

When such a transport document is issued in negotiable form and in several originals, a full set of originals must be presented to the buyer.

DAP (Delivered at Place)

The seller must provide the buyer, at the seller's cost, with any document required to enable the buyer to take over the goods.

DPU (Delivered at Place Unloaded)

The seller must provide the buyer, at the seller's cost, with any document required to enable the buyer to take over the goods.

DDP (Delivered Duty Paid)

The seller must provide the buyer, at the seller's cost, with any document required to enable the buyer to take over the goods.

FAS (Free Alongside Ship)

The seller must provide the buyer, at the seller's cost, with the usual proof that the goods have been delivered in accordance with A2.

Unless such proof is a transport document, the seller must provide assistance to the buyer, at the buyer's request, risk and cost, in obtaining a transport document.

FOB (Free on Board)

The seller must provide the buyer, at the seller's cost, with the usual proof that the goods have been delivered in accordance with A2.

Unless such proof is a transport document, the seller must provide assistance to the buyer, at the buyer's request, risk and cost, in obtaining a transport document.

CFR (Cost and Freight)

The seller must, at its own cost, provide the buyer with the usual transport document for the agreed port of destination.

This transport document must cover the contract goods, be dated within the period agreed for shipment, enable the buyer to claim the goods from the carrier at the port of destination and, unless otherwise agreed, enable the buyer to sell the goods in transit by the transfer of the document to a subsequent buyer or by notification to the carrier.

When such a transport document is issued in negotiable form and in several originals, a full set of originals must be presented to the buyer.

CIF (Cost Insurance and Freight)

The seller must, at its own cost, provide the buyer with the usual transport document for the agreed port of destination.

This transport document must cover the contract goods, be dated within the period agreed for shipment, enable the buyer to claim the goods from the carrier at the port of destination and, unless otherwise agreed, enable the buyer to sell the goods in transit by the transfer of the document to a subsequent buyer or by notification to the carrier.

When such a transport document is issued in negotiable form and in several originals, a full set of originals must be presented to the buyer.

Anhang: Offizielles Regelwerk der Internationalen Handelskammer (ICC)

INCOTERMS® 2020

B6 DELIVERY / TRANSPORT DOCUMENT

EXW (Ex Works)
> The buyer must provide the seller with appropriate evidence of having taken delivery.

FCA (Free Carrier)
> The buyer must accept the proof that the goods have been delivered in accordance with A2.
>
> If the parties have so agreed, the buyer must instruct the carrier to issue to the seller, at the buyer's cost and risk, a transport document stating that the goods have been loaded (such as a bill of lading with an onboard notation).

CPT (Carriage Paid To)
> The buyer must accept the transport document provided under A6 if it is in conformity with the contract.

CIP (Carriage and Insurance Paid To)
> The buyer must accept the transport document provided under A6 if it is in conformity with the contract.

DAP (Delivered at Place)
> The buyer must accept the document provided under A6.

DPU (Delivered at Place Unloaded)
> The buyer must accept the document provided under A6.

DDP (Delivered Duty Paid)
> The buyer must accept the document provided under A6.

FAS (Free Alongside Ship)
> The buyer must accept the proof of delivery provided under A6.

FOB (Free on Board)
> The buyer must accept the proof of delivery provided under A6.

CFR (Cost and Freight)
> The buyer must accept the transport document provided under A6 if it is in conformity with the contract.

CIF (Cost Insurance and Freight)
> The buyer must accept the transport document provided under A6 if it is in conformity with the contract.

INCOTERMS® 2020 | ARTICLE-BY-ARTICLE TEXT OF RULES

A7 EXPORT/IMPORT CLEARANCE

EXW (Ex Works)

Where applicable, the seller must assist the buyer, at the buyer's request, risk and cost, in obtaining any documents and/or information related to all export/transit/import clearance formalities required by the countries of export/transit/import, such as:

- export/transit/import licence;
- security clearance for export/transit/import;
- pre-shipment inspection; and
- any other official authorisation.

FCA (Free Carrier)

a) **Export clearance**

Where applicable, the seller must carry out and pay for all export clearance formalities required by the country of export, such as:

- export licence;
- security clearance for export;
- pre-shipment inspection; and
- any other official authorisation.

b) **Assistance with import clearance**

Where applicable, the seller must assist the buyer, at the buyer's request, risk and cost, in obtaining any documents and/or information related to all transit/import clearance formalities, including security requirements and pre-shipment inspection, needed by any country of transit or the country of import.

CPT (Carriage Paid To)

a) **Export clearance**

Where applicable, the seller must carry out and pay for all export clearance formalities required by the country of export, such as:

- export licence;
- security clearance for export;
- pre-shipment inspection; and
- any other official authorisation.

b) **Assistance with import clearance**

Where applicable, the seller must assist the buyer, at the buyer's request, risk and cost, in obtaining any documents and/or information related to all transit/import clearance formalities, including security requirements and pre-shipment inspection, needed by any country of transit or the country of import.

INCOTERMS® 2020

CIP (Carriage and Insurance Paid To)

a) Export clearance

Where applicable, the seller must carry out and pay for all export clearance formalities required by the country of export, such as:

- export licence;
- security clearance for export;
- pre-shipment inspection; and
- any other official authorisation.

b) Assistance with import clearance

Where applicable, the seller must assist the buyer, at the buyer's request, risk and cost, in obtaining any documents and/or information related to all transit/import clearance formalities, including security requirements and pre-shipment inspection, needed by any country of transit or the country of import.

DAP (Delivered at Place)

a) Export and transit clearance

Where applicable, the seller must carry out and pay for all export and transit clearance formalities required by the country of export and any country of transit (other than the country of import), such as:

- export/transit licence;
- security clearance for export/transit;
- pre-shipment inspection; and
- any other official authorisation.

b) Assistance with import clearance

Where applicable, the seller must assist the buyer, at the buyer's request, risk and cost, in obtaining any documents and/or information related to all import clearance formalities, including security requirements and pre-shipment inspection, needed by the country of import.

DPU (Delivered at Place Unloaded)

a) Export and transit clearance

Where applicable, the seller must carry out and pay for all export and transit clearance formalities required by the country of export and any country of transit (other than the country of import), such as:

- export/transit licence;
- security clearance for export/transit;
- pre-shipment inspection; and
- any other official authorisation.

b) Assistance with import clearance

Where applicable, the seller must assist the buyer, at the buyer's request, risk and cost, in obtaining any documents and/or information related to all import clearance formalities, including security requirements and pre-shipment inspection, needed by the country of import.

DDP (Delivered Duty Paid)
Where applicable, the seller must carry out and pay for all export/transit/import clearance formalities required by the countries of export, transit and import, such as:

- export/transit/import licence;
- security clearance for export/transit/import;
- pre-shipment inspection; and
- any other official authorisation.

FAS (Free Alongside Ship)

a) Export clearance
Where applicable, the seller must carry out and pay for all export clearance formalities required by the country of export, such as:

- export licence;
- security clearance for export;
- pre-shipment inspection; and
- any other official authorisation.

b) Assistance with import clearance
Where applicable, the seller must assist the buyer, at the buyer's request, risk and cost, in obtaining any documents and/or information related to all transit/import clearance formalities, including security requirements and pre-shipment inspection, needed by any country of transit or the country of import.

FOB (Free on Board)

a) Export clearance
Where applicable, the seller must carry out and pay for all export clearance formalities required by the country of export, such as:

- export licence;
- security clearance for export;
- pre-shipment inspection; and
- any other official authorisation.

b) Assistance with import clearance
Where applicable, the seller must assist the buyer, at the buyer's request, risk and cost, in obtaining any documents and/or information related to all transit/import clearance formalities, including security requirements and pre-shipment inspection, needed by any country of transit or the country of import.

INCOTERMS® 2020

CFR (Cost and Freight)
a) Export clearance
Where applicable, the seller must carry out and pay for all export clearance formalities required by the country of export, such as:
- export licence;
- security clearance for export;
- pre-shipment inspection; and
- any other official authorisation.

b) Assistance with import clearance
Where applicable, the seller must assist the buyer, at the buyer's request, risk and cost, in obtaining any documents and/or information related to all transit/import clearance formalities, including security requirements and pre-shipment inspection, needed by any country of transit or the country of import.

CIF (Cost Insurance and Freight)
a) Export clearance
Where applicable, the seller must carry out and pay for all export clearance formalities required by the country of export, such as:
- export licence;
- security clearance for export;
- pre-shipment inspection; and
- any other official authorisation.

b) Assistance with import clearance
Where applicable, the seller must assist the buyer, at the buyer's request, risk and cost, in obtaining any documents and/or information related to all transit/import clearance formalities, including security requirements and pre-shipment inspection, needed by any country of transit or the country of import.

B7 EXPORT/IMPORT CLEARANCE

EXW (Ex Works)
Where applicable, it is up to the buyer to carry out and pay for all export/transit/import clearance formalities required by the countries of export/transit/import, such as:
- export/transit/import licence;
- security clearance for export/transit/import;
- pre-shipment inspection; and
- any other official authorisation.

FCA (Free Carrier)

a) **Assistance with export clearance**
Where applicable, the buyer must assist the seller at the seller's request, risk and cost in obtaining any documents and/or information related to all export clearance formalities, including security requirements and pre-shipment inspection, needed by the country of export.

b) **Import clearance**
Where applicable, the buyer must carry out and pay for all formalities required by any country of transit and the country of import, such as:

- import licence and any licence required for transit;
- security clearance for import and any transit;
- pre-shipment inspection; and
- any other official authorisation.

CPT (Carriage Paid To)

a) **Assistance with export clearance**
Where applicable, the buyer must assist the seller at the seller's request, risk and cost in obtaining any documents and/or information related to all export clearance formalities, including security requirements and pre-shipment inspection, needed by the country of export.

b) **Import clearance**
Where applicable, the buyer must carry out and pay for all formalities required by any country of transit and the country of import, such as:

- import licence and any licence required for transit;
- security clearance for import and any transit;
- pre-shipment inspection; and
- any other official authorisation.

CIP (Carriage and Insurance Paid To)

a) **Assistance with export clearance**
Where applicable, the buyer must assist the seller at the seller's request, risk and cost in obtaining any documents and/or information related to all export clearance formalities, including security requirements and pre-shipment inspection, needed by the country of export.

b) **Import clearance**
Where applicable, the buyer must carry out and pay for all formalities required by any country of transit and the country of import, such as:

- import licence and any licence required for transit;
- security clearance for import and any transit;
- pre-shipment inspection; and
- any other official authorisation.

Anhang: Offizielles Regelwerk der Internationalen Handelskammer (ICC)

INCOTERMS® 2020

DAP (Delivered at Place)

a) Assistance with export and transit clearance
Where applicable, the buyer must assist the seller at the seller's request, risk and cost in obtaining any documents and/or information related to all export/transit clearance formalities, including security requirements and pre-shipment inspection, needed by the country of export and any country of transit (other than the country of import).

b) Import clearance
Where applicable, the buyer must carry out and pay for all formalities required by the country of import, such as:

- import licence;
- security clearance for import;
- pre-shipment inspection; and
- any other official authorisation.

DPU (Delivered at Place Unloaded)

a) Assistance with export and transit clearance
Where applicable, the buyer must assist the seller at the seller's request, risk and cost in obtaining any documents and/or information related to all export/transit clearance formalities, including security requirements and pre-shipment inspection, needed by the country of export and any country of transit (other than the country of import).

b) Import clearance
Where applicable, the buyer must carry out and pay for all formalities required by the country of import, such as:

- import licence;
- security clearance for import;
- pre-shipment inspection; and
- any other official authorisation.

DDP (Delivered Duty Paid)

Where applicable, the buyer must assist the seller, at the seller's request, risk and cost in obtaining any documents and/or information related to all export/transit/import clearance formalities required by the countries of export/transit/import, such as:

- export/transit/import licence;
- security clearance for export, transit and import;
- pre-shipment inspection; and
- any other official authorisation.

FAS (Free Alongside Ship)

a) Assistance with export clearance
Where applicable, the buyer must assist the seller at the seller's request, risk and cost in obtaining any documents

and/or information related to all export clearance formalities, including security requirements and pre-shipment inspection, needed by the country of export.

b) **Import clearance**
Where applicable, the buyer must carry out and pay for all formalities required by any country of transit and the country of import, such as:
- import licence and any licence required for transit;
- security clearance for import and any transit;
- pre-shipment inspection; and
- any other official authorisation.

FOB (Free on Board)

a) **Assistance with export clearance**
Where applicable, the buyer must assist the seller at the seller's request, risk and cost in obtaining any documents and/or information related to all export clearance formalities, including security requirements and pre-shipment inspection, needed by the country of export.

b) **Import clearance**
Where applicable, the buyer must carry out and pay for all formalities required by any country of transit and the country of import, such as:
- import licence and any licence required for transit;
- security clearance for import and any transit;
- pre-shipment inspection; and
- any other official authorisation.

CFR (Cost and Freight)

a) **Assistance with export clearance**
Where applicable, the buyer must assist the seller at the seller's request, risk and cost in obtaining any documents and/or information related to all export clearance formalities, including security requirements and pre-shipment inspection, needed by the country of export.

b) **Import clearance**
Where applicable, the buyer must carry out and pay for all formalities required by any country of transit and the country of import, such as:
- import licence and any licence required for transit;
- security clearance for import and any transit;
- pre-shipment inspection; and
- any other official authorisation.

INCOTERMS® 2020

CIF (Cost Insurance and Freight)

a) **Assistance with export clearance**
Where applicable, the buyer must assist the seller at the seller's request, risk and cost in obtaining any documents and/or information related to all export clearance formalities, including security requirements and pre-shipment inspection, needed by the country of export.

b) Import clearance
Where applicable, the buyer must carry out and pay for all formalities required by any country of transit and the country of import, such as:

- import licence and any licence required for transit;
- security clearance for import and any transit;
- pre-shipment inspection; and
- any other official authorisation.

INCOTERMS® 2020 | ARTICLE-BY-ARTICLE TEXT OF RULES

A8 CHECKING / PACKAGING / MARKING

EXW (Ex Works)

The seller must pay the costs of those checking operations (such as checking quality, measuring, weighing, counting) that are necessary for the purpose of delivering the goods in accordance with A2.

The seller must, at its own cost, package the goods, unless it is usual for the particular trade to transport the type of goods sold unpackaged. The seller must package and mark the goods in the manner appropriate for their transport, unless the parties have agreed on specific packaging or marking requirements.

FCA (Free Carrier)

The seller must pay the costs of those checking operations (such as checking quality, measuring, weighing, counting) that are necessary for the purpose of delivering the goods in accordance with A2.

The seller must, at its own cost, package the goods, unless it is usual for the particular trade to transport the type of goods sold unpackaged. The seller must package and mark the goods in the manner appropriate for their transport, unless the parties have agreed on specific packaging or marking requirements.

CPT (Carriage Paid To)

The seller must pay the costs of those checking operations (such as checking quality, measuring, weighing, counting) that are necessary for the purpose of delivering the goods in accordance with A2.

The seller must, at its own cost, package the goods, unless it is usual for the particular trade to transport the type of goods sold unpackaged. The seller must package and mark the goods in the manner appropriate for their transport, unless the parties have agreed on specific packaging or marking requirements.

CIP (Carriage and Insurance Paid To)

The seller must pay the costs of those checking operations (such as checking quality, measuring, weighing, counting) that are necessary for the purpose of delivering the goods in accordance with A2.

The seller must, at its own cost, package the goods, unless it is usual for the particular trade to transport the type of goods sold unpackaged. The seller must package and mark the goods in the manner appropriate for their transport, unless the parties have agreed on specific packaging or marking requirements.

INCOTERMS® 2020

DAP (Delivered at Place)

The seller must pay the costs of those checking operations (such as checking quality, measuring, weighing, counting) that are necessary for the purpose of delivering the goods in accordance with A2.

The seller must, at its own cost, package the goods, unless it is usual for the particular trade to transport the type of goods sold unpackaged. The seller must package and mark the goods in the manner appropriate for their transport, unless the parties have agreed on specific packaging or marking requirements.

DPU (Delivered at Place Unloaded)

The seller must pay the costs of those checking operations (such as checking quality, measuring, weighing, counting) that are necessary for the purpose of delivering the goods in accordance with A2.

The seller must, at its own cost, package the goods, unless it is usual for the particular trade to transport the type of goods sold unpackaged. The seller must package and mark the goods in the manner appropriate for their transport, unless the parties have agreed on specific packaging or marking requirements.

DDP (Delivered Duty Paid)

The seller must pay the costs of those checking operations (such as checking quality, measuring, weighing, counting) that are necessary for the purpose of delivering the goods in accordance with A2.

The seller must, at its own cost, package the goods, unless it is usual for the particular trade to transport the type of goods sold unpackaged. The seller must package and mark the goods in the manner appropriate for their transport, unless the parties have agreed on specific packaging or marking requirements.

FAS (Free Alongside Ship)

The seller must pay the costs of those checking operations (such as checking quality, measuring, weighing, counting) that are necessary for the purpose of delivering the goods in accordance with A2.

The seller must, at its own cost, package the goods, unless it is usual for the particular trade to transport the type of goods sold unpackaged. The seller must package and mark the goods in the manner appropriate for their transport, unless the parties have agreed on specific packaging or marking requirements.

FOB (Free on Board)

The seller must pay the costs of those checking operations (such as checking quality, measuring, weighing, counting) that are necessary for the purpose of delivering the goods in accordance with A2.

The seller must, at its own cost, package the goods, unless it is usual for the particular trade to transport the type of goods sold unpackaged. The seller must package and mark the goods in the manner appropriate for their transport, unless the parties have agreed on specific packaging or marking requirements.

CFR (Cost and Freight)

The seller must pay the costs of those checking operations (such as checking quality, measuring, weighing, counting) that are necessary for the purpose of delivering the goods in accordance with A2.

The seller must, at its own cost, package the goods, unless it is usual for the particular trade to transport the type of goods sold unpackaged. The seller must package and mark the goods in the manner appropriate for their transport, unless the parties have agreed on specific packaging or marking requirements.

CIF (Cost Insurance and Freight)

The seller must pay the costs of those checking operations (such as checking quality, measuring, weighing, counting) that are necessary for the purpose of delivering the goods in accordance with A2.

The seller must, at its own cost, package the goods, unless it is usual for the particular trade to transport the type of goods sold unpackaged. The seller must package and mark the goods in the manner appropriate for their transport, unless the parties have agreed on specific packaging or marking requirements.

B8 CHECKING / PACKAGING / MARKING

EXW (Ex Works)

The buyer has no obligation to the seller.

FCA (Free Carrier)

The buyer has no obligation to the seller.

CPT (Carriage Paid To)

The buyer has no obligation to the seller.

CIP (Carriage and Insurance Paid To)

The buyer has no obligation to the seller.

DAP (Delivered at Place)

The buyer has no obligation to the seller.

DPU (Delivered at Place Unloaded)

The buyer has no obligation to the seller.

DDP (Delivered Duty Paid)

The buyer has no obligation to the seller.

Anhang: Offizielles Regelwerk der Internationalen Handelskammer (ICC)

INCOTERMS® 2020

FAS (Free Alongside Ship)
The buyer has no obligation to the seller.

FOB (Free on Board)
The buyer has no obligation to the seller.

CFR (Cost and Freight)
The buyer has no obligation to the seller.

CIF (Cost Insurance and Freight)
The buyer has no obligation to the seller.

INCOTERMS® 2020 | ARTICLE-BY-ARTICLE TEXT OF RULES

A9 ALLOCATION OF COSTS

EXW (Ex Works)

The seller must pay all costs relating to the goods until they have been delivered in accordance with A2, other than those payable by the buyer under B9.

FCA (Free Carrier)

The seller must pay:

a) all costs relating to the goods until they have been delivered in accordance with A2, other than those payable by the buyer under B9;

b) the costs of providing the usual proof to the buyer under A6 that the goods have been delivered;

c) where applicable, duties, taxes and any other costs related to export clearance under A7(a); and

d) the buyer for all costs and charges related to providing assistance in obtaining documents and information in accordance with B7(a).

CPT (Carriage Paid To)

The seller must pay:

a) all costs relating to the goods until they have been delivered in accordance with A2, other than those payable by the buyer under B9;

b) transport and all other costs resulting from A4, including the costs of loading the goods and transport-related security costs;

c) any charges for unloading at the agreed place of destination but only if those charges were for the seller's account under the contract of carriage;

d) the costs of transit that were for the seller's account under the contract of carriage;

e) the costs of providing the usual proof to the buyer under A6 that the goods have been delivered;

f) where applicable, duties, taxes and any other costs related to export clearance under A7(a); and

g) the buyer for all costs and charges related to providing assistance in obtaining documents and information in accordance with B7(a).

CIP (Carriage and Insurance Paid To)

The seller must pay:

a) all costs relating to the goods until they have been delivered in accordance with A2, other than those payable by the buyer under B9;

© 2019 INTERNATIONAL CHAMBER OF COMMERCE (ICC) | **379**

INCOTERMS® 2020

b) transport and all other costs resulting from A4, including the costs of loading the goods and transport-related security costs;

c) any charges for unloading at the agreed place of destination but only if those charges were for the seller's account under the contract of carriage;

d) the costs of transit that were for the seller's account under the contract of carriage;

e) the costs of providing the usual proof to the buyer under A6 that the goods have been delivered;

f) the costs of insurance resulting from A5;

g) where applicable, duties, taxes and any other costs related to export clearance under A7(a); and

h) the buyer for all costs and charges related to providing assistance in obtaining documents and information in accordance with B7(a).

DAP (Delivered at Place)

The seller must pay:

a) all costs relating to the goods and their transport until they have been delivered in accordance with A2, other than those payable by the buyer under B9;

b) any charges for unloading at the place of destination but only if those charges were for the seller's account under the contract of carriage;

c) the cost of providing the delivery/transport document under A6;

d) where applicable, duties, taxes and any other costs related to export and any transit clearance under A7(a); and

e) the buyer for all costs and charges related to providing assistance in obtaining documents and information in accordance with B5 and B7(a).

DPU (Delivered at Place Unloaded)

The seller must pay:

a) all costs relating to the goods and their transport until they have been unloaded and delivered in accordance with A2, other than those payable by the buyer under B9;

b) the cost of providing the delivery/transport document under A6;

c) where applicable, duties, taxes and any other costs related to export and any transit clearance under A7(a); and

d) the buyer for all costs and charges related to providing assistance in obtaining documents and information in accordance with B5 and B7(a).

DDP (Delivered Duty Paid)

The seller must pay:

a) all costs relating to the goods and their transport until they have been delivered in accordance with A2, other than those payable by the buyer under B9;

b) any charges for unloading at the place of destination but only if those charges were for the seller's account under the contract of carriage;

c) the cost of providing the delivery/transport document under A6;

d) where applicable, duties, taxes and any other costs related to export, transit and import clearance under A7; and

e) the buyer for all costs and charges related to providing assistance in obtaining documents and information in accordance with B5 and B7.

FAS (Free Alongside Ship)

The seller must pay:

a) all costs relating to the goods until they have been delivered in accordance with A2, other than those payable by the buyer under B9;

b) the costs of providing the usual proof to the buyer under A6 that the goods have been delivered;

c) where applicable, duties, taxes and any other costs related to export clearance under A7(a); and

d) the buyer for all costs and charges related to providing assistance in obtaining documents and information in accordance with B7(a).

FOB (Free on Board)

The seller must pay:

a) all costs relating to the goods until they have been delivered in accordance with A2, other than those payable by the buyer under B9;

b) the costs of providing the usual proof to the buyer under A6 that the goods have been delivered;

c) where applicable, duties, taxes and any other costs related to export clearance under A7(a); and

d) the buyer for all costs and charges related to providing assistance in obtaining documents and information in accordance with B7(a).

CFR (Cost and Freight)

The seller must pay:

a) all costs relating to the goods until they have been delivered in accordance with A2, other than those payable by the buyer under B9;

INCOTERMS® 2020

b) the freight and all other costs resulting from A4, including the costs of loading the goods on board and transport-related security costs;
c) any charges for unloading at the agreed port of discharge that were for the seller's account under the contract of carriage;
d) the costs of transit that were for the seller's account under the contract of carriage;
e) the costs of providing the usual proof to the buyer under A6 that the goods have been delivered;
f) where applicable, duties, taxes and any other costs related to export clearance under A7(a); and
g) the buyer for all costs and charges related to providing assistance in obtaining documents and information in accordance with B7(a).

CIF (Cost Insurance and Freight)

The seller must pay:

a) all costs relating to the goods until they have been delivered in accordance with A2, other than those payable by the buyer under B9;
b) the freight and all other costs resulting from A4, including the costs of loading the goods on board and transport-related security costs;
c) any charges for unloading at the agreed port of discharge that were for the seller's account under the contract of carriage;
d) the costs of transit that were for the seller's account under the contract of carriage;
e) the costs of providing the usual proof to the buyer under A6 that the goods have been delivered;
f) the costs of insurance resulting from A5;
g) where applicable, duties, taxes and any other costs related to export clearance under A7(a); and
h) the buyer for all costs and charges related to providing assistance in obtaining documents and information in accordance with B7(a).

B9 ALLOCATION OF COSTS

EXW (Ex Works)

The buyer must:

a) pay all costs relating to the goods from the time they have been delivered under A2;
b) reimburse all costs and charges incurred by the seller in providing assistance or information under A4, A5, or A7;

c) pay, where applicable, all duties, taxes and other charges, as well as the costs of carrying out customs formalities payable upon export; and

d) pay any additional costs incurred by failing either to take delivery of the goods when they have been placed at its disposal or to give appropriate notice in accordance with B10, provided that the goods have been clearly identified as the contract goods.

FCA (Free Carrier)

The buyer must pay:

a) all costs relating to the goods from the time they have been delivered under A2, other than those payable by the seller under A9;

b) the seller for all costs and charges related to providing assistance in obtaining documents and information in accordance with A4, A5, A6 and A7(b);

c) where applicable, duties, taxes and any other costs related to transit or import clearance under B7(b); and

d) any additional costs incurred, either because:
   (i) the buyer fails to nominate a carrier or another person under B10, or
   (ii) the carrier or person nominated by the buyer under B10 fails to take the goods into its charge,

provided that the goods have been clearly identified as the contract goods.

CPT (Carriage Paid To)

The buyer must pay:

a) all costs relating to the goods from the time they have been delivered under A2, other than those payable by the seller under A9;

b) the costs of transit, unless such costs were for the seller's account under the contract of carriage;

c) unloading costs, unless such costs were for the seller's account under the contract of carriage;

d) the seller for all costs and charges related to providing assistance in obtaining documents and information in accordance with A5 and A7(b);

e) where applicable, duties, taxes and any other costs related to transit or import clearance under B7(b); and

f) any additional costs incurred if it fails to give notice in accordance with B10, from the agreed date or the end of the agreed period for shipment, provided that the goods have been clearly identified as the contract goods.

Anhang: Offizielles Regelwerk der Internationalen Handelskammer (ICC)

INCOTERMS® 2020

CIP (Carriage and Insurance Paid To)

The buyer must pay:

a) all costs relating to the goods from the time they have been delivered under A2, other than those payable by the seller under A9;

b) the costs of transit, unless such costs were for the seller's account under the contract of carriage;

c) unloading costs, unless such costs were for the seller's account under the contract of carriage;

d) the costs of any additional insurance procured at the buyer's request under A5 and B5;

e) the seller for all costs and charges related to providing assistance in obtaining documents and information in accordance with A5 and A7(b);

f) where applicable, duties, taxes and any other costs related to transit or import clearance under B7(b); and

g) any additional costs incurred if it fails to give notice in accordance with B10, from the agreed date or the end of the agreed period for shipment, provided that the goods have been clearly identified as the contract goods.

DAP (Delivered at Place)

The buyer must pay:

a) all costs relating to the goods from the time they have been delivered under A2;

b) all costs of unloading necessary to take delivery of the goods from the arriving means of transport at the named place of destination, unless such costs were for the seller's account under the contract of carriage;

c) the seller for all costs and charges related to providing assistance in obtaining documents and information in accordance with A7(b);

d) where applicable, duties, taxes and any other costs related to import clearance under B7(b); and

e) any additional costs incurred by the seller if the buyer fails to fulfil its obligations in accordance with B7 or to give notice in accordance with B10, provided that the goods have been clearly identified as the contract goods.

DPU (Delivered at Place Unloaded)

The buyer must pay:

a) all costs relating to the goods from the time they have been delivered under A2;

b) the seller for all costs and charges related to providing assistance in obtaining documents and information in accordance with A7(b);

384 | © 2019 INTERNATIONAL CHAMBER OF COMMERCE (ICC)

c) where applicable, duties, taxes and any other costs related to import clearance under B7(b); and

d) any additional costs incurred by the seller if the buyer fails to fulfil its obligations in accordance with B7 or to give notice in accordance with B10, provided that the goods have been clearly identified as the contract goods.

DDP (Delivered Duty Paid)

The buyer must pay:

a) all costs relating to the goods from the time they have been delivered under A2;

b) all costs of unloading necessary to take delivery of the goods from the arriving means of transport at the named place of destination, unless such costs were for the seller's account under the contract of carriage; and

c) any additional costs incurred by the seller if the buyer fails to fulfil its obligations in accordance with B7 or to give notice in accordance with B10, provided that the goods have been clearly identified as the contract goods.

FAS (Free Alongside Ship)

The buyer must pay:

a) all costs relating to the goods from the time they have been delivered under A2, other than those payable by the seller under A9;

b) the seller for all costs and charges related to providing assistance in obtaining documents and information in accordance with A4, A5, A6 and A7(b);

c) where applicable, duties, taxes and any other costs related to transit or import clearance under B7(b); and

d) any additional costs incurred, either because:

    (i) the buyer has failed to give notice under B10, or

    (ii) the vessel nominated by the buyer under B10 fails to arrive on time, fails to take the goods, or closes for cargo earlier than the time notified in accordance with B10,

provided that the goods have been clearly identified as the contract goods.

FOB (Free on Board)

The buyer must pay:

a) all costs relating to the goods from the time they have been delivered under A2, other than those payable by the seller under A9;

b) the seller for all costs and charges related to providing assistance in obtaining documents and information in accordance with A4, A5, A6 and A7(b);

INCOTERMS® 2020

c) where applicable, duties, taxes and any other costs related to transit or import clearance under B7(b); and
d) any additional costs incurred, either because:
   (i) the buyer has failed to give notice under B10, or
   (ii) the vessel nominated by the buyer under B10 fails to arrive on time, fails to take the goods, or closes for cargo earlier than the time notified in accordance with B10,

provided that the goods have been clearly identified as the contract goods.

CFR (Cost and Freight)

The buyer must pay:
a) all costs relating to the goods from the time they have been delivered under A2, other than those payable by the seller under A9;
b) the costs of transit, unless such costs were for the seller's account under the contract of carriage;
c) unloading costs including lighterage and wharfage charges, unless such costs and charges were for the seller's account under the contract of carriage;
d) the seller for all costs and charges related to providing assistance in obtaining documents and information in accordance with A5 and A7(b);
e) where applicable, duties, taxes and any other costs related to transit or import clearance under B7(b); and
f) any additional costs incurred if it fails to give notice in accordance with B10, from the agreed date or the end of the agreed period for shipment, provided that the goods have been clearly identified as the contract goods.

CIF (Cost Insurance and Freight)

The buyer must pay:
a) all costs relating to the goods from the time they have been delivered under A2, other than those payable by the seller under A9;
b) the costs of transit, unless such costs were for the seller's account under the contract of carriage;
c) unloading costs including lighterage and wharfage charges, unless such costs and charges were for the seller's account under the contract of carriage;
d) the costs of any additional insurance procured at the buyer's request under A5 and B5;
e) the seller for all costs and charges related to providing assistance in obtaining documents and information in accordance with A5 and A7(b);

386 | © 2019 INTERNATIONAL CHAMBER OF COMMERCE (ICC)

INCOTERMS® 2020 | ARTICLE-BY-ARTICLE TEXT OF RULES

- f) where applicable, duties, taxes and any other costs related to transit or import clearance under B7(b); and
- g) any additional costs incurred if it fails to give notice in accordance with B10, from the agreed date or the end of the agreed period for shipment, provided that the goods have been clearly identified as the contract goods.

Anhang: Offizielles Regelwerk der Internationalen Handelskammer (ICC)

INCOTERMS® 2020

A10 NOTICES

EXW (Ex Works)
The seller must give the buyer any notice needed to enable the buyer to take delivery of the goods.

FCA (Free Carrier)
The seller must give the buyer sufficient notice either that the goods have been delivered in accordance with A2 or that the carrier or another person nominated by the buyer has failed to take the goods within the time agreed.

CPT (Carriage Paid To)
The seller must notify the buyer that the goods have been delivered in accordance with A2.

The seller must give the buyer any notice required to enable the buyer to receive the goods.

CIP (Carriage and Insurance Paid To)
The seller must notify the buyer that the goods have been delivered in accordance with A2.

The seller must give the buyer any notice required to enable the buyer to receive the goods.

DAP (Delivered at Place)
The seller must give the buyer any notice required to enable the buyer to receive the goods.

DPU (Delivered at Place Unloaded)
The seller must give the buyer any notice required to enable the buyer to receive the goods.

DDP (Delivered Duty Paid)
The seller must give the buyer any notice required to enable the buyer to receive the goods.

FAS (Free Alongside Ship)
The seller must give the buyer sufficient notice either that the goods have been delivered in accordance with A2 or that the vessel has failed to take delivery of the goods within the time agreed.

FOB (Free on Board)
The seller must give the buyer sufficient notice either that the goods have been delivered in accordance with A2 or that the vessel has failed to take the goods within the time agreed.

CFR (Cost and Freight)
The seller must notify the buyer that the goods have been delivered in accordance with A2.

Anhang: Offizielles Regelwerk der Internationalen Handelskammer (ICC)

INCOTERMS® 2020 | ARTICLE-BY-ARTICLE TEXT OF RULES

The seller must give the buyer any notice required to enable the buyer to receive the goods.

CIF (Cost Insurance and Freight)

The seller must notify the buyer that the goods have been delivered in accordance with A2.

The seller must give the buyer any notice required to enable the buyer to receive the goods.

B10 NOTICES

EXW (Ex Works)

The buyer must, whenever it is agreed that the buyer is entitled to determine the time within an agreed period and/or the point of taking delivery within the named place, give the seller sufficient notice.

FCA (Free Carrier)

The buyer must notify the seller of

a) the name of the carrier or another person nominated within sufficient time as to enable the seller to deliver the goods in accordance with A2;

b) the selected time, if any, within the period agreed for delivery when the carrier or person nominated will receive the goods;

c) the mode of transport to be used by the carrier or the person nominated including any transport-related security requirements; and

d) the point where the goods will be received within the named place of delivery.

CPT (Carriage Paid To)

The buyer must, whenever it is agreed that the buyer is entitled to determine the time for dispatching the goods and/or the point of receiving the goods within the named place of destination, give the seller sufficient notice.

CIP (Carriage and Insurance Paid To)

The buyer must, whenever it is agreed that the buyer is entitled to determine the time for dispatching the goods and/or the point of receiving the goods within the named place of destination, give the seller sufficient notice.

DAP (Delivered at Place)

The buyer must, whenever it is agreed that the buyer is entitled to determine the time within an agreed period and/or the point of taking delivery within the named place of destination, give the seller sufficient notice.

Anhang: Offizielles Regelwerk der Internationalen Handelskammer (ICC)

INCOTERMS® 2020

DPU (Delivered at Place Unloaded)
The buyer must, whenever it is agreed that the buyer is entitled to determine the time within an agreed period and/or the point of taking delivery within the named place of destination, give the seller sufficient notice.

DDP (Delivered Duty Paid)
The buyer must, whenever it is agreed that the buyer is entitled to determine the time within an agreed period and/or the point of taking delivery within the named place of destination, give the seller sufficient notice.

FAS (Free Alongside Ship)
The buyer must give the seller sufficient notice of any transport-related security requirements, the vessel name, loading point and, if any, the selected delivery date within the agreed period.

FOB (Free on Board)
The buyer must give the seller sufficient notice of any transport-related security requirements, the vessel name, loading point and, if any, the selected delivery date within the agreed period.

CFR (Cost and Freight)
The buyer must, whenever it is agreed that the buyer is entitled to determine the time for shipping the goods and/or the point of receiving the goods within the named port of destination, give the seller sufficient notice.

CIF (Cost Insurance and Freight)
The buyer must, whenever it is agreed that the buyer is entitled to determine the time for shipping the goods and/or the point of receiving the goods within the named port of destination, give the seller sufficient notice.

Incoterms® 2020 Drafting Group

The Incoterms® 2020 rules were drafted by a select group of ICC member experts, in consultation with the wider global ICC network, including ICC national committees. The broad geographical and sectoral scope of the consultation process ensures that the Incoterms® 2020 rules reflect the current realities of international trade and respond to business needs everywhere.

CO-CHAIRS AND SPECIAL ADVISOR

David Lowe (Co-Chair)
David Lowe is the global Co-Chair of the Incoterms® 2020 drafting group. He was also a member of the Incoterms® 2010 drafting group. David chairs the UK ICC Commercial Law and Practice Committee.

David leads the international commerce team at international law firm Gowling WLG. He advises exporters and importers on their international supply chain and routes to market.

Christoph Martin Radtke (Co-Chair)
Christoph Martin Radtke is an attorney-at-law, admitted at the French and the German Bar and Partner of FIDUCIAL LEGAL by LAMY, France, where he leads the international trade team. He is a certified specialist in Arbitration Law and in International Law and Law of the European Union.

Mr Radtke's activities include International Trade Law, International Sale of Goods, Agency and Distribution, EU Law, French and German Business Law, International Arbitration, International Litigation. He is an active and experienced arbitrator in numerous ICC and other international institutional arbitration proceedings. He frequently acts as counsel before arbitration tribunals and in mediation proceedings.

He is Chair of the ICC France Commercial Law and Practice commission, a member of the Arbitration Commission of ICC France and of the Arbitration centre of the Franco-German Chamber of Commerce and Industry. He is a member of the ICC

Anhang: Offizielles Regelwerk der Internationalen Handelskammer (ICC)

INCOTERMS® 2020

Commission on International Commercial Law and Practice and of various ICC task forces. He is co-author of several ICC Model Contracts, Handbooks and Guides. Mr Radtke acted as Co-Chair of the international ICC *Incoterms® 2010* Drafting Group.

Charles Debattista (Special Advisor)

Charles practises as Counsel and as Arbitrator from 36 Stone, a set of shipping, international trade and arbitration barristers located in Gray's Inn, London. He spends most of his working time as Counsel before the English Courts and before Arbitral Tribunals in the UK and in other countries. He also sits as arbitrator under the rules of many institutions, including ICC. His particular areas of specialism are international trade, including sales governed by the Incoterms® Rules and also letters of credit, bills of lading and charterparties. He has published many books and articles in these fields, and was, in an earlier life, a Professor of Commercial Law at the University of Southampton in the UK. He chaired the International Drafting Group responsible for Incoterms® 2000; co-Chair of the Group for *Incoterms® 2010*; and then ICC Special Advisor overseeing the drafting of *Incoterms® 2020*. For many years he was Deputy Chair of the ICC's Commission for Commercial Law and Practice.

DRAFTING GROUP MEMBERS

Ercüment Erdem

Prof. Dr. H. Ercüment Erdem is the Founder and Senior Partner of Erdem&Erdem. He has more than 30-year experience in arbitration, international commercial law, competition and antitrust law, mergers and acquisitions, privatisations and corporate finance. He serves international and national clients in a variety of industries including energy, construction, finance, retail, real estate, aerospace, healthcare and insurance.

He has acted as chairman and sole or party-appointed arbitrator in many international and national arbitrations under different rules including International Chamber of Commerce (ICC) Arbitration, Swiss Arbitration, Moscow Arbitration, United Nations Commission on International Trade Law (UNCITRAL) Arbitration, Tehran Arbitration, and *ad hoc* arbitrations and is, furthermore, distinguished in this field.

He is a commercial law professor and has lectured in leading universities such as Galatasaray University in Turkey and Fribourg University in Switzerland. He has over 30-years' experience as a scholar and his research contains arbitration, international commercial law, competition and antitrust, M&A, corporate law etc.

He has been a long-time active member of the CLP Commission, participating in many working groups over the years before taking on the role of Vice Chair in 2010 and the Co-Chair in 2016. He was leading the Working Group that prepared the first ICC model contract for services, The ICC Model Contract on International Consulting Services, published in 2017. In addition, he was also a member of the Drafting Group revising the Incoterms® 2000 rules. He regularly gives trainings and publishes articles and chapters of books on Incoterms. He translated *Incoterms® 2000* and *Incoterms® 2010* into Turkish.

Prof. Erdem is a member of International Bar Association, Istanbul Bar Association, Co-chair of ICC CLP Commission and member of ICC Arbitration Commission, ICC Court of Arbitration, ICC Institute Counsel, ICC Turkish National Committee Arbitration, Istanbul Arbitration Centre (ISTAC) and Association Suisse de l'Arbitrage (ASA).

He has been selected as one of the leading individuals in dispute resolution by Legal 500.

Jian Baozhu/Virginie Jan
International Trade Expert, China

INCOTERMS® 2020

Burghard Piltz

Prof. Dr. Burghard Piltz looks back on many years of professional experience as a lawyer. Before he joined Ahlers & Vogel as a partner in 2014 he worked in a German transregional law firm of which he was founding partner.

Burghard Piltz is specialised in international business, particularly international sales and related transactions (CISG, Incoterms, international distribution, etc.) and practices law both as a legal counsel and as an arbitrator in the field of international commercial law.

Burghard Piltz is president of the Arbitration Centre established by the German-Argentinean Chamber of Commerce, Buenos Aires, and chairman of the Executive Committee of the European-Latinamerican Arbitration Association (ELArb) in Hamburg. Furthermore, he is the International Distribution Institutes (IDI) country expert for Germany and was chairman of the Committee for European Contract Law, established by the Federal Chamber of German Lawyers (Bundesrechtsanwaltskammer). Burghard Piltz is counsellor to the president of the International Lawyers´ Association (UIA) since 2001 and teaches Private International Law and International Sales Law. In 1997 he was appointed honorary professor.

Frank Reynolds

Frank Reynolds is the president of International Projects, Inc., a US-based international trading and consulting firm. Besides representing the US for the Incoterms® 2000, 2010 and 2020 revisions, he has written or co-authored 17 books on various international trade topics. He has also written over 300 columns for such international publications as the *Journal of Commerce, the Exporter and ICC's Documentary Credit Insight*.

Frank has lectured throughout the US for over 30 years on such trade-related topics as the Incoterms® rules, documentary letters of credit, US free trade agreements, export and import procedures, and the Harmonized System. He served on the US Commerce Department's District Export Council for 22 years, and his company received the Commerce Department's *E and E-Star Awards for Excellence in Export Service*. He also holds a customs broker license from the US Department of Homeland Security, Customs Border Protection.

394 | © 2019 INTERNATIONAL CHAMBER OF COMMERCE (ICC)

Anhang: Offizielles Regelwerk der Internationalen Handelskammer (ICC)

INCOTERMS® 2020 | INCOTERMS® 2020 DRAFTING GROUP

Bob (Robert) Ronai

Bob's background in exporting and importing stretches over more than 50 years, initially in international banking then in the world of international commerce. In 1989 he started his own business as an independent consultant and educator assisting exporters and importers in the "back office" side of their businesses. In all, he has directly controlled and co-ordinated many tens of thousands of shipments of a very wide variety of products coming and going all round the world.

Bob holds the Diploma in Export Management (1977) from the Australian Institute of Export and is a Certified Documentary Credit Specialist (CDCS) by The London Institute of Banking and Finance. He is a member of the Australian Institute of Export and International Chamber of Commerce (Australia).

He has also provided education and training in various aspects of international trade, more particularly letters of credit and the Incoterms® rules for more than two decades, with seminars, lectures and presentations throughout Australia, Singapore, Hong Kong, Yangon, Vienna and Prague, through conferences, educational organisations, government departments, industry bodies, major Australian banks, corporates and his own public seminars.

ICC SECRETARIAT

Emily O'Connor

Emily O'Connor is the Director of Multilateral Rules for Trade & Investment at ICC and oversaw the development of *Incoterms® 2020*. After graduating from Columbia Law School in New York, she served first as a legal adviser to then-US Secretary of State Madeline Albright before practising international corporate law at Debevoise & Plimpton in New York. She joined the ICC International Secretariat in Paris in 2006.

Anhang: Offizielles Regelwerk der Internationalen Handelskammer (ICC)

INCOTERMS® 2020

Florence Binta Diao-Gueye
Florence B. Diao-Gueye holds a Masters in International Security from Sciences Po Paris with specialisations in African Studies and Defence and Security Economics. Her focus has been on illicit trade, post-conflict reconstruction and development. She also holds an LL.M. in International Law from Descartes University Paris (2016). Ms Diao-Gueye joined the ICC Secretariat in 2016 to work on the ICC Competition Commission and the ICC Commercial Law and Practice Commission, and has spent the last three years learning more about International Commercial Law and International Public Law. In addition to assisting the Incoterms® 2020 drafting group, she also contributed to publications such as the ICC Leniency Manual and the ICC-ECCO Guide to International Offset Contracts. Recently, she has been involved in launching an ICC project on Sustainable Investment Facilitation in developing countries with a view to promoting international and intraregional trade.

Anhang: Offizielles Regelwerk der Internationalen Handelskammer (ICC)

INCOTERMS® 2020

Anhang: Offizielles Regelwerk der Internationalen Handelskammer (ICC)

Diese Publikation ist auch zu beziehen über:

ICC AUSTRIA
INTERNATIONAL CHAMBER OF COMMERCE
The world business organization
www.icc-austria.org

ICC SWITZERLAND
INTERNATIONAL CHAMBER OF COMMERCE
The world business organization
www.icc-switzerland.ch

Stichwortverzeichnis

Die Ziffern bezeichnen die Randnummern.

A

Abdingbarkeit Gefahrübergang 12
Ausfuhr-/Einfuhrabfertigung
– Definition 400

B

Beförderungskosten
– Aufteilung 479
– Definition 466
Beförderungsvertrag
– Änderung 488
Benachrichtigung
– Definition 213
benannter Ort 3

C

CFR 944
– Anwendung 946
– Ausfuhr-/Einfuhrabfertigung 979
– Benachrichtigungen 992
– Gefahrübergang 963
– Kostenverteilung 990
– Liefer-/Transportdokument 971
– Lieferung 959
– Prüfung/Verpackung/
  Kennzeichnung 988
– Transport 964
– Verpflichtungen, allgemeine 958
– Versicherung 967
– Vorbemerkung 944
CIF 994
– Anwendung 994
– Versicherung 1000
CIP 721
– Anwendung 725
– Ausfuhr-/Einfuhrabfertigung 746
– Benachrichtigungen 749
– Gefahrübergang 729
– Kostenverteilung 748
– Liefer-/Transportdokument 745
– Lieferung 728
– Prüfung/Verpackung/
  Kennzeichnung 747
– Transport 730
– Verpflichtungen, allgemeine 727
– Versicherung 731
– Vorbemerkung 721

Circa
– Definition 41
CISG 26
– Versendungskauf 29
CPT 657
– Anwendung 670
– Ausfuhrabfertigung 695
– Benachrichtigungen 719
– Einfuhrabfertigung 704
– Gefahrübergang 679
– Kostenverteilung 713
– Liefer-/Transportdokument 688
– Lieferung 675
– Prüfung/Verpackung/
  Kennzeichnung 707
– Transport 682
– Übernahme 678
– Verpflichtungen, allgemeine 674
– Versicherung 687
– Vorbemerkung 657

D

DAP 750
– Abnahme 770
– Anwendung 756
– Ausfuhrabfertigung 782
– Benachrichtigungen 786
– Gefahrübergang 772
– Kostenverteilung 784
– Liefer-/Transportdokument 780
– Liefernachweis 781
– Lieferung 763
– Prüfung/Verpackung/
  Kennzeichnung 783
– Transport 776
– Verpflichtungen, allgemeine 762
– Versicherung 779
– Vorbemerkung 750
DDP 817
– Abnahme 831
– Anwendung 819
– Ausfuhrabfertigung 842
– Benachrichtigungen 848
– Gefahrübergang 832
– Kostenverteilung 846
– Liefer-/Transportdokument 840
– Lieferung 824

Stichwortverzeichnis

- Prüfung/Verpackung/
  Kennzeichnung 845
- Transport 836
- Verpflichtungen, allgemeine 823
- Versicherung 839
- Vorbemerkung 817

DPU 140, 788
- Anwendung 792
- Ausfuhrabfertigung 811
- Benachrichtigungen 815
- Gefahrübergang 801
- Kostenverteilung 813
- Liefer-/Transportdokument 809
- Lieferung 796
- Prüfung/Verpackung/
  Kennzeichnung 812
- Transport 805
- Übernahme 800
- Verpflichtungen, allgemeine 795
- Versicherung 808
- Vorbermerkung 788

E

ECE 70
Empfangsbescheinigung
- Definition 361

Erfüllungsort
- Definition 232

EXW 496
- Abnahme 516
- Anwendung 500
- Ausfuhrabfertigung 540
- Benachrichtigungen 567
- elektronische Kommunikation 511
- Gefahrübergang 521
- Kostenverteilung 564
- Liefer-/Transportdokument 537
- Liefernachweis 538
- Lieferung 516
- Prüfung/Verpackung/
  Kennzeichnung 561
- Rechnung 510
- Transport 529
- Verpflichtungen, allgemeine 504
- Versicherung 534
- Vorbermerkung 496

F

FAS 857
- Anwendung 859
- Ausfuhrabfertigung 884
- Benachrichtigungen 896
- Gefahrübergang 869
- Kostenverteilung 894
- Liefer-/Transportdokument 879
- Lieferung 865
- Prüfung/Verpackung/
  Kennzeichnung 893
- Transport 872
- Übernahme 868
- Verpflichtungen, allgemeine 863
- Versicherung 875
- Vorbemerkung 857

FCA 569
- Abnahme 598
- Anwendung 574
- Ausfuhrabfertigung 625
- Benachrichtigungen 654
- Einfuhrabfertigung 634
- Gefahrübergang 604
- Kostenverteilung 643
- Liefer-/Transportdokument 618
- Lieferung 596
- Prüfung/Verpackung/
  Kennzeichnung 637
- Transport 607
- Verpflichtungen 593
- Verpflichtungen, allgemeine 594
- Versicherung 614
- Vorbermekung 569

FIDIC 68
FOB 898
- Anmerkung 899
- Ausfuhrabfertigung 930
- Benachrichtigungen 942
- Gefahrübergang 913
- Kostenverteilung 940
- Liefer-/Transportdokument 925
- Lieferung 905
- Prüfung/Verpackung/
  Kennzeichnung 939
- Transport 918
- Übernahme 912
- Verpflichtungen, allgemeine 903
- Versicherung 921
- Vorbermerkung 898

Force majeure 41

Frei Haus
- Definition 41

Freibleibend
- Definition 41

Fremdsprache 37

G

Gefahr 13

Gefahrenabwehr 195
Gefahrtragung 247
Gefahrübergang 25
Gerichtsstand 233
Gerichtsstandsvereinbarung 239

H

Handelsbrauch
– Definition 260

I

ICC 44, 55
– Aufgaben 57
ICC (Institute Cargo Clauses) 190
Incoterms 48
– Allgemeine Geschäftsbedingungen 94
– Aufbau 132, 144
– Auslegung 97
– Begriffsdefinitionen 205
– Einbeziehung 107, 111
– Einpunktklauseln 136
– Einverständnis des Vertragspartners 120
– Funktionen 158
– Gruppierung 145
– Inhaltsmerkmale 130
– Klauselgruppen 142
– Möglichkeit der Kenntnisnahme 120
– Neuordnung 150
– Systematik 147
– Zweipunktklauseln 136
Incoterms 2020 61
Incoterms-Klauseln 3
Incoterms-Regeln 3
Inhaltskontrolle 95
Institute Cargo Clauses 190

K

Kasse
– gegen Bericht 41
– gegen Dokumente 41
Kaufpreis 7
Kaufvertrag 6
– CISG 81
– Incoterms 85
Klausel
– überraschende 126
Klauselauswahl
– Gefahr- und Kostentragung 176
– nach Transportart 160
Klauselgruppen 142
Klauselkontrolle 128

Kommunikation
– elektronische 188
Konnossement 313
– Ausstellung 315
– Datieren 317
– Unterzeichnung 320

L

Leistungshandlung 24
Lieferbedingungen 1, 33
– individuelle 35
– standardisierte 39, 42
Lieferkette 203
Lieferort
– Bestimmung 267
– Definition 263
– Dissenz 269
– entgegenstehende Vereinbarung 277
– übereinstimmender 268
Lieferung
– Bestimmung 294
– Definition 286
– ergänzende Festlegungen 296
Lieferungskosten
– Definition 464
Lieferzeit 301

N

Nachnahme
– Definition 41
Nachweis
– elektronischer 229
Netto Kasse
– Definition 41

O

Ort des Verbringens 469

P

Preis freibleibend 41
Preisgefahr 8

R

RAFTD 73
Realisationsprinzip 20

S

Schadensersatzpflicht 345
Schiedsverfahren 431
Schiff
– Definition 306

Stichwortverzeichnis

Standardklauseln 42
– Abweichungen 409
Streitigkeiten 411
– Gerichtsstand 412
– Schiedsverfahren 431
– Vollstreckung 427

T

trade terms 44
Transaktionswertmethode 452
Transportart 160
Transportkosten
– zusätzliche 252
Transportpapier 309
Transportversicherung 324

U

Übergabe 9
Übernahme
– Definition 349
Umschlagsgebühren 196
Unfrei
– Definition 41
Untergang 14

V

Verpackungspflicht 369
Verschlechterung 15
Versendungskauf 17
Versicherungspflicht 333
Vertragsfreiheit 36
Vertragsklausel
– überraschende 126
– widersprüchliche 123
Vorsichtsprinzip 21

W

Ware
– auf dem Transportweg 396
– Definition 374

Z

Zollerhebung
– Grundsätze 436
Zollwertermittlung 435
– Berücksichtigung von Lade- und Behandlungskosten 492
– Berücksichtigung von Versicherungskosten 491
– Transaktionswertmethode 452